JN411550

영미법해설

형사소송

김용진

博 英 社

책을 내며

법률과 관련하여 형사소송만큼 우리의 일상생활과 직결되는 분야는 없는 것 같다. 고도로 발달된 물질문명의 복잡다기한 현대 사회에서 우리는 다양하고 엄격한 형사법의 통제 아래 있고 이를 위반하는 경우 바로 형벌의 대상이 되어 형사소송절차와 관련을 맺게 된다. 또한 중요한 사회적 문제나 쟁점들이 형사소송절차를 통하여 해결되는 경우가 적지 아니하고 다른 사람으로부터 피해를 당하거나 권리침해를 당한 경우에도 고소나 고발을 통하여 형사소송절차에 의지할 수밖에 없다. 그뿐 아니라 배심제의 도입으로 일반 시민의 사법참여가 확대되면서 모든 국민에게 형사사법의 주체로서 형사재판에 참여하는 길까지 열리게 되었다. 우리 모두와 직접 또는 간접적으로 관련을 맺고 있는, 따라서 우리 생활의 일부가 되고 있는 것이 형사소송이라 할 수 있다. 이러한 이유로 형사소송은 국민의 뜨거운 관심과 비판의 대상이 되기도 하고 사회적으로 관심을 끄는 사건에 대한 수사와 재판이 거의 매일 중요한 뉴스로 보도되는 것은 물론 법질서확립과 인권침해의 문제, 부정부패척결과 불구속재판의 원칙, 유전무죄와 무전유죄 등의 논란이 커다란 사회적 이슈가 되고 있다.

한편 오늘날 다른 많은 분야에 있어서와 마찬가지로 형사소송절차에 있어서도 우리 제도에 커다란 영향을 미치고 있는 것이 미국식 형사소송이 아닌가 생각된다. 애초 형사소송법이 그 기본구조로 영미의 당사자주의를 도입한 것을 시발로 특별검사제를 비롯하여 배심제와 함께 개정 형사소송법이 철저한 공판중심주의 형사재판제도를 도입한 것은 물론 유죄답변협상이나 양형기준법 등의 도입도 논의되고 있는 실정이다. 그뿐 아니라 미국의 판사, 검사 그리고 경찰이 우리 형사사법 종사자들의 role model이 되고 있는 것이 또한 우리의 현실이다. 영미의 경찰과 달리 전국적인 조직과 강력한 수사권을 갖고 있는 우리 경찰이 수사권독립을 민주적인 형사사법의 기본이념으로 생각하고 있는 것이나 검찰이 불편부당한 입장에서 공소권을 독점적으로 행사하는 준사법관으로서의 역할과 함께 형사소송의 일방 당사자로서 범죄의 발견과 진압 내지 그 처벌에도 진력하고 있는 것이 이러한 현실을 잘 말해 주고 있다.

그에 따라 선진 민주사회 형사소송의 Model이라고 할 수 있는 영미의 형사재판제도 특히 불구속재판과 당사자주의 내지 공판중심주의의 도입이 우리 형사사법제도가 추구해야 할 올바른 발전방향인 것처럼 일반적으로 받아들여지고 있다. 무죄추정과 불구속재판의 원칙에 따라 피고인은 검사에 대응하는 대등한 당사자로 자유로운 상태에서 소추 당사자인 검사의 공격에 맞서 자신을 방어하고 일반 시민으로 구성된 공정한 배심은 법정에서 양 당사자의 공격과 방어를 통하여 실체적 진실을 가려 피고인의 유·무죄를 정하는 미국식 형사사법제도, 전 세계 배심재판의 90%가 행해지고 있는 미국의 형사재판은 공정하고 민주적인 인권보장의 제도로서 우리 형사사법이 지향해야 할 목표가 되었다. 특히 수사기관의 당사자주의화와 맞물려 이러한 필요성은 이제 거스를 수 없는 대세가 되고 말았다.

그러나 미국 또는 영어로 말하는 나라들의 형사사법제도는 대륙법계형사사법제도에 비교될 수 있는 다른 하나의 제도일 뿐이다. 모든 제도에는 나름대로의 장단점이 있고 그 제도가 뿌리내리고 자란 토양이 따로 있게 마련이다. 대륙법계형사소송에도 무시할 수 없는 따라서 소중히 간직해야 할 중요한 가치와 장점이 있는 반면 미국의 형사재판에도 장점만이 있는 것은 아니다. 유전무죄와 무전유죄의 논란이나 배심재판의 문제점은 접어두고라도 법원에서 유죄판결에 따르는 징역형을 선고받고 복역 중인 자가 우리나라의 4만 6천 명에 비교할 수 없는 230만 명에 이른다는 사실, 매년 사형판결을 선고받는 400여 명의 피고인 중 40명 이상이 사형집행을 당하고 있다는 사실, 사형판결을 선고받고 집행을 대기하고 있는 사형수 3,300여 명 중 100명 이상이 새로운 증거의 발견으로 재심에서 무죄판결을 받고 석방된 사실 등은 결코 미국 형사사법의 밝은 면이라고 보기는 어렵다.

물론 미국 제도의 이러한 명암은 우리의 입장에서 바라본 것이라고 할 수 있고 제도의 차이를 고려하지 않은 채 그 장단점을 말하기는 어려운 것이 사실이다. 예컨대, 검찰이 기소한 피고인 중 약 0.2%만이 법원으로부터 무죄판결을 선고받고 있는 우리나라에서 종종 무죄판결이 무리한 기소라는 관점에서 문제가 되고 있는 반면 피고인의 유·무죄를 결정하는 재판에서 거의 절반의 피고인이 무죄를 선고받고 있는 영미의 형사재판에서 무죄판결이 문제되는 일은 거의 없다. 피고인에 대한 범죄혐의를 법정에서 가리는 공판중심주의의 당연한 논리적 귀결이기 때문이다.

제도의 차이를 고려하지 않은 채 다른 제도의 장단점을 논한다거나 다른 제도의 장점을 도입함에 있어서도 그것이 제도와 토양이 다른 환경에서 그대로 빛을 발할 수 있는지의 여부를 말한다는 것은 쉬운 일이 아니다. 그럼에도 불구하고 이제 우리 형사소송법이 영미의 철저한 공판중심주의 형사재판제도를 도입한 이상 영미의 형사소송은 학문적으로 연구의 대상이 되어야 하는 것은 물론 이 제도의 정착과 우리 형사사법제도의 올바른 발전을 위해서도 그에 대한 정확한 이해가 법학도는 물론 형사사법종사자들에게 있어서 중요한 과제의 하나가 되었다.

미국의 형사사법이라고 하지만 기실 중요한 것은 Common Law 형사소송의 기본이념과 원칙 그리고 그 절차를 이해하는 것이라 할 수 있다. 미국과 영국 그리고 미국의 각 주와 연방의 형사소송이 조금씩 그 내용을 달리하지만 이들 형사소송을 관통하고 있는 기본이념이나 원칙 그리고 그 절차는 모두 Common Law에 뿌리를 두고 있는 동일한 내용이기 때문이다. 이러한 이유에서 먼저 Common Law 형사소송의 이념과 원칙 그리고 그 역사를 살펴보고 이어 영미 형사소송의 전통을 가장 온전하게 보존하고 있는 영국의 형사재판을 자세히 소개한 다음 영국과 다른 미국 형사소송의 내용이면서 미국의 연방과 각 주에 공통적으로 적용되는 내용을 추가하는 형식으로 이 책을 꾸며 보았다.

애초 형사사법의 실무에 종사하면서 정의를 실현해야 하는 형사재판에서 가장 중요한 덕목은 적정한 양형이라는 데 관심을 갖고 있던 중 영국정부에서 발간한 'the Sentence of the Court'라는 소책자를 접하고 인권과 실체진실발견 그리고 적정한 양형에 대하여 조화롭게 접근하고 있는 영국제도에 감명을 받고 이를 소개하고자 무모하게 덤벼든 것이 졸저 '영국의 형사재판'을 쓰게 된 계기였다. 그 후 우리나라에서 형사사법제도개선에 대한 논의가 크게 일어나고 그에 따라 우리 형사재판이 영미의 당사자주의 내지 공판중심주의로 변경되는 형사소송법의 전면적인 개정을 보면서 영미의 형사소송제도를 제대로 소개할 필요성을 절감하였지만 여러 가지 사정으로 그 뜻을 이루지 못하고 있었다. 그러던 중 변호사업무에 종사하게 되면서 다소간의 시간적 여유를 갖게 되어 뒤

늦게 영미의 형사소송을 소개하게 되어 큰 짐을 벗는 기분이다.

이 책이 영미법을 배우는 학생이나 형사사법에 종사하는 분들의 업무수행에 도움이 되고 나아가 우리 형사사법의 발전에 기여할 수 있기를 기대해 본다. 특히 수사와 재판과정을 통해 인권보장과 적정한 양형을 위해 세심한 주의와 노력을 다하고 있는 영미의 형사소송이 우리 형사사법 종사자들에게 좋은 길잡이가 되었으면 하는 바람이다.

어려운 여건에서도 이 책의 출판을 허락해 주신 박영사 안종만 회장님과 편집부 직원에게 깊이 감사드린다.

2009. 2.

저 자

차 례

제 1 장 Common Law와 형사소송

제 1 절 서 론 — 3

1. 서로 다른 형사소송제도 …… 3
2. Common Law와 범죄 …… 7

제 2 절 국가형벌권과 형사소송 — 13

1. 형사소송의 이념 …… 13
2. 죄형법정주의 …… 15
3. 재 판 권 …… 16
4. 형벌의 근거 …… 17
5. 국가 수사기관과 수사권 …… 19
6. 경찰의 지위 …… 23
7. 검찰제도 …… 24
8. 기소와 입증의 정도 …… 28
9. 형사소송의 구조 및 당사자의 처분권 …… 29
10. 기타의 문제 …… 31

가. 공소권의 남용 | 31
나. 공소시효제도 | 31
다. 형사미성년제도 | 32
라. 법정모욕 | 32
마. 소송비용 | 33

제 3 절 Common Law 형사소송의 기본원칙 — 35

1. 사인소추주의 …… 36

가. 사인소추의 발전 | 36
나. 경찰소추 | 38
다. 공소기관의 도입 | 40
2. 당사자주의 ············ 42
가. 당사자주의의 의미 | 42
나. 당사자주의의 한계 | 45
3. 공판중심주의 ············ 47
가. 공판중심주의의 의의 | 47
나. 국가형벌권과 공판중심주의 | 51
다. 공판중심주의의 기초 | 54
라. 공판중심주의의 한계 | 58
제 4 절 Common Law 형사소송의 발전 ———— 62
1. 국왕의 특권과 형사소송 ············ 62
2. 형사법원의 역사 ············ 64
가. 주 법원(County Court) | 64
나. 여왕좌법원(Court of Queen's Bench) | 65
다. 순회법원(Court of Assize) | 69
라. 사계법원(Court of Quarter Session) | 70
마. 약식사건 관할 법원 | 72
3. 범인의 검거 ············ 73
4. 예심절차와 보석 ············ 76
가. 검시관의 심문 | 76
나. 치안판사의 예심 | 77
다. 피고인의 보석 | 80
라. 인신보호영장 | 81
5. 고발과 기소 ············ 83
가. 사인에 의한 고발 | 84
나. 공적인 기관에 의한 고발 | 85
다. 대배심의 기소 | 87
라. 법무장관 등의 고발 | 88
6. 재판절차 ············ 90

가. 기소인부(plea) | 90
나. 배심이 구성 | 92
다. 심문절차 | 93
라. 형벌의 종류 | 93
마. 상 소 | 95

제 2 장 영국의 형사소송

제 1 절 서 론 — 103
1. 영국제도의 발전 …… 103
2. 형사법원의 조직과 구성 …… 104
가. 법원의 조직 | 104
나. 형사법원의 조직 | 105
다. 형시법원의 구싱 | 106
3. 형법과 형사소송법 …… 107
제 2 절 범죄의 수사와 소추 — 108
1. 재판 전 절차와 PACE …… 108
가. 법관규칙과 PACE의 제정 | 108
나. PACE와 실무규칙 | 109
다. PACE와 실무규칙의 강제 | 110
2. 수사의 실행 …… 112
가. 소추의 개시 | 112
나. 체포와 Charge | 113
다. 소환장과 체포영장에 의한 절차의 진행 | 123
라. 경찰의 피의자신문 | 130
마. 경찰의 수색권한 | 140
바. 범인식별과 관련한 증거 | 148
사. 특수 부류에 대한 경찰의 수사 | 151
3. 소추 담당자 …… 154
가. 경 찰 | 154

나. 공 소 국 | 156
다. 그 밖의 소추인 | 162
라. 국왕의 법무관 | 164

4. 소추결정 ········· 165
가. 소추개시의 방법 | 165
나. 소추 이외의 방안 | 165
다. 소추를 위한 요건 | 168
라. 소추를 위한 기타의 요건 | 172

제 3 절 치안법원의 재판 ——— 177

1. Remand와 보석 ········· 177
가. Remand 기간 | 178
나. 보석이 인정되는 경우 | 179
다. 보석결정에 관한 원칙 | 182
라. 보석과 준수사항의 부과 | 186
마. 치안법원에서의 보석청구절차 | 187
바. 고등법원과 왕립형사법원의 보석청구절차 | 191
사. 피고인의 도망 | 194

2. 재판의 종류 ········· 198
가. 범죄의 분류 | 198
나. 사전정보의 제공 | 200
다. 재판형식의 결정 | 202
라. 재물손괴와 관련한 재판형식의 결정 | 205
마. 약식범죄의 왕립형사법원회부 | 206
바. 약식재판과 정식재판의 차이 | 207

3. 증거개시 ········· 208
가. 증거개시제도의 발전 | 208
나. 수사관의 의무 | 210
다. 제 1 차 증거개시 | 211
라. 피고인의 증거개시 | 212
마. 제 2 차 증거개시 | 213
바. 공익을 이유로 하는 예외 | 213
사. 제 3 자의 증거개시 | 214

4. 치안법원의 약식재판절차 ········ 214
가. 치안법원의 관할 | 215
나. 재판부의 구성 | 215
다. 고발(information) | 216
라. 피고인의 출석 | 218
마. 당사자의 대리인 | 221
바. 재판절차 | 222
사. 양형에 관한 치안판사의 권한 | 227
아. 법원서기의 역할 | 228
5. 판결의 선고를 위한 이송 ········ 228
가. 치안판사의 권한 | 229
나. 판결의 선고를 위한 이송의 요건 | 230
다. 왕립형사법원에서의 처리 | 231
6. 치안법원의 예심절차 ········ 231
가. 예심설차의 발선 | 231
나. 예심절차의 관할 및 절차의 남용 | 233
다. 예심절차의 종류 | 234
라. 예심절차와 관련된 문제들 | 235
마. 예심절차에 대한 불복 | 237
바. Voluntary Bill of Indictment | 237
사. Notice of Transfer | 238
아. 기소(indictment)로만 재판이 가능한 범죄의 경우 | 240
제 4 절 왕립형사법원의 재판 ———— 242
1. 왕립형사법원의 조직과 구성 ········ 242
가. 왕립형사법원의 창설 | 242
나. 왕립형사법원의 조직과 관할 | 243
다. 왕립형사법원의 구성 | 245
라. 왕립형사법원에서의 변론 | 247
2. 기소(Indictment) ········ 247
가. 기소장의 작성 | 248
나. 기소장안의 제출 | 249
다. 기수장과 수인 | 249

라. 소인에 기재할 사항 | 250
마. 중복기재에 관한 문제 | 251
바. 범죄사실의 병합 | 253
사. 공동피고인에 대한 병합소송 | 257
아. 기소장에 대한 이의신청 | 261
자. 기소장의 흠을 이유로 하는 항소 | 262
3. 유·무죄 답변(plea) ······ 263
가. 무죄답변 | 263
나. 유죄답변 | 265
4. 배 심 ······ 273
가. 배심원의 자격 | 274
나. 배심원의 소환 | 275
다. 배심원의 선발 | 278
라. 배심원에 대한 기피 | 279
마. 배심원구성과 항소 | 284
바. 배심원 또는 배심의 면직 | 286
5. 재판절차 ······ 288
가. 판사와 변호사 | 288
나. 소추인의 모두진술 | 295
다. 소추인의 주장과 입증 | 296
라. 피고인의 증거불충분 주장 | 303
마. 피고인의 변소와 반증 | 304
바. 당사자의 의견진술 | 310
사. 판사의 사건요지 설명 | 311
6. 평 결 ······ 313
가. 배심의 퇴정 | 313
나. 배심의 평결 | 318
다. 선택적 소인에 대한 평결 | 319
라. 선택적 범죄에 대한 유죄평결 | 320
마. 다수결에 의한 평결 | 322
바. 배심의 해산 | 323
사. 평결의 수용 | 323

제 5 절 판결절차 — 325

1. 판결 전 절차 …… 325

가. 판결의 목적 | 325
나. 판결을 위한 자료 | 326
다. 다른 범죄사실의 고려 | 333
라. 판결의 변경 | 334
마. 판결 선고의 연기 | 334

2. 형의 결정 …… 337

가. 형벌의 종류와 양형의 기준 | 337
나. 법률상의 제한 | 339
다. 판례에 의한 기준 | 339

3. 징 역 형 …… 341

가. 징역형의 의의 | 341
나. 징역형을 선고하기 위한 요건 | 342
다. 징역형의 상한 | 343
라. 동시집행과 순차집행의 징역형 | 345
마. 징역형의 형기 | 346
바. 무기징역 | 353
사. 필요적 가중징역형의 선고 | 355
아. 징역형의 집행유예 | 356
자. 21세 미만의 자에 대한 감금형 | 361
차. 수형인의 석방 | 363

4. 사회내처분(Community Sentence) …… 365

가. 사회내처분의 종류 | 365
나. 사회내처분의 요건 | 367
다. 명령위반의 경우 처리 | 368

5. 재 산 형 …… 368

가. 벌 금 형 | 368
나. 배상명령(Compensation Order) | 373
다. 소추비용지급명령 | 373

6. 기타의 판결 …… 374

가. 면책(Discharge) | 374
나. 선행보증(Binding Over) | 375
다. 위반사실의 기재와 운전면허정지 | 376
라. 원상회복명령 | 380
마. 몰수명령 | 380
바. 강제퇴거권고 | 381
사. 정신장애자에 대한 병원유치명령 | 383

제6절 상소절차 384
1. 상소제도의 발전 384
가. Common Law와 상소 | 384
나. 상소제도의 도입 | 385
다. 상소심의 구조 | 386
2. 치안법원판결에 대한 항소 386
가. 왕립형사법원에의 항소 | 387
나. 법률문제에 대한 고등법원에의 항소 | 389
다. 사법심사의 청구 | 393
3. 왕립형사법원 판결에 대한 항소 394
가. 유죄인정(Conviction)에 대한 항소 | 394
나. 양형(Sentence)에 관한 항소 | 401
다. 항소절차 | 404
라. 소추인의 항소 | 406
4. 귀족원에의 상고 408
가. 항소법원판결에 대한 상고 | 408
나. 고등법원판결에 대한 상고 | 409

제3장 미국의 형사소송

제1절 서 론 413
1. 미국의 형사소송 413
2. 미국 형사법원의 구조 415

가. 연방 법원의 구조 | 416
나. 주 법원의 구조 | 418
다. 상소절차 | 419
라. 법원의 관할과 판결의 효력 | 420
마. 연방과 주의 관할 | 421
3. 위헌심사 ······ 422
4. 선례 구속의 원칙 ······ 423
5. 형사소송을 규율하는 법 ······ 424
가. 연방헌법 | 424
나. 각 주의 헌법 | 426
다. 법 률 | 427
라. 판 례 | 427
마. 법원의 규칙 | 427
6. 연방헌법의 효력에 관한 논란 ······ 428
제 2 절 형사소송절차의 진행 —— 430
1. 체포와 입건 ······ 430
2. 체포 후의 수사 ······ 432
3. 소추 여부의 결정 ······ 432
가. 고발 전 경찰의 재검토 | 433
나. 고발 전 검사의 검토 | 433
다. 고발 후 검사의 검토 | 434
4. 고발장의 제출과 치안판사의 구속사유 검토 ······ 434
5. 피고인의 첫 출정 ······ 436
6. 예 심 ······ 439
7. 대배심의 기소 ······ 441
8. 기소인부절차 ······ 442
가. 불항쟁의 답변 | 442
나. 무죄답변 | 443
다. 유죄답변 | 443
라. 유죄답변거래 | 444
9. 재판 전 이의신청 ······ 447

10. 재판절차 ······ 447
가. 배심원의 선발 | 448
나. 당사자의 모두진술(opening statement) | 450
다. 당사자의 입증 | 451
라. 당사자의 의견진술 | 452
마. 판사의 사건요지설명 | 453
바. 배심의 평의 | 454
사. 평 결 | 455
11. 양형재판절차 ······ 456
12. 상 소 ······ 458
13. 인신보호영장제도 ······ 459
제 3 절 범죄의 수사 —— 461
1. 수사절차와 인권보장 ······ 461
가. Common Law와 수사절차 | 461
나. 수사와 상당한 이유 | 463
다. 증거배제법칙 | 468
2. 정지와 겉옷 수색(stop and frisk) ······ 484
가. 영미법과 경찰의 검문 | 484
나. 최초의 판례 | 485
다. stop and frisk의 요건 | 485
라. 합리적인 의심 | 486
마. 자동차에 대한 정지와 겉옷 수색 | 487
3. 체 포 ······ 488
가. 체포와 연방헌법 수정 제 4 조 | 488
나. 체포의 의미 | 488
다. 체포와 체포영장 | 489
라. 영장 없이 하는 체포 | 491
마. 일반 시민의 체포 | 493
4. 수색과 압수 ······ 493
가. 영장에 의한 수색과 압수 | 494
나. 영장 없이 하는 수색과 압수 | 497

다. 헌법상의 수색과 압수에 해당하지 않는 경우 | 505
라. 수색과 관련한 문제들 | 507
5. 자동차에 대한 정지와 수색 ······ 511
가. 자동차 정지 | 511
나. 자동차 수색 | 519
6. 범인식별절차 ······ 525
가. line-up | 525
나. show-up | 530
다. 사진에 의한 범인식별 | 533
라. 기타 방법에 의한 범인식별 | 535
7. 피의자신문과 자백 ······ 536
가. 당사자주의와 피의자신문 | 536
나. Miranda 사건 이전의 기준 | 537
다. Miranda 사건 | 540
라. Miranda 판결의 해석 | 543
마. Miranda 원칙이 적용되지 않는 경우 | 551
바. Miranda 원칙과 무해한 오류 | 554
8. 대배심수사 ······ 555
가. 대배심수사의 의의 | 555
나. 대배심제도의 기능 | 556
다. 배심제도의 발전 | 558
라. 대배심수사에 대한 논란 | 562
마. 대배심수사의 장점 | 564
바. 대배심의 법률적 구조 | 567
제 4 절 소추결정과 그 통제 ―― 571
1. 소추결정과 검사 ······ 571
2. 소추결정과 검사의 재량 ······ 572
3. 검사의 불기소결정에 대한 통제 ······ 574
가. 직무집행영장 | 574
나. 사인소추와 형사적 민사소송 | 575
다. 고발취하에 대한 법원의 승인 | 575

라. 대배심의 기소 | 576
마. 검사의 직무 배제와 특별검사 | 576
바. 법무장관의 관여 | 577

4. 검사의 소추결정에 대한 이의 577
가. 차별적인 소추에 대한 이의 | 578
나. 보복적인 소추에 대한 이의 | 578
다. 약속을 어기고 하는 소추 | 579
라. 연방공무원 등에 대한 주 정부의 소추 | 579
마. 검사에 대한 민사상 손해배상청구 | 580

제 5 절 재판절차와 피고인의 권리 ——— 581

1. 연방헌법과 피고인의 권리 581
2. 배심재판을 받을 권리 582
가. 배심원의 수 | 582
나. 전원일치의 평결 | 583
다. 가벼운 범죄와 배심재판 | 583
라. 배심재판의 포기 | 584
마. 동료 배심원의 선발 | 584

3. 변호인의 조력을 받을 권리 585
가. 변호인의 조력이 필요한 이유 | 586
나. 변호인의 선정 방식 | 586
다. 변호인의 책임 | 587
라. 국선변호인의 조력을 받을 권리 | 588
마. 변호인의 유효적절한 조력을 받을 권리 | 589
바. 피고인 스스로 변론할 권리 | 591

4. 적법절차에 대한 권리 592
5. 자기부죄금지에 관한 권리 594
가. 권리의 범위 | 594
나. 권리의 주체 | 595
다. 면책의 부여 | 597
라. 권리의 포기 | 598

6. 이중위험금지의 권리 598

가. 이중위험의 의미 | 598
나. 이중위험의 적용범위 | 599
다. 이중위험의 포기 | 600
라. 동일한 범죄의 의미 | 601
마. 동일한 범죄에 대한 다른 주에서의 소추 | 602
7. 증인을 대면할 권리 ······ 603
가. 피고인의 반대신문권 | 603
나. 법정에 출석할 권리 | 604
다. 법정에서 증인과 대면할 권리 | 604
라. 증인의 신분을 알아야 할 권리 | 605
8. 유리한 증언을 강제할 권리 ······ 606
9. 신속한 재판과 공개재판을 받을 권리 ······ 606
가. 신속한 재판 | 606
나. 공개재판 | 608
10. 공정하고 편견이 없는 재판을 받을 권리 ······ 608
가. 편파적인 보도의 금지 | 609
나. 편파적인 보도의 통제 | 609

참고문헌 —— 613
찾아보기 —— 617

제 1 장

Common Law와 형사소송

제1절 서 론
제2절 국가형벌권과 형사소송
제3절 Common Law 형사소송의 기본원칙
제4절 Common Law 형사소송의 발전

제 1 절

서 론

1. 서로 다른 형사소송제도

나라마다 형사소송은 그 이념이나 절차를 조금씩 달리하는 것이 현실이다. 우리의 형사소송이 미국이나 영국의 형사소송과 여러 면에서 차이가 있는 것은 물론 우리의 형사소송에 많은 영향을 끼친 독일이나 일본의 형사소송과도 동일하다고 볼 수 없다.

자유세계의 형사소송은 크게 2개의 부류로 나누어진다고 보는 것이 일반적이다. 대륙법계의 형사소송과 영미의 형사소송이 그것이다. 하지만 제2차 세계대전 이후 전통적인 대륙법계형사소송의 전형이라고 할 수 있는 독일이나 일본의 형사소송이 승전국인 미국의 영향을 받아 그 본래의 모습을 많이 잃어버렸고 우리의 형사소송도 영미의 당사자주의형사소송제도를 대폭 받아들여 양 제도의 절충적 구조로 되어 있다고 한다.

따라서 오늘날 영미의 형사소송제도와 대륙법계제도를 구별하는 것이 별 의미가 없는 것으로 보일지 모르지만 영미의 형사소송을 제대로 이해하기 위해서는 우선 대륙법계형사소송제도와 영미제도의 차이를 정확하게 파악하는 것이 전제가 되어야 한다.

"유럽대륙의 형사소송은 영어로 말하는 세계의 형사소송과 매우 다른 방식을 취한다. 보통 직권주의라고 불리는 이 제도에서는 판사의 역할을 강조하는데 판사는 통상 모든 증인의 소환과 심문을 주도하고, 재판절차를 유죄인정절차와 양형절차로 나누지 않는다. 재판을 담당하는 부는 보통 여러 명의 판사 또는 판사와 일반인[1])으로 구성되며 이들은 피고인에 대한 유죄인정과 양형 모두를 함께 결정한다. 증거에 관한 규칙은 그렇게 엄격하지 않다. 따라서 영미법국가에서는 전문증거로 볼 수 있는 증거들도 법정에서 증거로 허용되며, 피고인의 전과에 대한 자료도 재판부에 제공된다.

두 제도에 있어서 본질적인 차이는 유럽대륙의 형사소송에 있어서는 피고인 자신의 유죄인정에 기초한 유죄판결은 인정되지 않는다는 데 있다. 심지어 피고인이 자신의 유죄를 인정한다 하더라도 (비록 피고인의 자백이 유죄증거의 하나가 될 수 있지만) 법원은 증거법에 따른 증거조사를 거쳐 피고인의 유죄를 인정하게 된다. 또 다른 중요한 차이점은 영미법제도에서는 배심의 유죄평결에 그 이유를 설시하는 일이 없지만 대륙법제도에 있어서는 재판부의 판결에 통상 이유를 달아 주는 데 있다."[2])

"미국의 형사사법제도는 모범적으로 운용되고 있는 선진 서유럽국가들 즉, 네덜란드, 스칸디나비아 국가들, 독일, 스위스 등의 형사사법제도와 구별되는 두 개의 분명한 특징을 갖고 있다. 그 하나는 소송절차가 개시되기 이전 단계에서 철저하고 객관적인 그리고 판사 감독의 사실관계에 대한 수사절차를 갖고 있지 않다는 것이고 다른 하나는 형사소송에 있어서 변호사들에게 사실을 왜곡하고 교묘한 술수를 사용할 수 있는 권한을 주어 버렸다는 것이다."[3])

이들 설명은 영미법국가의 학자들이 그들의 형사소송이 대륙법계의 형사소송과 다른 점을 설명하는 것으로 서로 다른 형사소송절차에서 나타나는 중요하고도 본질적인 차이를 간결하게 잘 말해 주고 있다. 하지만 이러한 설명만으로는 그러한 차이가 나오는 이유 또는 그러한 차이가 어떤 의미를 갖고 있는지 알 수 없다. 단순히 절차나 증거법에 있어서 서로 다른 점만을 설명하고 있기 때문이다.

이러한 사정은 대륙법계형사소송과 영미의 형사소송을 서로 다른 제도로 파악하고 있는 우리나라 형사소송법학자들의 경우에도 마찬가지인 것으로 보인다.

---

1) 대륙법계국가의 형사소송에서 판사와 함께 재판부를 구성하는 일반인을 보통 참심원이라 한다. 영미의 형사재판에서 판사와 별도로 피고인의 유·무죄를 결정하는 배심원과 구별된다.
2) Encyclopedia Britannica, Crime and Punishment: Other Systems of Criminal Procedure.
3) John H. Langbein, Money Talks, Clients Walk, Newsweek, 1995. 4. 17. p. 32.

"과거의 형사소송법이 대륙의 직권주의를 기본구조로 하고 있었음에 대하여 현행 형사소송법은 영미의 당사자주의를 대폭 도입한 점에 특색이 있다. 그럼에도 형사소송법에는 직권에 의한 증거조사가 인정되고, 당사자의 소송물에 대한 처분을 인정하지 않는 등 직권주의적인 요소가 많이 남아 있음을 부인할 수 없다. 이러한 의미에서 형사소송법은 당사자주의와 직권주의를 조합·배합한 절충적·혼혈적인 구조를 취하고 있다."4)

이는 영미의 형사소송과 대륙법계형사소송의 차이를 당사자주의와 직권주의의 차이로 보고 대륙법계형사소송을 바탕으로 하고 있는 우리 형사소송법이 영미의 당사자주의를 대폭 받아들여 그 기본구조가 양 제도의 절충적 구조로 되어 있다는 설명이다. 대부분의 형사소송법 학자들이 대륙법계형사소송을 직권주의적인 형사소송이라 보고 영미의 형사소송을 당사자주의 소송절차로 보는 입장에서 양 제도를 구별하고 있지만 영미의 학자들과 마찬가지로 양 제도에 내재되어 있는 본질적인 차이나 그러한 차이가 생기게 되는 근본적인 이유와 의미는 설명하지 않고 있다.

이러한 태도는 모든 나라의 형사소송이 국가가 범죄를 범한 자를 가려내어 처벌하는 유사한 절차라는 점을 전제로 영미의 형사소송과 대륙법계형사소송은 단순히 소송절차에 있어서 당사자주의와 직권주의라는 차이밖에 없고 따라서 양 제도에는 절차적인 면에서 서로 다른 점이 있을 뿐 형사소송 자체에는 아무런 본질적인 차이가 없다는 것을 밑바탕에 깔고 있는 것으로 보인다. 나아가 양 제도 사이에는 본질적이거나 서로 융합할 수 없는 차이가 있는 것이 아니기 때문에 우리와 같은 대륙법계국가에서 영미의 당사자주의 형사소송제도를 그대로 받아들여 우리 형사소송에 적용하더라도 별다른 문제가 없고 오히려 영미의 인권보장을 중시하는 제도를 받아들인다는 것은 우리 형사소송제도의 개혁과 관련하여 매우 바람직한 발전으로 보는 것이 일반적인 추세인 것 같다.

그에 따라 우리 형사소송법이 영미의 당사자주의소송구조를 대폭 도입하였고 특히 2007년 개정된 형사소송법이 공판중심주의의 강화라는 명목으로 법원에서의 재판절차와 관련하여 영미의 당사자주의를 더욱 철저하게 받아들이고 있는 것도 양 제도 사이에는 본질적인 차이가 없다는 것을 전제로 우리 형

4) 이재상, 형사소송법, p. 40.

사소송의 올바른 발전이라는 입장에서 이루어진 것으로 보인다.[5] 그러나 대륙법계형사소송과 영미의 형사소송 사이에는 후술하는 바와 같이 그 제도의 기초와 기본원리 그리고 절차에 있어서 서로 융합하기 어려운 본질적인 차이가 있다는 점을 고려해 보아야 한다.

역사적으로 Common Law에 바탕을 둔 영국과 미국의 형사소송이 서로 독자적으로 발전하여 왔고 그에 따라 서로 상이한 형사소송제도를 가진 것으로 보이기는 하지만,[6] 그들 형사소송에는 서로 떼어놓을 수 없는 이념적·절차적 동질성이 있는 반면 대륙법계형사소송을 기초로 하는 우리 형사소송법이 영미의 당사자주의나 공판중심주의를 대폭 수용하였다 하더라도 우리의 형사소송과 영미의 형사소송 사이에는 이념이나 절차에 있어서 서로 융합할 수 없는 본질적인 차이가 있음을 부인할 수 없다.

영미의 형사소송을 제대로 이해하기 위해서는 영미의 제도가 대륙법계 형사소송과 다른 본질적인 차이 및 그러한 차이가 유래하게 된 이유를 규명하는 것이 필요하다. 두 제도의 근본적인 차이가 무엇이고 그것이 어디에서 유래하는 지에 대해서는 여러 가지 다른 견해가 있을 수 있지만 무엇보다 중요한 것은 사회현상으로서의 범죄에 대한 인식과 그러한 범죄에 대한 대처방식에 관한 입장이 다르다는 점에 있다.

오늘날 문명국가에서 범죄가 발생하는 경우 어느 나라를 막론하고 국가에서 범죄를 수사하고 그에 따라 범인으로 지목된 자를 재판에 회부하며 재판결과에 따라 죄를 범한 것으로 인정된 자에게 형벌을 과하는 것이 일반적이고 이러한 절차를 규율하는 것이 형사소송법이라는 것은 의문의 여지가 없다. 겉으로 보기에 모든 나라는 국가가 범죄를 범한 자를 처벌하고 있고 따라서 모든 나라의 형사소송이 비슷한 이념과 절차를 가지고 있기 때문에 그들 사이에 본질적인 차이가 있다고 보기 어렵다.

---

5) 애초 우리 형사소송법이 영미의 당사자주의를 받아들인 것은 형식적인 측면에 불과한 것으로 보이지만 2007년 개정형사소송법에 의한 당사자주의의 도입은 법원의 재판절차와 관련하여 형사소송의 실질적인 면에서도 영미의 당사자주의를 그대로 받아들였다고 할 수 있다.

6) 미국과 영국은 Common Law에 의해 분리된 두 개의 나라라는 말이 있을 정도로 Common Law 특히 형사소송법을 비롯한 공법분야가 서로 독자적으로 발전되어 왔다고 한다. Encyclopedia Britannica, Common Law, Comparisons of English, American and Commonwealth law.

그러나 개인이 저지른 범죄를 어떤 관점에서 볼 것인지 즉, 범죄를 개인과 개인 사이의 불법행위로 볼 것인지 아니면 개인 사이의 문제가 아니라 개인과 국가와의 관계에서 보아 범죄를 국가의 법질서를 위반한 것으로 볼 것인지, 그리고 피해자와 국가 중 누구의 입장에서 범죄를 저지른 자를 처벌할 것인지에 따라 형사소송은 이념과 절차를 달리하게 된다. 이러한 관점에서 본다면 대륙법계형사소송과 영미의 형사소송은 우리가 생각하는 것 이상으로 그 이념과 절차에서 본질적이고도 중요한 차이를 가지고 있다고 할 수 있다.

2. Common Law와 범죄

각국의 역사적 배경이나 국민의 법의식 또는 법체계에 따라 범죄를 어떠한 시각에서 바라보고, 범죄를 저지른 자를 누가 어떠한 절차에 따라 처벌할 것인지에 대해서는 그 입장이 서로 다를 수 있다. 국민을 통치하는 국가라는 형벌권의 주체를 전제로 하지 않고 범죄를 시민의 한 사람인 가해자가 다른 시민인 피해자에게 가한 불법행위로 파악하여 이를 당사자 사이의 문제로 보아 그에 대한 처벌문제를 피해자와 가해자 양 당사자에게 맡기는 입장이 있을 수 있다. 반면에 국가라는 형벌권의 주체를 전제로 범죄를 가해자가 피해자에게 가한 단순 불법행위로 보는 것이 아니라 국가의 법질서를 침해한 위법행위로 보고 국가가 범죄로 인한 피해당사자의 의사와 관계없이 국가의 관점에서 범죄자를 처벌하는 입장이 있을 수 있다.

과거 영국에서 발전되어 영미법의 기초가 된 Common Law의 입장이 전자라면 우리나라와 같은 대륙법계국가에서 범죄를 바라보는 시각이 후자라고 할 수 있다.[7] 본래 Common Law에서는 범죄를 국가 구성원인 국민이 저지른 국가에 대한 불법행위로 보지 않고 시민이 국왕을 포함한 다른 시민에게 가한 일종의 불법행위로 보았다. 이러한 영국의 제도는 중세에 뿌리를 둔 사회 및 정부구조에서 발전한 것이라고 한다. 이 제도에서는 국왕도 국가나 민주정권의 상징이 아니라 사회의 정점에 있는 막강하고 예속되지 않은 개인에 불과했다.

7) 우리나라의 법률체계가 독일을 위시한 대륙법계국가의 법률을 계수하여 대륙법계국가에 속한다는 것이 일반적인 견해라고 할 수 있다. 하지만 범죄를 국가적인 관점에서 바라보고 국가적인 관점에서 범법자를 처벌하고 있는 것은 오래전부터 농경정착사회를 이루고 살아온 우리나라의 전통적인 법의식이라고도 할 수 있다.

즉, 그는 왕국에서 다른 시민과 마찬가지로 하나의 개인에 불과하고 다만 모든 개인 중 우두머리일 뿐이었다.[8)]

이러한 관점에서 비롯된 영국의 형사재판제도는 국가가 범죄를 저지른 자를 색출하여 국가의 입장에서 형벌을 과하는 것으로 보는 것이 아니라 서양 중세의 결투재판과 마찬가지로 가해자와 피해자를 서로 개인 대 개인으로 맞서게 하는 것이었다. 따라서 Common Law는 민사적 불법행위와 형사적 불법행위를 준별하지 않는다. 모든 위법행위는 개인이 다른 개인에 대하여 저지른 불법행위였다. 지금은 반사회적 범죄로 간주되는 범죄들도 개인이나 국왕 또는 지방 영주의 특권(prerogative)을 침해하는 것으로 보았다. 왕의 권리나 특권에 대한 침해는 국왕을 대리하여 그의 법무관(King's Attorney)이 소추하여 국왕의 법원(King's Court)에서 재판하였고 국왕의 특권은 점차 그 범위가 확대되었다. 왕이 아닌 개인의 권리에 대한 침해는 피해자 또는 친척들이 소추하였고 법원은 계약상의 분쟁 또는 불법행위사안과 마찬가지로 재판하였다.[9)]

범죄를 단순히 가해자가 피해자에게 가한 불법행위로 파악하게 되면 국가에서 미리 어떠한 것이 범죄라고 규정하거나 그 처벌절차를 미리 정해 둘 필요가 없고, 당사자 사이의 민사소송과 마찬가지로, 형사소송에 있어서도 피해자가 법원에 가해자의 행위가 불법행위라고 주장하면서 그 처벌을 청구하고 그에 따라 법원이 재판을 통하여 불법행위의 성립여부를 가리고 그에 따라 형벌을 과하면 되었다. 따라서 죄형법정주의나 형사절차법정주의는 별 의미가 없고 관습법이나 판례(case law)에 근거하여 가해자에게 형벌이 과해지며 재판절차도 민사소송절차와 크게 다를 이유가 없었고 그에 따라 형법이나 형사소송법이 반드시 정비되어 있어야 할 이유도 없었다.[10)]

또한 범죄를 저지른 자를 국가의 입장에서 처벌하는 것이 아니라 피해당사자의 입장에서 처벌하게 되므로 범죄의 피해자가 가해자를 상대로 형사소추를 하는 피해자소추 내지 사인소추가 형사소추의 원칙이 되었고 형사소송도 기본적으로 피해자와 가해자 사이의 소송이므로 민사소송의 경우와 같이 당사자주의소송이 될 수밖에 없었다.

---

8) The American Prosecutor: A Search for Identity, Joan E. Jacoby, p. 94.

9) The American Prosecutor: A Search for Identity, Joan E. Jacoby, p. 95.

10) 영국의 경우에는 아직 형법이나 형사소송법과 같은 통일법전이 따로 제정되어 있지 않다.

마찬가지로 이러한 제도에서는 피해자나 가해자 모두 대등한 당사자이므로 당사자인 피해자가 가해자를 상대로 수사를 하여 범죄혐의를 밝힌다는 것은 생각할 수 없고 민사소송의 경우와 같이 각 당사자가 필요한 증거를 수집하여 법원에 제출하고 법정에서 구두변론에 의한 공격과 방어를 통하여 피고인의 유·무죄를 가리는 소송절차가 원칙이 되었다. 그 결과 "소송절차가 개시되기 전 단계에서 국가 공권력에 의한 철저하고 객관적인 사실관계에 대한 수사절차를 인정할 수 없고" 법원이 불법행위를 당하였다는 피해자 내지 소추인의 주장과 이를 부인하는 피고인의 주장 그리고 이들 양 당사자가 수집하여 제출하는 증거를 통해 법정에서 불법행위의 성립여부를 가리게 된다.

피해자에 의한 사인소추(private prosecution), 피해자와 가해자가 형사소송에 있어서 대등한 당사자가 되는 대심주의(adversarial system) 내지 당사자주의 그리고 법정에서 양 당사자의 공격과 방어를 통하여 범죄혐의를 가리는 쟁송주의제도(litigious system) 내지 공판중심주의는 이러한 소송절차의 논리적 귀결이라 할 수 있다. 오늘날에 있어서도 영미의 형사소송이 원칙적으로 이와 같은 기본구조를 그대로 유지하고 있는 것은 결국 범죄를 바라보는 이러한 시각의 차이에서 유래하는 것이다.[11)]

그러나 범죄를 가해자가 피해자에게 가한 불법행위로만 파악하지 않고 국가의 입장에서 국민의 한 사람이 국가의 국법질서를 위반한 것으로 보게 되면 범죄자에게 형벌을 과하는 주체는 국가가 된다. 국가는 원칙적으로 피해자의 의사와 관계없이 범죄를 저지른 자를 색출하여 형벌을 과함으로써 다른 국민의 생명과 재산을 보호하는 등 국법질서를 확립하게 되고 이와 같이 국가가 범죄를 저지른 자를 색출하여 형벌을 과할 수 있는 권한을 보통 국가형벌권이라 한다.

---

11) 미국은 영국과 달리 범죄를 개인이 다른 개인에게 가한 불법행위로 보지 않고 범죄를 공적인 사건으로 보아 사회 전체가 궁극적인 피해자라고 하면서 범죄를 본질적으로 "주의 평화와 존엄"을 침해하는 것으로 보고 있다. 하지만 피해당사자를 개인이 아닌 사회 전체, 즉 주나 연방으로 보는 것이 개인을 피해당사자로 보는 Common Law와 다를 뿐 형사소송을 기본적으로 가해자와 피해자의 관계로 보는 데는 변함이 없다. 따라서 시민의 사인소추를 금지하고 연방이나 각 주만이 소추당사자가 되기는 하지만 연방이나 각 주는 영국에서 국왕이 당사자가 되는 것과 같이 형사소송에 있어서 형벌권행사의 주체로서가 아니라 피해를 당한 사인과 비슷한 일방 당사자의 입장에서 소추를 하는 것이므로 그 본질은 영국제도와 크게 다를 것이 없다.

국가형벌권을 인정하게 되면 막강한 국가권력의 자의적인 발동과 남용을 방지하여 국민의 인권을 보장하기 위해 국가가 어떠한 경우에 어떤 절차를 거쳐 어떠한 형벌을 과할 것인지를 미리 정하게 된다. 그에 따라 형법을 제정하여 어떤 행위가 범죄가 되고 그 범죄에 어떠한 형벌을 과할 수 있는가를 규정함과 동시에 형사소송법을 통하여 형법에 위반한 자에게 어떠한 절차를 거쳐 형벌을 과할 것인지를 미리 정하게 된다.12)

또한 국가형벌권은 죄를 지은 자에게만 행사되어야 하기 때문에 국가가 수사와 재판을 통하여 피의자 내지 피고인이 실제 범인인지의 여부 및 범죄행위의 구체적 내용을 정확하게 밝혀 실제 범죄를 범한 자에게 그의 범행에 상응하는 형벌을 과하게 된다.13)

나아가 민주국가에서는 자의적이고 부당한 국가형벌권의 행사로부터 국민의 인권을 보장하고 실체진실을 발견하기 위해 특정 국가기관의 일방적인 형벌권행사를 부인하고 3권분립에 의한 통제를 원칙으로 한다. 즉, 국회는 형법과 형사소송법 등 법률의 제정을 통하여 형벌의 근거 및 처벌절차를 정하고, 행정부에 소속된 수사기관은 국회가 정한 처벌법규에 위반한 자를 가려내어 법원에 기소하고, 법원은 수사기관이 기소한 자를 상대로 재판을 통하여 혐의 유무를 확정하고 그에 따라 형을 정한다.14)

마찬가지로 수사기관의 권한남용을 방지하고 공정하고 정확한 수사와 공소권행사를 보장하기 위해 일선 수사기관인 경찰 이외에 경찰의 수사를 지휘하고 경찰이 수사한 사건을 송치 받아 보충적 수사와 기소 및 불기소결정 등 사건에 대한 종국적 결정을 하는 검찰제도를 두고 있다. 즉, 수사에서도 경찰과 검찰의 역할 분담과 양자 사이의 견제와 균형을 통해 인권보장과 실체진실 발견에 최선을 다하고 있다.

---

12) 이재상, 형사소송법, p. 3 참조.

13) 국가기관에 의한 수사와 재판과 관련하여 특히 일본의 형사사법제도를 가리켜 정밀사법이라고 하고 이를 영미제도와 구별되는 일본 사법제도의 특징인 것처럼 주장하는 사람이 있지만 이는 일본 사법제도의 특징이라고 보기보다는 국가형벌권을 전제로 하는 대륙법계형사사법의 일반적 특징이라고 보아야 한다.

14) 이 경우에도 국가형벌권의 부당한 행사로부터 국민의 인권을 보장하기 위해 영미의 경우와 달리 경찰과 같이 초동수사를 담당하는 일선 수사기관의 기소를 인정하지 않고 기소독점주의에 따라 준사법관인 검사만이 기소를 하도록 하고, 법원 또한 불고불리의 원칙에 따라 검사가 기소한 피고인만을 상대로 재판하도록 하는 것이 원칙이다.

또한 재판에서도 막강한 힘을 가진 국가수사기관이 범죄자로 인정하여 기소한 자가 실제 범인이 맞는지 여부를 정확하게 가리기 위해 법률전문가로서 헌법에 의하여 신분과 독립성을 보장받고 있는 사법부 소속의 법관으로 하여금 유·무죄를 가리게 하면서[15] 1회의 재판만으로 발생할 수 있는 오류를 방지하기 위해 3심제도를 원칙으로 한다.

국가형벌권을 인정하는 것이 대륙법계형사소송의 대원칙이고 우리 형사소송 또한 이를 전제로 하고 있다는 것을 부인할 수 없다.[16] 이러한 관점에서 보면 국가형벌권을 전제로 하는 우리 형사소송법이 국가형벌권을 인정하지 않고 형사소송을 민사소송과 마찬가지로 대립하는 당사자 사이의 쟁송으로 이해하는 영미의 당사자주의를 도입하여 이를 우리의 형사재판에 그대로 적용하려고 하는 것은 국가형벌권의 개념을 간과한 것으로 보인다.

특히 수사기관의 수사와 기소 등 다른 대부분의 대륙법계제도와 절차를 그대로 둔 채 그리고 국민의 법의식이나 법감정이 변하지 않은 상황에서 영미식의 배심제를 도입함과 동시에 법원의 재판질차만을 당사자주의소송구소로 철저하게 변경한 개정형사소송법이 국가형벌권을 전제로 하는 우리 형사소송의 토양에 어떻게 뿌리를 내릴 수 있을지 참으로 궁금한 일이다.

우리 형사소송법을 영미의 당사자주의로 개정한 배경에는 영미의 형사소송도 우리와 같이 국가형벌권을 전제로 하는 것으로 보아 영미의 당사자주의를 대륙법계형사소송에 그대로 이식하여도 별 문제가 없다는 생각이 깔려 있는 것으로 보인다. 그러나 우리가 국가형벌권을 어느 나라에서나 인정되는 것으로 보고 있는 것과 반대로 영미법국가에서는 국가형벌권이라는 개념을 이해하지 못한다.

---

15) 우리 형사재판이 수사기관에 의하여 범인으로 단정되어 기소된 피고인을 상대로 법률전문가인 판사가 수사결과를 토대로 그 당부를 가리는 성격을 갖고 있다면 일반 시민의 사법참여제도를 도입하는 경우에도 대부분의 대륙법계국가에서와 같이 참심제가 논리적 귀결임에도 개정형사소송법은 피고인의 유·무죄를 독자적으로 결정하는 배심제를 도입하였다.

16) 우리나라 형사소송법 학자 중에서 국가형벌권을 부인하는 경우는 없는 것 같다. 이재상, 형사소송법 p. 3, 배종대, 이상돈 형사소송법, p. 13, 백형구, 형사소송법강의, p. 2, 신동운, 형사소송법, p. 3 등 참조. 우리 형사소송법이 영미의 당사자주의를 받아들였다고 주장하는 학자들도 국가형벌권에 대하여는 의문을 제기하지 않고 있다. 대부분의 학자들은 법제도와 관계없이 국가형벌권은 모든 나라의 형사소송에서 당연히 인정하고 있는 보편적인 개념으로 보는 것 같다.

국가형벌권을 이해하지 못하는 영미의 형사소송과 이를 전제로 하는 대륙법계국가의 형사소송은 소송의 구조와 절차가 본질적으로 다를 수밖에 없다. 영미의 당사자주의형사소송이 인권보장을 위한 훌륭한 소송제도로서 우리가 지향해야 할 제도라고 하더라도 그러한 당사자주의소송이 국가형벌권을 전제로 하는 우리의 형사소송에 그대로 적용될 수 있는지의 여부는 신중히 검토해 보아야 할 일이다.

특히 미국의 형사소송이 일종의 국가소추주의를 취하고 있는 등 외관상 우리의 형사소송과 매우 유사한 것으로 보이고 따라서 그러한 제도의 도입에는 아무런 문제가 없는 것으로 보기 쉽다. 하지만 국가형벌권을 전제로 하지 않는 미국식의 당사자주의를 토양이 다른 우리의 형사소송에 그대로 이식한다는 것은 우리 형사소송의 어려운 과제가 아닐 수 없다.

제 2 절

국가형벌권과 형사소송

국가의 형벌권을 인정하느냐 아니면 이를 인정하지 않고 범죄를 단순히 가해자와 피해자 사이의 문제로 보느냐에 따라 형사소송은 그 이념 및 구조와 절차 등 형사소송의 전체 내용이 달라진다. 국가형벌권의 개념을 명확하게 하기 위해 이를 전제로 하는 경우와 그렇지 않은 경우의 차이를 형사소송의 여러 측면에서 살펴볼 필요가 있다.

1. 형사소송의 이념

국가의 형벌권을 전제로 하게 되면 형사소송에 있어서 가장 중요한 이념은 부당한 형벌권의 행사로부터 국민의 인권을 보호하는 것이 된다. 국가권력의 3권분립은 물론 죄형법정주의나 형사절차법정주의 그리고 사법부의 독립과 검찰제도 등이 인권보장을 위한 당연한 원칙이 되고, 수사와 재판과 같은 형사소송절차에 있어서도 인권보장이 가장 중요한 가치가 된다.

이러한 이유로 대륙법계국가에 있어서 형사소송의 역사는 피고인에 대한 인권보장의 역사라고 말해지기도 한다. 또한 국가가 죄를 지은 자에 대하여 형벌을 과하기 위해서는 사건의 실체에 부합하는 진실의 규명이 필수적이다. 죄를 지은 자에게만 국가형벌권을 행사하여야 하기 때문이다.

수사기관은 국가형벌권을 행사하는 기관으로서 즉, 피해당사자가 아닌 국가의 입장에서 객관적으로 혐의자의 혐의를 밝히는 수사를 하는 것이지 혐의자에 대응하는 소추당사자로서 민사소송의 원고와 같이 법정에서 피고인의 유죄입증에 필요한 증거를 수집하는 당사자가 아니다.[1]

따라서 영미에서는 전문증거로 볼 수밖에 없는 수사기관 작성의 피의자신문조서나 참고인진술조서 등 수사서류, 특히 검사 작성의 이러한 전문증거가 전통적으로 법정에서 증거로 널리 인정되어 왔다.[2] 법원 또한 원고와 피고 사이의 공격과 방어 즉, 당사자 사이의 형사소송을 이끌어가는 심판으로서의 역할을 맡아하는 것이 아니라 수사기관의 수사결과를 토대로 신분이 보장되고 독립된 법률전문가의 입장에서 직권주의적인 방식으로 국가수사기관이 범죄혐의자로 인정하여 기소한 자가 실제 범인이 맞는지 여부를 가리는 것을 그 임무로 하게 된다.[3] 따라서 피고인의 인권보장과 함께 실체진실의 발견이 형사소송의 또 다른 중요한 가치가 된다.

그러나 국가형벌권을 전제로 하지 않고 형사소송을 양 당사자 사이의 소송으로만 이해하게 되면 피고인의 인권보장이나 실체진실의 발견도 중요하지만 그보다 형사소송에 있어서 더 본질적인 것은 양 당사자 사이의 공정한 재판 그리고 유죄로 인정된 피고인에 대한 적정한 형의 부과라고 할 수 있다.

---

1) 우리나라에서도 수사를 피고인의 유죄입증을 위하여 법정에 제출할 증거자료의 수집으로 보는 견해가 있다. 하지만 이 견해에 의하면 사안의 진상을 밝히기 위한 수사나 피의자의 무고함을 밝히기 위한 수사 내지 불기소처분을 전제로 하는 것은 수사로 볼 수 없게 된다. 따라서 수사란 범죄의 혐의유무를 명백히 하여 공소의 제기와 유지 여부를 결정하기 위하여 범인을 발견·확보하고 증거를 수집·보전하는 수사기관의 활동으로 보아야 한다. 이재상, 형사소송법 p. 185. 이러한 수사를 근거로 검사는 범죄혐의가 인정되는 경우 피고인을 법원에 기소하고, 범죄혐의가 인정되지 않는 경우 수집한 증거를 근거로 혐의자에 대한 불기소결정을 하게 된다.

2) 과거 우리의 형사소송에서는 이러한 수사기관 작성의 수사기록이 일건 기록으로 그대로 법원에 제출되었고 따라서 증거능력이 없는 증거까지 법원에 제출되었으나 개정된 형사소송법(제292조, 제312조)은 영미법을 모방하여 당사자의 동의 또는 형사소송법이 정하는 방식에 의하여 증거능력이 인정된 경우에만 법원에 제출하여 증거조사를 하도록 하고 있다. 결국 개정된 형사소송법에 의하면 수사기관의 수사서류는 일건 기록으로 법원에 제출되는 것이 아니라 각 증거를 분리하여 제출하게 되고 따라서 수사기관이 혐의를 인정하게 된 과정이 제대로 드러날 수 없게 되어 검사의 입증이나 피고인의 반증은 물론 판사의 실체진실규명에 문제가 될 수 있다. 특히 일종의 증거개시라고 할 수 있는 공소제기 후 검사가 보관하고 있는 서류 등의 열람·등사와 관련해서도 검사가 수집하여 보관하거나 수집 가능한 모든 서류가 아니라 검사가 증거로 신청할 서류에 한하고 있는 것도 증거개시의 본래 취지에 반하는 것이다.

3) 이러한 이유로 대륙법계국가에서 일반인이 재판에 참여하는 경우 공판중심주의에 따라 유·무죄를 독자적으로 결정하는 배심제를 채택하지 않고 참심제를 채택하게 된다.

영국 형사소송의 지도이념은 이러한 양 당사자 사이의 공정한 재판과 적정한 양형이 되고 있지만, 피고인의 인권보장을 위하여 형사소송과 관련한 많은 내용을 헌법에서 규정하고 있을 뿐 아니라 양형기준법까지 제정하여 시행하고 있는 미국 형사소송의 기본취지도 양 당사자 사이의 공정한 재판과 적정한 양형을 보장하기 위한 측면이 강하다.[4)]

2. 죄형법정주의

국가형벌권을 전제로 죄를 지은 자에게 형벌을 과하기 위해서는 미리 어떠한 행위가 범죄가 되는지 그리고 그러한 범죄에 대하여 어떠한 형벌을 과할 것인지에 관하여 그 내용을 미리 법률로 정해 놓아야 한다. 이를 미리 법률로 규정해 놓지 않는 경우 국가형벌권의 자의적인 발동으로 국민의 인권을 보장할 수 없기 때문이다. 우리 헌법도 "누구든지 법률에 의하지 아니하고는 체포·구속·압수·수색 또는 심문을 받지 아니하며, 법률과 적법한 절차에 의하지 아니하고는 처벌·보안처분 또는 강제노역을 받지 아니한다"고 규정하고 있다.[5)]

이러한 이유로 죄형법정주의와 형사절차법정주의는 대륙법계형사법의 대원칙이 되고 그에 따라 법해석학을 중심으로 하는 형사법학이 대륙법계국가에서 크게 발전하여 왔다.

그러나 범죄를 개인이 다른 개인에게 가한 불법행위로 본다면 미리 나라에서 따로 금지규정을 정해 놓을 필요가 없다. 상대방의 불법행위로 피해를 입었다고 주장하는 자나 그 가족, 친척 등이 상대방을 상대로 법원에 그에 대한 처벌을 구하는 소송을 제기하고, 법원이 양 당사자의 공격과 방어를 통한 재판결과 가해자의 행위를 범죄로 인정하는 경우 그에 대한 형벌을 부과하면 되기 때문이다. 우리는 죄형법정주의가 민주국가에서는 어느 나라에서나 인정되는 너무나 당연한 원칙이라 생각할 수 있지만 국가형벌권을 전제로 할 때에만 당연한 법원칙이 되는 것이고 국가형벌권을 전제로 하지 않고 범죄를 개인이 다

4) 연방헌법에서 보장하고 있는 위법수집증거배제의 원칙 등은 일반 사인이 아니라 경찰관 등 공권력을 행사하는 자들을 대상으로 하는 것으로 이들은 피고인과 대등한 지위에 있다고 볼 수 없다는 관점에서 결국 공정한 재판을 보장하기 위한 것이 헌법상의 인권보장규정이라 할 수 있다.

5) 헌법 제12조 제 1 항.

른 개인에게 가한 불법행위로 보는 영미법국가에서는 죄형법정주의가 형사법의 당연한 원칙으로 자리 잡을 이유가 없다. 결국 보통법(Common Law)상의 범죄, 관습법(customary law)상의 범죄 내지는 판례법(case law)에 의한 범죄라는 것은 이를 두고 하는 말이고 따라서 본래 영국과 같은 Common Law 국가에 있어서 죄형법정주의는 중요한 의미를 가질 수 없었다.[6]

다만 미국의 경우에는 연방범죄에 관하여 Common Law에 의한 범죄는 존재하지 않는다는 원칙이 확립되었고[7] 연방이나 대부분의 주에서 형법과 형사소송법을 제정하는 등 제정법주의를 채택하고 있다.

3. 재 판 권

국가형벌권에 따르면 국내에서 죄를 지은 자는 물론 국외에서 죄를 지은 자라도 그 나라의 국민이면 국가는 그에 대하여 형벌을 과할 수 있다. 이를 속인주의라고도 하지만 국가에서 죄를 지은 국민의 한 사람을 처벌하는 것이라면 죄를 범한 장소가 본국이 아닌 외국이라 하더라도 국내에서 죄를 범한 경우와 달리 볼 이유가 없다. 이에 따라 우리 형법(제 3 조)도 “본 법은 대한민국 영역 외에서 죄를 범한 내국인에 적용한다”고 규정하고 있다.

그러나 국가라는 형벌권의 주체를 부인하고 형사소송을 민사소송과 같이 피해당사자와 가해당사자 사이의 불법행위를 둘러싼 소송으로 해석하게 되면 피해자가 그 나라에 현존하지 않는 한 범인에 대한 형사소추나 형벌은 원칙적으로 인정되지 않는다. 이를 속지주의라고도 하지만 그에 따라 영국 사람이 한국에서 범행을 범한 경우 영국에서 그를 처벌할 수 없는 것은 물론이고 나아가 미국 사람이 한국에서 미국 사람을 살해한 경우에도 미국에서 그를 처벌할 수 없는 것이 원칙이다.[8]

---

6) 영국의 경우에는 아직 Common Law상의 범죄를 인정하고 있다. 그 대표적인 예로 들 수 있는 것이 스스로를 돌볼 수 없는 자에 대하여 구호의무가 있는 자가 이를 이행하지 않는 경우이다. Archbold, Criminal Pleading, Evidence & Practice, p. 1/2 참조.

7) United States v. Hudson and Goodwin, 11 U. S. 32 (1812).

8) 대법원 2006. 1. 13. 선고, 2003 도 6548호 상해치사 판결 참조. 이 사건에서 교환 학생으로 우리나라에 입국한 미국인 Snider가 동료인 미국 학생을 살해하고 미국으로 출국하였다. Snider는 미국에서 FBI직원에게 범죄를 자백하였지만 미국은 그녀에 대한 재판권이 없어 범죄인인도협정에 따라 우리나라로 인도되어 우리나라에서 재판을 받았다.

반대로 이 제도에서는 외국인이 외국에서 범한 범죄의 경우에도 그 범죄로 인한 피해자가 국내에 있다면 그 외국인을 처벌할 수 있다는 결론이 나올 수 있다.[9)]

4. 형벌의 근거

국가에서 죄를 저지른 범인을 처벌하는 근거는 범인이 국가가 정해 놓은 법률을 위반하였기 때문이다. 여기에서는 국가에 대하여 범죄를 범한 것과 피해자에게 불법행위를 가한 것을 기본적으로 별개의 것으로 본다. 따라서 국가는 피해자가 가해자의 처벌을 원하지 않는 경우에도 죄를 지은 자에게 형벌을 과하게 되고 피해자는 가해자에게 민사상의 손해배상을 구하게 되며, 이 두 절차는 원칙적으로 별개의 것이 된다.[10)]

국가가 범죄자에게 형벌을 과함에 있어서 피해자의 의사를 참작하는 것은 사실이지만 원칙적으로 피해자의 의사와 관계없이 국가의 입장에서 범인에게 형벌을 과하며 범인에게 형벌을 과함에 있어 그 판단의 주체 또한 피해자가 아니라 국가가 된다.

이러한 사정은 경합범의 처벌에서 잘 드러난다. 여러 건의 살인죄를 범한 피고인에게 형벌을 과함에 있어 그 판단의 기준은 국가이고 피해자가 아니다. 국가는 형법에 위반하여 여러 건의 살인죄를 범한 피고인에게 형벌을 과함에 있어 여러 건의 범죄를 전체적으로 보고 그에 따라 어떠한 형벌이 적정한지를 국가의 입장에서 판단하여 결정한다. 그 결과 여러 건의 범죄를 범한 피고인에게 선고되는 형은 하나의 형이 원칙이다. 국가의 입장에서 피고인의 범죄행위

---

9) 미국이 1989년 파나마에 침공하여 그 나라의 군사독재자 Manuel Antonio Noriega를 체포하여 미국으로 데려와 Miami 연방법원에 기소하면서 그 근거로 Noriega가 파나마에서 범한 마약밀매행위의 피해자가 미국에 있다는 논리를 폈다. Noriega는 이 법원에서 마약밀매와 자금세탁 등으로 유죄가 인정되어 징역 40년(후에 30년 그리고 다시 19년으로 감형됨)을 선고받고 미국 교도소에서 복역했다.

10) 국가형벌권을 전제로 하면 범인에게 형벌을 과하는 것은 국가이고 범인에게 불법행위를 이유로 손해배상을 청구하는 것은 범죄의 피해자가 되어 이들 절차는 별개의 것이 되지만 영미의 절차에서는 민사와 형사절차가 별도로 진행되기는 하지만 형사소추를 하는 자와 민사상 손해배상청구를 하는 것은 기본적으로 모두 범죄의 피해자가 되는 것이 원칙이다.

를 종합하여 전체적으로 검토한 결과 그 죄질에 비추어 적정하다고 생각되는 형 즉, 사형이나 무기징역 또는 징역 10년의 형 하나만을 선고하게 된다. 물론 우리 형법도 경합범을 처벌함에 있어 하나의 형만을 선고하는 것을 원칙으로 하고 있다.[11)]

그러나 국가형벌권을 부인하게 되면 범인에게 과하는 형벌의 근거는 피해자의 피해로부터 찾을 수밖에 없다. 피고인에 대한 형벌의 근거 및 그 죄질을 국가의 입장에서 보는 것이 아니라 피고인의 불법행위로 인해 피해를 입은 피해자의 입장에서 보게 된다.

따라서 여러 건의 죄를 범한 피고인에게 국가의 입장에서 범죄 전체를 종합하여 하나의 형을 선고하는 것이 아니다. 따라서 5건의 살인죄를 범한 피고인의 경우라면 피해자의 수에 따라 5건의 죄에 대하여 각 형벌을 과하는 것이 원칙이다. 즉, A를 살해한 점에 대하여 무기징역, B를 살해한 점에 대하여 징역 15년, C를 살해한 점에 대하여 사형, D를 살해한 점에 대하여 무기징역, E를 살해한 점에 대하여 사형 등으로 피해자의 수에 따라 2개의 사형과 2개의 무기징역형 그리고 징역 15년이 선고된다.

나아가 국가형벌권을 전제로 하게 되면 피고인이 범한 모든 범죄를 하나의 공소장을 통해 동시에 기소하여 재판하고[12)] 그 범죄 전부를 종합적으로 판단하여 형을 선고하게 된다. 하지만 국가형벌권을 부인하는 영미의 형사재판에 있어서는 피고인이 범한 여러 개의 범죄를 함께 기소하여 재판하는 것이 아니라 함께 재판하여야 할 특별한 사정이 없는 한 각자 별개의 기소장을 통하여 기소하고 재판도 별도의 배심을 구성하여 따로 하는 것이 원칙이다.

피고인에게 여러 개의 징역형이 선고된 경우 형의 집행도 여러 개의 징역형을 순차적으로(consecutively) 전부 집행하는 것이 원칙이고 예외적으로만 여러 개의 형을 동시에(concurrently) 집행할 수 있다. 이러한 이유로 영미의 형사재판에서는 여러 건의 죄를 범한 1명의 피고인에게 합계 수백 년의 징역형이 선고되는 경우도 있고 또한 여러 개의 사형판결이 선고되는 경우도 있다.

---

11) 형법 제38조 참조.

12) 불가피한 사정으로 동일한 피고인에 대하여 따로 공소가 제기된 경우에도 법원의 재판에서는 이를 병합하여 함께 재판하는 것이 원칙이다.

5. 국가 수사기관과 수사권

국가형벌권을 실행하려면 수사기관이 범죄의 단서가 있다고 하여 바로 혐의자를 법원에 기소하고 법정에서 그에 대한 혐의를 입증하는 것이 아니라 혐의자를 법원에 기소하기에 앞서 국가의 입장에서 혐의자가 범죄를 저지른 것이 사실인지 여부를 수사하여 범죄혐의를 밝힌 다음 어느 정도의 형이 적당한지 그 양형과 정상에 관한 수사까지 한 결과 재판을 통한 형벌의 부과가 필요한 경우에만 혐의자를 법원에 기소하게 된다.

국가형벌권은 죄를 지은 자에 대해서만 행사되어야 하고 형벌은 그의 범죄에 상응하는 것이 되어야 하기 때문이다.[13] 이러한 이유로 대륙법계국가에서는 경찰 등 국가 수사기관이 공권력을 바탕으로 혐의자를 상대로 피의자신문 등을 통하여 범죄혐의를 수사하며 필요한 경우 수사기관이 주체가 되어 혐의자를 대상으로 구속과 압수·수색 등 강제수사까지 하게 된다. 이러한 수사단계에서 범죄혐의자는 국가와 대립하는 소송법상의 상대방 당사자가 아니라 수사의 객체가 되는 것이 일반적이다.

또한 범죄의 목격자 등 참고인이 수사기관에 출석하여 수사에 협조하여야 할 법적 의무가 있는 것은 아니지만 수사기관은, 혐의자에 대한 범죄혐의를 밝히기 위해, 법정에 출석하여 증인이 될 수 있는 참고인을 미리 소환하여 수사하는 등 참고인에 대한 수사도 폭넓게 인정되고 있다.[14]

따라서 이 제도에서는 법정에서 당사자의 공격과 방어를 통하여 범죄혐의를 가리는 것이 아니라 공판 이전 단계에서 국가 수사기관에 의한 수사를 통하여 혐의가 입증된 자만을 기소하여 법정에 세우고, 법원의 재판절차는 이러

---

13) 따라서 수사 결과 범죄혐의가 인정되는 경우라 하더라도 국가의 입장에서 형사처벌이 필요하지 않은 경우에는 혐의자에 대하여 기소유예처분을 한다. 이와 달리 Common Law에 있어서는 범죄혐의가 인정되어 유죄판결을 하여야 할 경우이지만 범죄가 경미하여 형벌을 부과할 필요가 없는 경우에는 소추인이 아니라 법원에서 피고인에 대한 면책결정(discharge)을 한다.

14) 국가수사기관이 국가의 입장에서 공정하게 수사하는 것이 아니고 일방 당사자로서 증거를 수집하는 경우라면 법정에 출석하여 증언을 하게 될 참고인을 미리 만나 참고인의 진술을 들어보거나 필요한 진술을 유도하는 등의 수사를 한다는 것은 공정한 재판에 장애가 될 수 있다. 이러한 이유로 영국에서는 검사가 참고인을 만나 사실관계를 확인하지 못하도록 하고 있다.

한 수사기관의 결론을 확인하는 의미가 강하여 기소되어 재판을 받는 피고인에 대한 무죄율이 매우 낮을 수밖에 없다.[15)]

그러나 국가형벌권을 부인하고 당사자주의 소송구조를 따르게 되면 일방 당사자에 불과한 소추인이 상대방 당사자인 범죄혐의자를 수사의 객체로 삼아 수사를 하고 수사한 결과 범죄혐의가 인정된다고 판단되는 경우에만 상대방을 법원에 기소한다는 것은 생각하기 어렵다. 혐의자를 수사의 객체로 하는 수사기관의 수사가 인정되지 않기 때문에 결국 피고인에 대한 혐의는 법정에서 가릴 수밖에 없고, 사안에 따라 기소 이전의 수사가 불가피한 경우에도 대배심을 통한 수사 이외 다른 방도가 없다. 결국 이 제도에서는 상대방으로부터 불법행위를 당하였다고 주장하는 당사자가 상대방을 법원에 고발하고 민사소송에 있어서와 마찬가지로 자신의 주장을 뒷받침할 증거를 수집하여 법정에 제출하는 방법으로 피고인의 유죄를 입증할 수밖에 없다.

그에 따라 본래 국가 수사기관이라는 것이 따로 존재할 이유가 없었고 영국 각 지역의 자치 경찰이나 미국의 연방수사국(FBI) 또는 경찰과 같이 범죄의 진압이나 범죄수사에 종사하는 기관이 설치되어 있다 하더라도 이들은 소추당사자인 국왕이나 연방 그리고 주정부를 위하여 범죄와 관련한 증거를 수집하는 기관에 불과하고 국가형벌권을 행사하기 위한 전제 요건으로 국가의 입장에서 혐의자에 대한 범죄혐의를 객관적으로 가리는 우리의 경우와 같은 수사기관으로 보기는 어렵다.

따라서 이들 수사기관은 일반인이 현행범을 체포하는 경우와 비슷하게 범죄혐의자를 체포하거나 체포한 혐의자를 법원에 고발하는 과정에서 그를 신문(interview)하는 등[16)] 외관상 우리 수사기관과 비슷한 수사를 하는 것은 사실이

15) 영미에서는 피고인이 법정에서 범죄를 인정하는 경우 재판절차(trial)를 거치지 않고 범행을 부인하는 경우에만 유·무죄를 가리는 재판절차를 거치게 되는데 이때 피고인에 대한 무죄율은 거의 50%에 육박하는 데 비해 우리나라의 무죄율 0.2%, 일본의 무죄율 0.1% 등과 같이 독일 등 대륙법계 대부분 국가의 형사재판에서 피고인의 무죄율은 매우 낮다. 영미에서는 무죄율이 높아도 이는 그 제도의 당연한 논리적 귀결로 크게 문제가 되지 않는 반면 우리의 경우에는 무죄율이 매우 낮음에도 종종 무죄사건이 사회적 문제로 되는 것은 이러한 사정에 기인하는 것이다.

16) 경찰의 신문은 임의적인 것이고 혐의자가 그에 응할 의무가 없는 것이 당연한 반면 경찰의 신문에 응하여 범죄사실을 자백하는 경우 이는 결정적인 유죄의 증거가 될 수 있으므로 그 사정을 잘 모르는 혐의자에게 이를 알려 주도록 강제하는 수단이라 할 수 있는 Miranda 원칙은 미국의 형사소송에서 매우 중요한 의미를 갖는다.

지만, 이는 일방 당사자로서 상대방 당사자를 상대로 하는 임의적인 증거수집 활동에 불과한 것이고, 우리의 수사기관과 같이 혐의자를 수사의 대상으로 삼아 피의자신문조서를 받거나 필요한 경우 구속수사를 통하여 국가의 입장에서 객관적으로 혐의를 명백히 한 후 혐의자를 법원에 기소하는 것이 아니다. 즉, 영미의 수사기관은, 민사소송의 원고와 마찬가지로, 소추인의 입장에서 피고인을 법원에 고발하는 경우 유죄판결을 받을 수 있을 것인지 여부를 검토하여 유죄판결의 가능성이 있으면 고발을 하게 되는 것이고 그러한 가능성어 없는 경우 소추행위를 그만두는 것이지, 우리의 경우와 같이 범죄혐의를 수사하여 혐의가 드러나는 경우 혐의자를 기소하고 혐의가 인정되지 않는다고 하여 이유를 달아 불기소처분을 따로 하지 않는다.

영국에서 경찰이 혐의자를 법원에 고발할 것인지의 여부를 결정하는 기준은 승소가능성 즉, 혐의자에 대한 유죄가능성이 무죄가능성보다 높은 경우이고, 미국의 경우에는 혐의자가 그러한 범죄를 범하였다고 볼 만한 상당한 이유가 있는지의 여부가 된다. 그 결과 수사기관에서 혐의자를 법원에 고발하였다 하더라도 이는 단순한 일방 당사자의 고발에 불과하고 우리와 같이 국가 수사기관이 국가의 입장에서 객관적으로 범죄혐의를 수사한 결과 범죄혐의가 인정된다고 판단하여 법원에 기소하는 것과 동일하게 볼 수 없다.

피고인이 범죄혐의로 법원에 고발되었다 하더라도 이는 일방 당사자의 고발만 있는 상태이고 공판중심주의에 따라 범죄혐의는 법정에서 재판을 통하여 가려지는 것이므로 도주나 증거인멸의 우려가 없는 한 불구속재판이 원칙이고 또한 법정에서 유죄판결을 받을 때까지 피고인은 당연히 무죄로 추정된다. 영미의 당사자주의 형사소송에서 불구속재판이나 무죄추정의 원칙은 그 제도의 당연한 논리적 귀결이라 할 수 있다.[17)]

---

17) 불구속재판이나 무죄추정이 원칙이라 하여 대부분의 피고인이 불구속 상태에서 재판을 받고 있는 것은 아니다. 영국의 경우 가벼운 기소가능범죄(indictable)로 치안법원에서 재판받는 피고인 중 약 10%가 구금 상태(custodial remand)로 재판받고 있고, 사안이 중한 기소가능범죄로 왕립형사법원(the Crown Court)의 재판에 회부되는 피고인의 약 31%가 구금된 상태로 재판에 회부되어 재판을 받는다. 그 결과 영국의 교도소에는 매년 평균 32,000명의 피고인이 구금되어 재판(trial)을 받고 있고, 12,000명이 유죄판결을 받고 양형판결을 대기하고 있으며 매년 구속 상태에서 재판을 받는 32,000명 중 약 20%인 6,400명이 무죄나 검사의 소 취하(discontinue)로 석방된다. Andrew Ashworth, Mike Redmayne, the Criminal Process, p. 219. 미국의 경우에도 2002년 체포되어 연방법원의 재판에 회부

그러나 국가 수사기관에서 객관적으로 피의자에 대한 혐의를 밝히고 나아가 법조자격을 갖고 일정한 신분과 독립성을 보장받고 있는 검사가 유죄판결에 필요한 수준의 입증이 되었다고 인정하여 피의자를 기소하는 대륙법계제도에 있어서도 영미의 이들 원칙을 아무런 비판 없이 그대로 받아들이는 것은 양 제도의 차이를 간과한 것이라 할 수 있다.[18]

대륙법계제도에 있어 무죄추정은 피고인이 수사기관의 오판에 의해 잘못 기소되었을 수도 있다는 것을 전제로 재판하고 재판 결과 피고인의 유·무죄가 명확하지 않은 경우 입증책임을 검사에게 부담하게 하여 무죄로 판결하여야 하며 또한 피고인에게 무죄의 가능성이 남아 있으므로 유죄확정판결 전에는 무죄로 추정하여 피고인에게 유죄판결에 따르는 불리한 처분을 미리 하지 못하게 하는 의미로 보아야 할 것이다.

또한 수사기관의 수사 결과 피의자의 자백과 참고인의 진술 또는 물적 증거 등으로 범죄의 전모가 드러난 이상 일정한 기준 예컨대, 증거인멸, 도주우려, 재범가능성, 피해자나 증인에 대한 위해 가능성, 사안의 중대성 그리고 실형가능성 등의 기준에 따라 구속할 자는 구속하고 불구속할 자는 불구속 상태에서 재판을 받도록 하는 것이 원칙이 되어야 하고 기준 자체가 불명확하거나 애매한 '증거인멸 및 도주의 우려'만을 기준으로[19] 대부분의 피고인을 불구속 상태에서 재판한다는 것은 영미제도의 오해에서 기인한 것으로 보인다.

된 피고인 11만여 명 중 법원의 첫 출정에서 석방된 피고인은 45%에 불과하고 나머지 54%는 구속 상태에서 치안법원의 예심을 받았으며 그 중 75%는 구속 상태로 재판(trial)까지 받았다. 미국 각 주의 경우에도 중죄로 재판을 받는 피고인 가운데 약 38%가 구속 상태에서 재판을 받고 있다. U. S. Department of Justice, Bureau of Justice Statistic.

18) 우리 제도와 다른 영미의 무죄추정과 불구속재판의 원칙을 비판 없이 받아들인 결과 혐의자에 대한 구속의 기준의 일정하지 않다는 우려가 나오고 있다. 또한 자력 있고 능력 있는 피고인은 이러한 불구속재판의 원칙을 교활하게 이용하는 반면 가난하고 무지한 피고인은 불구속재판이 그에게 면제부를 준 것으로 오해하여 재판에 제대로 대처하지 못하는 것이 현실이다.

19) 범죄를 범하여 처벌대상이 되는 경우 원칙적으로 증거인멸이나 도주의 우려가 있다고 보아야 할 것이다. 그럼에도 다른 요건을 고려하지 않고 이들 사유만을 기준으로 구속여부를 결정한다는 것은 합리적인 기준이라 할 수 없다. 개정형사소송법(제70조 제 2 항)은 구속의 사유로 증거인멸 및 도주우려를 그대로 두는 대신 법원은 구속사유를 심사함에 있어서 범죄의 중대성, 재범의 위험성, 피해자 및 중요 참고인 등에 대한 위해 우려 등을 고려해야 한다고 규정하고 있다.

6. 경찰의 지위

대륙법계국가에서 경찰은 국가형벌권을 실현하기 위해 범인을 검거하고, 그들을 상대로 범죄혐의를 수사한다. 경찰은 일반 시민과 달리 단순히 범죄의 목격자나 증인이 되는 것이 아니라 국가수사기관으로서 범죄혐의자를 상대로 하는 범죄수사의 주체가 된다.[20] 따라서 경찰은 일반인과 달리 범행 현장이나 범인의 검거 또는 수사과정에서 목격한 바를 법정에 출석하여 증언하는 증인이 되는 것이 아니라 혐의자를 상대로 수사를 하고 그 내용을 기재한 수사서류를 증거로 법정에 제출한다.

그러나 국가형벌권을 부정하는 영미의 경찰은 혐의자를 상대로 범죄혐의를 수사하는 수사의 주체가 아니라 소추를 위한 증거를 수집하는 기관에 불과하다. 즉, 소추기관인 경찰은 이론적으로 법질서유지에 관심 있는 사인에 불과하고 따라서 그들의 수사 결과를 기재한 서류가 법정에서 증거로 사용되는 것이 아니라 범죄 현장이나 범인검거 과정 그리고 체포 이후 범인으로부터 들은 진술 내용 등 그들이 목격한 상황은 다른 증인의 경우와 같이 법정에 증인으로 출석하여 증언함으로써 증거가 된다.

예컨대, 우리나라의 수사관이 혐의자를 심문하여 자백진술을 들은 경우 이 내용을 기재한 조서는 수사기관이 혐의자로부터 받아낸 자백증거가 되는 것이지만 영미의 수사관이 혐의자로부터 범죄를 자백하는 진술을 들은 경우 이는 다른 일반 시민의 경우와 마찬가지로 범인의 자백진술에 대한 증인이 될 수 있을 뿐이다.[21]

---

20) 경찰이 피의자를 수사하여 자백을 받은 경우 그 자백을 기재한 피의자신문조서가 증거가 될 수 있지만 경찰이 법정에 출석하여 피의자가 자신에게 범죄사실을 자백하였다고 증언하는 것은 우리 제도에서는 의미가 없고 증거가 될 수 없다. 그럼에도 불구하고 현행범인을 체포하는 경찰관에게 체포의 요건으로 Miranda 원칙을 고지하게 하는 것 또한 영미제도의 오해에서 비롯된 것이라고 할 수 있다.

21) 대법원 2006. 1. 13. 선고, 2003 도 6548호 상해치사 판결 참조. 이 사건의 피고인에게 무죄판결이 선고되었다. 피고인이 미국에서 FBI 직원에게 범행을 자백하고 자백 내용을 기재한 진술서를 작성하여 주었지만 FBI 직원은 검사 이외의 수사기관에 포함되고 따라서 그가 작성하거나 피고인이 작성하여 그에게 제출한 진술서는 피고인이 그 내용을 부인하는 이상 증거로 쓸 수 없다는 것이 무죄이유 중의 하나였다. 만일 피고인이 미국에서 재판을 받았다면 FBI 직원은 피고인의 자백을 증언하고 피고인으로부터 받은 진술서를 증거로 제출하였을 것이고 그에 따라 재판결과는 달라질 수도 있었을 것이다.

이러한 점에서 영미의 경찰은 형사소송에서 원칙적으로 다른 일반 시민과 같은 지위를 갖는 것에 불과하고 다만 그들의 직무가 다른 시민과는 달리 범인을 검거하고 소추절차에 관여하는 것뿐이고 이는 아직도 인정되고 있는 Common Law의 일반원칙이다.

영미의 경찰은 범죄수사에 있어 일반 시민이 갖고 있는 그 이상의 권한을 갖고 있는 것이 아니므로 경찰의 수사권독립과 같은 것도 문제될 여지가 없다. 경찰이 수사권이라는 특별한 권한을 갖고 있지 않기 때문에 그것을 독자적으로 행사하느냐 아니면 검사의 지휘를 받아 행사하느냐의 문제는 논의의 대상이 되지 않았다. 즉, 국가 수사기관으로서 강력한 수사권을 갖고 있는 대륙법계국가에 있어서 경찰의 수사권에 대한 통제와 같은 것은 영미에서는 문제가 될 수 없다. 다만, 미국의 경우 연방헌법의 인권보장규정에 따라 경찰관 또는 범죄수사에 종사하는 연방정부공무원의 수사행위나 그들이 수집한 증거의 증거능력에 일정한 제한을 두고 있는 것이 Common Law의 일반원칙과 다른 점이라고 할 수 있다.

7. 검찰제도

대륙법계국가에서는 기소 이전 단계에서 혐의자에 대한 범죄혐의를 가리는 수사기관의 수사가 매우 중요하다. 수사단계에서 범죄혐의에 대한 결론이 사실상 나기 때문이다. 즉, 수사 결과에 따라 범죄혐의가 입증된 자만을 법원에 기소하고 그러한 입증이 되지 않은 자에 대하여는 불기소처분을 한다. 법원 또한 수사기관이 기소한 사건만을 재판한다. 따라서 수사기관이 공정한 수사를 통하여 피고인의 인권을 보장하면서도 사안에 대한 실체진실을 발견한다는 것이 무엇보다 중요한 일이 된다.

수사기관의 권한남용을 방지하여 피고인의 인권을 보장하고 공정한 수사를 통하여 실체진실을 발견하기 위해서는 범죄혐의자에 대한 수사를 어느 특정의 수사기관에 전담시키는 것은 바람직한 일이 아니다. 이러한 이유로 대륙법계국가에서는 초동수사를 담당하는 경찰 이외에 경찰의 수사를 통제하고 경찰로부터 송치 받은 사건에 대한 보완수사를 거쳐 범죄혐의가 인정되는 자에 대한 공소권을 독점하는 검사 및 검찰제도를 두고 있는 것이 일반적이다.

이에 따라 우리 헌법도 "체포·구속·압수 또는 수색을 할 때에는 적법한 절차에 따라 검사의 신청에 의하여 법관이 발부한 영장을 제시하여야 한다"고 규정하여 검사만이 영장신청을 하도록 하고 있으며, 형사소송법은 "검사는 범죄의 혐의 있다고 사료하는 때에는 범인, 범죄사실과 증거를 수사하여야 한다", "수사관, 경무관, 총경, 경감, 경위는 사법경찰관으로서 검사의 지휘를 받아 수사를 하여야 한다", "공소는 검사가 제기하여 수행한다", "재판의 집행은 그 재판을 한 법원에 대응한 검찰청검사가 지휘한다"고[22] 규정하여 형사사법의 전 과정을 통해 국가형벌권을 주도적으로 행사하는 검사의 지위를 헌법과 법률에서 인정하고 있다.

한편 영미법국가에서는 국가라는 형벌권의 주체를 전제로 국가형벌권을 주도적으로 행사하는 검사가 죄를 지은 자를 가려내어 법원에 기소하고 법원에서 유죄판결이 선고되면 선고된 형을 집행하는 것이 아니라, 국가라 하더라도 단순히 형사소송의 일방 당사자에 불과하므로 국가형벌권을 주도적으로 행사하는 검사라는 지위가 따로 인정될 이유가 없다.

즉, 형사소송의 양 당사자가 법정에서 재판을 통해 범죄의 혐의를 가리는 제도에서는 원고에 해당하는 소추인의 변호사(counsel for the crown 또는 U. S. attorney, state attorney)가 법정에서 소추인을 대리하여 소추행위를 하면 되고, 재판 이전 단계에서 혐의자에 대한 수사를 주재한다거나 수사를 통하여 범인으로 밝혀진 자에 대한 공소권을 독점적으로 행사하며, 법정에서 피고인의 유죄를 입증하는 것은 물론 피고인에 대한 형이 확정된 경우 이를 집행하는 검사 내지 검찰제도는 불필요한 것이 된다. 이러한 양자의 차이를 말해주는 비유적인 예로 "대륙법계 출신의 검사는 '진실발견'을 최우선과제로 삼는 데 비하여 영미법계 출신의 검사는 사건에 '이기고 지는 것'에 더 주안점을 두는 것 같다"는 말이 회자되기도 한다. 따라서 영국이나 미국의 형사소송에서 소추당사자를 대리하는 변호사가 소추행위(prosecution)를 하고 이들 소추담당자들을 우리가 검사(prosecutor)라고 부르기도 하지만 이들을 우리의 검사와 같은 개념으로 볼 수는 없다.[23]

---

22) 헌법 제12조 제 3 항, 형사소송법 제195조, 제196조, 제246조, 제460조.

23) 실제 아프리카 등 영국의 식민지로 있었던 나라의 법정에서 소추행위(prosecution)를 담당하는 소추인(prosecutor)은 경찰관인 경우가 많다.

과거 영국에서 소추 당사자인 국왕을 대리하는 변호사의 역할을 수행하였던 국왕의 법무관 또는 국왕의 고문변호사(King's Counsel)나 실질적으로 형사소추행위를 담당하여 왔던 경찰을 대리하는 변호사(solicitor), 또는 미국 연방정부나 주정부가 당사자인 민사소송이나 형사소송에서 이들을 대표하는 변호사(counsel 또는 attorney)는 이들 당사자의 법률상의 대리인에 불과하다.[24)]

통상 미국의 검사를 우리의 검사와 평면적으로 비교하기도 하고 영국의 경우에도 우리와 비슷한 검찰제도를 도입한 것으로 보는 견해가 있다. 예컨대, "영국에서도 1985년 이후 검찰제도(the Crown Prosecution Service)를 도입하여 현재 검사(Crown Prosecutor)가 소추행위를 맡아하고 있고, 미국에서는 영국과 달리 일찍부터 공소제도를 채택하고 대륙법계통의 검찰제도를 받아들였다"고 말해지기도 한다. 그러나 이러한 견해는 영미의 형사소추제도를 제대로 고려하지 않은 피상적인 관찰에 불과하다. 엄밀한 의미에서 영국이나 미국에서 도입한 제도는 우리와 같은 의미의 검찰제도가 아니라 당사자주의 형사소송에서 소추당사자인 영국의 여왕이나 미국의 연방 또는 각 주를 위하여 법정에서 소추행위를 담당하는 독립된 공적 소추기관을 도입하였다고 보는 것이 정확하다고 할 수 있다.[25)]

비록 미국의 검사는 외형상 대륙법계국가의 검사와 쉽게 구별되지 않는 것으로 보이지만 새로 탄생한 영국의 검사를 살펴보면 영미의 검사가 대륙법계 검사와 어떻게 다른지 알 수 있다. 영국의 검사가 어떠한 지위를 갖고 있는지는 그들이 들고 있는 영국 검사제도의 장·단점을 살펴보면 이를 쉽게 이해할 수 있다.[26)]

---

24) 따라서 영미법국가에서는 국가의 법무행정에 관한 사무를 총괄하는 법무부나 그 수장인 법무장관(Attorney General)은 있어야 하지만 법무부와 별도로 우리의 검찰이나 검찰총장과 같은 제도나 직위는 따로 인정되지 않고 있다. 한편 영국의 경우 법무장관제도는 있지만 법무부는 따로 설치되어 있지 않다. 영국에도 법무부(Department of Justice)라는 부서가 있지만 여기에서 말하는 법무부는 귀족원장(Lord Chancellor)이 수장으로 있는 사법 관련 부서로 우리 제도와 비교하면 사법부에 가까운 기관이다.

25) 영국의 검사(Crown Prosecutor)는 경찰이 소추를 개시한 형사사건을 맡아 형사소추행위를 담당하는 것이 주된 업무이지만 미국의 연방검사 또는 각 주의 검사는 형사소추행위만을 맡아 하는 것이 아니라 연방이나 주가 당사자인 모든 사건 따라서 형사사건뿐 아니라 민사사건 나아가 민사사건의 원고뿐 아니라 피고도 맡아 하는 것이 그 임무이므로 통상 소송에 있어서 원고를 뜻하는 개념인 검사(prosecutor)라 부르지 않고 변호사(attorney)라 부른다.

그들이 들고 있는 영국 검사제도의 장점은 다음과 같다.

① 경찰이나 정치권력으로부터 독립되어 소추에 관한 최종결정을 한다.
② 법무장관(Attorney General)을 통하여 의회에 책임을 진다.
③ 정의의 실현을 위한 양질의 독립된 소추행위를 한다.
④ 사인소추제도를 그대로 인정하고 있다.
⑤ 선고형이 가벼운 경우 판결에 대하여 이의를 제기할 수 있다.[27)]

한편 그들이 들고 있는 단점은 다음과 같다.

① 소추행위를 처음 시작하는 것은 경찰이다.
② 검사가 경찰에 대한 지휘권이나 제재권한을 갖고 있지 않다.
③ 경찰이 수사 중인 사건에 대하여 구체적인 지휘를 할 수 없다.
④ 검사는 독자적으로 수사할 수 있는 인력이 없다.
⑤ 검사의 소추중지결정에 대하여 경찰이 반감을 갖게 된다.
⑥ 검사는 범죄에 대한 목격자를 소환하여 사실관계를 확인할 수 없다.
⑦ 검사는 소추 이외의 다른 처분을 할 권한을 갖고 있지 않다.[28)]
⑧ 경찰 이외의 소추기관이 소추한 사건을 인수하지 못한다.
⑨ 검사는 왕립형사법원(the Crown Court)의 재판에 관여하지 못한다.[29)]
⑩ 양형에 관한 검사의 의견진술이 인정되지 않는다.

---

26) Rovert J. Green(Chief Crown Prosecutor for Devon and Cornwall), The Creation and Development of the Crown Prosecution Service, UNAFEI, RESOURCE MATERIAL NO 42.

27) Common Law에서는 소추인이 피고인의 양형에 관여하거나 양형에 관한 상소를 하는 것은 인정되지 않았다. 그러나 1988년 Criminal Justice Act(제35조, 제36조)에 따라 피고인에 대한 왕립형사법원(the Crown Court)의 판결이 과경한 경우 법무장관이 양형에 관하여 항소법원(the Court of Appeal)에 이의를 제기할 수 있게 되었다.

28) 영국 검사와 달리 미국 검사는 소추에 관한 폭넓은 재량권을 행사할 수 있고 소추 이외의 다른 조치 예컨대, 교육이나 훈련을 받는 조건으로 혐의자에 대한 형사소추를 면해 줄 수 있는 권한을 갖고 있다. LaFAVE, ISRAEL, KING, Criminal Procedure, p. 680.

29) 검사(Crown Prosecutor)는 왕립형사법원(the Crown Court)의 정식재판에 관여할 수 없고 일반 변호사(barrister) 중에서 대리인을 선임하여 소추행위를 위임한다. 당사자주의소송에서 양 당사자 사이의 무기대등의 원칙을 실현하여 공정한 재판을 보장하기 위한 조치라 할 수 있다.

미국의 경우에는 영국과 달리 검사가 수사에 관여하는 것이 허용되고 피고인과 plea bargain을 할 뿐 아니라 모든 형사사건의 재판에 검사가 관여하며 유죄로 인정된 피고인의 양형에 관한 의견진술도 인정되지만 기본적으로 소추인의 대리인이라는 의미에서 미국의 검사는 그들 스스로를 "경찰을 위한 공판변호사(trial counsel for police)" 로 여기고 있다고 한다.[30]

8. 기소와 입증의 정도

대륙법계형사소송에 있어서는 기소독점주의에 따라 검사만이 기소를 하는 것이 원칙이다. 또한 법률전문가인 검사가 기소를 함에 있어서는 범죄혐의에 대한 입증이 있어야 하는 것은 물론이고 그 입증의 정도도 판사가 유죄판결에 필요한 정도의 입증이어야 한다. 피의자에 대한 범죄혐의에 관하여 유죄판결을 받을 수 있을 정도의 입증이 되지 않았음에도 법정에서 유·무죄를 가린다는 입장 내지 판사의 판단을 한번 받아보겠다는 취지에서 피의자를 기소한다는 것은 국가형벌권의 남용이 된다. 또한 이 제도에서는 검사의 기소에 따라 바로 정식재판이 개시되고 따로 피고인을 정식재판에 회부할 것인지의 여부를 가리는 예심절차를 거치지 않는다.

영미의 제도에서는 검사만이 기소를 하는 것이 아니다. 범죄의 피해자나 경찰이 혐의자에 대한 재판을 법원에 청구하고 검사 또는 소추인의 대리인은 소추당사자로서 소추행위를 한다. 피해자나 경찰이 법원에 재판을 청구하는 것은 대륙법계의 검사가 법원에 재판을 청구하는 기소라고 보기 어렵고 일종의 고발(charge 또는 lay information)이라 할 수 있으며 고발을 하는 고발인의 자격에는 특별한 제한이 없고 경찰은 물론 피해자도 할 수 있다.

고발인은 수사 결과 범죄혐의자에 대한 혐의가 입증된 상태에서 고발을 하는 것이 아니라 유죄판결에 대한 50% 이상의 가능성 내지 상당한 이유가 있으면 고발을 한다. 소추당사자로부터 고발을 받은 법원은 혐의자를 바로 정식재판에 회부하는 것이 아니라 치안법원이나 대배심에 의한 일종의 예심절차를 거쳐 혐의자를 법원의 정식재판에 회부하고 이를 보통 기소(indictment)라고 한다. 물론 이 경우에도 대륙법계의 검사가 기소 할 때와 같은 입증이 있어야

30) 표성수, 영미 형사법의 구조, p. 62, 주 138) 참조.

하는 것은 아니고 상당한 이유가 기소의 기준이 된다.

따라서 영미법국가에서 피고인에게 유죄판결을 선고하기 위해 요구되는 입증의 기준이라 할 수 있는 합리적인 의심을 배척할(beyond reasonable doubt) 정도의 입증은 판결의 선고 즉, 피고인에 대한 유·무죄의 결정에 비로소 요구되는 것이고 기소단계에서 요구되는 것이 아니지만 대륙법계제도에서는 이러한 정도의 입증 즉, 95% 이상의 입증이 있는 경우에만 검사가 피고인을 법원에 기소하는 것이 원칙이다.

9. 형사소송의 구조 및 당사자의 처분권

대륙법계형사소송은 경찰 등 수사기관이 범인으로 지목한 자를 대상으로 수사를 하고 검사는 수사 결과 범인이라는 확신과 증거가 있는 경우에만 기소를 하며 법원은 이러한 절차를 거쳐 기소된 자를 상대로 재판을 하게 되므로 공판중심주의에 따라 법정에서 피고인의 유·무죄를 가리는 영미의 재판과는 재판의 비중이 다를 수밖에 없다. 다시 말해 대륙법계국가의 형사소송은 수사기관의 수사 결과를 법원의 재판을 통해 확인하는 의미가 강하여 영미의 배심재판과 달리 그 절차가 비교적 간단하고 단순하다. 이러한 이유로 수사기관 작성의 수사서류 즉, 전문증거가 일정한 요건 하에 광범위하게 증거로 인정되고[31] 피고인이 구속되어 재판을 받는 경우에는 피고인에 대한 각 심급별 구속기간이 정해지기도 한다.[32]

유죄로 인정된 피고인의 양형도 마찬가지이다. 대륙법계국가에서는 피의자에 대한 양형자료까지 전부 수사한 다음 검사가 그 죄질에 따라 기소유예, 약식기소, 불구속기소, 구속기소 등으로 구별하여 처리하며 구형을 통하여 기소된 피고인에 대한 적정한 형을 법원에 청구하기도 한다.

---

31) 형사소송법 제312조, 제313조. 특히 피고인이 아닌 자(참고인)가 작성한 진술서나 그 진술을 기재한 서류는 그 작성자 또는 진술자의 진술에 의하여 그 성립의 진정함이 증명된 때에는 증거로 할 수 있다고 되어 있어 영미에서와 같이 참고인이 증인으로 법정에 출석하여 범죄사실에 관한 증언을 상세하게 새로이 하는 것이 아니라 수사기관에서 진술한 내용을 기재한 수사서류에 대한 진정 성립을 증언하는 것이 실무관행으로 되어 있다.

32) 이에 따라 우리 형사소송법(제92조)은 구속기간을 2개월로 하면서 심급마다 2개월 단위로 2차에 한하여(상소심의 경우 3차에 한하여) 구속기간을 갱신하도록 하고 있다.

이러한 대륙법계 형사재판에 있어서는 피고인에 대한 재판절차를 유·무죄를 가리는 절차와 양형을 정하는 절차로 분리할 이유가 없다. 법원은 수사기관에서 수집한 양형자료와 법정에 제출된 양형자료 그리고 검사의 구형을 참작하여 형을 정하면 되고 양형자료를 수집하는 절차를 별도로 거칠 필요가 없다. 그러나 공판중심주의를 원칙으로 하는 영미에서는 유·무죄를 가리는 절차와 양형을 정하는 절차는 엄격하게 구분된다. 재판(trial)을 통하여 피고인에 대한 유죄가 인정된 경우에만 피고인에 대한 양형(sentencing)절차로 이어진다. 즉, 유·무죄를 가리는 재판단계에서는 피고인에 대한 양형자료가 수집되지 않고 유죄가 인정된 이후에만 양형자료를 수집한다.[33)]

대륙법계국가의 형사재판에 있어서는 피고인이 범행을 자백하는 경우에도 허위자백을 통한 국가형벌권의 부당한 행사를 방지하기 위해 법원은 증거조사절차를 거치는 것은 물론 자백에 대한 보강증거 등을 가지고 피고인이 실제 범인인지의 여부를 확인한 후 유죄를 인정한다. 또한 국가 수사기관, 특히 검사가 범인이라고 단정하여 기소한 피고인이므로 법률전문가인 판사가 재판 결과에 따라 피고인에게 유죄 또는 무죄판결을 선고함에 있어서는 어떠한 증거에 의해 유죄가 인정되는지 또는 어떠한 이유로 검사가 제출한 증거만으로는 유죄를 인정할 수 없는지 그 이유를 설시하는 것이 원칙이다.[34)]

하지만 영미의 형사재판에서는 피고인이 기소인부절차를 통하여 기소된 범죄를 인정하는 경우 유·무죄를 가리는 재판을 하지 않고 바로 양형재판절차로 넘어간다. 한편 피고인이 기소된 범죄를 부인하여 유·무죄를 가리는 재판을 하는 경우에도 법조자격을 갖고 있지 아니한 일반 시민으로 구성된 배심은 양 당사자에 의해 법정에 제시된 증거를 기초로 피고인이 유죄인지(guilty) 또는 무죄인지(not guilty)를 판단하면 되고 어떠한 이유로 그러한 결론에 도달하였는지 그 이유를 따로 설시하지 않는다.[35)]

---

33) 특히 피고인에 대한 유·무죄결정에 예단을 줄 수 있는 피고인의 전과 자료는 재판절차에서 제출할 수 없는 것이 원칙이다.

34) 우리 형사소송법(제323조)도 형의 선고를 하는 때에는 판결이유에 범죄 될 사실, 증거의 요지와 법령의 적용을 명시하여야 한다고 규정하고 있다.

35) 배심이 피고인의 유죄 또는 무죄평결에 대하여 이유를 제시하지 않으므로 피고인으로서는 어떠한 증거에 의하여 유죄가 되었는지 알 수 없고 따라서 배심의 증거판단과 관련하여 상소를 하기도 어려운 것이 현실이다.

10. 기타의 문제

가. 공소권의 남용

형사소추를 피해자의 사인소추로 파악하면 피해자의 소추권은 그의 권리가 된다. 피해자는 원칙적으로 그의 권리를 행사할 수도 있고 행사하지 않을 수도 있다. 피해자가 그러한 권리를 행사하는 것은 그의 권한이지만 다른 권리행사와 마찬가지로 그 남용이 문제된다. 따라서 소추인이 소추권을 남용한 경우 소추권행사의 적법성이 부인되는 경우가 있을 수 있다. 오늘날 미국이 국가소추제도를 채택하였고 영국 또한 사실상 국가소추제도를 채택하여 검사가 소추에 대한 책임을 지고 있지만 이러한 사인소추의 이념이 강하게 남아 있어[36] 아직도 소추권을 소추인의 권리로 보아 그 권리의 행사를 소추인에게 맡기는 대신 그 남용만을 문제 삼고 있는 것이 현실이다.

그러나 국가형벌권을 전제로 하면 그 적정한 행사는 개인의 권리가 되는 것이 아니라 수사담당공무원의 직무상 권한 내지 의무가 된다. 따라서 남낭공무원이 공소권을 남용하게 되면 공소권행사의 적법성을 묻기 이전에 담당공무원의 직무상 범죄가 문제될 수 있다. 그러므로 수사공무원이 공소권을 남용한 경우 그 공무원이 책임을 지는 것은 별론으로 하고 그로 인하여 기소 그 자체가 원칙적으로 위법한 것이 되는 것은 아니라고 할 수 있다. 이러한 이유로 과거 대륙법계국가에서는 공소권남용이 크게 문제가 될 수 없었다.

나. 공소시효제도

대륙법계국가에서는 국가형벌권의 남용을 제한하기 위해 모든 범죄에 대하여 공소시효제도를 인정하고 있다. 즉, 국가의 형벌권행사에 일정한 시간적 제한을 두고 있는 것이다.[37] 따라서 아무리 흉악한 범죄를 범하였고 그에 대한 증거가 명백한 경우에도 법률에서 미리 정한 공소시효가 도과되면 범인을 처벌할 수 없는 것이 원칙이다.

---

36) 이러한 이유에서 영미의 검사는 폭력행위나 금전문제 등 당사자 사이의 사소한 범죄와 관련한 소추에 있어서는 피해자의 의사를 거의 절대적으로 존중한다. 증거가 빈약한 경우에도 피해자가 소추를 고집하는 경우 소추를 계속하는 것이 보통이고 피해자가 처벌을 원하지 않는 경우에는 소추행위를 중지하는 것이 일반적인 실무관행이라 할 수 있다.

37) 이에 따라 우리 형사소송법(제249조)도 모든 범죄에 대한 공소시효를 정하고 있다.

이에 반해 Common Law에서는 원칙적으로 공소시효제도를 인정하지 않고 있다. 가해자에 대한 형사처벌이 양 당사자 사이의 문제라면 소추권의 남용이 문제가 되지 않는 한 굳이 그에 대한 시간적 제한을 둘 이유가 없기 때문이다. 따라서 국왕은 법률에 의하여 특별히 시효가 인정되는 경우가 아니면 범죄 후 어느 때라도 소추를 할 수 있었다.[38)]

오늘날에 있어서도 영미법국가에서는 경범 등 일정한 범죄에 대하여 시효제도를 인정하고 있긴 하지만 원칙적으로 죄질이 무거운 중죄에 대하여는 공소시효제도를 인정하지 않고 있다.

다. 형사미성년제도

국가가 국민 중에서 죄를 지은 자를 처벌하는 경우에는 일정 연령 이하의 자에 대하여는 형벌을 과할 수 없는 형사미성년제도를 채택하게 된다.

그러나 국가형벌권을 부인하면 굳이 형사미성년제도를 둘 이유가 없다. 피고인의 나이가 어린 경우에도 자신의 행위에 대한 의미를 알고 있는 경우에는 형벌을 면하기 어려운 것이 Common Law의 일반원칙이었다.[39)]

라. 법정모욕

국가형벌권을 전제로 하면 피고인의 법정모욕행위에 대하여도 죄형법정주의에 따라 처벌규정을 두고 그에 위반한 자를 다른 범죄의 경우와 마찬가지로 국가에서 수사와 기소 그리고 재판을 통하여 처벌하면 된다. 따라서 법정모욕이 다른 범죄와 달리 취급될 이유가 없다.

그러나 국가형벌권을 부인하고 피해자에 의한 사인소추와 당사자주의를 전제로 한다면 법원이 일종의 피해당사자가 되는 법정모욕의 경우 법원이 스스로 나서지 않는다면 그 행위자를 처벌하는 것이 어렵게 된다.[40)]

---

38) Archbold, Criminal Pleading, Evidence & Practice, Volume 1, § 1-220.

39) 하지만 영국의 경우에도 1933년 제정된 소년법에 의하여 10세 미만의 소년에 대한 형사처벌은 인정되지 않고 있다. Children and Young Persons Act, 1933, s. 50.

40) 이러한 이유로 영미법계 국가의 판사는 전통적으로 법정모욕행위에 대하여 대륙법계 국가의 판사보다 훨씬 광범위하고 강력한 제재권한을 갖고 있고 특히 판사의 면전에서 행한 모욕에 대하여는 고발절차를 거치지 않고 그 즉석에서 벌금 또는 징역형을 과할 수 있다. 최대권, 영미법, p. 153-154, Archbold, Criminal Pleading, Evidence & Practice, Volume 1, § 2/1098.

더욱이 국가라는 형벌의 주체를 인정하지 않고 양 당사자가 법원의 재판을 통하여 유·무죄를 가리고 그에 따라 법원이 형벌을 과하는 구조에서 법원의 원활한 재판을 보장하고 법원의 판결이나 결정 또는 명령에 대한 집행을 담보하기 위해서는 법원에 대한 모욕행위를 넓게 인정하고[41] 이를 엄격하게 규제하는 것이 필요하게 된다. 이러한 이유로 대륙법계국가와는 달리 영미법국가에 있어서는 법정모욕행위가 형사소송이나 민사소송에서 매우 중요한 문제로 광범위하게 다루어지고 있다.

마. 소송비용

국가형벌권에 따라 국가가 죄를 지은 자를 붙잡아 형벌을 과하는 재판과정에서 소송비용이 소요되었다고 하여 이를 피고인에게 부담하게 하는 것은 납득하기 어려운 일이다. 따라서 대륙법계국가에서 피고인에 대한 유죄판결을 선고하면서 피고인에게 재판과정을 통하여 국가가 지출한 소송비용을 부담하도록 하는 일은 거의 없다. 마찬가지로 피고인이 법원에서 무죄판결을 선고받은 경우라 하더라도 피고인이 국가를 상대로 소송비용을 청구할 수 있는 것은 아니다. 다만 피고인이 구속 기소되어 재판을 받아 무죄판결을 선고받은 경우에는 국가로부터 형사보상을 받게 된다.[42]

그러나 형사소송을 그 실질에 있어 민사소송의 경우와 마찬가지로 불법행위의 성립을 둘러싼 양 당사자 사이의 소송으로 보게 되면 그 비용은 패소자가 부담하는 것이 원칙이다. 영미법의 경우에도 유죄판결을 선고받는 피고인에게 반드시 소송비용지급명령을 하는 것은 아니지만 일정한 경우 피고인에게 소송비용지급명령을 하도록 되어 있다.

---

41) 법정모욕은 법정이나 법정 밖에서 사법적 정의의 실현을 방해하는 행위를 처벌하는 형사상의 모욕과 법원의 명령에 대한 불응행위에 대하여 제재를 가하는 민사상의 모욕이 있다. 형사상의 모욕은 법정의 권위에 대한 모욕을 처벌하는 것으로 Common Law상 경범에 해당하고 민사상의 모욕은 소송과 관련하여 법원이 내린 명령을 이행시키는 데 목적이 있다. 민사상 모욕의 경우에도 구금이 인정되며 법원의 명령을 이행할 때까지 구금할 수 있다. 대륙법계국가와 달리 법정에서 판사나 법원의 권위에 대한 모욕행위 뿐 아니라 법원의 출석명령이나 증언명령에 불응하는 경우는 물론 정당한 이유 없이 법원의 민사판결을 이행하지 않는 것도 법정모욕이 된다.

42) 우리나라에서도 형사보상법(제 1 조)에 따라 무죄재판을 받은 자가 미결구금을 당하였을 때에는 국가에 대하여 그 구금에 관한 보상을 청구할 수 있다.

반대로 영미제도에 있어서는 피고인이 구금 상태로 재판을 받아 무죄판결을 선고받았다 하더라도 그에 대한 보상이 이루어지는 것은 아니다. 국가 수사기관이 피고인에 대한 범죄혐의가 인정된다고 오인하여 피고인을 구속한 것이 아니라 법원이 범죄혐의에 대한 입증과 무관하게 오로지 도주나 증거인멸의 염려가 있다고 하여 피고인을 구속하였으므로 피고인이 무죄를 선고받았다고 하여 보상을 해줄 이유가 없기 때문이다.

우리 형사소송법이 영미의 당사자주의소송제도를 도입하면서 소송비용에 관한 부분까지 받아들였지만[43] 사실상 그것이 사문화되어 있는 것은 국가형벌권을 전제로 하는 우리 제도와 맞지 않기 때문이다.

---

43) 형사소송법 제186조 내지 제190조. 형사소송법(제188조)은 또한 "고소 또는 고발에 의하여 공소를 제기한 사건에 관하여 피고인이 무죄 또는 면소의 판결을 받은 경우에 고소인 또는 고발인에게 고의 또는 중대한 과실이 있는 때에는 그 자에게 소송비용의 전부 또는 일부를 부담하게 할 수 있다"고 규정하고 있다. 그러나 고소 또는 고발에 따라 국가수사기관이 수사를 하고 그 결과 검사가 범죄의 혐의가 인정된다고 판단하여 공소를 제기한 사건에 관하여 무죄가 선고되었다고 고소인 또는 고발인에게 소송비용을 부담하게 하는 것은 우리 제도와 어울리는 것이라 보기 어렵다.

제 3 절

Common Law 형사소송의 기본원칙

대륙법계국가에서는 범죄를 가해자가 피해자에게 가한 단순한 불법행위로 보는 것이 아니라 국가가 법질서를 확립하기 위해 죄형법정주의에 따라 제정해 놓은 형벌법규에 위반하는 행위 즉, 국법질서에 대한 침해행위로 파악한다는 것은 전술한 바와 같다. 따라서 국가는 범죄를 저지른 자를 색출하여 처벌함으로써 국법질서를 확립하고 일반 국민의 생명과 재산을 보호한다. 다시 말해 이 제도는 일반 시민 또는 개인과는 별도로 국가라는 관념상의 실체를 인정하여 국가는 죄를 범한 자를 수사하여 재판을 하고 그에 따라 형벌을 과할 수 있다는 소위 국가형벌권을 전제로 하고 있다.

그러나 Common Law에 있어서는 국가라는 형벌권의 주체를 인정하지 않았다. 범죄를 일반 시민에 의한 국법질서침해행위로 파악하는 것이 아니라 단순히 가해자가 피해자에게 가한 일종의 불법행위로 보았다. 형사소송을 국가가 죄를 범한 자를 처벌하는 절차가 아니라 시민이 다른 시민에게 가한 불법행위에 대하여 재판을 통해 제재를 과하는 것으로 파악하는 이상 형사소송은 당사자 사이의 대립하는 소송구조가 될 수박에 없고 법원은 제 3 자적 입장에서 이를 심판하는 기능을 맡게 된다.

이러한 소송구조에 있어서는 그 당연한 논리적 귀결로 사인소추주의, 당사자주의 그리고 공판중심주의가 형사소송의 기본원칙이 된다. 오늘날 영국의 형사소송이 여러 면에서 변화와 발전을 가져왔지만 이러한 기본원칙에 변함이 없고, 이 점은 같은 Common Law제도를 계수한 미국의 형사소송에 있어서도 크게 다를 바가 없다.

미국의 형사법체계가 Common Law상의 범죄를 폐지하여 원칙적으로 제정법주의를 채택하였고 또한 영국과는 달리 일찍부터 대륙법계의 공소제도(public prosecution system)를 받아들였을 뿐 아니라 미국의 각 주 그리고 연방의 형사소송절차가 서로 조금씩 다르기는 하지만, 아직도 미국의 각 주, 그리고 미연방의 형사소송절차를 일관하고 있는 기본원칙들은 영국과 마찬가지로 Common Law에 바탕을 두고 있고 따라서 미국의 형사소송절차가 영국의 그것과 특별히 다를 이유가 없다.

1. 사인소추주의

가. 사인소추의 발전

형사재판에 있어서 국가형벌권을 상정하지 아니하고 형사소송을 민사소송과 마찬가지로 당사자 사이의 대립하는 소송구조로 보게 되면 국가소추주의나 기소독점주의 그리고 기소편의주의 등은 인정될 여지가 없고 피해자에 의한 소추 즉, 사인소추가 형사소추의 기본이 된다.[1] 영국에서도 오래전부터 국왕의 관리나 주민대표 등에 의한 공소추(public prosecution)가 널리 행해졌던 것이 사실이지만 그럼에도 불구하고 형사소송의 기본이념은 사인소추(private prosecution)의 형식을 취하고 있었음은 의문의 여지가 없다.

Common Law에 있어서 이러한 사인소추의 모습은 19세기 영국 법조실무가 출신의 James Fitzjames Stephen이 1884년에 출판한 "영국 형사법의 역사(A History of the Criminal Law of England)"라는 책에서 이를 잘 설명하고 있다.

"대부분의 나라에서 범죄를 수사하고 재판을 위한 증거를 수집하며 법정에서 소송행위를 하는 것은 공무원의 직무로 되어 있다. 유럽 대륙의 모든 곳에서 공무원들이 프랑스의 검사와 비슷한 역할을 하고 있다. 심지어 스코틀랜드에서도 지방검사(Procurator Fiscal)와 그 직원들이 비슷한 임무를 수행하며, 약간의 차이가 있긴 하지만 영국법이 그대로 적용되고 있는 아일랜드도 왕을

1) 이러한 사인소추의 뿌리는 로마시대까지 거슬러 올라간다. 공화정시대는 물론이고 제정시대에도 공소(public prosecution)와 별도로 사인소추가 인정되었으며 피해자뿐 아니라 여자, 미성년자, 군인, 전과자 등을 제외한 누구든지 범법자에 대한 형사소추를 할 수 있었고 그에 따른 배심재판절차는 오늘날 영미의 재판절차와 매우 유사했다. 조규창, 로마형법, p. 308 이하 참조.

대리하는 변호사(solicitor 또는 counsel)가 원칙적으로 소추행위를 수행하는 제도를 갖고 있다. 하지만 영국과 영국의 식민지에서만은 범죄에 대한 소추행위는 전적으로 일반 사인에게 맡겨져 있고, 공무원이 소추행위를 하는 경우에도 그들은 사인의 자격으로 소추행위를 하며 일반 개인이 갖고 있는 그 이상의 법률상의 권한을 갖지 못하고 있다."[2)]

Stephen에 의하면 이러한 Common Law의 사인소추는 통상 다음과 같이 행해졌다고 한다.

"범죄를 저지른 혐의로 혐의자가 체포되어 치안판사에게 인치되면 치안판사의 업무는 완전히 사법적인(entirely judicial) 것이 된다. 그는 공개 법정에서 증거를 조사하고 증인에게 소환장을 발부할 수 있지만 사건에 관한 심리는 할 수 없었다. 또한 사법업무를 수행하는 다른 어떤 직원도 사건에 관한 조사는 하지 않았다. 사건에 관한 조사는 사실상 경찰에 의하여 행해졌다. 사안이 중요한 것인 때에는 경찰이 사무변호사(solicitor)에게 소추를 의뢰하고 사무변호사는 그 중 일부를 법정변호사(counsel)에게 의뢰하여 치안법원에서 소추행위를 하도록 하였다.

종종 사인이 소추를 하는 경우도 있고 이러한 경우 사인은 자신이 직접 소추행위를 하거나 아니면 사무변호사를 고용하여 그에게 의뢰할 수 있으며 사무변호사 역시 이를 다시 법정변호사에게 의뢰할 수 있었다. 이러한 경우 의뢰를 받은 변호사는 민사소송에서 원고로서 소송행위를 하는 것과 동일한 방식으로 소추행위를 하였다.

누가 소추인이 되는지 여부와 관계없이 모든 형사사건에서 소추절차는 완전히 동일했다. 법무장관(Attorney General)이 소추하는 반란죄에 대한 소추절차가 원칙적인 면에 있어서 주인이 2분의 1crown(12. 5펜스)을 횡령하였다는 죄로 하인을 소추하는 것과 하나도 다르지 않았다.

누구도 증거를 수집하거나 수집한 증거를 법정에 제출할 법률상의 권한을 갖고 있지 못하였다. 법무장관이 국가의 중요한 사건에 관하여 고등법원여왕좌부에서 소추행위를 하는 경우에도 한 두 개의 사소한 예외를 제외하면 영국 시골의 한 법원에서 사소한 절도사건에 대한 소추행위를 하는 자격을 갓 취득한 변호사와 동일한 권한과 의무를 가지고 있었다.

2) James Fitzjames Stephen, A History of the Criminal Law of England, 1권 p. 493.

공소국장(Director of Public Prosecutions)이[3] 매우 중요한 사건으로 온 나라가 큰 관심을 가지고 있는 사건에 대한 소추행위를 하는 경우에도 일반 시민이 그 자신 이외의 아무에게도 영향이 없는 사기사건에 대한 소추행위를 하는 경우와 다른 권한을 갖고 있는 것이 아니었다."[4]

영국에서 Common Law상의 사인소추는 1879년까지 계속되었고 이때까지 범죄의 소추를 임무로 하는 공무원은 인정되지 않았다. 국가에서 형사소추를 하는 것이 아니라 범죄의 피해자에게 맡기게 된 결과 19세기에 이르러 돈을 받고 다른 사람의 형사소추를 대리해주는 소추변호사회사(prosecuting society)가 다수 설립되어 일반 사인의 소추행위를 맡아 하기도 했다.[5]

전술한 바와 같이 범죄의 피해자와 관련하여 직접적인 피해자 이외에 국왕도 피해자로 보았고 국왕의 통치영역에서 범죄를 저지르는 것은 국왕의 이익을 침해하는 것으로 간주되었으며 국왕의 이익은 점차 넓게 인정되었다. 국왕이 범죄의 피해자인 사건의 경우에는 국왕의 고문변호사(King's Counsel)가 소추를 담당하였다. 이들 변호사들의 수장으로 소추행위를 포함한 국왕의 제반 민·형사소송이나 법률상의 문제를 총괄하게 된 것이 국왕의 법무대신(Attorney General)이고, 오늘날 영국이나 미국의 법무장관의 연원이 되었다. 이러한 이유로 사인소추가 사실상 모습을 감추게 된 오늘날 영국의 형사소송에서 피고인을 소추하는 당사자는 여왕(Regina)이 되는 것이 보통이다.[6]

나. 경찰소추

19세기에 들어서 과학문명의 발달과 산업혁명으로 인구의 도시집중이 이루어지면서 범죄가 폭증하자 순수한 의미의 사인소추는 한계를 맞이하게 된다.

---

3) 영국에서 공소국장의 직위가 처음 인정된 것은 1880년이었다. 그 이전에는 영국에서 형사소추를 담당하는 public prosecutor는 인정되지 않았다. 내무장관에 의하여 임명된 공소국장은 사안이 중요하거나 어려운 사건에 대한 공소결정을 했다. 공소국장이 공소결정을 하면 재무장관이 소추책임을 인수한 뒤 변호사를 선임하여 소추행위를 하게 했다.

4) James Fitzjames Stephen, A History of the Criminal Law of England, 1권 p. 495.

5) 1839년경 영국에는 형사소추를 대리해 주는 500개 이상의 소추전문변호사회사가 있었다고 한다. Royal Commission on Criminal Procedure, Prosecutions by private individuals and non-police agencies, p. 2.

6) 따라서 영국의 경우 형사사건의 명칭을 "R. v. 피고인의 성명"으로 표시한다. 물론 피고인의 성명으로만 표시하는 경우도 있다.

특히 사인소추로는 피해자가 가난하거나 법률지식에 무지한 경우 소추행위를 제대로 할 수 없고 돈을 받아내기 위한 소추행위의 남용이 문제가 되었다.[7] 이러한 연유로 1829년부터 등장하기 시작한 근대적 의미의 경찰이 점차 소추행위의 주체가 되어 그들이 변호사를 선임하여 소추행위를 담당하게 되었고 피해자들의 소추권남용을 견제하기 위하여 일정한 범죄, 즉 동의사건의 경우에는 법무장관의 동의를 받아 소추를 하도록 하였다.[8] 그 결과 범죄의 피해자에 의한 순수한 사인소추는 사실상 그 모습을 감추게 되고 경찰소추가 일반화되었다. 그러나 사인소추가 경찰소추로 대치되었다고 하여 일반 시민의 사인소추가 완전히 사라진 것도 아니고,[9] 경찰 또한 형벌권을 행사하는 국가 수사기관으로서 소추행위를 하는 것도 아니었다.

경찰의 소추는 경찰이 형벌권을 갖고 있는 국가 수사기관으로서 소추행위를 하는 것이 아니라 일반 시민의 자격으로 소추행위를 하는 것으로 파악하였다. 즉, 경찰은 범인체포를 위하여 임명된 공무원이지만 그들 또한 '법질서유지에 관심 있는 하나의 사인(private person interested in the maintenance of law and order)'의 자격으로 소추행위를 하였고 그 권한 역시 일반 시민보다 약간 넓은 의미의 체포권을 갖는 데 불과하였다.[10]

또한 영국의 경찰은 자치경찰이고 따라서 전국적인 조직체를 갖추고 있는 국립경찰이 인정되지 않아 각 지방의 경찰은 독자적으로 소추행위를 하였다. 이때 처리하는 범죄의 수가 적은 경찰에서는 사건이 발생할 때마다 변호사를 선임하여 소추행위를 맡기면 되었으나 대도시와 같이 형사사건이 빈발하는 곳에서는 사건이 발생할 때마다 변호사를 선임하는 것이 번잡하고 복잡하였으므

7) 이러한 이유로 영국의 사인소추는 대륙의 공소제도와 비교하여 너무 비싸고, 불쾌하고, 불안한 일이어서 특별한 이유가 없으면 그 누구도 소추행위를 하려고 하지 않았다고 한다. James Fitzjames Stephen, A History of the Criminal Law of England, 1권 p. 496.

8) 경찰소추라 하지만 경찰 또한 사인의 입장에서 소추를 하는 것이므로 동의사건인 경우에는 법무장관의 동의를 받아 소추행위를 하였고, 이러한 동의사건에 대한 원칙은 오늘의 경찰소추에도 그대로 적용된다.

9) 이론적으로는 아직 사인소추가 법률상 인정되고 있고, 일반 형사사건 이외의 우리의 행정법규위반과 같은 사건은 아직도 관련 행정기관이나 공공기관 등에서 소추를 담당하고 있으며 이를 넓은 의미의 사인소추라 볼 수 있다.

10) 일반 시민은 무고한 사람을 중죄혐의로 체포하였을 때 실제 중죄가 발생하였을 경우에만 불법체포의 책임을 면하였으나 경찰은 실제 중죄의 발생 여부와는 관계없이 무고한 사람을 중죄혐의로 체포하더라도 상당한 이유만 있으면 면책되었다.

로 아예 경찰서에 일정 수의 변호사를 고정적으로 선임하여 놓고 그들로 하여금 형사피고인에 대한 소추를 전담토록 하였다. 이를 경찰의 변호사부(Solicitor Department)라고 하며 오늘날 영국의 소추전담기관이라고 할 수 있는 공소국의 모태가 되었다.

다. 공소기관의 도입

사인소추제도에서는 형사소추를 담당하는 변호사가 경찰이나 사인의 고용인에 불과하여 독자적으로 공정하게 소추행위를 하지 못하고, 또한 각 지역의 자치경찰이 수사와 소추를 사실상 주관하는 관계로 소추행위가 지역에 따라 제멋대로 행하여지며, 증거가 빈약함에도 마구 소추행위가 이루어져 그 결과 소추권의 공정하고 올바른 행사에 많은 문제가 제기되었다.

이러한 문제들을 해결하기 위해 경찰로부터 독립하여 국가의 비용으로 공정하게 소추권을 행사할 수 있는 독자적인 공소추기관이 필요하다는 Royal Commission on Criminal Procedure의 논의 결과[11]에 따라 1985년에 범죄소추법(Prosecution of Offences Act)이 제정되었고, 그에 근거하여 경찰이 법원에 고발한 형사사건을 경찰로부터 인수하여 소추행위를 전담하는 기관으로서 공소국(the Crown Prosecution Service)이 등장하게 되었다.

이를 두고 영국에서도 수사와 소추행위가 분리되는 형사사법에 있어서의 커다란 개혁이 이루어졌다고 한다. 그러나 이러한 공적인 소추기관이 도입되었다고 하여 사인소추의 원칙이 그 실질적인 내용에 있어서 국가소추로 변경되었다고 보기는 어렵다. 이론상 아직도 사인소추가 그대로 인정되고 있을 뿐 아니라 공소국의 소추행위는 국가형벌권에 입각하여 범인을 처벌하기 위한 형벌권의 집행기관으로서의 공소제기나 유지행위가 아니라 대등 당사자주의에서 그 일방에 불과한 원고 즉, 소추인 측의 소송을 대리하는 행위에 불과하기 때문이다.

---

11) Report by the Royal Commission on Criminal Procedure under the Chairmanship of Sir Cyril Phillips in 1981.
이 위원회는 경찰소추에 다음과 같은 결점이 있다고 보고하였다.
- 경찰이 수사와 동시에 소추권까지 행사하게 되면 공정한 소추권을 행사할 수 없다.
- 영국 각지의 경찰은 소추와 관련하여 서로 다른 기준을 갖고 있다.
- 경찰은 증거가 빈약한 경우에도 마구 소추를 하여 무죄율을 높이고 있다.

결국 새로 탄생한 영국의 공소국은 각 경찰서에 소속되어 있던 기존의 변호사부를 경찰로부터 분리, 독립시켜 구성해 놓은 독립된 형사소추 진담기관에 불과하며[12] 따라서 그 명칭 또한 '소추행위를 지원(prosecution service)'하는 기관으로 되어 있다. 따라서 사인소추가 국가소추 내지 공소추로 변경된 것처럼 보이고 또한 형식적인 면에서는 이것이 어느 정도 타당한 결론이라 할 수 있지만 그 실제 내용에 있어서 사인소추제도의 원칙은 그대로 유지되고 있다.

이를 굳이 우리 제도와 비교하자면 국가를 당사자로 하는 민사소송에 있어서 국가를 대리하는 변호사가 국가가 당사자인 민사소송의 원고를 모두 맡아 소송행위를 하는 것과 같은 구조로 보면 된다. 이러한 형사소송구조에서 경찰이 고발한 사건의 형사소추를 담당하는 변호사(council 혹은 attorney) 또는 검사(prosecutor)는 그의 개인적인 사익을 위하여 소추행위를 하는 것이 아니라 소위 "공익(public interest)의 대표자"로서[13] 소추행위를 하게 된다.[14]

이러한 점은 일찍이 범죄의 공적인 성격을 인식하고 사인소추의 폐해를 방지하기 위하여 사인소추제도를 폐지하고[15] 대륙의 공적인 소추제도를 빋아들였다고 하는 미국의 소추제도 또한 마찬가지라고 할 수 있다. 즉, 미국의 검사 또한 형사소송의 일방 당사자인 연방이나 주를 위하여 소추행위를 하는 것이지 대륙법계국가의 검사와 같이 국가형벌권을 주도적으로 행사하는 국가기관이 아니다.

다만 미국의 경우에는 형사사건의 소추당사자가 국왕이 아니라 주정부나 연방정부가 되는 것이 영국과 다른 점이다. 따라서 형사소송과 관련하여 미국

12) 따라서 영국의 공소국이 자랑하는 가장 중요한 기관의 존재 의의는 경찰로부터 독립되어 소추행위를 수행한다는 것이다. What is the Crown Prosecution Service, http://www.cps.gov.uk.

13) 영국의 검사는 공익의 대표자이기 때문에 경찰이 소추를 개시한 모든 형사사건을 인수하여 소추행위를 하는 것이 아니라 증거와 관련한 승소가능성 즉, 유죄판결 이외에 피고인을 소추하는 것이 공익에 부합하는 경우에만 소추행위를 하게 된다. Prosecution of Offences Act 1985, s. 10, Code for Crown Prosecutors.

14) 우리나라에서도 검사를 공익의 대표자로 규정하고 있고(검찰청법 제 4 조) 법원의 재판절차에 있어서는 일방 당사자의 성격이 없는 것은 아니지만 우리나라에서 검사는 공익이라는 일방의 이익을 대표하는 당사자가 아니라 국가 형벌권을 주도적으로 행사하는 국가기관이다.

15) 미국의 경우에는 사인소추를 폐지하여 피해자가 가해자를 상대로 형사소추를 하는 것은 인정되지 않지만 불법행위로 피해를 당한 피해자가 가해자를 상대로 징벌적인 성격의 손해배상청구를 인정하고 있는 것이 특징이다.

에는 50개의 주(state), Washington D. C. 그리고 연방 등 52개의 소추당사자가 있고 그에 따라 미국의 형사소송에 있어서는 서로 상이한 52개의 법역(jurisdiction)이 있다고 할 수 있다. 형사소송의 법역이 상이하므로 연방이나 각 주는 독자적인 형법이나 형사소송법을 제정하여 시행하고 있다.

2. 당사자주의

가. 당사자주의의 의미

국가형벌권을 전제로 하지 아니하여 형사사법에서 국가라는 우월적인 지위에 있는 형벌권의 주체를 인정하지 아니하고 사인소추가 형사소추의 기본이 되면 민사소송의 경우와 같이 대심주의(adversarial system) 내지 당사자주의 소송구조가 형사소송의 기본이 될 수밖에 없다. 이러한 내용은 영미 형사사법의 구조를 심층적으로 분석하여 이해하기 쉽게 풀이하고 있는 다음과 같은 설명을 보면 더욱 명백해 진다.

“영미에서는 전통적으로 모든 법적인 분쟁과 사법절차를 대립하는 양 당사자 사이의 권리, 이익의 충돌로 구조화하고 이를 사법절차를 통하여 해결한다는 인식을 가지고 있다. 이러한 대극적, 상호 대립적 인식은 영미 사법의 기본을 이루는 핵심적인 것으로서 사법절차는 대심적인 분쟁해결의 구조를 이루는바, 이는 영미 재판의 운용방법이었다고 지적된다. 형사사건에 있어서도 이러한 논리는 마찬가지여서, 영미에서는 사적 기소의 원칙을 유지하면서도 공판도 쌍방이 대립하는 형식으로 구조화하는바, 전통적으로는 피해자(나아가 국왕)와 피고인, 현대적으로는 범죄 진압에 이해관계를 가진 사인으로서의 경찰(영국) 또는 일반시민을 대표한 검사(미국)와 피고인이 각자의 이익을 위하여 대립 충돌하고 이를 중립적인 제 3 자가 해결한다는 구조를 취한다.”[16)]

“영국의 형사소송절차에 있어서 우선 눈에 띄는 것은 그 절차가 처음부터 끝까지 하나의 특색을 갖고 있다는 것이다. 영국의 형사소송절차는 전적으로 민사소송과 같이 당사자 사이의 쟁송적인(litigious) 소송구조로 되어 있고 직권주의적인(inquisitorial) 성격이 전혀 없다. 그 절차는 최초 소추행위의 시작부터 모든 절차단계가 민사소송의 경우와 아주 유사하다. 이러한 사정은 피의자의

16) 표성수, 영미 형사사법의 구조, p. 113.

체포, 치안판사에게 인치하기 전의 피의자신문 그리고 재판을 할 때까지 피의자를 구금하는 것과 같은 예비절차단계에는 적용되지 않는 것처럼 보인다. 그러나 이러한 단계에 있어서도 겉으로 보기보다는 훨씬 더 강한 민사소송과의 유사성이 발견된다. 범죄혐의를 받고 있는 피의자에 대한 체포와 구금은 민사소송에 있어서 소송을 할 때까지 피고를 체포하여 구금하거나 보석으로 석방할 수 있는 영장으로서 최근에 폐지된 중간영장(mesne process)의[17] 방식과 아주 유사하다. 또한 피고인에 대한 유·무죄를 결정하는 방식도 민사소송의 경우와 동일하게 행해진다."[18]

이러한 설명에서 보는 바와 같이 대심주의 소송구조에 있어서는 재판 이전 단계에서 일방 당사자가 상대방 당사자를 수사의 객체로 삼아 객관적인 입장에서 범죄혐의가 있는지의 여부를 수사하거나 수사의 결과 혐의가 인정되는 경우에만 혐의자를 법원에 기소하고 법원의 재판을 통하여 유죄판결이 선고되면 그에 따라 선고된 형을 수사기관이 집행한다는 것은 인정될 수 없고 대등한 당사자가 법정에서 상호 공격과 방어를 통하여 피고인의 유·무죄를 가리는 소송절차가 형사소송의 기본이 된다.

대심주의 소송에서는 법원 또한 직권으로 사실관계나 법률문제를 파악하려고 하는 것이 아니라 공정하게 양 당사자가 서로 공격과 방어를 진행하도록 하는 예컨대, 스포츠 경기의 심판과 같은 역할만 하게 되고 한쪽 당사자가 상대방 당사자의 주장을 인정하는 경우 재판을 더 이상 진행할 필요가 없게 되며 또한 판결에는 그 이유를 설시하지 않는다. 그에 따라 수사기관의 수사는 피의자를 수사의 객체로 삼아 국가 수사기관의 입장에서 객관적으로 실체적 진실을 밝히고 그에 따라 혐의유무를 결정하는 것이 아니라 소추당사자로서 피고인의 유죄입증을 위하여 법정에 제출할 증거자료의 수집에 불과한 것이 된다.[19]

17) 소송을 개시함에 있어 발부하는 소환영장 그리고 판결 결과를 집행하기 위한 집행영장 사이 즉, 소송 도중에 발부하는 영장을 총칭하여 중간영장이라 하고 이러한 중간영장의 하나로 민사소송의 피고를 구금할 수 있는 중간영장은 1833년에 폐지되었다.

18) James Fitzjames Stephen, A History of the Criminal Law of England, 1권 p. 506.

19) 영미의 수사관은 소추당사자의 입장에서 혐의자의 유죄를 입증할 수 있는 증거를 수집하는 것이므로 그 증거수집행위가 적법한지 여부가 형사소송에서 중요한 문제가 되고 우리 수사기관의 수사에 있어서 당연한 것으로 받아들여지고 있는 가해자와 피해자 또는 고소인과 피고소인 사이의 공정한 수사와 같은 것은 큰 의미가 있을 수 없다.

피의자를 상대로 한 수사기관의 강제수사나 피의자를 수사의 객체로 하는 피의자신문이 원칙적으로 인정되지 않는 것은 물론 수사 결과 혐의가 인정되지 않는다고 하여 소추인이나 검사 등이 따로 불기소결정을 하거나 그 이유를 설시하는 일도 없다.[20]

우리나라에서와 같이 수사기관이 피의자를 상대로 수사를 하고 수사 결과를 바탕으로 피의자신문조서를 작성하거나 목격자 등을 상대로 참고인진술조서를 작성하는 것도 원칙적으로 인정되지 않으며 따라서 이러한 전문증거를 증거로 삼아 재판하는 것이 아니라 배심의 면전에서 구두변론절차(oral proceeding) 즉, 당사자의 주장과 입증 그리고 제 3 자의 증언을 통하여 형사소송이 이루어지는 것이 원칙이다.[21] 그에 따라 범인 검거 당시의 상황 예컨대, 범인이 도주하다가 잡혔거나 장물을 갖고 있었던 경우 그리고 경찰관의 질문에 자신이 범인이라고 진술한 것 등은 이를 목격하고 경험한 경찰관이 일반 시민의 경우와 마찬가지로 원칙적으로 법정에 출석하여 증인으로서 증언하는 경우에만 증거가 된다. 또한 피의자가 경찰에게 범행을 자백하는 진술서를 작성하고 서명하였다 하더라도 이 진술서가 증거가 되는 것이 아니라 진술서를 받았다는 경찰관의 증언이 증거가 되고 진술서는 그 증언에 신빙성을 부여하는 증거자료가 된다. 법정에서 공격과 방어를 함에 있어서도 당사자주의는 그대로 적용된다. 공판정의 좌석배치는 물론이고[22] 공격과 방어방법에 있어서도 대등 당사자주의가 적용된다.

---

20) 불기소결정을 따로 하는 것이 아니고 더 이상의 수사를 하지 않음으로써(No Further Action) 수사를 종결한다. 따라서 불기소결정에 대한 불복방법도 원칙적으로 인정될 여지가 없다.

21) 영미의 수사기관이 혐의자를 수사의 객체로 인정하여 피의자신문 등의 수사를 할 수 없다는 것과 실제 이러한 수사가 이루어지고 있는 것은 별개의 문제라 할 수 있다. 경찰이 피의자를 상대로 강제로 피의자신문을 할 수 없지만 피의자가 경찰의 요구에 따라 임의로 피의자신문에 응하여 주거나 진술서를 작성하여 주고 법정에서 소추인이 제출하는 이러한 서면자료에 대하여 이의를 제기하지 않는 경우 이를 증거로 사용하는 것은 영미법에서도 널리 인정되는 입증방식이다.

22) 과거 우리나라 형사소송법은 "검사의 좌석은 변호인의 좌석과 대등하며 피고인은 재판장의 정전에 좌석한다"고 규정하여 검사와 변호인이 법대의 좌우측에 마주 보고 위치하고 피고인은 법대의 정면에 좌석하게 되어 있었지만 개정된 형사소송법(제275조 제 2 항)은 "검사의 좌석과 피고인 및 변호인의 좌석은 대등하며, 법대의 좌우측에 마주 보고 위치하고, 증인의 좌석은 법대의 정면에 배치한다. 다만 피고인 신문을 하는 때에는 피고인은 증인석에 좌석한다"고 규정하여 공판정의 좌석배치도 영미제도를 따르고 있다.

따라서 민사재판의 경우와 같이 증거법이나 입증책임의 분배와 같은 것이 형사재판에서 중요한 문제가 되고 피의자에 대한 불구속재판의 원칙, 무죄추정의 원칙 그리고 공소장일본주의 등이 진정한 의미를 갖게 된다.

또한 국가형벌권을 전제로 하지 않고 사인소추와 당사자주의에 입각하게 되면 민사소송에서 소송물에 대한 당사자의 처분권을 인정하는 것과 비슷한 법리가 형사소송에도 적용된다. 소추당사자가 혐의자를 상대로 소추를 할 것인지 여부는 원칙적으로 그의 권리에 속하는 것으로서 당사자가 적정하게 판단하여 할 일이고 대륙법계의 경우와 같이 엄격한 법률적 통제를 받거나 이러한 법률에 위반하는 경우 직무유기 등 공무원의 직무상 범죄가 성립하는 것이 아니고 다만 소추권의 남용이 문제될 뿐이다. 또한 우리 제도에 있어서는 피고인이 법정에서 기소된 범죄행위를 자백한다 하더라도 법원은 증거조사를 통하여 피고인이 실제 범인이라는 것이 입증되고 또한 피고인의 자백 이외에 이를 보강할 보강증거가 있는 경우에만 유죄판결을 선고하지만 영미의 제도에서는 피고인이 법원의 기소인부(plea)질차에서 기소된 범죄사실을 인정하게 되면 그가 실제 그러한 범죄를 저지른 범인인지의 여부를 가리는 재판(trial)을 하지 않고 바로 유죄로 인정한다.

한편 미국의 형사소송에서 널리 인정되고 있는 plea bargain에 대한 근거와 관련해서도 여러 다른 의견이 있지만 이 또한 기본적으로는 이러한 당사자의 처분권을 전제로 하고 있다고 볼 수 있다.[23)]

나. 당사자주의의 한계

민사소송에서와 같이 당사자주의가 제대로 기능을 발휘하여 실체진실을 발견하는데 효율적인 제도가 되기 위해서는 양 당사자 사이의 "무기대등의 원칙(equality of arms)"이 무엇보다 중요하다.

민사소송(civil litigation)은 서로 대등한 당사자라고 할 수 있는 사인 사이의 소송이 대부분이다. 하지만 형사소송에 있어서 소추당사자는 비록 이론적으로는 다른 사인과 동등한 지위에 있다고 하지만 현실적으로 막강한 힘을 갖고

23) 영국의 경우에는 plea bargain이 정의에 반하는 제도라고 하여 원칙적으로 이를 인정하고 있지 않지만 후술하는 영국의 형사소송에서 보는 바와 같이 일정한 경우 그와 비슷한 협상을 인정하고 있다. John Sprack, Criminal Procedure, p. 251 참조.

있는 국가이고 반대 당사자는 범죄의 혐의를 받고 있는, 일반적으로 사회적 약자부류에 속하는, 미약한 개인이다. 이러한 사정에서 당사자주의의 전제조건이라 할 수 있는 무기대등의 원칙이라는 것은 그 속이 빤히 들여다보이는 탁상공론에 불과하며 잠재적으로 위험할 뿐 아니라 허구에 불과한 것이라고 할 수 있다.[24] 영국에서는 형사소송에 있어서 이러한 양 당사자 사이의 불가피한 불균형을 당사자주의의 결점(adversarial deficit)이라고 부르기도 한다.

영미에서 법을 집행하는 수사기관은 대륙법계국가의 수사기관과 같이 혐의자를 수사의 객체로 삼아 객관적으로 사건에 관한 실체진실을 밝히는 수사권을 갖고 있는 것은 아니지만 형사소송절차와 관련하여 재판에서 국가를 대표할 뿐 아니라 혐의자로부터 자백을 받아내기 위해 혐의자를 체포, 구금, 신문하는 등 증거 수집의 권한과 기회를 통하여 상대방 당사자보다 더 막강한 권한을 가지고 사실상의 재판 전 수사권자(pre-trial inquisitor)로 행세하는 것이 현실이다.

더욱이 혐의자는 재판절차가 진행되는 동안 구금되는 열악한 지위에 놓여 있기도 한다. 이러한 양 당사자 사이의 힘의 불균형을 보완하지 않고는 당사자주의는 제대로 기능을 발휘할 수 없다. 이러한 이유에서 영미의 형사소송은 양 당사자 사이의 무기대등의 원칙을 구현하기 위해 여러 가지 제도적 장치를 마련하고 있다.[25]

이러한 당사자주의의 결점을 보완하기 위하여 영국에서 증거법상 인정되고 있는 중요한 장치가 피고인의 무죄추정과 자기부죄금지의 원칙이다. 그에 따라 기본적으로 피고인은 경찰의 수사나 법정의 재판에서 자기의 행위에 대하여 설명할 필요가 없다.[26] 피고인의 범죄혐의는 소추인이 입증해야 하고 소추인이 입증에 실패하는 경우 피고인은 무죄를 입증할 증인을 소환하거나 자신이 증인으로 나서지 않고도 무죄로 방면된다.

---

24) Paul Roberts · Adrian Zuckerman, Criminal Evidence, p. 15.

25) 예컨대, 영국에서 경찰을 공권력을 행사하는 수사관으로 보지 않고 일반 시민과 동일한 지위에 있는 것으로 보는 것이나 검사(Crown Prosecutor)로 하여금 수사를 하지 못하게 하거나 왕립형사법원(the Crown Court)의 정식재판에 관여하지 못하게 하고 대신 개업변호사(counsel)를 선임하여 법정소송행위를 하도록 하는 것도 이러한 제도적 장치의 하나라 할 수 있다.

26) Paul Roberts · Adrian Zuckerman, Criminal Evidence, p. 15.

미국의 경우에도 피고인의 헌법상 권리로 보장 되고 있는 변호인의 조력을 받을 권리, 적법절차에 관한 권리, 자기부죄금지에 관한 권리, 이중위험금지의 원칙, 증인을 대면할 권리, 신속하고 공개된 재판을 받을 권리 등도 약한 지위에 있는 피고인의 지위를 보강하여 당사자주의의 전제조건인 무기대등의 원칙을 실현하기 위한 것으로 볼 수 있다.

3. 공판중심주의

가. 공판중심주의의 의의

사인소추를 전제로 법정에서 당사자 사이의 공격과 방어를 통하여 피고인의 유·무죄를 가리는 소송절차를 진행한다는 것은 결국 법원 내지 법정에서 모든 것이 결정되는 공판중심주의에 따라 형사소송이 이루어지는 것을 의미한다. 따라서 당사자주의와 공판중심주의는 동전의 양면과 같은 의미를 갖고 있는 것으로서 같은 말의 다른 표현이라고 할 수 있다.

공판중심주의가 무엇을 의미하는가에 관해서는 여러 가지 서로 다른 의견이 있을 수 있지만 본래 사인소추에 기초한 Common Law에 있어서는 그 당연한 논리적 귀결로서 고발(charge)된 피고인의 정식재판회부 즉, 기소(indictment)와 피고인에 대한 유·무죄의 결정(conviction) 그리고 유죄로 인정된 피고인에 대한 양형의 결정(sentencing)과 선고된 형의 집행이 모두 법원에 의하여 이루어지고 있고 이러한 Common Law에 기초한 영미의 형사소송절차를 가리켜 공판중심주의라고 할 수 있을 것이다.[27)]

공판중심주의에 따라 영미에서는 대륙법계형사소송의 경우와 달리 재판을 하기 전 단계에 있어서 범죄혐의자를 수사의 객체로 하는 수사기관의 수사를[28)] 원칙적으로 인정하지 않게 된다.

27) 대륙법계에 속하는 우리나라에서는 공판중심주의라는 말이 널리 사용되고 있고 또한 근자에 사법개혁과 관련하여 공판중심주의가 특히 강조되면서 그러한 방향으로 형사소송법이 대폭 개정되었지만 당사자주의 소송구조인 영미법에 있어서 공판중심주의라는 것은 그 제도의 당연한 논리적 결과라고 할 수 있어 우리의 민사소송에서 공판중심주의라는 말이 사용되지 않는 것과 마찬가지로 이러한 말이 따로 사용되는 일은 없다.

28) 여기서 말하는 수사는 혐의자의 범죄혐의에 대한 소추당사자로서의 증거수집행위를 넘어서는 수사 즉, 수사기관이 수사권을 근거로 객관적인 입장에서 혐의자를 수사의 객체로 삼아 실체진실을 발견하기 위하여 하는 수사를 말한다.

전술한 바와 같이 Langbein 교수가 "미국의 형사소송절차에 있어서는 유럽대륙의 경우와 달리 소송절차가 개시되기 이전 단계에 있어서 철저하고 객관적인 사실관계를 수사하는 과정이 없다"고 지적하고 있는 것이 이를 잘 말해준다. 예컨대, 원고가 민사소송을 제기함에 있어 소송 전 단계에서 피고를 상대로 사실관계에 관한 조사를 할 수 없고 다만 스스로 승소판결을 얻기 위한 자료를 수집할 수밖에 없다는 것은 쉽게 수긍이 가는 일이다. 마찬가지로 경찰 등 영미 수사기관의 수사는 혐의자를 법원에 고발하고 유죄판결을 받기 위한 증거자료의 수집행위에 불과한 것이 된다.[29] 또한 영미에 있어서 수사기관 또는 검사(prosecutor)가 법원에 범죄혐의자에 대한 재판을 청구하는 것을 보통 "charge" 또는 "lay information"이라 하지만 이를 대륙법계제도에 있어 검사의 기소로 보는 것보다는 소추당사자가 혐의자를 법원에 고발하는 것으로 보는 것이 상당하다.

수사기관이 혐의자를 법원에 고발함에 있어서 그 기준 또한 민사소송의 경우와 크게 다를 바가 없다. 즉, 영국의 경우와 같이 혐의자에 대한 유죄판결을 받을 가능성이 무죄판결을 받을 가능성보다 더 높은 경우 또는 미국의 경우와 같이 고발할 만한 상당한 이유가 있는 경우 혐의자를 법원에 고발한다. 이는 국가 수사기관이 공정하고 객관적인 수사를 거쳐 혐의자가 범인이라는 확신이 서고 이를 뒷받침할 증거가 있는 경우 그리고 검사만이 기소를 하는 대륙법계제도와 크게 다른 점이다.

사인소추에 뿌리를 둔 이러한 수사기관의 고발을 받은 영미의 법원은 고발만으로는 피고인을 바로 정식재판에 회부하지 않고 치안법원이나 대배심의 예심을 거쳐 일정한 요건을 갖춘 경우에 피고인을 정식재판에 회부하고 이와 같이 치안법원이나 대배심의 예심을 거쳐 피고인을 정식재판에 회부하는 것을 통상 기소(indictment)라고 부른다.

본래 Common Law에 있어서 고발된 피고인에 대한 정식재판회부 즉, 기소 여부를 결정하는 것은 대배심(grand jury)이었다. 소추인이 법원에 범죄혐의자를 고발하면 시민들로 구성된 대배심이 소추인이 제출한 증거를 검토하여

29) 이러한 이유로 영미에서는 형사를 보통 탐정의 의미를 갖고 있는 detective라고 부르기도 하며, 미국의 연방수사국(FBI) 또한 연방이 당사자인 형사사건을 위한 수사기관 내지 증거수집기관으로 보아야 하고 우리 경찰과 같이 객관적으로 진실을 밝히는 국가 수사기관으로 보기 어렵다.

고발에 상당한 이유가 있다고 인정되면[30] 피고발인을 정식재판에 회부하였다. 그러나 영국의 경우 국왕의 소추권남용으로 인한 인권침해를 방지하기 위한 이러한 대배심에 의한 기소는 실효성이 없어 이를 폐지하고 오늘날에는 치안법원이 예심을 담당한다.[31] 또한 미국의 경우에도 대배심에 의한 예심제도를 폐지하고 치안법원의 예심에 의한 기소를 인정하는 주가 있으며 또한 피고인의 의사에 따라 대배심절차를 생략하여 사실상 검사에 의한 기소제도를 채택하고 있는 주(information state)도 있다.

하지만 미국의 경우 연방의 중죄사건에 있어서 대배심을 통한 정식재판회부 즉, 기소(presentment or indictment of a grand jury)는[32] 연방헌법상 보장된 미국 국민의 기본권의 하나이기도 하다.[33] 오늘날 대배심에 의한 예심은 그 의미를 상실하였지만 수사기관에 의해 고발된 범죄는 대배심의 심리와 별도로 원칙적으로 치안법원의 예심을 거쳐야 기소가 된다.

다음으로 공판중심주의에 있어서 기소된 피고인에 대한 범죄사실의 입증은 법정에서 당사자의 구두변론을 통한 공격과 방어를 통하여 이루어진다. 양당사자는 스포츠경기에 있어서와 마찬가지로 서로 공격과 방어를 통하여 승패를 가리고 법원은 스포츠경기에 있어서 심판과 같은 역할을 한다. 스포츠경기에서 규칙이 중요한 것과 같이 이러한 소송에서도 공격과 방어의 규칙 특히 증거법이 발달하게 되고 모든 증거는 법정에 제출되어야 하며 그 이외의 전문증거는 원칙적으로 증거로 인정되지 않는다.

---

30) 기소 여부를 결정하는 대배심절차에 있어서는 소추인 측만 입증자료를 제출할 수 있고 피고인 측은 반대증거를 제출할 수 없다. 이와 같이 한 쪽 당사자의 증거만 가지고 혐의 여부가 입증된 사건을 prima facie case라 하며 이 경우 피고인을 정식재판에 회부한다. 이때에도 입증의 정도는 상당한 이유(probable cause)가 기준이 된다.

31) 영국에서 대배심제도는 1933년 부분적으로 폐지되었고 1948년에 이르러 완전히 폐지되었다.

32) 역사적으로 presentment는 배심원이 알고 있는 범죄사실을 기초로 대배심 스스로 기소하는 것이지만 경우에 따라서는 일반 사인의 고소(complaint)를 받아 기소하는 것도 presentment로 불렀고 이에 반해 indictment는 국왕의 관리로부터 고발을 받아 이를 심리한 후 상당한 이유가 인정되면 법원의 정식재판에 회부하는 것이었다.

33) 연방헌법 수정 제 5 조. 그러나 미국 연방형사소송법은 피고인의 이러한 권리의 포기를 인정하고 있고 피고인이 이 권리를 포기하면 검사의 고발(information)만으로 피고인을 정식 재판에 기소하는 것과 같은 결과가 된다. 또한 많은 주에서도 이러한 대배심제도를 폐지한 결과 사실상 검사에 의한 기소를 인정하고 있다. 하지만 이 경우에도 치안판사의 예심은 거치게 되어 있다.

대륙법계형사소송에 있어서와 같이 수사기관의 수사를 토대로 검사가 확실한 증거를 근거로 유죄라고 주장하면서 공소를 제기한 피고인에 대하여 이를 확인하는 성격의 재판을 하는 것이 아니라 양 당사자의 공격과 방어를 통하여 승패를 결정하는 재판이므로 유·무죄에 대한 배심의 결정은 원칙적으로 종국적인 것이 되고[34] 배심은 그 결정에 대한 이유도 제시하지 않는다.[35]

재판 결과 피고인이 유죄로 인정되면[36] 그에 대하여 적정한 형을 정하게 되는데 공판중심주의에 있어서 양형에 관한 권한은 법원의 전권이 된다. 즉, Common Law에 있어서 피고인에 대한 양형은 소추인의 업무와 관련이 없는 것으로 보았다. 따라서 소추인은 양형에 관하여 중립적인 입장을 취하여야 하고 소추인이 특정의 형을 제시하거나 엄한 형을 지지하는 것은 인정되지 않았다.[37] 이러한 Common Law의 원칙을 고수하고 있는 영국의 형사재판에 있어서 검사는 양형에 관하여 의견을 진술할 수 없고, 미국의 검사는 양형에 관하여 의견을 진술(recommendation)할 수 있지만 그것을 우리가 생각하는 구형이라고 보기는 어렵다.[38]

피고인에 대한 양형과 관련하여 법원은 양형조사관의 조사 결과를 근거로 선고형을 정하게 되고 양형과 관련하여 소추인의 항소도 인정되지 않는 것이 원칙이다. 그 결과 당사자가 양형의 결정에 있어 위법행위를 주장하는 경우가 아니면 양형부당을 이유로 항소하는 것도 원칙적으로 인정되지 않는다.

---

34) Paul Roberts · Adrian Zuckerman, Criminal Evidence, p. 60 참조.

35) 피고인에 대한 배심의 무죄평결은 종국적인 것이고 무죄평결에 대한 상소를 인정하지 않는 것이 Common Law의 원칙이다. 또한 배심의 유죄평결에 대하여 항소가 인정되는 경우에도 피고인은 유죄평결의 이유를 알 수 없으므로 재판과정의 위법을 문제 삼아 항소하는 것은 가능하지만 배심의 평결이 잘못되었다는 것을 이유로 항소하는 것은 사실상 불가능한 일이다.

36) 영미의 재판에서 피고인이 유죄로 인정되는 경우는 피고인이 자신의 범죄를 인정한 경우(guilty plea) 그리고 배심이 피고인에 대하여 유죄로 평결한 경우가 원칙이지만 그 이외 배심재판이 인정되지 않는 경죄사건이나 피고인이 배심재판을 포기한 때(미국의 경우)에는 판사가 피고인의 유·무죄를 결정한다.

37) John Sprack, Criminal Procedure, p. 329.

38) 실무상 보통 구형이라고 하지만 우리 형사소송법(제302조)은 검사의 구형을 정면으로 규정하지 않고 다만 "피고인신문과 증거조사가 종료한 때에는 검사는 사실과 법률적용에 관하여 의견을 진술하여야 한다"고 규정하고 있다. 그러나 국가형벌권을 전제로 이를 주도적으로 행사하는 검사가 피고인의 죄상에 상응하는 형을 선고하여 달라고 법원에 청구하는 구형과 피고인의 양형에 관하여 전권을 갖고 있는 법원에 대하여 당사자로서 그 의견을 제시하는 것에 불과한 의견진술은 서로 구별되는 개념이다.

또한 판결의 집행도 법원에서 한다. 그에 따라 영미에서 재판의 집행은 원칙적으로 법원의 명령에 따라 교도관 등 형벌집행기관이 맡아하는 형식을 취한다. 예컨대, 징역형을 집행하는 경우 형의 선고와 동시에 피고인은 법정에서 바로 교도소로 보내진다. 피고인이 구속되어 재판을 받은 경우는 물론 불구속 상태에서 재판을 받은 경우에도 형의 선고와 동시에 그 신병에 대한 책임은 교정당국이 인수한다.[39] 그 이외 재판의 집행과 관련이 있는 보호관찰관 등도 모두 법원에 소속되어 있다.

나. 국가형벌권과 공판중심주의

공판중심주의는 국가형벌권을 전제로 하지 않고 범죄를 개인과 개인 사이의 문제로 보는 영미의 사인소추와 당사자주의의 논리적인 귀결이라 할 수 있다. 그렇다면 국가형벌권을 전제로 하는 대륙법계형사소송의 경우에도 공판중심주의가 적용될 수 있는지의 여부 즉, 국가형벌권과 공판중심주의는 양립할 수 있는 개념인지가 문제될 수 있다.

국가형벌권을 전제로 혐의자를 대상으로 하는 국가 수사기관의 수사와 그 수사 결과에 따른 검사의 기소를 전제로 하는 경우에도 판사가 법정에서 모든 증거를 다시 확인하는 등 신중하고 충실히 피고인의 유·무죄를 심리해 본다는 의미에서 공판중심주의를 받아들인다면 이들 두 개념은 양립할 수 있을 것이다. 그러나 영미에서와 같이 기소 이전 단계에서 수사기관이 객관적인 입장에서 혐의자의 범죄혐의를 규명하는 것을 인정하지 않고 당사자의 고발에 따라 피고인의 유·무죄를 당사자의 공격과 방어를 통해서 법정에서 가리겠다는 의미의 공판중심주의로 이해한다면 양립이 어려워진다.

국가형벌권을 전제로 하면 수사 결과를 근거로 검사가 죄를 지은 것이 확실하다고 판단되는 자만을 기소하여 재판을 받게 한다. 막강한 권한을 갖고 있는 수사기관이 확실한 증거도 없이 범죄의 의심만 가지고 혐의유무를 법정에서 가리자고 하면서 혐의자를 법정에 세워 재판을 받도록 할 수 있는 것이 아니기 때문이다. 즉, 국가형벌권을 전제로 하는 대륙법계형사소송에 있어서는 Langbein 교수가 지적하고 있는 바와 같이 "소송절차가 개시되기 전 단계에 있어서 철저하고 객관적인 사실관계를 수사하는 과정"을 거치게 된다.

39) Nigel Walker, Sentencing : Theory, Law and Practice, p. 143. 참조.

대륙법계형사절차는 또한 우리 국민의 법의식에도 부합하는 것으로 보인다. 우리는 죄를 저지르지 않고는 기소되어 법정에서 재판을 받는 일은 없다는 일종의 확신을 가지고 있다. 물론 우리 제도에서는 너무나 당연한 결론이라 할 수 있다. 그러나 객관적인 수사절차를 생략한 채 법정에서 양 당사자의 공격과 방어를 통하여 피고인에 대한 유·무죄를 가리는 제도인 공판중심주의에서는 반드시 죄를 범한 사람만이 기소되어 재판을 받는 것이 아니다.

그럼에도 불구하고 공판중심주의에 따라 실제 죄를 범하지 않은 경우에도 범죄의 혐의를 받고 있다는 이유만으로 재판에 회부되어 형사재판을 받을 수 있다는 것은 우리 국민의 법의식에 부합하는 것이 아니고 따라서 이러한 의미의 공판중심주의를 받아들인다는 것은 어려운 일이다. 개정형사소송법이 재판절차에서 공판중심주의를 철저히 관철하고 있음에도[40] 다른 형사소송에 관련된 규정 예컨대, 경찰과 검사의 수사에 관련된 규정 등을 그대로 두고 있는 것이 이러한 사정을 잘 말해 주고 있다.

결국 우리의 법의식에 부합하는 공판중심주의를 실현하기 위해서는 국가수사기관의 수사를 인정하여 수사 결과 혐의가 확실한 자만을 법원에 기소하고 그렇게 기소된 자를 상대로 공판중심주의에 따라 재판을 하는 것이 되어야 하겠지만 여기에는 여러 문제가 따르게 된다. 우선 수사기관에 의하여 혐의가 밝혀진 피고인을 상대로 재판을 하면서 수사 결과를 무시하고 백지상태에서 다시 피고인의 혐의유무를 가리는 것은 수사기관의 수사권을 무력화시키는 것일 뿐 아니라 노력과 비용의 낭비 즉, 고비용 저효율의 소송제도가 될 가능성이 있다. 물론 인권보장을 위해 고비용이 필요하다면 이를 감수할 수밖에 없지만 공판중심주의가 반드시 피고인의 인권보장을 위한 것인지는 따로 살펴보아야 할 일이다.

---

40) 개정형사소송법(제266조의 11)은 증거개시의무와 관련하여 심지어 피고인의 증거개시의무까지 규정하고 있다. 즉, 검사는 피고인 또는 변호인이 공판기일 또는 공판준비절차에서 현장부재·심신상실 또는 심신미약 등 법률상·사실상의 주장을 한 때에는 피고인 또는 변호인에게 그 서류 등의 열람·등사 또는 서면의 교부를 요구할 수 있다. 이는 검사의 재판 이전 단계에 있어서 피의자에 대한 수사를 원칙적으로 인정하지 않는 영미의 형사소송에서 대등 당사자가 갖고 있는 증거를 서로 개시할 의무의 하나라고 보아야 하고(이는 영미에서도 논란이 있는 제도이다), 검사가 피의자가 주장하는 이러한 점들에 대하여도 모두 수사를 하고 그럼에도 불구하고 피의자에 대한 범죄혐의가 인정된다고 판단하여 기소하는 우리 제도에는 어울리지 않는 규정으로 보인다.

또한 공판중심주의에서 공정한 재판을 통하여 피고인의 인권을 보장하기 위해서는 법정에서 공격과 방어를 하는 양 당사자사이의 힘의 대등이 무엇보다 중요하다. 그러나 공권력을 행사하는 막강한 경찰이나 검사에 대하여 범죄혐의를 받고 기소된 피고인이 대등한 당사자가 되어 법정에서 자신을 방어하기는 어렵다. 더욱이 열악한 상태에서 검사의 수사대상이 되어 수사를 받아 사안의 전모가 거의 드러난 상태에 있는 피고인이 법정에서 검사와 맞서 당당하게 자신을 방어할 수 있다는 것도 기대하기 어렵다.

한편 법정에서 아무런 예단 없이 백지상태에서 피고인의 혐의유무를 가리는 것이 공판중심주의의 내용이지만 이미 수사기관에 의하여 수사를 받고 수사 결과를 토대로 검사가 혐의가 확실히 인정된다고 판단하여 기소한 피고인을 상대로 아무런 편견 없이 공정하게 재판한다는 것은 어려운 일이다.

결국 공판중심주의를 제대로 실현하기 위해서는 영미에서와 같이 재판 이전 단계에서 수사기관에 의한 수사를 인정하지 않는 한편, 경찰이나 검사의 권한을 대폭 축소 내지 제한하여 피고인과 대등한 당사자로 만드는 경우에만 가능할 것이지만 이는 죄를 범하지 않고는 법정에 서는 일이 없다고 확신하고 있는 우리 국민의 법감정에 부합하는 제도라고 보기 어려울 뿐 아니라 실제 죄를 범하지 않은 다수의 무고한 혐의자들이 법정에서 형사재판을 받게 되는 문제점을 야기하게 된다. 나아가 영미의 당사자주의형사소송이 우리의 경우에도 실현가능한 것인지의 여부는 제쳐 두고라도 영미의 공판중심주의가 제대로 기능을 발휘하기 위해서는 그를 위한 기초 토양이 마련되어 있어야 한다.

더욱이 그러한 기초 토양이나 제도적 보완장치가 마련되어 영미의 공판중심주의가 우리 형사소송의 현실이 된다 하더라도 공판중심주의가 피고인의 인권보장을 위한 민주적이고 공정한 재판절차인지의 여부는 또 다른 문제라고 할 것이다. 범죄를 저지르지 않으면 법정에 서지 않을 것이라는 우리나라 사람들의 법감정을 전제로 우리는 당연한 것으로 받아들이고 있는 피고인의 인권보장에는 아무런 문제가 없는지, 미국에서 논란이 되고 있는 유전무죄, 무전유죄[41]의 재판이 될 가능성은 없는지 등을 신중히 살펴볼 필요가 있다.

41) Langbein 교수는 전처 등 살인혐의로 재판을 받고 있는 O. J. Simpson에 대하여 무죄를 예견하면서 그 이유는 그가 유명한 미식축구 선수나 흑인이어서가 아니라 돈이 많은 사람이기 때문이라고 보았다. Newsweek 1995. 4. 17. p. 32 참조.

다. 공판중심주의의 기초

영미의 경우와 같이 법정에서 피고인의 유·무죄와 양형 등 모든 것을 결정하는 공판중심주의가 제대로 운용되기 위해서는 그를 위한 기초 토양 내지 기반이 마련되어 있어야 한다. 우선 영미의 공판중심주의에 있어서는 모든 권한이 법원에 집중되어 있으므로 판사의 권한남용이나 자의적인 재판을 방지하기 위해 대륙법계의 판사제도와 구별되는 판사제도 즉, 판사의 자격이나 선발 그리고 권한에 일정한 제한을 두는 제도를 채택하고 있다.

또한 피고인에 대한 유·무죄의 판단을 신이 아닌 판사에게 전적으로 의존하기 보다는 공정하게 이를 판단할 수 있도록 하기 위해 법률문제는 판사에게 맡기면서 사실에 관한 문제는 배심제도와 같은 것을 두어 여기에 그 판단을 맡기고 있다. 나아가 유죄판결을 받은 피고인에 대한 양형을 전적으로 판사 각자의 재량에 맡기기 보다는 상급법원의 판례나 양형기준법 등을 통하여 판사의 양형결정에 일정한 제한을 가하고 있다. 한편 모든 사건을 공판중심주의에 따라 법정에서 처리한다는 것이 소송경제상 사실상 불가능한 일이므로 기소인부제도, 유죄답변거래 등도 활용하고 있다.

이러한 제도적 기반 위에 더욱 중요한 것은 국민의 법의식이라 할 수 있다. 즉, 법정에서 양 당사자의 공격과 방어 특히 증인의 증언에 의하여 사실관계가 확정되고 그에 따라 배심이 피고인의 유·무죄를 결정하므로 이 제도에서는 증인이 위증을 하지 않고 진실만을 말해 줄 수 있어야 하고 배심원으로 선발된 일반 시민은 이해관계에 흔들리지 않고 편견 없이 공정하게 평결을 하는 등 국민의 법의식이 성숙되어 있어야 한다.

1) 판사의 자격과 선발

먼저 판사의 자격이나 선발과 관련하여 우리나라의 경우와 같이 법률을 공부하여 사법시험에 합격하고 사법연수원을 졸업한 자 중에서 판사를 선발하는 것이 아니라 일정한 경력이 있는 법조인 중에서 학식과 인품이 뛰어난 자를 선발하여 판사로 임용한다. 즉, 일정한 자격요건을 갖추면 법조인으로서의 경력이 없더라도 판사로 임명되고 그 후 연륜에 따라 직위가 승진하는 소위 경력(career) 법관제가 아니라 경륜 있는 법조인만이 판사로 임용되고 또한 판사로 임용된 이후에도 연륜에 따라 직위가 승진하는 것이 아니라 같은 업무를 계속 수행하는 것을 원칙으로 하고 있다.

영국의 경우 법정변호사(barrister)로서 15년 내지 20년 이상 실무에 종사한 변호사 중에서 유능하고 평판이 좋은 일부 변호사에게 왕의 고문변호사 내지 칙선변호사(Queen's Counsel)라는 명예직함을 부여한다. 이러한 직함을 받고 변호사업무에 종사하는 자 중에서 정식판사를 선발한다.[42] 일단 판사로 임명되면 원칙적으로 정년 때가지 동일한 재판업무를 수행하는 것이지, 우리와 같이 순차적으로 돌아가며 특정 보직을 담당하거나 연륜에 따라 점차 중요한 사건의 재판에 관여하고 일신상의 사정이나 승진에서 탈락하면 사퇴하여 변호사업무에 종사하는 것이 아니다.

미국의 경우에도 판사는 개업변호사 가운데서 선발되는 것이 일반적이다. 또한 대부분의 주에서 주민의 선거를 통하여 판사를 선발한다. 다만 일부 주에서는 주지사가 판사를 임명하고 주 의회의 인준을 얻게 되어 있다. 연방법원의 판사도 대통령이 임명하며 상원의 인준을 받는다.[43] 연방대법원판사의 임기가 종신제로 되어 있는 것에서 보듯이 판사로 임명되면 계속하여 같은 재판업무를 보게 되는 것이 원칙이고 우리의 경우처럼 사법연수원 졸업 기수에 따라 순차적으로 승진하면서 형사재판업무를 담당하지 않는다.

따라서 영국이나 미국의 경우에는 경륜과 능력은 물론 판사로서의 자질을 제대로 갖춘 사람을 판사로 선임하고 그들로 하여금 계속 같은 재판업무에 종사하게 함으로써 재판에 대한 신뢰와 안정성 그리고 독립성을 보장하고 있다. 나아가 판사는 대부분 법관직을 천직으로 생각하기 때문에 판사로 재직하다 퇴직하여 변호사로 일하는 경우가 드물고 따라서 우리나라에서 논란이 되고 있는 전관예우의 문제도 일어날 소지가 없다.

2) 배심제도

대륙법계형사소송에서와 같이 수사기관의 수사 결과가 타당한 것인지 여부를 확인하는 재판절차에서는 법률전문가인 판사가 수사기관의 수사 결과와 법정에 제출된 증거 그리고 검사와 피고인 측의 주장과 입증을 검토하여 그의

---

42) 영국에서 barrister가 판사로 임명되기 위해서는 군 법원판사는 최소한 7년, 고등법원판사는 최소한 10년, 항소법원판사는 최소한 15년의 변호사 경력이 필요하지만 실제에 있어서는 이보다 더 오랜 경력을 가진 barrister가 판사로 임명된다. 최대권, 영미법, p. 150.

43) 최대권, 영미법, p. 175 이하.

심증에 따라 유·무죄를 결정하는 것이 일반적이다.[44] 그러나 공판중심주의에 따라 법정에서 양 당사자의 공격과 방어를 통하여 그리고 증인의 증언을 통하여 피고인의 유·무죄를 결정한다고 할 때 전지전능한 신이 아닌 판사가 아무런 오류 없이 정확하게 피고인의 유·무죄를 가린다는 것은 현실적으로 매우 어려운 일이다.

특히 재판 이전 단계에서 피고인의 혐의유무에 대한 수사절차를 거치지 않고 무죄가 추정되는 백지상태에서 피고인에 대한 재판절차를 진행하고 그에 따라 피고인의 유·무죄를 가린다는 것은 사실상 그것이 불가능한 경우도 있을 수 있다. 나아가 피고인에 대한 유죄판결 이후 진범이 검거되거나 증거에 대한 뒤늦은 유전자 검사 등으로 피고인에 대한 유죄판결이 오판으로 드러날 때 발생할 수 있는 어려운 문제를 생각한다면 직업 법관인 판사로서는 이를 감당하기 어려울 수 있다. 이러한 현실적인 문제를 해결하기 위해서는 매 사건마다 각기 다른 피고인에 대한 재판을 위하여 소집되었다가 피고인에 대한 유·무죄의 결정 즉, 평결 이후에는 해산해 버리는 배심과 같은 제도 따라서 어떤 의미에 있어서 오판에 대하여 그 누구도 아무런 책임도 지지 않는 배심과 같은 제도를 채택하는 것이 불가피한 것이라 할 수 있다.[45]

또한 법정에서 양 당사자의 공격과 방어를 토대로 기소된 범죄사실에 대한 피고인의 유·무죄를 판사가 결정하게 하는 것은 지나치게 판사 개인에게 의존하는 것이 되어 재판의 공정성과 신뢰성에 문제가 제기될 수밖에 없고, 이는 민주주의의 기본원칙이라 할 수 있는 법치(rule of law)가 아니라 인치 다시 말해 소위 원님재판으로 흐를 가능성이 있다. 이러한 이유로 공판중심주의에서는 판사와 별도로 객관적인 입장에서 공정하게 피고인의 유·무죄를 판단할 수 있는 제도가 필요하게 되고 이러한 의미에서 배심제도는 공판중심주의와 불가분의 관계에 있다.

---

44) 이러한 재판에서는 증인을 소환하여 새로운 증언을 듣기보다 검사는 수사기관의 수사결과를 확인하는 방법으로 피고인의 유죄를 입증하게 되고 피고인 측으로서는 수사기관의 수사 결과를 탄핵하는 방법으로 피고인의 무죄를 입증하는 것이 보통이다.

45) 판사가 피고인에 대한 유·무죄와 양형을 결정하는 제도에 있어서는 정당한 판결에 대해서도 판결에 불만을 품은 당사자가 공연히 판사를 의심하거나 비난하여 이것이 사법에 대한 불신으로 이어질 수 있지만 배심제도에서는 설사 오심의 결과로 판결에 불만이 있는 당사자라 하더라도 배심제도 자체를 비난하는 것은 가능하지만 판사 또는 법원에 대한 불신이나 비난을 할 가능성은 높지 않다.

결국 공판중심주의를 원칙으로 하는 형사재판에 있어서 판사는 공정하게 재판절차를 진행하면서 그 사안의 재판과 관련한 법률문제를 결정하면 되고 피고인의 유·무죄는 배심이 결정하는 것이 원칙이다.

3) 양형의 기준

공판중심주의에 따라 영미에서는 유죄가 인정된 피고인의 양형에 대하여 법원이 전권을 갖고 있지만 그렇다고 하여 판사가 피고인의 양형을 자신의 독자적인 재량에 따라 정하는 것이 아니다. 영국의 경우 치안법원의 약식재판에 있어서는 치안판사협회에서 정한 자세한 양형기준(sentencing guideline)이 마련되어 있어 치안판사는 양형기준에 따라 형을 정하는 것이 원칙이고, 정식으로 기소된 사건에 대한 왕립형사법원의 재판의 경우 따로 양형기준이 마련되어 있는 것은 아니지만 항소법원(the Court of Appeal)의 판례를 통하여 사실상 양형기준이 정해져 있다. 또한 항소법원은 중요한 범죄의 경우 판례를 통하여 일반적인 양형기준을 제시하고 있다.

미국의 경우에도 사형판결 등 중요한 사안에 대해서는 배심이 형을 정하기도 하지만 대부분의 경우 판사는 양형기준법에 의한 양형기준에 따라 피고인에 대한 형을 정하여야 하고 양형기준에 따르지 않는 형을 선고하고자 하는 때에는 그에 대한 합당한 이유를 제시하여야 한다.

4) 국민의 법의식

대륙법계형사소송에 있어서는 재판 이전의 수사단계에서 수사기관이 피의자나 목격자 등 참고인을 상대로 수사를 하면서 그들로부터 피의자신문조서 또는 참고인진술조서를 받게 된다. 이 과정에서 피의자나 참고인이 다소 사실과 다른 진술을 하더라도 경찰이나 검사는 객관적 증거나 다른 사람의 진술 등을 근거로 허위진술 등에 대한 추궁 등을 통하여 잘못된 진술을 바로 잡아 실체진실을 밝혀 혐의자를 기소하게 된다.

이와 같이 이미 수사기관에 의하여 객관적인 사실관계나 유죄입증을 위한 증거가 확보된 상태에서 피고인에 대한 재판을 하게 되므로 목격자 등 참고인이 법정에서 수사기관에서의 진술과 다른 위증을 하기가 어렵게 되고 또한 증인이 사실과 다른 증언을 한다 하더라도 재판의 결과에 크게 영향을 미치지 못하는 것이 일반적이다. 이러한 사정으로 인하여 대륙법계국가의 형사소송에서 증인의 위증이 상대적으로 크게 부각되지 않고 있는 것이 현실이다.

그에 따라 우리의 형사소송이나 민사소송에서 위증이 적지 않게 행해지고 있지만 그에 대한 처벌은 비교적 관대하다.[46] 하지만 공판중심주의를 원칙으로 하는 형사재판에 있어서는 법정에서 증인의 증언에 따라 사실관계가 확정된다. 증인의 위증은 바로 오심으로 연결될 수 있고 정상적인 형사사법의 운용을 결정적으로 저해하는 것이 된다. 이러한 이유로 영미법국가에서는 위증이 엄중하게 다루어지고 있고 일반 국민들도 위증을 매우 심각하게 받아들일 뿐 아니라 실제 형사재판에 있어서도 위증을 하는 일은 매우 드문 것이 일반적이다.[47] 공판중심주의가 제대로 운용되기 위해서는 위증에 대한 이러한 국민의 법의식이 확립되어야 하고 나아가 배심의 업무 등과 관련하여 일반 국민이 지연, 학연 등 정실에 얽매이지 않고 사법에 참여할 수 있어야 한다.

라. 공판중심주의의 한계

공판중심주의에 대하여는 영미법국가 특히 미국에서 많은 비판이 제기되고 있다. Langbain 교수가 지적하는 대로 이 제도에 있어서 가장 큰 문제는 소송절차가 개시되기 전 단계에 있어서 철저하고 객관적인 사실관계에 대한 수사절차가 없다는 것과 형사소송에 있어서 변호사들에게 사실을 왜곡하고 교묘한 술수를 사용할 수 있는 권한을 주었다는 것이다.

즉, 우리의 경찰이나 검찰과 같은 수사기관을 통하여 진실을 밝히는 과정이 없고, 법원의 재판절차에서 정부를 대리하는 검사와 피고인을 양 당사자로 대립시키는 관계로 약한 입장에 서게 되는 피고인을 위한 변호인의 조력이 매우 중요하게 되어 한편으로는 피고인이 아니라 변호사를 위한 형사재판이 되는 동시에 다른 한편으로는 변호사들이 법정에서 온갖 수단과 방법을 동원하여 형사재판을 왜곡하고 있다고 한다.

---

46) 2006년 우리나라 검찰청에 접수된 위증사건은 5,800건으로 그 중 5,224건이 처리되었고 이들 사건 중 구속 기소된 사건은 58건, 불구속 기소된 사건은 651건, 약식으로 벌금형에 처해진 사건은 1,026건이었으며 전체 처리사건 중 약 41%에 해당하는 2,162건이 무혐의로 처리되었다. 한편 2006년 우리나라 법원에 기소되어 처리된 위증피고인(증거인멸죄 포함)은 1,060명으로 이들 중 153명에게 징역형, 326명에게 집행유예의 형 그리고 454명에게 벌금형이 선고되었다.

47) 2001년의 경우 미국 연방법원에서 위증(법정모욕 포함)으로 유죄판결을 선고받은 피고인 220명 중 65.9%가 징역형을, 32.3%가 보호관찰처분을 그리고 0.5%인 1명만이 벌금형을 선고받았다. Compendium of Federal Justice Statistics, 2001.

그에 따라 이 제도에 있어서는 돈이 형사재판에 있어서 결정적인 역할을 한다는 비판도 나오고 있다. 부자들은 죄를 범하고도 명성과 재능을 갖춘 변호사를 선임하여 무죄 방면될 수 있는 반면 유능한 변호인을 선임할 수 없는 가난한 피고인들은 전혀 다른 상황에 내몰려 국가권력을 등에 업은 우월한 상대방 당사자 즉, 검사에 압도되어 그들의 자의적인 자비에 매달릴 수밖에 없게 되었다고 한다.[48] 이러한 비판 이외에 공판중심주의에 있어서 더욱 큰 문제라고 할 수 있는 것은 이 제도의 논리적 귀결인 다수의 무죄사건이라고 할 수 있다.

1990년대 영국에서는 매년 11만여 명이 기소가능범죄로 왕립형사법원의 정식재판에 기소되고 그 중 약 27,000명이 무죄답변을 하여 배심재판을 받았는데 그들 중 약 13,000명이 무죄판결을 받았다.[49] 이러한 사정은 최근에 이르러서도 크게 바뀌지 않고 있다. 기소가능범죄로 2002-2003 재판연도에 왕립형사법원에서 정식재판을 받은 피고인 중 약 26.5%가 기소된 범죄사실을 부인하여 배심재판을 받았고 그들 중 약 40%가 무죄판결을 선고받았다. 기소가능범죄로 왕립형사법원의 재판에 회부된 피고인 중 약 15%에 대하여 공소국이 증거불충분 등으로 소추를 중지한 것을 감안하면 범죄사실을 부인한 피고인의 약 60% 이상이 무죄판결을 받고 있는 것과 같다.[50]

미국의 경우에도 사정은 비슷하다. 예컨대, 뉴욕의 Kings County 검찰은 1년에 약 85,000건의 사건을 처리함에 있어 중죄사건(felony)에 대한 유죄율이 80% 이상이라고 자랑하고 있지만[51] 여기에서도 유죄답변을 하는 피고인을 제외하면 거의 절반의 피고인이 무죄판결을 받는다.

우리의 입장에서 이러한 다수의 무죄판결은 납득하기 어려운 것으로 보이지만 민사소송에서 원고의 패소판결이 크게 문제가 되지 않듯이 영미의 공판중심주의 형사소송에 있어서 피고인에 대한 무죄는 당연히 예상되는 것이고 크게 문제되는 것도 아니다.

---

48) John H. Langbein, Money Talks, Clients Walk, Newsweek 1995. 4. 17. p. 32.

49) Rovert J. Green(Chief Crown Prosecutor for Devon and Cornwall), The Creation and Development of the Crown Prosecution Service, UNAFEI, RESOURCE MATERIAL NO 42.

50) Andrew Ashworth, Mike Redmayne, the criminal process, p. 267.

51) DA Terence Hallinan's Inaugural Speech, 2000. 1. 10.

그러나 형사재판에서 무죄를 받는 피고인이 이렇게 많다는 것은 일단 무고한 사람들이 그만큼 많이 형사재판에 회부되어 유죄판결에 대한 두려움 속에 많은 비용과 시간을 들여 형사재판을 받고 있다는 것이 된다. 공판중심주의가 피고인의 인권을 위한 공정한 제도라고 하지만 무죄판결을 받는 무고한 피고인의 입장에서 본다면 이는 상상하기 어려운 인권침해라고 아니할 수 없다.

또한 전술한 바와 같이 죄를 범하지 않으면 피고인으로 법정에 서지 않는다는 우리 국민의 확고한 법의식을 고려하면 죄를 범하지 않은 다수의 사람들이 범죄혐의를 받고 법정에 회부되어 유죄판결의 두려움 속에 많은 시간과 노력을 들여가며 형사재판을 받는다는 것은 우리로서는 상상하기 어려운 끔찍한 일이라고 할 수 있다. 이와 달리 형사재판에서 무죄판결을 선고받는 다수의 피고인들이 실제 죄를 범하고서도 O. J. Simpson 사건에서와 같이 돈의 힘으로 배심재판을 통하여 무죄판결을 선고받는다면 이는 정의에 반하는 것으로서 형사사법제도의 치명적인 문제라 할 수 있고, 만일 배심이 실제 범죄를 범하여 유죄인 피고인에게 증거불충분 등으로 무죄로 평결할 가능성이 있다면 반대로 무고한 사람들이 배심재판에서 억울하게 유죄평결을 받을 가능성도 배제할 수 없다.52)

공판중심주의에 따라 법정에서 피고인의 유·무죄가 결정되고 이를 결정하는 것은 법률지식이나 형사재판의 경험이 없는 일반 시민으로 구성된 배심이라는 사정을 감안하면 증거가 명백함에도 무죄평결을 할 가능성과 함께 증거가 확실치 않음에도 유죄평결을 할 가능성이 상존하고 있다는 것을 쉽게 이해할 수 있다. 특히 피고인이 가난하여 유능한 변호인의 조력을 받지 못하고 그로 인하여 자신을 제대로 방어할 수 없는 가난한 피고인이나 제대로 배우지 못한 피고인의 경우 국가권력을 바탕으로 한 검사의 압도적인 위력에 눌려 억울하게 유죄판결을 받을 가능성을 배제하기 어렵다.

---

52) 배심재판에서 일반 시민으로 구성된 배심원들이 법정에서 양 당사자의 공격과 방어를 기초로 정확하게 피고인의 유·무죄를 가린다는 것은 기대하기 어려운 점이 있다. 이러한 이유로 미국의 검사들은 유죄입증을 위한 충분한 증거가 있음에도 피고인과 plea bargain을 하는 수가 있다고 한다. 배심을 믿지 못하여 검사가 유죄증거를 확보하고도 피고인과 협상을 한다면 반대로 무고한 사람이 배심을 믿지 못하여 검사의 plea bargain에 응하는 경우도 있을 수 있고 이 점이 영국에서 plea bargain을 인정하지 못하는 이유가 되고 있기도 하다.

무고한 피고인들이 법정에서 억울하게 유죄판결을 선고받을 수 있다는 것은 영미에서도 크게 이슈가 되고 있는 문제이다.

영국의 경우 북아일랜드 분쟁과 관련한 테러사건의 범인으로 왕립형사법원의 배심재판에서 모살(murder) 등의 죄로 유죄판결을 선고받은 피고인들이 유죄를 인정한 근거가 된 증거에 문제가 있다는 이유로 항소법원의 재심을 통하여 무죄판결을 선고받은 "Birmingham Six 사건"[53]이나 "Guildford Four 사건"[54]이 커다란 사회적 반향을 불러일으켰고 이러한 오판으로 인한 문제를 해결하기 위해 상소제도와 별도로 형사사건재심위원회를 설치 운용하고 있기도 하다. 미국에서도 1971년 이후 사형판결을 받은 피고인 중 119명이 새로운 증거방법으로 등장한 유전자 검사 등을 통해 무고함이 밝혀지고 재심에서[55] 무죄판결을 받고 석방되었다는 것은 매우 주목할 만한 일이다.[56]

실제 유죄인 피고인이 법정에서 무죄판결을 선고받고 방면되는 것은 피고인의 인권보장 등 다른 가치를 이유로 받아들일 수 없는 일이 아니지만 무죄인 피고인이 배심의 오판으로 유죄판결을 선고받고 형벌을 받는다는 것은 문명사회에서는 어떠한 이유로도 용납하기 어려운 일이다. 이러한 관점에서 영미의 공판중심주의를 재조명해 보는 것도 의미 있는 일이 될 수 있다.

---

53) Birmingham의 주점(pub) 2곳에 설치된 폭발물의 폭발로 21명이 살해되고 182명이 부상을 입었다. 이 사건의 범인으로 Hugh Callaghan 등 6명이 모살(murder) 등의 죄로 체포되어 배심재판을 받았고 1975. 8. 15. 유죄평결과 함께 모두 무기징역형을 선고받았다. 그러나 1991. 3. 14. 항소법원은 피고인들에 대한 유죄평결은 신뢰할 수 없는 것(unsafe)이라고 하면서 유죄판결을 번복하고 피고인들을 석방했다.

54) Guildford의 주점 폭탄테러사건으로 1974년 배심재판에서 유죄평결을 받은 Paul Hill 등 4명은 15년을 복역한 뒤 1989년 항소법원의 재심을 통하여 무죄판결을 선고받고 석방되었다. 당시 영국 수상이던 Tony Blair는 이 사건에 있어서의 오심에 대하여 국민에게 사과했다.

55) 미국의 경우 모든 유죄확정판결에 대하여 기간의 제한 없이 재심을 인정하는 것이 아니라 대부분의 주가 재심을 매우 제한적으로 인정하고 있다. 상당수의 주가 재심청구기간을 5일, 10일, 1개월, 1년, 2년 또는 3년으로 제한하고 있고 재심청구기간의 제한을 두지 않고 있는 주는 많지 않다. A life and death gamble, Newsweek, 2000. 5. 29. p. 34.

56) The death Penalty on trial, Newsweek, 2000. 6. 12. p. 30.

제 4 절

Common Law 형사소송의 발전

1. 국왕의 특권과 형사소송

Common Law에서 범법자의 범죄행위를 가해자와 피해자 사이의 문제로 보고 피해자의 사인소추를 원칙으로 한다고 하여 가해자에 대한 형벌의 문제를 당사자에게 일임하였던 것은 아니다. 국왕의 통치영역에서 범죄를 저지르면 이는 피해당사자에게 가한 불법행위에 그치지 않고 동시에 국왕의 권리를 침해하는 것으로 보았다. 따라서 사회전체의 안녕질서를 유지하여야 할 국왕의 특권(prerogative)이 형사소송의 기초가 되었고 이는 군주제의 시작과 역사를 같이 하는 것이다.[1)] 그에 따라 사회가 정상적인 상태에 있는 것을 가리켜 법률적으로 국왕의 평화(King's Peace)라고 부르기도 하였다.

국왕은 자신의 특권을 수호하기 위해 직접 궁정(King's Court)에서 또는 지방을 순회하며 재판을 하기도 하였지만 대부분의 경우 대법관, 기록장관, 판사, 치안판사, 집행관, 검시관 그리고 경찰관리 등을 통하여 재판업무를 수행했다. 국왕의 평화를 지키기 위한 국왕의 관리들을 총칭하여 치안유지자(Conservator of Peace)라고 불렀다. 이들 치안유지자들 중 대법관, 군찰장관, 경비장관과 왕좌법원판사들을 영국 전체에 대한 치안유지자로 보았고, 주행정관, 검시관, 치안판사 그리고 경찰관을 그 해당지역의 치안유지자로 보았다.

과거 형사사법의 운용과 관련한 영국의 지역적 분할은 왕국, 주(shire 또는 county), 백인촌(hundred) 그리고 10호반(tithing)이었고 10호반은 읍(township)과

1) James Fitzjames Stephen, A History of the Criminal Law of England, 1권 p. 185.

유사하였다. 읍보다 더 큰 촌락을 burh로 불렀다. 주에는 한 사람의 주지사(earl 또는 alderman)와 한 사람의 주행정관이 있었다. 백인촌에도 책임자가 있었고 읍에는 주민 4명으로 구성되는 대표자가 있었으며 이들을 읍장(reeve 또는 four men)이라 불렀다. 또한 모든 주민들은 10명 단위로 조직되었고 그 10명에 포함된 각자는 나머지 사람들의 선행을 보증하며 만일 그 중 1명이 범죄로 소추된 경우에는 그를 찾아내어야 하고, 그렇지 못한 경우에는 그가 행한 해악에 대한 배상을 하여야 했다. 이를 10인조(frank-pledge)라 불렀다.

국왕이 이들 영국 전체 또는 각 지역의 치안유지자들을 통해 그의 특권을 지켜온 역사가 바로 Common Law 형사소송의 역사라고 할 수 있다. 전술한 바와 같이 국왕은 자신이 직접 궁정에서 또는 지방을 순회하며 재판을 하기도 하였지만 대부분의 경우 국왕의 관리로 하여금 지방을 순회하면서 재판을 하도록 하였다. 물론 지방의 각 주에 법원을 설치하고 그 지방 관리로 하여금 경미한 사건에 대한 재판을 하도록 하였지만 이들의 재판은 국왕의 법원이나 국왕이 파견하는 순회판사에 의해 철저한 감독을 받는 것을 원칙으로 하였다.

이러한 이유로 과거 영국 형사소송의 특징은 중앙집권적인 재판 그리고 순회재판에 있었고 국왕의 특권을 지키기 위한 재판과정에서 국왕의 권한남용을 견제하기 위해 일반 시민의 사법참여가 매우 넓게 인정되었다. 오늘날 배심재판을 받을 권리가 국민의 생래적 기본권의 하나로 생각되고 있는 것이나[2] 민사 그리고 형사에 관한 가장 중요한 법원인 왕립형사법원, 고등법원, 항소법원이 London에만 설치되어 있는 것도[3] 이러한 역사의 잔재라 볼 수 있다. 미국의 경우에도 이러한 순회재판이나 배심재판의 전통은 그 명칭이나 현실에서 아직 많이 남아 있고 특히 오늘날 전 세계에서 행해지는 모든 배심재판의 약 90%는 미국에서 행해지고 있다.

이 절에서는 국왕의 특권을 지키기 위한 영국 형사법원의 역사 그리고 재판절차가 발전되어 온 과정 즉, Common law 형사소송의 발전과정을 법률실무가 Stephen의 저서 “영국 형사법의 역사”를 참고로 하여 간단히 살펴본다.

---

2) 배심재판을 받을 권리가 국민의 기본권의 하나로 법률상 규정되어 있는 것은 아니지만 일반 국민들은 이를 생래의 기본권으로 보는 것이 일반적이다.

3) 정식재판에 회부된 형사사건에 대한 1심법원인 왕립형사법원(the Crown Court), 민사사건의 1심법원인 고등법원(the High Court) 그리고 이들 법원의 판결에 대한 항소사건을 재판하는 항소법원(the Court of Appeal)은 London에만 설치되어 있는 단일 법원이다.

2. 형사법원의 역사

가. 주 법원(County Court)

노르만 정복 이전부터 영국 각지의 일반적인 형사법원은 주 법원이나 백인촌 법원(Hundred Court)이었다. 이들 법원은 왕실법원(King's Court)의 감독을 받았고 형사사건에 대한 관할도 왕실법원과 동일하였다. 그러나 노르만 정복 이후 왕실법원의 감독이 강화되고 왕실법원이 왕좌법원과 순회법원으로 발전되어 가면서 이들 법원의 관할은 줄어들고 중요성도 감소되었다. 주 법원에서는 주행정관(sheriff)이 국왕의 집사(steward), 사법장관(judicial president), 왕실토지의 관리자 그리고 법의 집행자로서 사법업무를 관장했다. 주행정관이 재판을 소집하면 영주나 그들의 집사, 교구 목사 그리고 각 읍의 지방관과 읍장으로 구성되는 제소자(suitors)들이 모여 현안 문제를 처리했다.

주 법원은 본래 형사사건의 재판만을 위한 것이 아니었고 주의 중요한 공공업무, 사법업무, 재정업무 그리고 군사와 관련한 업무를 처리하는 주민 총회로서의 기능도 수행했다. 즉, 주 법원에서는 주의 모든 재정적, 군사적 업무가 처리되고 헌장과 포고가 작성되어 반포되며 주행정관의 군사에 관한 명령이 발해질 뿐 아니라 지방세의 산정과 징수가 결정되었다.[4] 주 법원의 모임을 주재하는 주행정관은 그 주에 있어서 정부의 주된 2개의 업무인 재정부문과 사법부문을 책임지는 수장이었고 또 그 업무의 수행은 국왕이나 국왕의 대리인으로부터 독립된 것이었으므로 주행정관은 그 주에서 사실상 소국의 왕(petty king)이라 할 수 있었다. 또한 주행정관은 1년에 2회 주의 각 백인촌을 순회하면서 재판(sheriff's tourn)을 주재했다. 그러나 국왕의 승인에 따라 일부 읍이나 장원은 주행정관의 순회재판을 면제받았고 그 대신 영주법원(leet court)이라고 불린 그들 자신의 순회재판을 했다. 즉, 영주법원의 재판은 순회하는 주행정관 앞에서 개최되지 않고 특권 행정구(franchise)의 영주나 그들의 집사 앞에서 개최되었다.

소국의 왕으로 행세한 주행정관의 이러한 권한은 점차 남용되었고 결국 주 법원의 소멸로 이어졌다. 예컨대, 주행정관이 순회재판을 하면서 적법하게 기소되지 않은 자를 기소가 되었다는 구실로 감옥에 감금하고 돈을 요구하게

4) James Fitzjames Stephen, A History of the Criminal Law of England, 1권 p. 77.

되자 기소장은 조사결과보고서에 서명한 적법한 12명의 사람에 의해 작성되어야 한다는 법률이 제성되기까지 하였다. 또한 주행정관의 순회재판에는 중죄(felony)뿐 아니라 종교·도덕상의 범죄(trespasses) 등과 관련하여 터무니없는 기소나 고발이 주행정관이나 그의 하급 관료들에 의해 제기되었고 이들 기소장은 정직하지 못한 배심들에 의하여 또는 주행정관의 하급관료나 집행관에 의해 승인되곤 하였다. 기소장이 승인되고 나면 기소된 사람들은 체포되어 감금되고 그들의 자유를 담보로 가혹한 벌금이나 배상금이 강요되었다. 물론 요구하는 돈을 지급하면 그들에 대한 기소는 철회되었다.

이러한 폐단을 방지하기 위해 기소장이나 고발장만으로는 주행정관이나 집행관이 그 누구도 체포하여 감옥에 감금할 수 없게 되었고, 주행정관이 혐의자를 체포한 경우에도 반드시 사계법원(Court of Quarter Session)으로 혐의자를 데려오도록 요구받게 되었다. 즉, 금품갈취의 수단이 되어버린 주행정관의 재판을 주재하는 판사로서의 권한과 혐의자에 대한 기소 여부를 결정하는 치안판사로시의 권한은 모두 순회법원(court of the justice of assize)이나 사계법원 그리고 치안판사(justice of the peace)에 의하여 사실상 대체되었다. 이러한 과정을 거쳐 주행정관의 순회법원은 사실상 쓸모없게 되었고 더 이상 고발이나 재판을 맡아 할 수 없는 관계로 위에서 본 영주법원을 제외하면 모두 역사 속으로 사라지게 되었다.[5)]

나. 여왕좌법원(Court of Queen's Bench)

노르망디의 William공에 의한 노르만 정복 훨씬 이전부터 영국의 왕들은 정의의 원천으로서 국왕의 대권(prerogative)을 행사해 왔고 이를 위해 국왕이 주재하는 법원은 국가의 중요한 대사를 처리하는 중심이 되었다. 모든 경우에 있어서 사법권의 행사는 국왕의 권위로부터 유래하였다. 따라서 국왕은 자신이 직접 궁정에서 또는 지방을 순회하며 재판을 하였고 그렇지 하지 못하는 경우 그가 임명한 대표를 통해 주 법원의 재판을 주재했다. 또한 그의 사법권을 특정의 법원이나 특정의 사람에게 양도함에 있어서도 일정 부류의 중요한 사건에 대한 관할은 국왕 자신에게 유보하였다.

---

5) 주 법원이 소멸된 정확한 시기는 알 수 없지만 14세기경 순회법원과 사계법원이 등장하여 주 법원의 업무를 대신 맡아하게 되면서 소멸된 것으로 보인다.

특히 국왕의 보호를 침해하는 범죄(breach of the king's protection), 주거침입(house-breaking), 폭행(assault), 병역의무(fyrd)의 태만과 법률의 무시(outlawry) 등은 국왕에게 유보된 국왕의 소송업무로서 국왕의 관리들이 이를 처리했다.[6] 노르만 왕들의 치하에서 이러한 과정을 통해 국왕이 직접 업무를 처리하는 국왕의 법원 즉, 궁정(King's Court)[7] 내지 왕실법원(Curia Regis)은 그 영향력을 크게 증가시켰다.

주 법원(county court)과 마찬가지로 국왕의 법원도 사법업무만을 처리하는 법원이 아니었다. 국왕의 법원은 오늘날의 정부조직 안에 들어 있는 입법, 사법, 재정 그리고 군사에 관한 모든 중요한 기관들의 배아를 가지고 있었다. 그리고 국왕의 법원은 국왕의 업무처리뿐 아니라 왕국 내 사교의 중심무대로서 중요한 역할을 하였다. 국왕이 업무를 보는 자리에는 영국 전역으로부터 모든 부자, 대주교, 교구 주교, 대수도원장, 백작, 향사(thane)와 기사(knight)들이 참석했다. 국왕은 이들이 참석한 가운데 성대한 회의를 열고 왕국의 중요한 문제들이나 당시의 관습에 따라 화려함이나 신성함이 요구되는 일들을 처리했다. 국왕의 대관식, 국왕 자녀들의 결혼식이나 작위수여식 그리고 신성하고 거대한 축제가 이곳에서 거행되었고 그 자리에서는 국왕이나 고위 사법관에 의해 사법업무도 처리되었다. 또한 국왕의 법원은 궁정 한 곳에서만 개정된 것이 아니었다. 국왕은 왕국에서 가장 큰 지주였고 토지 이외에도 왕국 내 거의 대부분의 중요한 도시들에 대하여 권리를 갖고 있었으며 그 권리는 현지에서만 행사할 수 있었다. 또한 세입의 일부를 현물로 소비하거나 사냥 또는 전쟁을 위해 한 장소로부터 다른 장소로 끊임없이 이동하였다.

국왕이 어디로 가든 국왕 법원의 위대한 관리들과 서기를 동반한 대법관 그리고 사법관(justice)들이 국왕을 수행했다. 소송사무가 국왕을 따라 다녔고 사법기관이 국왕을 따라 다녔다. 국왕의 법원은 상설의 2개 기관과 그에 소속된 관리들을 두고 있었으며 그 하나가 좁은 의미의 왕실법원(Curia Regis)이고 다른 하나가 재정법원(Exchequer)이었다. 다만 이들은 별개의 기관이 아니고 한 법원에 있어서 다른 측면 또는 부서로 비유될 수 있다.

6) James Fitzjames Stephen, A History of the Criminal Law of England, 1권 p. 85.

7) 본래 King's Court라고 함은 궁정 즉, 궁궐 안의 마당을 말하는 것이다. 여기에서 국왕이 재판을 포함한 중요한 국사를 논의하고 결정하게 된 관계로 궁정은 국왕의 법원이라는 의미를 갖게 되었고 오늘날 court가 법원을 의미하는 것으로 되었다.

왕실법원에서는 사법업무를 처리하고 왕국의 중요한 일을 토의하였으며 여러 종류의 공식행사가 거행되었다. 반면 재정법원은 왕국의 세입과 관련된 업무를 처리하였고 왕실법원과 달리 이동을 하는 것이 아니었으며 세금으로 징수한 재보(treasure)도 한 장소에 보관하고 있었다. 하지만 두 기관은 상호 밀접한 관련성을 갖고 있었다.

왕실법원의 고위 관리들은 재정법원에도 참여했고[8] 왕실법원의 사법업무는 벌금부과를 통하여 재정수입에 크게 기여했다. 따라서 서로 명칭이 분리되어 있었고 어느 정도 기능도 상이했지만 양 기관은 전체적으로 하나의 큰 기관 즉, 넓은 의미의 왕실법원(Curia Regis)을 구성하는 것으로 볼 수 있었다. 고위 관리들 중 최고위직에 있었던 것이 수석법관(Chief Justiciar)으로 국왕이 해외에 있는 경우 국왕을 대리하여 왕국을 다스렸고 형사재판과 민사재판의 수석법관으로서 왕실법원의 재판을 주재했으며 왕실의 재정수입을 지휘하면서 재정법원의 업무도 주재했다. 노르만 정복 이래 영국 왕들은 왕실법원에서 국왕의 큰 특권 중의 하나인 민사사건과 형사사건에 대한 재판과 다른 하급법원의 재판에 대한 상소심재판을 주재하였고 그에 따라 중요한 많은 형사재판이 이곳에서 이루어졌다.

왕실법원(Curia Regis)의 업무가 증가하고 나아가 1215년의 대헌장에 따라 민사소송은 순회재판을 하지 않고 Westminster Hall에서 재판을 하게 되면서[9] 민사법원(Court of Common Pleas)이 독립된 법원이 되었고, 왕실법원은 민사법원이나 재정법원(Court of Exchequer)의 관할에 속하지 않는 사건들을 처리하면서 그 명칭도 왕좌법원(Court of King's Bench)[10]으로 변경되었다. 과거 국왕이 주재하던 재판의 전통에 따라 국왕이 실제 주재하지 않는 경우에도 "국왕의 면전에서(coram ipso rege) 소송사무를 처리하는 것"으로 의제하여 왕좌법원으로 부르게 되었다. 이는 여왕좌법원이 폐지될 때까지 여왕좌법원의 판사를 "여

---

8) Curia Regis와 Exchequer에서 상위 지위를 차지하는 관리는 그 수가 7명으로 Chief Justiciar, Constable, Marshall, High Steward, Chamberlain, Chancellor 그리고 Treasurer이 그들이다. 이외에도 특별한 직함을 갖지 아니하고 정원도 정해지지 않은 사법관(justice)들이 있었다.

9) 대헌장 제17조는 "민사소송은 왕실법원을 따라 이동됨이 없이 일정한 장소에서 개정된다"고 규정하고 있다.

10) 국왕이 통치하는 시기에는 왕좌법원 그리고 여왕이 통치하는 시기에는 여왕좌법원으로 불렀다.

왕 자신의 면전에서 소송업무를 처리하는 여왕의 법관"으로 부른 것과 일맥상통하는 것이다.[11] 결국 국왕의 법원은 여왕좌법원과 재정법원 그리고 민사법원으로 분리되었고 이들 법원 중 형사사건에 대한 재판을 담당한 것이 여왕좌법원이었다. 그에 따라 한 사람의 수석법관이 맡고 있던 직무도 3개 법원의 수석법관이 나누어 맡게 되었다.

이후 여왕좌법원은 1875년에 이르기까지 그 권한이나 조직에 별다른 변화 없이 형사사건에 관한 영국의 최고법원(supreme criminal court of the realm)으로서의 역할을 수행했다.

1875년 Curia Regis에서 유래된 보통법 법원(courts of Common Law)[12]과 Curia Regis의 구성원 중 하나인 대법관의 권한[13]으로부터 유래된 법원인 형평법 법원(courts of Equity)[14]이 고등법원(the High Court)으로 다시 합쳐지고 여왕좌법원은 고등법원에 있어서 하나의 부 즉, 여왕좌부로 되었으며 여왕좌법원의 수석법관은 영국 전체의 수석법관이 되었다.[15] 여왕좌법원 그리고 고등법원에서는 여왕좌부만이 형사재판을 담당하였고 형사재판과 관련한 여왕좌부의 중요한 권한은 다음과 같았다.[16]

첫째, 고등법원여왕좌부는 종류에 관계없이 모든 형사사건에 대한 재판권을 갖고 있었다. 가장 중요한 반란사건에서부터 가장 가벼운 폭행사건에 이르기까지 관할이 미치지 않는 범죄가 없었다.

---

11) 여왕좌법원의 재판에는 여왕이 참석한 것으로 의제했기 때문에 이 법원에서의 법정모욕이 가장 엄하게 처벌되었다고 한다.

12) 보통법(Common Law)의 법체계에 따라 재판하는 법원을 통칭하여 보통법 법원이라 부르고 왕좌법원, 민사법원 그리고 재무법원이 그에 해당하는 중요한 법원이었다.

13) 14세기 말에 이르러 보통법의 지나친 형식주의와 경직성 또는 불완전성으로 인하여 적절한 법적 구제를 받지 못한 당사자가 국왕에게 보통법의 엄격한 법규칙이 요구하는 것은 아니더라도 도덕과 양심(morality and good conscience)이 요구하는 행위를 상대방에게 강제할 것을 청원하였고 청원을 받은 국왕은 이를 Curia Regis의 일원인 대법관에게 보내 처리하게 되었다. 시간이 흐르면서 청원은 직접 대법관에게 제출되었고 이러한 청원에 대한 대법관의 결정이 발전하여 형평법(equity)이라는 법체계를 형성하였다.

14) 형평법(Equity)의 법체계에 따라 재판하는 법원을 형평법 법원이라 불렀고 대법관이 형평법을 적용하여 재판하던 대법관법원(Court of Chancery)이 형평법 법원이었다.

15) 1873년 사법사무법(Judicature Act)에 의하여 대법관부, 여왕좌부, 민사부, 재무부, 유언검인·이혼 및 해사부의 5부로 출발한 고등법원은 1970년 사법법(Administration of Justice Act)에 의하여 대법관부, 여왕좌부, 가사부의 3부로 개편되어 현재에 이르고 있다. 결국 Curia Regis에서 유래한 여왕좌부, 재무부 그리고 민사부가 여왕좌부로 합쳐진 것이다.

16) James Fitzjames Stephen, A History of the Criminal Law of England, 1권 p. 94.

둘째, 하급법원의 판결에 대한 상소심으로서의 기능을 하였다. 즉, 오심명령(writ of error)을 발하거나 스스로 재심을 하였다. 오심명령은 권리침해를 당하였다는 당사자의 주장 즉, 소송기록을 보면 소송이 잘못되었다는 것을 알 수 있고 따라서 이러한 이유로 원심 결정은 파기되어야 한다는 당사자의 주장을 근거로 하급법원에서 이루어진 소송기록을 고등법원에 제출하라는 명령이다. 오늘날에도 소송절차에 관한 것은 절차에 관한 쟁송문제로 다루어지고 치안법원이나 왕립형사법원에서 절차가 문제가 된 경우 고등법원에 항소를 하고 고등법원여왕좌부에서 이를 심리한다.

셋째, 고등법원은 재량에 따라 사건이송명령(writ of certiorari)을 발할 수 있었다. 이 명령은 하급법원에 제출된 기소장에 대하여 하급법원이 재판을 주저하거나 하급법원에서 재판하는 것이 부적절한 경우 고등법원에서 재판할 수 있도록 사건을 고등법원으로 이송하라는 명령이다.

오심명령이나 이송명령은 모두 Common Law 만큼이나 오래된 것으로 이는 노르만 정복 훨씬 이전부터 왕의 특권으로 행사되어 왔던 Curia Regis의 하급법원에 대한 감독권으로부터 유래하는 것이다.

다. 순회법원(Court of Assize)

순회법원은 Curia Regis만큼 오래된 역사를 갖고 있기는 하지만 어떤 특정의 기관으로부터 유래된 것이 아니라 국왕의 중요한 대권의 하나로서 주 법원과 별도로 국왕의 관리 즉, 사법관(justice)을 지방에 파견하여 순회재판을 하도록 한 것이 그 연원이라 할 수 있다. 국왕으로부터 사법관임명장을 받고 지방의 각 주에 파견된 모든 사법관을 "순회 중(in eyre)"인 사법관이라 했고 그에 따라 순회법원을 처음에는 "순회판사법원(Court of the Justice in Eyre)"이라고 불렀다.

국왕의 사법관은 각 주를 순회하면서 소송사무를 보았는데 소송사무에 관한 그들의 권한은 국왕으로부터 받은 임명장의 내용에 의하여 결정되었다. 예컨대, 순회형사재판(oyer and terminer)을 하기 위해서는 그에 관한 임명장을 받아야 했고, 구금되어 있는 미결수의 석방과 관련된 재판(gaol delivery)을 위해서는 그러한 내용의 임명장을 받아야 했다.[17)]

1176년 Henry 2세가 이러한 Eyre 순회법원을 최초로 조직화하고 전국을 6

17) James Fitzjames Stephen, A History of the Criminal Law of England, 1권 p. 99.

개의 순회재판구로 나누어 각 순회재판구마다 18명의 순회법관을 임명하여 배치하였다. Eyre 순회법원의 특징은 그 판사들에게 부여된 직무의 다양성에 있었다. 그들은 순회재판을 하면서 민사나 형사재판만을 한 것이 아니라 국왕의 세수와 관련된 많은 분야를 주재하고 국왕의 모든 권리에 대한 집행과 보전을 감독하기도 했다. 결국 순회법원의 개정은 국왕의 이익을 위한 것이었고 반대로 주민에게는 별로 반가운 일이 아니었다. 이러한 이유로 처음 순회법원은 7년에 한번 개정하는 것이 원칙이었다.

그 후 Eyre 순회법원의 업무 중 재정적, 행정적인 사항들이 떨어져나가고 사법적인 업무만 남으면서 Assize 순회법원으로 탈바꿈하게 되었다. 그러나 사법업무만을 처리하는 순회법원이 7년에 한번 개정된다는 것은 매우 불편한 일이 되었다. 이러한 이유로 1215년 대헌장[18]에 따라 1년에 4회 모든 주에 재판관 2명을 파견하게 되었고 그 다음 해 1년에 1회로 변경되었다가 종국적으로 1년에 3회 사법관을 파견하는 것으로 되었다. 영국에서 순회법원은 오랫동안 큰 변화 없이 다음에서 보는 사계법원과 동일한 관할권을 갖고 대배심의 기소(indictment)에 의하여 정식재판에 회부된 피고인에 대한 재판을 담당해 왔지만 일반적으로 사계법원의 사건보다 비교적 죄질이 중한 사건들에 대한 재판을 주로 담당했다. 예컨대, 반란죄(treason)와 모살(murder)의 죄 그리고 구금되어 있는 죄수가 범한 범죄들이 순회법원의 재판 대상이었다.

순회법원은 사계법원과 함께 1971년 법원법(Court Act)에 따라 폐지되고 그 후에는 같은 법에 의하여 창설된 왕립형사법원(the Crown Court)이 순회법원의 업무를 대신하게 되었다.

라. 사계법원(Court of Quarter Session)

사계법원의 연원은 치안판사제도와 관련이 있다. Edward 3세 시대인 1327년 "모든 주의 선량한 사람과 그 지방에서 악행을 하거나 소송을 교사하는 자가 아닌 법률에 따라 행동하는 사람들은 치안유지의 업무를 부담하게 된다"는 내용의 법률이 제정되었다.

---

18) 대헌장(Magna Carta) 제18조는 "국왕은 각 군에 2인의 재판관을 연 4회 파견하고, 그들은 그 군에서 선출 된 4인의 기사와 더불어 지정일, 지정장소에서 침탈 부동산 점유회복소송 등 배심재판을 개정하여야 한다"고 규정하고 있다.

이 법률이 치안판사 임명의 효시가 되었고 그에 따라 치안유지의 업무를 담당하는 치안담당자(keeper of the peace)들이 임명되었다. 원래 이러한 치안담당자들의 업무는 범죄의 진압이나 범인의 검거와 같은 형사사법과 관련한 단순한 집행업무에 국한되었고 따라서 그들은 일종의 규모가 큰 경찰에 불과하였다.[19] 다만 1330년의 법률이 "치안담당자들에 의하여 기소되거나(indicted) 인치된 자는 주행정관(sheriff)에 의해 보석으로 석방될 수 없고 미결수석방재판(gaol delivery)[20]의 판사만이 석방할 수 있다"고 규정하여 치안담당자들이 기소(indictment)에 관여하는 것을 인정하고 있었다.

이후 1344년에 이르러 새로운 법이 제정되었다. 이 법은 "국왕이 각 주에서 평판이 좋은 사람 2-3명을 임명하여 치안담당자로서의 임무를 부여한다. 치안담당자가 더 필요한 경우에는 현명하고 법률을 배운 사람을 임명하여 그 지방의 질서를 파괴하는 중죄와 권리침해를 청문하고 처리하며 적정한 형벌을 가하는 임무를 수행한다"고 규정하여 치안담당자들에게 사법적인 권한을 부여하고 있다. 또한 1360년의 법률에 의해 치안담당자들은 범인을 검거할 권한뿐 아니라 국왕을 대리하여 그 지방에서 일어난 모든 중죄와 권리침해에 대한 청문과 결정의 권한을 갖게 되었고 그에 따라 치안담당자들이 치안판사(justice of peace)라는 고귀한 명칭을 얻게 되었다.

1388년의 법률에 의하여 영국의 각 주에 6명의 치안판사로 구성되는 별개의 독자적인 법원(a separate commission)이 설치되었다.

독자적인 법원의 치안판사들은 순회법원판사와 함께 또는 독자적으로 1년에 4회 형사법정(quarter session)을 개정하고 필요한 경우 3일간 심리를 했다. 이것이 사계법원의 기원이 되었다. 사계법원은 영국의 50개 모든 주에 설치되었을 뿐 아니라 도시와 읍으로 구성된 18개의 주 그리고 London과 같은 자치도시에도 80여개의 사계법원이 설치되었다. 사계법원의 판사들은 모든 종류의 중죄, 독살, 마법행위, 요술, 마술, 권리침해, 점술행위, 매점매석행위, 강탈행위

19) James Fitzjames Stephen, A History of the Criminal Law of England, 1권 p. 112.

20) 순회판사가 범죄혐의로 구금되어 있는 자에 대한 재판을 하는 경우 구금되어 있는 자는 모두 석방된다. 무죄판결을 받는 경우 석방되는 것은 물론이고 유죄판결을 받는 경우에도 당시에는 징역형이 인정되지 않았기 때문에 형의 집행을 위해 구금된 장소로부터 석방이 되었다. 이러한 연유로 구금되어 있는 자에 대한 재판을 gaol(교도소) delivery(석방)라고 불렀다.

그리고 치안판사들이 적법하게 조사할 수 있거나 조사하여야 하는 모든 범죄행위를 청문하고 결정하지만 다만 여왕좌부판사나 순회판사가 재판에 참여하는 경우가 아니면 어려운 문제가 있는 사건을 심리하여 판결하는 것이 허용되지 않았다. 결국 사계법원은 어려운 사건의 경우 상급법원의 판사가 참석하여야 한다는 조건을 전제로 중죄와 반란죄를 제외한 모든 범죄를 처리했다. 그에 따라 16세기를 통하여 많은 수의 범법자들이 사계법원에서 사형판결을 받고 처형되기도 하였다.

그러나 시간이 지나면서 사계법원은 절도나 그와 비슷한 사건들로 그 권한이 제한되었고 1826년에 이르러 사계법원에서 재판하는 것은 단순 절도나 경범죄에 불과하다는 것이 일반관행으로 받아들여지게 되었다. 특히 1842년 제정된 법률에 의하여 사계법원은 반란이나 모살 또는 사형에 해당하는 범죄 또는 첫 번째 유죄판결로 무기징역형에 처해질 수 있는 범죄로 고발된 피고인 그리고 법률상의 중요한 문제가 제기될 여지가 있는 18개의 특정한 범죄로 고발된 피고인을 재판할 수 없게 되었다. 이러한 과정을 거쳐 사계법원은 기소(indictment)에 의하여 법원의 정식재판에 회부된 사건 중 순회법원에서 재판하는 사건보다 가벼운 사건에 대한 재판을 하면서 치안법원판결에 대한 항소사건까지 맡아 하다가 1971년 제정된 법원법(Court Act)에 의하여 순회법원과 함께 폐지되었다.

마. 약식사건 관할 법원

치안판사제도의 도입 이래 치안판사들은 다양한 종류의 가벼운 범죄를 약식으로 재판할 수 있는 권한을 취득하게 되었다. 1명 또는 2명의 치안판사가 가벼운 범죄를 저지른 피고인에 대하여 벌금형을 부과하는 것이 일반적이었지만 경우에 따라서는 징역형을 선고하기도 하였다. 이러한 약식재판의 대상이 되는 범죄는 대부분 행정적인 목적의 규정을 위반하는 것이지만 경우에 따라서는 사소한 비행(mischievous)이 그 대상이 되기도 하였다.

영국의 전통은 중요한 사건에 대한 재판은 배심에게 맡기고 중요하지 않은 사건 예컨대, 사소한 권리침해의 성격을 갖고 있거나 선량한 질서를 위반하는 내용의 범죄들에 대한 재판은 치안판사들이 약식으로 재판하는 것을 원칙으로 삼았고 이러한 원칙은 현재의 치안법원제도에 그대로 이어지고 있다.

치안판사가 가벼운 범죄에 대하여 약식재판을 하였다고 하지만 애초에는 약식재판의 대상이나 재판절차도 따로 법으로 규정하지 않고 치안판사의 재량에 맡겨두는 것이 원칙이었다. 그로 인하여 치안판사의 약식재판에서는 관할과 절차에 관한 많은 문제가 제기되었고 그 결과 여왕좌법원의 오심영장(writ of certiorari)에 따라 많은 유죄판결이 파기되었다.

처음에는 사계법원 소속의 치안판사들이 약식재판을 하였지만 1828년부터 사계법원의 관할을 여러 구역으로 나누어 특별 법원(special session)을 설치하고 이들 특별 법원에서 치안판사들이 간이재판(petty session)을 하였다. 1879년에 이르러 이들 특별 법원들은 약식사건관할법(Summary Jurisdiction Act)에 의하여 통일적으로 규율되게 되었고 오늘날의 치안법원의 모태가 되었다. 이 법원에서는 성인에 대한 약식사건뿐만 아니라 부모나 보호자가 반대하지 않는 한 12세 미만의 어린이가 범한, 살인죄를 제외한, 모든 범죄에 대한 재판도 할 수 있었고 12세 이상 16세 이하의 소년이 범한 절도 또는 그와 유사한 범죄에 대한 재판을 할 수 있었다. 성인의 경우에도 그의 동의가 있으면 약식범죄보다 다소 죄질이 중한 범죄에 대하여도 재판할 수 있었다.

이 법원이 부과할 수 있는 형벌은 벌금 이외에 3개월 이내의 징역형과 중노동형이지만 성인에 대한 유죄인정의 경우에는 6개월 이내의 징역형과 중노동형을 선고할 수 있었고[21] 이 원칙은 현재의 치안법원판결에도 그대로 유지되고 있다.

3. 범인의 검거

영국 형사사법의 기초는 국왕의 평화를 유지하기 위한 국왕의 특권이었고 이 특권은 질서유지자들을 통해 행사되었다. 이러한 질서유지자들의 업무수행과 관련하여 중요한 법률이 Henry 2세에 의하여 1166년에 반포된 Clarendon 법과 1176년 반포된 Northampton 법이다. Clarendon 법은 주행정관과 사법관이 백인촌에서 12명 그리고 읍에서 4명을 선정하여 선서하게 한 뒤 그들을 상대로 그들의 마을에 강도, 살인자, 절도범 그리고 이들을 숨기고 있는 자가 있는지의 여부를 조사하여야 한다고 규정하고 있다.

21) James Fitzjames Stephen, A History of the Criminal Law of England, 1권 p. 125.

또한 이 법은 이러한 과정을 거쳐 고발된 자는 주행정관에 인치되어야 하고 주행정관은 인치 받은 자를 다시 사법관에게 데려가도록 규정하고 있다. 주행정관이 고발된 자를 검거하거나 또는 10호반(frank pledge) 안에 다른 사람이 들어가 있는지의 여부를 확인하기 위해 특권구역(franchise)에 들어가는 경우에도 영주가 이를 방해하지 못하도록 규정하고 있다.

Northampton 법에 의하면 강도를 체포하면 구금 상태로 주행정관에게 인치하여야 하고 그에게 인치할 때까지 가까운 곳에 감금할 수 있었다. 또한 이 법률에 따라 누구도 합리적인 사유를 이웃에게 제시할 수 있는 경우가 아니면 손님을 하루 저녁 이상 그의 집에 유숙하게 할 수 없었다. 또한 1181년에 반포된 병기법(Assize of Arms)은 모든 사람은 그의 재산에 따라 일정한 무기를 보유하여야 한다고 규정하고 있다. 이 법의 주된 목적은 물론 군사력을 준비하기 위한 것이지만 주행정관이 범인추적의 명령(hue and cry)을 발했을 때 범인의 검거를 위한 무력제공의 목적도 있었다.

이러한 사정을 종합하면 당시 중죄의 경우에는 누구나 범인을 체포할 수 있었고 경찰은 범인을 체포할 의무가 있었다. 범인이 현장에서 체포되지 않은 경우 범인추적의 명령이 발해졌다. 원래 주행정관이나 경찰이 범인추적의 명령을 발하였지만 치안판사제도가 도입된 이래 치안판사도 이 명령을 발했다.[22) 제도의 효율적인 기능 유지를 위해 모든 사람들은 무기를 보유해야 했고 모든 촌락은 엄격한 감시 아래 있었으며 시민의 여행은 엄격히 제한되었다.

그 후 무기의 보유에 관한 법률이 사문화되고 주행정관이 범인 검거에 관여하는 것도 더 이상 인정되지 않아 과거의 일이 되었지만 중죄(felony)의 경우 누구나 범인을 체포할 수 있었고 치안판사와 경찰이 주로 범인 검거의 업무를 수행하였다. 범인 검거에 있어서 범인추적의 명령(hue and cry)은 16세기를 지나면서 체포영장(warrant)과 소환장(summons)으로 대치되었다.

1360년의 법률에 의하여 치안판사들이 범인을 검거할 수 있는 권한을 부여받았지만 그들이 부여받은 권한은 Common Law에 고유한 일반인의 범인 체포권한 내지 경찰의 범인 체포권한과 조금도 다르지 않았다. 하지만 치안판사는 자신이 직접 범인을 검거하기 보다는 경찰을 통하여 범인을 검거하게 되었고 그에 따라 치안판사가 여러 명의 경찰에게 특정한 범인을 검거할 수 있는

22) James Fitzjames Stephen, A History of the Criminal Law of England, 1권 p. 189.

권한을 문서로 부여하는 관행이 확립되자 범인추적의 명령은 그 자취를 감추게 되었다. 이에 따라 치안판사가 기소가능범죄(indictable offence)가 발생하였다는 고발을 받게 되면 혐의자에게 소환장(summons)을 발부하고 고발이 선서에 의해 그리고 서면으로 이루어진 경우에는 혐의자의 체포를 위한 영장을 발부하게 되었다. 치안판사가 체포영장을 발부하는 경우 반드시 경찰에게만 발부한 것이 아니고 일반 사인에게도 체포영장을 발부해 주었다.

이러한 과정을 거쳐 범인검거와 관련한 다음과 같은 Common Law의 일반원칙이 확립되었다.23)

① 실제 범죄를 저지르고 있는 자 그리고 실제로 범죄를 지금 막 저지른 자는 누구든지 체포할 수 있다.
② 실제 중죄(felony)가 발생한 경우 누구든지 그러한 범죄를 범하였다고 믿을 만한 상당한 이유가 있는 자를 체포할 수 있다.
③ 실제 중죄가 발생하였는지 여부와 관계없이 경찰관은 중죄를 범하였다고 믿을 만한 상당한 이유가 있는 자를 체포할 수 있다.

Common Law에 있어서 경죄(misdemeanour)의 경우에는 현행범인이 아닌 한 누구도 범인이나 또는 범인으로 혐의를 받고 있는 자를 체포할 수 없었다. 경죄에 있어서 체포는 혐의자를 치안판사에게 데려가기 위한 것이라기보다는 법질서를 회복하기 위한 수단이었기 때문이다.

중죄를 범한 자를 체포하는 데 있어서는 무력사용이 인정되었고 범인이 도망하거나 체포에 반항하는 경우 적법하게 그를 살해할 수 있었다. 일반인의 경우보다 범인의 체포를 직무로 하는 경찰의 경우 무력의 사용은 더 용이했다. 범인이라고 볼만한 상당한 이유가 있어 혐의자를 살해하였으나 실제 그가 범인이 아닌 경우에 일반 사인은 다른 대안이 없어 그렇게 하였다면 고살(manslaughter)의 책임을 지지만 경찰이 범인추적의 명령을 따라 그렇게 한 경우에는 아무런 책임을 지지 않았다.

이러한 Common Law에 있어서 범인 검거에 관한 원칙은 영미를 불문하고 오늘날에 이르기까지 거의 변한 것이 없이 그들 형사소송의 근간이 되어

23) James Fitzjames Stephen, A History of the Criminal Law of England, 1권 p. 193.

있고, 오늘날에도 영미제도의 국가에 있어서 형사소송의 개시는 이러한 범인의 체포로부터 출발하는 것이 일반적이다.[24)]

4. 예심절차와 보석

치안판사제도의 도입 이전에는 예심(preliminary inquiry)이라는 절차가 따로 없었다. 특별히 중요한 의미를 갖는 사건인 경우에는 추밀원(Privy Council)에 의한 심문이 있었고 그리고 예외적으로 검시관의 심문(coroner's inquest)이 인정되었을 뿐 대부분의 일반 범죄에 대하여 예심이 인정되지 않았다.

치안판사도 제도 창설 초기에는 일종의 경찰에 지나지 않았고 그 후 관행에 의하여 범인 검거를 위한 영장의 발부가 그의 중요한 권한으로 인정되었을 뿐이었다. 따라서 Common Law의 초기단계에 있어서는 기소가능범죄에 대한 대배심의 정식고발(formal accusation) 즉, 기소(indictment)가 형사재판절차의 첫 단계였고 치안판사의 예심은 원칙적으로 인정되지 않았다. 이러한 원칙이 그 후 변한 것은 아니지만 실제 형사사건의 처리는 이와 달랐다. 거의 대부분의 사건에 있어서 혐의자는 치안판사에게 인치되었고 인치된 혐의자가 범행을 인정하지 않는 경우 치안판사는 일종의 예심으로 목격자를 신문한 뒤 고발범죄에 대한 증거가 불충분하면 고발을 기각하고 고발에 상당한 이유가 있으면 혐의자를 재판절차에 회부하였다. 즉, 사실상의 예심을 실시하였던 것이다.[25)]

이때 치안판사가 혐의자를 재판절차에 회부함에 있어 구금 상태에서 그대로 재판절차에 회부하기도 하였지만 혐의자를 보석으로 석방하고 재판절차에 회부하기도 하였다.

가. 검시관의 심문

형사재판을 전제로 미리 범죄에 대한 조사를 인정한 최초의 제도가 검시관의 심문(coroner's inquest)이라 할 수 있다. 검시관제도는 1194년으로 거슬러

---

24) 2001년 미국 연방검사(U.S. Attorney)가 수사한 범죄혐의자 121,818명 중 118,896명의 혐의자가 연방수사관에 의하여 체포되어 수사를 받았다. 수사가 종결된 혐의자 118,978명 중 연방지방법원에 소추된 자는 72,648명 그리고 연방치안법원에 소추된 자는 14,080명이었다.

25) James Fitzjames Stephen, A History of the Criminal Law of England, 1권 p. 217.

올라가지만 검시관에 대한 의무를 상세하게 규정한 것은 1276년의 법(Statute de Officio Coronatoris)이다. 이 법률은 검시관의 의무를 상세하게 규정하고 있고 오랫동안 검시관업무의 기초가 되었다. 이 법률에 의하면 국왕의 지방행정관(king's bailiff)이나 그 지방의 정직한 사람들(honest men)에 의하여 보증을 받은 검시관(coroner)이 살해당한 사람이나 갑자기 죽은 사람, 상해를 입은 사람이 발견된 장소나 손괴된 집 또는 재물이 발견된 장소에 임하여 4-6개 이웃 마을의 대표자들을 소집한 다음 그들로 하여금 선서를 하도록 하고 그들을 상대로 사건의 전모에 관하여 심문(inquire)을 하도록 규정하고 있다.

검시관은 또한 이러한 사건에 관련 있는 자나 혐의가 있는 자도 심문할 수 있었고 그에 따라 혐의자를 구금하거나 현장에서 발견된 재물을 주행정관(sheriff)에게 인도하기도 하였다. 검시관이 소집하는 이들 이웃 마을의 대표자들은 후에 검시관심문의 배심원들로 발전하게 되었고 검시관의 업무도 사실상 의심스러운 주검, 따라서 모살(murder)과 고살(manslaughter)에 대한 예심 그리고 숨겨진 재물(concealed treasure)의 발견에 한정되었다.

검시관은 혐의자와 증인을 심문한 결과를 서면으로 작성하여 법원에 제출하여야 하고 배심의 면전에서 심문한 증인을 그 사건에 대한 재판에 증인으로 출석시킬 의무가 있었다. 검시관의 심문결과보고서(inquisition of the coroner)는 정식 고발장으로 인정되었고 피고인은 다른 고발절차를 거치지 않고 이 보고서에 의해 재판절차에 회부되었다. 의심스러운 주검의 원인을 조사하는 것과 관련한 검시관의 업무는 배심원과 증인의 소환 등 일부 세부적인 사항을 제외하면 그 후 상당 기간 크게 변한 것이 없이 그대로 이어져 내려왔다.

오늘날 영미의 형사소송에서 이러한 검시관제도는 사실상 모습을 감추고 다른 제도로 대체되어 없어졌지만 그 흔적은 아직도 영미의 형사사법제도에 많이 남아 있다.

나. 치안판사의 예심

영국 형사소송의 역사와 관련하여 아주 이른 시기부터 범인의 검거를 임무로 하였던 치안판사가 체포된 혐의자에 대해 일종의 예심을 하였다는 것은 충분히 짐작할 수 있는 일이지만 치안판사의 예심을 최초로 규정한 법률은 1554년에 제정된 Philip and Mary의 법이다.

이 법에 의하면 보석이 가능한 고살(manslaughter)이나 중죄(felony)혐의로 체포된 자는 2명의 치안판사에게 인치되어야 하고 혐의자를 인치 받은 치안판사는 혐의자를 신문하고 범죄사실에 대한 조사를 한 다음 혐의자를 보석으로 석방하기 전에 혐의자의 범죄사실에 대한 증거가 될 수 있는 것을 서면으로 작성하도록 되어 있다. 또한 증인에 대한 신문이 이 법률에 따로 규정되어 있지는 않았지만 치안판사가 증인을 신문한 경우에는 증인의 진술 내용을 서면으로 작성하여 법원에 제출하였다.

이러한 서면은 법원의 인증을 받아야 하고 혐의자에 대한 재판에서 증거로 제출되어야 했다. 이 법은 처음에는 보석으로 석방된 혐의자에게만 적용되었지만 후에는 보석으로 석방되지 않고 구금상태로 재판에 회부된 자에게도 적용되었다. 이 법은 1848년 Sir John Jervis의 법이 제정될 때까지 치안판사의 예심에 관한 준칙이 되었다.

Sir John Jervis의 법은 Philip and Mary의 법과 달리 증인에 대한 신문을 규정하고 있다. 증인은 피고인의 면전에서 치안판사의 신문을 받고 이때 피고인은 증인에 대한 반대신문을 할 수 있었다. 이 때 증인을 상대로 신문한 내용을 작성한 것을 증인신문조서(deposition)라 하고 치안판사와 증인이 증인신문조서에 서명을 했다. 모든 증인에 대한 신문이 종료되면 치안판사가 피고인에게 다음과 같이 질문했다.[26)]

> "증인의 진술을 듣고 고발된 범죄에 대하여 할 말이 있는가. 말을 하고 싶지 않으면 말을 하지 않아도 되지만 당신이 말하는 모든 것은 서면으로 기록되고 당신의 재판에서 당신에게 불리한 증거로 사용될 수 있다."

이때 피고인이 진술하는 내용은 서면으로 작성되어 증인신문조서와 함께 법원에 제출되었다. 피고인은 또한 자신에게 유리한 증인을 부를 수 있었다. 피고인을 위한 증인에 대하여도 소추인의 반대신문이 가능하였고 그들에 대한 신문 내용도 증인신문조서로 작성되어 법원에 제출되었다. 또한 피고인은 증인신문조서의 사본을 받을 권리가 있었고 치안판사의 예심에 변호인을 출석시킬 권리도 갖고 있었다.

---

26) James Fitzjames Stephen, A History of the Criminal Law of England, 1권 p. 220.

예심 결과 피고인을 형사재판에 회부할 만한 증거가 부족하다고 판단되면 치안판사는 고빌사건을 기각하고 만일 피고인의 유죄를 인정할 만한 충분한 증거가 있거나 범죄를 범하였을 것이라는 추정에 대한 상당한 이유(probable presumption)가 있는 경우 피고인을 재판절차에 회부하였다. 치안판사는 피고인을 재판에 회부하면서 구금 상태를 그대로 유지할 수 있었지만 보석으로 피고인을 석방할 수도 있었다.

치안판사의 예심과 관련하여 Philip and Mary의 법과 Sir John Jervis의 법의 차이점은 매우 흥미로운 비교의 대상이 되고 있다. 16세기의 Philip and Mary의 법에 의한 치안판사의 예심은 대륙법계국가의 형사소송에 있어서 검사(public prosecutor)의 수사에 비유될 수 있는 반면 19세기 Sir John Jervis의 법에 의한 예심은 영미의 형사소송에 있어서 예심판사(preliminary judge)의 예심으로 볼 수 있다. 우선 16세기 Philip and Mary의 법에 의한 예심에 있어서는 치안판사가 피고인을 신문(examination)할 수 있었다. 그에 따라 피고인은 혐의를 받고 있는 범죄에 대한 모든 상황에 대해 철저하게 신문을 받았다. 하지만 19세기의 법에 있어서 피고인은 치안판사로부터 진술과 관련한 일정한 주의를 받은 상황에서 자기 자신이 하고 싶은 말을 할 수 있었지만 그 자신이 신문대상은 되지 않았다.

또한 Philip and Mary의 법에 있어서 증인에 대한 신문이나 신문을 기록한 증인신문조서는 오로지 법원에 증거로 제출하기 위한 것이었다. 피고인은 증인의 신문에 참석할 수 없었고 참석한 일도 없었으며 증인신문조서를 볼 수도 없었다. 반면에 Sir John Jervis의 법에 있어서 증인에 대한 신문은 피고인의 면전에서 이루어졌고 피고인이나 피고인의 변호인에 의한 반대신문이 인정되었다. 그리고 증인신문조서의 사본이 피고인에게 교부되었다.

16세기 치안판사의 예심에 대한 Philip and Mary의 법은 피고인의 범죄혐의를 찾아내기 위한 것이었다면 19세기 Sir John Jervis의 법은 피고인의 유·무죄를 확인하기 위한 것이었다고 할 수 있다. 하지만 어떠한 경우에도 예심절차에서 증거를 확보하기 위해 구금되어 있는 피고인에 대한 고문은 Common Law상 인정되지 않았다. 이것이 영국제도의 자랑이라고도 말해진다. 비록 고문은 인정되지 않았지만 Common Law에 있어서 치안판사의 예심은 매우 중요한 의미를 가지고 있었다.

특히 17세기 Stuart 왕조시절에 있어서는 치안판사(justice of peace)가 대륙법계의 검사(public prosecutor)와 같이 혐의자에 대한 유죄입증의 증거를 수사하였고 그에 따라 법정에서 피고인의 유죄를 입증하는 데 있어서 가장 중요한 증인은 바로 치안판사 그 자신이 되었다.

다. 피고인의 보석

치안판사의 예심 결과 정식재판에 회부할 만한 증거가 없는 경우에는 고발을 기각하지만 그러한 증거가 있다고 판단되면 피고인을 재판절차에 회부했다. 치안판사가 피고인을 재판절차에 회부하는 것을 보통 이송(committal)이라 부른다.[27] 치안판사가 피고인을 정식재판에 이송함(commit)에 있어서는 범죄혐의로 체포된 피고인의 구금 상태를 그대로 유지하면서 정식재판에 회부하기도 하지만 피고인을 보석으로 석방하고 정식재판에 회부하기도 하였다. 형사사건에 있어서 보석으로 석방되어야 할 피고인의 권리는 영국의 형사법 그 자체만큼 오래된 것이고 이는 아주 초기의 여러 문헌에도 명시적으로 기술되어 있다.[28]

형사사법의 초기 단계에 있어서 범죄혐의를 받아 체포된다는 것은 바로 감금을 의미하는 것이었고 주행정관의 순회재판(sheriff's tourn)이 개정되기 이전에는 예심도 인정되지 않았다. 특히 사안이 중한 경우에는 순회판사(justice)의 도착까지 피고인은 감금되어 있어야 했고 순회판사의 순회는 몇 년의 간격을 두고 이루어지기도 하였다. 이러한 이유로 범죄혐의로 체포되어 감금된 피고인을 순회판사의 재판 때까지 계속 감금하지 않고 임시로 석방한다는 것이 매우 중요한 과제가 되었다. 그에 따라 Common Law에 있어서 피고인의 보석은 매우 오래된 역사를 갖고 있다. 피고인의 보석을 간단하게 그리고 일반적인 개념으로 처음 언급한 것이 Glanville[29]이다. 이어 Bracton[30]이 피고인의 보석에 관하여 자세히 다루고 있다.

---

27) 오늘날에도 치안법원이 기소가능범죄(indictable offence)로 고발된 피고인을 예심을 거쳐 왕립형사법원(the Crown Court)의 정식재판에 회부하는 것을 이송(committal)이라 부른다.

28) James Fitzjames Stephen, A History of the Criminal Law of England, 1권 p. 233.

29) Henry 2세 시대 영국의 법률가로 주행정관(sheriff), 순회법관(justice in eyre) 그리고 수석법관(chief justice)을 역임하고 십자군원정에 참가하였다가 1190년 사망하였다.

30) Henry 3세 시대 영국의 판사로 그의 법률저서들이 영국법의 고전으로 인정되고 있다.

Bracton은 주행정관이 범죄의 경중, 피고인의 성격, 유죄증거의 비중 등을 고려하여 피고인의 보석을 결정하여야 한다고 하고 있다. 본래 주행정관은 그 지방에서 국왕을 대표하는 사람이었고 모든 형사사법의 집행에 있어서 책임자였다. 따라서 주행정관은 범죄혐의자를 체포하여 감금하고 필요한 경우 보석으로 석방하기도 하였다. 그러나 주행정관이 갖고 있는 피고인의 보석과 관련한 재량권은 점차 남용되기 시작하였고 결국 커다란 사회문제가 되었다.

그에 따라 보석에 관한 권한을 주행정관의 재량에 맡기지 않고 법률로 규제하기 시작했다. 1275년에 제정된 Westminster the First법이 그것으로 이 법이 보석에 관한 기본법이 되었다. 특히 이 법률은 보석이 가능한 경우와 보석이 불가능한 경우를 구별하고 있다. 일반적으로 보석이 인정되지 않는 경우는 무법자(outlawry)가 된 피구금자, 조국을 배신한 죄를 인정한 자, 범죄를 자백한 자, 일반적으로 알려진 도둑이나 도둑으로 고발을 받은 자, 방화나 화폐위조로 구금된 자 등이었다. 반면에 보석이 인정되는 경우로는 절도죄로 구금된 자, 일반적인 경범죄로 구금된 자, 고발인이 고발 이후 사망한 때 등이었다.

이러한 법률의 제정에도 불구하고 주행정관의 재량권 남용이 문제되자 여러 차례 제정된 법률에 의해 보석에 관한 권한이 점차 치안판사에게 이양되었다. 그리고 1486년의 법률에 의해 치안판사도 1인의 치안판사가 보석을 결정하는 것이 아니라 2인의 치안판사가 보석을 결정하도록 되었고 보석기간도 피고인의 재판이 종결될 때까지 보석을 하는 것이 아니라 다음 재판기일까지만 보석을 허가하도록 되었다.

또한 범죄혐의로 체포된 피고인을 보석으로 석방한 뒤 사건을 묵살시킬 수 있는 치안판사와 피고인의 공모를 방지하기 위해 치안판사가 예심과정에서 취득한 증인신문조서를 법원에 제출토록 하고 이를 위반한 치안판사에게는 벌금형을 과하기도 했다.

라. 인신보호영장

보석제도의 초기에는 보석으로 석방하여야 할 피고인의 보석을 불허하거나 과도한 보석금을 요구하는 등 주행정관의 권한남용이 있었지만 치안판사에 의한 보석제도가 정착되고 난 후에는 그러한 직권남용은 사실상 사라지고 크게 문제가 되지 않았다.

그럼에도 불구하고 보석에 관한 법률의 규정이 명확하지 않고 또한 보석을 결정하는 치안판사의 권한이 매우 컸기 때문에 평범한 사건에 있어서의 보석결정도 자주 논란의 대상이 되었다. 보석의 결정과 관련한 문제가 자주 제기되자 보석에 관한 권한을 적절하게 행사하도록 명하는 국왕의 영장(royal writ)이 발부되기도 하였다. 국왕이 혐의자에 대한 보석의 결정과 관련하여 발하는 영장으로 중요한 것이 인신회복영장(writ de homine replegiando), 조건부석방영장(writ de manucaptione)과 증오에 따른 고발을 이유로 한 영장(writ de odio et atia)이라는 것이었다.31) 실무에 있어 이들 영장은 대법관(chancery)이 주행정관이나 검시관(coroner)에게 발부하였다. 첫 번째 영장이 이행되지 않는 경우 두 번째 영장이 발부되었고 이 또한 이행되지 않는 경우 세 번째 영장이 발부되었다. 첫 번째 또는 두 번째 영장의 불이행에 대해서는 주행정관이나 그 업무를 담당한 관리에게 벌금이 부과되었고 세 번째 명령의 불이행에 대해서는 명령을 불이행한 자에게 감금이 따랐다.

인신회복영장은 원래 보석이 가능한 범죄로 구금된 피고인에 대하여 재판 전에만 인정되는 영장이었지만 구금할 법률상의 권한이 없는 자가 혐의자를 불법으로 구금한 경우에도 인정되었다. 이러한 경우 주행정관은 구금된 자가 어디에 구금되어 있는지 알 수 없다고 회신을 할 수 있고 그에 따라 다시 영장이 발부되면 주행정관은 혐의자를 체포한 자가 위법하게 구금된 자를 내어 놓을 때까지 그를 구금할 수 있었다.

조건부석방영장은 중죄혐의로 체포된 자가 치안판사에게 조건부석방을 신청하였으나 거부당한 경우에 인정되는 영장이었다. 오늘날에는 조건부석방(mainprise)과 보석(bail)이 동일한 의미로 사용되고 있지만 본래 양자는 그 내용을 달리하는 것이었다. 예컨대, 조건부석방에는 반드시 보증금이 전제되어 있지만 보석의 경우에는 보증금이 반드시 있어야 하는 것은 아니다. 또한 조건부석방의 경우에는 조건이 붙어 있기는 하지만 구금된 자는 더 이상 구금되어 있는 것이 아니라 석방된 것으로 보았지만 보석의 경우에는 법률상의 가설로는 석방된 상태가 아니라 아직 구금 상태에 있는 것으로 보았다.

증오를 이유로 한 영장은 살인사건에만 인정되는 것이었다. 예심을 한 결과 살인의 점에 대한 증거가 불충분한 경우 피고인에 대한 고발을 소추인의

31) James Fitzjames Stephen, A History of the Criminal Law of England, 1권 p. 241.

증오에 의한 것으로 보았고 그에 따라 피고인은 보증인 12명의 보증을 조건으로 보식으로 석방될 수 있었다.

그러나 혐의자에 대한 부당한 구금과 관련하여 발부되었던 인신석방을 위한 영장들은 곧 그 중요성을 상실하고 거의 효용이 없는 제도가 되어 버렸다. 영국 형사법의 아주 초기 단계부터 상급법원과 대법관(lord chancellor)이 인신보호영장(writ of habeas corpus)을 발부할 권한을 갖고 있었고 인신보호영장은 불법으로 구금된 자에 대한 단순하고도 직접적인 구제방법이었기 때문이다. 인신보호영장은 아주 오래된 제도이지만 그에 관한 중요한 법률은 1679년 제정된 인신보호법(Habeas Corpus Act)이다. 이 법에 의하면 구금영장에 명시적으로 기재되어 있는 반란죄나 중죄가 아닌 다른 범죄 즉, 경죄로 구금된 자는 대법관이나 보통법 법원의 판사에게 인신보호영장을 청구할 수 있게 되어 있다.

이러한 청구에 따라 인신보호영장이 발부되면 이 영장은 혐의자를 구금하고 있는 교도관(gaoler)에게 보내지고 교도관은 3일 이내에 이 영장에 답변을 하여야 했다. 교도관의 납변은 판사에게 보내지고 판사는 인신보호영장에 따라 보석을 받아들였다. 즉, 경죄로 고발되어 재판에 회부되면서 치안판사로부터 보석허가결정을 받지 못한 피고인은 인신보호영장을 청구하게 되고 그에 따라 인신보호영장이 발부되면 판사는 사건에 대한 내용을 전혀 알지 못한 상태에서 피고인의 보석을 허가하는 것이 당시 실무관행이었다.[32)]

5. 고발과 기소

Common Law에서 사인소추가 원칙이라고 하여 피해자인 국왕이나 사인만이 범죄혐의자를 법원에 고발하였던 것은 아니고 이러한 피해자 개인의 고발(private accusation) 이외에 공적인 고발(public accusation)도 널리 인정되었다. 또한 역사적으로 고발의 형식과 형사재판은 서로 밀접하게 관련되어 있어 고발의 형식, 즉 누가 고발하느냐에 따라 재판절차가 달랐다.

William공의 노르만 정복 이래 영국에는 3가지 형태의 형사재판이 있었다. 즉, 죄인판별법에 의한 재판(trial by ordeal), 결투에 의한 재판(trial by battle) 그리고 배심재판(trial by jury)으로 이들은 서로 배척하는 것이 아니라 어느 정도

32) James Fitzjames Stephen, A History of the Criminal Law of England, 1권 p. 234.

병존하는 제도였다. 또한 범죄혐의자의 처벌을 위한 고발에도 3가지 종류의 고발이 있었다. 즉, 사인에 의한 고발(appeal), 대배심에 의한 고발(indictment) 그리고 법무장관 등에 의한 공적인 고발(information)이 그것이다. 대배심에 의한 고발을 indictment라고 하여 다른 일반 사인이 법원에 하는 고발(accusation)과 구별할 수 있지만 대배심도 처음에는 배심원들 자신이 알고 있는 범죄에 대한 정보를 통하여 혐의자를 고발하는 기관으로 출발했고 영미법에서는 기소라는 것도 고발의 일종에 불과한 것이었다.[33)]

가. 사인에 의한 고발

범죄로 인하여 피해를 입은 자의 사적인 보복을 불허하면서 피해자가 그 보복을 위한 수단으로 국가의 형사사법제도에 의지하게 하도록 한 것이 영국 형사소송의 기초가 되었고 그러한 이유로 형사소송이 그 발전과정이나 소송절차에 있어서 민사소송과 크게 다를 바가 없다는 것은 전술한 바와 같다. 따라서 민사소송의 경우와 마찬가지로 형사소송의 경우에도 제도의 초기에는 사인의 고발(appeal)에 관한 법이 형사법(criminal law)의 주된 내용을 이루고 있었고 Bracton과 같은 중세 유명 법학자들의 형사법학에 관한 저술의 대부분도 이 부분에 중점을 두고 자세하게 그 내용을 기술하고 있다.

범죄의 피해자는 검시관(coroner)에게 피해사실을 고발하는 것이 원칙이었다. 즉, 반란, 살인, 상해, 감금, 강도, 방화, 강간 등 사건에 있어서 피해자의 고발은 1명 또는 여러 명의 검시관에게 하였다. 고발을 함에 있어 고발인은 검시관에게 범죄의 내용과 일시, 장소 그리고 상황에 관하여 자세하게 진술하여야 했고 피고발인은 자신을 방어하기 위해 그 진술을 참고할 수 있었다. 검시관은 고발인의 진술을 서면으로 작성하여야 했고 고발인은 이후의 모든 소송절차에서 이 진술서에 엄격히 기속되었다.

고발절차에 이어 피고발인의 신병확보가 뒤따랐다. 피고발인의 신병확보를 위해 5개의 주 법원(county court)에서 연속적으로 고발장을 공포하였고, 그럼에도 불구하고 피고발인이 5번째 주 법원에도 출석하지 않는 경우 그는 무법자(outlawry)가 되었다. 피고발인이 판사(justice) 면전에 출석하면 그는 고발된 범죄에 대하여 유죄를 인정하거나 그 혐의를 부인할 수 있었다.

33) James Fitzjames Stephen, A History of the Criminal Law of England, 1권 p. 244.

혐의를 부인하는 경우 양 당사자 사이에 결투(battle)가 벌어졌다. 하지만 판사는 사건을 조사한 결과 피고발인의 범죄를 입증할 만한 유죄의 증거가 있는 경우 결투를 허용하지 않을 수 있었다. 저녁에 별이 뜨기 전에 피고발인이 결투에서 진 경우 그는 교수형에 처해졌다. 결투에서 이기거나 별이 뜰 때까지 자신을 방어한 경우에는 고발범죄에 대하여 무죄가 인정되었다. 하지만 고발 자체가 일종의 유죄로 생각되었기 때문에 피고발인이 결투재판에서 이겼다고 하여 바로 무죄 방면이 되는 것이 아니라 법원에 기소(indictment)된 것으로 간주되어 재판에 회부되었다.

반란, 상해, 불법감금, 절도, 강도 그리고 강간에 대한 이러한 피해자 사인의 고발과 그에 따른 결투재판은 초기 Common Law에 그 모습을 나타내었다가 오래 지속되지 못하고 역사 속으로 사라진 제도가 되었지만 모살(murder)에 대한 고발과 결투재판만은 15세기 말까지 계속되었다.[34] 결투재판은 이미 오래 전 역사 속으로 사라진 과거의 제도가 되고 말았지만 이러한 결투재판의 정신은 영미의 당사자주의소송이라는 절차 구조 속에 아직 그대로 남아있다고 볼 수 있다.

나. 공적인 기관에 의한 고발

노르만 정복 이전의 아주 초기 단계에 있어서 범죄혐의자에 대한 공적인 고발을 담당하였던 것은 그 지역의 읍장(reeve)이나 읍을 대표하는 사람들(four men)이었다. 이들의 고발이 있는 경우 죄인판별법(ordeal)을 통해 피고발인의 혐의를 확인했다.

죄인판별법은 여러 가지 방식으로 시행되었지만 일반적인 성질은 고발된 자로 하여금 빨갛게 달군 쇠를 손으로 만지게 하거나 끓는 물에 손을 집어넣는 것과 같이 피고발인의 무고함을 입증하기 위해 신의 기적을 내려달라고 호소하는 것이었다. 즉, 피고발인이 무고한 자로 억울하게 고발된 경우에는 신이 기적을 내려 달군 쇠를 만지거나 끓는 물에 손을 집어넣어도 다치지 않는다는 믿음에 따라 행해진 것이 죄인판별법이었다. 그 중의 하나가 물에 의한 것이다. 물속에 사람을 집어넣어 가라앉으면 무죄가 되고 물위로 떠오르면 유죄로 인정하는 것이었다.

34) James Fitzjames Stephen, A History of the Criminal Law of England, 1권 p. 248.

물에 의한 죄인판별법에 있어서는 피고인은 어떠한 경우에도 죽을 수밖에 없었다. 피고인 스스로 물속에 가라앉아 명예롭게 죽음을 택할 수밖에 없는 것이 물에 의한 죄인판별법이었다.35)

노르만 정복 이후인 1164년 Clarendon법이 반포되었다. 이 법은 선서를 한 백인촌의 12명의 기사나 선서를 한 12명의 법을 준수하는 자유인(free and lawful men) 또는 백인촌 산하 읍구의 대표(four men)에 의해 모살(murder), 절도, 강도 그리고 이러한 범죄를 범한 자를 은닉한 죄 또는 위조죄나 방화죄로 고발된 자는 죄인판별법에 따라 심판을 받아야 하고 그 결과 그에 따르는 시련을 이기지 못하면 그의 한쪽 다리를 잃게 된다고 규정하고 있다. 또한 1176년 반포된 Northampton법에 의하면 죄인은 한쪽 다리 이외 그의 오른 손도 잃게 되고 나라를 등져 40일 이내에 왕국을 떠나야 했다. 고발된 자가 죄인판별법에 따라 무죄로 판명되면 모살이나 야비한 중죄(base felony)로 고발된 경우가 아닌 한 왕국에 그대로 살게 해 주었다. 그러나 모살에 해당하는 살인죄나 야비한 중죄의 경우에는 죄인판별법에 의해 무죄로 인정되었다 하더라도 40일 이내에 왕국을 떠나야 했다.

이 법률에 따라 고발을 담당한 것은 12명의 기사 또는 법을 준수하는 자유인 등과 같이 그 지역 대표자들의 모임이었다. 또한 고발은 죄인판별법이라는 절차를 거치기는 하지만 고발 자체가 사실상 유죄판결과 같은 것이었다. 고발인의 모임이 발전하여 대배심(grand jury)이 되었고 배심재판을 받는 모든 형사사건의 고발기관 내지 기소장(indictment)을 발부하는 기관이 되었다.

고발인의 모임이 대배심으로 발전하여 고발된 피고인에 대한 기소장을 발부하게 되었지만 과학문명의 발전과 함께 과학적 근거가 전혀 없는 죄인판별법이 역사 속으로 사라지게 되자 죄인판별법을 대신하여 기소된 피고인에 대한 범죄혐의를 가릴 수 있는 방안이 필요하게 되었다.

그러한 필요에서 대배심(grand jury)과는 별도로 대배심에 의하여 기소된 피고인에 대해 법정에서 재판을 통하여 그의 유·무죄를 가리기 위해 등장한 것이 소배심(petty jury)이라 할 수 있다.

---

35) 스스로 죽음을 택함으로서 유죄판결에 따르는 재산몰수 등의 불이익을 피할 수 있었다. James Fitzjames Stephen, A History of the Criminal Law of England, 1권 p. 251.

다. 대배심의 기소

대배심은 본래 배심원 자신들이 알고 있는 범죄혐의자를 스스로 고발하는 고발기관이었다.[36] 하지만 영국에서 대배심의 이러한 고발 기능은 오래 전에 사라지고 대배심은 그 제도가 폐지될 때까지 소추당사자, 특히 국왕의 관리가 고발한 사건에 대한 통제기관 내지 고발된 피고인을 정식재판에 회부할 것인지 여부를 결정하는 기관으로 남아 있었다. 즉, 사인소추를 전제로 한 소추당사자의 소추권의 남용, 특히 국왕의 억압적인 소추로부터 피고인을 보호하기 위한 안전장치로서의 역할을 수행하였고 따라서 배심재판에 회부되는 모든 피고인은 대배심의 기소(indictment)를 통하여 재판에 회부되었다.

피고발인을 배심재판에 회부하기 위한 대배심의 기소절차는 보통 다음과 같이 이루어졌다.

치안판사의 예심을 통해 피고인이 재판절차에 회부되면 예심을 담당한 치안판사에 의해 소추인(prosecutor)이 정해지고 치안판사가 목격자 등 증인으로부터 받은 증인신문조서(deposition)는 법원으로 송부되었다. 피고인이 순회법원(assize)에서 재판을 받게 되는 경우에는 순회법원서기에게, 그리고 사계법원(quarter session)에서 재판을 받게 되는 경우에는 치안판사의 서기에게 증인신문조서를 송부했다.

피고인을 재판절차에 회부하는 경우 거의 예외 없이 소추인을 위하여 사무변호사(solicitor)가 선임되었다. 사무변호사는 순회법원판사의 서기 또는 사계법원 치안판사 서기의 기소장 작성을 지도(instruction)했고 이때 법원서기는 증인신문조서를 참작하여 기소장을 작성했다. 그러나 고발된 사건이 복잡하거나 법률상의 어려운 문제가 있어 소추인이 특별히 원하는 경우에는 법원서기가 기소장을 작성하지 않고 소추인의 법정변호사(counsel)나 사무변호사에게 의뢰하여 기소장을 작성할 수 있었다.

이렇게 법원서기나 사무변호사 또는 법정변호사가 작성한 기소장의 초안을 기소장안(bill of indictment)이라 하고 사무변호사가 기소장안에 증인의 성명을 기재한 뒤 대배심에 제출했다.

---

36) 이러한 오래된 전통에 따라 미국의 경우 오늘날에도 대배심에 의한 수사가 중요한 수사방법의 하나로 인정되고 있다.

대배심은 기소장안에 기재되어 있는 증인들을 소환하여 한 명씩 진술을 들었다. 이때에는 아무도 대배심의 심문에 참여할 수 없고 소추인을 위한 사무변호사만이 허락을 받아 참석할 수 있었다. 대배심의 심문 결과 범죄사실에 대한 일방적 입증(prima facie case)[37]이 되었다고 판단되면 기소장안에 진정한 기소장(true bill)이라 기재하고 그러한 입증이 되지 않은 경우에는 진정하지 않은 기소장(no true bill)이라 기재하여 법정으로 돌아와 이를 서기에게 제출했다.[38] 대배심으로부터 기소장안을 제출받은 법원서기는 각 소인별로 대배심에게 기소장안이 진정한 것으로 판명되었는지 여부를 물어보고 배심장이 그 결과를 발표했다. 진정하지 않은 기소장으로 결정되면 고발은 기각되고 피고인은 석방되지만 재소추의 여지는 남아있게 된다. 진정한 기소장으로 결정된 경우에는 기소장안이 기소장으로 되고 그에 따라 피고인에 대한 배심재판이 진행되었다.

대배심의 결정은 과반수 찬성으로 행해졌지만 최소한 배심원 12명의 찬성이 있어야 했다. 따라서 대부분의 경우 대배심은 23명으로 구성되었지만 최소 12명으로 구성된 대배심인 경우에도 12명 전원이 찬성하면 유효한 결정을 할 수 있었다. 전술한 바와 같이 애초 대배심의 고발은 피고발인에 대한 사실상 유죄판결이나 마찬가지였지만 대배심제도와 별도로 피고인의 유·무죄를 가리는 소배심제도가 정착되고 난 후 대배심의 고발 내지 기소는 단순한 대배심원들이 선서한 고발장에 불과하게 되었다.

라. 법무장관 등의 고발

피해당사자가 범인과 범죄사실을 법원에 알리고 그에 대하여 형사재판을 청구하는 것을 고발(information)이라고 하는데 이러한 고발이 있으면 치안판사의 예심과 대배심의 심리를 거쳐 대배심이 기소장(indictment)을 발부하는 경우 피고인이 배심재판에 회부되어 형사재판을 받게 된다. 그러나 범죄행위가 사소한 경우 특히 행정법규위반에 불과한 경우에도 이러한 대배심절차를 거치게 하고 그에 따라 수많은 사소한 사건에 대하여 배심재판을 한다는 것은 불필요한 시간과 비용의 낭비일 뿐 아니라 불가능한 일이라고도 할 수 있다.

---

37) 대배심절차에는 피고인이 참석할 수 없었고 따라서 반증도 제시할 수 없었다. 이와 같이 소추인의 증거만으로 입증된 상태를 prima facie case라 한다.

38) James Fitzjames Stephen, A History of the Criminal Law of England, 1권 p. 273.

이러한 이유에서 Common Law에 있어서도 오래전부터 행정법규위반이나 경죄와 같은 가벼운 사건은 대배심의 고발절차를 거치지 않고 소추인의 고발만으로 피고인을 바로 재판에 회부할 수 있었다. 이와 같이 대배심의 고발절차를 거치는 일반적인 의미의 고발의 경우와 달리 대배심절차를 거치지 않고 피고인을 법원의 재판에 바로 회부하는 고발을 가리켜 "Information"이라 불렀다.[39] 애초 이러한 의미의 고발을 하는 데는 일정한 제한이 있었다.

우선 고발 대상의 제한으로 중죄(felony)에 대하여는 Information에 의한 고발이 인정되지 않고 경죄(misdemeanour)의 경우에만 이러한 고발이 허용되었다. 또한 고발 주체에 대한 제한으로 모든 사람이 이러한 고발을 할 수 있었던 것이 아니라 법무장관, 법무차관 그리고 고등법원여왕좌부의 명령을 집행하는 고등법원형사부장(Master of Crown Office)만이 Information에 의한 고발을 할 수 있었다.

역사적으로 대배심의 심리를 거치지 않는 이러한 Information에 의한 고발은 Edward 1세 시대부터[40] 1688년의 명예혁명에 이르기까지 영국 각지에서 빈발하였던 소요사태에 신속하게 대처하기 위해 국왕이 그의 관리로 하여금 가벼운 질서위반행위자를 대배심의 관여 없이 국왕의 법원에 고발하도록 한 데 연원이 있다고 한다.

처음에는 법무장관이나 법무차관이 사회적으로 중요한 사건을 고발함에 있어 Information에 의한 방식을 이용하였지만 고등법원형사부장이 그의 명의를 필요로 하는 모든 사람에게 이름을 빌려주게 되면서 일반 사인도 경죄에 해당하는 범죄로 피해를 당한 경우 대배심의 절차를 거치지 않고 고등법원형사부장의 이름을 빌려 가해자를 Information에 의한 방식으로 고발할 수 있게 되었다. 그러나 일반 사인에 의한 이러한 고발은 남용될 여지가 많아 고등법원형사부장은 고등법원여왕좌부의 명령이 있는 경우에만 이러한 고발을 할 수 있게 되었다. 그 결과 피해를 당한 일반 사인은 공개법정에서 법원에 고발장의 발부를 청구하고 그에 따라 고등법원여왕좌부가 기소명령을 하는 방식으로 고발(Information)에 의한 소추가 이루어지게 되었다.

---

39) 이러한 의미로 미국의 형사소송에 있어서는 대배심의 심리를 거치게 하는 주를 Indictment 주라 하고 대배심절차를 거치지 않는 주를 Information 주라 부르기도 한다.
40) Edward 1세의 재위기간은 1272년부터 1307년까지다.

오늘날에 있어서도 영국의 치안법원이 기소가능범죄로 고발된 피고인에 대한 예심을 실시한 뒤 피고인을 왕립형사법원의 정식재판에 회부하지 않기로 결정하는 경우 소추인은 고등법원에 기소명령을 신청할 수 있고 미국의 경우에도 검사가 소추를 주저하거나 소추하지 않기로 하는 결정에 대한 유효한 통제방식으로 기소명령이 거론되기도 한다.[41]

6. 재판절차

가. 기소인부(plea)

아주 초기 단계에서부터 법원이 중죄(felony)로 기소된 피고인을 재판함에 있어서는 법원이 재판을 하는 것에 피고인이 동의한 때 즉, "그 자신을 나라의 결정에 맡기는 것에(putting themselves on the country)" 동의한 때에만 재판을 할 수 있는 것으로 보았다. 피고인이 한 손을 들거나 혹은 다른 방식으로 그가 기소된 자라는 것을 밝히면 법원서기가 기소장의 내용을 고지하고 이후 피고인에게 기소장의 범죄사실을 인정하는지의 여부를 물어보았다. 피고인이 범죄를 인정하지 않는다는 답변을 하면 다시 어떠한 방식으로 재판을 받을 것인지의 여부를 물어보았고 이때 피고인은 "신과 나의 조국에 의하여(by god and my country)"라고 대답하여야 했다. 이러한 말을 하는 것은 종교적인 의식과 관련하여 중요한 의미가 부여되어 있었다.

피고인이 이 말을 하지 않거나 고의로 "신"이나 "나의 조국"이라는 말 중 하나라도 빠뜨리게 되면 그는 대답을 하지 않은 것이 되고 그의 침묵이 신체장애(visitation by god)로 인한 것인지 아니면 악의(malice)에 의한 것인지를 가리기 위해 배심이 구성되었다. 배심이 구성되어 선서를 하고 심리한 결과 피고인이 신체상애로 인하여 답변을 하지 못한 것으로 판명되면 피고인에 대한 재판절차가 그대로 계속되고 반란죄나 경죄로 기소된 피고인의 경우 악의로 답변을 하지 않은 것으로 판명되면 유죄답변을 한 것으로 간주되어 그에 따라 형벌이 과해졌다.

---

41) 사인은 검사가 소추를 주저하는 경우 법원으로부터 직무집행영장(writ of mandamus)을 발부받아 검사로 하여금 소추를 하게 할 수 있다. 그러나 소추에 관한 검사의 결정은 검사의 재량에 속하는 것이므로 법원이 검사의 소추결정을 문제삼아 직무집행명령을 발하는 것은 흔한 일이 아니다. LaFAVE, ISRAEL, KING, Criminal Procedure, p. 686.

그러나 반란죄나 경죄가 아닌 중죄로 기소된 피고인이 악의로 답변을 하지 않은 것으로 판명되면 먼저 답변을 하도록 권고한 뒤 그럼에도 불구하고 답변을 하지 않는 경우에는 답변을 할 때까지 피고인에게 고통을 가하였다. 피고인이 답변을 할 때까지 피고인의 웃옷을 벗기고 엎드리게 한 뒤 그의 등에 점점 더 무거운 쇠를 올려놓거나 상한 빵과 물을 주고 먹고 마시게 하여 답변과 죽음 중에서 양자택일을 하도록 했다. 이와 같은 피고인에 대한 답변의 강요는 1772년까지 계속되었고 그해 제정된 법률에 의해 중죄(felony)로 기소된 자가 답변을 하지 않는 것은 유죄평결과 동일한 것으로 보도록 하면서 이 제도는 폐지되었다. 그 후 1827년 제정된 법률에 의해 기소인부절차에서 판사의 질문에 대해 피고인이 답변을 하지 않는 것은 무죄답변을 한 것으로 보고 재판을 진행하도록 되었다.

기소인부에 대한 피고인의 답변이 강요됨에도 피고인이 답변을 하지 않는 이유는 답변을 하지 않음으로써 유죄평결을 받지 않게 되고 설사 답변거부로 죽게 되더라도 물에 의한 죄인판별의 경우와 같이 유죄판결에 따르는 재산몰수 등이 불가능하였기 때문이었다.[42] 이러한 기소인부절차에서 판사의 질문에 대한 피고인의 답변은 보통 4가지로 하도록 되어 있었다. 무죄답변과 유죄답변 그리고 이미 무죄판결을 받았다(autrefois acquit)는 답변과 이미 유죄판결을 받았다(autrefois convict)는 답변이 그것이다. 피고인이 무죄답변을 하게 되면 배심이 구성되어 재판절차가 개시되고 소추인이 피고인의 유죄에 필요한 모든 입증을 하여야 했다. 반면에 피고인이 유죄답변을 하게 되면 더 이상의 재판절차는 생략되었다.

이미 무죄판결을 받았다는 답변과 이미 유죄판결을 받았다는 답변은 기소된 죄와 동일한 죄로 이미 무죄판결이나 유죄판결을 받았다는 것을 주장하는 것이다.[43] 그 이외 사면을 받았다는 답변이나 국회의원을 일반 법원에 기소한 경우 또는 모살(murder)에 대한 관할권이 없는 사계법원에 모살로 기소한 경우에는 관할위반의 답변도 가능했다.

---

42) James Fitzjames Stephen, A History of the Criminal Law of England, 1권 p. 297.

43) 동일한 범죄사실로 이미 유죄판결이나 무죄판결을 받았을 때에만 이중 소추가 인정되지 않았고 오늘날 미국에서 인정되고 있는 이중위험(double jeopardy)금지의 원칙은 Common Law에서는 인정되지 않았다.

나. 배심의 구성

배심재판의 초기에 있어서 배심원선발은 피고인의 범죄사실을 입증해줄 수 있는 증인(witness)의 선발과 동일한 의미를 갖고 있었다. 따라서 어떤 증인이 증인으로서 적격이 있는지 여부를 결정하는 문제 나아가 어떤 증인 내지 배심원을 기피할 수 있는지의 여부가 당시 증거법의 중요한 내용이 되었다. 처음 피고인은 아무런 이유를 제시하지 않고(peremptorily) 34명의 배심원까지 기피할 수 있는 권리 그리고 3회에 걸쳐 배심원 전부(whole jury)를 기피할 수 있는 권리를 갖고 있었지만 1533년 제정된 법률에 의하여 기피할 수 있는 배심원의 수가 20명으로 제한되었다.44)

먼저 법원서기가 출석한 배심원의 이름을 차례로 불러 출석여부를 확인하는 과정에서 양 당사자는 누가 배심원으로 출석하였는지 확인할 수 있었다. 이어 법원서기가 출석한 배심원의 이름을 한 명씩 불러 선서를 하도록 하면 피고인은 호명된 배심원이 선서하기 전에 20명의 범위 내에서 아무런 이유를 제시하지 않고 그 각자에 대하여 기피신청을 할 수 있었다. 물론 이유를 제시하고 하는 기피신청도 가능했다.

피고인이 기피신청을 하지 않은 배심원에 대하여 국왕을 대리하는 소추인은 아무런 이유를 제시하지 않고 배심원에게 대기(stand by)하도록 지시할 수 있었다. 출석한 모든 배심원을 호명하고 난 후에도 12명의 배심을 구성하지 못한 경우에는 대기명령을 받은 배심원을 불러들였다. 대기명령을 받은 배심원에 대하여 피고인은 이유를 제시하거나 또는 아무런 이유를 제시하지 않고 다시 기피신청을 할 수 있었고 소추인이 이들을 상대로 기피신청을 하는 경우에는 이유를 제시하여야 했다.

피고인에게는 아무런 이유를 제시하지 않는 무조건의 기피신청이 인정되는 반면 소추인에게는 무조건의 기피신청이 인정되지 않았지만 배심원으로 소환된 자의 수가 많은 경우 배심원에 대한 대기명령을 통하여 소추인도 사실상 무조건의 기피신청과 비슷한 권한을 행사할 수 있었다.

---

44) 영국에서는 이유를 제시하지 않고 배심원을 기피할 수 있는 제도가 1988년 폐지되었지만 미국에서는 이 제도가 아직 인정되고 있고 나아가 미국의 검사도 이러한 무조건의 배심원 기피권을 갖고 있다.

다. 심분설자

법원의 심문절차는 오늘날 영미의 형사재판절차와 크게 다른 것이 없었다. 배심이 구성되어 선서를 마치면 피고인에 대한 재판이 시작되었다. 먼저 국왕을 위한 변호사가 모두진술로서 사건의 개요를 설명하고 증인을 소환하여 피고인의 범죄사실을 입증했다. 피고인을 위한 변호사는 모두진술을 할 수 없었다.

소추인의 입증이 종료되면 피고인 또는 그의 변호사가 반증을 제시했다. 피고인이 증인을 소환하는 경우 소추변호사는 그에 대한 반대증거를 제시할 권리를 가지고 있었다. 당사자의 입증이 종료되면 판사가 증거관계를 종합하여 배심에게 설명하고 배심이 피고인의 유·무죄에 대한 평결을 했다. 배심의 평결은 전원일치제로 행해졌고 한때 배심이 무죄평결을 하는 경우 벌금형에 처해지기도 하였지만 통상 배심이 그 평결을 이유로 책임지는 일은 없었다.

피고인이 무죄평결을 받으면 사건은 종결되었지만 피고인이 중죄(felony)로 유죄평결을 받은 경우에는 바로 형을 선고하지 않고 피고인에게 다시 항변할 기회를 주었다. 즉, 유죄평결에도 불구하고 피고인에게 형벌이 부과되어서는 안 되는 이유가 있으면 그 이유를 제시하라는 기회를 주었다. 피고인이 합당한 이유를 제시하면 판결의 선고는 이루어지지 않고 이유를 제시하지 않거나 그 이유가 부당하면 피고인에게 판결을 선고하여 형벌을 부과했다.

라. 형벌의 종류

1) 중죄(felony)에 대한 형벌

피고인이 배심에 의하여 유죄평결을 받게 되면 법원판사에 의한 판결의 선고가 뒤따랐다. 과거에는 유죄로 인정된 피고인에 대한 양형재판을 따로 실시한 후 형의 선고 일자를 잡는 것이 아니라 유죄평결과 동시에 형을 선고하는 것이 일반적이었다.

과거 영국에서 일반적으로 인정되었던 피고인에 대한 형벌은 사형, 중노동형(penal servitude), 징역형, 채찍형(whipping), 벌금형 그리고 재산몰수 등이었고 이들 형벌 중 중죄(felony)에 대한 일반적인 형은 단순 절도(petty larceny)나 상해를 제외하면 사형이 원칙이었다. 다만 일정한 경우 피고인을 사형에 처하는 대신 신체질단형에 처하기도 하였다.

특히 정복왕 William의 통치 시기(1067-1087)에는 대부분의 사형이 신체절단형으로 대체되기도 하였다. 그럼에도 불구하고 19세기 중반에 이르기까지 중죄에 대한 형벌은 사형이 원칙이었다. 중죄에 대한 형은 원칙적으로 사형이었지만 그에 대하여는 광범위한 예외가 인정되고 있었다.

소위 승려의 특권(benefit of clergy)이라는 것이 인정되었다. 이는 처음 승려에게만 인정되는 특권이었다. 즉, 승려는 세속의 법원에서 재판을 받는 것이 아니라 종교재판을 받게 되었고 그 결과 사형선고를 받지 않게 되어 이것이 승려의 특권으로 발전되었다. 승려의 특권은 점차 범위가 확대되어 나중에는 책을 읽을 줄 아는 모든 남자에게 이 특권이 인정되었다. 대부분의 남자에게 승려의 특권이 인정되면서 한편 승려의 특권이 인정되지 않는 범죄의 수가 늘어나게 되었고 1861년에 이르러 승려의 특권이 인정되지 않는 범죄의 수가 특정되게 되었다.

18세기에 이르러 영국이 해외에 다수의 식민지를 개척하게 되면서 법원으로부터 중죄로 사형 등 유죄판결을 선고받은 피고인을 사형 등에 처하는 대신 오스트레일리아 등 새로 개척한 식민지로 유배를 가는 조건으로 사면을 하게 되었고 그에 따라 18세기부터 19세기 초기에 이르기까지 유배형(transportation)이 널리 통용되었다.

그 후 중죄로 유죄판결을 선고받은 피고인에 대한 유배형이 식민지의 사람들로부터 반발에 부딪치게 되자 19세기 중반부터 중노동형 그리고 뒤를 이어 징역형(imprisonment)이 중죄에 대한 일반적인 형으로 인정되게 되었고 유배형은 1860년경에 이르러 폐지되었다. 중노동형은 영국의 어느 지역에서나 집행할 수 있는 형벌이었기 때문에 형을 선고받은 자들은 버뮤다 또는 지브롤터로 보내져 그곳에서 중노동형을 이행하게 되었다. 이러한 중노동형은 유배형과 유사한 것으로 볼 수 있지만 유배형의 최단기간은 7년인 데 비해 중노동형의 최단기간은 5년이라는 점이 달랐다.

원래 징역형(imprisonment) 그 자체는 영국의 형사소송과 역사를 함께하는 아주 오래된 형벌의 하나였지만 통상의 형벌은 아니었고 비교적 최근에 이르러 위에서 본 바와 같이 유배형을 대신하게 되면서 중죄에 대한 일반적인 형벌로 인정되었다.

2) 경죄(misdemeanour)에 대한 형벌

경죄에 해당하지만 그 실질에 있어서 설도죄와 비슷한 사기, 횡령 등의 경우에는 제정법에 의하여 중죄의 경우와 마찬가지로 유배형이나 징역형이 일반적으로 인정되었다. 그러나 Common Law상의 경죄나 제정법에 의한 경죄의 경우에도 법률에 그 형이 정해져 있지 아니한 경우 그에 대한 형벌은 징역형, 채찍형 그리고 벌금형이었다. 경죄에 대하여도 4만 파운드의 벌금 또는 징역 5년과 같이 과도한 벌금형이나 장기간의 징역형이 선고된 경우가 있었지만 통상 정해진 한도 이내에서 형이 선고되었다.

벌금형과 관련하여 1215년 제정된 대헌장(Magna Carta)은[45] "자유인이 경죄를 범하였을 때에는 그 죄의 경미함을 고려하여 벌금이 과해지고, 중죄를 범한 때에는 그 죄의 막중함을 고려하여 벌금이 과해진다. 생계유지에 필요한 재산은 벌금의 대상에서 제외된다. 한편 농노에게도 같은 방법으로 벌금이 과해질 수 있지만 그의 농경용구는 제외된다"고 규정하고 있다. 또한 1689년 반포된 권리장전(Bill of Rights)은 "과도한 보석보증금을 요구하거나 과도한 벌금을 부과하는 것 그리고 잔인하고 비상식적인 형벌을 과하는 것은 인정되지 않는다"고 규정하고 있다.

Common Law에 있어 경죄의 경우 1개 범죄에 대한 징역형의 상한은 6월이었고 이 원칙은 오늘날에도 그대로 적용되어 영국 치안법원이 약식으로 재판한 피고인의 1개 범죄에 대한 징역형의 상한은 6월이다.

마. 상 소

Common Law에 있어서 피고인에 대한 재판은 1회의 재판 즉, 단심으로 끝나는 것이 원칙이었고 판결에 대한 불복이나 상소법원이 따로 인정되지 않았다. 즉, 판결에 대하여 사실문제 또는 법률문제를 이유로 상소를 할 수 없었다는 것이 영국 형사법의 특징이었다. 하지만 이러한 원칙에 대하여 몇 개의 예외를 인정함으로써 사실상 상소를 인정하고 있었다.[46] 그 예외의 하나가 여왕좌법원의 권한과 관련하여 전술한 오심영장이었다. 오심영장(writ of error)은 법원의 재판절차에 관한 재판기록에 명백한 오류가 있는 경우 인정되었다.

---

45) 대헌장 제 20 조.

46) James Fitzjames Stephen, A History of the Criminal Law of England, 1권 p. 308.

구두변론을 원칙으로 하는 영국의 형사재판에서 재판기록이라고 할 수 있는 것은 기소장밖에 없는 것이 보통이지만 순회법원과 사계법원의 서기는 기소인부절차에서 피고인의 답변 내용이나 배심의 평결 결과를 메모해 두는 것이 실무관행이었다. 또한 법원서기는 배심원의 명단, 기소장 내용, 기소인부절차에서의 답변 내용, 평결의 결과와 선고된 형을 자세하게 적어 서책으로 만들고 이를 법원에 보관하였다. 이러한 기록은 물론 기록 작성자의 개인적인 목적을 위한 단순히 사적인 메모에 불과하고 법률적인 효력을 갖는 것은 아니었다. 또한 기록의 작성에 특정한 형식이 있는 것도 아니었고 작성자에게 이러한 기록을 보관할 의무가 있는 것도 아니었다.

형사소송제도의 발전에 따라 소송절차에 관한 기록이 필요하게 되면서 이러한 법원 직원의 사적인 메모가 소송기록의 기초가 되었다. 그에 따라 중죄사건의 재판에 있어서는 법원서기가 재판이 개최된 법원의 명칭, 재판을 담당한 판사, 기소를 한 대배심원의 명단, 기소장, 피고인을 법정에 인치한 방법, 기소장의 법원 제출, 기소인부절차에서 피고인의 답변 내용, 사건의 쟁점, 배심원 선정 절차, 배심의 평결, 피고인이 주장하는 형벌이 부과되어서는 안 되는 이유 그리고 판결을 기록하고 이것이 형사법원의 재판기록이 되었다.

한편 법원 직원이 이러한 재판기록을 작성함에 있어서 증거에 관한 것이나 판사가 배심에게 지시한 내용은 무시하고 기록하지 않는 것이 관행이었기 때문에 사실의 확정이나 법률문제에 관한 오류는 그것이 아무리 중대한 것이라 하더라도 기록에는 나타나지 않았다. 오심영장은 오로지 기록에 나타난 오류만을 확인하는 것이기 때문에 기록에 나타나지 않는 오류는 그것이 아무리 중대한 것이라 하더라도 이 방법으로는 치유될 수 없었다.

본래 오심영장은 형사재판에서 유죄판결을 선고받은 피고인에게 '호의를 베풀기 위한(as a matter of favour)' 것으로 국왕이 피고인의 유죄판결을 번복하기 위한 방안이었다. 국왕의 배려로 피고인이 오심영장을 신청하는 경우 법무장관이 재판에 오류가 있었다는 것을 인정하고 그에 따라 법원이 법무장관의 인정을 받아들이면 피고인에 대한 유죄판결은 효력을 상실하였다.

이후 중죄사건의 경우에는 여전히 오심영장이 유죄판결을 선고받은 피고인에 대한 호의로 이루어졌지만 경죄의 경우에는 호의의 문제가 아니라 '정의에 관한 문제로서(as a matter of justice)' 실제 재판기록에 오류가 있는 경우에만 오심영장이 발부되었다. 따라서 경죄의 경우 법무장관이 오심영장의 발부를 위한 훈령(fiat)의 발령을 기부하는 경우에도 법원이 법무장관에게 오심영장을 위한 훈령의 발부를 명할 수 있었다. 그 후 중죄와 경죄에 관한 이러한 구분은 사라지고 재판기록에 문제가 있는 경우 법무장관이 오심영장을 위한 훈령을 발하게 되면 실제 그러한 오류가 있었는지의 여부와 관계없이 오심영장이 발부되었다. 하지만 오심영장의 발부에는 법무장관의 훈령이 필요하다는 제한이 있어 오심영장이 실제로 발부되는 일은 흔한 일이 아니었다.

오심영장 이외에 사실상 상소를 인정하는 또 하나의 예외가 재소송의 신청이라 할 수 있다. 재소송의 신청(motion for a new trial)은 중죄(felony)에 대하여는 인정되지 않았고 일부 경죄(misdemeanour)에 관해서만 인정되었다. 즉, 고등법원여왕좌부에서 재판한 경죄나 여왕좌부로부터 사건을 송부 받은 순회 배심법원이 재판한 경죄가 대상이 되었다. 따라서 순회 배심법원(assize of nisi prius)의 재판이 아닌 순회 미결수재판법원(oyer and terminer at the assize)의 재판과 사계법원에서 경죄에 대하여 재판이 있었던 때에는 재소송의 신청이 인정되지 않았다.

이러한 재소송의 신청은 당사자가 사건이 처음 접수된 법원에 재소송이나 특별배심을 위한 사건이송명령(writ of certiorari)을 발해달라는 형식으로 하였다. 신청을 받은 법원이 사건에 어려운 문제(question of difficulty)가 있다고 인정하면 사건이송명령을 발하여 Westminster에 있는 여왕좌부에서 다시 재판을 하거나 순회배심법원 또는 런던 소재 배심법원에서 재판하도록 사건을 내려보냈다. 당사자가 재소송을 신청하는 경우는 예컨대, 배심에 대한 판사의 증거설명이 잘못되었다는 것을 근거로 유죄평결이 증거에 반한다고 주장하면서 또는 민사소송에서 재소송을 인정하는 이유와 동일한 근거를 주장하면서 재소송을 신청할 수 있었다.

그 이외 배심이 불완전한 특별평결(imperfect special verdict)을 하는 때에도 새로운 배심을 구성하여 재판하는 경우가 있었다. 이를 보통 새로운 배심소집영장(venire de novo)이라고 한다. 배심의 특별평결이라 함은 배심이 기소된 범죄사실에 대하여 피고인의 유·무죄를 결정할 수 없다고 법원에 말하는 것이다. 배심의 이러한 특별평결은 형사유보문제처리법원(the Court for Crown Cases Reserved)이 등장하면서 불필요한 것이 되었다.

원래 순회법원(assize) 등에서 재판을 담당하는 판사가 재판 과정에서 어려운 법률적인 문제가 발생하는 경우 형의 선고나 판결의 집행을 연기하고 그 문제를 다른 판사들에게 보고하는 관행이 있었다. 물론 순회법원의 재판에만 인정되는 것이었고 사계법원에서는 인정되지 않았다. 이와 같이 처리가 보류된 문제는 법정에서 다투어진 것이 아니라 모든 판사가 회원으로 있는 고등변호사협회(Serjeant's Inn)에서 논의되었다.[47] 논의한 결과 피고인이 배심으로부터 부당하게 유죄평결을 받은 것으로 결론이 나면 피고인은 특별사면(free pardon)을 받게 되고 그렇지 않은 경우 형을 선고하거나 선고된 판결을 집행하였다.

이러한 판사들의 논의는 완전히 비공식적인 것이었고 결정의 내용이나 그 이유가 따로 제시되는 것도 아니었다. 이러한 판사들의 비공식적인 모임이 1848년에 이르러 형사유보문제처리법원으로 공식화되었다. 순회법원에서 피고인에 대한 재판을 담당한 판사 등은 그 사건과 관련하여 어려운 법률적인 문제가 있는 경우 이를 적시하여 이 법원에 의견을 구할 수 있었다. 다만 법률적인 문제에 한하여 인정되는 것이었고 사실적인 문제에 관해서는 의견을 구할 수 없었다.

형사유보문제처리법원은 고등법원여왕좌부의 모든 판사(judge)가 구성원이었지만 통상 수석법관(Lord Chief Justice)을 필수 구성원으로 하여 5명으로 구성된 합의체(quorum)에서 사건을 심리했다. 5명의 합의체에서 심리한 결과 그들 사이에 의견이 다른 경우 과반에 의한 결정이 인정되지 않고 15명으로 구성되는 전원합의체로 사건을 송부하여 처리했다.

이와 같이 Common Law에 있어서도 원칙에 대한 예외를 인정하는 방식으로 사실상 상소에 준하는 제도를 인정하고 있었지만 이러한 구제절차는 모두 법률적인 문제에 관한 것이었고 사실문제에 관한 배심의 결정에 이의를 제기할 수 있는 방법은 원칙적으로 인정되지 않았다. 배심재판에서 배심이 사실

47) 영국에서는 13세기부터 법원의 판사를 개업 변호사 중에서 선발하는 것이 관행이었다. 특히 변호사 중에서도 serjeants-at-law의 지위에 있는 소수의 유능하고 명성있는 변호사만이 판사로 선발될 수 있었다. 민사법원(Court of Common Pleas) 수석판사의 천거와 대법관의 제청에 따라 국왕이 임명하는 지위가 serjeants-at-law로서 1877년 폐지되었으며 오늘날의 King's Counsel의 전신이라고 할 수 있다. serjeants-at-law로 임명되면 자신이 소속되어 있던 법학원(Inns of Court)을 나와 Serjeants Inn이란 별도의 법학원에 가입하게 되며 이후 판사로 임용되는 경우에도 그 회원으로 남게 되어 결국 모든 판사가 Serjeants Inn의 회원이었다.

관계를 잘못 판단하여 피고인에게 그릇된 유죄평결을 하는 경우에도 이를 시정히는 특별한 방법은 인정되지 않았고 다만 내무부장관의 건의에 따라 국왕이 실시하는 사면권이 유일한 것이었다. 형사재판에서 사실문제와 관련하여 사실상 상소제도를 인정하지 않고 있다는 것이 Common Law 형사소송의 가장 큰 단점이라는 비판이 오래전부터 제기되어 온 것도 이러한 이유에서이다.[48]

특히 1990년대에 들어 영국 사회의 이목을 집중시켰던 Birmingham Six 사건이나 Guildford Four 사건 등 북아일랜드 분쟁과 관련한 폭발물 테러사건 등에서 유죄판결을 선고받고 장기간 복역 중이던 수형자들이 애초의 판결에 오심의 가능성이 있다는 이유로 항소법원(the Court of Appeal)의 재심을 통하여 무죄 방면되고 그에 따라 형사재판에 있어 오심의 문제가 큰 사회문제로 부각되면서 상소제도와 관련한 비판이 논의의 대상이 되었다.

상소제도와 관련한 이러한 비판을 수용하여 영국에서는 1997년부터 확정된 유죄판결에 대하여 새로운 증거가 발견되거나 유죄판결에 법률상 또는 사실상의 문제가 있는 경우 이를 검토하여 항소법원에 재심을 명할 수 있는 형사사건재심위원회(the Criminal Cases Review Commission)[49]를 설치하여 운용하고 있다.

---

48) 오늘날의 항소법원 형사부(the Criminal Division of the Court of Appeal)의 전신이라고 할 수 있는 형사항소법원(the Court of Criminal Appeal)이 설치된 것은 1907년에 이르러서이고 현재에도 영국 항소법원이 피고인의 유죄평결을 파기하는 것은 재판절차에 하자가 있는 경우가 대부분이며 배심의 평결이 잘못되었다는 이유로 유죄판결을 파기하고 다시 소송을 하라고 명하는 경우는 드문 일이다.

49) 과거 부당한 유죄판결과 같은 오심에 관한 문제는 내무부장관이 이를 처리하였다. 내무부장관은 유죄판결에 오심의 가능성이 있다고 보이면 사건을 항소법원으로 송부하여 재검토하도록 하였다. Birmingham six 등 테러사건에 대한 항소법원의 재심도 내무부장관의 재검토요청에 의한 것이었다. 그러나 오심이 사회문제로 크게 비화되자 독자적으로 오심문제를 다룰 기구가 필요하다는 논의 결과에 따라 1995년 Criminal Appeal Act에 의해 이 위원회가 설치되었다.

제 2 장

영국의 형사소송

제 1 절 서 론
제 2 절 범죄의 수사와 소추
제 3 절 치안법원의 재판
제 4 절 왕립형사법원의 재판
제 5 절 판결절차
제 6 절 상소절차

제 1 절
서 론

1. 영국제도의 발전

Common Law의 전통을 그대로 계승하고 있는 것이 영국의 형사소송이라 할 수 있지만 세부적인 절차나 제도적인 측면에서는 다른 어떤 영미법국가의 형사소송보다 더 많은 변화와 발전을 보이고 있는 것이 또한 현재 영국의 형사소송이라고 할 수 있다.

영국의 형사소송은 Common Law의 기본이념을 계승하면서도 공정한 재판을 통한 범죄자에 대한 합당한 처벌과 피고인의 인권보호를 위해 부단한 노력을 계속해 오고 있다. 특히 형사사법제도와 관련된 중요한 쟁점에 관해서는 문제를 해결하기 위한 특별위원회를 구성하여 문제점을 철저히 연구·검토하고 그에 따라 거의 매년 형사사법법(Criminal Justice Act)을 새로이 제정하는 방식으로 제도를 개선하여 왔다.

공정한 재판을 위해 사인소추의 이념을 그대로 유지하면서도 일종의 국가소추기관이라고 할 수 있는 공소국(the Crown Prosecution Service)을 설치하여 소추 전담의 검사(Crown Prosecutor)를 두고 있는 것도 이러한 제도개선의 대표적인 사례라고 할 수 있다.

이러한 바탕위에서 영국의 형사소송은 사인소추와 당사자주의 그리고 공판중심주의라는 Common Law의 기본이념을 그대로 계승하면서도 공정한 재판과 관련하여 사건 당사자나 국민으로부터 많은 비판을 받지 않는 바람직한 형사소송제도로 평가받고 있다.

특히 성문헌법을 갖고 있지 않는 영국에서는 미국의 경우와 같이 헌법상 피고인의 인권보장이라는 개념이 인정될 여지가 없다. 그럼에도 불구하고 영국의 형사소송은 피고인의 인권을 세심하고 철저하게 보장하면서도 공정한 재판을 통해 구체적 타당성 있는 판결을 이끌어내는 데 큰 문제점이나 허점을 보이지 않고 있다. 같은 뿌리에 바탕을 둔 미국의 형사소송이 경찰의 인권침해 문제와 무전유죄, 유전무죄 그리고 오심 등으로 많은 비판을 받고 있는 것과 비교할 때 시사하는 바가 매우 크다.

2. 형사법원의 조직과 구성

가. 법원의 조직

영국에서도 법원을 민사법원과 형사법원 또는 제1심법원과 상소심법원으로 나누기도 하지만 전통적인 분류방법은 상급법원(superior courts)과 하급법원(inferior courts)으로 나누는 것이다. 여기서 상급법원이라고 하는 것은 그 관할이 소송물 가액이나 지역에 따라 제한을 받지 않는 법원, 다시 말해 사안이 중한 사건을 처리하는 법원을 말하고 하급법원은 이러한 사유로 관할의 제한을 받는 법원 즉, 사안이 비교적 가벼운 사건을 처리하는 법원을 말한다.

상급법원에 해당하는 법원으로는 사안이 중한 민사사건을 주로 처리하는 고등법원(the High Court of Justice), 사안이 중한 형사사건에 대한 정식재판을 전담하는 왕립형사법원(the Crown Court)과 이들 두 법원의 판결에 대한 항소사건을 처리하는 항소법원(the Court of Appeal) 그리고 우리의 대법원에 해당되는 귀족원(the House of Lords)[1]이 있다. 이러한 상급법원 중 특히 고등법원과 왕립형사법원 그리고 항소법원을 최고법원(the Supreme Court of Judicature)이라 부르기도 한다.[2] 하급법원에 해당하는 법원으로는 각 county에 설치되어 있는 약 220여개의 주 법원(county court)과 치안법원(magistrates' court)이 있다. 주 법원은 가벼운 민사사건에 대한 재판을 하고, 치안법원은 가벼운 형사사건에 대한 재판과 왕립형사법원에서 재판할 사건에 대한 예심을 한다.

---

1) 영국에는 본래 대법원이 따로 설치되어 있지 않고 국회 양원 중 상원에 해당하는 귀족원의 상소심위원회가 대법원의 기능을 맡아 하였지만 2009년에 독립한 대법원이 설치되어 운영되도록 되어 있다.

2) Supreme Court Act 1981, s. 1.

상급법원의 판결만이 구속력 있는 판례가 되며 상급법원에는 법정변호사(barrister)만이 법정에 출석하여 변론(right of audience)을 할 수 있고 사무변호사(solicitor)는 원칙적으로 이들 법원에 출석하여 변론할 수 없다.

나. 형사법원의 조직

영국에서 형사사건으로 소추된 피고인에 대한 1심 재판을 담당하는 법원은 치안법원과 왕립형사법원이다. 치안법원은 경범(summary offence)이나 사안이 비교적 가벼운 기소가능범죄(indictable offence)로 고발된 피고인에 대한 약식재판을 담당하며 한편 사안이 중한 기소가능범죄로 고발된 피고인을 왕립형사법원의 정식재판에 회부할 것인지의 여부 즉, 기소(indictment) 여부를 결정하는 예심을 한다. 왕립형사법원은 사안이 중한 기소가능범죄로 고발되어 치안법원의 예심을 통해 정식재판에 회부된 피고인에 대한 재판을 담당한다.

치안법원판결에 대한 항소사건은 왕립형사법원에서 심리하고 왕립형사법원판결에 대한 항소사건은 항소법원에서 심리한다.

고등법원은 원칙적으로 사안이 중한 민사사건에 대한 1심 재판을 맡아 하지만, 치안법원이나 왕립형사법원의 형사재판 중 판결의 결과가 아닌 절차나 법률문제와 관련한 항소는 고등법원에 한다. 고등법원은 원래 대법관부, 여왕좌부, 민사소송부, 재무부, 유언검인·이혼·해사부의 5부로 되어 있었으나 1970년의 법률개정에 의하여 대법관부, 여왕좌부, 가사부의 3개부로 개편되었고, 치안법원이나 왕립형사법원으로부터 올라오는 이들 절차나 법률문제에 관한 항소사건을 처리하는 부는 여왕좌부(Queen's Bench Division)이다. 왕립형사법원과 고등법원 그리고 항소법원은 런던에만 설치되어 있는 단일 법원이다.[3)]

항소법원과 고등법원의 결정이나 판결에 대한 상고사건은 귀족원에서 심리한다. 형사재판과 관련하여 중요한 역할을 하는 것이 1997년부터 활동에 들어간 형사사건재심위원회(Criminal Cases Review Commission)가 있지만 이 위원회는 새로운 사실의 발견 등으로 오심의 가능성이 있는 경우 항소법원에 재심을 명하는 기관으로 형사법원이라고 보기는 어렵다.

---

3) 왕립형사법원(the Crown Court)이 단일 법원이라고 하지만 이는 법률상 단일법원이라는 것이고 따라서 런던에서만 재판을 하는 것은 아니다. 영국 각지에 90여개의 왕립형사법원을 설치하고 그곳에서도 형사재판을 한다.

다. 형사법원의 구성

귀족원의 상소심위원회는 귀족원 의장(Lord Chancellor)과 법관 의원(law Lords)[4] 그리고 1968년 제정된 형사사법법(Criminal Justice Act)에 규정되어 있는 사법고위직에 재직하였거나 현재 재직하고 있는 귀족원 의원(Lord)들로 구성된다. 이 위원회의 정원은 11명이나 보통의 경우에는 5인 그리고 중요한 사건을 처리하기 위해서는 7인으로 구성되며 통상 법관 의원만으로 구성되어 사건을 처리한다.

항소법원은 당연직(ex officio) 항소법원판사와 35명의 항소법원판사로 구성된다. 당연직 항소법원판사로는 전·현직 귀족원 의장, 영국 법원 전체 법관들 중 수석법관이라고 할 수 있는 수석법관(Lord Chief Justice), 항소법원 수석법관(Master of the Rolls), 고등법원 가사부장 그리고 귀족원 부의장 등이다. 이들 중 실제 항소법원의 재판에 관여하는 것은 수석법관과 항소법원 수석법관이다. 귀족원 의장은 고등법원판사로 하여금 항소법원에 근무하게 할 수 있고, 수석법관은 항소법원 수석법관과 협의하여 고등법원판사로 하여금 항소법원형사부의 심리에 관여해 줄 것을 요청할 수 있다.

고등법원은 3개의 부 즉, 대법관부, 여왕좌부 그리고 가사부의 부장과 106명의 고등법원판사로 구성된다. 대법관부는 귀족원 의장이 부장으로 되어 있지만 실제에 있어서는 귀족원 부의장이 부장역할을 하며 17명의 고등법원판사가 업무를 처리한다. 여왕좌부는 영국 전체의 수석법관이 부장으로 72명의 고등법원판사로 구성된다. 가사부는 부장과 17명의 고등법원판사로 구성되어 있다.

고등법원 판사들은 원칙적으로 어느 부에서도 재판을 할 수 있지만 실제에 있어서는 위와 같이 각 부에 배정되어 재판을 한다. 왕립형사법원에는 전속하여 근무하는 판사가 없고 고등법원판사 또는 순회판사가 왕립형사법원을 순회하며 재판을 하고 각 지역의 왕립형사법원에는 가벼운 사건을 처리하는 임시직 판사(recorder)가 상근한다.[5]

---

4) 본래 세습귀족으로 구성되는 귀족원에는 법조인이 거의 없었고 법조인이라 하더라도 자질이 다른 상급법원의 판사에 비하여 떨어져 최고법원으로서의 권위가 문제되자 1876년부터 명망 있는 판사 중에서 선발된 자에게 세습이 인정되지 않는 당대의 작위를 주어 이들로 하여금 귀족원의 재판기능을 수행하게 하였는데 이들을 법관 의원이라 부른다.

5) 2002년 현재 순회판사의 수는 605명, 임시직 판사의 수는 1,310명이다.

또한 치안판사가 왕립형사법원의 재판에 관여하는 경우가 있는데 치안법원의 판결에 대하여 왕립형사법원에 항소한 경우 및 치안법원에서 유죄를 인정한 후 판결의 선고만을 위하여 피고인을 왕립형사법원의 재판에 회부한 경우에는 2인 이상 4인 이하의 치안판사가 왕립형사법원의 재판에 관여한다. 이때 치안판사는 왕립형사법원의 판사로 간주되어 다른 왕립형사법원의 판사와 동일한 권한을 행사한다.

이러한 각급 형사법원을 구성하는 판사의 서열은 대법관, 수석법관(항소법원 형사부 부장 겸 고등법원 여왕좌부 부장), 항소법원 수석법관(항소법원 민사부장), 법관의원, 항소법원판사, 고등법원판사, 순회판사, 지방법원판사의 순서로 정해지는데 법관의 독립을 확실하게 보장한다는 의미에서 이들 사이에는 원칙적으로 승진이나 전보가 인정되지 않는다.

그 밖에 형사사건의 대부분을 처리하는 치안판사(justice of the peace)가 있으나 유급치안판사(stipendiary 또는 district judge)를 제외하고는 법관이 아니며 일반 시민들 중에서 임명된다.

3. 형법과 형사소송법

영국에는 아직 형법과 형사소송법이 따로 제정되어 있지 않다.[6] 형벌의 대상이 되는 범죄는 Common Law에 의하여 인정되는 Common Law상의 범죄와 개개의 법률에 의하여 범죄로 인정되는 제정법상의 범죄가 있다.

형사소송도 Common Law의 내용이나 전통에 따르는 것이 원칙이지만 오늘날 영국 법원의 관할이나 권한 그리고 소송절차는 대부분 의회에서 제정된 Powers of Criminal Courts Act, Magistrates' Courts Act, Courts Act, Criminal Appeal Act, Criminal Procedure and Investigations Act, Juries Act, Police and Criminal Evidence Act 등 개별 법률에 의하여 규율되고 있다.

---

6) 영국에서도 형법과 형사소송법에 대한 법전화의 논의나 노력이 없었던 것은 아니지만 이러한 노력은 결국 수포로 돌아가고 성공하지 못했다. 형법이나 형사소송법에 해당하는 법률들은 각 개별 법률에 분산되어 규정되어 있다.

제 2 절

범죄의 수사와 소추

1. 재판 전 절차와 PACE

가. 법관규칙과 PACE의 제정

형사재판에서 사인소추와 당사자주의를 이념으로 하는 Common Law의 원칙에 따르면 경찰이라고 하여 수사에 있어서 일반 사인과 다른 특별한 권한을 가질 이유가 없다. 경찰 또한 '법질서유지에 관심 있는 하나의 사인'으로서 범인 체포와 소추행위를 하는 것이 원칙이었다. 여기에 공판중심주의까지 고려하게 되면 경찰이 범죄 현장에서 범인을 체포하거나 범죄혐의자에게 최초 질문을 한 때로부터 혐의자가 최초로 법정에 출두할 때까지의 절차 즉, 대륙법계의 수사 및 기소절차는 영미법상의 형사소송에서 별다른 주의를 끄는 분야가 될 수 없었다.

같은 이유에서 범죄의 혐의자나 범죄혐의로 고발받은 사람은 수사 단계나 재판 단계를 막론하고 수사기관의 어떠한 신문에도 답변할 의무가 없으며 또한 자신의 무죄를 입증하기 위한 증기자료를 제출할 의무도 지고 있지 않다는 것이 Common Law의 전통이었다.[1] 혐의자가 경찰의 신문에 응하여 자백을 하는 경우에도 임의적인 자백이 아니면 증거로 허용되지 않는다는 단순한 원칙이 오랫동안 유지되어 왔고 이와 관련한 특별한 규정도 없었다.

1) 이러한 원칙에는 약간의 예외가 있다. 예컨대, 자동차의 소유자는 특정한 경우에 법률의 규정에 따라 자동차를 운전한 사람의 신원을 밝힐 의무가 있으며, 자동차운전자는 특정한 경우에 음주수치 측정을 위한 혈액이나 소변 등 시료를 제출할 의무가 있다.

다만 경찰이 혐의자로부터 자백을 받는 것과 관련하여 이를 자세히 규율하고 있는 법관 제정의 법관규칙(Judges' Rule)이 업무지침으로 통용되어 왔다. 규칙은 범죄혐의자의 훈방, 혐의자에 대한 소추, 진술서의 징구, 소추된 피고인에게 다른 사람이 작성한 진술서를 보여 주는 것 등과 관련하여 경찰의 업무처리지침을 정하고 있었다.

고등법원 판사들이 정한 이 규칙에 의하면 경찰이 혐의자로부터 진술을 듣기에 앞서 그에게 신문에 답변할 의무가 없으며 신문에 답변한 모든 진술은 그의 재판에서 증거로 사용될 수 있다는 사실을 미리 고지하도록 되어 있다. 하지만 경찰이 규칙에 위반하여 이러한 고지를 하지 아니하였다고 하여 그로부터 취득한 자백 등 증거가 반드시 유죄증거로부터 배척되는 것은 아니고 이는 판사의 재량에 따라 배척될 수 있을 뿐이었다.

판사의 재량에 따라 위법수집증거를 이유로 증거능력이 배척될 수 있었지만 실제 실무에서 그러한 이유로 증거를 배척하는 일은 거의 없었다. 다만 피고인은 자신의 자백이 경찰의 강요에 의한 자백이라고 주장함에 있어 규칙위반을 유용한 근거로 제시할 수는 있었다.

이러한 법관규칙은 오랫동안 논란과 비판의 대상이 되어 왔고 그에 따라 영국에서는 형사사법개혁위원회[2]의 권고를 받아들여 1984년 Police and Criminal Evidence Act를 제정하여 시행하고 있다.

이 법의 제정으로 범인의 검거로부터 최초 법정 출두에 이르기까지의 절차가 제정법으로 규제되게 되었다.

형사사법개혁위원회의 보고서가 담고 있는 주된 관심사는 질서를 유지하고 범죄를 예방하며 범죄가 발생한 경우 범인을 검거하기 위한 경찰의 적절한 권한 행사와 전통적인 시민의 자유와 권리 사이의 균형(balance)을 도모하는 것이었다. 그에 따라 법률은 이를 충실히 반영하여 경찰의 권한을 열거하면서도 그에 따르는 경찰의 의무를 자세히 규정하고 있다.

나. PACE와 실무규칙

PACE의 시행으로 영국 경찰의 형사사법과 관련한 업무집행에 있어 상전벽해의 변화가 오게 되었다.

2) Royal Commission on Criminal Procedure, Philips Commission.

PACE가 규정하고 있는 내용에는 체포권한에 관한 규정 등과 같이 종래 Common Law나 다른 법령에 의하여 인정되어 오던 것도 있지만 고발 이전 단계에서 체포된 혐의자를 경찰서에 구금할 수 있는 기간에 관한 규정 등 일부 규정은 완전히 새로운 것이기도 하다.

PACE의 규정은 기본적으로 경찰의 권한에 관한 것, 예컨대 일반 시민을 정지시켜 신체를 수색하고(stop and search), 범죄의 증거를 발견하기 위하여 가택을 수색하며, 혐의자를 체포하여 경찰서에 구금하고, 체포 전후에 걸쳐 혐의자를 신문하는 것을 내용으로 한다. 이러한 수사와 관련한 경찰의 권한과 자세한 그 행사 절차는 내무부장관이 발령한 실무규칙(Code of Practice)에 자세하게 내용이 규정되어 있다. 이 실무규칙은 비록 법률로 제정된 것은 아니고 내무부장관이 발령한 명령의 형식을 취하고 있지만 의회 양원의 승인을 받도록 되어 있다.

내무부장관의 실무규칙은 5개로 되어 있으며 Code A는 경찰의 정지와 수색(stop and search)의 권한, Code B는 수색과 압수(search and seizure)의 절차, Code C는 피의자의 구금, 처우, 신문(detention, treatment and questioning)의 절차, Code D는 범인식별(identification)절차 그리고 Code E는 신문한 내용의 녹음(tape recording)절차를 규정하고 있다.[3)]

다. PACE와 실무규칙의 강제

경찰의 권한을 신중하게 규정하고 그 권한을 행사함에 있어 지켜야 할 규칙을 지혜롭게 제시한다고 하여 경찰의 수사가 적정하게 행해질 것이라고 볼 수 없음은 영국의 경우라고 하여 예외일 수 없다.

따라서 경찰이 그 권한의 범위 내에서 수사를 하면서 위 규칙의 규정을 준수하도록 상세하는 것이 무엇보다 중요한 일이 된다. 형사사법개혁위원회(Philips Commission)는 이를 위한 두 가지 기본적인 방안을 검토하였다. 그 하나는 이 규정을 위반한 경찰관에 대한 자체 징계 방안이고 다른 하나는 이 규정에 위반하여 수집한 증거를 배척하는 방안이다.

3) 본래 5개이던 실무규칙에 3개가 더 추가되어 2005년 현재 실무규칙은 8개로 되어 있다. 추가된 실무규칙 Code F는 피의자신문의 녹화에 관한 것(visual recording with sound of interviews with suspects)이고, Code G는 경찰의 체포권한(Powers of Arrest)에 관한 것 그리고 Code H는 테러사건과 관련한 혐의자의 구금, 처우, 신문에 관한 것이다.

위원회는 이 두 가지 방안 중 첫 번째 방안을 채택하면서 두 번째 방안은 채택하지 않았다. 위원회는 경찰의 업무집행을 철저히 기록하게 하고 규칙위반의 경우 징계권을 행사한다는 경고만으로 경찰의 행위를 통제할 수 있다고 보았다.

PACE는 애초 위원회의 권고에 따라 경찰에 대한 통제장치로 징계방안만을 입법화하였지만 그 후 위법하게 수집된 증거를 배척하도록 판사에게 일종의 의무를 부과하는 내용으로 법을 개정하였다.[4]

그 결과 경찰이 PACE와 실무규칙에 위반하여 수사를 한 경우에 대하여는 다음과 같은 5개의 제재방안이 마련되었다.

① 업무수행과 관련한 경찰관의 위반행위가 범죄행위에 해당하는 경우 경찰관은 통상의 예에 따라 소추된다. 예컨대, 가택에 대한 불법수색은 가택에 대한 손해발생으로 이어질 수 있고 이는 재물손괴죄를 구성한다. 마찬가지로 불법체포니 자백을 받아내기 위한 폭력의 사용은 폭행죄가 되어 소추대상이 된다. 경찰관이라는 이유로 범죄의 성립으로부터 면책되는 것이 아니다. 이때 공소국(CPS)이 경찰관의 소추를 주저하는 경우 피해자가 개인적으로 소추할 수 있다.

② 만일 경찰관의 위반행위가 민사상 불법행위를 구성하는 경우라면 피해자는 책임 있는 경찰관을 상대로 민사소송을 제기할 수 있다.

③ 형사책임이나 민사책임과는 별도로 실무규칙에 대한 위반행위는 경찰 자체의 내규에 의한 징계대상이 된다.

④ PACE나 실무규칙에 위반한 행위 또는 그 이외의 불법적이거나 불공정한 행위는 그로 인하여 수집한 증거의 증거능력배척으로 귀착될 수 있다. PACE(제78조)에 의하면 법원은 소추인이 유죄의 증거로 제출한 증거가 그 증거의 수집상황을 포함한 모든 사정을 고려할 때 절차의 공정성을 해치는 것으로서 법원이 허용할 수 없는 증거라고 판단될 때에는 증거능력을 부인할 수 있다고 규정하고 있다. Common Law의 원칙에 의하더라도 이러한 증거는 판사의 재량에 따라 증거능력이 부인될 수 있었지만 실무에서는 예외적인 경우에만 증거능력이 부인되었다.

4) PACE, s. 78.

⑤ 만일 PACE와 그 실무규칙에 대한 위반이 피고인으로 하여금 자백을 하도록 유도한 것이 되었다면 그 위반의 정확한 내용에 따라 그 자체로서 자백의 증거능력을 부인할 수 있고, 다른 사정과 종합하여 자백 배척의 근거로 사용될 수 있다.

PACE 제정 이후 법원의 경향은 위 제④항과 제⑤항을 적용함에 있어 주로 "피고인의 이익을 위하여" 재량권을 행사하고 있다. 이는 위법수집증거의 배척과 관련하여 법관규칙 시행 당시 법원이 보인 태도와는 배치되는 것이다.

2. 수사의 실행

가. 소추의 개시

영국의 형사소송에 있어서 소추인이 피고인을 법원에 고발하는 방식 즉, 소추의 개시에는 두 가지의 기본적인 방식이 있다. 그 하나는 경찰이 혐의자를 영장 없이 체포하여 경찰서에 유치한 다음(대부분의 경우 피의자를 신문한 뒤) 신병과 함께 피의자를 체포된 범죄행위로 치안법원에 고발하는 것인데 이를 보통 "charge"라고 한다.

다른 하나는 소추인이 치안판사나 치안판사의 서기에게 피고발인이 특정한 범죄를 범하였다고 주장하면서 혐의자를 구두 또는 고발장으로 고발하는 것이다. 이를 "lay information"이라 한다. 이러한 구두 또는 고발장에 의한 고발이 있는 경우에는 소환장이 발부된다. 소환장에는 피고인이 특정한 일시에 관할 치안법원에 출석하여 고발 내용에 대하여 답변하라는 내용이 기재된다.

살인의 경우와 같이 매우 중한 범죄의 경우에도 피고인을 체포하지 않고 고발장에 의한 고발만 하고 그에 따라 피고인에게 소환장을 발부할 수 있지만 일반적으로 다소 중한 범죄의 경우에는 체포와 charge가, 그리고 lay information에 의한 고발과 소환장의 발부는 비교적 경미한 범죄의 경우에 적절한 수단으로 인정되고 있다.

오늘날 charge 즉, 신병과 함께 하는 고발은 경찰만이 할 수 있다. 경찰과 다른 소추기관 그리고 사인은 모두 구두 또는 고발장에 의한 고발과 소환장의 방식을 택할 수 있다. 경찰이 고발장에 의한 고발과 소환장의 방식으로 소추를 개시하는 경우에는 거의 예외 없이 혐의자에게 범죄혐의에 관하여 알려주고 그 범죄행위로 소추가 될 것이라는 경고를 미리 하게 된다.

이러한 기본적인 소추방식 이외에 몇 가지 변형이 있다. 예컨대, 일반 시민이 영장 없이 혐의자를 체포하여 경찰이 소추를 제기할 것이라고 기대하면서 신병을 경찰에 인계하는 경우 또는 경찰이 혐의자를 체포하여 경찰서에 인치하였으나 소환장에 의한 방식이 더 적절할 것이라고 판단되는 경우가 있다. 이러한 때에는 혐의자에 대하여 charge를 하지 않고 석방하면서 혐의자에게 소추 여부에 대한 결정이 아직 나지 않았음을 알려준다.

또 다른 소추방식의 하나는 고발장을 제출받은 치안판사가 고발인으로부터 선서를 받고 고발장에 기재되어 있는 혐의자에 대한 체포영장을 발부하는 것이다. 하지만 이는 사실상 이례적인 경우라고 할 수 있다. 왜냐하면 고발 내용이 체포영장을 발부해야 할 정도로 중한 것이라면 경찰이 영장 없이 바로 체포할 수 있고 이때 체포영장을 청구하는 것은 불필요한 일이기 때문이다.

다만 혐의를 받고 있는 범죄에 대하여 경찰의 체포권이 인정되지 않는 경우라든지 혐의자의 주거가 일정하지 않아[5] 소환장의 발부가 무의미한 경우에는 체포영장의 발부가 의미를 갖게 된다.

혐의자에 대한 소환장의 발부나 체포영장의 발부는 이를 따로 구분하지 않고 모두 "절차진행을 위한 소환장의 발부(issue of process)"라 부르고 있다.

나. 체포와 Charge

1) 체 포

경찰관은 체포 가능한(arrestable) 범죄를 범하였거나, 범하고 있거나 혹은 범할 것이라고 믿을 만한 상당한 이유가 있는 자는 누구라도 체포영장을 발부받지 않고 그를 체포할 수 있다.[6] 일반 시민도 체포 가능한 범죄를 범하였다고 의심할 만한 상당한 이유가 있는 경우에 혐의자를 체포할 수 있지만 경찰과 달리 범죄를 범하려고 하는 자는 체포할 수 없고 또한 상당한 이유가 있다고 믿고 혐의자를 체포한 경우에는 그의 행위를 정당화하기 위하여 실제 누군

---

5) 혐의자의 주거가 일정하지 않은 경우 PACE 제25조에 의하여 경찰은 혐의자를 체포할 수 있다. 하지만 이러한 권한은 다른 소추기관이나 사적인 소추인에게는 인정되지 않는다.

6) PACE, s. 24(6)(7).

가에 의하여 범죄가 발생하였다는 것을 입증하여야 한다.[7] 체포 가능한 범죄는 통상 5년 이상의 징역형에 처할 수 있는 범죄를 말하지만 자동차 불법사용, 일부 성범죄 및 관세사범 등의 경우는 5년 이하의 징역형에 처하는 범죄임에도 체포 가능한 범죄로 분류되어 있다.[8]

경찰은 이외에도 보석조건에 위반했거나 위반하려고 하는 자, 타인의 주거나 건조물에 침입하기 위하여 폭력을 행사하는 자를 영장 없이 체포할 수 있다.

또한 체포 가능한 범죄가 아닌 경우에도 혐의자에 의해 그러한 범죄가 범하여졌거나 범해지고 있다고 믿을 만한 상당한 이유가 있는 때에는 일정한 경우 PACE의 규정에 따라 경찰에게 체포권이 인정될 수 있다.

그러한 경우로 PACE가 규정하고 있는 것은,

① 혐의자가 그의 성명이나 주소를 밝히기를 거부하거나 허위의 성명이나 주소를 말하고 있는 것으로 믿을 만한 상당한 이유가 있는 때,
② 혐의자가 그 자신이나 다른 사람에게 위해를 가하거나, 재산상의 손해를 가하거나, 공서양속에 반하는 범죄를 범하거나, 고속도로의 통행을 방해하려고 하는 것을 방지하기 위하여 체포를 하여야 한다고 믿을 만한 상당한 이유가 있는 때이다.[9]

하지만 이러한 체포권한은 일반 시민에게는 인정되지 않는다. 체포권한을 규정하고 있는 PACE의 규정은 체포의 대상자가 범죄를 범하고 있거나 지금 막 범하였다고 '의심할 만한 상당한 이유'를 들고 있다. 여기서 말하고 있는 의심(suspicion)이라고 하는 것은 "수사를 개시하거나 개시하려고 하는 때 증거에 의해서 입증되지 않은 가정이나 추측의 상태"를 말한다.[10] 이는 제3자가 합리적으로 판단했을 때 아무런 근거도 인정되지 않는 사실에 터 잡은 단순한 육감과는 구별된다.

---

7) 이는 또한 Common Law에 의하여 확립된 원칙이기도 하다. 다만 Common Law에서는 중죄와 경죄의 구분을 전제로 하였지만 PACE에서는 체포가능범죄 여부를 구분기준으로 하고 있다.

8) PACE, s. 23(1).

9) PACE, s. 25.

10) Lord Devlin in Hussien v. Chong Fook Kam (1970) AC942 at p. 948.

체포 사유가 있는지의 여부를 결정함에 있어 경찰관은 이후의 소추절차에서는 사용될 수 없는 체포 대상자 개인에 대한 정보 예컨대, 체포 대상자가 이전에 유사한 범죄로 유죄판결을 받은 사실 또는 그 대상자가 범죄를 범하였다는 뒷골목의 비밀정보 등도 참고할 수 있다. 따라서 소추할 만한 증거가 충분하지 않음에도 체포권을 행사하는 경우가 흔히 있을 수 있다. 왜냐하면 소추는 유죄판결을 받을 가능성이 더 높을 것이라는 기준을 전제로 법원에서 받아들일 수 있는 그러한 증거가 있는 경우에만 이루어지기 때문이다.

영국에서도 경찰관이 체포권한을 갖고 있다는 단순한 사실만으로 체포권한을 마음대로 행사할 수 있는 것은 물론 아니다. 경찰관은 그의 재량에 따라 체포가 실제로 필요하고 바람직한 것인지 여부를 신중하게 생각해보아야 하지만 경찰관이 혐의자를 체포하는 경우 혐의자를 경찰서로 데려가 쉽게 자백을 받아낼 수 있다는 현실도 고려하게 된다. 영국에서는 경찰관이 성실하게 업무를 수행하는 한 그의 권한을 적정하게 행사한 것으로 추정하여 손해배상 등의 소송을 제기하지 않는 것이 일반적이다.

범죄를 체포가능성 여부에 따라 분류하는 것과 별도로 PACE는 중대한 체포가능범죄와 그렇지 않은 범죄로도 구분하고 있다. 이러한 구분은 체포권한과는 직접적인 관련이 없지만 경찰서에서의 유치기간이나 구금된 자의 권리와 관련하여 중요한 의미를 갖고 있다.

일정한 범죄의 경우에는 개별적인 사실이나 상황에 관계없이 중대한 체포가능범죄가 된다. 이러한 범죄로는 모살, 고살, 강간, 13세 미만의 소녀와의 성행위, 16세 미만의 자와 함께 범한 주거침입절도, 일부 총기류범죄와 마약사범 그리고 위험한 자동차운전으로 야기한 사망사고 등이 있다.

일부 범죄의 경우에는 중대한 체포가능범죄로 되어 있는 것은 아니지만 특별한 사정이 있는 경우 즉, 국가나 사회질서에 중대한 위해를 가한 경우, 중대한 사법방해의 경우, 타인의 생명을 빼앗거나 중한 상해를 가한 경우, 타인으로 하여금 상당한 재산상의 이익을 취득하게 하거나 타인에게 상당한 재산상의 손해를 가한 경우에는 중대한 체포가능범죄가 된다.

2) 체포 후의 조치

체포는 말로 즉, 체포 대상자에게 그는 더 이상 마음대로 오고 갈 수 있는 자유로운 상태에 있는 것이 아니라고 알려줌으로써 행해질 수 있고 신제적으로 체포 대상자를 붙잡고 그 즉시 그에게 그는 체포되었다고 말해주는 방식으로 행해질 수도 있다.[11] 또한 체포의 이유가 명백한 경우에도 체포의 이유를 말해주어야 한다. 물론 체포 이유의 고지가 정확한 법률상의 용어로 행해질 필요는 없다.

종종 체포는 경찰관과 혐의자 사이에 약간의 대화가 오고간 이후에 행해지는 수가 있고 이러한 경우 경찰관은 질문을 통하여 체포가 필요한지 여부를 알아보게 된다. 이때 경찰관은 혐의자에게 범죄혐의로 의심을 받고 있는 근거를 알려주어야 한다. 이러한 주의조치를 통하여 혐의자는 그가 말하려고 하지 않는 사실을 말하지 않을 수가 있고 그럼에도 불구하고 그가 말을 하는 경우 그가 말한 모든 것은 증거가 될 수 있다.

1994년의 Criminal Justice and Public Order Act에 의하면[12] 일정한 경우 피의자가 이러한 질문에 대하여 침묵을 하는 것은 그와 관련된 특정한 사실을 추정할 수 있다고 규정하고 있다.

그에 따라 오늘날 경찰관의 주의조치는 다음과 같은 내용으로 한다.

> "당신은 아무 말도 할 필요가 없다. 그러나 당신이 나중에 법정에서 주장하고자 하는 내용에 관하여 질문을 받고 대답을 하지 아니하면 당신의 변호에 손해가 될 수 있다. 당신이 말하는 모든 것은 증거가 된다."

이러한 주의조치를 하지 않은 경우 체포는 위법한 것이 된다.[13] 체포가 이루어진 후에는 특별한 사정이 없는 한 체포된 자를 즉시 경찰서로 데려가야 한다.[14] 체포된 자를 바로 경찰서로 데려가야 하는 이유는 일반적으로 체포된 혐의자를 보호하기 위하여 마련된 법률과 실무지침의 다양한 절차가 제대로 작동하기 위한 장소는 경찰서이기 때문이다. 따라서 "현장을 데리고 다니는 것(taking the scenic route)"은 체포된 자에게 부적절한 압력을 행사한 것으로 인정될 여지가 있고 이러한 과정을 통하여 수집한 증거는 PACE(제78조)에 의해 증거능력을 배척당할 수 있다.

---

11) Alderson v. Booth (1969) 2 QB 216, PACE, s. 28(1).
12) Criminal Justice and Public Order Act 1994, s. 34.
13) Code of Practice C : 10. 3.
14) PACE s. 30(1), (10).

하지만 체포된 자를 그의 집으로 데려가 동의를 받고 집을 수색한 다음 그의 직장으로 데려가 그의 알리바이를 확인한 것은 정당한 것으로 인정되고[15] 이는 Common Law의 일반원칙을 그대로 반영한 것이다.

체포경찰관이 체포된 자를 데리고 경찰서에 도착하면 즉시 구금담당직원에게 체포사실을 보고하여야 한다. 경찰서의 구금담당직원은 최소한 경사(sergeant) 이상의 계급에 있는 자로 수사와 관련이 없는 자라야 한다.[16] 그의 역할은 체포된 자가 경찰서에 유치되어 있는 동안 PACE와 그 실무지침의 규정에 따라 적절한 처우를 받는지를 확인하는 것이다.

그는 개인적으로 범죄의 수사에 관여하지 않으므로 수사담당경찰관보다 더욱 객관적인 입장에서 절차의 진행을 바라볼 수 있고 절차규정을 왜곡하려는 유혹도 받지 않게 된다. 구금담당직원과 그보다 더 상위직급의 수사관 사이에 체포된 자의 석방 문제 등과 관련하여 다툼이 있는 경우 그 다툼은 더 상위의 감독자에 의하여 해결되고 그렇지 아니한 경우에는 구금담당직원의 결정이 항상 우선권을 갖는다.[17]

체포된 자가 경찰서에 도착하게 되면 바로 구금담당직원이 체포된 피의자에게 자유롭고 독립적이며 사적인 법률구조의 권리와 그가 지정하는 자에게 구속사실을 통지한다는 것 그리고 실무지침을 읽어 볼 수 있다는 것을 알려주어야 한다.[18] 여기에 더하여 체포된 자는 그러한 권리의 내용이 기재되어 있는 서면과 주의사항(caution)이 기재된 서면을 받아보게 된다.

이후 구금담당직원은 구금기록(custody record)을 작성한다. 구금기록은 그 이름이 의미하는 바와 같이 일정한 양식에 따라 경찰서에서 체포된 자에게 어떠한 일이 있었는지 그 내용을 자세히 기록하는 것이다. 체포된 자는 이 기록의 사본을 청구하여 받을 수 있고 이는 그의 변호인에 의하여 유용한 자료 예컨대, 경찰에서의 자백이 강요된 자백이라는 이유로 자백의 증거능력을 배척하는 데 있어서 근거자료로 사용될 수 있다.

구금기록에 포함되는 사항은 체포된 자가 구금된 이유, 구금과 관련하여 그의 권리를 서면으로 고지 받았다는 확인서, 법률구조를 원하는지 여부에 대

15) Dallison v. Caffery (1965) 1 QB 348.
16) PACE, s. 36.
17) PACE, s. 39(6).
18) Code of Practice C 3. 1.

한 그의 의견서, 그로부터 압수된 물건과 그의 소지품, 접견한 사람들의 명단, 식사가 제공된 시간, 주의(caution)를 준 시간과 장소, 신문을 위하여 수사담당 직원에게 인계한 시간, 고발이 된 시간, 고발에 대하여 그가 보인 반응, 부적절한 처우에 대하여 그가 제기한 불평 등이다.

구금기록에 가장 먼저 기재되어야 하는 사항은 체포된 자가 경찰서로 인치되면서 가지고 온 소지품의 목록이다.[19] 정확한 소지품확인을 위하여 구금담당직원은 그의 신체를 수색할 수 있다. 신체수색이 정당화되는 경우 옷을 완전히 벗기고 수색하는 것도 가능하지만 신체에 대한 밀착수색(intimate body search)은 인정되지 않는다.

3) 증거관계의 검토

체포 후의 절차가 종료되면 구금담당직원은 구금된 자와 관련된 증거관계를 검토해 보아야 한다.[20] 우선 체포되지 말았어야 할 자가 체포된 경우라면 즉시 석방을 명하여야 한다. 그렇지 아니한 경우라면 현재 상태에서 구금된 자를 고발할 만한 충분한 증거가 있는지 즉, 무죄보다는 유죄를 받을 가능성이 더 많은지 여부를 검토해 보아야 한다.

그러한 증거가 구비된 경우라면 구금담당직원은 수사담당직원에게 이러한 경우의 통상절차라고 할 수 있는 고발을 하든지 아니면 고발을 하지 않고 구금자를 석방하는 두 가지 방안 중에서 하나를 선택하도록 한다. 고발을 하지 않고 피의자를 석방하는 것은 비록 증거가 확실하긴 해도 소추를 하는 것이 공중의 이익에 부합하는 것이라고 보기 어려운 때 취해질 수 있는 조치이다.

이를 중간시설수용(a half-way house)이라고도 부르는데 PACE(제47조)에 규정된 경찰의 권한 즉, 지정된 날짜에 지정된 경찰서에 출두할 것을 조건으로 하는 보석석방에 근거한 것이다. 경찰은 그 기간 동안 소추의 필요성에 관하여 다시 고려를 하게 되고 그 결과 소추가 필요하다고 판단되면 피의자가 보석조건에 따라 경찰서에 출석하는 때에 고발을 하게 된다. 이와 달리 피의자에게 아무런 조건을 부과하지 않고 석방하는 경우도 있다. 이러한 때에는 소추여부를 다시 검토할 것이라는 점을 피의자에게 알려주어야 한다. 이러한 경우에는 information에 의한 고발과 소환에 의하여 절차가 개시되는 것이 보통이다.

---

19) PACE, s. 54(1).
20) PACE, s. 37(1).

일단 고발이 되면 피의자는 그 범죄와 관련하여 더 이상의 신문을 받지 아니한다. 구금담당직원이 고발을 할 만한 충분한 증거가 있는지 여부에 대한 결정을 하게 되면 피의자는 그 즉시 고발이 되거나 아니면 석방되어야 하므로 수사담당직원이 경찰서에서 피의자를 더 수사하는 일은 없다.

체포행위를 정당화할 만한 충분한 이유는 있었지만 고발할 만한 증거가 부족한 경우 다음과 같은 이유로 계속 구금의 필요성이 있다고 믿을 만한 합리적인 근거가 있을 때에는 구금담당직원은 고발을 하지 않은 상태에서 피의자의 계속구금(detention without charge)을 허가할 수 있다.21)

① 구금된 피의자의 범죄와 관련이 있는 증거의 수집과 보전을 위하여 필요한 경우,
② 그러한 증거를 피의자신문을 통하여 수집할 필요가 있는 경우.

따라서 구금담당직원은 그의 재량에 따라 피의자신문을 위하여 고발을 하지 않은 상태에서의 구금 즉, 고발 전 단계의 구금을 허가할 수 있다. 다만 구금담당직원은 이러한 이유를 구금기록에 기재하여야 하고 피의자에게도 구두로 알려주어야 한다.

4) 고발 전 단계의 구금

PACE(제40-44조)는 고발을 하지 않은 상태에서의 구금에 관한 복잡한 시간표를 규정하고 있다. 이 시간표는 두 가지 기본적인 문제 즉, 피의자의 이익에 반하는 피의자의 진술은 자발적인 것이어야 한다는 것과 다른 한편 경찰서라는 장소에서 우러나는 억압적인 상황에서 숙련된 신문을 통한 어느 정도의 압력 없이는 아무도 자백을 하지 않을 것이라는 수사상의 필요에서 나오는 모순되는 두 문제를 절충하는 선에서 결정되어 있다.

① 6시간 이내 구금담당직원이 고발 전 단계의 구금을 허가한 후 6시간 이내에 재검토 직원(review officer)은 이 단계에서도 피의자를 계속 구금하는 것이 적정한지 여부를 검토해 보아야 한다.

재검토 직원은 적어도 경감(inspector) 이상의 직위에 있어야 하고 구금담당직원과 마찬가지로 수사와 직접 관련되는 자가 아니어야 한다. 그는 구금된

21) PACE, s. 37(2).

자나 그의 법률상의 대리인에게 계속구금의 적법성에 관한 의견진술의 기회를 주어야 한다. 계속구금의 필요성이 있다고 결정되면 그 이유를 구금된 자 또는 그의 법률상 대리인에게 구두로 알려주고 그 사실을 구금기록에 기재하여야 한다.

② 15시간 이내 첫 번째 재검토가 행해진 뒤 9시간 이내에 두 번째 재검토가 이루어져야 한다. 이후 계속하여 최장 9시간 간격으로 재검토가 계속 이루어져야 한다.

이러한 재검토는 구금의 계속이 아래 ③-⑤의 경우와 같이 경찰서장이나 치안판사에 의하여 승인된 경우라 하더라도 동일하게 적용된다. 이러한 재검토는 피의자가 고발이 되었으나 아직 석방이 되지 않은 때에도 적용된다. 다만 이러한 경우에는 구금담당직원 자신이 재검토를 한다.

③ 24시간 이내 계속구금에 관한 경찰서장(station superintendent)의 승인이 없으면 24시간 이내에 피의자는 고발이 되거나 석방이 되어야 한다.

24시간의 기산점은 "관련 시간(relevant time)" 즉, 피의자가 경찰서에 도착한 시간 또는 피의자가 자발적으로 경찰서에 출석하였다가 경찰서에서 조사 도중에 체포된 경우와 같은 때에는 피의자가 더 이상 자유의 몸이 아니라는 고지를 받은 시간이 기산점이 된다.

경찰서장이 계속구금의 승인을 하기 위해서는 피의자가 혐의를 받고 있는 범죄사실 중 최소한 하나 이상이 중대한 체포가능범죄여야 한다.

④ 36시간 이내 혐의자가 구금된 시간으로부터 36시간 이내에 치안법원으로부터 계속구금의 영장(warrant of further detention)을 발부받지 않으면 구금된 자는 석방되거나 고발되어야 한다.

이러한 계속구금을 위한 영장의 신청은 경찰공무원의 선서를 통하여 이루어져야 하고 이때 선서를 보충하는 서면으로 된 자료가 제공되어야 한다. 서면에는 피의자가 체포된 범죄의 성격, 체포를 정당화하는 증거, 지금까지 신문한 사항과 앞으로 신문할 사항, 신문을 위하여 구금의 계속이 필요한 이유 등을 기재하여야 한다.

영장을 발부받기 위해서는 피의자를 치안법원에 인치하여야 하고 피의자에 대한 판사의 신문은 공개되지 않은 법정에서 최소한 2명 이상의 치안판사가 한다. 이때 구금된 자는 무료의 법률구조를 받게 된다.

치안판사가 영장을 발부하기 위해서는 다음의 요건이 충족되어야 한다.

i) 구금된 자는 중대한 체포가능범죄로 구금되어 있어야 한다.
ii) 범죄증거의 확보와 보전을 위하여 계속구금이 필요하다.
iii) 지금까지의 수사는 성실히 그리고 신속하게 진행되어 왔다.

이러한 요건은 사실상 경찰서장이 24시간을 초과하여 구금을 계속하는 경우에 요구되는 요건과 동일한 것이다. 체포영장이 발부되어 피의자를 체포한 경우라 하더라도 치안판사로부터 계속구금의 영장을 다시 발부받지 않으면 피의자에 대한 구금시간은 36시간을 초과할 수 없다.

⑤ 72시간 이후 계속구금의 영장에서 지정할 수 있는 계속구금의 시간은 36시간 이내이지만 치안법원은 그 기간을 연장할 수 있다. 기간연장신청의 경우에도 처음의 영장신청의 경우와 정확하게 동일한 규정이 적용된다. 2회 이상의 연장이 가능하지만 그 기간은 구금된 때로부터 96시간으로 만료된다.

⑥ 96시간 이후 고발을 하지 않고 피의자를 구금할 수 있는 최장기간은 구금된 때로부터 96시간이다. 이 기간 내에 피의자는 석방되거나 고발되어야 한다.

5) Charge

수사담당직원이 성공적인 소추행위를 위한 충분한 증거가 구비되었고 또한 피의자가 범죄와 관련하여 수사관이 원하는 모든 것을 진술하였다고 생각하게 되면 즉시 피의자를 구금담당직원에게 인계해야 하고, 구금담당직원은 피의자를 고발할지 여부를 결정하게 된다.

구금담당직원이 피의자를 고발하기로 결정하면 피의자에게 체포 당시와 동일한 주의조치를 하고, 고발장에 고발내용을 기재한 뒤 이를 피의자에게 읽어 준다. 이때 피의자의 반응을 기록하고 고발 내용과 주의사항을 되풀이 하여 서면으로 알려주며 담당직원과 당해 사건 관련 경찰전화번호가 기재된 서면을 교부하여야 한다.

고발이 되면 피의자는 피고인(the accused)으로 불리게 된다. charge의 경우 고발 내용의 기재방식은 서면고발장(information)의 경우와 동일하거나 비슷하다. 고발장의 사본은 피고인이 처음 출석하게 되는 치안법원으로 보낸다.

6) Charge 이후의 구금

구금된 자를 일단 법원에 고발하고 나면 구금담당직원은 그의 석방을 명하는 것이 보통이지만 다음과 같은 경우에는 석방명령을 하지 않고 계속구금을 하게 된다.

① 구금된 자가 그의 성명과 주소를 알려 주지 않는 경우,
② 다음과 같은 사유가 있다고 믿을 만한 합리적인 이유가 있는 경우;
 i) 피의자가 진술한 성명과 주소가 허위인 때,
 ii) 피의자가 보석조건을 이행하지 못하는 때,
 iii) 고발된 범죄가 징역형에 해당하는 경우에 재범의 방지를 위하여 구금이 필요한 때,
 iv) 고발된 범죄가 징역형에 해당하지 않는 경우에 다른 사람에게 신체적 위해를 가하거나 다른 사람의 재산상 손해나 손실을 방지하기 위하여 구금이 필요한 때,
 v) 사법방해나 수사방해를 방지하기 위하여 구금이 필요한 때,
 vi) 피구금자 자신의 보호를 위하여 구금이 필요한 때.

고발을 하였지만 아직 재판 기일이 정해지지 아니한 경우에 경찰은 법원서기에게 재판에 출두하여야 할 피구금인을 데리고 있다는 사실을 알려 주어야 하고 이에 따라 법원서기는 특별 기일을 정하게 된다.[22)]

대부분의 피구금인들은 일단 고발이 되면 보석으로 석방된다. 그들을 수용할 공간의 부족이라는 이유만으로도 보석이 인정된다. 보석의 요건은 그들이 정해진 일자에 관할 치안법원에 출석하여 그들에게 제기된 고발 내용에 관하여 답변을 하는 것이다.

통상 보석석방으로부터 법원의 첫 출석까지 매우 짧은 기간을 두고 출석기일이 정해지지만 최근에는 그 기간을 연장하여 예컨대, 14일 정도, 피고인이 그 기간 동안 변호사와 상의를 하거나 법률구조를 청구할 수 있도록 하는 것이 실무관행으로 점차 넓게 인정되고 있다.

22) PACE, s. 46(3), (6)-(8).

다. 소환장과 체포영장에 의한 절차의 진행

경찰이 영장 없이 범죄혐의자를 체포하여 법원에 인치하는 charge로 소추절차가 개시되는 경우와 달리 사안이 가벼운 범죄인 경우에는 이러한 절차를 취하지 않고 구두 또는 서면에 의한 "고발(laying of an information)"과 "절차진행을 위한 영장의 발부(issue of process)" 즉, 소환장의 발부나 체포영장의 발부로 절차가 개시되는 것이 보통이다.

1) 절차의 개요

흔히 발생하는 교통사고의 경우를 상정하면 구두 또는 서면 고발과 절차진행을 위한 영장에 의한 소추절차를 쉽게 이해할 수 있다.

물론 소환장의 발부는 교통사범에 대하여만 인정되는 것이 아니고 범죄의 성질이나 죄질에 관계없이 어떠한 범죄의 경우에도 소환장에 의하여 소추절차가 개시될 수 있다. 하지만 일반적으로 소환장에 의하여 소추절차가 개시되는 것은 경미한 사건의 경우가 대부분이고 특히 교통사범이 그 전형적인 예라 할 수 있다.

가) 혐의자에 대한 질문 순찰 도중 경찰관이 시속 약 80킬로미터의 속력으로 달리던 승용차가 급제동조치를 취하는 소리를 듣고 현장에 달려갔을 때를 가정하여 사건처리절차를 살펴보기로 한다.

현장에서 확인한 결과 승용차가 길 가장자리에 주차되어 있는 자동차를 피하기 위하여 중앙선을 침범하여 진행하던 중 반대차로에서 다가오는 화물자동차의 옆 부분을 부딪치는 접촉사고를 야기하였고 정차되어 있는 차량의 위치와 부서져 떨어진 차량파편의 위치로 보아 화물자동차는 자신의 차로를 따라 정상적으로 진행 중이었음을 알 수 있었다.

경찰관은 병원으로 데려갈 필요가 있는 다친 사람이 없다는 것을 확인한 다음 승용차운전자의 성명과 주소를 물어보고 운전면허증과 보험가입사실증명서를 제시하도록 요구한다.

경찰관의 판단에 따라 승용차운전자가 하나 혹은 그 이상의 교통관련범죄를 범한 것으로 의심할 만한 상당한 근거가 있으면 경찰관은 그 운전자에게 "주의조치"를 하여야 한다. 주의조치의 내용은 피의자를 체포할 수 있는 중한 사건의 경우와 동일하다.

주의조치를 들은 승용차운전자는 자신은 "화물차운전자가 속도를 줄이고 자신의 자동차가 지나가기를 기다려 줄 것이라고 생각했다"고 말한다. 경찰관은 화물차운전자에게 그러한 내용을 물어보게 되고 화물차운전자는 자신은 사고와 관련하여 아무런 잘못이 없으며 중앙선을 침범하여 운행한 승용차운전자의 잘못이라고 주장한다.

나) 소추에 대한 경고 경찰관은 승용차운전자를 대상으로 형사소추를 하기에 충분한 증거가 있다고 생각한다. 그러나 경찰관은 승용차운전자를 체포할 수 없다. 왜냐하면 승용차운전자가 범했다고 의심되는 범죄는 체포대상범죄가 아니고 또한 일반적인 체포의 요건을 갖추었다고 볼 수 없기 때문이다.

물론 승용차운전자가 그의 성명이나 주소를 밝히기를 거부하거나 불확실한 이름이나 주소를 말한 경우에는 그를 체포할 수 있지만 그러한 사정을 의심할 만한 근거가 없는 경우 체포할 수 없다.

이때 운전자를 체포하는 대신 운전자에게 그는 입건될 것이며 위험한 운전, 부주의한 운전, 속도위반으로 소추될 가능성이 있다고 경고를 하게 된다. 소환장을 통하여 혐의자에게 소추할 것이라고 경고를 하는 것은 경찰의 업무관행이지만 일정한 도로교통법위반사건의 경우에는 이러한 경고가 유죄의 전제조건이 되는 수가 있다.

이러한 때에는 범행 현장에서 구두로 그러한 경고를 하거나 아니면 14일 이내에 서면으로 그러한 경고를 하여야 한다.[23] 이후 승용차운전자는 그의 가던 길을 다시 갈 수 있고 경찰관은 경찰서로 돌아오게 된다.

다) 소추결정 경찰서로 돌아온 경찰관은 사건을 소추를 담당하는 부서(police process department)에 보고한다. 보고서와 함께 화물차운전자가 승용차운전자의 범죄에 관하여 증언을 해 주겠다는 그의 서면진술서도 제출한다. 소추담당부에서는 증거관계와 사건경위를 참작하여 소추를 할 것인지 아니면 서면경고를 보내는 등의 다른 방식으로 처리할 것인지를 결정한다.

소추를 담당하는 부에서는 승용차운전자에 대한 부주의한 운전이 인정되는 것은 확실하지만 위험한 운전이나 속도위반은 인정하기 어렵다고 생각한다. 왜냐하면 속도위반을 인정할 수 있는 증거로는 경찰관의 불확실한 진술뿐이기 때문이다.

---

23) Road Traffic Act 1988, ss. 1, 2.

또한 승용차운전자의 부주의한 운전을 단순한 경고만으로 넘어가기에는 사안이 중하다고 보게 된다. 따라서 승용차운전자를 부주의한 운전을 한 혐의로 소추하기로 결정한다. 이때 특히 중요한 사건이나 내용이 복잡한 사건인 경우에는 공소국(CPS)의 검사로부터 조언(advice)을 받는 경우가 있지만 교통사고와 같은 단순한 사건의 경우에 있어서 공소국이 개입하는 것은 소추절차의 최종단계에서 이루어지는 것이 보통이다.

라) 고발장의 작성　　소추결정에 따라 고발장을 작성한다. 물론 고발은 서면이나 구두 어느 쪽으로도 할 수 있다. 하지만 일이 많은 경찰서에서는 1년에 소환장을 통한 소추절차를 수 천 건씩 처리하게 되고 따라서 경찰이 각 사건에 관하여 서면 고발을 하지 않고 구두 고발을 하는 경우라면 일일이 치안법원에 출두하여 선서를 하고 피의자가 어떠한 죄를 범하였는지를 진술하여야 하므로 법원이나 경찰의 업무는 마비되고 말 것이다.

이러한 이유로 통상의 경우에는 서면 고발을 하게 된다. 서면 고발은 치안법원에서 정힌 양식을 사용한다. 고발장의 필요적 기재사항은 피고인의 성명과 주소다.

그 이외 사건을 보고한 경찰관의 이름과 소속 경찰서 그리고 범죄사실의 요지가 기재되고 고발인의 서명이 있어야 한다. 고발장에 누가 서명을 하는지는 경찰서에 따라 사정이 다르다. 사건을 보고한 경찰관이 서명하는 곳도 있고, 상급자나 경찰서장의 고무인이 날인되는 경찰서도 있다.

이론상 엄밀히 말한다면 고발장에 고발인으로 서명을 하는 자가 바로 형사소추를 수행하는 소추인(prosecutor)이 된다. 그러나 현실적으로 법원은 경찰이 소추를 하는 경우 고발장에 누가 서명을 하였는지는 중요하게 보지 않는다. 따라서 고발사건의 기각 이후 기각결정에 대한 이의신청사건의 심리 이전에 고발장에 서명한 자가 사망한 경우라도 다른 경찰관이 그 사건을 고등법원으로 항소하는 데 아무런 장애가 될 수 없다.[24] 경찰이 개시한 소추절차에 있어서 고발장의 서명은 경찰 개인에 의하여 행해진다. 따라서 경찰 개인이 아닌 경찰서의 명의로 고발이 된 속도위반사건에 있어서 고등법원은 경찰서는 소추인이 될 수 없다고 판시하고 있다.[25]

---

24) Hawkins v. Bepey [1980] 1 WLR 419.

25) Rubin v. DPP [1990] 2 QB 80.

그러나 이러한 흠결은 소추절차를 무효로 하는 것은 아니다. 피고인은 고발장에 기재되어 있는 경찰서에 문의함으로써 누가 실제 소추를 담당하는 자인지 쉽게 확인할 수 있기 때문이다. 반면 법률에 의하여 소추권자가 정해져 있는 경우에는 그 특정인만이 서명을 할 수 있고 그렇지 아니한 경우 고발은 무효가 된다.

마) 고발장의 제출 고발장은 통상 범죄가 발생한 지역의 관할 치안법원에 제출한다. 위 교통사고의 경우 승용차운전자에 대한 고발장은 경찰서의 소추담당부서로부터 관할 치안법원에 제출된다. 고발장과 함께 치안법원의 판사나 서기가 고발장에 기하여 발행할 소환장사본도 필요한 수 만큼 제출한다.

고발장이 치안법원서기에게 접수되는 때 그 제출이 있는 것으로 인정된다. 경범에 대하여는 6월의 공소시효가 정해져 있고 따라서 고발은 범행일로부터 6월 이내에 이루어져야 하기 때문에[26] 이는 매우 중요한 의미를 갖고 있다.

바) 소환장의 발부 고발장은 치안법원의 판사나 서기에게 배당되지만 일반적으로 서기에게 배당된다. 서기는 고발장을 검토하여 고발장이 일응(prima facie) 형식적으로 유효한 것인지 여부를 확인한다. 유효한 고발장이라고 인정되면 서기는 경찰이 고발장과 함께 제출한 소환장의 초안에 서명을 함으로써 소환장을 발부한다.

소환장에는 피고인에 대한 고발 내용과 고발에 대하여 답변을 하기 위해 법원에 출석하여야 할 일시를 기재한다.

사) 소환장의 송달 법원이 소환장을 피고인에게 송달하는 것이 보통이지만 경찰이 송달하는 경우도 있다. 위 교통사고의 경우 먼저 법원이 승용차운전자인 피고인에게 우편으로 소환장을 송부한다. 소환장을 통해 피고인의 응답을 얻지 못한 경우 법원은 다시 등기우편으로 소환장을 송부한다. 등기우편이 배달되지 않고 반송된 경우에는 경찰에 송달을 의뢰한다.

소환장의 송부와 함께 피고인에게는 고발 내용 즉, 위 사건의 경우 부주의한 운전에 대한 내용이 고지되고 우편진술을 통하여 유죄인정을 할 수 있다는 점도 통보된다. 피고인이 유죄를 인정하지 않고 이를 다투어보기를 원하는 경우에는 소환장에 기재되어 있는 일자에 법원에 출석하는 대신 그러한 의사를 법원에 알려 주고 법원에서 재판기일을 통지해 줄 때까지 기다리면 된다.

---

26) Magistrates' Courts Act 1980, s. 127.

피고인이 우편으로 유죄를 인정하지 않고 또한 소환장에 적시되어 있는 날짜에 법원에 출석하지도 않는 경우에는 피고인의 불출석 상태에서 재판을 한다. 이러한 재판은 소환장이 적법하게 송달되었음을 소추인이 입증하는 경우에만 인정된다. 피고인 불출석 상태에서 유죄인정이 된 경우 치안판사는 판결을 선고하기에 앞서 피고인이 법정에 출석할 때까지 휴정을 한다. 이 단계에서 치안판사는 피고인에 대한 체포영장을 발부할 수 있다.

2) 소환장발부권자

고발장을 배당받은 치안법원판사나 치안법원의 서기가 소환장을 발부할 권한을 갖고 있다.[27] 치안법원사무국에서 일하는 서기보조자는 비록 그가 서기로 일할 자격을 갖고 있다 하더라도 이 권한을 행사할 수 없다.

소환장에는 피고인이 관할 법원에 출석할 것을 기재하고, 피고인이 그에 따라 출석하면 관할 치안법원은 사건이 경범에 해당하는 경우 재판을 개시하고 사건이 기소가능범죄인 경우에는 회부절차를 진행하게 된다.

3) 고발장의 제출방식

소환장의 발부는 치안판사나 서기에게 배당되는 고발장에 의하여 결정된다. 고발은 원래 구두나 서면 어느 쪽으로도 할 수 있다. 하지만 위에서 본 바와 같이 경찰이나 기타 소추기관들은 그들 자신들이나 법원의 업무경감을 위하여 거의 예외 없이 서면 고발의 방식을 이용하고 있다. 더욱이 신병과 함께 고발(charge)을 하는 경우 경찰관이 작성한 피의자 유치기록(charge sheet)[28]이 고발장으로 사용되기도 한다.

그러나 사적으로 소추하는 자(private prosecutor)의 경우에는 구두로 고발하는 수도 있다. 사인이 구두로 고발을 하는 경우에는 치안판사나 치안법원의 서기 또는 고발을 하는 법원(applications court)의 치안판사로 구성된 재판부에 고발 내용과 피고인의 성명과 주소를 말해주면 된다. 사적 소추인의 구두 고발내용은 서면으로 작성되며 적절한 전문용어로 각색된다. 서면에 고발인이 서명을 하고 치안판사나 법원서기가 그의 면전에서 고발이 이루어졌음을 확인하는 서명을 한다.

---

27) Magistrates' Courts Act 1980, s. 1, Justices' Clerks Rules 1970.

28) 체포영장 등에 의하여 경찰서에 유치된 자에 관하여 그의 성명과 피의사실의 요지, 고발인의 성명 등을 기재한 경찰기록을 말한다.

이어 고발인은 반드시 필요한 것은 아니지만 선서를 한다. 선서를 하면 고발을 접수한 치안판사가 피고인에 대한 체포영장을 발부할 수 있지만 선서를 하지 않고 단순히 고발만 한 경우에는 체포영장을 발부할 수 없다. 선서는 치안판사만이 받을 수 있고 법원서기는 받을 수 없다.

4) 소환장발부를 위한 검토사항

소환장의 발부는 행정적 처분이 아니고 사법적 처분이기 때문에 서기를 보조하는 법원의 일반 직원은 그가 비록 아무리 훌륭한 자격을 갖춘 자라 할지라도 소환장을 발부할 수 없다. 치안판사나 법원서기는 배당된 고발장을 검토하여 소환장을 발부하는 것이 합당한지 여부를 확인한다. 검토 결과 다음과 같은 사유가 있는 경우에는 소환장을 발부할 수 없다.

① 고발장에서 주장하고 있는 범죄가 법률상의 범죄가 아닌 경우,
② 고발장이 고발기간을 도과하여 제출된 경우,
③ 소추를 위한 동의가 필요한 사안에서 그러한 동의를 얻지 못한 때,
④ 범죄가 나라 밖에서 일어난 것이어서 관할이 없는 경우.

이러한 장애 요소 이외에도 여전히 소환장을 발부하지 않을 재량권이 인정되는 경우가 있다. 예컨대, 고발 내용이 소추할 가치가 없는 시시한 것인 경우, 남소추의 경우, 증거가 명백히 부적절한 것인 경우, 소추인이 고발을 함에 있어 납득할 수 없을 정도로 게으름을 피운 경우 등이 여기에 해당한다.

5) 소환장의 기재내용 및 그 송달

소환장에는 피고인의 성명과 주소, 출석할 법원의 주소, 출석할 날짜와 시간, 고발의 내용이나 피고인이 답변해야 할 고발 항목, 고발인의 성명과 주소를 기재하여야 한다. 소환장의 발부 후 피고인이 지정된 일시에 법원에 출석하지 않는 경우 고발 내용이 약식재판 대상인 경죄에 해당하면 치안법원은 새로 기일을 정하여 피고인에게 통보하거나 체포영장을 발부할 수 있지만 피고인의 불출석 상태에서 재판을 진행할 수도 있다. 다만 체포영장의 발부나 피고인 불출석 상태에서의 재판은 소환장의 송달이 입증된 경우에만 인정되고 체포영장의 발부도 고발이 선서 고발이어야 하며 고발 내용이 징역형에 처할 수 있는 범죄인 경우에만 가능하다.

그러나 고발 내용이 기소가능범죄(indictable offence)인 경우에는 치안법원은 변호인이 출석한 경우를 제외하고는 피고인의 출석 없이 회부절차나 재판의 형식을 성하는 절차를 진행할 수 없다. 이러한 경우 치안법원은 체포영장을 발부하거나 혹은 발부하지 않은 상황에서 재판을 연기하는 이외의 다른 방안을 선택할 수 없다.

6) 체포영장의 발부

고발장에 기재되어 있는 범죄로 소환장을 발부할 수 있는 치안판사는 다음과 같은 경우 소환장발부 대신 체포영장을 발부할 수 있다.[29)]

① 고발이 서면 고발로서 선서에 의하여 입증되고,
② 피고인이 유소년(juvenile)이거나, 소환장에 기재할 피고인의 주소가 명확하지 않거나 혹은 고발장에 기재된 범죄가 징역형에 처할 수 있는 범죄일 경우.

체포영장은 "체포 대상인 피고인의 거주 지역을 관할하는 경찰서장에게 피고인을 체포하여 체포영장에 기재되어 있는 치안법원으로 데려오라"는 명령을 기재한 서면이다. 체포영장에는 고발된 범죄사실이 기재되어야 하고 발부하는 판사의 서명이 있어야 한다. 체포영장에 기재되어 있는 경찰서장은 영국 어느 지역에서도 체포영장을 집행할 수 있다. 또한 다른 지역의 경찰서장도 그 관할지역에서는 체포영장을 집행할 수 있다. 체포에는 필요한 강제력을 사용할 수 있고 피고인이 거주하고 있는 것으로 알려진 장소에도 들어갈 수 있다.

영장을 집행하는 경우 반드시 체포영장을 소지하고 있을 필요는 없지만 체포된 자가 요구하는 경우 가능한 한 빨리 보여주어야 한다. 체포 후 보석이 인정되는 경우가 아니면 즉시 피고인을 체포영장에 기재되어 있는 치안법원으로 데려와야 하고 치안법원은 피고인을 보석으로 석방하거나 구금을 하게 된다.

치안판사는 소환장과 체포영장의 양자를 절충하여 체포영장을 발부하면서 일정한 경우 체포와 동시에 지정된 기일에 치안법원에 출석할 것을 담보로 보석을 허가는 내용의 체포영장을 발부할 수 있다. 이러한 체포영장을 보석을 배서한 체포영장(backing the warrant for bail)이라고 한다.

29) Magistrates' Courts Act 1980, s. 1(3), (4).

보석조건으로는 보석보증금의 납부, 일정한 기간을 두고 경찰서에 보고를 하도록 하는 것 또는 일정한 주소에 거주할 것 등이 있다. 보석조건을 이행하지 못하는 경우 피고인은 치안법원에 인치되고 이 경우 보석조건을 변경하여 다시 보석을 허가하거나 아니면 피고인을 구금하게 된다.

실무에 있어서 고발과 체포영장의 발부로 형사절차가 개시되는 경우는 희귀하다. 중요한 사안의 경우 체포에 의하여 그리고 가벼운 사안의 경우 치안판사의 소환장만으로 소추절차의 개시가 충분하므로 굳이 체포영장까지 발부할 필요가 없기 때문이다.

라. 경찰의 피의자신문

1) 실무규칙과 피의자신문

대부분의 형사재판에서 피고인의 유죄입증에 중요한 증거는 피고인이 주의를 받은 상태에서(under caution) 경찰관의 신문(interview)에 응하여 답변한 내용과 피고인이 서명한 진술서가 된다. PACE가 제정되기 이전 즉, 1986년까지 경찰의 피의자신문은 Common Law의 일반원칙, 그리고 법관규칙에 규정되어 있는 경찰관의 실무규칙에 근거를 두고 행해졌다.

법관규칙에 의하면 경찰관은 수사의 초기 단계에서 혐의자에게 답변을 하지 않아도 된다는 주의조치를 해야 하고, 사건을 법원으로 가져갈 만한 증거가 확보되면 즉시 고발해야 하며 그 이후에는 아주 제한적인 경우를 제외하고는 더 이상 피고인을 신문할 수 없도록 되어 있다.

PACE제정 이후 자백에 관한 일반원칙은 오늘날 PACE(제76(2)조)에 규정되어있다. 이 규정에 따르면 자백은 비록 그것이 진실한 것으로 보이는 경우에도 강박에 의한 것이거나 또는 자백을 받아낸 상황을 종합하여 혐의자로 하여금 신뢰할 수 없는 자백을 하게끔 말이나 행동을 통하여 유도한 결과 받아낸 것으로 추정되는 경우에는 증거에서 배제된다.

실무규칙의 위반이 인정되면 그 결과로 취득한 피고인의 자백은 신뢰할 수 없는 것으로 인정되어 증거에서 배제되지만 그 이외 부당하게 취득한 증거를 배제할 수 있는 PACE(제78조)의 규정에 근거한 판사의 재량권행사로 증거에서 제외되기도 한다.

2) 피의자신문의 실행

실무규칙은 경찰의 피의자신문을 자세하게 규정하고 있다. 실무규칙의 주된 목적의 하나는 피의자신문이 제대로 수행되어 가능한 한 피고인 측에서 피고인의 자백은 강박에 의하여 취득한 것이거나 신뢰의 원칙에 위반하여 취득한 것이라는 주장을 할 수 없도록 하는 데 있다.

가) 정보수집 단계 실무규칙은 "모든 시민은 범죄를 예방하고 범인을 찾아내는 경찰에 협조할 의무를 갖고 있다"고 규정하고 있다. 따라서 경찰관은 정보를 얻기에 유용하다고 생각되는 누구에게도 질문할 권한을 갖고 있다. 심지어 그 대상자가 대답을 하지 않겠다고 말하는 경우에도 경찰관의 질문 권한은 영향을 받지 않는다. 하지만 경찰관에게 협력할 의무는 단순한 시민으로서의 의무, 따라서 도덕적 의무에 불과하여 법률적으로 대답을 강제할 수 있는 것이 아니다.

물론 허위내용의 대답을 하는 것은 경찰의 시간을 낭비하는 것으로 또는 범인을 돕는 것이 되어 소추대상이 될 수 있다. 또한 범죄로 소추된 자가 정보수집 단계에서 경찰관의 질문에 응답하지 않거나 이를 거절한 경우 그의 침묵은 그에게 불리한 증거로 인정될 수 있다.

나) 주의조치 단계 소추와 관련하여 법원에 제출할 증거를 확보하기 위하여 범죄를 범하였다고 의심할 만한 근거가 있는 자에 대하여 질문을 함에 있어서는 반드시 사전에 주의조치(caution)를 하여야 한다. 이전의 질문에 대한 대답이 만족할 만한 것이 아니고 범죄의 의심을 갖게 하는 것이어서 다시 질문을 하게 되는 경우 그러한 질문 전에도 반드시 주의조치를 하여야 한다.

질문의 형식은 실무규칙에 규정되어 있다.

> "당신은 아무 말도 할 필요가 없다. 그러나 당신이 나중에 법정에서 주장하고자 하는 내용에 관하여 질문을 받고 대답을 하지 아니하면 당신의 변호에 손해가 될 수 있다. 당신이 말하는 모든 것은 증거가 된다."

그러나 법정에서 사용될 증거를 확보하는 것이 아닌 경우 예컨대, 혐의자의 성명이나 자동차의 소유자를 확인하는 것과 같은 경우에는 주의조치를 할 필요가 없다. 체포된 자에 대하여는 체포되기 전에 주의조치를 한 경우나 그의 과격한 행동 등으로 인하여 주의조치를 할 수 없는 경우가 아니라면 체포와 동시에 주의조치를 하여야 한다. 주의조치를 한 혐의자를 신문하는 도중에 일정한 간격이 발생하였다면 신문을 재개하는 경우 반드시 주의조치가 계속되고 있음을 혐의자가 알고 있는지 확인하여야 한다. 그러한 점에 의심이 드는 경우 다시 주의조치를 해주어야 한다.

자발적으로 출석한 혐의자에 대하여는 주의조치 이외에 그는 구금 상태에 있는 것이 아니고, 계속 그곳에 머물러있어야 할 필요가 없으며 그리고 무료의 법률구조를 받을 수 있다는 사실을 알려주어야 한다.

다) 경찰서 이외 장소에서의 신문 실무규칙이 추구하는 목적 중 하나는 혐의자가 경찰서에 도착하기 전 현장을 거쳐 경찰서로 오는 과정에서 자백을 강요당했다(verballed)고 하는 주장을 줄이는 데 있다. 따라서 실무규칙은 혐의자를 체포한 경우 그를 경찰서에 인치하기 전에 신문을 해서는 안 된다고 규정하고 있다. 다만 이러한 금지규정은 일정한 경우 예외를 인정하고 있다. 즉, 신문을 늦춤으로 인하여 증거조작의 가능성이 있는 경우, 다른 사람에게 손해를 끼칠 염려가 있는 경우, 다른 혐의자들에게 경각심을 주어 도망하게 하는 경우 또는 불법으로 취득한 재산의 원상복구를 방해하는 등의 경우에는 예외를 인정하여 경찰서 이외에서의 신문을 허용하고 있다.

라) 경찰서에서의 신문 실무규칙은 어떠한 경찰관도 강압적인 방법으로 답변을 이끌어내서는 안 된다고 규정하고 있다.

실무규칙에서 규정하고 있는 경찰서에서의 신문(interrogation)은 수사를 돕기 위하여 자발적으로 출석한 자에 대하여 혹은 혐의자가 체포되어 경찰서로 인치된 후 구금담당경찰관의 결정에 따라 아직 고발되지 않은 상태에서 구금되어 있는 자에 대하여 행해진다. 후자의 경우에는 체포 당시에 주의조치를 하게 되어 있으므로 어차피 신문은 주의조치가 된 상태에서 이루어지게 된다. 전자의 경우에는 경찰관이 이미 신문 대상자를 범죄혐의자로 의심하고 신문을 하는 것이 보통이므로 주의조치가 된 상태에서 신문이 이루어지는 것이 원칙이지만 반드시 그러한 것은 아니다.

실무규칙에서 규정하고 있는 것은 주로 구금된 자를 예상하고 있지만 경찰의 수사를 돕기 위하여 자발적으로 출석한 자에 대하여도 동일한 관심을 두도록 하고 있다.

수사관이 구금된 자를 신문하려고 하는 경우에는 먼저 구금담당직원의 허락 즉, 구금된 자의 신병이 구금담당직원으로부터 수사관에게 인계된다(delivered)는 의미에서 허락을 받아야 한다. 신문을 하는 24시간 동안 특히 야간의 경우 최소한 8시간 이상의 휴식시간을 주어야 한다. 하지만 이러한 휴식시간은 특별한 이유가 있는 경우에 한하여 예컨대, 다른 사람에게 해를 가하는 것을 방지하거나 다른 사람의 재산에 중대한 손해를 가하는 것을 방지하기 위하여 신속한 답변을 받을 필요가 있는 경우 중단될 수 있다.

가능한 한 신문은 적절한 난방과 조명 그리고 환기가 되어 있는 조사실에서 이루어져야 한다. 신문을 받는 자는 앉아서 신문을 받도록 하여야 하고 신문 시작과 함께 신문을 하는 자들은 그들의 성명과 계급을 밝혀야 한다. 대략 2시간의 신문 다음에 휴식시간을 주어야 하고 특별한 사정이 없으면 때에 맞춰 식사를 제공하여야 한다. 구금되어 신문을 받는 자가 제기하는 불만사항은 반드시 기록하여 구금담당직원에게 보고하여야 한다.

마) 고발 단계 혐의자를 신문한 경찰관이 소추를 할 만한 사안이고 그리고 승소할 충분한 증거도 있으며 더 이상 신문할 사항이 없으면 신문을 중단하고 혐의자를 구금담당직원에게 인계한다.

증거관계를 검토한 구금담당직원은 고발을 하게 하거나 아니면 경찰의 권한 내에서 소추를 하지 않는 것이 더 바람직하다고 생각하면 고발을 하지 않고 피의자를 석방한다.

바) 고발 이후 단계 일반적으로 고발이 되고 나면 피고인은 범죄와 관련하여 더 이상의 신문을 받지 않는다. 하지만 여기에는 일정한 예외가 인정되고 있다. 즉,

① 다른 사람에 대한 해악이나 손실을 방지하기 위하여 필요한 경우,
② 이전 진술의 불명확성을 분명하게 하기 위하여 필요한 경우,
③ 고발이 되고 난 후에 드러난 정보와 관련하여 피고인으로 하여금 그에 대한 언급을 할 수 있는 기회를 주는 것이 정의에 부합하는 경우에는 예외적으로 고발 후에도 신문할 수 있다.

경찰이 다른 혐의자로부터 받은 진술서를 피고인에게 보여 주기를 원하는

경우에는 그 사본을 피고인에게 교부할 수 있으나 사본을 교부받은 피고인의 반응이나 언급은 요구할 수 없다. 경찰이 고발 이후에 피고인을 신문하는 경우나 다른 사람의 진술서 사본을 보여 주는 경우에는 피고인에게 주의조치를 하여야 한다.

피의자신문과 관련한 실무규칙의 규정은 대부분 범죄사실이 상당히 중한 것이어서 경찰이 혐의자를 체포하고 신병과 함께 고발함으로써 소추를 시작하는 경우에 해당하는 것이지만, 사안이 가벼운 것이어서 소환장발부에 의한 소추가 적절한 경우라 하더라도 이러한 규정은 그대로 적용된다.

3) 변호인의 조력을 받을 권리

경찰에서 신문을 받는 혐의자들은 보통 법률이나 경찰의 권한에 관하여 잘 알지 못하므로 여러 가지 불이익을 받게 된다. 비록 주의조치를 받는다 하더라도 묵비권을 행사하는 것이 이로운 것인지 여부를 판단하지 못하며 혹은 대답을 함으로써 경찰의 소추결정에 결정적인 증거를 제공하고 있다는 사실을 깨닫지 못하는 것이 보통이다. 또한 경찰에 구금된 자는 가능한 한 빨리 석방되기를 갈망하게 된다. 경찰이 자신을 합법적으로 구금할 수 있는 구금기간에 관한 제한을 알지 못하는 상태에서 절망한 피구금인은 24시간 이내 또는 최장 96시간 이내에는 고발이 되거나 아니면 석방이 된다는 사실을 알지 못하고 보석으로 석방될 것이라는 희망에 따라 수사관이 원하는 답변을 해 주게 된다.

경찰과 혐의자 사이의 대등하지 못한 관계를 시정하고 혐의자로 하여금 그의 권리를 깨닫도록 하기 위해 PACE는 아주 제한적이고 특정한 경우를 제외하고 피고인은 변호인의 조력을 받아야 한다고 규정하고 있다. 이렇게 함으로써 변호인은 피고인에 대한 수사가 공정하게 그리고 실무지침에 따라 진행되고 있음을 확인하게 된다. 이러한 점이 PACE에 의하여 이루어진 가장 의미있는 변화 중의 하나이다.

종래의 법관규칙의 서문에서도 혐의자는 수사의 모든 과정을 통하여 변호인의 조력을 받을 권리가 있다고 규정하고 있기는 하지만 이러한 권리를 행사함에 있어서 부당하게 수사나 정의의 실현을 지연시키거나 방해하여서는 안된다는 광범위한 예외를 인정하고 있었다. 그러나 예외사유의 불명확성으로 인하여 실무상 경찰은 일종의 백지위임(carte blanche)을 받은 것이 되어 법관규칙은 사실상 변호인과의 접견을 인정하지 않고 있는 것이나 마찬가지였다.

그러나 PACE의 규정은 이와 매우 상이하다. PACE(제58(1)조)는 체포되어 경찰서에 구금된 자는 원하는 경우 수사의 어떤 단계에 있어서도 무료로 독립된 변호인의 조력을 받을 권리가 있다고 규정하고 있다. 또한 체포된 자가 경찰서에 인치되면 구금담당직원은 이러한 권리를 그에게 고지하여야 하고 그가 변호인의 조력을 받기를 원하였는지 여부를 구금기록에 기재하여야 한다. 또한 피의자가 변호인의 조력을 원한다는 요청은 그러한 요청을 할 때마다 이를 구금기록에 기재하여야 한다.

일단 구금된 자가 변호인의 조력을 받겠다고 요청하면 가능한 한 빨리 변호인을 만나 상의하도록 해주어야 한다. 다만, (ⅰ) 피의자가 중대한 체포가능범죄의 혐의를 받고 있고, (ⅱ) 최소한 경찰서장 이상의 직위에 있는 자의 승인이 있는 경우에 한하여 그 지체가 인정된다. 상급경찰관은 피의자가 즉시 변호인과 대면하여 조력을 받는 경우 다음과 같은 결과가 발생할 가능성이 있다고 믿을만한 합리적인 근거가 있는 경우에만 그러한 승인을 해 줄 수 있다.

① 중대한 체포가능범죄와 관련된 증거를 인멸하거나, 다른 사람의 신체에 해를 가하는 경우,
② 중대한 체포가능범죄를 범하였다고 의심되는 다른 자에게 경계심을 갖도록 하는 경우,
③ 중대한 체포가능범죄로 인한 이익금의 원상회복을 방해하는 경우.

변호인을 만나게 해 주면 변호인이 피의자에게 묵비권을 행사하라고 권유할 것이라는 이유만으로 변호인의 조력을 받을 권리를 부인할 수 없다. 이러한 권리의 제한은 또한 마약밀매로 얻은 이익을 몰수하는 데 방해가 되는 경우 그리고 다른 특별법에 의하여 필요한 경우에도 인정된다.

구금된 자에게는 어떠한 이유로 변호인의 조력을 받을 권리가 제 때 인정되지 않고 지체되고 있는지 그 이유를 고지해 주고 이를 구금기록에도 기재하여야 한다. 또한 그러한 이유가 소멸되는 즉시 변호인을 만나도록 해 주어야 한다.

그리고 어떠한 경우에도 계속적인 구금을 위한 영장을 발부받기 위해 구금된 자를 치안법원으로 데리고 가야하는 36시간 이전에 변호인의 조력을 받을 권리가 적어도 한번은 보장되어야 한다.

문제는 구금된 피의자가 자신을 도와 달라고 경찰서로 변호인을 부를 수 있느냐이다. 이와 관련하여 1986년부터 당직변호사제(a duty solicitor scheme)가 시행되고 있다. 각 지역의 변호사는 구금된 피의자가 변호인의 조력을 원하는 경우 순번에 따라 경찰서로 가도록 되어 있다. 구금된 자가 자신의 사선변호인을 선임하지 못하고 법률구조를 원하는 경우 경찰이 당직변호사와 연결될 수 있는 사무실로 전화를 한다. 그 비용은 법률구조기금에서 지급되며 당직변호사 제도는 휴일과 관계없이 매일 24시간 운용되고 있다.

PACE에 규정되어 있는 변호인의 조력을 받을 권리는 실무지침에 의하여 보강되어 왔다. 실무지침은 위에서 본 3가지 예외적인 경우와 1989년의 테러방지법(Prevention of Terrorism Act)에 의하여 구금된 자를 제외한 모든 경우와 관련하여 다음과 같은 규칙을 정하고 있다.

① 구금된 자에게는 변호인과 사사로이 상의할 권리가 있다는 점과 당직변호사에 의한 무료의 법률구조가 제공된다는 사실을 고지하여야 한다.
② 이 권리를 알리는 포스터를 조사실의 잘 보이는 곳에 게시하여야 한다.
③ 경찰관은 구금된 자가 법률구조를 받음에 있어 이를 주저하게 할 수 있는 언행을 하여서는 안 된다.
④ 친구나 가족의 요청으로 변호사가 구금된 자를 만나러 경찰서에 온 경우 그 사실을 구금된 자에게 알리고, 그 변호인을 만날 것인지 여부를 확인하여야 한다.
⑤ 변호인과 상의하도록 허용된 경우에는 변호인이 경찰서에 도착해 있거나 혹은 경찰서에 오고 있는 때 또는 쉽게 전화연락이 되는 때에는 구금된 자를 신문함에 있어 변호인을 참여시켜야 한다.
⑥ 신문에 참여할 변호사가 경찰서로 오고 있는 중이거나 사무실에서 출발하려고 하는 경우에는 보통의 경우 그가 도착할 때까지 신문을 시작하여서는 안 된다.
⑦ 구금된 자 이외의 사람에 의하여 변호사의 출석이 요청된 경우에는 구금된 자에게 그 변호사의 내방을 알리고 그가 변호사 만나기를 원하는지 여부를 확인하기 위하여 그 사실이 기재된 구금보고서에 서명을 하도록 하여야 한다.

⑧ 변호인이 구금된 자에게 계속 질문을 하는 경우에만 신문을 하는 장소에서 변호인의 퇴장을 요구할 수 있다. 하지만 변호인은 부적절한 신문에 이의를 제기할 수 있고 특정한 질문에 관하여 혐의자에게 대답을 하지 말라고 권유할 수 있다.

피의자가 변호인의 조력을 원하는 경우에도 전술한 바와 같은 예외가 인정되는 경우 이외에 다음과 같이 제한된 2개의 상황에 있어서는 변호인의 참여 없이 피의자신문을 할 수 있다. 먼저 변호인과의 연락이 되지 않는 경우와 변호인이 참여를 거부하는 경우 그리고 피의자가 당직변호사제도의 이용을 거부하는 경우이다. 다음은 피의자가 변호인의 조력을 받겠다는 당초의 마음을 바꾼 경우이다. 이 경우에는 피의자가 변호인의 참여 없이 신문을 받겠다는 것을 서면이나 녹음으로 동의하여야 한다.

이러한 제한적인 경우에도 경찰이 변호인의 참여 없이 피의자신문을 계속하려고 하면 경감(inspector) 이상의 직위에 있는 감독자의 허락이 있어야 한다.

피의자의 이러한 권리는 변호인과 사적으로 상의하고 교통할 권리이다. 따라서 변호인과 상의하는 것은 다른 제 3 자가 듣지 않는 장소에서 이루어져야 하고 특히 경찰관이 엿듣는 것은 절대로 허용되지 않는다.

4) 기타의 권리

PACE와 실무규칙은 변호인의 조력을 받을 권리 이외에 경찰서에 구금되어 있는 피의자에게 다음과 같은 2개의 권리를 더 규정하고 있다. 그 하나는 실무규칙의 내용 그 자체에 관하여 상의할 단순한 권리이다. 5개의 실무규칙은 각 서두에서 모든 경찰서는 구금된 피의자나 일반 시민을 위하여 경찰관에 의한 상담이 가능하도록 조치해야 한다고 규정하고 있다.

다른 하나는 구금된 피의자의 가족이나 친구 또는 피의자의 이익을 위해 일할 수 있는 자가 피의자의 체포사실과 구금된 경찰서를 통지받을 권리이다.[30] 이는 종종 피의자의 전화할 권리로 언급되기도 하지만 이러한 사실을 피의자가 지정하는 자에게 알려 주는 것은 경찰관의 의무이다.

PACE(제56조)에 규정되어 있는 피의자의 기본권과는 별도로 구금된 피의자는 전화를 하거나 편지를 보낼 수 있지만 그것이 변호인과의 접촉이 아니라

30) PACE, s. 56.

면 경찰은 그 내용을 알아볼 수 있다. 이해관계인이 통지를 받을 수 있는 이러한 권리도 변호인의 조력을 받을 권리처럼 일정한 경우 지체될 수 있다.

5) 피의자진술의 녹취

피의자에 대한 주의조치, 피의자신문의 기간과 조건, 변호인의 조력을 받을 권리 등 지금까지 살펴본 것들은 모두 피의자가 경찰에서 한 진술의 신빙성을 확보하기 위한 것이다. 한편 피의자가 경찰에서 진술한 내용을 기재한 것이 사실대로 기재되었다고 신뢰할 수 있는지 여부도 마찬가지로 매우 중요한 문제이다. 과거에는 피의자신문이 종료되면 경찰관이 답변내용을 그의 수첩에 간단히 기재하는 것이 보통이었다. 피의자는 수첩의 기재 내용에 서명을 요구받지 않았다. 그 결과 영국의 형사재판은 피고인이 경찰의 신문에 있어서 어떠한 진술을 하였는지 또는 어떠한 진술을 하지 않았는지에 관한 끝없는 논쟁으로 그 모습이 일그러지게 되었고, 피고인은 경찰에 의하여 자백을 강요당했다는 불평을 하는 것이 상례가 되었다.

그러나 오늘날에는 실무규칙에 따라 피의자에 대한 신문은 경찰서에서의 신문이든 또는 그 이외 장소에서의 신문이든 관계없이 모두 정확하게 기록하게 되어 있다. 더욱이 피의자에 대한 신문이 경찰서에서 이루어지는 경우 특별히 준비된 형식의 서면이나 또는 경찰관의 수첩에 피의자의 진술내용을 진술과 동시에(contemporaneously) 기재하여야 한다.[31]

피의자진술을 녹취하는(tape recording) 이외에 피의자의 진술을 바로 기재하여야 하는 원칙에 대한 유일한 예외는 진술의 기재가 부적절하거나 그렇게 함으로써 수사에 방해를 받는다고 수사관이 판단하는 경우에만 인정된다. 신문이 종료되면 피의자는 진술 내용을 읽어 보고 내용이 정확하다는 것을 확인하는 의미에서 서명을 하여야 한다. 피의자가 서명을 거부하는 경우에는 상급자에게 그 사실을 알리고 상급자가 진술 내용을 확인한다.

피의자가 서명한 문서는 피의자가 자백진술을 한 것이 사실인지 혹은 피의자의 변명과 일치하여 피의자의 변소에 도움이 되는지 여부를 법정에서 보여 주는 증거로 사용된다.

31) 우리의 피의자신문조서나 참고인 진술조서는 전문증거배제의 원칙을 적용받기는 하지만 그 자체로 증거가 되는 것인 데 반하여 영미법에서 이러한 진술서의 기재는 전문증거로서 증거능력을 인정받을 수 없고 다만 경찰 등이 법정에서 증언을 함에 있어 그 진술의 신빙성을 확보하기 위한 것이라는 점에서 우리 제도와 구분된다.

진술서(interview record)가 피의자신문과 동시에 이루어지지 않은 경우에는 그 이유를 경찰관의 수첩에 기재하여야 하고, 피의사신문의 종료 후 가능한 한 빠른 시간 내에 진술서가 작성되어야 한다. 이러한 규칙에 위반한 경우에는 피의자진술의 증거능력이 배척될 수 있다. 항소법원은 피의자에 대한 90분 분량의 진술내용을 피의자신문과 동시에 기록하지 않은 것은 규칙에 대한 "극악무도한 위반(flagrant breach)"이라고 판시한 일이 있다.[32)]

비록 이러한 규칙에 대한 위반이 피의자 자백의 증거능력을 자동적으로 배척하는 것은 아니지만, 경찰관이 피의자신문의 전 과정을 제대로 기록하였다면 PACE(제76조)의 규정에 따라 피의자 자백의 증거능력을 배척할 수 있는 근거가 드러날 수 있는 사정이 엿보이는 때에도 이러한 자백의 증거능력을 배척하지 않는 것은 공정한 것이라고 할 수 없다.

항소법원은 1심판사가 피의자신문에 있어 그 진술을 동시에 기록하지 않은 경우 PACE(제78조)에 의하여 그 자백의 증거능력을 배척할 수 있음에도 그렇게 하지 않았다는 이유로 1심판결을 파기하였다.[33)]

이 판결에서 항소법원판사는 "피의자신문에 있어 동시에 진술 내용을 기재하는 것에 관한 실무규칙의 중요성은 아무리 강조해도 지나치지 않다"고 판시하고 있다. 지침의 목적은 피의자진술의 정확성을 확보하고 불필요한 논란으로부터 경찰을 보호하기 위한 것이다.

항소법원은 또한 자백강요(verballing)에 관한 실무규칙은 매우 엄격하게 준수되어야 하며 법원은 규칙의 실질적인 위반(substantial breach)의 결과로 수집한 증거의 증거능력을 배척하는 데 주저해서는 안 된다고 판시하고 있다.[34)]

피의자신문내용을 서면으로 작성하는 대신 신문내용의 녹음도 인정되고 있다. 실무규칙(Code E)은 그 자세한 절차를 규정하고 있다. 그에 따르면 경찰서에서의 녹음은 다음과 같은 경우에 인정된다.

① 기소가능범죄로 주의조치를 받은 피의자에 대하여 신문을 하는 경우,

② 피의자를 신병과 함께 고발(charge)한 후 추가 신문을 하는 경우,

32) R. v. Delaney (1988) 88 CR App R 338.

33) R. v. Canale (1990) 91 Cr App R 1.

34) R. v. Keenan [1990] 2 QB 54.

③ 피의자에게 다른 사람의 진술서를 보여 주거나, 다른 사람의 신문을 보여 준 뒤 피의자를 신문하는 경우.

경찰에서 피의자신문을 하면서 이를 녹음하는 경우 그 통상의 방식은 다음과 같다.

피의자신문은 두 개의 녹음테이프를 사용하여 변조를 방지할 수 있도록 시간 측정 장치를 붙인 이중 녹음기로 녹음한다. 피의자신문 후 테이프 하나는 봉인을 한 다음 이후 필요한 경우에 대비하여 보관한다. 다른 하나는 녹취록 작성을 위하여 사용한다. 경찰관이 녹취록을 요약한 뒤 그 사본을 피의자에게 교부한다. 원하는 경우 녹음테이프 자체를 사본하여 교부하며 이를 통하여 요약내용의 정확성을 확인할 수 있도록 한다. 요약 내용에 관하여 다툼이 있는 경우 녹취록의 제출을 명할 수 있다.

필요한 경우에는 녹음테이프를 제출받아 배심원들에게 그 내용을 들려 줄 수 있고 이때 피의자신문을 담당한 경찰관이 출석하여 목소리의 주인공이 누구인지 알려 주어야 하며 이러한 과정을 통하여 배심원들은 녹음테이프가 변조되었는지 여부를 확인하게 된다.

녹취록을 배심원들에게 읽어 줄 것인가 혹은 배심원들이 평결을 위하여 법정에서 퇴정할 때 녹취록의 사본을 배심원들에게 교부할 것인지의 여부는 판사의 재량사항이다. 하지만 여기서 증거가 되는 것은 녹취록이 아니고 테이프 그 자체이다.

마. 경찰의 수색권한

경찰의 수색에 관한 권한은 범죄의 의심을 받고 있는 시민에 대한 수색, 토지 및 가옥에 대한 수색 그리고 혐의자를 체포하는 경우의 그 혐의자나 혐의자의 토지 또는 가옥에 대한 수색 등 3가지 형태로 나누어진다.

1) 정지와 수색(Stop and Search)의 권한

체포 이전 단계에서 수색을 위해 일반인을 정지시킬 수 있는 경찰의 권한도 PACE(제 1 조-제 3 조)에 규정되어 있다. 그리고 정지 및 수색에 관한 실무규정 즉, Code A는 대상자를 체포하지 않은 상태에서의 수색을 규율 대상으로 하고 있다.

이러한 권한의 행사와 관련한 이전의 경찰실무는 범죄와 관련하여 의심스러운 점은 있지만 체포를 위해 필요한 상당한 이유가 있는지 여부가 불명확한 경우에 정지 및 수색권한을 행사해 왔다. 따라서 경찰이 실시하는 수색의 목적은 주로 이러한 불확실한 의심을 해소하거나 확인하기 위한 것이었다.

경찰관은 도품이나 금지된 물건을 발견할 수 있을 것이라고 의심할 만한 상당한 이유가 있는 경우에 사람이나 자동차를 수색할 수 있다. 금지된 물건이라고 함은 공격용 무기와 주거침입절도, 절도, 자동차절도 그리고 사기범행을 위하여 만들어진 물건 또는 그러한 의도를 갖고 있는 사람이 그러한 범죄를 위하여 가지고 다니는 물건을 말한다. 실무규칙은 어떠한 경우에 의심할 만한 상당한 이유가 인정되는지에 관하여 매우 자세하게 규정하고 있다. 실무규칙의 요점은 의심할 만한 상당한 이유를 인정하기 위해서는 경찰관의 단순한 육감이나 직감만으로는 부족하고 구체적인 사실상의 근거가 있어야 한다는 것이다. 그러한 근거는 대상자가 갖고 있거나 갖고 있는 것으로 보이는 물건의 성질에다 그 시간과 장소 그리고 대상자의 행동 등을 종합하여 인정될 수 있다.

정지 및 수색은 일반 공중에 개방된 장소에서만 행할 수 있다. 이를 넓게 말한다면 모든 공공 장소, 공중이 무료 또는 유료로 허락을 받아 들어갈 수 있는 장소, 공중에게 개방된 장소는 아니지만 사실상 공중이 통상 들어갈 수 있는(regular access) 장소 등을 포함한다. 마지막 부류에 해당하는 장소로는 주차장, 주유소 마당, 아파트의 공동 마당 그리고 심지어는 도로에 접해 있는 개인 소유의 마당이나 정원 등도 여기에 해당한다. 하지만 정지 및 수색은 그 대상자의 집 마당이나 정원에서는 할 수 없다.

마찬가지로 집주인의 허락을 받고 그곳에 와 있는 다른 사람에 대하여도 할 수 없다. 그러나 다른 사람이 울타리 뒤에 몸을 숨기기 위해 남의 담을 뛰어들어간 경우에는 그곳에서도 대상자를 수색할 수 있다. 수색을 위하여 대상자를 억류할 수 있는 시간은 대상자가 정지당한 장소나 혹은 그 인근에서 수색을 마치는 데 필요한 시간까지이다.

수색을 하는 경찰관이 공중이 보는 장소에서 수색을 위하여 할 수 있는 것은 대상자의 외투나 상의 그리고 장갑을 벗도록 하는 것에 한한다. 그러나 경찰관은 공중이 보지 않는 장소에서 좀 더 철저한 수색을 하기 위하여 대상자를 가까이에 있는 자동차나 경찰서로 데려갈 수 있다.

수색을 하기 위하여 대상자를 정지시키거나 수색을 실시함에 있어 필요한 경우 적절한 무력을 사용할 수 있지만 이는 대상자가 순순히 수색에 응하지 않는 경우에 최후의 수단으로만 사용되어야 한다. 대상자가 당혹스러움을 느끼지 않도록 최선을 다하여야 하고 필요한 범위 내에서만 수색을 하여야 한다.

예컨대, 대상자가 칼을 그의 주머니에 몰래 넣는 것을 본 경우에 그 칼을 다른 곳으로 옮겨 놓을 기회가 없었다면 경찰관의 수색은 그 주머니에 한정된다.

수색을 시작하기에 앞서 경찰관은 그의 성명과 소속되어 있는 경찰서, 수색의 목적, 수색을 하게 된 근거와 대상자가 수색기록의 사본을 받을 권리를 갖고 있음을 대상자에게 알려주어야 한다. 경찰관이 제복을 입고 있지 아니한 경우에는 대상자에게 그의 신분증을 보여 주어야 한다.

경찰관은 약간의 예비적인 질문들도 할 수 있다. 이러한 질문에 대하여 대상자는 답변을 할 의무가 없고 경찰관 또한 이러한 질문을 위하여 대상자를 붙잡아 둘 수 없다. 왜냐하면 이 권한은 정지 및 수색의 권한이지 정지 및 질문의 권한이 아니기 때문이다.

하지만 대상자가 답변을 하는 경우에는 대상자를 정지시키게 된 애초의 의심이 해소될 수 있고 수색의 필요성이 없어지게 된다.

수색을 위하여 자동차를 정지시킬 수 있지만 이는 제복을 입은 경찰관만이 할 수 있다. 사람이 탑승하고 있지 않은 차량을 수색할 때에는 수색과 관련하여 그 차량에 어떤 일이 있었는지 그리고 운전자가 그 자리에 있었다면 고지해 주어야 하는 경찰관의 성명 등을 기재한 통고서를 차량에 남겨 두어야 한다.

1994년의 Criminal Justice and Public Order Act는 차량과 통행인을 정지시키고 공격용 무기와 위험한 물건에 대한 새로운 수색권한을 인정하는 규정을 두고 있다.[35] 이 권한의 행사는 총경(superintendent)이나 그 이상의 직위에 있는 자의 서면에 의한 승인이 있는 특정한 장소에서만 할 수 있고 총경이나 그 이상의 직위에 있는 자가 승인할 수 없는 경우에는 경감(inspector)이 승인할 수 있다.

그러나 어떠한 경우에도 총경 등 상급경찰관의 이러한 승인은 중대한 범죄가 일어날 가능성이 있는 장소에 대해서만 해 줄 수 있다. 승인의 유효기간은 24시간이지만 6시간 이내에서 연장될 수 있다. 위 규정에 의한 승인이 있게

35) Criminal Justice and Public Order Act 1994. s. 60.

되면 경찰관은 사람이나 차량이 위 법률에서 규정하고 있는 무기나 물건을 가지고 있음을 의심할 만한 상당한 이유의 존재와 관계없이 필요하다고 생각하는 수색을 할 수 있다. 이 규정은 장물이나 금지된 물건을 발견할 수 있을 것이라고 믿을 만한 상당한 이유가 있는 경우로 제한하고 있는 PACE(제 1 조)의 규정과는 완전히 대조되는 것이다.

그 이외에 정지 및 수색권한이 인정되는 경우는 다음과 같다.

① 테러행위에 사용될 수 있는 차량에 대한 정지 및 수색,
② 테러행위에 사용되는 물건을 찾기 위한 행인에 대한 정지 및 수색,[36]
③ 마약 및 총기를 찾아내기 위한 수색.[37]

2) 가택수색의 권한

PACE 제정 전에는 범죄와 관련된 증거의 수집을 위한 경찰의 가택수색권이 여러 종류의 법률에 의하여 인정되고 있었다. 동상 가택수색을 위한 치안판사의 영장이 요구되었지만 일정한 경우에는 경찰 상급자의 승인만으로도 가택수색이 인정되었다. 하지만 이러한 법률에 이상한 허점들이 있었다. 그 중 중요한 것으로는 모살(murder)의 증거를 수집하기 위한 가택수색권이 인정되지 않고 있었다는 점이다. 따라서 PACE는 기존의 가택수색권을 그대로 인정하면서 이러한 허점들도 보완하고 있다. 다만 경찰 상급자의 승인에 의한 가택수색권은 폐지되었다.

치안판사는 다음과 같은 사정이 있다고 믿을 만한 상당한 이유가 있을 때에는 경찰의 가택수색을 위한 영장을 발부할 수 있다.[38]

① 중대한 체포가능범죄(serious arrestable offence)가 발생하였고,
② 그 범죄의 수사와 관련하여 실질적인 가치가 있을 뿐 아니라 소추가 개시되는 경우 법정에서 허용될 수 있는 증거로서 실질적으로 가치가 있는 물건이 그 수색대상 장소에 있는 경우에,

36) Prevention of Terrorism Act 1989, s. 13.
37) Misuse of Drugs Act 1971, s. 23. Firearms Act 1968, s. 47.
38) PACE, s. 8.

③ 그러한 대상 물건이 법적으로 보장(legally privileged)된 물건이나 제외되는 물건(excluded material) 또는 특별한 절차를 요하는 물건(special procedure material)이 아니어야 하고,

④ 영장 없이는 수색 대상 장소에 들어갈 수 없거나 수색을 위하여 찾아온 경찰관이 즉시 안으로 들어가지 않는 경우에는 수색의 목적을 달성할 수 없는 때.

이러한 PACE의 내용을 간단히 요약하면 수사 대상인 범죄는 중한 것이어야 하고 대상 물건은 적절한 것이어야 하며 영장을 갖고 가택수색을 하지 않고는 수사의 목적을 달성할 수 없는 경우에 치안판사가 수색영장을 발부할 수 있다는 것이다.

가택수색영장은 물건을 발견하기 위한 것이 보통이지만 사람을 찾아내기 위한 가택수색영장의 발부도 가능하다.

PACE의 제정과 관련하여 중대한 체포가능범죄의 경우에는 증거를 수집하기 위한 가택수색영장의 발부가 일반적으로 인정될 수 있다는 사실이 알려지자 다양한 부류의 전문직 집단이나 사업가들로부터 커다란 우려가 제기되었다. 그들은 비밀을 엄수하기로 하고 자신들의 고객으로부터 받은 서류나 물건을 강제적으로 경찰에 제출하게 되면 그들 고객과의 관계가 위기에 처해질 것이라고 생각하였다.

이러한 우려를 해소하기 위하여 다음과 같은 3부류의 물건들에 대한 안전장치를 마련하고 법률을 제정하게 되었다.

① **법적으로 보장된 물건** 법적으로 보장된 항목에 속하는 것(items subject to legal privilege)은 본질적으로 법적 조언자(legal adviser)와 그의 고객 사이에 오고 간 내용이 기재되어 있는 서류를 말한다. 여기에는 소송을 전제로 하여 법적 조언자 또는 그의 고객과 제 3 자 사이에 오고 간 내용도 포함된다.

이러한 내용은 주로 민사소송의 증거와 관련된 것으로 Common Law에 의해 인정되고 있던 원칙[39]을 PACE를 제정하면서 이를 그대로 수용한 것이다.[40] Common Law에서와 마찬가지로 범죄를 조장할 목적으로 소지하고 있는

39) dicta in Central Criminal Court ex p Francis and Francis [1989] AC 346.
40) PACE, s. 10.

물건은 그 대상에서 제외된다. 변호인이 불법 목적이라는 사정을 모르고 소지하고 있었다 하더라도 마찬가지이다.

② 제외되는 물건 제외되는 물건(excluded material)은 이를 생산한 자에 의하여 비공개로 보존되고 있는 '개인적인 기록'을 말한다. 여기에 해당하는 것은 개인의 의료기록, 정신과의사와 상담한 기록, 사회복지담당직원이나 보호관찰관이 그 대상자와 관련하여 갖고 있는 기록들이다.[41] 따라서 이렇게 제외되는 부류에 속하는 물건들은 그 대상이 매우 제한되어 있다.

③ 특별한 절차를 요하는 물건 특별한 절차를 요하는 물건은 제외되는 물건보다 다소 넓은 범위에 속하는 것으로서 개인이 그의 상거래나 사업 또는 고용과 관련하여 취득한 것으로서 비공개로 소지하고자 하는 모든 것을 포함한다.[42] 여기에는 비공개를 전제로 취득하여 보관하고 있는 물건을 제외한 "언론관련 자료(journalistic material)"도 포함된다.

PACE의 취지는 법적으로 보장된 물건의 경우에는 압수수색영장에 의한 압수로부터 완전하게 보호하고, 제외되는 물건이나 특별한 절차를 요하는 물건의 경우에는 치안판사가 발부한 영장이나 상급경찰관의 승인에 의해서가 아니라 반드시 순회판사가 발부한 영장에 의해서만 이들 물건에 대한 접근(access)이 가능하도록 하는 데 있다.[43]

3) 체포와 관련한 수색

가) 체포 현장에서의 신체수색 경찰서 이외의 장소에서 혐의자를 체포하는 경찰관은 혐의자가 도주를 위해 사용할 수 있는 물건이나 범죄의 증거가 될 수 있는 물건(반드시 체포 범죄의 증거일 필요는 없다)을 갖고 있다고 의심할 만한 상당한 이유가 있을 때에는 그 신체를 수색할 수 있다.[44] 이는 Common Law의 원칙을 그대로 반영한 것이다. 이러한 수색의 결과 발견된 물건은 압수대상이 되고 압수물은 경찰관이 보관한다.

신체수색은 대상자가 이러한 물건을 가지고 있는지의 여부를 확인하는 최소한에 그쳐야 하고 공개된 장소에서 외투나 장갑을 벗기는 것 이상으로 옷을 벗게 하여서는 안 된다.

---

41) PACE, ss. 11-12.
42) PACE, s. 14.
43) PACE, s. 9(1).
44) PACE, s. 32(2)(a).

나) 경찰서에서의 신체수색 경찰서로 체포되어 온 자와 관련한 구금담당직원의 첫 번째 임무는 그가 소지하고 있는 것을 기록하는 일이다. 따라서 구금담당직원은 신체수색을 하게 된다. 신체수색의 범위는 구금담당직원의 재량사항이다.

나체수색(strip search)도 가능하지만 이러한 경우에는 구금된 자와 동성 직원에 의하여 행해져야 한다. 의사나 간호사를 제외하고는 이성 직원은 나체수색의 현장에 임할 수 없다.[45)]

다) 밀착수색 나체수색이 반드시 밀착수색(intimate search)을 의미하는 것은 아니다. 밀착수색은 '사람의 입 이외 다른 신체부위에 나 있는 구멍(orifice)에 대한 신체검사'를 말한다.[46)] 밀착수색은 대상자에게 모멸감이나 공포심을 주게 될 우려가 있으므로 엄격히 통제된다. 또한 밀착수색은 전문가에 의해 행해지지 않으면 신체에 손상을 가져올 수 있다.

이러한 이유로 나체수색을 할 수 있는 구금담당직원이라 하더라도 밀착수색을 할 수 없다.

밀착수색은 경찰서장 이상의 직위에 있는 자의 승인에 의해서만 가능하다. 승인에는 구금된 자가 경찰서 내에서 또는 법정에서 자신이나 다른 사람에게 해를 가할 수 있는 물건 혹은 다른 사람에게 공급하거나 수출할 목적으로 Class A에 해당하는 마약을 신체에 소지하고 있다고 믿을 만한 상당한 이유가 있어야 한다. Class A에 해당하는 마약은 'hard drug'이라고 하여 코카인과 헤로인 등을 말하며 대마는 해당되지 않는다.

이러한 마약을 소지하고 있지만 다른 사람에게 공급하거나 수출할 목적이 아니고 자신이 사용할 목적으로 소지하고 있는 것으로 보이는 경우 밀착수색은 허용되지 않는다.

또한 생리현상에 따른 자연 배설 등 다른 방법으로 압수대상물을 발견할 수 있는 때에도 밀착수색을 할 수 없다.

마약의 발견을 위한 밀착수색은 병원에서 의사나 간호사에 의해 행해져야 하고 경찰서에서 할 수 없다. 위험한 물건을 발견하기 위한 밀착수색도 가능하면 의사나 간호사에 의해 행해져야 한다.

---

45) PACE, s. 54.

46) PACE, s. 65, Code C, annexe A, para 1.

다만 의사나 간호원은 병원에서 밀착수색을 하는 이외 경찰서를 방문하여 경찰서에서도 밀착수색을 할 수 있다. 하지만 긴급한 경우에는 상급경찰관이 의사나 간호원이 아닌 다른 경찰관에게 위험한 물건을 발견하기 위한 밀착수색을 명할 수 있다.

라) 체포 장소에서의 수색 경찰관은 체포영장을 집행하기 위해 또는 체포가능범죄로 영장 없이 혐의자를 체포하기 위해 가택에 들어가 수색할 수 있다.[47] 이는 Common Law 원칙을 입법화한 것이다.

가택수색을 위해서는 체포 대상자가 그 안에 있다고 믿을 만한 상당한 이유가 있어야 한다. 가택진입을 위해서는 필요한 무력사용이 허용된다.

마) 체포대상자의 주거 수색 PACE(제17조)에 의한 수색은 체포 대상자의 주거일 경우도 있지만 반드시 그의 주거에만 국한되는 것은 아니다. 종래 경찰은 혐의자를 그의 주거 이외의 장소에서 체포한 경우에도 그의 주거에서 체포한 때와 동일한 수색권한이 있다고 믿어왔다. 이러한 내용이 약간 수정되어 PACE(제18조)로 법제화되었다. 즉, 경감(inspector) 이상의 직위에 있는 경찰관은 서면으로 수사경찰관에게 체포 대상자가 점유하고 있거나 통제하고 있는 가택을 수색하도록 명할 수 있다.

체포 대상자의 가택을 수색하는 것에 더하여 그의 가게나 다른 업무 장소에 대한 수색도 인정된다. 이와 같은 수색명령은 경감 이상의 자가 체포 대상자가 범한 범죄와 관련된 증거가 있다고 믿을 만한 상당한 근거가 있을 때에만 가능하다. 경감 등이 수색명령을 함에 있어서는 그 이유와 찾아내려고 하는 증거의 성격을 체포 대상자의 구금기록에 기재하여야 한다.

사전승인 없이 수색이 인정되는 유일한 경우는 체포경찰관이 체포 대상자를 경찰서로 바로 데려가기보다는 그의 가택으로 데려가 그의 면전에서 수색을 하는 것이 적절하다고 판단하는 경우이다. 이 경우 수색결과를 가능한 한 신속하게 경감 등에게 보고하여야 한다.

한편 수색에 관해서는 Common Law상 인정되어 온 다음의 세 가지 일반이론을 주목할 필요가 있다.

첫째, 경찰이 가택 점유자의 의사에 반하여 수색을 할 수 있는 권한을 갖고 있지 아니한 때에도 그의 동의를 받아 수색할 수 있음은 물론이다.

47) PACE s. 17.

둘째, PACE의 규정에 따라 경찰이 일정한 조치를 취할 수 있는 경우에는 필요한 최소한도의 물리력의 사용이 용인된다.

셋째, 위법한 수색의 결과로 취득한 증거라 하더라도 피고인의 재판에서 증거로 허용될 수 있고 이때 위법한 수색으로 인한 책임을 지는 것과는 아무런 관련이 없다.

전술한 바와 같이 위법하게 수집한 증거라 하더라도 이를 증거로 허용하는 경우 공정한 재판을 해할 우려가 있을 때에 한하여 증거에서 배척할 수 있는 법원의 재량권이 인정될 뿐이다. 그러나 법원은 전통적으로 이러한 증거를 배척하는 데 적극성을 보이지 않아 왔고, 항소법원도 1심판사의 재량권행사에 간섭하는 것을 꺼리는 것이 현실이다.

바. 범인식별과 관련한 증거

범죄혐의를 받고 있는 자가 수사 중인 범죄의 실제 범인이 맞는지의 여부를 확인하기 위한 경찰의 증거수집방법은 매우 다양하다. PACE와 실무규칙에서는 이들 방법 중 두 가지 경우 즉, Identification Parade와 지문에 관하여 주로 규정하고 있다.

1) Identification Parade

피고인이 고발된 범죄를 실제 범한 것이 맞는지 여부를 확인하기 위한 가장 간단하고 보편적인 방식은 범인을 목격한 증인을 법정에 출석시켜 그의 증언을 듣는 것이다. 하지만 이러한 증언의 문제점은 실제 사안의 진상과 관계없이 증인이 피고인석에 있는 피고인을 지칭하여 범인이 틀림없다고 증언할 가능성이 의외로 높다는 데 있다.

증인은 피고인석에 있는 자가 경찰에 의하여 진범으로 지목되고 있다는 것을 잘 알고 있다. 따라서 증인은 피고인석에 있는 자를 실제 범행 현장에서 보았기 때문에 범인이라고 증언하는 것이 아니라 그가 피고인석에 앉아있기 때문에 범인으로 지목할 가능성이 많다. 이러한 이유로 목격증인의 진술은 믿기 어려운 경우가 있다. 이러한 증거법상의 오류를 차단하기 위한 방안으로 Identification Parade와 같은 일정한 검증절차를 거치지 아니한 목격증인의 법정증언은 이른바 “dock identification”으로 치부하여 법원에서 증거로 받아들이지 않고 있다.

따라서 혐의자가 요구하는 경우 또는 그의 동의 하에 사건담당자가 필요하다고 판단하는 경우에는 범인식별을 위한 Parade를 하게 된다. 물론 모든 경우에 Identification Parade를 거쳐야 하는 것은 아니고 피고인이 이를 거부하거나 피해자가 이 절차에 참가할 수 없는 때 그리고 피고인이 워낙 특이한 인상착의를 갖고 있어 그와 비슷한 사람을 구할 수 없는 때에는 이를 생략할 수 있다. 그러나 범인식별과 관련하여 소송절차에서 문제가 발생할 여지가 있는 경우에는 이러한 범인식별절차를 반드시 거쳐야 하고 그렇지 않은 경우 목격증인의 진술이 증거로 인정되지 않을 가능성이 있다.

경찰은 Identification Parade를 실시하기 전에 먼저 범죄의 목격자로부터 범인의 인상착의에 관한 진술서를 받아 두어야 하고 가능한 한 이러한 진술서를 피고인이나 그의 변호인에게도 제공하여야 한다. 목격자에게 혐의자의 사진을 보여주는 경우에도 먼저 혐의자에 대한 인상착의에 관한 진술서를 받아 놓고 보여 주어야 한다.

Identification Parade 절차를 관장하는 자는 그 사건 수사에 관여하지 않는 경감(inspector) 이상의 계급에 있는 자이어야 하고 그 사건 수사에 관여한 경찰관은 이 절차에 관여할 수 없다. Identification Parade 절차를 시행하는 경찰관(Identification Officer)은 혐의자에게 그 목적, 절차, Parade에 참여하기를 거부할 수 있다는 점과 거부하는 경우의 결과 등에 대하여 설명해 주어야 한다. 혐의자의 친구나 변호인도 이 절차에 참여할 수 있고 이들을 참여시킬 수 있는 혐의자의 이러한 권리도 말해 주어야 한다. 통상의 경우 이러한 고지 내용이 기재되어 있는 서면을 혐의자에게 교부하고 그의 사인을 받는다.

Parade 절차를 자세히 설명하면 다음과 같다.

① Parade는 통상의 방에서 실시되기도 하지만 원칙적으로 일방에서만 볼 수 있는 스크린(one-way screen)이 쳐진 방에서 행해지는 것이 보통이다. one-way screen으로 인하여 목격자는 혐의자를 볼 수 있지만 혐의자는 Parade에 참가하는 목격자를 볼 수 없다. 이 경우 혐의자는 자신이 목격자에 의하여 범인으로 지목되었는지 여부를 알 수 없으므로 screen의 사용은 혐의자의 친구나 변호인이 참여하는 경우 또는 절차진행에 대한 녹화가 이루어지는 경우에만 가능하다.

② Parade에는 혐의자 이외에 최소 8명의 일반인이 참가하여야 하고 그들은 혐의자와 나이, 키, 용모, 사회적 신분 등에 있어서 비슷하여야 한다. 통상의 경우에는 혐의자 1명을 대상으로 Parade를 실시하지만 용모가 크게 다르지 않은 2명의 혐의자를 대상으로 하는 경우에는 최소한 12명의 일반인을 Parade에 참여시켜야 한다. 참가자의 위치는 숫자로 표시한다.

③ Parade 직전에 절차를 주관하는 경찰관은 혐의자에게 어떤 일이 일어날 것인가를 설명하고 그의 권리를 고지해 주어야 한다. 이때 혐의자는 Parade에 참가하는 일반인이 자신과 용모 등이 너무 다른 사람이라는 등의 이유로 절차의 진행에 반대할 수 있다. 변호인이나 친구가 참여하고 있다면 그와 상의할 수 있다. 절차진행에 이의가 있는 경우 이의를 제거할 수 있도록 모든 합리적인 조치를 하여야 한다. 혐의자는 Parade 대열에서 자신의 위치를 정할 수 있다.

④ Parade가 시작되기 전 목격자들은 사건에 관하여 서로 말할 수 없고 혐의자나 참가하는 일반인을 미리 볼 수 없다. 또한 목격자들은 혐의자의 사진이나 인상착의에 관한 설명 등은 물론 혐의자의 신분을 표시할 수 있는 어떤 것도 볼 수 없다. 목격자는 최소한 2회 이상에 걸쳐 Parade에 참가하는 자들을 볼 수 있고 1회 볼 수 있는 시간의 제한은 없다. 혐의자를 발견한 목격자는 일련번호로 그를 표시한다.

⑤ 2명 이상의 목격자가 있는 경우에는 그들은 각자 따로 Parade를 보아야 하고, 혐의자는 각 목격자에 따라 그 위치를 달리해야 한다.

⑥ Parade가 끝나고 목격자가 혐의자를 지적한 경우 그 사실을 혐의자에게 알려 주어야 하고, 목격자에게는 그 자가 범인이 맞는지 한 번 더 생각할 기회를 주어야 한다.

⑦ 절차가 끝난 후 절차담당경찰관은 혐의자에게 절차에 관한 그의 의견을 물어보아야 한다. 절차진행 결과는 서면으로 작성되어야 하고 절차를 녹화한 경우 그 사본을 혐의자나 그의 변호인에게 교부해 주어야 한다.

Identification Parade의 대안으로 Group Identification이라는 것도 인정되고 있다. 이는 경찰서 방안에서 이루어지는 것이 아니고 목격자가 일상생활을 하는 일반인들 가운데서 혐의자를 골라내는 방식이다. 혐의자가 Parade를 거부하는 경우 또는 수사담당자가 이 방법이 더 유용할 것이라고 판단하는 경우에 행해진다.

2) 지　　문

런던 경찰국(Scotland Yard)의 National Identification Bureau에서는 유죄판결 기록과 전과자의 지문을 보존하고 있다. 보통의 경우 징역형에 처할 수 있는 범죄의 경우에만 기록을 보존한다. 경찰은 당사자가 동의하는 경우에는 누구로부터도 지문을 채취할 수 있다. 예컨대, 주거침입절도의 경우 범인이 남긴 지문과 비교하기 위하여 피해사로부터도 그의 동의를 받아 지문을 채취할 수 있다. 경찰에서의 동의는 서면으로 행해진다.

경찰이 구금된 자로부터 그의 동의를 받지 않고 지문을 채취하기 위해서는 경찰서장 이상의 지위에 있는 자의 서면 승인이 있어야 한다. 경찰서장은 지문을 채취함으로써 수사 중인 사건의 혐의를 확인하거나 혐의자의 무고함을 입증할 수 있는 경우에 이를 승인한다. 이러한 사실은 혐의자에게 설명해 주어야 하고 구금기록에도 기재한다. 다만 혐의자가 지문채취대상범죄로 고발(charge)이 되면 이러한 동의나 승인절차를 거치지 않고 지문을 채취할 수 있다. 지문채취대상범죄로 유죄판결을 받은 자는 다시 지문채취의 대상이 된다. 따라서 고발 이후 지문을 채취하지 않았다면 법정에서 유죄판결을 받은 직후 이러한 동의나 승인절차를 거치지 않고 다시 지문을 채취한다.

혐의자가 아닌 자로부터 지문을 채취한 경우 또는 혐의자로부터 지문을 채취하였으나 무죄로 판결이 난 경우에는 소송절차의 종료와 동시에 채취한 지문을 폐기한다. 이러한 폐기절차에는 당사자가 참여할 수 있다.

사. 특수 부류에 대한 경찰의 수사

수사와 관련한 경찰의 권한은 일반적으로 성년을 대상으로 하고 있다. 그러나 청소년과 같이 특수 부류에 속하는 혐의자에 대하여는 일반인의 경우보다 더 세심한 보호 장치가 요구된다.

또한 테러범의 경우와 같이 일반인에게 인정되는 권리의 일부가 인정되지 않는 경우도 있다.

1) 소년범의 경우

영장 없이 혐의자를 체포할 수 있는 경찰의 다양한 체포권한은 원칙적으로 소년의 경우에도 그대로 적용된다. 이러한 경찰의 권한을 규정하고 있는 PACE(제24조, 제25조)는 피체포자의 나이에 관하여는 따로 정하고 있지 않다. 마찬가지로 치안판사의 영장발부와 관련하여서도 나이는 특별한 고려요건으로 규정되어 있는 것이 없다. 그러나 실무에 있어서는 영장 없이 혐의자를 체포하는 경찰이나 체포영장을 발부하는 치안판사가 성인이라면 주저 없이 체포하거나 영장을 발부할 수 있는 경우에도 소년에 대한 체포나 체포영장의 발부를 매우 신중하게 하는 것이 현실이다. 소년을 체포한 경우에는 가능한 모든 수단을 강구하여 그의 부모에게 그 사실을 알려야 한다.[48]

체포되어 경찰서에 인치된 소년을 계속 구금시킬지 여부는 성인의 경우와 마찬가지로 구금담당경찰관의 결정에 따라 정해진다. 구금담당경찰관은 성인의 경우와 마찬가지로 소추를 개시할 만한 충분한 증거가 수집되어 있는 경우에는 구금을 계속할 수 있고, 그러한 증거가 부족하여 소추를 개시하지 않고 있는 경우에도 구금 상태에서의 피의자신문을 통하여 범죄의 증거를 확보할 수 있다고 기대되면 구금을 계속할 수 있다.

성인과 소년 사이의 한 가지 중요한 차이는 소년의 경우 구금을 계속함에 있어서 경찰서에 구금하는 대신 소년이 법원에 출석할 때까지 지방자치단체의 보호시설에 위탁하여야 한다는 점이다.[49] 다만 소년이 12세 이상인 경우, 지방자치단체의 보호시설을 구할 수 없는 경우 그리고 소년을 그러한 시설에 위탁하여 보호하는 것이 공중의 이익에 해가 되는 경우에는 보호시설에 위탁하지 않아도 된다.

소년을 신문하거나 소년으로부터 진술서를 받는 때에는 특별한 사정이 없으면 적정한 성년(appropriate adult)이 동석하여야 한다. 여기에서 적정한 성년이라고 함은 부모나 후견인 또는 사회복지사업가나 기타의 책임 있는 자를 말하고 이들은 경찰의 업무와 관련이 없어야 한다.

소년을 상대로 Identification Parade를 하기 위해서는 부모의 동의가 있어야 하고 소년이 14세 이상인 경우에는 본인의 동의도 받아야 한다.

---

48) Children and Young Persons Act 1933, s. 34.
49) PACE, s. 38(6).

2) 정신 장애인의 경우

정신 장애인(mentally handicapped)에는 정신병자는 물론 지능이 박약한 자도 포함된다. 일반적으로 정신 장애인은 형사절차에 있어서 자신을 보호하기에 취약한 자들로 소년과 비슷한 보호를 받는다.

따라서 정신 장애인을 신문하는 경우에는 적절한 성인이 동석하여야 한다. 적절한 성인이 동석하지 않은 상태에서 정신 장애인으로부터 받은 자백이 근거가 되어 소추가 이루어진 경우 판사는 배심원들에게 유죄평결에 앞서 이러한 점에 특별히 주의하도록 알려 주어야 한다.[50)]

3) 테러범의 경우

테러방지법(Prevention of Terrorism Act)[51)]은 테러 혐의자나 테러단체 회원에 대하여 영장 없이 체포할 수 있도록 규정하고 있다. 이 법에서 말하는 테러는 정치적인 목적을 위하여 폭력을 사용하는 것을 말한다.

테러방지법의 규정에 따라 체포된 테러용의자는 48시간의 계속 구금이 가능하고, 이후 내무부장관의 승인이 있으면 영장을 발부받지 않고도 5일간 더 구금할 수 있다. PACE에서 규정하고 있는 구금기간의 제한은 적용되지 않는다. 다만 PACE(제56조, 제58조)의 규정(구금사실의 가족 등에 통보와 변호인의 조력을 받을 권리)은 테러범에게도 적용되지만 상당히 제한적으로 인정된다. 즉, 이러한 권리의 행사는 48시간 지체될 수 있고 변호인과의 접견은 경찰관의 면전에서 하도록 제한될 수 있다.

물론 PACE가 제정되기 전에는 테러범에게 이러한 제한적인 권리마저도 인정되지 않았다. 그러나 북아일랜드 문제를 제외한 오로지 영국 국내 문제와 관련한 테러범에 대하여는 이 규정이 적용되지 않는다. 이들은 테러방지법에 의하여 체포되는 것이 아니라 PACE(제24조)에 의하여 체포된다. 따라서 이들은 다른 일반 형사범의 경우와 같이 체포된 피의자에게 인정되는 모든 권리를 보장받는다.

---

50) PACE, s. 77.

51) Prevention of Terrorism Act 1989, s. 14.

3. 소추 담당자

영국은 전통적으로 유럽대륙의 공소제도나 정부 부처로서 법무부의 존재를 인정하지 않았다. 범죄를 수사하는 업무와 소추를 개시하는 업무 그리고 법정에서 소추를 수행하는 업무를 다양한 기관으로 하여금 공유토록 하였다. 사인소추를 전제로 혐의자의 유죄입증을 위한 증거의 수집은 사인이나 경찰이 맡아 하였고 사인이나 경찰이 혐의자를 법원에 고발하면 사인이나 경찰이 선임한 변호사가 법정에서 소추업무를 수행했다.

그러나 1986년 Crown Prosecution Service(CPS)가 도입되면서 영국의 형사사법제도에 커다란 변화가 일어났다. 아직 CPS를 검찰이나 법무부에 필적하는 기구로 보기는 어렵지만[52] 범죄의 수사를 제외하면 소추와 관련하여 주도적인 역할을 담당하는 것이 CPS이다. 물론 대륙법계국가에서와 같이 CPS가 형사소추에 대한 주된 역할을 담당하기는 하지만 소추업무를 전담하는 것은 아니고 경찰이나 변호사 등도 범죄혐의자에 대한 소추업무에 관여하고 있다.

가. 경 찰

영국에서 거의 대부분의 형사소추는 charge의 방식이나 information의 방식으로 경찰에 의하여 개시된다. 소추에 앞서 경찰은 범죄를 수사하여 증거를 수집한다. CPS가 탄생되기 전에는 경찰이 치안법원에서 약식사건의 소추를 담당하는 solicitor를 고용하고 왕립형사법원(the Crown Court)에서 소추인 측 대리인으로 소송행위를 하는 counsel에게 소추업무를 위임한다는 의미에서 일정 부분 법원에서의 소추행위도 담당하였다.

이러한 이유로 대부분의 경찰서에서는 변호사부(Solicitor Department)를 설치하고 변호사를 고용하여 소추행위를 하였고 단지 일부 소규모 경찰서에서만 개업 변호사에게 형사소추를 위임하였다. 여하튼 경찰은 고객과 변호인으로서의 관계 또는 고용주로서 월급을 주는 관계로서 형사사건의 소추에 최종적인 결정권을 갖고 있었다.

그러나 1986년 CPS가 등장하면서 경찰은 이러한 범죄의 소추와 관련한 실질적인 권한을 잃게 되었다. 이제 경찰은 혐의자에 대하여 charge를 하거나

52) 공소국은 자신을 영국에서 가장 큰 법률회사라 소개하고 있다. http://www. cps.uk.

information을 제출하는 방식으로 소추를 개시하면 사건 관련 서류를 CPS의 지부로 송부하고 CPS가 소추에 관한 권한을 인수한다.

경찰과 CPS는 상호 긴밀히 협조하며 업무를 수행한다. 경찰은 법정에 증인으로 출석하게 되고 목격 증인이 법원에 출두하는 경우 그들에게 주의를 주기도 하며 CPS가 원하는 추가 증거를 수집하기도 한다. 그러나 CPS는 경찰로부터 독립된 기관이고 범죄의 소추에 있어 경찰을 대리하는 기관이 아니다.

영국의 경찰은 각 지역에서 독자적으로 활동하는 자치경찰이다. 각 지역의 경찰책임자를 Commissioner 또는 Chief Constable이라고 부른다.[53] 경찰책임자는 자치단체의 임원과 치안판사로 구성되는 경찰당국(a police authority)에 책임을 진다. 경찰당국은 경찰의 일상적인 업무에는 관여하지 않는다.

특히 소추와 관련하여 일반적인 기준을 정한다든지 아니면 구체적인 사건의 소추결정에 관여하는 방식으로 경찰당국이 경찰의 업무에 간섭하는 것은 허용되지 않는다. 소추결정은 경찰 책임자를 위시한 경찰에 의해 행해지는 것이지 경찰당국에 의해 행해지는 것이 아니다. 심지어 법원도 경찰 책임자에 의해 정해진 업무처리원칙이 법을 집행하는 그의 직무를 유기하는 정도에 해당하지 않는 한 소추결정에 관여할 수 없다.

거의 40년이나 판사로 재직하며 법을 만드는 판사로 유명한 Lord Denning은 다음과 같이 판시했다.[54]

> "이 땅의 법을 집행하는 것은 경찰 책임자의 임무이다. 그는 혐의자를 소추할 것인지 여부를 결정한다. 이러한 결정을 함에 있어 그는 법률 그 자체를 제외한 누구를 위한 봉사자도 아니다. 정부의 어떠한 장관도 그에게 이 사람을 소추하라고 하거나 저 사람을 소추하지 말라고 말할 수 없다. 법집행의 책임은 그에게 있다. 그는 법률에 그리고 법률 그 자체에만 책임을 진다."

소추와 관련한 경찰의 권한은 특별한 경우 예컨대, 100파운드 이하의 절

53) City of London과 Metropolitan 경찰의 경우 그 책임자를 Commissioner, 기타 지역의 경찰책임자를 Chief Constable이라고 한다.

54) Metropolitan Police Commissioner ex p Blackburn (No 1) [1968] 2 QB 118.

도범죄에 대하여는 소추를 하지 않는다는 것과 같이 명백히 부당한 경우가 아니면 제한을 받지 않는다. 부당한 일이 발생하면 누구나 경찰책임자의 임무수행을 강제할 수 있는 직무집행영장을 법원에 청구할 수 있다.

나. 공 소 국

1985년의 범죄소추법(Prosecution of Offences Act)을 근거로 영국에서도 대륙법계국가의 검찰에 비견될 수 있는 공소국(CPS)이 설치되어 1986년부터 형사소추업무를 맡아하게 되었다. 공소국은 런던과 요오크 그리고 버밍햄에 공소국본부(CPS headquarter)를 두고 전국을 15개 지역으로 나누어 42개의 지방공소국과 그 지부를 설치하여 소추업무를 담당하고 있다. 42개 지방공소국의 책임자가 검사장(Chief Crown Prosecutor)이고 그들이 그 지역의 소추업무를 책임진다. 공소국에는 2006년 현재 약 8,700명의 직원이 근무하고 있고 이들 중 약 2,500여 명이 법조 자격을 갖고 있는 검사(Crown Prosecutor)이다.[55)]

1) 공소국장

공소국장(Director of Public Prosecution)이라는 직위는 1879년에 처음 만들어졌다. 그러나 공소국장은 그 이름에도 불구하고 범죄의 소추와 관련하여 할 수 있었던 일은 매우 제한적이었다. 그러나 1986년 공소국이 설치되면서 공소국장의 지위는 과거와 완전히 달라졌다. 공소국장은 경찰이 개시한 모든 형사소추행위를 인수하게 된 것이다. 공소국장의 주된 업무는 다음과 같다.[56)]

① 소추절차의 인수: 공소국장은 경찰에 의하여 개시된 모든 형사소추절차를 인수한다.[57)] 경찰이 개시한 형사소추절차만을 인수하고 경찰 이외의 다른 소추기관이 개시한 형사소추절차는 원칙적으로 인수하지 않는다.

---

55) 공소국에는 Crown Prosecutor 이외에 주로 치안법원의 소추업무를 담당하는 Associate Prosecutor와 검사의 소추업무를 보조하는 case worker 그리고 공소국의 재정과 행정업무를 담당하는 일반 직원(Administrator)이 있다.

56) Prosecution of Offences Act 1985, s. 3.

57) 여기에는 약간의 예외가 인정된다. 즉, 법무장관(the Attorney-General)은 공소국장이 인수할 필요가 없는 사건들을 특정할 수 있고 이에 따라 경미한 교통법규위반범죄가 인수대상에서 제외되고 있다.

② **소추절차의 개시**: 공소국장은 국가적으로 중요한 사안이나 어려운 사안 등 사건이 성질에 비추어 필요하다고 판단되면 스스로 소추를 개시할 수 있다.

③ **법률상의 조언**: 공소국장은 형사범죄와 관련된 문제에 관하여 경찰에 조언을 하며 경찰은 범죄가 동의사건에 해당하는 경우, 공소국장의 조언이 필요하다고 생각되는 범죄, 사형에 처할 수 있는 범죄, 살인죄, 반란죄, 낙태죄 등의 경우에는 공소국장에게 그 범죄에 관하여 정보보고를 하여야 한다.[58)]

④ **상소심 관여**: 공소국장은 항소법원(the Court of Appeal)이나 귀족원(the House of Lords)의 상소심 형사소송절차에 소추인으로 참석할 수 있다.

⑤ **법무장관 위임업무**: 공소국장은 법무장관으로부터 위임받은 기타의 업무를 수행한다.

이러한 업무 이외에 공소국장은 일반 개인이나 경찰 이외의 소추기관이 개시한 소추절차도 인수할 수 있고[59)] 동의사건의 동의와 같이 1985년의 범죄소추법 이외의 다른 법률에서 규정하고 있는 업무도 수행한다.

공소국장은 10년 이상 변호사자격을 갖고 있는 자 중에서 법무장관에 의하여 임명되고 법무장관의 지휘를 받아 업무를 수행한다. 공소국장은 법무장관에 대하여 책임을 지고 법무장관은 의회에 대하여 책임을 지므로 공소국장은 그의 업무수행에 관하여 간접적으로 의회에 책임을 진다.

2) 공소국의 조직

공소국장 아래에는 공소국본부와 42개 지역의 지방공소국이 있다. 이들 지방공소국은 그 지역의 소추업무를 책임진다. 지방공소국에는 하나 이상의 지부가 설치되어 있고 이들 지부는 각 1개 이상의 치안법원을 맡아 소추업무를 수행한다. 이들 지부에는 변호사자격이 있는 검사와 그러한 자격을 갖고 있지 않는 직원 그리고 보조인원이 있다.

---

58) Prosecution of Offences Regulations 1978, paras. 6. 이러한 보고사건 이외에도 경찰은 법무장관이 정한 규칙에 따라 범죄에 관한 사항을 공소국장에게 보고하도록 되어 있고 이를 토대로 공소국장은 연보(annual report)를 작성하여 의회에 제출한다. Prosecution of Offences Act 1985, ss. 8, 9.

59) Prosecution of Offences Act 1985, s. 6(2).

모든 검사는 공소국장에 의하여 임명되고 barrister나 solicitor의 자격이 있어야 한다. 검사는 소추행위의 개시나 수행과 관련하여 공소국장이 갖고 있는 모든 권한을 행사할 수 있다. 특히 소추를 함에 있어서 공소국장의 동의가 필요한 사건에 대한 소추개시권한을 갖고 있다.

검사는 공소국장의 지휘에 따라 업무를 수행하지만 구체적인 사건의 처리에 있어서 개별적인 지휘를 받는 것은 아니다. 예컨대, 검사가 공소국장의 명의로 법원의 기소명령(voluntary bill of indictment)을 청구한 경우 비록 공소국의 의견이 아니라 그 자신의 판단으로 이러한 청구를 한 경우라 하더라도 법원은 이러한 청구를 보강하기 위한 선서진술서(affidavit)를 요구하지 않고 그대로 청구를 받아들일 수 있다.60) 그러나 공소국장이 소추행위와 관련한 그의 권한을 위임하는 것은 검사에게만 할 수 있고 다른 검찰청 직원에게 위임할 수 없다.61) 예컨대, 일반 직원이 약식사건에 있어 소추할 만한 증거가 있는지 여부를 미리 검토하는 것은 비록 그것이 소추를 중단하는 경우에만 한정된다 하더라도 이는 법률에 위반된다고 본다.

검사는 barrister자격을 갖고 있는 경우에도 일반 solicitor가 갖고 있는 권한만을 인정받고 있기 때문에 왕립형사법원이나 항소법원 등 상급법원(superior courts)의 재판에는 관여할 수 없고 따라서 왕립형사법원의 소추행위는 일반 개업 변호사에게 모두 위임하고 그들이 검사의 자문을 받아 소추행위를 수행한다.

공소국을 설치할 당시에는 치안법원의 모든 소추행위를 검사에 맡겨 수행하도록 할 의도였지만 과다한 업무와 인력사정으로 인하여 실무에 있어서는 일정 수의 사건을 일반 개업변호사에게 위임하여 그들이 공소국의 대리인으로서 소추행위를 수행하도록 하고 있다.

소추와 관련한 공소국의 통상적인 업무처리과정을 간단히 설명하면 다음과 같다.

피고인이 경찰에 의하여 charge되거나 또는 서면 고발이 되면 관련 사건기록은 공소국지부로 송부된다. 검사는 고발이 상당한 것인지 여부를 확인하기 위

---

60) Liverpool Crown Court ex p Bray [1987] Crim LR 51. 이 사건에서 L J Watkins는 공소국장의 명시적인 지시에 따르는 경우에만 검사의 권한이 인정된다는 주장은 이유 없다고 일축하면서 법이 공소국장에게 권한과 의무를 부여한 것은 공소국장 개인에게 부여한 것이 아니라 공소국에 부여한 것이라고 해석하는 것이 더 현실적이라고 판시했다.

61) DPP ex p Association of First Division Civil Servants (1988) 138 NLJ 158.

해 증거를 검토한다. 증거를 검토한 결과 소추가 상당하지 않은 것으로 판단되면 소추행위를 중지(discontinue)할 수 있다.

만일 추가 고발이 필요하거나 기존의 고발 내용과 다른 고발이 필요한 경우에는 피고인의 법정 출석에 맞추어 그러한 고발을 추가하거나 고발 내용을 변경할 수 있다. 대부분의 사건은 비록 복잡하고 어려운 사건이라 하더라도 지부 단계에서 처리하는 것이 일반적이다. 살인이나 강간사건과 같이 사안이 중대한 사건이라 하더라도 특별한 사정이 없으면 지부 단계에서 처리한다.

물론 사건이 복잡하거나 어려워 지부 단계에서 처리하는 것이 적절하지 못한 경우에는 지부에서 처리하지 않고 사건을 공소국본부로 보낼 수 있다. 또한 일정한 부류의 사건들(예컨대, 소추에 법무장관의 승인이 필요한 사건, 대규모 마약사건이나 이민법위반 사건, 경찰관을 소추하는 경우)은 반드시 공소국본부로 사건을 보낸다.

공소국본부는 중요한 일부 사건의 처리 이외에 소추와 관련한 일반지침의 수립과 시행, 소추 관련 업무에 대한 연구를 수행하며 지방공소국과 지부의 업무를 도와준다. 하지만 지방공소국은 상당한 정도의 독자성을 인정받고 있다.

공소국과 관련하여 가장 주목해야 할 점은 검사는 범죄의 수사를 하지 않는다는 것 그리고 일반적으로 소추를 개시하는 것은 경찰이지 검사가 아니라는 점이다. 검사의 업무는 일단 경찰이 charge를 하거나 서면 고발을 한 경우에 시작된다. 이와 같이 일단 소추행위가 개시되고 나면 그 다음의 업무는 검사의 몫이 된다. 검사는 소추를 계속할 것인지 여부를 결정하고 소추를 계속하는 것이 상당하다고 인정되면 치안법원에서의 소추행위는 검사가 직접 수행하거나 대리인을 통해 소추행위를 하고, 왕립형사법원에서의 소추행위는 변호사(barrister)에게 위임하면서 그에게 사건과 관련한 설명을 해 준다.

검사는 소추행위와 관련한 결정을 함에 있어 경찰과 긴밀히 상의하지만 경찰로부터 독립하여 그 자신의 판단에 따라 사안을 결정한다.

3) 대리인(Agent)

공소국장과 검사는 그의 업무를 일반 개업 변호사에게 위임할 수 있다.[62] 검사의 위임에 따라 공소국을 위하여 소추행위를 하는 변호사는 검사와 동일한 권한을 갖게 되지만 검사의 지시에 따라 업무를 수행한다.

62) Prosecution of Offences Act 1985, s. 5.

이러한 변호사는 일용으로 또는 오전이나 오후를 정하여 특정한 치안법원에 출석하여 소추업무를 수행한다. 이 경우 변호사는 검사가 당사자인 모든 사건을 처리하며 사건기록은 하루 전에 제공받는 것이 보통이다.

치안법원에서 검사의 대리인으로 소추행위를 하는 이들 변호사(agent)는 왕립형사법원의 정식재판에 출석하여 검사의 대리인으로 소추업무를 수행하는 변호사(counsel)와 약간 다른 지위를 갖는다. 왕립형사법원의 재판에 관여하는 변호사는 사건에 관하여 독자적인 결정권을 갖는 데 반해 치안법원의 변호사는 검사가 원하는 대로 소추행위를 한다.

따라서 agent는 검사의 승인 없이 소추를 중단할 수 없지만 counsel은 소추를 계속할지의 여부를 독자적으로 결정할 수 있고 또한 그렇게 하여야 한다.

4) 소추행위의 인수

소추의 개시, 즉 고발은 물론 경찰만이 이를 배타적으로 독점하는 특권이 아니다. 헌법상의 순수한 이론적인 측면에서 본다면 경찰의 고발행위는 일반 시민이나 단체가 시민의 의무로서 할 수 있는 것을 단순히 대가를 받고 해 주는 것에 불과한 것이라고 볼 수 있다. 따라서 이론적으로는 경찰이나 검사 이외에 일반 시민이나 단체도 소추행위를 할 수 있다.

그러나 이들의 소추행위는 공익에 반하는 것이 될 수 있다. 소추행위는 공익과 깊은 관련을 갖기 때문에 이를 개인에게 맡기기 보다는 국가가 관리하는 것이 필요하다. 따라서 검사는 경찰 이외의 자가 개시한 소추행위를 인수함에 있어 무제한의 재량권을 갖는다.[63)]

5) 소추행위의 중지

사인소추를 이념으로 하는 영국에서 공소추제도를 도입한 중요한 이유는 경찰이 개시한 소추행위가 정당한 것인지 여부를 경찰로부터 독립하여 독자적으로 검토하고 만일 소추가 정당하지 못하다면 초기 단계에서 소추행위를 중지하기 위한 것이었다. 검사가 소추행위의 중지를 원하는 경우 치안법원의 서기에게 그러한 사실을 통보하면 된다. 이러한 통보가 있는 때로부터 소추행위는 중지된다.

다만 피고인이 이러한 소추의 중지에 동의하지 않고 계속하여 재판받기를

---

63) Prosecution of Offences Act 1985, s. 6(2).

원하면 소추중지의 통보가 없었던 것으로 간주된다.[64] 검사는 약식재판의 경우 이러한 통보를 소추인 측 증인을 소환하기 이전 단계에서 하여야 하고 정식재판의 경우에는 피고인이 정식재판에 회부되기 이전에 하여야 한다. 기소에 의한 정식재판으로만 처리되는 범죄(indictable only offence)의 경우 이러한 통보는 기소장(indictment)이 제출되기 이전에는 언제든지 할 수 있다.

검사는 소추중지통보를 하면서 그 이유를 첨부하여야 한다. 통보가 있었다고 하여 피고인이 무죄판결을 받은 것은 아니므로 후일 새로운 증거가 발견되면 다시 소추할 수 있다. 검사는 소추중지를 법원에 통보하였다는 사실과 소추의 계속을 주장할 수 있다는 피고인의 권리를 피고인에게 알려주어야 하고, 이때 피고인은 소추의 계속을 주장할 수 있다.

대부분의 피고인은 소추중지통보에 크게 만족하지만 일부 피고인은 법정에서 자신의 무고함을 밝히고 또한 재기소의 위험이 없는 무죄판결을 받기 위하여 소추의 계속을 주장하는 수가 있다. 치안법원에서 검사의 소추중지통보로 종결되는 사건은 매년 전체 사건의 약 12%에 이른다고 한다.[65]

6) 공소국장의 기타 권한

이러한 권한 이외에 범죄소추법이 규정하고 있는 법무장관과 공소국장의 권한은 다음과 같다.

① 법무장관은 경찰로 하여금 그 관할 지역에서 발생한 일정한 범죄를 공소국장에게 보고하게 하는 규칙을 제정하여 시행할 수 있다.[66] 이 규정은 과거의 범죄소추법에 규정되어 있던 것을 그대로 답습한 것이다. 다만 과거 보고대상범죄의 종류는 매우 다양하였지만 1985년 이후 그 범위를 대폭 줄여 매우 중요한 범죄 또는 정치적으로 민감한 범죄(예컨대, 대규모 마약범죄, 대규모 이민법위반범죄, 명예훼손, 공연음란 등)만 보고대상으로 하고 있다.

64) Prosecution of Offences Act 1985, s. 23(3)(7).

65) 소추의 중지 이외의 방법으로 소추를 종결하는 방안으로 검찰이 유죄의 증거를 제출하지 않는 경우가 있다. 검사는 유죄의 증거를 제출하여야 할 의무가 있는 것은 아니므로 검사가 유죄증거를 제출하지 않으면 법원은 무죄판결을 하여 사건을 종결하는 이외 다른 방법이 없다.

66) Prosecution of Offences Act 1985, s. 8.

일반적으로 공소국장이나 검사는 사건이 고발되기 전에는 증거에 관해서 알 필요가 없다. 고발이 되고 사건 관련 서류가 검찰로 송치되면 증거를 검토한다. 그러나 사건이 보고 대상인 경우 경찰이 독자적으로 고발 여부를 결정하도록 내버려 두지 않고 고발 이전 단계에 있어서도 관련 증거를 보고받고 이에 관해 경찰에 조언을 한다.

② 공소국장은 그의 직무수행 결과를 매년 법무장관에게 보고하여야 한다.[67] 법무장관은 보고서를 의회에 제출하고 정부간행물출판국(HMSO)을 통하여 발간, 배포한다. 또한 법무장관은 그 이외의 필요한 사항에 관하여 공소국장으로부터 보고를 받을 수 있다.

③ 공소국장은 소추중지의 기준, 일반적인 고발 기준, 기소가능범죄에 대한 재판형식을 결정하는 기준 등에 관하여 검사업무처리지침을 제정하여 시행할 수 있다.[68]

다. 그 밖의 소추인

경찰에 의하여 개시되지 않는 소추, 즉 영국 전체 형사사건의 약 25%에 해당하는 경찰 이외 소추사건에 있어서 그 소추인의 종류는 매우 다양하다. 예컨대, 내국세징수국은 탈세범죄를, 관세 및 소비세징수국은 부가가치세법위반사건과 마약밀수사건을, 복지부는 부정한 복지비청구사건을, 지방자치단체는 식품과 보건에 관한 규제위반사건을 각 소추한다.

과거 대형 상점들은 절도범에 대하여 직접 소추행위를 하기도 하였으나 현재에는 거의 예외 없이 이들 사건을 경찰로 인계한다.

1987년 형사사법법(Criminal Justice Act)에 의하여 경찰이나 공소국과 별도로 중대한 재산범죄에 대한 수사와 소추를 주로 맡아 하는 새로운 기관 즉, 사기범죄수사국(Serious Frauds Office)이 창설되었다. 이 기관은 증가하는 재산범죄에 효과적으로 대처하기 위하여 만들어졌고 소수의 재산범죄 전문가들 즉, 변호사 자격이 있는 법률가와 회계사자격이 있는 자 그리고 일반 수사관으로 구성되어 있다. 수사국의 임무는 1년에 100건 이하의 아주 중요한 소수의 사기사건에 대한 수사와 소추를 맡아 하는 것이다.

---

67) Prosecution of Offences Act 1985, s. 9.

68) Prosecution of Offences Act 1985, s. 10.

수사국은 또한 경찰의 사기범죄 수사반과 협력하거나 경찰의 사기사건 수사를 지도하기도 한다. 그 이외 수사국은 수사 중인 사기사건에 관한 정보를 갖고 있는 자로부터 강제로 진술을 들을 수 있으며 서증의 제출을 강요할 수 있는 권한이 있다. CPS와 달리 수사국은 중요한 사기범죄에 대하여 직접 수사를 하며 증거가 확보되면 소추의 개시 및 수행을 맡아 한다.

여기서 분명한 것은 경찰 이외 기관의 소추는 대부분 정부기관이나 그 유사기관에 의하여 개시된다는 점이다. 하지만 극소수의 소추행위는 아직도 일반시민에 의하여 개시되고 있다. 따라서 이웃 간의 폭력행위가 법원에 쌍방 고소사건으로 이어지는 경우가 종종 있다.

또한 경우에 따라서는 경찰의 소추하지 않기로 하는 결정에 불만을 품은 개인이 스스로 사건을 맡아 형사소추를 하는 수도 있다. 그 예로 유명한 것이 Whitehouse v. Lemon 사건이다.[69] 이 사건에서 소추인 Marry Whitehouse 부인은 피고인 Lemon을 명예훼손으로 자신이 직접 소추하는 데 성공했다. 이는 영국에서 1922년 이래 처음으로 성공한 사인소추로 기록되고 있다.

최근에는 주사약을 맞고 죽은 아이의 부모가 증거를 수집하여 주사를 맞을 때 옆에서 도와 준 자를 고살(manslaughter)로 소추했다. 사건 초기에 CPS는 경찰에게 아무런 조치를 취하지 말라고 조언을 하였지만 사인소추의 결과 피고인이 정식재판에 회부되자 소추행위를 인수하여 피고인에 대한 유죄판결을 받아냈다.

CPS는 경찰이 아닌 소추인의 소추행위에 대하여 이를 인수할지 여부에 대한 재량권은 물론[70] 이를 인수한 후 소추를 계속할 것인지의 여부 또는 단순히 피고인에 대한 유죄증거를 제출하지 않는 방법으로 소추를 종료할 것인지를 결정할 재량권도 갖고 있다.

CPS가 부당하게 사건을 처리하지 않는 한 이러한 공소국의 재량행위는 고등법원(the High Court)에 의한 사법심사의 대상도 되지 않아 일반 사인으로서는 공소국의 이러한 조치에 이의를 제기할 수 있는 다른 방법이 없다. 따라서 일반 사인이 부당한 사인소추를 고집하는 경우 CPS가 이를 인수한 뒤 소추를 중지하는 방식으로 일반 사인의 부당한 소추를 적절히 통제할 수 있다.

---

69) Whitehouse v. Lemon [1979] AC 617.

70) Prosecution of Offences Act 1985, s. 6.

그 예로 CPS에서 2008. 11. Emily Mupfuwa가 제기한 사인소추를 인수하여 소추행위를 중지한 것을 들 수 있다. 소추인은 예수의 발기되어 확대된 성기를 표현한 조각상을 미술관에 전시한 것은 공연음란죄에 해당한다고 주장하면서 소추를 제기했지만 공소국은 이를 표현의 자유에 해당하는 것이라고 보아 Mupfuwa의 사인소추를 인수한 뒤 소추를 중지했다.

라. 국왕의 법무관

소추행위와 관련하여 중요한 역할을 하는 것이 국왕의 법무관 즉, 법무장관(Attorney-General)과 법무차관(Solicitor-general)이다. 법무장관[71]은 정부 내 다른 부처 장관들의 법률문제에 자문을 하고 법정모욕죄에 대한 소송을 담당하며 위법행위를 자행한 공공기관에 대한 불법행위금지명령을 법원으로부터 받아 낸다. 형사소송에 있어서 법무장관은 공소국장의 업무를 지휘·감독하고 공소국의 업무에 관하여 국회에 책임을 진다.

또한 일정한 부류의 사건인 경우 법무장관의 동의가 있어야 소추를 할 수 있는 경우가 있다. 본래 사인소추에 있어서 그 남용을 견제하기 위한 것이 동의사건에 대한 법무장관의 동의였기 때문에 공소국이 설치되어 있는 오늘날에는 법무장관의 동의가 불필요한 것이라는 주장도 있지만 아직 동의사건제도는 폐지되지 않고 있다. 그 이외 법무장관은 공소취소(nolle prosequi)에 관한 권한을 행사한다. 이 경우 정식기소(indictment)에 의한 정식재판이 중지된다. 검사가 유죄입증증거의 부족 등을 이유로 소추행위를 중지하기 위해 일반적으로 하는 고발취하의 경우와 달리 법무장관의 공소취소는 법무장관의 재량행위에 속하는 것으로 보통 피고인의 건강 악화로 형사소송의 진행이 불가능한 경우에 온정적인 조치로 취해지는 것이다. 이러한 경우 공소취소를 하는 대신 소추인이 유죄증거를 제출하지 않는 방식으로 소송을 종료시킬 수도 있으나 이는 공소국장 따라서 검사도 갖고 있는 권한이어서 특별한 의미는 없다.

국왕의 법무관으로서 제2인자가 법무차관이다. 법무차관은 법무장관으로부터 위임받은 업무를 처리하고 법무장관 유고시에는 장관을 대리한다.

---

71) 영국에 법무부가 따로 설치되어 있는 것은 아니지만 법무장관(Attorney General)이라는 직위는 오래전부터 인정되어 오고 있는 것으로 국왕의 고문변호사(King's Counsel)들 중 그 수장이 법무장관의 연원이 되었다는 것은 전술한 바와 같다.

4. 소추결정

가. 소추개시의 방법

소추의 개시에는 전술한 바와 같이 두 가지의 방식이 있다. 그 하나는 치안법원에 서면 고발(lay information)을 하는 것으로서 경찰은 물론 다른 소추기관이나 일반 시민도 할 수 있는 방식이고 다른 하나의 방식은 경찰만이 할 수 있는 것으로서 경찰에서 피고인을 신병과 함께 치안법원에 고발(charge)하는 것이다. 일반적으로 경미한 사건 즉, 약식재판대상인 사건에 대하여는 서면 고발을 하고 사안이 중한 사건 즉, 기소가능범죄(indictable offence)에 해당하는 대부분의 사건은 charge의 방식에 의한다.

서면 고발을 할 것인지 아니면 charge를 할 것인지의 여부는 혐의자를 체포한 경찰관이나 수사경찰관이 결정하지만 이 경우 상급자와 협의하는 것이 보통이고 때에 따라서는 검사의 조언을 받아 결정하기도 한다. 서면 고발에 따라 소환장의 발부에 의하여 소추가 개시되는 경우 경찰은 경찰서 이외의 장소에서(예컨대, 혐의자의 집이나 교통규칙위반행위가 발생한 장소) 혐의자에게 범죄사실이 정식으로 입건·보고되고 따라서 소추의 가능성이 있다는 사실을 알려주는 것이 보통이다. 이어 범죄발생보고서를 경찰의 소추담당부서에 제출하고 여기에서 소추 여부를 결정한다.

성인에 대한 소추결정은 경찰의 자체 결정에 의하지만 소년에 대해서는 다른 기관 예컨대, Social Service나 교육기관의 의견을 참고하여 한다.

나. 소추 이외의 방안

범죄혐의를 입증할 증거가 부족하면 경찰은 피의자에 대하여 아무런 조치를 취하지 않게 되지만 증거가 있다고 하여 모두 소추를 하는 것은 아니고 범죄의 성격에 따라 소추 이외의 다른 조치를 취할 수 있다. 즉, 혐의자에게 주의를 주고 훈방하거나 피의자에게 정액벌금(fixed penalty)을 통보할 수 있다.

1) 훈방(caution)

경찰은 혐의자에게 주의를 주고 소추를 하지 않을 재량권이 있다. 본래 주의를 주는 것은 청소년에게 불필요하게 형벌을 부과하는 것을 지양하기 위해 인정되었다. 그러나 1998년에 제정된 Crime and Disorder Act에 의하여 청소년에게는 견책(reprimand)과 경고(warnings)제도가 도입된 관계로 현재 주의를 주고 훈방하는 것은 성인에게만 인정된다.

훈방은 경찰서 내에서 행해지며 경감(inspector) 이상의 직위에 있는 자가 한다. 훈방은 유죄판결과 동일한 것은 아니지만 경찰은 기록을 5년 간 보존하며 다른 범죄행위로 유죄판결을 받는 경우 양형자료로 제공한다.

훈방을 하기 위해서는 우선 범죄혐의에 대하여 소추를 할 만한 충분한 증거가 있어야 한다. 증거가 충분하지 않음에도 경찰의 위신을 세우기 위한 훈방은 인정되지 않는다. 또한 혐의자가 범죄사실을 자백하는 경우에만 훈방이 인정된다. 혐의자가 자백을 하지 않는 경우에는 소추를 하든지 아니면 아무런 조치를 취하지 않아야 하고 훈방을 할 수 없다. 이러한 점이 훈방제도의 단점으로 지적되는 수도 있다. 즉, 실제 범죄를 범하지 않은 자가 소추의 위험을 피하는 방안으로 훈방을 받기 위한 허위자백을 할 수가 있기 때문이다.

훈방을 위한 이러한 요건이 충족된 경우에도 그것이 공익에 반하는 경우에는 인정되지 않는다. 이와 관련한 내무부훈령은 훈방을 할 때에는 다음과 같은 요소들을 검토해 보아야 한다고 규정하고 있다.

① 경찰은 검사업무처리지침에 규정되어 있는 공익에 관한 원칙을 고려해 보아야 한다.
② 특별한 사정이 없는 한 기소(indictment)에 의해서만 재판이 가능한 범죄에 대하여는 훈방을 할 수 없다.
③ 기소에 의해서만 재판이 가능한 범죄가 아니라 하더라도 훈방을 하기에는 중한 사안이 있을 수 있다. 훈방을 함에 있어서는 범죄로 인한 피해, 인종적인 편견이 범죄의 원인인지 여부, 신뢰관계를 배신한 범죄인지 여부 그리고 조직범죄인지 여부 등을 고려하여야 한다.
④ 피해자의 범죄에 대한 의견, 훈방을 하는 데 대한 피해자의 의견을 고려하여야 하지만 그 의견에 반드시 따라야 할 필요는 없다.
⑤ 훈방이 두 번째인 경우에는 다음의 요건이 충족되어야 한다.
   i) 두 번째 범죄가 사소한 것이거나, 또는
   ii) 첫 번째 훈방으로부터 상당한 기간이 경과한 후 재범을 하여 이전의 훈방이 그 효과가 있었다고 보이는 경우.

⑥ 소추하는 것보다 훈방이 더 적정하다고 보이는 부류의 범죄자들 예컨대, 노인이나 정신질환자 또는 불구자나 근 병을 앓고 있는 자들이 있다. 물론 이러한 자들이 반드시 소추대상에서 제외되는 것은 아니다.
⑦ 범죄에 대한 혐의자의 생각도 고려되어야 한다. 특히 악의를 갖고 범죄를 범했는지 여부, 범죄 후의 혐의자의 종국적인 태도도 고려한다.
⑧ 공범이라 하더라도 각 혐의자는 따로 고려 대상이 되어야 한다. 심지어 집단범죄의 경우에도 마찬가지이다. 공범 간의 상이한 결정은 범죄행위에 있어 그 가담 정도 그리고 각자의 정상에 의하여 정당화될 수 있다.

경찰은 이와 같은 서면에 의한 훈방 이외에 구두로 훈방할 수 있다. 구두로 하는 훈방은 공식적인 것이 아니고 다른 범죄로 재판을 받는 경우에도 참고자료로 제공되지 않는다. 경찰이 훈방을 할 것인지의 여부를 결정함에 있어서는 공소국의 소추기준이 중요한 참고자료가 된다.

2) 견책과 경고

소추에 대한 대안으로 인정되어 온 소년에 대한 경찰의 훈방은 1998년 법률에 의하여 견책(Reprimand)과 경고(Warning)로 대체되었다. 이 법의 취지는 소년범죄에 대하여 일정한 단계를 정하는 데 있다. 즉, 초범인 경우에는 Reprimand, 재범인 경우에는 Warning 그리고 그 이후의 범죄에 대하여는 소추를 하는 것을 원칙으로 하고 있다. 이전에 견책이나 경고를 받지 않은 소년은 다음과 같은 요건 하에 견책처분을 받게 된다.[72)]

① 경찰은 소년이 범죄를 범하였음을 입증할 증거를 갖고 있어야 하고,
② 경찰은 현실적으로 유죄판결을 받을 수 있는지 고려해 보아야 하고,
③ 소년이 경찰에게 그 범행을 인정하여야 하고,
④ 소년이 이전에 유죄판결을 받은 전과가 없어야 하고,
⑤ 소년을 소추하는 것이 공익에 부합하는 경우가 아니어야 한다.

따라서 이전에 견책이나 경고를 받은 전력이 있는 소년에게 다시 견책처분을 할 수 없다. 또한 이전에 유죄판결의 전과가 있는 경우에는 새로 범한 범

72) Crime and Disorder Act 1998, s. 65(1).

죄가 아무리 사소하거나 또는 이전 범죄와 아무런 관련이 없다 하더라도 견책이나 경고를 할 수 없다.

3) 정액벌금통보

정액벌금통보제도는 일반적으로 인정되는 것이 아니고 도로교통법위반사건에만 적용되는 것으로서 주차위반딱지가 정액벌금통보의 전형적인 예이다. 그러나 1982년 Transport Act는 정액벌금통보제도를 주차위반 이외의 다른 교통법규위반으로 확장하였다. 그 결과 속도위반, 신호위반, 경찰관의 정지신호에 불응한 경우, 자동차정비규정위반, 보행자의 신호위반, 안전벨트나 헬멧 미착용의 경우에도 정액벌금통보를 한다.

정액벌금통보는 정복의 경찰관만이 할 수 있다. 일단 정액벌금통보의 딱지가 발부되면 21일간의 유예기간이 주어진다. 이 기간 동안에 위반자는 벌금을 납부하거나 이의신청을 할 수 있다. 벌금을 내면 모든 것이 끝나지만 벌점부과 대상인 경우에는 치안법원서기가 벌점을 부과한다. 이의신청을 하게 되면 경찰이 통상의 절차에 따라 소추를 하게 된다. 위반행위자가 벌금을 납부하지도 않고 이의신청도 하지 않은 경우에는 정액벌금에 50%의 가산금을 더하여 벌금을 납부하여야 하고 이 벌금은 통상의 벌금과 같은 방법으로 징수된다.

다. 소추를 위한 요건

경찰이 혐의자에 대하여 소추결정을 하게 되면 사건기록을 검사에게 송부한다. 사건을 송부받은 검사는 경찰의 결정대로 소추를 계속할 것인지 아니면 소추결정이 잘못된 것으로 보아 소추를 중지할 것인지의 여부를 결정한다.

검사는 소추에 관한 이러한 결정을 함에 있어서 공소국장이 정한 검사업무처리지침(Code for Crown Prosecutors)을 따라야 한다.[73)]

1) 증거 관계

소추의 개시를 위한 가장 중요한 요건은 소추를 하는 데 충분한 증거가 있느냐의 문제이다. 검사업무처리지침은 피고인에 대한 모든 범죄사실에 대하여 "현실적으로 유죄판결을 받을 가능성(realistic prospect of conviction)"이 있는 증거가 있어야 한다고 규정하고 있다. 현실적으로 유죄판결을 받을 가능성에 대한 기준은 객관적이어야 한다.

---

73) Prosecution of Offences Act 1985, s. 10.

문제는 과연 치안판사나 배심이 무죄판결보다는 유죄판결을 할 가능성이 더 높은가 여부이다.

이러한 의문에 답하기 위해 검사는 유죄판결에 충분한 증거가 있는지의 여부, 그러한 증거는 사용가능한 증거인지의 여부 그리고 그러한 증거는 믿을 만한 증거인지의 여부를 고려해 본다.

즉, 검사는,

① 증거수집과정에서의 부적절한 행위나 전문증거배제법칙에 의하여 증거가 법정에서 배척될 가능성은 없는지, 만일 그러한 이유로 증거가 배척된다면 다른 증거만으로 유죄판결을 받을 수 있는지의 여부,
② 그러한 증거는 신뢰할 만한 증거인지의 여부를 검토한다.

법률가로서 상대적으로 독립된 지위를 갖고 있는 검사는 이러한 접근방식을 통해 소추결정을 한 수사경찰과는 다른 견해를 가질 수 있나. 검사가 이러한 섭근방식을 통해 사안을 검토함에 있어서 항상 염두에 두어야 하는 것은 그것이 정의에 부합하고 실효성이 있는가이다.

우선 무고한 자가 처벌되어서는 안 된다. 형사소추 자체만으로도 피고인에게는 커다란 부담이 될 수 있다. 피고인의 일상생활에 지장을 초래함은 물론 유죄판결에 대한 두려움 속에 소송비용까지 지출하게 된다. 또한 사건에 따라 소추 그 자체만으로 피고인에게 돌이킬 수 없는 상처를 줄 수 있다. 사건내용을 잘 모르는 일반인은 "아니 땐 굴뚝에 연기가 나겠느냐"라는 식으로 피고인을 의심하게 된다.

한편 무죄판결이 날 수 있는 자를 소추하는 것은 형사사법제도의 운영에 있어 엄청난 시간과 비용의 낭비가 될 수 있다. 사인소추를 이념으로 하는 영국에서 공소제도를 도입하게 된 직접적인 이유가 이러한 사건들을 소추대상에서 걸러내기 위한 것이었다.

2) 공익적 요소

1951년 법무장관 Lord Shawcross는 의회에서 다음과 같이 설파했다.

"범죄혐의자가 자동적으로 소추 대상이 되는 것은 이 나라의 법이 아니

고 앞으로도 그러한 일은 절대 없을 것이라고 나는 희망한다. 공소국장이 소추업무를 처리함에 있어 근거로 하는 가장 중요한 규정의 하나는 '범죄나 범행과 관련한 정상에 비추어 소추를 하는 것이 공익에 부합하는 것이라고 판단될 때에만 소추를 하라'는 것이다."

다시 말해 유죄판결을 받을 증거가 있다고 하여 자동적으로 소추를 하는 것이 아니다. 소추를 하기 전에 먼저 경찰이 그 다음으로 검사가 소추하는 것이 진실로 공익에 부합하는 것인지 여부를 검토한다.

검사는 소추가 공익에 부합하지 않는 것으로 보이면 혐의자에 대하여 아무런 조치를 취하지 않거나 또는 범죄행위에 대하여 주의를 주고 혐의자를 방면하게 된다.

검사업무처리지침은 먼저 혐의자를 소추를 하는 데 필요한 공익적 요소를 규정하고 그 다음에 소추를 하는 데 장애요소가 되는 사항들을 자세히 규정하고 있다.

소추를 위한 공익적 요소는 다음과 같다.

① 유죄판결의 경우 의미 있는 형벌이 뒤따라야 한다.
② 범행에 있어 무기의 사용이 있었거나 폭력행사가 있었다.
③ 범죄가 공적인 업무에 종사하는 경찰관 등에 대하여 행해졌다.
④ 범인이 공적인 지위에 있거나 신뢰관계에 있었다.
⑤ 증거에 의하면 범인이 조직범죄의 지휘자이거나 범죄의 주모자이다.
⑥ 사전에 모의를 한 범죄라는 증거가 있다.
⑦ 범죄가 여러 명에 의하여 행해진 증거가 있다.
⑧ 범죄피해자는 연약한 자로서 범행 당시 상당한 정도의 공포에 처해 있거나 불안한 상태에 빠져 있었다.
⑨ 범죄가 피해자의 인종, 국적, 성, 종교적 신앙, 정치적 입장 또는 성적 선택권에 반대하여 그 차별에 동기를 두고 있다.
⑩ 범인과 피해자 사이에 상당한 정도의 육체적 또는 정신적 나이 차이가 있는 경우이거나 범죄가 부패행위와 관련한 것이다.
⑪ 피고인의 이전 전과나 훈방이 이번 사건과 관련이 있다.

⑫ 범죄행위가 법원으로부터 일정한 명령을 받고 있는 기간에 행해졌다.
⑬ 범죄행위의 전력에 비추어 범죄가 계속되거나 재발할 가능성이 있다.
⑭ 사소한 범죄이지만 그러한 범죄가 상당히 넓게 확산되어 있다.

소추행위에 대한 장애요소는 다음과 같다.

① 법원이 아주 경미하거나 명목상의 형벌만을 부과할 것 같다.
② 피고인이 이미 형벌을 받은 관계로 이번 범죄로 유죄판결을 받는다 하더라도 형기가 더 늘어날 가능성이 없다.
③ 범죄가 단순한 실수나 오해로 인하여 범해졌다.
④ 피해정도가 경미하고 특히 오판으로 인한 범죄의 경우 피해가 한 차례의 범죄 결과로 발생한 것이다.
⑤ 다음의 경우를 제외하고, 범죄 발생 이후 오랜 기간이 경과하였다.
  i) 범죄가 중대하다.
  ii) 그러한 지연이 피고인에 의해 초래되었다.
  iii) 범죄가 최근에야 발각되었다.
  iv) 범죄가 복잡하여 그 수사에 오랜 시간이 소요되었다.
⑥ 소추를 함으로써 피해자가 범죄의 중대성을 항상 마음에 담게 되어 그의 육체적, 정신적 건강에 매우 나쁜 영향을 미칠 가능성이 있다.
⑦ 범죄가 중대하지 않거나 재범의 가능성이 없는 경우에 피고인이 연로한 자이거나 육체적, 정신적으로 중한 병을 앓고 있다.
⑧ 피고인이 범죄로 인한 피해를 배상하였다.
⑨ 소추행위가 정보제공자, 국제관계나 국가안보에 해로울 가능성이 있다.

검사업무처리지침은 소추를 함에 있어 필요한 공익적 요소를 검토하면서 단순히 이들 요소들의 개수를 근거로 결정하여서는 안 된다고 규정하고 있다.

검사는 각 요소의 중요성을 깊이 생각하고 이들 요소들을 참작하여 전체적인 면에서 이를 고려하여야 한다. 또한 검사는 피해자 개인의 이익을 위해서가 아니라 공익(public interest)을 위해서 일하지만 피해자의 이익도 주의 깊게 고려하여야 한다.

소년을 소추할 것인지의 여부를 결정함에 있어서는 특별한 고려가 필요하다. 유죄판결의 전과는 소년에게 커다란 정신적 상처로 남게 되어 소년의 장래에 매우 중한 악영향을 끼칠 수 있기 때문이다.

그러나 소년은 비록 형사소추에 있어 예외적인 특별한 지위를 누리기는 하지만 검사는 단순히 피고인의 나이만을 고려하여 소추를 그만두는 것이 아니다. 사안이 중하거나 전과가 있는 때에는 비록 소년이라 하더라도 형사소추를 하게 된다.

성인의 경우 소추처분에 대한 가장 통상적인 대안은 분명 훈방조치이다. 검사업무처리지침은 소추 대신에 훈방조치를 할 것인지에 대하여 경찰과 동일한 기준을 적용하도록 하고 있다. 그러나 훈방조치는 검사가 하는 것이 아니고 경찰이 하는 것이므로 검사는 훈방조치가 더 상당하다고 여겨지는 경우에는 그러한 사실을 경찰에 통보하게 된다.

라. 소추를 위한 기타의 요건

피고인의 유죄입증에 대한 증거가 충분한 경우라 하더라도 소추결정과 관련하여 소추인은 다음의 요건들을 검토한다.

1) 관할의 문제

영국의 법원은 영국에서 일어난 범죄의 경우 범인의 국적을 불문하고 관할권을 갖게 되지만 영국 이외의 외국에서 일어난 범죄와 관련해서는 범인이 영국인이라 하더라도 영국의 법원은 관할권을 갖지 않는다.

그러나 오늘날 이러한 원칙이 그대로 적용되는 것은 아니고 예외적으로 영국인이 외국에서 범한 범죄에 대하여 영국의 법원이 관할권을 갖는 경우가 있고 또 예외적인 일부 범죄와 관련해서는 외국인이 외국에서 범한 범죄에 대하여도 영국의 법원이 관할권을 갖는다.

이러한 예외적인 사정에 따라 영국의 법원이 관할권을 갖는 중요한 경우는 다음과 같다.

① 모살(murder), 고살(manslaughter), 중혼(bigamy)과 위증은 피고인이 영국사람인 경우 범죄지와 관계없이 영국 법원에서 재판할 수 있다.[74)]

---

74) Offences against the Person Act 1861, s. 8, Perjury Act 1911, ss. 9, 57.

② 영국인이 외국에서 범한 범죄로 범행 당시에 영국의 공무원으로서 직무수행과 관련한 범죄의 경우에는 영국 법원에서 재판할 수 있다.[75)]

③ 범행 당시 또는 범행일로부터 3개월 이내에 영국 상선의 선원이었던 자가 외국에서 범한 범죄는 영국 법원에서 재판할 수 있다.[76)]

④ 테러범죄는 1977년도 European Convention on the Suppression of Terrorism에 가입한 나라에서 범해진 경우 영국 사람은 물론 외국인에 대하여도 영국 법원이 재판할 수 있다.[77)]

⑤ 범죄가 공해상의 영국 배에서 범해진 경우 영국인 여부를 불문하고 영국 법원에서 재판할 수 있다.[78)]

⑥ 운항 중인 영국의 비행기 내에서 일어난 범죄에 대하여 영국 법원은 관할권을 갖는다.[79)]

⑦ 해적행위와 항공기납치행위는 어디에서 어느 나라 사람에 의하여 행해진 것과 관계없이 영국 법원에서 재판할 수 있다.[80)]

⑧ 16세 미만의 소녀에 대한 성범죄는 영국 법원이 관할권을 갖는다.[81)]

2) 면책특권

검사가 소추를 함에 있어서 검토할 사항 중에 면책특권이 있다. 면책특권에 따라 여왕은 형사소추대상에서 제외된다. 또한 외국의 국가원수나 그 가족 그리고 수행원도 소추대상이 아니다.[82)] 외교관이나 외교사절 그리고 그 가족 등도 비슷한 면책특권의 대상이 된다.[83)]

3) 공소시효의 문제

Common Law에서는 원칙적으로 공소시효제도가 인정되지 않았다. 따라서 범죄 후 일정한 기간이 경과하였다고 하여 소추를 할 수 없는 것은 아니다.

---

75) Criminal Justice Act 1948, s. 31.
76) Merchant Shipping Act 1995, s. 282.
77) Suppression of Terrorism Act 1978, s. 4.
78) Merchant Shipping Act 1995, s. 281.
79) Civil Aviation Act 1982, s. 92.
80) Aviation Security Act 1982, s. 1.
81) Sexual Offences (Conspiracy and Incitement) Act 1996.
82) Sate Immunity Act 1978, s. 20.
83) Diplomatic Privileges Act 1964, s. 2(1).

하지만 예외적으로 각 법률에 의하여 그러한 시효가 인정되는 경우가 있다. 각 법률에 규정되어 있는 중요한 시효를 보면 다음과 같다.

법 률	범 죄	기 간
Magistrates' Courts Act 1980. s. 127	모든 약식 범죄	범행일로부터 6월
Sexual Offences Act 1956, para 10, sched. 2	16세 미만의 어린이와 불법적인 성행위	범행일로부터 1년
Sexual Offences Act 1956, s. 7	수간, 피해자가 16세 미만인 계간	범행일로부터 1년
Trade Descriptions Act 1968, s. 19(1)	이 법에 위반한 모든 기소가능범죄	범행일로부터 3년 발견일로부터 1년
Customs and Excise Management Act 1979, s. 146A	이 법에 위반한 모든 기소가능범죄	범행일로부터 20년

이러한 법률 중에서 가장 중요한 것은 약식범죄에 대하여 일률적으로 6월의 시효를 인정하고 있는 1980년도 Magistrates' Courts Act이다. 약식범죄에 대하여 일률적인 시효제도를 정하고 있는 것은 사소한 범죄인 약식범죄에 대해서는 증인의 기억이 남아 있을 때 조속히 사건을 종결시키기 위한 것이다.

기소가능범죄(indictable offence)에 대하여는 위에서 본 예외적인 경우를 제외하고는 원칙적으로 시효제도가 인정되지 않는다. 기소가능범죄인 경우에도 약식으로 처리가 가능한 범죄가 있을 수 있고 이 경우 피고인이 약식재판을 선택하였다고 하여도 약식범죄에 적용되는 6월의 시효제도가 인정되는 것은 아니다. 기소가능범죄에 대하여는 원칙적으로 시효가 인정되지 않는 관계로 소추의 지연이 있을 수 있고, 이 경우 그 지연이 소추권남용으로 인정될 여지가 없는 것은 아니지만 실무상 이를 인정한 사례는 거의 없다.

4) 동의사건의 경우

일정한 범죄의 경우 법무장관이나 공소국장의 동의가 있어야 소추가 가능한 경우가 있다. 본래 영국의 소추제도가 사인소추에 근거를 두고 있고 이러한 사인소추제도에서는 소추권의 남용이 문제가 될 수밖에 없어 이를 제한하기 위한 것이 동의사건제도의 본래 취지라고 할 수 있다.

그러나 순순한 의미의 사인소추가 사실상 자취를 감춘 오늘날에 이르러 이러한 소추권 남용의 제한이라는 취지는 그 의미를 상실하고 오히려 정책적인 고려나 현실적인 필요성에 그 존재 이유를 두고 있다.

따라서 국가정책이나 국가안보 그리고 다른 나라와의 외교관계를 고려하여 소추에 신중을 기할 필요가 있는 사건의 경우에는 법무장관의 동의를 그리고 법률의 규정에만 집착하여 소추를 하는 경우 피고인에게 너무 가혹하거나 일반인의 법감정에 반하는 경우에는 공소국장의 동의를 받아 소추를 하도록 하고 있는 것이 보통이다.

공소국장의 동의가 필요한 사건에 있어서는 검사가 공소국장을 대리하여 동의를 할 수 있다. 검사제도를 도입하면서도 이러한 동의사건과 관련한 규정을 그대로 둔 이유는 아주 민감한 사건의 경우에는 검사의 동의 없이는 소추의 개시도 하지 말라는 취지로 볼 수 있다.

동의사건의 동의 여부를 결정하는 기준은 공소국의 자체 규정에 의한다. 중요사건의 동의는 공소국장이나 고위 간부가 이를 심토한다. 그러나 그 이외 대부분의 사건에 대한 동의는 각 지역의 지방공소국이 처리한다.

법무장관의 동의가 필요한 사건의 경우는 다음과 같다.

① Public Bodies Corrupt Practices Act(1889년) 제 4 조와 Prevention of Corruption Act(1906년) 제 2 조에 해당하는 뇌물죄.
② Official Secrets Act(1911년) 제 8 조에 해당하는 죄.
③ Public Order Act(1986년) 제27조에 해당하는 인종적 증오심을 유발하는 죄 및 인종갈등을 유발하는 물건을 소지한 죄.
④ Prevention of Terrorism Act(1989년) 제19조에 해당하는 법률상 금지된 단체에 가입한 죄 등.
⑤ Explosive Substances Act(1883년) 제7조에 해당하는 죄.

공소국장의 동의가 필요한 사건의 예는 다음과 같다.

① Theft Act(1968년) 제30(4)조에 해당하는 배우자 재산에 대한 절도 및 재물손괴의 죄.

② Criminal Law Act(1967년) 제4(4)조와 제5(3)조에 해당하는 범죄의 방조 및 경찰관공무집행방해의 죄.

③ Sexual Offences Act(1967년) 제 8 조에 해당하는 동성애의 죄.

④ Sexual Offences Act(1956년) 별표 제 2 조에 해당하는 근친상간.

⑤ Suicide Act(1961년) 제 2 조에 해당하는 자살방조 및 교사의 죄.

⑥ Public Order Act(1986년) 제 7 조에 해당하는 소요죄.

법무장관이나 공소국장의 동의가 필요한 사건이라 하더라도 이러한 동의를 받기 전에 경찰이 범인을 체포하고 고발하는 데 아무런 지장이 없다. 경찰의 고발을 받은 법원은 피고인을 구금할 수 있고 보석으로 석방할 수도 있다. 그러나 법원의 형사소송절차와 관련된 행위 예컨대, 소송형태의 결정이나 정식재판회부는 허용되지 않는다.

제 3 절

치안법원의 재판

1. Remand와 보석

형사재판과 관련하여 치안법원이 갖고 있는 중요한 기능은 사안이 가벼운 사건인 경죄(misdemeanor)와 기소가능범죄(indictable offence) 중 죄질이 가벼운 사건에 대한 약식재판 그리고 사안이 중한 기소가능범죄에 대한 일종의 예심이라는 것은 전술한 바와 같다. 즉, 치안법원은 신병과 함께 고발되어 치안법원에 인치되거나 또는 법원의 소환장에 따라 출석한 피고인을 상대로 약식재판을 하거나 정식재판회부를 결정하기 위한 예심을 실시한다.

이러한 가벼운 사건에 대한 약식재판이나 중한 사건에 대한 예심은 피고인이 치안법원에 인치되거나 출석한 당일 실시하는 것이 Common Law의 원칙이다. 그러나 오늘날 경미하고 간단한 약식사건을 제외하고, 특히 피고인이 체포되어 신병과 함께 고발(charge)된 사건의 경우 피고인이 치안법원에 인치된 당일 이러한 약식재판이나 예심이 종료되는 경우는 거의 없다.

그 이유는 물론 다양하다. 예컨대, 소추하는 입장에서는 피고인의 유죄입증을 위한 증거자료를 준비하기 위하여 또는 증인의 출석을 확보하기 위하여 시간이 필요할 수 있고 피고인의 입장으로서도 변호인의 조력을 받거나 법률구조를 신청하는 데 시간이 필요할 수 있다. 치안법원에 인치되거나 출석한 당일 약식재판이나 예심이 종결되지 않으면 법원은 다음 기일을 정하고 피고인을 그때까지 돌려보내게 된다. 이와 같이 피고인을 다음 기일까지 돌려보내는 것을 Remand라고 하는데 이는 단순한 휴정(adjournment)과는 구별된다.

다음 기일까지 피고인을 돌려보냄에 있어 체포된 피고인의 구금 상태를 그대로 유지한 채 구금 장소로 돌려보내는 것을 Remand in Custody라고 하며 피고인을 보석으로 석방한 상태에서 돌려보내는 것을 Remand in Bail이라고 한다. 따라서 Remand의 경우에는 반드시 구금이나 보석이 따르게 된다. 이러한 이유로 법원의 Remand 권한은 피고인의 보석과 밀접한 관련을 갖게 된다.

가. Remand 기간

치안법원이 가벼운 사건에 대한 약식재판이나 중한 사건에 대한 예심을 하기 전에 구금 상태를 유지한 채 피고인을 Remand하는 경우 그 기간은 8일을 초과하지 못한다.[1] 그러나 소송실무에 있어서는 8일을 전부 채우기보다 1주일을 단위로 하여 Remand하는 것이 보통이다. 따라서 1주일을 초과하여 피고인을 계속 구금 상태에 두려면 피고인을 다시 법정에 출석시킨 다음 휴정을 선언하고 다시 구금 상태에서 Remand하는 절차를 취할 수밖에 없었다.

그러나 피고인을 왕립형사법원의 재판에 회부하거나 피고인에 대한 약식재판을 하기 전에 여러 주나 수개월의 기간이 필요한 사건의 경우에 있어서 이러한 절차의 반복은 불편하고 무용한 것이었다. 1주일의 Remand 기간이 끝나게 되면 다시 피고인을 법정에 데려와야 하고 그리고 이 경우 법원이 피고인에게 해주는 것은 구금 상태를 유지한 채 1주일간 다시 휴정을 한다는 형식적인 결론을 말해 주는 것뿐이다. 구금된 피고인에 대한 이러한 무의미한 소환과 관련하여 피고인이 할 수 있는 것은 보석청구를 하는 것이지만 새로운 사실이 없는 한 피고인이 보석을 청구할 수 있는 것은 2회로 제한되어 있다.

이러한 불편을 해소하기 위해 처음에는 피고인이 동의하는 경우 피고인의 법정 출석 없이 최장 28일간 구금 상태를 유지할 수 있도록 법이 개정되었다.

그에 따라 법원은 피고인에게 피고인의 법정 출석 없이 다시 Remand할 가능성이 있음을 알려주고 이때 변호인의 입회하에 피고인이 동의를 하면 이후 3회에 걸쳐 피고인의 법정 출석 없이도 Remand 절차를 취할 수 있었다. 따라서 4번째 Remand의 경우에는 피고인의 의사와 관계없이 반드시 피고인이 법정에 출석하여야 하고, 또한 변호인이 없거나 피고인이 소년인 경우에는 피고인의 법정 출석 없이 하는 Remand는 인정되지 않았다.

---

1) Magistrates' Courts Act 1980, s. 128(6).

대부분의 피고인이 이러한 Remand에 동의하는 것이 보통이지만 피고인이 동의하지 않는다 하여 피고인을 법정에 소환하여 다시 Remand 절차를 밟는다는 것은 불편하기만 하고 크게 의미가 없었다. 이러한 불편을 해소하기 위해 다시 법을 개정하여 현재에는 피고인의 동의 여부와 관계없이 최장 28일간 피고인의 법정 출석 없이 Remand 절차를 취할 수 있도록 하였다.2)

이 경우에도 첫 번째 절차에는 피고인이 출석하여야 하고 두 번째 이후 절차나 피고인의 보석신청을 기각하고 구금 상태를 유지하는 경우에만 이 규정이 적용된다. 치안판사는 이러한 구금기간의 연장을 함에 있어 피고인의 전체 구금기간을 참작하여 연장여부를 결정하게 된다. 치안판사가 약식재판에서 피고인의 유죄인정 이후 양형자료를 받아보기 위해 피고인을 Remand하는 경우 구금 상태에서는 최장 3주, 보석으로 석방한 상태에서는 최장 4주를 초과하여 할 수 없다.

나. 보석이 인정되는 경우

보석은 법원이 피고인을 일정한 액수의 금전을 담보로 석방하는 것만이 아니라 수사기관이 체포되거나 구금된 자를 정해진 시간, 장소에 출석할 것을 조건으로 석방하는 것을 포함하여 말한다. 따라서 판사만이 피고인의 보석을 허가하거나 거부하는 것이 아니고 경찰도 보석을 허가하고 거부할 수 있다.

1) 경찰에서의 보석

경찰에서 체포된 자에 대하여 고발절차를 취함에 있어서 경찰이 체포된 자를 고발하기로 결정한 경우는 물론 석방하기로 결정한 경우에도 보석의 문제가 생긴다. 소추결정의 마지막 단계에서 체포된 자를 보석으로 석방할 것인지의 여부는 구금담당경찰관이 결정한다. 구금담당경찰관이 이 결정을 함에 있어서 수사담당경찰관의 의견을 참조하여 결정한다.3)

2) 체포영장의 발부와 보석

선서에 의하여 구체화된 서면 고발장을 근거로 피고인에 대하여 체포영장을 발부하는 치안판사는 체포 이후에 보석을 허용하는 내용의 체포영장을 발부할 것인지의 여부를 고려해보아야 한다.4)

---

2) Magistrates' Courts Act 1980, s. 128 A.
3) Police and Criminal Evidence Act 1984, ss. 37, 38.

3) 치안법원의 보석

치안법원은 보석에 관하여 다음과 같은 관할권을 갖는다.

① 회부절차나 약식재판절차에 앞서 휴정 기간 동안 피고인을 되돌려 보내는 경우,
② 유죄인정 이후 양형보고서를 받아보기 위하여 휴정한 동안 피고인을 되돌려 보내는 경우,
③ 피고인을 기소에 의한 정식재판을 위하여 또는 판결의 선고를 위하여 왕립형사법원으로 이송하는 경우,
④ 구금되어 있는 피고인이 치안법원의 결정에 대하여 왕립형사법원이나 고등법원에 항고하는 경우.

4) 왕립형사법원의 보석

왕립형사법원은 다음과 같은 경우 보석을 허가할 수 있다.

① 치안법원이 피고인을 구금 상태에서 돌려보내며 피고인의 주장을 충분히 듣고도 그의 보석을 불허한 경우,
② 피고인이 정식재판이나 판결의 선고를 위하여 구금 상태로 왕립형사법원에 이송되어 온 경우 또는 피고인이 치안법원의 유죄인정 또는 양형에 관하여 형사법원에 항소를 한 경우,
③ 피고인이 왕립형사법원으로부터 고등법원에 case stated의 방식으로 항소를 하거나 왕립형사법원의 결정에 대하여 judicial review를 구하는 경우,
④ 왕립형사법원의 담당 판사가 왕립형사법원의 유죄인정 또는 양형에 관하여 항소법원에 항소를 할 수 있는 사건이라고 인정하는 경우.

왕립형사법원이 기소에 의하여 정식재판을 하는 기간 중 또는 유죄인정

4) Magistrates' Courts Act 1980, s. 117. 치안판사와 마찬가지로 왕립형사법원의 판사도 체포영장을 발부함에 있어 체포영장의 뒷면에 보석을 허가한다는 내용을 배서할 수 있다. Supreme Court Act 1981, s. 81(4).

이후 양형보고서를 받아보기 위하여 휴정을 하는 동안 보석과 관련한 고유의 관할권을 갖고 있는 것은 물론이다.

피고인이 보석으로 석방되었다가 지정된 기일에 지정된 장소에 출석하여 다시 구금 상태에 들어간 경우 다른 특별한 사정이 없으면 휴정을 하는 기간 동안 다시 보석을 인정하는 것이 통상의 관행이다. 하지만 보석을 취소하는 경우도 있다. 예컨대 재판진행 도중 피고인에게 사태가 불리하게 전개되어 피고인이 도망할 염려가 있거나 증인이나 배심원을 회유할 가능성이 있는 경우에는 보석을 취소할 수 있다. 유죄가 인정되는 경우 징역형에 처해질 가능성이 높고 또한 소추인 측의 증거가 우세한 경우에도 보석이 취소될 수 있다.

5) 고등법원의 보석

고등법원은 다음의 경우 보석을 허가할 수 있다.

① 치안법원이 보석결정을 보류한 경우,[5)]

② 치안법원의 결정에 대하여 관할위반 또는 불공정을 이유로 이를 파기하기 위해 고등법원에 기록이송명령(writ of certiorari)[6)]을 청구하는 경우,[7)]

③ 왕립형사법원으로부터 법률문제에 다툼이 있어 case stated의 방식으로 고등법원에 항소를 한 경우 및 왕립형사법원의 결정을 파기하기 위해 고등법원에 기록이송명령을 청구하는 경우.[8)]

6) 항소법원의 보석

항소법원형사부는 왕립형사법원의 유죄인정 또는 양형에 관하여 항소한 피고인과 귀족원에 상고한 피고인에 대하여 보석을 허가할 수 있다.[9)] 항소법원에서 보석은 단독 판사(single judge)가 결정한다.

---

5) Criminal Justice Act 1967, s. 22.

6) 본래 certiorari는 고등법원의 Queen's Bench나 Chancery 등 중앙에 있는 국왕의 법원이 하급법원의 사법권행사가 관할권의 범위를 일탈하였는지 또는 공정하게 행사되었는지의 여부를 심사하기 위해 소송기록의 제출을 명하는 영장을 말한다.

7) Criminal Justice Act 1948, s. 37.

8) Criminal Justice Act 1948, s. 37.

9) Criminal Appeal Act 1968, ss. 19, 36.

다. 보석결정에 관한 원칙

1976년에 제정된 Bail Act(제 4 조)는 피고인에게 일종의 보석권을 인정하고 있다. 피고인에 대한 이러한 보석권은 형사소송의 모든 단계에서 허용되는 것은 아니고 또한 보석권이 인정되는 경우라 하더라도 같은 법 부칙(별표 1)에 의하여 일정한 경우 보석권이 부인되는 수가 있다.

피고인이 징역형에 처해질 수 있는 범죄로 고발이 된 때 보석권이 부인되는 경우는 이 법의 제정 전 실무관행상 판사나 치안판사가 보석을 인정하지 않고 피고인에 대한 구금 상태를 유지한 채 다음 기일까지 돌려보내(remand)거나 왕립형사법원의 정식재판으로 이송(commit)하는 경우와 거의 동일하다.

피고인에 대한 보석권은 매우 중요한 의미를 갖는다. 왜냐하면 보석권이 인정되면 보석을 인정할 수 없는 사유가 있다는 것을 소추인 측이 입증하여야 하고 피고인 측에서 반대 사정을 입증할 필요가 없기 때문이다.

예외적인 경우에만 보석이 인정되는 경우도 있다. 이러한 경우에 해당하는 것은 1994년에 제정된 Criminal Justice and Public Order Act(제25조)가 이를 규정하고 있다. 즉, 모살(murder)이나 모살미수, 고살(manslaughter), 강간 또는 강간미수로 고발된 피고인 중 이전에 영국에서 이들 중 하나 또는 과실치사죄로 유죄판결을 받아 징역형에 처해진 전력이 있는 자가 여기에 해당한다. 현재 고발된 범죄가 이전에 유죄판결을 받은 범죄와 동종의 것일 필요는 없다. 이 부류에 속하는 피고인들에 대하여는 보석권이 인정되지 않는다.

1) 보석권이 인정되는 경우

1976년 Bail Act(제 4 조)는 누구든지 이 법에서 제외하고 있지 않는 한 보석이 인정된다고 규정하고 있다. 이 규정은 범죄행위로 고발되어 법원에 출석하거나 인치되는 모든 피고인에게 적용된다. 따라서 치안법원에 최초로 출두하는 경우는 물론 이후의 절차로 치안법원이나 왕립형사법원에 출두하는 때로부터 유죄판결이나 무죄판결을 받을 때까지 피고인은 보석권을 갖는다.

또한 유죄판결 이후 형을 선고받기 전에 법원이 양형자료를 받아보기 위하여 휴정을 하는 기간에도 피고인의 보석권은 인정된다. 마찬가지로 치안법원이나 왕립형사법원의 보석불허결정에 대하여 왕립형사법원이나 고등법원에 항고를 한 경우에도 이 권리를 주장할 수 있다.

그러나 다음의 경우에는 보석권이 인정되지 않는다.

① 구금담당경찰관이 구금된 피의자를 고발한 후 그에 대한 보석 여부를 검토할 때,
② 피고인에 대한 약식재판에서 유죄인정을 한 치안판사가 판결의 선고를 위하여 피고인을 왕립형사법원으로 이송할 때,
③ 피고인이 치안법원이나 왕립형사법원에서 유죄인정과 그에 따른 형을 선고받고 그러한 유죄 인정이나 판결에 대하여 항소한 때.

피고인에 대하여 보석권이 인정되지 않는 경우에도 경찰이나 법원은 독자적인 판단에 따라 피고인에게 보석을 허가할 수 있다. 다만 이러한 경우에는 Bail Act(제 4 조)에서 규정하고 있는 법률상의 추정은 인정되지 않는다.

2) 보석이 인정되지 않는 경우

Bail Act(제 4 조)에 의하여 피고인에 대한 보석권이 인정되는 경우에도 징역형에 처해질 수 있는 범죄로 고발된 피고인에 대하여는 일정한 경우 보석이 불허될 수 있다.[10] 그러한 경우로는,

① 피고인이 석방되는 경우 다음의 사정이 일어날 것이라고 믿을만한 상당한 이유가 있는 때,
  i) 지정된 기일에 구금 상태로 돌아오지 않을 사정,
  ii) 보석으로 석방된 상태에서 범죄를 범할 사정,
  iii) 증인에게 영향력을 미치거나 그 자신이나 다른 사람과 관련하여 형사절차의 진행을 방해할 사정.
② 고발된 범죄가 정식기소에 의해서만 처리가 가능한 범죄이거나, 약식재판 또는 정식기소가 가능한 범죄이고 피고인이 다른 사건으로 보석결정을 받아 석방된 상태에서 이 범죄를 범한 때,
③ 피고인 자신의 보호를 위하여 또는 피고인이 소년인 경우 그 자신의 복지를 위하여 구금 상태를 유지하는 것이 상당하다고 인정되는 때,
④ 이미 피고인이 징역형을 복역하고 있는 때,

10) Bail Act 1976, sched. 1,

⑤ 형사절차가 시작된 이래 시간이 촉박하여 위 ①-③의 사정이 있는지 여부를 결정하기 위한 자료를 수집하지 못한 때,

⑥ 이미 같은 형사절차에서 보석으로 석방되었다가 도주 등으로 인한 보석조건위반으로 구속된 때.

피고인이 유죄판결을 받고 양형자료를 받아보기 위하여 휴정한 단계에 있어서는 보석을 불허할 수 있는 다른 이유가 있을 수 있다. 즉, 피고인의 구금상태를 유지하여야 양형자료를 얻을 수 있는 경우이다.

예컨대, 법원이 피고인에 대한 신체검사결과보고(medical report)를 명하였지만 피고인의 상태로 보아 자발적으로 병원을 찾아가 신체검사를 받을 것으로 보이지 않는 경우이다. 이때 법원은 피고인을 계속하여 구금하게 되며 구금상태에서 피고인을 정신병원으로 보내기도 한다.

3) 징역형 이외의 범죄에 보석이 인정되지 않는 경우

징역형이 규정되어 있지 않은 범죄로 소추된 피고인에 대하여도 예외적으로 보석이 인정되지 않는 경우가 있다.[11] 즉, 피고인 자신의 보호를 위하여 구금 상태를 계속 유지하는 것이 필요한 경우, 피고인이 이미 징역형을 복역하고 있는 경우, 보석으로 석방되고 난 후 도망 등의 이유로 체포된 경우에는 보석이 인정되지 않을 수 있다.

하지만 징역형 이외의 벌금 등에 해당하는 범죄로 소추된 피고인에게 보석이 인정되지 않는 경우는 거의 없다.

4) 구속기간의 제한

Common Law에서는 본래 피고인의 구속기간에 관한 특별한 제한이 없었다. 그러나 1985년 제정된 Prosecution of Offences Act(제22조)는 최장 구금기간에 관한 제한 규정을 두고 있다. 그 기간은 다음과 같다.

① 치안법원의 첫 출석으로부터 회부절차까지는 70일,

② 어느 쪽으로도 재판이 가능한 범죄로 소추된 경우 첫 법원 출석으로부터 약식재판까지는 70일,

③ 첫 법원 출석으로부터 약식범죄에 대한 재판까지는 56일,

11) Bail Act 1976, sch. 1, part 2.

④ 정식재판 회부로부터 기소인부까지는 112일,

⑤ 1998년 제정된 Crime and Disorder Act(제51조)에 의하여 재판(정식기소로만 재판이 가능한 범죄에 대한 재판)에 회부된 때로부터 재판시작까지는 182일.

피고인에 대한 재판이 계속되는 도중 법에서 정한 구속기간이 만료되었다고 하여 피고인이 즉시 석방되는 것은 아니다. 그러나 소추인 측에서 정해진 구속기간을 지키지 못한 경우 피고인의 보석권에 관하여 특별한 규정이 적용된다. 즉, 구속기간이 만료된 경우 1976년 제정된 Bail Act(별표 1)에 규정되어 있는 피고인의 보석권에 대한 예외규정은 더 이상 적용되지 않는다.[12] 따라서 피고인은 절대적인 보석권을 갖게 된다.

나아가 법원은 보석을 허가하면서 보석보증금을 납입하게 하거나 보증인을 세우도록 할 수 없고 보석에 따르는 준수사항을 부과할 수 없다. 다만 법원은 석방 후 지켜야 할 사항으로서 야간통행금지나 일정한 주거에 거주할 것 등의 조건은 부과할 수 있다. 이러한 이유로 소추인 측에서는 구금기간을 준수하기 위하여 최선을 다하게 되지만 그럼에도 불구하고 구금기간을 지키지 못하는 경우에는 구금기간의 연장을 신청할 수 있다.

구금기간의 연장신청은 구금기간이 만료되기 전에 하여야 한다. 구금기간을 연장함에는 1985년 제정된 Prosecution of Offences Act(제22(3)조)에 규정되어 있는 기준이 적용된다. 그 기준은 다음과 같다. 즉,

① 기간연장의 이유가,

i) 피고인, 필요한 증인, 판사 또는 치안판사의 병환이나 부재이거나,

ii) 2인 이상의 피고인이나 2개 이상의 범죄에 관하여 법원이 분리 재판을 명한 때,

iii) 그 이외 다른 상당하거나 충분한 이유가 있는 때에

② 소추인 측이 필요한 모든 노력을 다한 것이 입증될 때 법원은 연장신청을 받아 준다.

12) Prosecution of Offences (Custody Time-Limits) Regulations 1987, reg 8.

라. 보석과 준수사항의 부과

피고인은 아무런 조건 없이 보석을 허가받을 수 있다. 이 경우 피고인은 보석보증금을 납부할 필요가 없고 석방된 이후에도 그에게 부과되는 유일한 의무는 지정된 일시에 지정된 장소에 출석하여 다시 구금상태로 돌아가는 것 뿐이다.

하지만 법원이나 경찰은 피고인에게 일정한 조건이나 준수사항을 부과하고 보석을 허가 할 수 있다.[13)] 보석에 부과되는 가장 일반적인 조건은 보증인을 세우는 것이다. 체포된 자를 경찰서에서 보석으로 석방하는 경우 경찰이나 법원은 피고인의 출석을 보증하기 위하여 보증인을 요구할 수 있다.

보증인은 피고인이 정해진 기일에 지정된 장소에 출석하지 않는 경우 일정액의 금전을 지급하게 된다. 보증인이 보증인으로서 부담하게 되는 것을 보석보증금(recognizance)이라 부른다. 피고인이 도망한 경우 보증인은 그가 보증한 금액의 전부 또는 일부의 납부명령을 받게 된다. 보석보증금의 납부명령을 받은 보증인은 벌금형을 선고받은 자와 마찬가지로 처리되며 따라서 자력조사가 따르게 되고 궁극적으로 교도소에 유치될 수 있다.

보석을 허가함에 있어 경찰이나 법원은 보증인의 수와 보석보증금을 정하여야 하고 일정한 수의 보증인이 일정 금액의 보증금에 대한 보증을 할 때까지 피고인은 석방되지 않는다. 피고인이 보증인을 구하지 못하는 경우 법원에 보증인의 변경이나 보증인 없이 보석을 허가하여 달라고 청구할 수 있다.

성년 피고인의 보석에 있어 보증인이 보증을 하는 것은 피고인의 법정출석이다. 따라서 다른 의무 예컨대, 피고인이 다른 범죄를 범하지 않도록 보증하는 것은 보증인의 보증의무가 될 수 없다. 하지만 치안법원에서는 보증인에게 피고인의 선행을 보증(sureties for good behaviour)하도록 요구하는 관행이 있다. 이 권한은 Bail Act에는 근거가 없고 보통 1361년 그리고 1968년 제정된 Justices of the Peace Act에 근거한 선행보증(bind over)에 관한 치안법원의 일반적인 권한에서 그 근거를 찾고 있다.

그러나 미성년자의 보석에 있어서는 다른 조건을 붙일 수 있다. 즉, 피고인이 미성년자인 경우 법원은 그의 부모나 보호자에게 미성년자에게 부과되는

---

13) Bail Act 1976, s. 3.

보석조건을 미성년자가 준수하는 것을 보증하도록 명할 수 있다.[14] 따라서 미성년자에게 보석을 허가하는 경우 보증인에게 신행보증을 요구하는 것이 통상의 예이다. 다만 이 경우 보석보증금의 금액은 50파운드로 제한되어 있다.

보증인을 세우는 경우 피고인석방의 전제조건으로 보증인이나 피고인이 보석보증금을 미리 납부하여야 하는 것은 아니다. 그러나 피고인에게 보석보증금을 요구하는 경우는 그렇지 않다. 이 경우에는 피고인 또는 다른 사람이 피고인의 이익을 위하여 미리 보증금을 납부하여야 하고 피고인이 도망하는 경우 이 보증금은 몰수된다.

법원은 피고인에게 보증인을 세우게 하거나 보석보증금을 미리 납부하게 하는 이외에 출석을 담보하기 위하여 또는 보석으로 석방되고 난 후 다른 범죄를 범하지 않도록 하거나 혹은 증인을 해하지 못하도록 하는 데 필요한 다른 조건을 부과할 수 있다. 그에 따라 피고인의 변호인과 상의하도록 하는 조건을 부과할 수 있음은 물론 경찰에 매주 보고서의 제출, 일정한 장소에 거주, 여권의 반납, 야간통행금지나 주소변경의 경우 신고 등의 조건도 부과할 수 있다. 마찬가지로 범죄 목격자와 접촉을 하지 못하게 하거나 피해자의 주거지역 부근에 가지 못하게 하는 조건도 부과할 수 있다.

마. 치안법원에서의 보석청구절차

대부분의 보석청구는 치안법원에서 이루어진다. 통상 치안판사가 피고인이나 그의 변호인에게 보석청구여부를 물어보고 검사(Crown Prosecutor)나 CPS의 대리인에게 보석에 이의가 있는지를 확인한다.

보석을 허가하거나 불허하는 것은 법원이 결정할 일이고 양 당사자 사이의 묵시적인 합의에 의해 결정되는 것은 아니지만 보석청구에 소추인의 이의가 없다면 법원이 보석을 불허할 이유가 없고 반대로 피고인의 보석신청이 없는 경우 구속을 계속할 만한 충분한 이유가 있다고 볼 가능성이 많아진다.

CPS의 대리인이 보석에 이의를 제기하는 경우 그 반대이유를 제시하게 된다. 경찰이 법정에 출석하여 보석에 반대의견을 제시하는 경우는 거의 없지만 경찰은 보석을 반대하는 경우 CPS에 송부하는 기록에 어떠한 이유로 보석이 허용되어서는 안 되는지 그 이유를 적어 보내게 된다.

---

14) Bail Act 1976, s. 3(7).

보통 보석을 반대하는 이유로 제시되는 것은 범죄의 중대성, 피고인의 전과로 인해 유죄가 인정되는 경우 징역형의 가능성이 있다는 것, 피고인이 다른 범죄로 보석을 허가받아 불구속 상태에서 재판을 받는 과정에서 이 사건 범죄를 저질렀다는 것, 피고인이 이전에 보석을 허가받은 뒤 법정에 출석하지 않아 처벌받은 전과가 있다는 것 그리고 피고인이 소추인 측 증인을 알고 있어 석방되는 경우 그에게 영향을 미칠 수 있다는 사유 등이다.

전과 관계를 법원에 제출함에 있어서는 그 요지만을 제출하고 전과범죄사실을 구체적으로 제시하지는 않는다.

소추인 측의 보석을 반대하는 이유가 제시되면 피고인의 변호인은 그 반대이유를 배척할 수 있는 이유를 제시하게 된다.

변호인은 사안이 중한 경우에도 피고인이 확실한 주거를 갖고 있고 사회적 유대관계가 견고하기 때문에 도망할 가능성이 없다고 주장할 수 있다. 보증을 설 사람이 있는 경우에는 그들을 법정에 불러 피고인을 위해 보증금을 납부할 그들의 능력을 보여주는 것도 도움이 될 수 있다. 보증인이 확실할수록 보석이 허가될 가능성은 그만큼 더 높아진다.

소추인 측이 처음부터 경찰관을 법정에 나오게 하는 일은 드문 일이지만 법원은 경우에 따라 수사담당자를 소환하여 범죄의 성격과 증거의 강도를 설명하도록 할 수 있다. 보석을 반대하는 이유 중 하나가 고발되어 있는 범죄보다 더 중한 범죄를 수사하고 있고 그 범죄를 고발할 가능성이 있는 경우 그 수사내용을 개략적으로 설명하게 할 수 있다.

보석에 대한 양 당사자의 의견을 듣고 증인이 있는 경우 증인의 증언을 청취한 후 치안판사는 보석에 관한 결정을 한다. 하지만 법원의 보석을 위한 심문절차는 졸속으로 진행된다는 비판을 받고 있다.

사건이 폭주하는 런던 소재 치안법원에서 이루어지는 피고인에 대한 보석 심문절차는 평균 6분이 걸린다고 한다. 이러한 이유로 대법관 Auld는 모든 법원의 치안판사나 판사는 보석심문절차에 더 많은 시간을 할애하여야 한다고 권고하고 있다.[15)]

치안판사나 법원은 일종의 보석권을 갖고 있는 피고인에 대한 보석을 불허하는 경우에는 그 이유를 명시해 주어야 한다.

---

15) Auld Report pp. 428-430.

1) 반복적인 보석청구의 문제

과거에는 회부절차나 약식재판 이전에 피고인을 구금할 수 있는 기간은 8일을 초과할 수 없다는 원칙에 따라 피고인은 매주 법원에 소환되었고 그 때마다 피고인은 다시 보석청구를 할 수 있었다. 마찬가지로 여러 차례의 심문절차가 계속될 때마다 피고인은 계속하여 보석청구를 할 수 있었고 법원은 인내심을 갖고 이를 모두 들어 주어야 했다.

법원은 이러한 절차의 반복을 피하기 위해 새로운 장치를 고안했다. 즉, 고등법원은 치안법원이 보석을 불허하는 결정을 하였다면 이 결정은 기결사항(res judicata)으로 인정되고 따라서 피고인은 이전에 제출하지 못한 새로운 주장을 하기 전에는 다시 보석청구를 할 수 없도록 했다.16)

2) 보증인의 보증

보증인을 세우는 조건으로 보석이 허가된 경우에는 보증인은 법정에 출석하여 치안판사의 면전에서 보증을 하여야 한다. 보증인을 선택함에 있어서는 보증인의 자력, 성격, 전과 관계 그리고 피고인과의 관계를 고려하여 결정한다. 보증인이 정식으로 보석보증에 동의하기 이전에 보증인에게 보증의무의 성질과 피고인이 도망하는 경우 그에게 미칠 영향 등에 관하여 설명해 주는 것이 관행이다.

보석허가결정을 함에 있어서 보증인이 법정에 출석하지 못한 경우에는 이후 치안판사나 치안법원의 서기 또는 경감(inspector) 이상의 경찰관이나 교도소장의 면전에서 보증인이 보증을 하게 된다.

보증인이 보증을 서고자 함에도 치안판사 등이 보증인의 자격을 문제 삼아 보증받기를 거부하는 경우 보증인은 법원에 보증을 받아 달라고 청구할 수 있다. 이론적으로 보석은 기일마다 다시 허가되는 것이므로 보증인은 보석결정이 날 때마다 다시 보증을 서게 되지만 이러한 불편을 해소하기 위하여 치안판사는 연속적 효력이 있는 보증을 서게 할 수 있다.

3) 보석결정의 기록과 이유 고지

1976년 Bail Act(제 5 조)는 보석결정에 따르는 행정적인 절차들을 규정하고 있다.

16) Nottingham Justices ex p Davics [1981] QB 38.

① 법원이나 경찰이 보석을 허가하는 경우 그리고 법원이 보석권을 갖고 있는 피고인에 대하여 보석을 허가하지 않는 경우 그에 대한 결정문을 작성하여야 하고 피고인이 요청하는 경우 피고인에게 결정문의 사본을 교부한다.

② 치안법원이나 왕립형사법원이 보석권을 갖고 있는 피고인에 대하여 보석을 허가하지 않거나 조건을 달아 보석을 허가하는 경우 그 이유를 고지하여야 한다. 피고인은 그 이유를 참작하여 다른 법원에 다시 보석청구를 할 것인지 여부를 결정한다. 서면으로 이유를 작성하여야 하고 그 사본을 피고인에게 교부한다.

③ 변호인이 없는 피고인에게 보석을 불허하는 결정을 하는 치안법원의 판사는 피고인에게 고등법원이나 왕립형사법원에 다시 보석청구를 할 수 있는 권리가 있음을 고지하여야 한다.

④ 치안법원이 피고인에 대한 보석청구를 충분히 심리한 후 보석을 불허하고 피고인을 구금상태로 돌려보낸 경우 치안판사는 피고인의 주장을 모두 들어 보았다는 것을 확인하는 증명서를 발부한다. 보석청구에 대한 심리가 첫 번째 또는 두 번째 심리가 아닌 경우에는 어떠한 사정변경으로 다시 보석청구에 대하여 심리하게 되었는지를 증명서에 기재하여야 하고 피고인에게 증명서의 사본을 교부한다.

4) 보석조건의 변경

보석이 허가된 경우 소추인이나 피고인은 보석조건의 변경을 청구할 수 있고, 보석이 아무 조건 없이 허가된 경우에는 소추인이 보석에 조건을 붙여 달라고 청구할 수 있다.[17] 피고인이 재판을 위하여 또는 판결의 선고를 위하여 왕립형사법원의 재판에 회부된 경우 이러한 변경신청은 치안법원과 왕립형사법원 어느 곳에서도 할 수 있다.

법원이 보석조건을 변경하거나 새로이 조건을 부과하는 경우 그 결정문을 작성하여야 한다. 피고인이 보석권을 갖고 있는 경우라면 그 이유도 서면으로 작성하여야 하고 피고인에게 그 사본을 교부해 주어야 한다.[18]

---

17) Bail Act 1976, s. 3(8).
18) Bail Act 1976, s. 5.

다음 출석기일을 정하여 피고인을 보석으로 석방한 경우 법원은 필요한 경우 기일을 연기하여 정할 수 있다. 이 때 보증인의 보증내용도 동일하게 변경된다. 다음 기일을 정하였지만 업무의 폭주로 기일에 재판을 할 수 없는 경우 이러한 조치는 매우 편리한 방편이 된다. 보석으로 석방되거나 구금 상태에 있는 피고인이 사고나 질병 등의 사유로 정해진 기일에 법정에 출석할 수 없는 때에는 피고인의 불출석상태에서 다시 피고인의 보석을 허가하거나 구금상태를 계속 유지할 수 있지만 그 구속기간은 8일을 초과하지 못한다.[19)]

5) 새로운 자료에 의한 보석의 재검토

보석결정을 하고 난 후 보석과 관련한 새로운 자료가 나타날 수 있다. 이 경우 법원은 소추인의 신청으로 보석과 관련한 모든 문제들을 다시 검토할 수 있다.[20)] 이 규정은 기소에 의해서만 재판이 가능한 범죄와 어느 쪽으로도 재판이 가능한 범죄의 경우에만 적용된다. 이 청구는 보석결정에 있어서 나타나지 않았던 새로운 자료가 나타난 때에만 가능하다.

청구를 받아들이는 경우 보석조건을 변경하거나 새로운 조선을 부과할 수 있고 경우에 따라 피고인을 구금할 수 있다. 청구를 받은 법원은 청구사실을 피고인에게 고지한 경우 피고인의 불출석 상태에서 이를 심리할 수 있다.

바. 고등법원과 왕립형사법원의 보석청구절차

치안법원이 보석불허결정을 하는 경우나 조건을 붙여 보석을 허가한 경우 피고인은 고등법원과 왕립형사법원에 다시 보석청구를 할 수 있다. 청구를 받은 법원은 보석을 허가할 수 있고 보석조건을 변경할 수 있다.[21)]

왕립형사법원은 다음의 경우 치안법원에서 보석이 거부된 피고인에게 보석을 허가할 수 있다.

① 치안법원이 휴정하며 피고인을 구금 상태로 돌려보내고(회부절차나 약식재판 전 혹은 유죄 이후 판결 선고 전에) 그리고 구금 상태를 유지하는 결정을 함에 있어 피고인의 보석청구에 관해 충분히 심리한 경우,

---

19) Magistrates' Courts Act 1980, s. 129(1).

20) Bail Act 1976, s. 5B. 이 규정은 Criminal Justice and Public Order Act 1994에 의하여 추가되었다.

21) Criminal Justice Act 1967, s. 27.

② 치안법원이 피고인을 재판을 위해 또는 판결의 선고를 위해 왕립형사법원으로 이송한 때,

③ 치안법원에서 약식으로 재판을 하여 피고인에게 구금형을 선고한 데 대하여 피고인이 왕립형사법원에 항소한 때.[22]

따라서 치안법원에서 보석이 인정되지 않은 대부분의 피고인은 고등법원이나 왕립형사법원에 다시 보석청구를 할 수 있고 이 두 법원에 모두 보석청구를 할 수도 있다. 또한 피고인의 보석청구에 대하여 충분한 심리가 있었는지의 여부에 대한 논쟁을 피하기 위하여 치안법원은 보석청구에 관하여 충분한 심리를 하였다는 증명서를 발급하여야 한다. 실무상 피고인의 입장에서는 고등법원에 보석을 청구하는 것보다 왕립형사법원에 보석을 청구하는 것이 훨씬 더 유리하다고 한다. 다만 왕립형사법원은 치안법원에서 피고인에 대한 보석이 불허된 경우에 보석을 허가하는 권한만을 갖고 있는 데 반하여 고등법원판사는 치안법원이 부과한 보석조건에 대한 변경도 할 수 있다.

1) 고등법원에서의 보석청구

고등법원에 보석청구를 할 때에는 고등법원의 단독 판사에게 청구를 한다. 보석청구에 따라 소추인 측에 소환장(summons)이 발부되고 소환장은 늦어도 24시간 이내에 소추인 측에 제공되며 소환장에는 보석청구의 근거를 명시한 선서진술서(affidavit)가 첨부되어 있어야 한다. 소환장을 통하여 보석청구의 상대방 즉, 소추인 측에 왜 보석이 허용되어서는 안 되는지 또는 보석조건의 변경을 청구한 경우에 왜 조건의 변경이 허용되어서는 안 되는지 그 이유를 제시할 것을 요구한다.

2) 왕립형사법원에서의 보석청구

치안법원에서 보석이 허용되지 않은 피고인은 통상 왕립형사법원에 다시 보석청구를 한다. 고등법원에 보석청구를 하는 것보다 왕립형사법원에 보석청구를 하는 것이 편리한 이유는 피고인에게 국선변호인이 인정된 경우 국선변호인은 왕립형사법원에서의 보석청구도 맡아하기 때문이다. 왕립형사법원에서의 보석청구사건은 순회판사(circuit judge)나 임시직 판사(recorder)가 맡아 심리한다.

22) Supreme Court Act 1981, s. 81.

피고인이 고등법원에 보석청구를 하였다가 기각된 경우는 그 사실이 왕립형사법원에 통보되지만 왕립형사법원의 보석심리에 영향을 미치지는 않는다. 또한 고등법원판사도 피고인이 왕립형사법원에 보석을 청구한 것과 관계없이 보석에 대한 결정을 할 수 있다. 즉, 고등법원과 왕립형사법원의 보석에 대한 관할권은 서로 구별되고 독립적으로 행사된다.

왕립형사법원의 보석청구절차는 판사가 피고인의 보석청구의 의도를 서면으로 소추인에게 알리는 방식으로 한다. 통보는 적어도 보석을 심리하기 24시간 이전에 한다. 통보를 받은 소추인은 보석에 반대를 하지 않는다는 통보를 하거나 보석에 반대하는 이유를 서면으로 제출할 수 있고 또한 보석청구에 대한 심리에 참석한다는 통보를 할 수 있다. 보석에 반대하는 이유의 사본은 피고인에게도 제공된다.

피고인은 허가를 받아 보석청구에 대한 심리에 참석할 수 있지만 참석할 권리가 있는 것은 아니다.

3) 보석에 대한 소추인의 항고

1993년 제정된 Bail Act는 치안법원의 보석결정에 대하여 소추인이 왕립형사법원에 즉시항고를 제기할 수 있다고 규정하고 있다. 다만 소추인이 항고를 제기할 수 있는 것은 다음의 경우로 제한된다. 즉,

① 피고인이 5년 이상의 징역형에 처해질 수 있는 범죄나 운송수단을 탈취한 범죄 또는 가중차량절도죄로 소추되거나 유죄인정을 받고,
② 소추는 검사 또는 법령상 권한 있는 자에 의하여 수행되었으며,
③ 보석결정에 관한 심리에 소추인이 참석한 때에 항고할 수 있다.

이러한 항고사건에 대한 심리는 통상의 보석결정에 관한 심리와 동일하게 이루어진다. 왕립형사법원판사는 피고인에게 보석을 허가하지 않고 계속 구금하거나 보석으로 석방할 수 있으며 보석의 경우 조건을 부과할 수 있다.

보석결정에 대한 항고는 새로운 자료에 의한 보석의 재검토와는 구별된다. 보석의 재검토는 보석결정 이후 어느 정도 시간이 경과되어서 이루어지는 것이지만 항고는 보석결정에 대하여 즉시 하는 것이다. 또한 그 발동요건도 상이하다. 결정적으로 다른 것은 과거 우리나라에서 인정되었던 보석에 대한 즉시

항고와 같이 항고의 경우 그에 대한 심리가 끝날 때까지 피고인이 석방되지 않고 구금 상태에 그대로 있게 된다는 점이다.[23)]

항고권의 행사가 피고인에게 가혹하다는 점에서 CPS는 검사의 항고권행사에 대한 기준을 제시하고 있다. 우선 항고권행사의 횟수는 최소한에 그쳐야 하고 항고권을 행사함에 있어서 가급적 4년 이상의 경력이 있는 검사에 의한 사전 승인을 받도록 하고 있다.

항고권을 행사할 것인지를 결정함에 있어서 중요한 요소로 보는 것은 피해자에 대하여 가해질 위험성(특히 무기를 사용한 범죄인 경우), 범인식별이 제대로 되지 않는 경우나 사회적 유대가 부족한지 여부(특히 테러범이나 마약밀거래범죄의 경우), 피고인이 도주할 가능성 등이다.

사. 피고인의 도망

보석으로 석방된 피고인이 지정된 일시, 장소에 출석하여 다시 구속 상태로 돌아가지 않는(failing to surrender to custody) 경우 법원이 고려해 보아야 할 문제는 3가지가 된다. 먼저 어떤 방법으로 법정에 출석하지 않는 피고인의 법정출석을 확보할 수 있는지가 그 하나이고 다음으로 보석규정에 위반한 피고인을 어떻게 처리할 것인지 그리고 보증을 위반한 보증인에 대하여 어떠한 조치를 취할 것인지의 문제이다.

여기에서 surrender to custody라는 것은 절차의 내용에 관계없이 법원이 보석규정에 부합하는 것이라고 보는 절차에 따르는 것을 말한다. 예컨대, 법원이 보석으로 석방된 자가 법원에 출석한 때에 법원정리에게 그의 출석사실을 보고하고 그의 사건이 시작될 때 까지 법원 경내에서 대기하는 절차를 운용하는 경우라면 법원에 출석하여 법원정리에게 보고함으로써 surrender to custody의 절차는 이행된 것으로 본다.

따라서 정리에게 보고한 후 경내에서 대기하던 중 도망한 경우에는 Bail Act(제6조)에 의한 도망이라고 볼 수 없다.[24)]

---

23) 우리나라에서는 헌법재판소의 위헌결정으로 폐지된 보석결정에 대한 검사의 즉시항고권이 영국의 형사소송에서 인정되고 있다는 것은 주목할 만한 일이다. 영국에서 즉시항고에 관한 법이 시행된 후 3개월 동안 보석결정에 대한 50건의 즉시항고가 있었고 그 중 34건이 받아들여졌다.

24) DPP v. Richards [1988] QB 701.

1) 도망한 경우의 조치

보식으로 석방뇐 피고인이 법정에 출석하지 않는 경우 법원은 피고인에 대한 체포영장을 발부할 수 있다.[25] 이를 bench warrant라 부른다. 물론 이 경우 법원은 다시 보석을 허가할 수 있지만 도주의 위험을 또 다시 부담하지 않는 것이 보통이다. 피고인이 일단 법정에 출석하였다가 사건의 심리전에 도주한 경우에도 법원은 체포영장을 발부할 수 있다.[26]

영장 없이 체포된 피고인이 지정된 일시에 경찰서에 출석하기로 하고 보석으로 석방된 후 경찰서에 출석하지 않은 경우 Bail Act(제 7 조)는 적용되지 않지만 경찰은 피고인을 영장 없이 다시 체포할 수 있다.[27]

경찰관은 보석규정의 위반을 방지하기 위해 지정된 일시에 출석하지 않을 것이라고 믿을 만한 상당한 이유가 있는 때에는 보석으로 석방된 자를 영장 없이 체포할 수 있다.[28] 이 규정은 피고인이 지정된 일시에 법정에 출석하기로 되어 있는 경우에만 적용된다.

경칠관은 또한 상낭한 이유가 있는 경우 보석조건을 위반했다고 의심이 되는 피고인 그리고 위반할 것으로 보이는 피고인을 체포할 수 있다. 예컨대, 피고인이 경찰서에 일정한 사항을 보고하도록 되어 있음에도 그러한 보석조건을 이행하지 않은 경우에는 영장 없이 피고인을 체포할 수 있다. 또한 보증인이 서면으로 경찰에 피고인이 지정된 일시에 출석하지 않을 것으로 보이고 따라서 보증인은 그의 보증 책임을 면하고자 한다는 사실을 통보하면 피고인은 체포될 수 있다.

이러한 이유로 체포된 피고인은 가능한 한 빨리 그리고 적어도 24시간 이내에 치안판사에게 인치되어야 한다. 치안판사는 피고인이 보석조건을 위배하였거나 위배할 것으로 보이는 경우, 또는 지정된 일시에 출석하지 않을 것으로 보이는 경우에는 구금을 하거나 더 엄한 보석조건을 붙일 수 있다. 그렇지 아니한 경우에는 종전의 보석조건에 따라 그를 석방한다.

---

25) Bail Act 1976, s. 7(1).
26) Bail Act 1976, s. 7(2).
27) PACE, s. 46A).
28) Bail Act 1976, s. 7(3).

2) 도주죄의 성립

1976년 이전까지 보석과 관련한 실무관행은 보석으로 석방된 피고인은 보석결정을 한 법원에 지정된 일시에 출석할 것을 그 자신이 보증하는 것이었다. 만일 피고인이 지정된 일시에 출석하지 않는 경우 보증인과 마찬가지로 그의 보증금을 몰수당하는 것이 일반적이었다.

그러나 1976년 Bail Act(제3(2)조)는 피고인에게 보증인을 세우라고 요구할 수 있지만 피고인 자신의 보증을 담보로 보석결정을 하는 것은 인정하지 않고 있다. 다만 피고인의 출석을 담보하기 위해 보석에 위반하여 피고인이 출석하지 않는 경우 보증인 뿐 아니라 피고인에게도 엄한 형사책임을 추궁하고 있다.

즉, 도주죄(offence of absconding)라는 새로운 범죄를 규정한 것이다.

"형사소송절차에서 보석으로 석방된 자가 상당한 이유 없이 출석하여 구금 상태로 돌아오지 않는 것은 범죄행위이다."[29)]

마찬가지로 상당한 이유가 있어 지정된 일시에 출석을 하지 않은 자가 출석 가능한 상황이 되었음에도 출석하지 않는 것도 범죄행위가 된다. 또한 피고인이 보석으로 석방된 그 형사절차에서 무죄판결을 받는다 하여도 이 범죄의 성립에는 영향이 없다.

도주죄의 처벌은 3가지 유형에 따른다. 우선 치안법원에서 도주죄로 약식재판을 하여 6월 이하의 징역 또는 5,000파운드의 벌금에 처하거나 징역형과 벌금형을 병과할 수 있다. 치안법원에서 피고인을 약식으로 재판할 수 있는 경우는 보석으로 석방된 피고인이 치안법원의 재판에 출석하지 않은 때에만 가능하다.

다음으로 도주죄로 약식재판을 하여 유죄인정을 한 후 다음과 같은 경우에는 판결의 선고를 위하여 피고인을 왕립형사법원으로 이송할 수 있다.

① 치안법원이 선고할 수 있는 형벌의 범위 내에서는 피고인에게 적정한 형벌을 과할 수 없다고 판단되는 때,

29) Bail Act 1976, s. 6(1).

② 피고인을 다른 기소가능범죄로 왕립형사법원의 재판에 회부하게 되어 왕립형사법원이 도주죄와 다른 범죄에 대하여 함께 판결을 선고하는 것이 상당하다고 보이는 때.

이 경우 왕립형사법원이 도주죄에 대하여 선고할 수 있는 형은 1년 이하의 징역이나 금액의 제한이 없는 벌금형 또는 양자의 병과이다.

마지막으로 보석에 위반하여 왕립형사법원에 출석하지 않은 때에는 왕립형사법원에서 법정모욕의 경우와 동일하게 처리한다. 다시 말해 이 경우 왕립형사법원은 배심원 없이 재판할 수 있다. 판사는 공정한 재판을 받을 피고인의 권리를 침해하지 않는 범위 내에서 어떠한 절차나 증거도 취할 수 있는 등 통상의 재판과는 달리 엄격한 증거법이나 법률에 의해 요구되는 격식에 구애됨이 없이 재판할 수 있다. 이 재판에서 피고인의 유죄가 인정되는 경우 치안법원에서 도주죄로 약식재판을 받고 판결의 선고를 위하여 형사법원에 이송된 경우와 동일한 범위내의 형벌을 과할 수 있다.

3) 보증금의 징수

보증인을 세우고 보석으로 석방된 피고인이 출석하지 않고 도주한 경우 피고인이 출석하기로 되어 있던 법원은 다음의 조치를 할 수 있다.

① 보증인에게 보증금을 납입하라고 명할 수 있고,
② 보증인을 법정에 출석시켜 보증금납부를 거부할 이유가 있는지 여부를 알아볼 수 있다.

이후 법원은 보증인에 대한 자력조사를 하고 피고인의 불출석에 보증인이 어느 정도 책임을 져야 하는지를 알아본다.

특히 피고인이 도주우려가 있다고 의심되는 때 보증인이 이 사실을 서면으로 경찰에 통보하고 면책을 구하였는지 여부를 확인하여야 한다. 이러한 절차를 거치지 않고 보증금납부명령을 한 경우 명령은 파기된다.

2. 재판의 종류

가. 범죄의 분류

영국에서 모든 범죄는 기본적으로 약식범죄(summary offence)와 기소가능범죄(indictable offence)로 분류된다. 약식범죄는 Common Law에서 말하는 경죄(misdemeanor)와 비슷한 범죄로서 치안법원의 약식재판으로만 처리되는 것이고 기소가능범죄는 기소(indictment)에 의하여 왕립형사법원(the Crown Court)의 재판을 받을 수 있는 범죄를 말한다.

기소가능범죄에는 기소를 통해 왕립형사법원에서만 재판할 수 있는 범죄가 있고(offence triable only on indictment) 구체적 사안에 따라 약식재판과 정식재판이 모두 가능한 범죄가 있다. 치안법원의 약식재판과 왕립형사법원의 정식재판이 모두 가능한 범죄를 어느 쪽으로도 재판이 가능한 범죄(offence triable either way)[30]라고 부른다.

1) 약식범죄

약식범죄는 모두 법률에 의하여 규정되어 있는 제정법상의 범죄이다.[31] Common Law의 경죄와 같이 대부분의 사소한 범죄가 약식범죄에 해당하지만 아주 사소한 범죄만이 약식범죄가 되는 것은 아니다. 쓰레기무단투기행위, TV 시청료미납행위, 식용에 부적절한 음식물을 판매하는 행위, 공장기계에 대한 안전조치위반행위, 기차무임탑승행위, 도로교통법위반행위 즉, 부주의한 운전, 과속운전, 신호위반, 흠 있는 브레이크나 타이어로 운행한 경우, 사고사실의 미신고 그리고 보험미가입 등과 같은 사소한 범죄가 약식범죄에 해당한다.

상당히 중한 범죄임에도 약식범죄인 것은 직무집행 중인 경찰관에 대한 폭행과 협박, 음주운전 등이고 기소가능범죄였지만 약식범죄로 변경된 것은 자동차무면허운전, 자동차무단사용 그리고 폭행 등이다.[32]

---

30) 1978년 제정된 Interpretation Act(Sch 1)는 범죄를 summary offence, indictable offence 그리고 offences triable either way로 분류하고 있다.

31) 약식재판에서 선고할 수 있는 최고형만을 법률에 규정하고, 기소에 의하여 형사법원에서 유죄판결을 받는 경우에 선고할 수 있는 더 중한 형벌을 규정하고 있지 않는 범죄는 약식범죄이다.

32) Criminal Justice Act 1988, ss. 37, 39.

2) 기소가능 범죄

Common Law상의 모든 범죄 즉, 모살, 고살, 절도, 강간, 사기 등은 기소가능범죄가 된다. 제정법상 기소가능범죄가 되는 경우는 범죄를 규정하고 있는 법률이 처벌조항으로서 기소(indictment)에 의하여 왕립형사법원에서 과할 수 있는 형을 규정하고 있는 범죄이다.[33)]

제정법상의 범죄에 대하여 처벌규정이 2개로 나뉘어져 있는 경우가 있다. 즉, 하나는 약식재판에 의하여 부과될 수 있는 형벌을 규정하고 나머지 하나는 기소에 의한 정식재판에 의하여 부과될 수 있는 형벌을 규정하고 있는 경우이다.

예컨대, 위험한 운전(dangerous driving)의 경우 약식재판에 의하여 6개월 이하의 징역형이나 5,000파운드 이하의 벌금을 부과할 수 있다고 규정하면서 또한 기소에 의한 정식재판에 의하여 2년 이하의 징역형이나 무제한의 벌금을 부과할 수 있다고 규정하고 있다.[34)] 이러한 범죄는 기소가능범죄로서 어느 쪽으로도 재판이 가능한 범죄가 된다.

3) 어느 쪽으로도 재판이 가능한 범죄

기소가능범죄이지만 살인 등과 같이 죄질이 중하여 왕립형사법원의 정식재판에서만 처리되는 것이 아니고 약식범죄와 마찬가지로 치안법원의 약식재판으로도 처리가 가능한 범죄를 어느 쪽으로도 재판이 가능한 범죄라 한다.

이 부류에 속하는 범죄는 두 가지로 나누어 볼 수 있다. 위험한 운전의 경우와 같이 범죄행위를 규정하고 있는 법률에 의하여 이 부류에 속하는 범죄가 있고 1980년 Magistrates' Courts Act(제17조)에 의한 같은 법 별표에서 이 부류에 속하는 것으로 규정된 범죄가 있다.[35)]

어느 쪽으로도 재판이 가능한 범죄에 대한 미수죄나 교사죄는 어느 쪽으로도 재판이 가능한 범죄가 되지만 이 범죄에 대한 모의행위는 기소에 의한 정식재판만이 가능한 범죄가 된다. 사회적으로 큰 문제가 되지 않는 도로교통법위반행위나 사소한 약식범죄를 제외하면 일상생활에서 일어나는 대부분의 범죄행위는 어느 쪽으로도 재판이 가능한 범죄이다.

---

33) 예컨대, "강도죄로 기소(indictment)에 의하여 유죄판결을 받은 자는 무기징역형에 처한다"는 형식으로 규정한다. Theft Act 1968, s. 8(2).

34) Road Traffic Act 1988, s. 2. Road Traffic Offenders Act 1988, Sch. 2.

35) Magistrates' Courts Act 1980, s. 17, sch. 1. "the offences listed in Schedule 1, shall be triable either way."

따라서 이러한 범죄들을 어떤 방식으로 재판할 것인지를 결정하는 것은 매우 중요한 문제가 된다. 중요한 범죄들을 기소에 의해서 정식재판으로만 처벌이 가능한 범죄와 어느 쪽으로도 재판이 가능한 범죄로 나누어 보면 다음 표와 같다.

범죄의 성격	정식재판만 가능한 범죄	어느 쪽으로도 가능한 범죄
대인범죄	모살, 고살, 낙태미수 중상해, child destruction	중과실상해, 상해, 폭행치상 체포를 면하기 위한 폭행
성 범 죄	강간, 근친상간 13세미만 소녀와 성행위	16세미만 소녀와 성행위 남자 사이의 동성애 강제추행, 매춘행위
재산범죄	강도, 가중주거침입절도 공갈, 강도목적의 폭행 현주건조물침입절도 정식재판에 의해서만 처벌이 가능한 범죄를 범할 목적의 주거침입	절도, 장물관련범죄, 사기 주거침입절도, 채무면탈
손 괴 죄	고의 또는 과실로 사람의 생명을 위태롭게 하는 재물손괴 또는 방화, 실화	사람의 생명을 위태롭게 할 고의가 없는 손괴행위
교통사범	위험한 운전에 의한 치사사고	위험한 운전
기 타	사법절차에서의 위증 살상 목적의 총기소지 체포면탈 목적의 총기사용 범죄목적의 총기소지 폭동	사법절차 이외의 위증 공공장소에서의 총기휴대 공무상비밀누설 공공질서침해 문서위조

나. 사전정보의 제공

어느 쪽으로도 재판이 가능한 범죄(offence triable either way)에 대하여 피고인은 기소(indictment)에 의한 왕립형사법원의 정식재판을 청구할 수 있는 권리를 갖고 있어 재판의 형식(mode of trial)을 정함에 있어서는 피고인이 중요한 역할을 하게 된다.

피고인이 이러한 정식재판청구의 권리를 적절히 행사하기 위해서는 소추인 측이 피고인의 사건에 관하여 어떠한 증거를 갖고 있는지를 어느 정도 알고 있을 필요가 있다. 또한 왕립형사법원의 정식재판의 경우에는 소추인 측에서 치안법원이 피고인을 왕립형사법원의 정식재판에 회부하기 이전에 그들이 갖고 있는 증거를 개시할 의무가 있다. 따라서 피고인은 소추인 측이 어떠한 증거를 갖고 있는지를 확인하기 위해 왕립형사법원의 정식재판을 청구하고 싶은 유혹을 받게 된다.

이 문제를 해결하기 위해 1985년 피고인에게 소추인의 증거를 미리 알아볼 수 있는 권리를 인정하는 치안법원규칙이 제정되었다.[36] 이러한 사전정보에 관한 피고인의 권리와 소추인이 갖고 있는 증거로서 법정에 제출하여 사용하지 않을 증거를 개시할 의무에 관한 규정은 이를 구별해서 보아야 한다.

치안법원규칙에 따라 피고인이 어느 쪽으로도 재판이 가능한 범죄로 고발된 경우 피고인의 요청이 있으면 소추인은 피고인의 유죄입증에 사용할 소추인 측 참고인의 진술서 사본이나 증거에 의하여 입증될 사실과 쟁점의 요지를 피고인에게 제공하여야 한다. 이러한 사전정보의 요구는 재판형식을 결정하는 절차 이전에 이루어져야 하고 소추인은 가능한 빨리 이를 피고인에게 제공하여야 한다.

이러한 자료를 제공받음으로써 피고인은 어느 법원에서 재판을 받을 것인지를 결정하는 데 도움을 받을 수 있고, 소추인 측이 갖고 있는 증거를 알아보기 위해 왕립형사법원의 재판을 받겠다고 하였다가 증거를 확인 한 후 이러한 요청을 취소하는 번거로움도 해소할 수 있게 되었다.

소추인이 피고인의 이러한 권리행사에 응하지 않아도 되는 유일한 경우는 사전정보를 제공함으로써 증인에게 위해가 가해질 염려가 있거나 형사절차의 진행을 방해할 염려가 있는 때이다. 이러한 예외적인 경우가 아님에도 사전정보가 피고인에게 제공되지 않는 경우 소송절차는 연기될 수밖에 없다. 제공된 사전정보가 충분치 못한 경우 피고인은 치안판사에게 이를 시정해 달라고 신청할 수 있다. 그러나 치안판사는 소추인에게 이를 시정하여 줄 것을 명할 권리는 없고 다만 제공된 사전정보가 적절치 못한 경우 이를 시정할 수 있도록 재판절차를 연기할 수 있다.

---

36) Magistrates' Courts (Advance Information) Rules 1985 (SI 1985 No 601).

사전정보에 관한 권리는 어느 쪽으로도 재판이 가능한 범죄의 경우에만 인정된다. 약식범죄의 경우에는 피고인 측이 재판 이전에 소추인이 갖고 있는 증거를 알아볼 권리가 인정되지 않는다. 그러나 약식범죄라고 하여 벌금형만 가능한 것이 아니고 징역형이 선고되는 경우도 있다. 이러한 점을 감안하여 법무장관은 2000년 사전정보제공에 관한 업무지침을 제정하였다. 업무지침은 소추인이 제출할 모든 증거는 피고인이 사전에 검토할 수 있도록 미리 피고인에게 제공하도록 규정하고 있다.[37] 이렇게 함으로써 재판절차에 있어서는 쟁점만을 집중적으로 심리할 수 있고 불필요한 시간낭비도 줄일 수 있다. 또한 업무지침은 어떠한 수단을 동원하여서라도 유죄판결을 받아야 하는 것이 소추인의 업무가 아니라는 것과 소추인이 형사절차에 있어서 단순한 일방 당사자가 아니라는 점을 강조하고 있다고 볼 수 있다.

공정한 재판을 위해서는 피고인이 소추인의 유죄증거들에 대하여 검토하고 그에 대비할 수 있어야 한다. 이러한 이유로 약식재판의 경우에도 왕립형사법원 재판의 경우와 같이 피고인에게 사전정보를 제공하여야 하고 그렇게 하는 것이 "인권에 관한 유럽협약(European Convention on Human Rights)"[38]에 따른 피고인의 권리를 보장하는 것이라는 주장도 있다.

다. 재판형식의 결정

어느 쪽으로도 재판이 가능한 범죄로 고발된 피고인에 대하여 재판형식을 결정하는 절차는 Magistrates' Courts Act에 자세히 규정되어 있다.[39] 재판형식의 결정은 회부절차나 약식재판절차를 위한 증거제출 이전에 이루어져야 한다. 재판형식의 결정은 1인의 치안판사에 의하여 결정될 수 있지만 실무상으로는 2인의 치안판사 또는 1인의 유급치안판사에 의하여 정해지는 것이 보통이다.

재판형식이 결정되면 이어 회부절차에 들어가거나 또는 약식재판으로 이어진다. 이때 회부절차를 위한 소추인의 증거제출이나 약식재판에 따르는 증인의 소환을 위하여 휴정할 수 있지만 피고인이 약식재판에서 유죄인정을 하는 경우 바로 형의 선고절차로 이어질 수 있다.

---

37) Attorney-General's Guidelines. Disclosure of Information in Criminal Proceedings.

38) European Convention on Human Rights, s. 6(3).

39) Magistrates' Courts Act 1980, ss. 18-21, 23.

재판형식을 정하는 절차는 다음과 같이 진행된다.

① 치안판사의 서기가 피고인에게 고발 내용을 읽어주고,
② 서기가 피고인에게 재판절차에서 유죄인정을 할 것인지 여부를 말해주어야 한다고 설명한다. 피고인이 유죄인정을 하면 마치 치안법원의 약식재판에서 유죄인정을 한 것과 같이 처리되며, 이 경우 치안법원에서 선고할 수 있는 형이 죄질에 비추어 가볍다고 인정되면 판결의 선고를 위하여 왕립형사법원으로 이송될 수 있다는 점을 설명해 주어야 한다.
③ 이어 서기가 피고인에게 고발된 범죄에 대하여 유죄인정을 하는지의 여부를 물어본다.

이러한 ①-③단계는 동시에 이루어지고 이를 plea before venue절차라고 한다. 이때 피고인이 유죄인정을 하면 치안법원의 약식재판에서 유죄인정을 한 것과 마찬가지로 처리된다. 그러나 피고인이 유죄인정을 하지 아니하면 치안법원은 다음과 같이 재판의 형식을 결정하는 절차를 취하게 된다.

① 먼저 소추인이, 이어 피고인이 기소에 의한 왕립형사법원의 재판과 치안법원의 약식재판 중 어떤 것이 적절한지에 관하여 의견을 개진한다.
② 치안법원이 재판형식을 결정함에 있어서는 양 당사자가 주장한 이유를 염두에 두고 사건의 성격상 어떤 재판형식이 적절한지, 치안법원의 약식재판을 선택하는 경우 적절한 형을 선고할 수 있는지 그리고 재판형식의 결정과 관련한 기타의 사정을 고려하여 결정한다.
③ 치안판사의 심리 결과 약식재판이 적절하다고 판단되는 경우 법원서기가 피고인에게 치안판사가 그러한 생각을 갖고 있다는 것을 알려준다. 이때 법원서기는 피고인이 약식재판에 동의하면 치안법원에서 약식재판을 하게 되지만 피고인이 원하는 경우 왕립형사법원의 배심재판을 받을 수 있다는 것을 알려준다. 또한 치안법원에서 약식재판을 받았지만 심리 결과 죄질이 무거워 치안법원의 권한 내에서는 적절한 형을 선고할 수 없는 경우 판결의 선고를 위하여 왕립형사법원으로 피고인을 이송할 수 있다는 것도 알려주어야 한다. 그 후 법원서기가 피고인

에게 어떠한 재판을 원하는지를 물어본다. 이때 피고인이 약식재판에 동의하는 경우에만 약식재판이 가능하고 피고인이 약식재판에 동의하지 않는 경우 회부절차가 시작되어야 한다.

④ 치안판사가 왕립형사법원의 정식재판이 적절하다고 생각하면 피고인에게 그 사실을 고지하고 사건을 왕립형사법원으로 보낸다.

결국 치안판사와 피고인이 치안법원의 약식재판을 선택하는 경우에만 약식재판이 가능하게 되는데, 왕립형사법원에서 재판을 받아야 할 피고인을 치안법원에서 약식으로 재판하는 경우 적절한 형을 선고할 수 없는 위험성이 따르게 되고 반대로 너무 많은 사건을 왕립형사법원의 재판에 회부하는 경우 왕립형사법원에서의 사건적체가 문제될 수 있다는 점에서 치안법원의 적절한 재판형식의 결정은 매우 중요한 의미를 갖게 된다.[40]

치안법원이 재판형식을 정함에 있어 지켜야 할 업무처리지침이 1990년 제정되었는데 그 내용은 다음과 같다.[41]

① 법원은 사건처리의 편의성을 근거로 재판형식을 결정해서는 안 된다.
② 법원은 소추인의 고발사실이 옳다고 가정하여 결정한다.
③ 고발된 범죄사실이 피고인이 범한 범죄의 전부가 아니고 견본에 불과하다는 것을 고려대상으로 해야 한다.
④ 사건이 복잡한 사실의 확정 문제나 어려운 법률문제를 내포하고 있는 때에는 왕립형사법원의 재판을 고려해 보아야 한다.
⑤ 1개의 범죄에 2명 이상의 피고인이 고발되어 있는 때 각 피고인은 재판형식을 결정할 권리를 독자적으로 행사할 수 있다.
⑥ 법률에 달리 규정되어 있지 않는 경우 어느 쪽으로도 재판이 가능한 범죄는 원칙적으로 약식재판에 의하여 처리되어야 한다.

---

40) 통상 왕립형사법원의 재판에 회부되는 사건 중 약 49%가 치안판사의 결정에 의하여 그리고 21%가 피고인의 선택에 의하여 회부되고 나머지 30%는 기소에 의한 정식재판만이 가능한 사건이라고 한다. 하지만 통계에 의하면 왕립형사법원의 재판에 회부된 사건 중 약 60%는 치안법원에서 선고할 수 있는 형을 선고받는다고 한다.
41) Mode of Trial: Guidelines [1990] 1 WLR 1439.

범죄에 따라 왕립형사법원으로 보내야 할 사건의 기준은 따로 정해져 있다.[42] 예를 들어, 주거침입절도의 경우 왕립형사법원으로 피고인을 이송하기 위한 기준을 다음과 같이 정하고 있다.

① 주간에 사람이 현존하고 있는 주거에 침입한 경우,
② 야간에 통상 사람이 거주하고 있는 주거에 침입한 경우,
③ 주거침입절도가 반복되는 일련의 범죄 중 하나일 때,
④ 문을 손괴하거나 싹쓸이 절도의 경우 또는 재물손괴가 있는 때,
⑤ 절도 전문털이범의 범죄인 경우,
⑥ 회수 못한 피해금액이 다액인 경우(기준상 1만 파운드 이상).

따라서 이 기준에 해당하거나 또는 치안법원의 양형에 관한 권한으로는 적절한 형을 선고할 수 없는 경우가 아니면 원칙적으로 약식재판을 하게 된다. 이러한 기준에 따라 과거 주거침입절도의 경우 예외 없이 왕립형사법원의 정식재판에 회부하던 관행이 많이 변하게 되었다. 이러한 재판형식을 결정하는 치안법원의 절차는 피고인이 출석한 가운데 진행하는 것이 원칙이다.

라. 재물손괴와 관련한 재판형식의 결정

1977년도 Criminal Law Act에 따라 과거 기소에 의한 정식재판만이 인정되던 범죄나 어느 쪽으로도 재판이 가능한 범죄 중 상당수가 어느 쪽으로도 재판이 가능한 범죄나 약식범죄로 변경되었다. 또한 죄질이 가벼운 절도나 사기 그리고 재물손괴를 약식범죄로 바꾸어야 한다는 주장도 제기되었지만 피고인의 배심재판을 받을 권리를 침해한다는 이유로 이러한 주장은 입법화되지 못하였고 다만 재물손괴의 경우에만 특별한 규정을 두게 되었다.

이에 따라 피고인이 1971년 Criminal Damage Act(제 1 조) 위반이나 그 미수죄로 고발이 된 경우 그것이 방화로 인한 것이 아니라면 치안판사는 다음과 같은 기준에 따라 재판형식을 결정한다.[43]

---

42) National Mode of Trial Guidelines.
43) Magistrates' Courts Act 1980, s. 22.

① 치안판사는 소추인과 피고인의 의견과 함께 재물의 가액을 고려한다.

② 재물의 가액이 5,000파운드 이하인 때에는 약식범죄로 간주하여 약식재판을 한다. 치안법원이 피고인에게 가할 수 있는 형은 3개월 이하의 징역이나 2,500파운드 이하의 벌금이다. 또한 이 경우에는 치안법원이 피고인을 판결의 선고를 위해 왕립형사법원으로 이송할 수 없다.

③ 재물의 가액이 5,000파운드를 초과하는 때에는 어느 쪽으로도 재판이 가능한 범죄로 간주하여 재판형식을 정하는 절차를 갖는다. 이때 약식재판을 선택한 경우 치안법원은 다른 범죄의 경우와 같이 형벌을 정할 수 있고 판결의 선고를 위해 피고인을 왕립형사법원으로 이송할 수 있다.

④ 재물의 가액이 5,000파운드를 초과하는지의 여부를 확인할 수 없는 때에는 피고인에게 약식재판에 동의하는지에 대하여 물어본다. 이때 피고인이 약식재판에 동의하지 않는 경우 어느 쪽으로도 재판이 가능한 범죄로 간주하여 재판형식을 결정하는 절차를 밟는다.

⑤ 피고인이 2개 이상의 재물손괴 경합범으로 고발된 경우 그 행위가 일련의 동일하거나 유사한 행위의 결과라고 인정되면 그 재물의 가액을 합산하여 결정한다.

마. 약식범죄의 왕립형사법원회부

약식범죄는 어떠한 경우에도 치안법원에서 약식으로 재판하는 것이 원칙이고 여기에는 예외가 인정되지 않았다. 즉, 치안법원판결에 대한 항소의 경우나 판결의 선고를 위해 피고인을 왕립형사법원에 이송하는 경우 이외에는 왕립형사법원이 약식범죄로 소추된 피고인을 재판하는 일은 없었다.

그러나 1988년 Criminal Justice Act에 의하여 예외적으로 치안법원에서 처리하여야 할 약식범죄를 왕립형사법원에 회부하여 처리하는 경우가 인정되었다. 우선 피고인이 기소가능범죄와 함께 일정한 부류의 약식범죄로 소추되는 경우 그 약식범죄는 기소가능범죄의 부가항목으로 인정되어 왕립형사법원에서 함께 처리할 수 있다.[44)]

이러한 경우 그 약식범죄는 기소가능범죄와 동일한 사실이나 증거를 토대로 하는 경우여야 한다.

44) Criminal Justice Act 1988, s. 40.

이때 왕립형사법원은 재판대상인 약식범죄를 마치 기소가능범죄인 것처럼 재판하지만 그에 대한 처벌은 치안법원에서 선고할 수 있는 형으로 제한된다. 이러한 부류에 속하는 약식범죄로는 자동차무면허운전, 재물손괴 그리고 상해사건 등이다.

또한 피고인이 약식범죄와 함께 어느 쪽으로도 재판이 가능한 범죄로 고발이 되고 어느 쪽으로도 재판이 가능한 범죄에 대하여 피고인을 왕립형사법원의 재판에 회부하는 경우 그 범죄와 관련된 상황에서 발생된 것으로 보이고 징역형이나 운전면허정지로 처벌이 가능한 약식범죄 역시 동시에 재판을 받을 수 있도록 왕립형사법원의 재판에 회부할 수 있다.[45]

만일 치안판사가 어느 쪽으로도 재판이 가능한 범죄에 대하여 유죄로 인정된 피고인을 판결의 선고를 위하여 형사법원으로 이송하는 경우 유죄로 인정된 관련 약식범죄에 대하여 따로 형을 선고할 의무는 없고 약식범죄도 왕립형사법원으로 이송하여 그에 대한 형의 선고를 왕립형사법원에 위임할 수 있다. 이 경우에도 왕립형사법원은 약식범죄에 대하여는 치안법원이 선고할 수 있는 형만을 부과할 수 있다.[46]

바. 약식재판과 정식재판의 차이

피고인이 약식재판을 선택할 것인지 아니면 배심재판을 선택할 것인지를 결정함에 있어서는 여러 가지 고려할 사항이 있다. 우선 약식재판은 신속, 간단하고 비용이 적게 소요된다. 소송비용의 부담이나 변호사비용 등을 고려하면 치안법원의 약식재판이 피고인에게 유리할 수 있다. 또한 왕립형사법원에서 재판을 받는 경우보다 형벌의 수위가 낮을 수 있다. 치안법원의 양형에는 최고형의 제한이 있고 치안판사는 왕립형사법원에서 재판을 받는 경우보다 낮은 형을 선고하는 경향이 있기 때문이다.

반면 배심재판을 받는 경우 무죄의 가능성이 높아진다고 생각하는 것이 일반적이다. 그 이유는 여러 가지 일 수 있다. 우선 배심재판을 받는 경우 피고인은 회부절차에서 증거개시제도를 통하여 소추인 측이 어떠한 증거를 법정에서 제시할 것인지를 미리 알고 이에 대비하게 된다. 물론 어느 쪽으로도 재

45) Criminal Justice Act 1988, s. 41.
46) Criminal Justice Act 1967, s. 56.

판이 가능한 범죄에 대한 재판형식을 정하는 절차에서도 사전정보가 주어지는 것은 사실이지만 여기에서 제공되는 정보는 증거개시에 의하여 제공되는 것보다 제한적이기 때문에 이러한 사전정보를 갖고 약식재판에서 무죄를 입증하기에는 한계가 있을 수 있다.

다음으로 배심재판에서는 판사가 증거능력의 인정 여부를 결정하지만 약식재판에서는 치안판사가 증거능력의 인정 여부를 결정하는 관계로 설사 증거로 허용되지 않고 배척되어야 할 증거의 경우에도 치안판사는 그 내용을 알게 되고 그에 따라 치안판사가 허용되지 않는 증거에 영향을 받을 가능성이 많은 것이 현실이라고 한다.

또한 경찰의 증거와 피고인의 증거가 상반되는 때 배심원은 치안판사보다 피고인의 증거를 더 믿는 경향이 있다고 한다. 이는 재판의 경험이 많은 치안판사가 배심원들보다 피고인에게 잘 속아 넘어가지 않는 결과라는 주장이 있는 반면 치안판사는 타성에 젖어 피고인의 변소를 제대로 귀담아 듣지 않고 증거 관계를 제대로 보지 못한 결과라는 주장도 있다.[47)]

3. 증거개시

가. 증거개시제도의 발전

Common Law에서 발전되어 온 영국 형사사법제도의 특징 중의 하나가 증거개시제도이다. 영국 형사사법이 사인소추에 의한 당사자주의를 기본으로 하고 있지만 소추인은 개개의 피해자가 아니라 일반적으로 국왕이 소추당사자가 된다는 것은 전술한 바와 같다.

당사자주의에서 공정한 재판을 하기 위해서는 양 당사자 사이의 무기 대등(equality of arms)의 원칙이 무엇보다 중요하다. 그러나 소추당사자인 국왕과 피고인이 대등한 당사자가 될 수 없다는 것은 불문가지의 사실이다. 국왕은 수사기관인 경찰을 두고 있고 그 이외에도 법의학전문가들의 도움을 받을 수 있는 등 피해자 개인에 의한 순수한 사인소추행위로는 상상도 할 수 없는 막강한 권한을 갖고 있기 때문이다.

---

47) 통상 왕립형사법원의 재판(trial)에서는 43%의 피고인이 무죄, 57%가 유죄판결을 받는 반면에 치안법원의 재판(trial)에서는 26%의 피고인이 무죄, 74%가 유죄판결을 받고 있다.

형사재판의 당사자인 국왕과 피고인 사이의 이러한 힘의 불균형을 시정하고 당사자 사이의 무기대등의 원칙을 실현함으로써 공정한 재판을 보장하기 위해 Common Law상 발전해 온 것이 증거개시제도이다. 이에 따라 소추인은 갖고 있는 증거를 피고인에게 알려 줄 의무를 부담하게 되었다. 증거개시는 이를 다음의 2개의 측면에서 살펴볼 필요가 있다.

① 우선 소추인이 피고인의 유죄입증을 위하여 법정에 제출할 증거를 피고인에게 알려 줄 의무로 이를 사전정보제공의 의무(duty to provide advance information)라고 부른다. 소추인이 뒤늦게 법정에 제출하기로 결정한 증거는 추가 증거의 통보라는 형식으로 피고인에게 알려주어야 한다. 그러나 약식재판에 있어서 증거개시의무는 앞에서 본 바와 같이 기소에 의한 왕립형사법원의 정식재판의 경우처럼 엄격한 것이 아니다.
② 다음으로 소추인이 수집한 증거이지만 법정에서 피고인의 유죄입증을 위한 증거로 사용하지 않은 자료를 피고인에세 개시할 의무이다. 이러한 증거를 가리켜 불사용 자료(unused material)라고 한다. 소추인의 증거개시의무와 관련하여 Common Law상 주로 문제가 되었던 것은 바로 이러한 불사용 자료를 개시할 의무였다.

피고인을 위한 공정한 재판을 보장할 목적으로 판례에 의하여 인정되어 온 소추인의 증거개시의무는 1996년 Criminal Procedure and Investigation Act (CPIA)로 입법화되었다. 그 주요 내용은 다음과 같다.

① 범죄를 수사하는 경찰관은 수사과정에서 취득하거나 생산한 정보나 자료를 기록하고 보존할 책임을 진다.
② 소추인은 법정에서 증거로 사용하지 않을 자료를 피고인에게 알려주어야 한다. 또한 소추인은 법정에서 증거로 사용하고자 하는 자료를 피고인에게 알려 줄 별도의 의무를 진다. 이를 제 1 차 증거개시(primary prosecution disclosure)라고 한다.
③ 소추인으로부터 증거개시를 받은 피고인은 자신이 법정에 현출할 증거를 소추인에게 알려 줄 의무가 있다.

④ 피고인의 증거개시에 따라 소추인은 일정한 경우 추가 자료를 개시할 의무를 진다. 이를 제 2 차 증거개시(second prosecution disclosure)라고 한다.

나. 수사관의 의무

CPIA는 이 법에 따라 경찰관의 수사행위를 규율할 실무지침을 제정하도록 내무장관에게 위임하고 있다.[48] 이러한 실무지침은 경찰관에게만 적용되는 것이 아니고 경찰 이외 범죄수사업무에 종사하는 자들 예컨대, 세관원 등에게도 적용된다.[49]

실무지침에 따라 범죄수사업무에 종사하는 수사관은 수사과정에서 수집한 것(압수, 수색에 의하여 취득한 서류 등)은 물론 수사 결과 만들어진 자료(예컨대, 인터뷰 기록) 등 수사와 관련된 모든 자료들을 기록하고 보존할 책임을 진다. 수사와 관련되었다고 확신할 수 없는 것도 수사와 관련이 있다는 의심이 있으면 이를 모두 보존하여야 한다.

다음과 같은 것들이 수사관이 기록하고 보존할 자료들이다.

① 범죄발생보고서, 사고발생보고서 중 관련 부분, 사고 관련 부분을 기록한 경찰관의 수첩,
② 참고인의 최종 진술서,
③ 참고인의 진술서 초안이 최종 진술서와 다른 경우 그 진술서 초안,
④ 인터뷰 기록,
⑤ 전문가의 보고서와 조사표,
⑥ 자백의 신빙성에 의문을 제기할 수 있는 모든 자료,
⑦ 증인의 신빙성에 의문을 제기할 수 있는 모든 자료.

보존대상이 되는 이러한 자료들은 최소한 피고인에 대한 소송절차가 끝날 때까지 보존하여야 하고 피고인이 유죄인정을 받은 경우 또는 피고인이 구금상태에 있다가 석방된 경우에는 그로부터 최소한 6개월 동안 보존하여야 한다.

---

48) CPIA, s. 23.
49) CPIA, s. 26.

수사관의 생각으로 고발된 피고인이 약식재판에서 유죄인정을 하지 않을 것으로 보이거나 범죄의 내용이 왕립형사법원에서 재판받을 사건인 경우에는 수집하여 보존하고 있는 증거의 목록 그리고 피고인의 유죄입증에 사용하지 아니할 자료들에 대한 목록을 작성해 두어야 한다.

만일 수사관이 그 사건에 관하여 민감한 자료(sensitive material)를 수집한 경우에는 그에 대한 목록을 따로 작성해두어야 한다. 여기에서 민감한 자료라고 하는 것은 증거개시를 하는 것이 공익에 반하는 것으로 보이는 자료를 말한다. 실무지침은 이러한 민감한 자료에 관한 예를 적시하고 있다. 그에 따르면 국가안보에 관한 사항이나 비밀리에 취득한 자료 등이 여기에 해당하고 정보제공자, 비밀경찰, 경찰의 감시초소, 범죄적발에 사용되는 기술, 증인이 어린이인 경우 등도 민감한 자료이다.

다. 제 1 차 증거개시

소추인은 아직까지 피고인에게 개시하지 않은 자료로서 피고인의 유죄입증을 위하여 법정에 제출할 자료는 물론 피고인의 유죄입증에 장애가 될 수 있는 자료들을 피고인에게 개시할 의무가 있다.[50)]

소추인의 판단에 따라 이러한 의무가 생기는 것이므로 그 의무는 주관적인 것이라 할 수 있다. 만일 그러한 자료를 갖고 있지 않다면 피고인에게 그 확인서를 작성해 주어야 한다. 여기에서 개시하지 않은 자료는 소추인이 소지하고 있는 자료뿐 아니라 실무지침에서 정하고 있는 것으로서 소추인이 확인할 수 있는 자료도 포함된다.

이러한 자료의 개시는 그 자료를 피고인에게 전달하거나 또는 합리적인 시간과 장소에서 피고인으로 하여금 확인하게 하는 방법으로 행해진다. 이러한 절차를 가리켜 제 1 차 증거개시라고 부르며 이러한 절차는 가능한 한 신속히 행해져야 한다.

유죄입증에 장애가 될 수 있는 자료로서 개시되어야 하는 중요한 것이 소추인 측 증인의 전과기록이다. 항소법원은 이러한 자료를 피고인에게 개시하지 않고 선고한 유죄판결은 파기되어야 한다고 판시하고 있다.

---

50) CPIA, s. 3.

라. 피고인의 증거개시

소추인의 제1차 증거개시가 이루어지고 사건이 왕립형사법원에 회부되면 피고인은 피고인의 의견서(defence statement)를 소추인과 법원에 제출하여야 한다. 의견서는 서면으로 작성하며 사건에 대한 피고인의 입장과 소추인에 맞서 다투려고 하는 내용과 그 이유를 자세히 기재한다. 이때 의견서에서 알리바이를 제시하려면 알리바이의 상세한 내용과 함께 알리바이를 입증할 수 있는 증인의 이름과 주소, 이름과 주소를 모르는 경우에는 그 증인을 찾기 위한 정보를 제공하여야 한다.51)

Common Law에서는 전통적으로 피고인이 자기에게 유리한 자료를 재판에 앞서 미리 개시할 의무를 지는 일은 없었기 때문에 CPIA가 피고인에게 이러한 의무를 부과한 것은 매우 새로운 것이라고 할 수 있다. 이와 관련하여 피고인에게 이러한 의무를 부과하는 것은 두 가지 측면에서 형사소송의 기본원칙을 침해하는 것이라고 주장되어 왔다.

그 기본원칙 중 하나는 일반적으로 형사소송에서는 소추인이 고발된 범죄의 입증책임을 부담한다는 것이고 다른 하나는 자기부죄금지(protection against self-incrimination)의 원칙이다.

그럼에도 불구하고 CPIA는 피고인의 증거개시의무를 규정하고 있다. 피고인은 소추인의 제1차 증거개시 후 14일 이내에 의견서를 제출하여야 한다. 피고인이 14일 이내에 의견서를 제출하지 않고 그 기간의 연장을 신청하는 경우 법원은 재량에 따라 기간을 연장해 줄 수 있다.

피고인의 증거개시의무는 소추인의 증거개시의무와는 별개의 것이라고 말해지기도 한다. 소추인의 증거개시는 법정에서 증거로 사용하지 아니할 자료를 개시하는 것을 의미하는 데 반해 피고인의 증거개시의무는 법정에서 증거로 사용할 증거의 개시를 의미하기 때문이다. Common Law상은 물론 CPIA에 의하더라도 피고인은 자신이 법정에서 증거로 사용하지 않을 자료를 개시할 의무는 없다. 그러나 피고인이 법정에서 사용할 증거를 어느 정도 상세하게 개시하여야 하는지에 관하여는 확실하게 정해진 것은 없다. 보통의 경우 피고인의 의견서는 변호인(solicitor)이 작성하여 제출한다.

---

51) CPIA, s. 5.

마. 제 2 차 증거개시

피고인이 의견서를 제출하고 나면 소추인은 지금까지 개시하지 않은 소추인 측 자료로서 피고인이 의견서에서 주장하고 있는 무죄입증에 도움이 될 수 있을 것이라고 믿을 만한 상당한 이유가 있는 자료를 피고인에게 개시하여야 한다.[52] 그러한 자료를 갖고 있지 않으면 소추인은 피고인에게 그 사실을 확인해 주어야 한다.

수사관도 소추인이 이러한 제 2 차 증거개시를 제대로 이행할 수 있도록 협조할 의무를 진다. 즉, 수사관은 보존하고 있는 자료 중에서 피고인이 의견서에서 주장하고 있는 무죄입증에 도움이 될 수 있을 것이라고 믿을 만한 상당한 이유가 있는 자료가 있는지 여부를 다시 확인하여야 하고 그러한 자료가 있는 경우에는 이를 소추인에게 알려 주어야 한다.

이러한 절차를 소추인의 제 2 차 증거개시라고 하고 이 절차는 법령이 정한 기간 내에 또는 법령에서 기간을 정하지 아니하고 있는 경우에는 가능한 한 신속하게 이행되어야 한다. 증거개시의 방법은 제 1 차 증거개시와 동일하고 공익 등을 이유로 한 예외가 인정된다.

제 2 차 증거개시는 소추인의 주관적인 판단에 따르는 것이 아니고 무죄입증에 도움이 될 수 있을 것이라고 믿을 만한 상당한 이유라는 객관적인 기준에 따라야 하므로 피고인은 이의를 신청할 수 있고 법원은 피고인의 신청을 받아 상당성 여부를 심리할 수 있다.

바. 공익을 이유로 하는 예외

증거개시를 해야 할 소추인의 의무는 증거개시가 공익(public interest)에 반하는 경우 예외가 인정된다. 예컨대, 증거개시로 인하여 정보제공자의 신원이 노출되고 그에 따라 정보제공자가 보복을 당하게 될 위험성이 있는 경우 등이다.

소추인은 제 1 차 증거개시 또는 제 2 차 증거개시와 관계없이 증거를 개시하는 경우 공익에 반한다는 이유로 법원에 증거개시를 면해 달라는 청구를 할 수 있다. 반면에 피고인은 법원에 소추인으로 하여금 증거개시를 하도록 명령해달라고 신청할 수 있다. 여기서 그 대상이 되는 증거는 소추인이 소지하고

52) CPIA, s. 7.

있거나 열람한 자료뿐 아니라 증거개시담당 경찰관이 소추인에게 제공하여야 하는 자료 그리고 소추인의 요구에 따라 소추인이 열람할 수 있는 자료가 모두 포함된다. 신청은 피고인이 법원에 피고인의 의견서를 제출하고 난 후에 행해진다. 소추인이 이러한 청구를 통하여 법원의 결정을 받지 않고 자신의 판단으로 공익을 위해 증거개시를 하지 않은 경우 이는 위법한 것으로 그에 기초한 피고인의 유죄판결은 파기된다.

사. 제 3 자의 증거개시

피고인이 그의 방어권을 행사하기 위해 필요한 자료가 소추인 측이 아닌 제 3 자(third party)의 수중에 있는 경우가 있다. 예컨대, 피고인의 무죄입증을 위해 필요한 자료를 지방자치단체가 갖고 있는 경우가 있을 수 있다. 이러한 경우 지방자치단체는 공익을 이유로 그 자료를 공개하는 데 반대할 가능성이 높다. 수사과정을 통하여 이러한 자료가 수사관이나 소추인의 수중에 들어 온 경우에는 증거개시의 대상이 되는 것은 물론이다. 그러나 이 자료가 제 3 자의 수중에 그대로 남아있는 경우에 피고인은 제 3 자를 증인으로 신청하여 필요한 자료를 받아 볼 수 있다.

피고인이 제 3 자를 증인으로 신청하기 위해서는 제 3 자가 그 사건에 관한 증거자료를 제출할 수 있음에도 자발적으로 법정에 출석하여 자료를 제출하지 않을 것이라는 점을 입증하여야 한다. 이러한 신청은 제 3 자에게 그 사실을 통보하고 심리하는 것이 보통이다. 제 3 자는 심리에 참석하여 자신은 그러한 물건을 갖고 있지 않다거나, 그 사건과 관계가 없다거나 혹은 공익을 위하여 공개할 수 없다고 주장할 수 있다.

4. 치안법원의 약식재판절차

일상생활에서 일어나는 대부분의 범죄는 약식범죄이고 또한 어느 쪽으로도 재판이 가능한 기소가능범죄의 경우에도 피고인이 약식재판을 선택하는 경우가 많아 영국에서는 전체 형사 사건의 약 95%가 치안법원에서 약식으로 재판이 이루어진다. 기소가능범죄의 경우에도 치안법원에서 약식으로 재판이 이루어지는 경우 그 절차는 약식범죄의 경우와 동일하다.

이러한 치안법원의 약식재판(summary trial)절차는 원칙적으로 1980년 제정된 치안법원법(Magistrates' Courts Act)에 의하여 규율된다. 치안법원의 약식재판을 보통 "고발에 의한 재판(trial on information)" 또는 "치안판사에 의한 재판(trial by magistrates')"이라 부른다.

가. 치안법원의 관할

어느 쪽으로도 재판이 가능한 범죄는 범죄 발생지와 관계없이 어느 치안법원도 재판권을 행사할 수 있다. 따라서 피고인이 체포되어 인치된 치안법원 또는 피고인이 출석한 치안법원은 이러한 범죄에 대하여 범죄 발생지나 피고인의 주거지와 관계없이 관할권을 갖게 된다.[53]

어느 쪽으로도 재판이 가능한 범죄의 경우 통상 소추인이 어느 치안법원에서 재판을 받을 것인지 여부를 결정하게 되지만 범죄가 발생한 지역의 치안법원을 선택하는 것이 일반적이다. 그러나 약식범죄의 경우에는 범죄발생지의 치안법원만이 관할권을 갖고 있는 것이 원칙이다.[54]

주(county)는 여러 개의 소구역(petty sessional division)으로 나누어지고 각 소구역마다 하나의 치안법원이 있다. 하지만 소구역 소재 치안법원은 그 소구역 내에서 발생한 범죄에 대해서만 관할권을 갖는 것이 아니고 그 소재지 주 내에서 발생한 모든 약식범죄에 대하여 관할권을 갖는다. 그러나 치안법원은 예외적으로 다음과 같은 경우에는 다른 주에서 발생한 범죄에 대하여도 관할권을 갖는다.

① 피고인에 대하여 이미 다른 범죄로 재판을 하고 있는 경우,
② 이미 재판을 받고 있는 다른 피고인과 공동으로 또는 같은 장소에서 재판하는 것이 상당한 경우.

나. 재판부의 구성

치안법원의 재판은 최소한 2명 이상의 치안판사가 담당하며 1인의 치안판사로는 재판을 할 수 없다.[55] 재판부를 구성하는 최대 인원은 3명이다.

---

53) Magistrates' Courts Act 1980, s. 2(3), (4).
54) Magistrates' Courts Act 1980, s. 2(1).

일반적으로 재판부의 구성은 유죄평결에 있어 가부 동수의 경우를 피하기 위해 3명으로 구성되는 것이 보통이다. 다만 소년법원의 경우에는 법조 자격을 갖고 있는 유급치안판사(stipendiary) 1명이 재판을 하는 것이 일반적이지만[56] 예외적으로 유급치안판사가 일반인 치안판사와 함께 재판부를 구성할 수 있고 이때 재판장은 유급치안판사가 된다. 일반인 치안판사로만 재판부를 구성할 때에는 치안판사들이 매년 선거로 선출한 재판장들 중 한명이 재판장이 되며 이들이 모두 출석하지 않은 경우에는 최고 연장자가 재판장이 된다.

다. 고발(information)

형사소송에서 고발은 2가지 역할을 한다. 먼저 약식재판의 서두에서 피고인은 고발범죄사실(charge)에 대하여 유·무죄답변을 한다. 다른 한편 소추절차의 초기단계에 있어서 소환장에 의하여 피고인을 법정에 출석하게 하는 경우 고발은 소환장을 발부하는 근거가 된다.

고발의 방식은 보통 다음의 3가지 경우로 나누어진다. 우선 소추인이 피고인에 대한 그의 주장사실을 서면으로 작성하여 서명을 한 뒤 치안법원에 제출하는 방식이고, 다른 하나는 소추인이 치안판사나 치안판사의 서기를 찾아가 그의 주장사실을 구두로 말하고 그에 따라 치안판사나 치안판사의 서기가 이를 형식에 맞추어 서면으로 작성하는 경우이며, 나머지 하나는 경찰소추와 관련하여 경찰서에서 경찰관이 고발사실을 기소용 범죄자 명부(charge sheet)에 기재한 뒤 이를 피고인에게 읽어 주는 방식이 그것이다.

첫 번째 경우에는 서면 고발의 방식으로 소추가 개시되는 것이고 두 번째 경우는 구두 고발에 의하여 소추가 개시되며 세 번째 경우에는 경찰의 고발(charge)에 의하여 소추가 개시된다. 경찰의 고발에 있어 기소용 범죄자명부는 고발장(information)과 마찬가지로 다루어지며 치안법원에 제출된다.

고발이 어떠한 형식을 취하던 간에 구두 고발을 하는 경우가 아니면 소추인이 고발장 내용의 작성에 관하여 책임을 지게 된다. 또한 고발의 내용은 소추의 아주 초기 단계에서 피고인에게 알려주어야 하고 경찰 고발의 경우에는 경찰서에서 고발 내용을 피고인에게 읽어 주고 사본도 교부한다.

---

55) Magistrates' Courts Act 1980, s. 121(1).

56) Justices of the Peace Act 1997, s. 14.

고발이 치안판사의 면전에서 서면이나 구두에 의하여 이루어지고 피고인에게 소환장이 발부되는 경우에는 피고인에게 소환장을 발부하면서 소환장에 고발 내용도 기재하여야 한다. 고발장의 작성은 보통 다음과 같은 규칙을 따라서 한다.

① 하나의 고발사실은 기소장(indictment)에 있어서 소인(count)과 같다. 따라서 고발장에는 서로 별개인 여러 고발사실을 기재할 수 있기는 하지만 하나의 고발사실에는 하나의 범죄사실만을 기재하여야 한다.
② 고발의 내용은 소인의 내용과 비슷하다. 가급적 전문용어를 사용하지 않고 쉬운 내용으로 범죄사실을 기재한다. 물론 범죄사실의 세세한 모든 요소를 적시할 필요가 없다. 범죄사실이 제정법상의 범죄라면 해당 법률과 조문을 기재한다. 하나의 고발사실과 하나의 소인이 비슷한 형식을 취하지만 양자의 중요한 차이점은 고발사실에는 소인과 달리 죄명과 범죄사실을 분리하지 않는다는 것이다.
③ 2인 이상의 피고인이 공범인 경우 하나의 고발사실로 2명 이상을 고발할 수 있다. 이러한 경우 피고인의 의사와 상관없이 그들은 동시에 재판을 받게 된다.
④ 1명의 피고인에 대하여 2개 이상의 고발이 있는 경우 또는 2명 이상의 피고인이 별개의 범죄사실로 경찰 고발이 된 경우 치안법원은 당사자의 이의가 없는 한 이들 고발사실들을 함께 재판할 수 있다. 1명의 피고인이라도 이의를 제기하는 경우 분리재판을 하는 것이 원칙이다.
⑤ 치안법원은 범죄발생일로부터 6월 이내에 고발이 되지 않은 약식범죄의 경우 재판을 하지 않을 수 있다.[57] 그러나 어느 쪽으로도 재판이 가능한 범죄에 대하여 약식재판을 하는 경우 이 규정은 적용되지 않는다. 이러한 범죄의 경우에는 제정법에서 특별히 시효(time-limit)를 규정하고 있지 않는 한 언제든지 재판할 수 있다. 따라서 고발은 범죄일로부터 6월 이내에 하여야 하고 이를 확실히 하기 위해 고발장에는 범죄일시와 고발 일시를 기재하여야 한다.
⑥ 치안판사는 재량에 따라 소송의 어떤 단계에 있어서도 고발장의 변경

57) Magistrates' Courts Act 1980, s. 127.

을 허가할 수 있다. 또한 고발장에 형식적인 또는 실질적인 흠이 있거나 고발장의 주장 내용과 소추인이 제출한 증거가 상이하다 하더라도 고발장을 무효화시킬 근거는 되지 못한다.[58]

고발이 있으면 치안법원은 그에 따라 증거를 조사하고 피고인에게 유죄나 무죄를 선고하는 재판을 할 의무를 지게 된다.[59] 고발내용이 사소하다 하여 치안법원이 재판을 거부할 수 없다.

라. 피고인의 출석

기소(indictment)에 의한 정식재판의 경우에는 피고인이 유·무죄 답변을 함에 있어 반드시 법정에 출석하여야 하고 그 이후의 재판절차에도 원칙적으로 계속 출석하여야 하지만 치안법원의 약식재판에 있어서는 피고인이 반드시 법정에 출석하여야 하는 것은 아니다.

약식재판에 있어서 피고인은 일정한 경우 우편으로 유죄답변을 할 수 있고,[60] 피고인이 재판기일에 불출석한 경우에도 재판절차를 진행할 수 있다.[61] 피고인이 법정에 출석한 경우 폭력을 행사할 우려가 있거나 도망을 시도하지 않는 한 피고인에게 수갑을 채우지는 않는다.

1) 피고인의 불출석과 재판절차

피고인이 재판기일에 불출석한 경우에도 치안판사는 재량에 따라 재판절차를 진행할 수 있다. 이때 불출석한 피고인은 고발사실에 대하여 무죄주장을 한 것으로 처리되고 소추인이 고발사실을 입증하게 된다. 피고인이 불출석한 상태에서 고발사실을 입증하는 것은 어려운 일이 아니지만 그럼에도 불구하고 입증이 부족한 때에는 피고인에게 무죄를 선고한다.

피고인이 알지 못하는 상태에서 재판이 진행된다는 것은 피고인에게 매우 불리한 일이다. 따라서 서면 고발에 따라 피고인에게 소환장을 발부하는 방식으로 소추절차가 개시된 경우에는 피고인에게 소환장이 송달되었다는 사실이 입증되지 않는 한 재판절차를 진행하지 않는 것이 보통이다. 다만 피고인이 이

58) Magistrates' Courts Act 1980, s. 123.
59) Magistrates' Courts Act 1980, s. 9(2).
60) Magistrates' Courts Act 1980, s. 12.
61) Magistrates' Courts Act 1980, ss. 11, 13.

전에 소환장을 받고 법정에 출석하였다가 휴정이 된 경우는 그렇지 않다.

소환장은 우편으로 피고인의 최후 주소지로 보내는 것이 보통이다. 이러한 방식으로 소환장을 보내는 경우 그리고 고발범죄가 기소가능범죄인 경우 소추인은 피고인에게 실제로 소환장이 송달되었음을 입증하여야 한다. 그러나 고발범죄가 약식범죄인 경우에는 소환장을 등기우편이나 배달증명으로 피고인의 최후 주소지로 송부하였음을 입증하면 된다.

소환장의 발부로 소추절차가 개시되었고 피고인의 불출석 상태에서 재판절차가 진행된 경우 피고인은 소환장을 송달받지 못하였고 따라서 재판의 진행사실을 모르고 있었다는 사실을 서면으로 작성하여 치안법원의 서기에게 통보할 수 있다. 통보는 재판진행사실을 안 날로부터 21일 이내에 하여야 한다. 통보에 따라 이전의 소환장과 재판절차는 무효로 되지만 고발은 그대로 효력을 갖고 있어 그에 따른 재판을 다시 하게 된다.

소환장의 발부가 아니라 피고인의 체포로 소추절차가 개시된 경우에는 피고인의 체포를 통하여 피고인은 고발사실을 알게 된다. 따라서 재판기일에 법정에 출석할 것을 조건으로 경찰에서 보석으로 석방된 피고인이 재판기일에 출석하지 아니한 경우 치안법원은 피고인의 출석 없이 재판절차를 진행할 수 있다. 하지만 피고인이 체포된 경우라면 사안이 비교적 중한 경우에 해당된다고 볼 수 있어 이러한 사안에 있어서 피고인의 출석 없이 재판을 진행한다는 것은 사실상 드문 일이다. 또한 어느 쪽으로도 재판이 가능한 범죄를 약식으로 재판하는 경우 피고인의 출석 없이 재판을 할 수 있지만 사건을 약식으로 재판할 것인지 여부를 정하는 절차에는 피고인이 반드시 출석하여야 한다.

2) 우편에 의한 유죄답변

피고인이 불출석한 상태에서 재판절차를 진행하는 경우에는 여러 가지의 단점이 있다. 우선 법원은 증거조사를 하여야 하는 번거로움이 있고 소추인 측 증인이 법정에 출석하여야 하는 불편함이 있다.

또한 피고인으로서는 양형과 관련하여 자신에게 유리한 주장을 할 수 없다. 이러한 단점을 극복하기 위한 것이 우편에 의한 유죄답변이다. 이 제도는 피고인이 약식범죄로 소환장을 받은 경우 그리고 그 범죄에 대한 형이 징역 3월을 초과하지 않는 경우에만 인정된다.

그 절차는 다음과 같다.

① 소추인이 피고인에게 소환장과 함께 우편으로 유죄를 인정할 수 있는 방법과 우편으로 유죄를 인정하는 경우 사건이 어떻게 처리된다는 것을 알려주는 설명서를 보낸다. 설명서와 함께 범죄사실의 요지도 알려준다. 범죄사실에는 소추인 측 참고인의 진술을 첨부하기도 한다.

② 소추인은 법원서기에게 설명서가 피고인에게 송부되었음을 통보한다.

③ 피고인은 우편으로 유죄를 인정하려고 하는 경우 법원서기에게 서면으로 법원에 출석하지 않고 유죄를 인정하겠다고 통보한다. 이때 피고인은 양형에 관한 유리한 주장을 기재하여 보낼 수 있다.

④ 재판기일에는 피고인도 소추인 측 증인도 법정에 출석하지 않는다. 법정에서는 법원서기가 우편으로 유죄답변이 접수되었다는 사실을 진술하고 소추인 측 대리인이나 법원서기가 범죄사실을 진술하면 이어 법원서기가 편지에 적혀 있는 피고인의 감형요소를 읽는다. 이후 치안판사가 형을 선고한다. 따라서 우편으로 유죄답변을 한 피고인은 법정에서 어떠한 일이 일어날 것인지를 확실히 알게 된다. 법정에서 진술하는 범죄사실은 피고인에게 송부한 범죄사실의 요지와 동일하여야 한다.

⑤ 우편으로 유죄답변을 한 피고인이 마음을 바꾸어 법정에 출석하려고 하는 때에는 법원서기에게 유죄답변을 취소하겠다고 서면으로 알려주면 된다. 이 경우 통상의 재판에 있어서와 같이 피고인이 법정에 출석하여 무죄답변을 할 수 있고 재판절차도 통상의 경우대로 진행한다.

⑥ 치안판사는 우편에 의한 유죄답변을 받아들이지 않을 재량권을 갖고 있다. 특히 피고인이 우편으로 형의 감경요소를 주장하고 있고 그 사실이 받아들여지는 경우 유죄인정이 어려운 경우에는 이를 유죄답변으로 보기 어렵다. 이러한 경우 법원은 기일을 연기하고 이 사실을 피고인에게 통보한다. 이때 우편에 의한 유죄답변은 없었던 것으로 처리된다.

3) 피고인의 불출석과 형의 선고

피고인의 불출석 상태에서는 원칙적으로 징역형을 선고할 수 없다.[62)]

또한 피고인이 불출석한 상태에서는 원칙적으로 운전면허정지처분도 할 수 없다. 피고인이 불출석한 상태에서 피고인에 대한 유죄인정 이후 다음과 같

62) Magistrates' Courts Act 1980, s. 11(3).

은 경우에는 치안판사가 체포영장을 발부한다.

① 피고인의 범죄가 징역형에 처할 만한 것이거나, 운전면허정지처분을 고려하고 있는 경우,
② 범죄사실이 중하여 피고인의 불출석 상태에서 재판을 계속하는 것이 바람직스럽지 못한 경우.

치안판사가 이러한 경우 체포영장을 발부한다는 것은 징역형을 고려하고 있다는 것이다. 운전면허정지처분을 고려하고 있는 경우에는 체포영장을 바로 발부하기 보다는 기일을 속행하는 것이 보통이다. 그럼에도 불구하고 속행된 기일에 피고인이 불출석한 경우 체포영장을 발부하게 된다.

우편으로 유죄답변을 한 피고인에 대하여 징역형을 고려하는 경우 바로 체포영장을 발부하지 않고 일단 소환장을 보내고 소환장을 받고도 불출석하는 때에 비로소 체포영장을 발부하게 된다.

4) 소추인의 불출석

소추인이 약식재판에 불출석한 경우 치안판사는 고발을 기각하거나 기일을 속행할 수 있는 재량권을 갖고 있다.[63] 종전의 기일에 심리가 일부 진행된 후 속행 기일에 소추인이 출석하지 않은 경우에는 다시 기일을 속행하거나 아니면 소추인의 불출석 상태에서 재판을 진행할 수 있다.

소추인이 출석하지 않은 상황에서 출석한 피고인을 상대로 재판을 진행하는 경우에는 소추인이 제출한 증거를 가지고 피고인의 유·무죄 여부를 심리하게 되고 이 경우 피고인 제출의 반증에 소추인이 이의를 제기할 수 없어 피고인이 그의 무죄를 입증하기가 매우 쉬워진다.

마. 당사자의 대리인

치안법원의 재판에는 barrister나 solicitor 모두 관여할 수 있다. 소추인이 치안법원에서 소추행위를 함에 있어서 법률상의 대리인이 있어야 하는 것은 아니다. 따라서 이웃으로부터 폭행을 당하였다고 주장하면서 사인소추를 하는 개인은 그 스스로 소추행위를 할 수 있다.

63) Magistrates' Courts Act 1980, s. 15.

공소국이 설치되기 이전 대도시 지역에서는 경찰관이 치안법원에서 소추행위를 대리하는 것이 관행이었다. 따라서 경찰관은 소추하는 사건의 증인이자 소추인의 대리 역할이라는 2중의 기능을 수행했다. 그러나 현재에는 경찰관의 소추행위를 공소국의 검사가 인수하여 수행한다.

피고인 또한 원하는 경우 스스로 자신을 위하여 변론할 수 있다. 사안이 중하지 않은 경우에는 비용문제로 변호인 없이 스스로 변론을 하는 것이 보통이고 이 경우에는 법원서기가 피고인을 도와 줄 수 있다. 한편 변호인 없이 피고인 스스로 변론을 함으로써 재판부의 동정을 사는 수도 있어 변호인이 있는 경우보다 반드시 불리하다고는 할 수 없다. 당사자나 그들의 법률상의 대리인이 아닌 자 예컨대, 친구 등은 원칙적으로 재판에 관여할 수 없다.

양 당사자 또는 피고인이 치안법원에 출석하지 않고 그 대리인이 출석한 경우에는 그 당사자나 피고인이 법정에 출석한 것으로 간주된다.64) 따라서 피고인이 불출석한 경우에도 변호인은 소추인 측 증인에 대하여 반대신문을 할 수 있고, 피고인 측 증인을 소환할 수 있으며 유죄인정이 된 경우에는 형의 감경사유를 제출할 수 있다. 마찬가지로 변호인이 출석한 경우에는 피고인이 법정에 출석하지 아니하였다는 이유로 체포영장을 발부할 수 없다. 하지만 이러한 규정은 법률에 의하여 또는 보석조건에 의하여 피고인의 현실적인 출석이 요구되는 경우에는 적용되지 않는다.

변호인만 출석하고 피고인이 출석하지 않은 경우에 치안법원이 출석한 것으로 간주되는 피고인에게 징역형을 선고할 수 있는지에 관하여는 특별한 규정이 없지만 실무상 좀처럼 일어나는 일은 아니다.

바. 재판절차

약식재판의 심리절차도 기소에 의한 왕립형사법원의 정식재판의 경우와 크게 다르지 않다. 정식재판의 경우와 다른 점은 정식재판에 있어서는 사실관계의 문제는 배심이 결정하고 판사는 법률에 관한 문제만을 결정함에 반하여 치안법원의 판사는 사실관계와 법률상의 문제를 모두 결정한다.

다만 치안법원에서 약식재판을 하는 치안판사는 법률전문가가 아닌 일반인의 경우가 보통이므로 법률문제에 관하여는 법원서기로부터 도움을 받는다.

64) Magistrates' Courts Act 1980, s. 122(2).

1) 기소인부

치안법원의 약식재판은 법원서기가 피고인에게 고발 내용을 고지함으로써 시작된다. 피고인은 이 고발 내용에 대하여 유죄답변을 하거나 무죄답변을 하여야 한다. 기소에 의한 정식재판에 있어서는 단순한 유죄답변이나 무죄답변 대신 다양한 종류의 대안이 인정되지만 약식재판에 있어서는 그러한 변형된 답변은 인정되지 않는다. 특히 고발된 범죄사실에 대하여 무죄답변을 하면서 다른 가벼운 범죄에 대하여 유죄답변을 하는 것은 허용되지 않는다.

그러나 소추인은 가벼운 범죄로 별도의 고발을 하도록 권유를 받을 수 있다. 이 경우 피고인은 애초의 고발이 아니라 가벼운 내용의 별도의 고발에 대하여 유죄답변을 할 수 있다.

약식재판에 있어서는 이전에 같은 범죄로 무죄(autrefois acquit)나 유죄인정(autrefois convict)을 받았다는 내용의 답변에 관한 특별한 규정은 없지만 이전에 무죄나 유죄를 받았다는 사실은 보통의 경우 무죄답변의 근거가 된다.

치안법원은 일정한 유형의 정신질환을 앓고 있다는 의료보고서가 제출된 경우 피고인에게 유죄인정을 하지 않고 대신 치료명령(hospital order)을 할 수 있지만 피고인이 유·무죄답변을 할 수 없다는 이유를 주장하면서 답변을 회피하는 것은 인정되지 않는다. 피고인이 고발사실을 듣고도 침묵으로 일관하는 경우 피고인의 이익을 위하여 무죄답변을 한 것으로 처리된다. 피고인의 답변이 그 의미가 모호한 경우 치안판사는 이를 명백히 할 필요가 있지만 그럼에도 불구하고 그 내용이 모호한 경우에는 무죄답변을 한 것으로 한다. 약식재판에서 의미가 모호한 답변을 애매모호한 답변(equivocal plea)이라고 한다.

2) 소추인의 유죄 입증

피고인이 무죄답변을 하는 경우 소추인은 모두진술(opening speech)을 할 권리가 있다. 사건이 특별히 복잡한 경우가 아니면 모두진술은 짧게 하는 것이 보통이다. 일반인 치안판사라 하더라도 배심재판의 배심원과는 달리 형사재판에 많은 경험이 있으므로 이들을 설득하기 위한 긴 설명은 필요하지 않기 때문이다. 나아가 도로교통법위반과 같은 간단한 사건의 경우에는 소추인 측 대리인 즉, counsel이나 solicitor가 모두진술을 하지 않는 것이 일반적이다.

소추인이 모두진술을 마치고 나면 소추인 측 증인이 입정한다. 증인에 대한 신문은 주신문(examination in chief), 반대신문(cross-examination) 그리고 재

주신문(re-examination)에 이어 판사가 질문을 하게 되고 이러한 신문절차는 기소에 의한 정식재판의 경우와 동일하다.

또한 소추인은 다음과 같은 경우 증인을 법정에 소환하여 증언을 듣는 대신 증인의 진술서를 증거로 읽어 줄 수 있다.[65]

① 진술서에 작성자가 자신이 알고 있는 바를 사실 그대로 작성하였으며 만일 허위의 내용이 있는 경우에는 형사소추를 당할 위험성이 있다는 사실을 알고 있다는 내용을 기재해 놓은 경우,
② 상대방 당사자에게 진술서의 사본이 제공되었고 그로부터 7일 이내에 법정에서 읽어 주는 데 대하여 이의를 제기하지 않은 경우.

소추인 측 증인의 진술이 애초 진술서의 내용과 크게 다른 경우에는 그 사실을 피고인 측에 알려주어 그 불일치를 반대신문의 자료로 사용할 수 있도록 하여야 한다.[66] 소추인이 피고인에게 소추인 측 증인을 부르겠다고 알려주어 피고인이 반대신문을 하고자 하는 경우에는 소추인이 태도를 바꾸어 증인에게 주신문을 하지 않는 때에도 증인을 소환하여 피고인의 반대신문에 응하도록 하여야 한다.[67]

또한 치안판사는 양 당사자가 부르지 않는 증인도 필요에 따라 소환하여 증언을 들어 볼 수 있다.[68]

치안법원의 약식재판에 있어서 문제가 되는 것은 증거능력에 관한 이의신청을 어떻게 처리하느냐이다. 치안판사는 법률과 사실 양자 모두에 관한 판단자이고 따라서 증거능력의 인정 여부도 치안판사가 결정한다. 그러나 치안판사가 증거능력의 인정 여부를 판단하기 위해서는 불가피하게 증거를 보아야 하고 그러한 경우 비록 증거의 증거능력을 배척하는 경우에도 어느 정도 배척한 증거에 의해 영향을 받을 수 있기 때문이다.

이와 관련하여 절차적으로 문제가 되는 것은 절차의 어느 단계에서 치안판사가 증거능력의 인정 여부를 결정하는지와 기소에 의한 왕립형사법원의 정

65) Criminal Jutice Act 1967, s. 9.
66) Liverpool Crown Court ex p Roberts [1986] Crim LR 622.
67) Wellingborough Justices ex p Francois (1994) JP 813.
68) Haringey Justices ex p DPP [1996] QB 351.

식재판에서 인정되고 있는 재판 안의 재판(trial within a trial) 절차를 따라야 하는지의 여부이다. 이러한 문제에 대하여 특별한 규정은 없고 증거능력에 대한 이의신청을 처리하는 데 있어서 치안판사는 재량권을 갖고 있다. 따라서 치안판사는 심리를 시작하기 전에 증거능력에 대한 이의신청을 다룰 수도 있고 일단 심리를 개시한 후 증거조사 직전에 이를 다룰 수도 있으며 나아가 증거조사를 모두 마친 후에 문제의 증거를 무시하는 결정을 할 수도 있다.[69]

소추인이나 피고인이 증인을 소환하고자 하지만 증인이 출석하지 않을 것으로 보이는 경우에는 치안판사나 법원서기에게 증인에 대한 소환장발부를 청구할 수 있다.[70] 증인이 소환장을 받고도 정당한 사유 없이 불출석한 경우에는 체포영장을 발부할 수 있다. 그러나 체포영장을 발부하기 위해서는 증인이 사건에 관한 실질적인 증언을 할 수 있는 자이고 소환장이 증인에게 송달되었으며 증인에게 법정에 출석하는 데 필요한 상당한 비용을 지급하였음이 선서증언에 의하여 입증되어야 한다.

3) 피고인의 사건 불성립 주장

소추인이 피고인의 유죄입증을 위해 제출한 증거에 대한 증거조사를 종료하면 피고인은 이들 증거만으로는 범죄사실의 입증이 되지 않아 더 이상 답변할 내용이 없다는 주장을 할 수 있다.

피고인의 주장이 받아들여지는 경우는 고발사실의 핵심부분에 대한 입증이 되지 않은 때, 그리고 증인에 대한 반대신문에 의하여 또는 증거 자체에 문제가 있어서 소추인 측 증거를 전혀 신빙할 수 없는 때이다.

피고인의 이러한 주장이 있으면 치안판사는 피고인 측의 반대신문에 의해 소추인의 증거를 믿을 수 없게 되었는지의 여부를 검토해 본다. 이는 기소에 의한 정식재판의 경우 증인의 신빙성에 관해서는 왕립형사법원의 판사 자신의 의견이 개입될 수 없는 것과 비교된다. 왕립형사법원의 재판에 있어서 증인의 신빙성을 판단하는 것은 배심이기 때문이다.

피고인의 사건 불성립 주장이 받아들여지면 피고인은 무죄로 인정된다.

4) 피고인의 무죄입증

소추인 측에서 고발사실에 대하여 입증을 하게 되면 피고인도 무죄주장을

69) F. v. Chief Constable of Kent [1982] Crim LR 682.
70) Magistrates' Courts Act 1980, s. 97.

입증하기 위한 증거를 제시하게 된다. 기소에 의한 정식재판의 경우와 마찬가지로 피고인은 자신의 무죄입증을 위하여 자신이 직접 유리한 진술을 할 수 있지만 진술이 강요되는 것은 아니다. 소추인이 사건에 관하여 실질적인 증언을 할 수 있는 증인을 알고 있지만 소추인 측에서 그를 증인으로 소환하지 않는 경우 소추인은 피고인에게 그 증인을 알려줄 의무가 있다.[71)]

피고인 측의 증거에 대한 심리를 마치면 피고인의 변호인이 최후변론을 한다. 소추인도 다시 의견진술을 하면서 피고인이 제기한 쟁점에 관하여 반박할 수 있지만 소추인이 다시 의견진술을 하는 일은 거의 없다.

5) 평 결

단독으로 재판하는 유급치안판사(district judge)는 피고인 측의 최후진술 이후 바로 피고인에 대하여 유·무죄를 선고한다. 그러나 일반인 치안판사의 경우에는 유·무죄를 정하기 위해 잠시 휴정하는 것이 보통이다.

치안판사의 유·무죄결정은 만장일치로 하는 것이 아니라 다수결로 한다. 의견이 엇갈리고 그 수가 동수인 경우에는 재판장이 결정하는 것이 아니라 새로운 재판부를 구성하여 다시 재판을 한다.[72)]

치안판사의 판결과 배심의 평결이 다른 점은 치안판사는 고발된 범죄보다 가벼운 범죄로 유죄인정을 하지 않는다는 것이다. 즉, 고발된 범죄에 대하여 유죄인정을 하거나 아니면 무죄를 선고한다. 이러한 원칙은 어느 쪽으로도 재판이 가능한 범죄를 약식으로 재판하는 경우에도 적용된다.[73)]

물론 소추인은 이러한 원칙의 적용을 피하기 위해 범죄를 분리하여 2개의 고발을 할 수 있다. 이때 치안판사는 2개의 고발된 범죄 중 하나를 골라 유죄를 선고할 수 있다.

또한 1988년 Road Traffic Offenders Act는 자동차운전과 관련하여 고발된 범죄의 경우 중한 죄에 대하여 무죄를 선고하면서 다른 가벼운 범죄로 유죄를 선고하는 것을 허용하고 있다.

따라서 위험한 운전(dangerous driving)으로 고발된 피고인에 대하여 무죄를 선고하면서 대신 부주의 운전(careless driving)으로 유죄를 선고할 수 있다.[74)]

---

71) Leyland Justices ex p Hawthorn [1979] QB 283.

72) Redbridge Justices ex p Ram (1991) 156 JP 203.

73) Lawrence v. Same [1968] 2 QB 93.

74) Road Traffic Offenders Act 1988, s. 24. 이 규정에 따라 위험한 운전으로 인한 피해자

1968년 Theft Act도 이러한 원칙에 대한 예외를 인정하고 있다. 즉, 소유자의 동의 없이 자동차를 가져간 가중절노행위로 고발된 피고인에 대하여 그보다 약한 범죄인 허가 없이 자동차를 가져간 범죄로 유죄를 선고할 수 있다.[75)]

판결의 선고 이후에도 유죄선고가 잘못되었다고 생각하면 치안판사는 다른 치안판사로 하여금 재심리를 하게 할 수 있다.[76)] 다만 왕립형사법원이나 고등법원이 그 사건에 관하여 항소를 결정한 경우에는 그러하지 않다. 피고인에 대한 재심리가 결정되면 이전의 유죄인정과 선고한 형은 무효가 된다. 그러나 그 사건을 재심리한 치안판사는 피고인에게 반드시 무죄를 선고해야 하는 것은 아니고 증거에 따라 다시 유죄판결과 적정한 형을 선고할 수 있다.

사. 양형에 관한 치안판사의 권한

치안법원은 피고인이 범한 1개의 범죄에 대하여 징역 6월을 초과하는 형을 선고할 수 없다.[77)] 이는 약식범죄뿐 아니라 어느 쪽으로도 재판이 가능한 범죄에도 적용된다. 또한 1980년 이전의 개별 법률에 의하여 약식범죄에 대한 형이 징역 6월을 초과하는 경우에도 그 최고형은 징역 6월로 본다.[78)]

치안법원이 피고인에게 여러 개의 징역형을 선고하는 경우 그 형의 집행은 순차집행(consecutive sentence)과 동시집행(concurrent sentence)의 방법이 있다. 법원은 형을 선고함에 있어 집행방법을 함께 선고한다.

순차집행의 경우에는 순차적으로 선고된 징역형을 모두 집행하지만 동시집행의 경우에는 동시에 2개 이상의 징역형을 집행하게 된다. 따라서 순차집행의 방법으로 각 3개월의 징역형이 선고된 경우에는 합계 6월의 징역형을 집행하여야 하지만 동시집행의 경우에는 3개월의 징역형만 집행하면 된다.

치안법원이 2개 이상의 약식범죄에 대하여 순차집행의 형을 선고하는 경우 합계 6월을 초과하는 징역형을 선고할 수 없다.[79)] 하나의 약식범죄와 다른

사망 범죄를 위험한 운전이나 부주의한 운전으로, 음주운전으로 인한 피해자 사망 범죄를 부주의한 운전이나 음주운전으로 유죄 평결할 수 있다.

75) Theft Act 1968, s. 12A(5).

76) Magistrates' Courts Act 1980, s. 142.

77) Magistrates' Courts Act 1980, s. 31(1).

78) Magistrates' Courts Act 1980, s. 31(2).

79) Magistrates' Courts Act 1980, s. 133.

하나의 어느 쪽으로도 재판이 가능한 범죄에 대한 형을 선고하는 경우에도 마찬가지이다. 그러나 2개 이상의 어느 쪽으로도 재판이 가능한 범죄를 약식으로 재판한 경우 그 징역형의 합계는 12개월을 초과할 수 없다.

아. 법원서기의 역할

치안판사는 대부분 일반 시민이어서 치안법원의 약식재판에 있어서는 법원서기가 매우 중요한 역할을 수행한다. 법원서기는 단순히 치안판사의 서기가 아니라 법원서기로서 통상 법조자격을 갖고 있으며 법률적인 문제에 있어서 치안판사를 도와주는 법률적인 보조자이다. 따라서 법원서기는 치안법원의 심리과정에서 피고인에게 고발 내용을 고지해 주고, 증거를 정리하며, 변호인이 없는 피고인을 도와주고 법률문제나 절차문제에 관하여 치안판사를 보조한다.

치안판사는 법률과 사실 모두에 관한 심판자이지만 법률문제에 관하여는 서기의 의견에 따르는 것이 일반적이다. 따라서 법원서기의 법률문제에 대한 의견은 매우 중요한 것이기 때문에 서기는 그의 의견을 법정에서 공개적으로 표시함으로써 당사자가 그 내용을 알 수 있도록 해야 한다.[80)]

또한 양 당사자가 다투지 않고 있는 법률문제이기는 하지만 서기의 판단으로는 치안판사가 관심을 가져야 할 문제라고 생각되면 서기는 이를 공개적으로 치안판사에게 알려주어 양 당사자가 이 문제에 관하여 의견을 진술할 수 있도록 하여야 한다. 심지어 치안판사가 유·무죄를 정하기 위해 퇴정한 경우에도 법원서기가 새로운 법률문제에 대한 의견을 개진하면 치안판사는 법정으로 되돌아와 양 당사자를 불러 의견을 들어보고 최종 결정을 한다.

치안판사가 유·무죄를 정하기 위해 퇴정한 경우 법원서기도 함께 퇴정하여 치안판사에게 법률문제와 유죄의 경우 그 양형에 관하여 조언할 수 있다. 그러나 일반적으로는 판사가 퇴정한 경우 요청이 있는 경우에만 치안판사의 방으로 찾아가 조언하는 것이 보통이다.

5. 판결의 선고를 위한 이송

약식범죄를 재판하는 것은 치안법원이고 기소에 의한 정식재판만이 가능

80) Chichester Justices ex p DPP [1994] RTR 175.

한 범죄에 대하여는 왕립형사법원만이 관할권을 갖고 있음에 반하여 어느 쪽으로도 재판이 가능한 범죄는 사안의 경중에 따라 치안법원과 왕립형사법원이 모두 관할권을 갖고 있음은 전술한 바와 같다.

어느 쪽으로도 재판이 가능한 범죄로서 사안이 가볍다고 생각되어 피고인의 동의하에 치안법원에서 약식재판을 한 결과 사안이 처음 예상하였던 것 보다 중하여 치안법원이 선고할 수 있는 형의 범위 내에서는 적정한 형을 선고할 수 없다고 판단될 때에는 치안법원에서 유죄인정을 받은 피고인을 판결의 선고만을 위하여 왕립형사법원으로 이송할 수 있다.

가. 치안판사의 권한

어느 쪽으로도 재판이 가능한 범죄에 대한 치안판사의 양형에 관한 권한은 치안법원법(Magistrates' Courts Act)과 형사법원의 권한에 관한 법(Powers of Criminal Courts Act)에 규정되어 있다.

그 자세한 내용은 다음과 같다.

① 범죄가 MCA(별표 1)에 규정되어 있는 것 중 하나인 경우에 치안판사는 5,000파운드 이하의 벌금이나 6월 이하의 징역형 또는 양자를 병과하는 형을 선고할 수 있다.[81] MCA(별표 1)에서 규정하고 있는 범죄는 제정법이 범죄를 규정하면서 기소에 의한 정식재판에서 유죄판결을 받은 경우 선고할 수 있는 최고형만을 정하고 있는 범죄를 말한다. 이들 범죄는 MCA(제17조 및 별표 1)에 의하여 어느 쪽으로도 기소가 가능한 범죄로 분류된다.

② 제정법이 범죄를 규정하면서 그 죄를 어느 쪽으로도 재판이 가능한 범죄로 규정하고 있는 경우 치안판사가 선고할 수 있는 징역형의 한도는 징역 6월과 해당 법에서 정하고 있는 최고형 중 적은 형이 된다.[82] 다만 벌금형의 경우에는 치안법원이 본래 선고할 수 있는 5,000파운드의 벌금과 제정법에서 정하고 있는 최고액 중 다액이 한도가 된다.

③ 1인의 피고인에 대하여 어느 쪽으로도 재판이 가능한 2개 이상의 범죄

81) Magistrates Courts Act 1980, s. 32(1).
82) Powers of Criminal Courts Act 2000, s. 78.

에 대하여 또는 이들 범죄와 약식범죄에 대하여 동시에 형을 선고하면서 순차집행의 형을 선고하는 경우 그 징역형의 한도는 12개월이다.[83)]

나. 판결의 선고를 위한 이송의 요건

약식재판 결과 판결의 선고를 위하여 피고인을 왕립형사법원으로 이송하기 위해서는 다음의 요건을 충족하여야 한다.[84)]

① 약식재판을 받은 피고인의 범죄행위가 그 죄질이 매우 중하여 치안법원이 선고할 수 있는 형보다 더 중한 형을 선고해야 하는 경우,

② 폭력범죄나 성범죄의 경우 피고인으로 인하여 일어날 수 있는 위해로부터 공중을 보호하기 위해 치안법원이 선고할 수 있는 징역형보다 더 장기간의 형을 선고할 필요가 있는 경우.

피고인이 약식재판에 앞서 재판형식을 정하는 절차에서 고발된 범죄를 인정하는 경우 치안판사는 양형절차로 나가게 되고 이 과정에서 피고인이 범한 범죄의 죄질이 중하다는 사실이 드러나면 판결의 선고를 위하여 피고인을 왕립형사법원으로 이송하면 되므로 그에 따르는 별다른 문제는 없다.

그러나 피고인이 재판의 형식을 정하는 절차에서 범행을 부인하는 경우 양 당사자의 주장을 듣고 재판형식을 정하게 되고 이 과정에서 죄질의 경중이 어느 정도 드러나게 된다. 따라서 죄질이 중한 경우 왕립형사법원의 정식재판을 선택하게 되고 죄질이 가벼운 경우에만 약식재판을 하게 되므로 약식재판 이후 비로소 죄질이 중하다는 사실이 드러나 판결의 선고를 위해 피고인을 왕립형사법원으로 이송하는 것은 예상하기 어려운 일이다. 따라서 이러한 경우에는 다음의 사유가 있는 때에만 판결의 선고를 위한 피고인의 이송이 가능하다.

① 피고인에게 전과가 있는 사실이 드러난 때,

② 피고인이 유죄로 인정된 범죄 이외 자신이 범한 다른 범죄도 양형에 고려해 달라고 요청한 때,

---

83) Magistrates Courts Act 1980, s. 133(2).

84) Powers of Criminal Courts Act 2000, s. 3.

③ 약식재판을 결정할 때 알지 못하였던 양형의 가중요소가 드러난 때.

다. 왕립형사법원에서의 처리

치안법원이 피고인을 판결의 선고를 위해 왕립형사법원으로 이송하면 피고인은 마치 왕립형사법원에서 유죄판결을 받은 것과 같이 처리된다.

통상 판결의 선고를 위하여 피고인을 왕립형사법원으로 이송하는 경우 가장 가까운 법원으로 이송한다. 왕립형사법원에서는 순회판사나 임시직 판사가 사건을 처리하며 1인의 판사와 함께 2인의 일반인 치안판사가 배석하여 재판하는 것이 보통이다. 우선 판사는 피고인에게 피고인이 치안법원에서 약식재판에 의해 유죄인정을 받고 판결의 선고를 위해 왕립형사법원으로 이송되었는지 여부를 물어 본다. 피고인이 이를 인정하지 않는 경우 소추인이 이를 입증하여야 하며 보통 치안법원의 재판에 관여하였던 경찰관이 이를 입증한다.

왕립형사법원은 이러한 사실이 입증되면 기소에 의한 정식재판에서 유죄인정을 한 피고인의 경우와 동일하게 절차를 진행한다. 피고인에게 형을 선고함에 있어 기소에 의한 정식재판에서 유죄인정이 된 경우와 동일하게 형을 선고할 수 있다. 따라서 법률상 인정되는 최고형의 범위 내에서 징역형을 선고할 수 있고 벌금형을 선고함에 있어서도 한도 액수의 제한을 받지 않을 수 있다. 물론 왕립형사법원이 치안법원의 기대에 부응하여 치안법원이 과할 수 없는 무거운 형만을 선고하여야 할 의무는 없지만 실무에 있어서는 치안법원의 예상보다도 훨씬 더 중한 형을 선고하고 있다.

6. 치안법원의 예심절차

가. 예심절차의 발전

기소에 의한 정식재판은 왕립형사법원에서만 이루어진다. 그러나 치안법원은 치안법원에 고발되어 오는 모든 기소가능범죄를 왕립형사법원의 정식재판에 회부하는 것은 아니다.

우리나라 검찰이 경찰로부터 송치 받은 사건을 수사하여 범죄혐의가 인정되는 경우에만 법원에 공소를 제기하듯이 영국의 치안법원도 기소가능범죄로 고발된 모든 사건을 바로 왕립형사법원의 재판에 회부하는 것이 아니라 일종의 예심(preliminary investigation)을 거쳐 일정한 증거가 갖추어진 사건만을 정식재판에 회부한다. 이러한 예심절차는 원래 지금은 폐지되어 없어진 대배심이 수행하던 기능이었다.

대배심은 국왕 또는 시민의 남소추를 방지하기 위해 형사사건의 고발을 받는 경우 고발이 정당한지 여부에 관한 일종의 예심절차를 거친 다음 정식기소(indictment)를 하였다. 대배심제도의 폐지 이후 이 기능은 치안법원이 맡아하고 있지만 과거 전제군주정에서 문제가 되었던 국왕의 소추권남용의 우려가 사라지고 사인소추가 사실상 모습을 감춘 현재에 이르러서는 치안법원의 예심기능도 그 의미를 잃게 되어 예심은 매우 제한적으로 행사되고 있다.

그에 따라 고발사건에 대하여 치안법원의 예심절차를 거치지 않고 바로 왕립형사법원의 정식재판에 회부되는 예외적인 경우가 인정되고 또한 어느 쪽으로도 재판이 가능한 범죄에 대한 재판의 형식을 정하는 치안법원의 절차와 맞물려 예심기능 그 자체가 형해화되고 있다. 우선 예외적으로 예심절차를 생략할 수 있는 경우는 고등법원판사가 기소장안을 제출하는 경우와[85] notice of transfer가 제시된 경우[86]이다. 나아가 1998년 Crime and Disorder Act는 기소에 의한 정식재판으로만 재판이 가능한 범죄의 경우에는 예심절차를 생략하고 바로 사건을 왕립형사법원으로 이송하도록 규정하고 있다.[87]

치안법원이 기소가능범죄로 고발된 피고인을 왕립형사법원의 정식재판에 기소(indictment)할 것인지의 여부를 결정하는 예심절차를 "회부절차(committal proceeding)"라 부른다. 역사적으로 회부절차에서 피고인을 정식재판에 회부할 것인지의 여부를 결정하는 기준은 치안판사에게 제출된 증거를 가지고 왕립형사법원의 재판에 회부하는 데 필요한 "prima facie case"가 성립되었는지 여부였다. 그러한 입증이 있는 경우 피고인을 왕립형사법원의 정식재판에 회부하고 그렇지 아니한 경우 고발을 기각하였다.

prima facie case는 상대방의 반증을 인정하지 않는 가운데 일방 당사자가 제출한 증거만으로 유죄판결을 받을 가능성이 입증된 상태를 말한다. 따라서 대배심에서 예심을 하는 경우 소추인의 주장과 제출한 증거만으로 고발사실에

85) Administration of Justice (Miscellaneous Provisions) Act 1933, s. 2.
86) Criminal Justice Act 1987, s. 4(1).
87) Crime and Disorder Act 1998, s. 51.

대한 입증이 있으면 피고인의 반증을 들어보지 않은 상태에서 피고인을 정식재판에 회부하는 것이 원칙이었다. 그러나 오늘날 치안법원에서 예심을 하는 경우에는 피고인의 주장을 들어본다. 하지만 피고인이 증거를 제출하는 것은 허용되지 않는다. 따라서 소추인의 주장과 제출하는 증거를 심리한 뒤 피고인의 주장을 들어보고 결정을 하며 이때 기소할 것인지의 여부를 결정하는 기준은 합리적인 배심이라면 피고인에게 유죄인정을 할 것인지의 여부이다.

하지만 실무에서는 아직도 대배심의 전통이 그대로 남아 있어 합리적인 배심이라면 도저히 유죄인정을 할 수 없는 사안이 아니라면 소추인 측의 증거가 아무리 빈약하더라도 피고인을 정식재판에 회부하는 것이 일반적이다. 따라서 극소수의 경우를 제외하면 회부절차에서는 피고인을 왕립형사법원의 정식재판에 회부하는 것으로 대부분 결론이 나고 있다.

나. 예심절차의 관할 및 절차의 남용

1) 예심절차의 관할

치안법원이 약식범죄에 대한 재판을 함에 있어서는 당해 치안법원이 소재한 주(county)내에서 발생한 범죄에 대해서만 관할권이 있다고 함은 전술한 바와 같다. 그러나 예심절차에 있어서는 그러한 관할의 제한이 인정되지 않아 치안법원은 범죄의 발생지와 관계없이 그 치안법원에 출석한 피고인에 대하여 예심절차를 진행할 수 있다.

하지만 실무에 있어서는 범죄발생지와 관련하여 재판이 편리한 인접한 치안법원에서 예심절차를 실시하고 피고인을 그 부근의 왕립형사법원의 정식재판에 회부하는 것이 일반적이다.

2) 피고인과 일반인의 출석

소추인이 예심절차에 제출하는 증거는 피고인의 출석하에 제출되어야 한다. 다만 피고인이 법정에서 부적절한 행동을 할 가능성이 있는 경우, 변호인이 있는 경우 그리고 피고인이 그의 출석 없이 증거조사를 하는 데 동의한 경우에는 피고인의 출석 없이 증거조사를 할 수 있다.

과거 대배심의 예심절차에서는 일반인의 방청이 인정되지 않았다. 그러나 치안법원의 예심에 있어서는 일반 형사사건의 재판의 경우와 같이 피고인과 마찬가지로 일반인도 법정에 출석하여 방청할 권리가 있다. 공개재판이 부적절한 경우에는 치안판사가 비공개심리(sit in camera)를 할 재량권을 갖고 있다. 재판이 일반인에게 공개되는 경우 마찬가지로 언론에게도 공개된다. 그러나 재판과정의 언론보도는 특별한 규율대상이 된다.

3) 피고인의 수

공범으로 고발된 피고인의 경우에는 2인 이상의 피고인을 상대로 예심절차를 진행할 수 있다. 또한 공범으로 고발된 피고인들이 아닌 경우에도 그들의 범죄가 상호간에 관련성을 갖고 있는 때에는 동시에 예심절차를 실시할 수 있다.[88] 예컨대, 절도로 고발된 피고인과 그로부터 그가 절취한 장물을 취득한 혐의로 고발된 피고인에 대하여 함께 예심절차를 실시하는 경우 등이 여기에 해당한다.

4) 절차의 남용

소추절차의 개시가 지나치게 지체되어 소추인이 형사소송절차를 남용한 것으로 인정되는 경우에는 예심을 하는 치안판사가 소추인의 증거를 심리하지 않은 채 바로 피고인에 대한 고발을 기각할 수 있다.[89]

소추를 지체하여 절차의 남용이 되기 위해서는 소추인이 고의로 절차를 지연하는 방법으로 피고인과의 소송에서 부당한 이익을 얻으려고 하는 경우여야 한다. 예컨대, 소추행위를 지연하는 이유가 피고인 측의 증인이 죽거나 해외로 이민을 가거나 혹은 다른 사정으로 증언을 할 수 없기를 기다리는 경우가 여기에 해당한다.

나아가 고의적인 소추행위의 지연이 아니라 하더라도 단순한 소추행위의 지연이 피고인의 방어준비나 방어행위에 지장을 주거나 불이익을 줄 수 있는 때 예컨대, 피고인 측 증인의 기억이 사라지기를 기다리는 경우에도 절차의 남용으로 볼 수 있다.[90]

다. 예심절차의 종류

1967년 이전에는 예심을 담당하는 치안판사가 피고인을 왕립형사법원의 재판에 회부할 만한 증거 즉, prima facie case가 있는지 여부를 확인하기 위해

---

88) Camberwell Green Magistrates ex p Christie [1978] QB 602.

89) Derby Crown Court ex p Brook (1984) 70 Cr App R 164.

90) Bow Street Stipendiary Magistrate ex p DPP (1989) 91 Cr App R 283.

예심에 제출되는 모든 증거들을 심리해야 했다. 하지만 피고인 스스로 정식재판에 회부되어야 할 것이라고 생각하고 있음에도 치안판사가 이러한 증거조사를 하는 것은 시간 낭비와 증인에 대한 불편함만을 야기하는 것이었다.

이러한 이유로 1967년 Criminal Justice Act는 일정한 경우 치안판사가 증거조사를 하지 않고 바로 피고인을 왕립형사법원의 정식재판에 회부하는 방안을 규정하였다.91) 이 규정은 1980년 Magistrates' Courts Act에서도 그대로 수용되었다.92) 따라서 예심절차는 치안판사가 증거조사를 하지 않고 바로 왕립형사법원의 정식재판에 회부하는 경우와 증거조사를 거쳐 회부여부를 결정하는 2종류로 나눠지게 되었고93) 그에 따라 오늘날 대부분의 정식재판회부결정은 증거조사를 하지 않고 이루어지게 되었다.

라. 예심절차와 관련된 문제들

1) 예심절차의 공개

증거조사를 하는 예심절차라 하더라도 피고인은 소추인 측 증인에 대한 반대신문권이 없음은 물론 피고인을 위한 증인의 소환도 인정되지 않는다.

이러한 경우 예심에 대한 보도가 인정된다면 소추인 측 증거자료 즉, 피고인에게 불리한 정보만 일반 공중에게 제공될 가능성이 높다. 이로 인하여 피고인에 대한 편견을 갖게 된 일반 시민들로부터 피고인의 재판에 관여할 배심원을 선발한다면 공정한 재판을 기대할 수 없게 된다. 이러한 이유로 예심절차에 대한 보도는 일정한 제한을 받고 있다.94)

따라서 사건에 관한 전반적인 내용의 보도는 보도제한이 해제되거나 예심절차에서 치안판사에 의하여 피고인에 대한 고발이 기각된 경우 그리고 왕립형사법원에서 피고인에 대한 재판이 종료된 경우에만 가능하다.

보도제한은 예심절차에만 적용되는 것이 아니라 예심절차 이전의 피고인에 대한 보석허가결정을 위한 심리에도 적용된다. 보도제한에 위반한 경우에는 5,000파운드 이하의 벌금에 처해질 수 있지만 이 죄로 소추하기 위해서는 법무장관의 동의가 있어야 한다.

91) Criminal Justice 1967, s. 1.
92) Magistrates' Courts Act 1980, s. 6(2).
93) Magistrates' Courts Act 1980, s. 6(1).
94) Magistrates' Courts Act 1980, s. 8.

보도제한은 피고인의 이익을 위한 것이다. 피고인이 사건의 보도를 원하는 경우에는 이러한 보도제한은 해제된다. 그러나 공범이 있는 때 그들의 의견이 서로 다른 경우에는 문제가 된다. 전에는 여러 명의 피고인 중 1명이라도 보도를 원하는 경우 예심절차에서의 보도제한을 해제하였다. 그러나 현재에는 1명이 보도를 원하고 다른 1명이 보도를 원하지 않는 경우 치안판사의 판단에 따라 보도를 하는 것이 정의에 부합하는 때에만 보도제한을 해제한다.

2) 증거서류에 대한 이의신청

왕립형사법원의 정식재판에 있어서 소추인은 피고인의 범죄사실을 입증하기 위해 증거를 법정에 제출하여야 한다. 이러한 증거제출의 통상적인 방법은 배심원의 면전에 증인을 소환하여 선서를 하도록 한 다음 양 당사자의 교호신문(cross-examination)에 응하도록 하는 것이다. 그러나 다툼의 여지가 없는 증거임에도 증인이 다시 출석하여 증언을 하게 한다는 것은 당사자 모두에게 시간낭비만 될 뿐이다.

이러한 이유로 MCA(제5조B항)에 의하여 예심절차에 제출된 진술서는 왕립형사법원의 정식재판에서 다른 증거조사절차를 거치지 않고 증거로 피고인에게 읽어줄 수 있다.[95)]

다만 피고인이 이의를 제기하는 때에는 진술서를 그대로 읽어줄 수 없다. 이러한 이의신청은 정식재판회부결정이 있는 날로부터 14일 이내에 서면으로 제출하여야 한다. 피고인의 이의신청에도 불구하고 법원은 진술서를 그대로 읽어주는 것이 정의에 부합하는 것이라고 인정되면 피고인의 신청을 배척하고 진술서를 그대로 읽어주도록 할 수 있다.

3) 보석과 법률구조

치안법원이 피고인을 왕립형사법원의 재판에 회부하는 경우 피고인에게 보석을 허가할 것인지 그리고 법률구조를 인정할 것인지 여부를 결정하게 된다. 정식재판회부결정을 함에 있어서 치안법원은 구금상태를 유지한 채 피고인을 왕립형사법원으로 이송하기도 하지만 왕립형사법원의 재판 기일에 지정된 왕립형사법원으로 출석할 것을 조건으로 보석을 허가할 수 있다. 회부결정이 있고 나서도 왕립형사법원의 재판이 개시되기까지는 보통 여러 달이 소요되므로 이 단계에서 피고인에 대한 보석결정은 매우 중요한 의미를 갖는다.

95) Criminal Procedure and Investigations Act 1996, Sch 2, para1(2).

또한 피고인이 왕립형사법원의 재판을 받음에 있어 무료변론을 받을 수 있는 법률구조를 인정할 것인지도 예심을 담당하는 치안판사가 결정한다. 피고인에 대한 무료변론은 Criminal Defence Service 소속의 변호사가 담당한다. 피고인은 치안법원에서 무료변론을 받는 경우가 보통이고 만일 피고인에 대한 경제적 사정에 변화가 없으면 이러한 무료변론의 혜택은 자동으로 연장되는 것이 일반적이다.

마. 예심절차에 대한 불복

예심을 담당하는 치안판사가 피고인을 왕립형사법원의 정식재판에 회부하는 결정을 하거나 또는 피고인에 대한 고발을 기각하는 경우 이에 대한 불복방법은 인정되지 않고 있다. 다만 소추인은 고발기각에 대응하여 voluntary bill of indictment를 판사에게 청구할 수 있고 또한 다시 소추를 할 수도 있다.

바. Voluntary Bill of Indictment

왕립형사법원에서 재판을 받는 대부분의 사건들이 피고인에 대한 예심절차를 거쳐 왕립형사법원의 재판에 회부된 것이지만 이와 다른 경로를 통해 피고인을 왕립형사법원의 재판에 회부하는 경우가 있다.

그 중 하나가 고등법원판사의 명령에 따라 voluntary bill of indictment를 제출하는 경우이다.96) 즉, 고등법원판사가 소추인의 청구에 따라 피고인을 왕립형사법원의 정식재판에 회부하도록 명하는 것이다. 이론적으로는 소추인이 모든 기소가능범죄에 관하여 고등법원판사에게 voluntary bill을 청구하는 방식으로 예심절차를 회피하는 것이 가능하다. 그러나 실무지침에 있어서는 이러한 voluntary bill은 행정적 편의를 위해서가 아니라 그것이 정의에 부합하는 경우에만 하도록 되어 있다.97)

이러한 이유로 실무에서는 예심절차를 거쳤지만 피고인에 대한 고발범죄가 기각된 경우 그리고 특별한 사정이 있어 예심절차가 부적절한 사건의 경우에만 소추인이 고등법원판사에게 voluntary bill을 청구하고 있다.

---

96) Administration of Justice Act 1933, s. 2.

97) Practice Direction (Crime: Voluntary Bills) [1990] 1 WLR 1633.

사. Notice of Transfer

예심절차가 사실상 큰 의미를 갖지 않게 되면서 우리 검찰이 예심절차를 거치지 않고 피고인을 바로 법원에 기소하는 것과 같이 일정한 경우 예심절차를 거치지 않고 소추인이 피고인을 바로 왕립형사법원의 정식재판에 회부하는 제도가 도입되었다. 이를 notice of transfer제도라고 한다.

먼저 이 제도는 사기범죄수사국(the Serious Fraud Office)이 수사한 재산범죄사건에 도입되었다가 이후 어린이가 증인인 사건에도 적용되게 되었다. 현재 이 제도는 다음과 같은 경우에 적용된다.

① 사안이 중하고 복잡한 사기사건의 경우,
② 어린이가 증인인 경우를 포함한 일정한 경우.

이 제도가 적용되는 위 2가지 경우는 서로 매우 다른 사정에서 연유하는 것이지만 그 절차는 비슷하다.

1) 사기사건의 경우

사기사건의 경우 예심절차를 거치지 않도록 하는 이유는 사건처리의 지체를 막기 위한 것이다. 사기사건에 있어 예심절차를 진행하면서 소추인 측 증인의 증언을 듣는 경우 절차의 진행이 지체된다는 이유에서이다.

이러한 이유로 1987년 Criminal Justice Act는 공소국장, 사기범죄수사국의 국장(Director of the Serious Fraud Office), 내국세징수국장, 관세 및 소비세국장 그리고 장관(Secretary of State)에게 기소가능범죄로 고발된 피고인에 대한 증거가 다음의 경우에 해당하면 notice of transfer를 법원에 통보할 수 있는 권한을 부여하고 있다.[98)]

① 피고인을 왕립형사법원의 정식재판에 회부할 만큼 증거가 충분하고,
② 사기죄의 죄질이 중하고 복잡하여 지체 없이 왕립형사법원이 처리하는 것이 적절하다고 보이는 때.

---

98) Criminal Justice Act 1987, s. 4(1)(a), (b).

notice of transfer의 통보는 피고인이 고발된 이후 예심절차가 시작되기 전까지 고발된 사건을 처리하는 치안법원에 제출하여야 한다. 통보를 함에 있어서는 재판이 진행될 왕립형사법원의 위치와 범죄사실을 명시해야 한다. 통보가 있으면 보석, 법률구조 등의 문제를 제외하고 당해 사건과 관련된 치안법원의 기능은 종료한다.

해당 요건이 갖추어지지 않았음에도 피고인이 예심절차를 거치지 않고 왕립형사법원의 재판에 회부되는 것을 방지하기 위해 보호 장치가 마련되어 있다. 즉, 피고인은 이러한 통보에 따라 왕립형사법원으로 이송된 자신에 대한 사건을 기각하여 달라고 왕립형사법원에 청구할 수 있다.[99]

2) 어린이가 증인인 경우

사기범죄에 처음으로 notice of transfer제도가 도입된 이후 1991년 제정된 Criminal Justice Act에 의하여 어린이가 증인으로 될 수 있는 성범죄나 폭력범죄의 경우에도 이 제도가 확대 적용되게 되었다.[100] 어린이가 증인인 사건에서 예심을 생략하는 이유는 어린이가 증인으로 출석하는 경우 이미 범죄로 인해 상처를 받은 어린이에게 더 깊은 상처를 줄 수 있기 때문이다.

또한 사건에 대한 왕립형사법원의 재판을 신속하게 하기 위한 것도 그 목적의 하나이다. 신속하게 재판을 종료함으로써 상처를 받은 어린이가 가능한 한 빨리 정상상태로 돌아가도록 치료하는 데 도움을 줄 수 있다. 어린이가 증인인 경우 notice of transfer를 할 수 있는 것은 사기사건의 경우와 달리 공소국장(Director of Public Prosecutions)뿐이다.

공소국장이 이 통보를 할 수 있는 대상범죄는 다음과 같다.

① 다른 사람에 대한 폭력, 상해, 신체협박을 포함하는 범죄,
② 1933년 Children and Young Persons Act(제 1 조)에 해당하는 범죄(16세 미만의 자에 대한 가혹행위),
③ 1956년과 1967년에 제정된 Sexual Offences Act, 1960년 Indecency with Children Act, 1977년 Criminal Law Act(제54조) 그리고 1978년 Protection of Children Act에 의한 범죄,

99) Criminal Justice Act 1987, s. 6.
100) Criminal Justice Act 1991, s. 53.

④ 위 범죄에 대한 미수범, 공범, 방조범 그리고 교사범.

공소국장은 이러한 범죄에 대하여 다음의 요건이 충족되는 경우 notice of transfer 통보를 한다.

① 범죄에 대한 증거가 피고인을 왕립형사법원의 재판에 회부할 수 있을 정도로 충분하고,
② 피해자 또는 범죄행위를 목격한 증인으로 보이는 어린이를 재판의 증인으로 소환하여야 할 경우로,
③ 어린이에게 발생할지도 모르는 불이익을 방지하기 위해 지체 없이 왕립형사법원이 처리하는 것이 적절하다고 보이는 때.

여기에서 말하는 어린이(child)의 의미는 각 법률의 규정에 따라 달라질 수 있다. 폭력범죄와 가혹범죄의 경우에는 14세 미만의 어린이, 성범죄의 경우에는 17세 미만의 어린이를 말하고 그 기준은 notice of transfer를 통보할 시점으로 본다.

아. 기소(indictment)로만 재판이 가능한 범죄의 경우

예심절차를 거치지 않고 피고인을 왕립형사법원의 정식재판에 바로 회부하는 방안은 1998년 제정된 Crime and Disorder Act에 의하여 더욱 확대되었다. 즉, 치안판사는 다음의 경우 예심절차를 거치지 않고 바로 피고인을 왕립형사법원의 정식재판에 회부하여야 한다.[101)]

① 성년의 피고인이 기소에 의해서만 재판이 가능한 범죄로 고발된 때,
② 기소에 의해서만 재판이 가능한 범죄로 송치된 성년의 피고인이 그 범죄와 관련된 어느 쪽으로도 재판이 가능한 범죄로 함께 고발된 때,
③ 기소에 의해서만 재판이 가능한 범죄로 송치된 성년의 피고인이 그 범죄와 관련된 범죄로서 징역형이나 운전면허정지처분에 처해질 수 있는 약식범죄(summary offence)로 함께 고발된 경우,

---

101) Crime and Disorder Act 1998, s. 51.

④ 성년의 공범이 어느 쪽으로도 재판이 가능한 관련 범죄로 위 ①-③의 피고인과 동시에 고발된 경우.

또한 치안판사는 다음과 같은 경우 재량에 따라 해당 피고인을 바로 왕립형사법원의 정식재판에 회부할 수 있다.

① 기소에 의해서만 재판이 가능한 범죄로 이미 왕립형사법원의 재판에 회부된 성년의 피고인에 대하여 어느 쪽으로도 재판이 가능한 관련 범죄로 고발이 된 경우 그 관련 범죄의 재판을 위해,
② 기소에 의해서만 재판이 가능한 범죄로 고발된 피고인에 대한 성년의 공범으로서 어느 쪽으로도 재판이 가능한 관련 범죄로 고발된 공범의 재판을 위해,
③ 기소에 의해서만 재판이 가능한 범죄로 고발된 성년의 피고인과 공범관계에 있어 함께 고발된 소년의 경우, 왕립형사법원에서 공범과 동시에 재판하는 것이 소년에게 이로운 때 그 소년의 재판을 위해.

notice of transfer 방식으로 예심절차를 생략할 수 있는 사건의 경우에도 범죄가 기소에 의해서만 재판이 가능한 범죄에 해당하면 이 규정이 우선적으로 적용되어 notice of transfer의 방식을 거치지 않고 피고인을 왕립형사법원의 정식재판에 회부할 수 있다.

제 4 절

왕립형사법원의 재판

1. 왕립형사법원의 조직과 구성

가. 왕립형사법원의 창설

과거 영국에서 대배심이나 치안법원에 의하여 기소(indictment)된 피고인에 대한 정식재판을 담당한 것은 순회법원과 사계법원이었다. 그러나 1971년 제정된 법원법(Courts Act)에 의하여 이들 법원은 폐지되고 그 대신 기소된 피고인에 대한 정식재판을 위한 법원으로 왕립형사법원(the Crown Court)이 설치되었다. 왕립형사법원은 최고법원의 하나로,[1] 기소(indictment)에 의한 정식재판을 주로 담당하며 그 주요 관할은 다음과 같다.

① 기소(indictment)에 의하여 정식재판에 회부된 모든 형사사건에 대하여 배타적관할권을 갖는다.[2] 즉, 약식범죄가 아닌 기소가능범죄로서 기소된 모든 형사사건에 대한 재판은 왕립형사법원에서만 행해진다.

② 치안법원에 의하여 판결의 선고를 위해 이송되어 온 피고인에게 형을 선고한다. 판결의 선고를 위한 이송은 치안판사들이 어느 쪽으로도 재판이 가능한 죄를 범한 피고인에 대하여 약식재판을 하여 유죄인정을 한 뒤 형의 선고에 관한 치안법원의 제한된 권한으로는 적절한 형을 선고할 수 없다고 결정할 때 행해진다.

1) Supreme Court Act 1981, s. 1.
2) Supreme Court Act 1981, s. 46.

③ 치안법원의 유죄판결과 양형에 대한 항소사건을 심리한다.

④ 형사사건 이외의 다른 관할권도 일부 갖고 있다(예컨대, 소년법원의 보호관찰명령이나 치안판사의 인·허가결정에 대한 항소사건의 심리).

나. 왕립형사법원의 조직과 관할

왕립형사법원은 이론적으로는 영국에 하나밖에 없는 단일 법원이다. 그러나 재판은 한 장소에서만 하는 것이 아니고 영국 전역에 다수의 왕립형사법원을 설치하고 그곳 법원에 기소된 사건을 재판한다. 단일 법원인 관계로 영국에서 재판권을 갖고 있는 이상 범죄 발생지와 관계없이 어느 법원이나 재판할 수 있다. 따라서 과거 관할위반으로 유죄판결이 파기되던 일은 일어나지 않고 각 지역의 왕립형사법원간의 업무분배도 형편에 따라 적절히 조정할 수 있게 되었다. 다만 전통을 존중하여 런던에 소재한 왕립형사법원은 런던 왕립형사법원으로 부르지 않고 과거의 명칭 그대로 “중앙형사법원(the Central Criminal Court)”으로 부르고 있다.[3)]

왕립형사법원의 소재지는 1등급, 2등급 그리고 3등급 지역으로 나뉘어 있다. 1등급 지역에는 형사재판업무와 함께 고등법원의 민사재판업무를 위한 시설도 설치되어 있다. 여기에는 고등법원판사와 순회판사 그리고 임시직 판사가 함께 근무한다. 2등급 지역에는 민사재판업무를 위한 시설은 설치되어 있지 않지만 최소한 1명의 고등법원판사가 항시 근무하도록 되어 있다. 3등급 지역에는 민사재판업무를 위한 시설이 설치되어 있지 않음은 물론 고등법원판사도 근무하지 않는다.

이들 왕립형사법원은 지역에 따라 6개의 구역으로 나누어진다.[4)]

각 구역에는 “presiding judge”라고 불리는 최소 1명의 고등법원판사가 그 지역 왕립형사법원의 책임자로 임명되어 있다. 또한 각 지역에는 그 지역에 거주하며 그 지역의 재판만을 담당하는 1명의 고참 순회판사가 있으며 이들을 “resident judge”라고 부른다. 사건 배당과 관련한 presiding judge의 업무는 보통 resident judge에게 위임되어 있다.

---

3) Supreme Court Act 1981, s. 8(3).

4) 즉, 왕립형사법원의 소재지는 Midland and oxford, North-Eastern, Northern, South-Eastern, Wales and Chester, Western의 6개 그룹으로 나누어진다.

치안법원이 피고인을 왕립형사법원의 재판에 회부하는 경우 재판을 하게 될 법원을 지정해야 한다. 치안판사는 피고인의 재판을 위한 적절한 왕립형사법원을 선택함에 있어 다음의 요소를 고려한다.[5]

① 피고인, 소추인 그리고 증인의 편의,
② 신속한 재판,
③ 수석법관(Lord Chief Justice)의 지시.[6]

수석법관은 귀족원장(Lord Chancellor)의 동의를 받아 왕립형사법원의 업무배분에 관한 지시를 할 수 있다. 그에 따라 업무지침이 마련되어 있다.[7] 우선 범죄를 4개의 단계로 분류한다.

1단계에 속하는 범죄는 모살과 1911년 제정된 Official Secrets Act에 위반되는 범죄이다. 이들 범죄는 고등법원판사만이 재판한다. 다만 모살의 경우 presiding judge의 권한으로 수석법관에 의하여 모살사건의 재판권한을 부여받은 순회판사에게 재판하게 할 수 있다. 2단계에 속하는 범죄는 고살, 낙태, 강간, 13세 미만의 소녀에 대한 의제강간 등의 죄로 원칙적으로 고등법원판사만이 재판을 하지만 예외적으로 presiding judge가 순회판사에게 재판하도록 할 수 있다.

3단계에 속하는 범죄들은 다른 단계에 속하지 않는 범죄들로 이들 범죄들은 presiding judge의 판단에 따라 고등법원판사, 순회판사 또는 임시직 판사의 재판에 회부한다. 4단계에 해당하는 범죄는 어느 쪽으로도 재판이 가능한 범죄들 전부 그리고 강도, 중상해죄 등으로 이들 범죄에 대한 재판은 순회판사나 임시직 판사가 담당하고 고등법원판사는 그 자신 또는 presiding judge가 동의한 경우에만 재판할 수 있다.

이를 간단히 요약하면 1단계 내지 3단계에 속하는 범죄들은 원칙적으로 고등법원판사가 재판을 하며 4단계에 속하는 범죄는 원칙적으로 순회판사나 임시직 판사가 재판한다고 할 수 있다.

---

5) Magistrates' Courts Act 1980, s. 7. Crime and Disorder Act 1998, s. 51(10).
6) Supreme Court Act 1981, s. 75.
7) Practice Direction (Crown Court: Business) [2001] 1 WLR 1996.

따라서 1단계 내지 3단계에 속하는 범죄에 대한 재판은 고등법원판사가 정기적으로 재판을 하는 즉, 1등급이나 2등급 지역의 왕립형사법원의 재판에 회부되는 것이 원칙이고 4단계에 속하는 범죄는 지역의 등급에 관계없이 가장 편리한 왕립형사법원의 재판에 회부된다.

다. 왕립형사법원의 구성

왕립형사법원에서는 고등법원판사, 순회판사 그리고 임시직 판사가 기소된 피고인에 대한 재판을 담당한다.[8)]

1) 고등법원판사

약 20여 명의 고등법원 소속의 판사들이 왕립형사법원의 재판에 관여하며 그들은 왕립형사법원의 사건 중에서 가장 중요한 사건들을 처리한다. 통상의 경우 왕립형사법원에서 재판을 하는 고등법원판사는 고등법원여왕좌부 소속이고 그들은 형사사건의 재판에 관하여 풍부한 경험을 갖고 있는 판사들이다.

그러나 이론적으로는 고등법원대법관부 소속의 판사가 왕립형사법원에서 재판하는 것이 불가능한 것은 아니다. 또한 항소법원 소속의 판사가 왕립형사법원에서 재판하는 것도 가능하지만 이는 예외적인 경우이다.

2) 순회판사

순회판사(circuit judge)라는 직위는 왕립형사법원 그 자체와 마찬가지로 1971년 법원법에 의하여 만들어졌다. 영국에는 약 600명의 순회판사가 있고 그들의 주된 임무는 왕립형사법원의 재판업무이다. 순회판사와 임시직 판사는 왕립형사법원의 일상적인 사건들의 대부분을 처리하며 특히 순회판사는 왕립형사법원의 재판업무 중 약 80%를 처리하는 판사로 전형적인 왕립형사법원판사로 간주되고 있다.

순회판사는 귀족원장의 추천에 의하여 여왕이 임명한다. 순회판사는 변호사로서의 겸업이 인정되지 않고 전업 판사로만 근무하여야 한다.

순회판사로 임명되기 위해서는 변호사로서 왕립형사법원이나 주 법원(county court)의 재판에 참여할 수 있는 권한을 10년 이상 갖고 있거나 임시직 판사나 행정심판위원회(administrative tribunal)의 위원을 전업으로 갖고 있는 경우 그리고 유급치안판사(district judge)이어야 한다.[9)] 퇴직은 보통 70세에 하지

---

8) Supreme Court Act 1981, s. 8(1).

만 귀족원장이 75세까지 순회판사의 업무를 계속하게 할 수 있다. 이와 달리 귀족원장은 무능이나 비행을 이유로 통상의 정년이 도래하기 전에 순회판사의 직위를 해지할 수 있다.

3) 임시직 판사

순회판사와 마찬가지로 임시직 판사(recorder)도 귀족원장의 추천에 의하여 여왕이 임명한다. 순회판사와 달리 임시직 판사는 전업 판사로 임명되는 것이 아니고 시간제로 임명되며 왕립형사법원에서 재판을 하지 않는 경우에는 사적인 업무를 수행할 수 있다. 임명할 때 재직기간이 정해지고 그 기간 동안 몇 번의 재판에 관여할 것인지를 미리 정한다.

barrister나 solicitor로 10년 이상 경력이 있어야 임명자격이 주어진다.[10] 퇴직이나 직위 해지 등은 순회판사의 경우와 비슷하지만 70세에 모두 퇴직하여야 하고 75세까지의 연장근무는 인정되지 않는다. 영국에는 현재 약 1,400명의 임시직 판사가 있지만 일정 시기에 왕립형사법원의 재판에 관여하는 임시직 판사는 매우 소수에 불과하다. 왕립형사법원의 재판 중 약 15%를 임시직 판사가 담당한다.

4) 순회판사보

귀족원장은 왕립형사법원의 업무적체를 해소하기 위한 임시방편으로 일정 기간을 정하여 순회판사보(deputy circuit judge)를 임명할 수 있다.[11] 순회판사보는 임명된 기간 동안 순회판사와 동일한 지위를 갖는다. 통상 퇴직한 항소법원이나 고등법원의 판사 그리고 순회판사 중에서 임명한다.

5) 치안판사의 재판 참여

치안판사는 치안법원에서의 재판을 주된 업무로 하지만 예외적으로 왕립형사법원의 재판에 관여하는 경우가 있다. 왕립형사법원이 치안법원의 판결에 대한 항소사건을 처리함에 있어서 재판부의 구성은 판사 1명에 2명 이상 4명 이하의 치안판사가 담당하도록 되어 있다.[12]

하지만 수석법관의 지침에 의하여 치안법원 판결에 대한 항소사건의 재판에 고등법원판사가 참여하는 일은 없고, 왕립형사법원규칙에 의하여 2명 이상

9) Courts and Legal Services Act 1990, s. 71.
10) Courts Act 1971, s. 21.
11) Courts Act 1971, s. 24. Supreme Court Act 1981, s. 146.
12) Supreme Court Act 1981, s. 74(1).

의 치안판사가 참여함으로써 재판의 지연을 가져올 우려가 있는 경우에는 1명의 참여만으로도 가능하도록 되어 있다. 또한 항소사건 재판에 관여하였던 치안판사가 1회 출석한 후 그 다음 기일에 불출석한 경우에도 재판진행에 영향을 주지 않는다.

치안판사를 항소사건의 재판에 참여하도록 하는 것은 그들에게 형사재판의 경험을 쌓도록 하기 위함이다. 재판에 관여하는 치안판사는 다른 판사와 동등한 권한을 갖는다.

라. 왕립형사법원에서의 변론

과거에는 법정변호사(barrister)만이 왕립형사법원의 정식재판에 관여하여 소추인의 대리인이나 피고인의 변호인으로서 변론을 할 수 있었고 사무변호사(solicitor)는 이러한 변론권이 인정되지 않았다. 그러나 1990년 제정된 Courts and Legal Service Act에 의하여 영국 사무변호사회(Law Society)에서 일정한 교육을 받은 사무변호사도 왕립형사법원에서 피고인을 위해 변론을 할 수 있게 되었다. 그 결과 시골에 설치되어 있는 왕립형사법원에서는 사무변호사가 제 4 단계에 속하는 범죄의 재판에 출석하여 피고인을 위해 변론하는 경우가 빈번하다.

왕립형사법원의 정식재판에 회부된 피고인은 원하는 경우 변호인 없이 스스로 법정에서 자신을 위해 변론할 수 있다.

개인이 왕립형사법원에서 사적으로 소추행위를 하도록 허용할 것인지의 여부는 법원의 재량에 맡겨져 있다. 하지만 법원이 이러한 재량권을 행사하여 개인에게 왕립형사법원에서 소추행위를 하도록 허용하는 일은 극히 예외적인 경우이고 대부분의 경우 왕립형사법원에서의 소추행위는 비록 그것이 사인소추라 하더라도 법률상의 대리인이 하는 것이 원칙이다.

2. 기소(Indictment)

우리나라와 같은 대륙법계국가에서는 검사가 피고인을 법원에 기소한다. 또한 기소독점주의에 따라 검사만이 피고인을 기소하는 것이 원칙이다. 이와 달리 영미법계의 국가에서 소추당사자가 법원에 피고인의 형사처벌을 구하는 것은 "lay information"이라고 하여 우리의 입장에서 보면 일종의 고발이고, 당사자로부터 고발을 접수한 법원이 예심을 거쳐 피고인을 정식재판에 회부하는 것을 기소(indictment)라고 한다.

가. 기소장의 작성

피고인이 치안법원에 의하여 왕립형사법원의 정식재판에 회부되면 기소장이 작성된다. 기소장은 우리의 공소장과 유사하다. 기소장에는 피고인의 범죄사실을 항목별로 기재하고 피고인은 재판의 서두에서 각 범죄항목에 관하여 유·무죄답변을 한다. 중요한 것은 재판을 함에 있어서 배심은 하나의 기소장만을 가지고 재판하고 동시에 2개 이상의 기소장에 대하여 재판하지 않는다는 것이다.

기소장 작성에 관한 것은 1915년 제정된 Indictment Act와 그 법에 따라 1971년 제정된 Indictment Rules에 의하여 규율되고 있다. 기소장은 우리의 공소장과 같이 일정한 양식이 있다. 양식에 따라 기소장은 보통 다음과 같이 작성한다.

기소장의 상단에는 "기소장(INDICTMENT)"이라 기재하고 그 밑에 왕립형사법원의 소재지 그리고 사건명을 기재한다. 우리는 검찰청의 해당 연도 사건의 일련번호와 피고인의 성명 그리고 죄명을 적시하여 사건을 특정하지만 당사자주의 영미의 형사소송에서는 형사소송의 원고와 피고를 적시하여 사건명을 정한다. 영국에서는 대부분의 경우 국왕이 형사소송의 원고가 된다.

사건명 밑으로 정해진 문구 즉, "A, B 그리고 C는 다음과 같이 고발되었다"는 말을 기재한다. 이를 "presentment"라고 한다. 피고인에 대한 범죄 내용은 소인(count)별로 나누어 설시한다. 각 소인에는 하나의 범죄만을 기재하여야 한다. 기소장의 각 소인은 죄명(a statement of offence)과 적용법조 그리고 범죄사실(particulars of offence)로 나누어진다.

범죄가 제정법상의 범죄인 경우에는 해당 법률과 해당 조문을 기재하지만 Common Law상의 범죄인 경우에는 죄명만을 기재한다. 피고인에 대하여 여러 소인으로 기소하는 경우 소인 별로 나누어 기소하지만 1개의 소인에서 2개의 범죄사실을 선택적으로 기재할 수 있다. 공범이 있는 경우 1개의 소인에 2명 이상의 공범을 동시에 기재할 수 있다.

나. 기소장안의 제출

기소장에는 왕립형사법원의 직원이 서명을 한다. 이러한 서명이 없는 기소장은 무효이고 그에 기한 유죄판결은 고등법원에 의하여 파기된다. 직원의 서명은 기소장의 제일 하단에 한다.

왕립형사법원의 직원이 기소장에 서명을 하기 전에는 단순한 기소장안(bill of indictment)에 불과하다. 기소장안은 소추인을 대리하는 변호사(council)나 왕립형사법원의 직원이 작성한다. 변호사가 기소장안을 작성하는 경우 왕립형사법원직원의 서명을 받기 위하여 왕립형사법원으로 기소장안을 송부하여야 한다. 이를 기소장안의 제출(preferment of the bill of indictment)이라고 한다.

기소장안이 왕립형사법원의 직원에 의하여 작성된 경우 작성과 동시에 제출된 것으로 본다.[13] 재판의 지연을 방지하기 위해 피고인이 왕립형사법원의 재판에 회부된 날로부터 28일 이내에 기소장안을 제출하도록 하고 있다.[14] 하지만 이 기간은 왕립형사법원의 직원에 의하여 1차로 28일간 연상될 수 있고 다시 판사에 의하여 연장될 수 있다. 연장신청은 서면으로 하여야 하고 그 이유를 기재하여야 한다. 또한 이러한 기간의 제한은 강제적인 것이 아니고 훈시적인 것으로 보아 기소장안의 제출이 기간의 제한을 위반한 경우에도 유효한 재판이 가능하다.

다. 기소장과 소인

기소장을 작성함에 있어서 가장 중요한 문제는 어떠한 소인을 기소장에 포함시킬 것인가이다. 예심절차를 거친 경우에는 기소장 작성자에게 예심서류의 사본이 제공되므로 예심절차에서 피고인을 왕립형사법원의 재판에 회부한 고발 내용 및 일부 고발을 기각하였다면 그 내용을 알 수 있다. 그러나 기소장

13) 과거 대부분의 기소장은 왕립형사법원의 직원에 의하여 작성되고 일부 중요하고 복잡한 사건의 경우에만 관련 서류들을 소추인의 변호사에게 송부하여 변호사가 작성하도록 하였다. 그 결과 기소장이 적법하게 작성되지 않는 경우가 종종 있었고 이 경우 고등법원은 기소장이 적법하게 작성되었는지의 여부를 소추인의 변호사가 확인하여야 한다고 판시하였다. R. v. Newland [1988] QB 402. 그러나 공소국(the Crown Prosecution Service)이 설치된 이후 오늘날 대부분의 기소장은 CPS 소속의 검사(Crown Prosecutor)가 작성하고 있다.

14) Indictments Rules 1971, r. 4.

작성자는 치안법원의 의견에 기속되어 치안법원이 정식재판에 회부한 범죄사실만을 기소장에 포함하여야 하는 것은 아니다. 치안법원의 예심절차에서 증거에 의하여 드러난 기소가능범죄는 치안법원이 그 범죄에 관하여 피고인을 왕립형사법원의 정식재판에 회부하였는지 여부와 상관없이 이를 기소장에 포함할 수 있다.

예컨대, 피고인이 절도죄로 왕립형사법원의 정식재판에 회부되었지만 증거라고는 절도범죄가 발생한 1시간 후 도난당한 장물을 피고인이 소지하고 있었다는 것이 전부인 때에는 피고인이 절도를 부인하고 장물취득만을 인정할 경우에 대비하여 기소장을 작성함에 있어 장물취득죄도 함께 기소장에 포함할 수 있다.

마찬가지로 치안법원에서 피고인을 왕립형사법원의 정식재판에 회부하면서 그 죄명을 고살(manslaughter)로 회부한 경우에도 만일 기소장을 작성하는 소추인의 변호사나 왕립형사법원의 직원의 판단에 따라 예모의 범의(malice aforethought)를 인정할 증거가 있다고 생각되면 고살이 아니라 모살(murder)로 기소장을 작성할 수 있다. 나아가 소추인이 고살이 아니라 모살의 죄로 정식재판에 회부하여 줄 것을 요구한 때에 치안법원이 이를 거부하고 고살만을 인정하여 정식재판에 회부한 경우에도 예모의 범의가 있었다고 인정되면 모살로 기소장을 작성할 수 있다.

다만 치안법원이 명시적으로 정식재판회부를 거부한 범죄를 기소장에 포함하는 경우에는 이를 매우 신중하게 다루어야 한다. 어떤 경우이든 기소장에 포함되는 범죄는 치안법원에 제출된 증거에 근거하여야 한다. 치안법원에서 정식재판에 회부하기를 거부한 범죄는 그 단독으로 기소장에 포함될 수 없고 다른 범죄를 대체하거나(in substitution for) 또는 다른 범죄에 추가하는(in addition to) 것으로만 가능하다. 또한 이러한 부가적인 소인들은 정식재판에 회부된 범죄와 법률적으로 상관관계가 있어 공동소송의 대상이 되는 것이어야 한다.

라. 소인에 기재할 사항

소인(count)에는 죄명 그리고 범죄가 제정법위반인 경우에는 죄명과 해당 법조를 기재하고 그 다음에 범죄사실을 기재한다. 범죄사실을 기재함에 있어서는 범죄를 구성하는 필수적인 요소들을 모두 적시하여야 한다. 기소장을 작성함에 있어서는 실무상 Blackstone의 “Criminal Practice”를 많이 참조하며 보통 다음과 같은 방식으로 한다.

① 범죄사실은 피고인의 이름과 성을 기재하는 것으로 시작한다. 성명의 기재에 오류가 있다 하더라도 그 이름으로 피고인의 범인식별이 가능한 경우라면 유죄판결에 대한 항소이유가 될 수 없다. 범죄사실에서 피고인 이외의 다른 사람을 거론하는 경우에도 이름과 성을 밝혀야 하지만 그에 대한 오류가 항소이유가 될 수 없다.

② 성명 다음에는 범행 일시를 기재한다. 기소장에 기재된 범행 일시와 다른 날 범죄가 발생하였고 이로 인하여 피고인의 방어권행사에 어려움이 있었던 때에도 유죄판결이 그대로 유지된 경우가 있다. 범행 일시를 정확히 모르는 경우에는 범행이 발생하였을 가능성이 있는 최초의 일자와 마지막 일자를 기재하는 방식으로 한다.

③ 행위 내용을 기재하는 데 자세한 내용까시 기재할 필요는 없다. 예컨대, 절도사건의 경우 “A는 B소유의 시계를 절취하였다”로 기재하면 된다. 하지만 장물취득의 경우와 같이 특정한 범죄의 경우 행위 내용을 자세히 기재하는 것이 필요한 경우가 있다.

④ 범죄사실에서 재물을 언급하는 경우에는 재물을 특정하기 위해 소유자를 기재할 필요는 있지만 그 가액은 기재할 필요가 없다. 소유자를 확인할 수 없는 때에는 “성명 불상의 자 소유”라고 기재한다. 현금인 경우에는 단순히 돈이라고 기재하고 돈의 종류는 기재하지 않는다.

⑤ 범죄 발생지는 특별한 사정이 없는 한 원칙적으로 기재하지 않는다. 예컨대, 위험한 자동차운전의 경우 도로에서만 일어날 수 있는 범죄이기 때문에 도로를 특정하여야 하고 건조물침입절도의 경우 건조물에 침입하여야 하므로 침입한 건조물을 특정하여야 한다.

마. 중복기재에 관한 문제

하나의 기소장에 여러 개의 소인이 들어갈 수 있지만 하나의 소인에는 하나의 범죄만을 기재하여야 한다. 하나의 소인에 2개 이상의 범죄가 기재되어 있으면 이를 중복기재의 흠(bad for duplicity)이라고 한다. 하나의 소인에 2개 이상의 범죄가 기재되어 있어 중복기재의 흠이 인정되는 경우 피고인은 이의신청을 할 수 있고, 이의신청이 받아들여지면 그 소인에 대한 유·무죄의 답변을 할 필요가 없다. 이의신청이 받아들여지지 않고 유죄판결이 선고된 경우 피고인은 이에 대하여 항소할 수 있다.

소인에 "피고인은 2008. 8. 8. 피해자를 모살하거나 또는 위법하게 죽였다"고 기재하는 것은 중복기재다. 모살(murder)이나 고살(manslaughter)은 각 다른 하나의 소인을 구성할 수 있는 별개의 범죄이기 때문이다. 마찬가지로 "피고인은 2008. 7. 21. A의 옷가게에서 신사복을 절취하고 2008. 8. 1. B의 옷가게에서 여성 드레스를 절취하였다"고 기재하는 것도 중복기재다. 각기 다른 일시에 다른 피해자를 상대로 범한 절도는 별개의 범죄이기 때문이다.

하지만 "피고인은 2008. 7. 21. A의 옷가게에서 신사복과 여성 드레스를 절취하였다"고 기재하는 것은 중복이 아니다. 범죄 일시와 피해자는 동일하나 물품만이 2개인 경우에는 별개의 범죄로 보지 않는다. 엄밀하게 보면 이 경우도 2개의 범죄로 볼 수 있지만 "이중기재의 문제는 엄격하게 이론적으로만 볼 것이 아니라 실용적인 면에서 보아야 한다"는 것이다.[15] 따라서 별개의 범죄인 경우에도 그들 범죄가 마치 하나의 범죄행위를 구성하는 것처럼 서로 밀접하게 연관되어 있는 경우에는 하나의 소인에 동시에 기재할 수 있다.

1) 총량 부족의 경우

별개의 범죄는 별개의 소인으로 구분하여 기소장을 작성하여야 한다는 원칙을 엄격하게 적용하면 불편한 경우가 있을 수 있다. 특히 일정 기간에 걸쳐 반복적으로 동일한 피해자로부터 현금이나 물건을 절취하였지만 그 절취 일자나 절취 금액을 특정할 수 없는 경우에 문제가 된다.

예컨대, 가게 점원이 일정 기간에 걸쳐 가게에서 계속 물건을 절취하였지만 절취한 일시나 금액을 알 수 없고 다만 물건을 구입한 전체 분량에서 판매한 분량을 공제한 결과 남아 있어야 할 재고와 실제 재고 사이에 현격한 차이가 있는 경우이다. 이 경우를 총량 부족의 절도(theft of a general deficiency)라고 한다. 이러한 경우에는 하나의 소인에 언제부터 언제까지 전체 얼마의 금액을 절취하였다고 기재하는 것이 허용된다.[16]

---

15) DPP. v. Merriman [1973] AC 584.

16) R. v. Tomlin (1954) 38 Cr App R 82.

2) 표본 소인(sample count)의 문제

피고인이 반복적으로 범죄행위를 범한 경우 소추인은 그 중 일부 표본 사건을 골라 소추할 수 있다. 예컨대, 일정 기간 계속하여 횡령행위를 한 경우 또는 일정 기간에 걸쳐 어린이를 성추행한 경우와 같은 때이다.

전체 범죄에 대하여 재판을 하는 것이 어려우므로 몇 개의 견본이 되는 소인들만 기소장에 기재하고 그에 대하여만 재판을 하게 된다. 이러한 경우 소추인은 피고인에게 전체 범죄의 목록을 제시하여야 한다. 피고인이 범죄사실을 부인하는 경우 기소장에 포함되어 있지 않은 범죄사실에 대한 피고인의 배심재판을 받을 권리를 보장해 주어야 한다. 즉, 피고인이 기소장에 기재되어 있는 범죄에 대하여 범행을 부인하고 그에 대한 재판 결과 배심이 유죄평결을 하였다고 하여 기소장에 포함되어 있지 않은 다른 범죄사실도 함께 유죄로 인정되는 것은 아니다.

3) 장물범죄의 경우

1968년 제정된 Theft Act(제22조)는 장물 관련 범죄를 하나의 범죄로 규정하고 있다. 하지만 장물 관련 범죄는 장물취득, 장물보관, 장물처분 등 여러 개의 상이한 방법으로 범할 수 있는 범죄이다.

법률적으로는 소인에 "피고인은 장물이라는 정을 알면서도 장물을 취급했다(handled)"고 기재하는 것은 적법한 것이 되지만 이렇게 기재하면 피고인으로서는 소추인이 어떠한 내용의 장물범죄로 소추하는지 알 수 없게 된다. 소송에서 소추인은 그들의 태도를 분명히 해야 한다(nail their colours to the mast). 따라서 장물 관련 범죄에 대한 소인을 기재함에 있어서는 장물취득, 장물보관, 장물처분, 장물알선 등 어떠한 내용의 장물범죄인지를 분명히 해야 한다.

바. 범죄사실의 병합

우리나라에서는 피고인에 대한 공소를 제기함에 있어 하나의 공소장에 피고인의 모든 범죄사실을 적시하여 공소를 제기한다. 피고인이 여러 명인 경우에도 하나의 공소장에 모든 피고인의 인적사항과 죄명, 적용법조 그리고 범죄사실을 기재하여 공소를 제기하는 것은 마찬가지이다.

그러나 배심재판에서는 이러한 방식으로 하나의 기소장에 피고인에 대한 모든 범죄사실을 기재하여 기소하고 모든 범죄사실에 대하여 재판하는 것은 형사소송이 피해자와 가해자 사이의 소송이라는 점에서 이론상으로 옳지 않고 배심재판과 관련하여 현실적으로도 불가능한 일이다.

따라서 기소장에는 1명의 피고인과 피고인에 대한 하나의 범죄사실만을 기재하여 기소하고 그에 따라 하나의 범죄사실에 대하여 재판하는 것이 원칙이다. 하지만 이 원칙을 너무 강조하게 되면 비능률적인 소송이 될 수밖에 없다. 그러한 이유로 일정한 경우 하나의 기소장에 여러 개의 범죄사실이나 여러 명의 피고인을 함께 기재하여 동시에 소송을 하는 것이 인정된다. 1명의 피고인에 대하여 하나의 기소장에 여러 개의 범죄사실을 함께 기재할 수 있는 경우는 그 범죄사실이 동일한 사실에 기초하고 있거나 동일한 성격 또는 유사한 성격을 갖고 있는 일련의 범죄를 구성할 때 또는 그 일련의 범죄의 일부인 때이다.[17]

1) 동일한 사실에 기초하고 있는 범죄

호텔에 방화를 하여 여러 명을 죽게 한 경우와 같이 하나의 행위가 여러 개의 범죄에 해당하는 경우가 동일한 사실에 기초하고 있는 범죄의 전형적인 것이지만 여러 개의 계속적인 행위로 여러 개의 범죄를 범한 경우에도 동일한 사실에 기초하고 있다고 볼 수 있는 때가 있다. 예컨대, 은행에 침입하여 강도를 하고 나와 차를 몰고 달아나면서 추적을 피하기 위해 과속으로 운전하다가 쫒아 온 경찰관에게 붙들리게 되자 체포를 면하기 위해 경찰관에게 폭행을 가한 경우와 같은 때이다.

이 경우 피고인은 하나의 기소장으로 강도, 위험한 운전 그리고 체포를 면할 목적의 폭행으로 기소될 수 있다. 나아가 이 때 피고인이 권총을 갖고 있었고, 운전하여 달아나던 자동차가 절취한 것이라면 위 범죄사실에 더하여 총기휴대와 절도죄가 동일한 기소장에 기재될 수 있다. 또한 반드시 시간적으로 근접하여 일어난 범죄만이 동일한 사실에 기초하고 있는 것으로 볼 수 있는 것은 아니다. 시간적으로 상당한 간격이 있다 하더라도 후에 일어난 일이 먼저 있었던 일을 전제로 하고 있는 경우에는 동일한 사실에 기초하고 있다고 볼 수 있다.[18]

Barrell 사건에서 피고인은 디스코텍에서 폭력을 행사하고 소란을 피운 범

17) Indictment Rule r. 9.
18) R. v. Barrell and wilson (1979) 69 Cr App R 250.

죄와 사법집행을 방해하려 한 범죄로 기소되었다. 사법집행을 방해하려고 하였다는 범죄의 내용은 피고인이 폭력 범죄로 왕립형사법원의 재판에 회부되자 증인에게 금품을 제공하여 그에게 불리한 진술을 하지 않도록 하려고 하였다는 것이다. 금품을 제공하려 한 것은 디스코텍에서 폭력을 행사한 때로부터 수 주일이 지나서 발생한 일이지만 폭력행위가 없었다면 금품을 제공할 이유가 없었다고 볼 수 있게 된다. 고등법원은 이 경우 두 개의 범죄가 시간상으로는 간격이 있지만 동일한 사실에 기초하는 것으로 볼 수 있다고 한다. 마찬가지로 피고인이 절취한 수표로 물건을 구입하였을 때에도 두 범죄가 시간적 간격을 두고 일어났다 하더라도 하나의 기소장에 두 개의 범죄 즉, 절도와 절취한 수표로 물건을 편취한 범죄를 함께 기재하여 기소할 수 있다.

2) 동일하거나 유사한 성격의 범죄

두 개 이상의 범죄가 동일하거나 유사한 성격을 갖는 일련의 사건이 되기 위해서는 그들 범죄 사이에 일정한 "연관성(nexus)"이 있어야 한다. 이러한 연관성은 법률적인 관점에서 그리고 범죄행위를 구성하고 있는 사실관계의 유사성으로부터 나와야 한다.[19] Ludlow 사건에서 피고인은 첫 번째 소인으로 절도미수(attempted theft) 그리고 두 번째 소인으로 강도죄(robbery)로 고발이 되었다. 이러한 두 개의 소인 즉, 절도미수의 요건과 절도(강도)기수의 요건은 법률적인 관점에서 필요충분의 유사성을 보여준다는 것이다.

위 사건에서 첫 번째 소인은 피고인이 어느 시골에 있는 주점 창문을 통하여 나오는 것이 목격되었고 이를 근거로 배심원들은 피고인이 절도를 하려다 방해를 받아 목적을 이루지 못한 것으로 추정하였다. 두 번째 소인은 피고인이 그 일이 있었던 날로부터 16일 후 같은 마을에 있는 다른 주점에서 술값을 지불하고 난 뒤 그 돈을 도로 낚아채고 직원을 주먹으로 때린 사안이었다.

귀족원은 두 범죄가 하나의 기소장으로 두 개의 소인을 병합하여 재판하는 것이 상당할 정도로 충분한 유사성이 있다고 판시했다. 그러나 이는 병합소송과 관련하여 상당히 획기적인 판결이다. 위 두 사건은 범죄가 발생한 일시 및 장소가 상당히 밀접한 관련이 있을 뿐이지 서로 다른 주점에서 두 사건이 발생하였다는 것 자체는 우연의 일치에 불과하기 때문이다. 이러한 관점에서 본다면 사건 상호 간에 약간의 유사성만 있다면 이들 사건은 병합소송이 가능

19) Ludlow v. Metropolitan Police Commissioner [1971] AC 29.

하다는 결론이 된다. 또한 위의 사건들은 일련의 사건으로도 볼 수 있다. 여러 범죄가 일어난 시간상의 차이도 그 범죄들 사이의 유사성을 결정함에 있어 매우 중요하다고 할 수 있다.

하지만 항소법원은 한 어린 소년에 대한 추행사건과 그로부터 9년 후에 일어난 다른 어린 소년에 대한 추행사건을 병합하여 하나의 기소장으로 재판할 수 있다고 판시하고 있다.[20] 시간이나 장소와 관련하여서는 연계성이 없지만 사건의 성격에 있어 유사성이 강하다는 것이 병합소송을 인정하는 이유라고 할 수 있다.

더욱이 항소법원은 피고인이 1978년 그의 7세 딸을 강간한 사건과 1989년 그 딸에 대한 강간미수사건을 11년간의 시간차이에도 불구하고 하나의 기소장으로 병합하여 재판할 수 있다고 판시하고 있다. 피해자가 동일인이고 범죄 내용이 넓은 의미에서 유사성이 있으므로 범죄 상호간에는 병합소송을 할 만한 충분한 연계성이 있다는 것이다.

3) 분리소송을 명하는 경우

여러 범죄를 하나의 기소장에 기재하여 재판하는 것이 피고인에게 불리한 경우 또는 일부 범죄를 분리하여 별도의 재판을 하는 것이 상당하다고 인정될 때에는 판사는 분리재판을 명할 수 있다.[21] 이를 보통 기소장의 분리(severing the indictment)라고 한다. 법률적으로는 병합소송이 가능하지만 병합소송을 하는 경우 배심이 모든 범죄 항목을 공정하게 처리하는 것이 어렵다고 보여 지는 경우 인정되는 제도이다.

반면에 동일한 사실에 기초하거나 동일하거나 비슷한 성격의 일련의 사건 중 그 일부를 구성하는 것이 아니어서 하나의 기소장에 함께 기재하여 병합소송을 할 수 없는 범죄사실을 하나의 기소장에 기재한 경우 이러한 기소장은 무효가 되고 이 경우 기소장을 분리한다고 하여 그 하자가 치유되는 것은 아니다.[22] Newland 사건에서 피고인은 판매목적으로 금지된 약품을 소지한 죄와 이와 아무런 관련도 없는 폭행죄로 기소되었다. 범죄사실의 병합이 잘못되었다는 것을 알아차린 소추변호사가 법원에 기소장의 분리신청을 하였고 이

---

20) R. v. Baird (1993) 97 Cr App R 308.
21) Indictment Act 1915, s. 5(3).
22) R. v. Newland [1988] QB 402.

러한 신청이 받아들여져 기소장은 분리되었다. 그리고 피고인은 각 죄에 대하여 유죄를 인정하였다. 그러나 항소심에서 피고인의 유죄인정은 파기되었다. 피고인의 유죄는 무효인 기소장에 근거한 것이기 때문이다.

이러한 경우 소추변호사가 기소장의 분리신청을 하지 않고 두 가지 범죄사실 중 하나를 삭제하였다면 그 기소장은 정정된 기소장으로 유효한 기소장이 될 수 있고 그에 따른 유죄는 유효한 것이 된다. 나아가 기소장에서 삭제한 범죄사실에 대하여 별도로 소추하는 것도 가능하게 된다.

4) 선택적 범죄사실(alternative count)

소추인의 증거에 의하면 피고인이 기소가능범죄를 범한 것은 명백하지만 정확하게 어떤 범죄를 범하였는지가 분명하지 않은 경우가 있다. 이러한 경우 기소장에 가능한 모든 범죄사실을 기재하고 배심이 그 중 하나를 골라 유죄를 인정하도록 할 수 있다. 기소장에는 이러한 취지를 기재할 필요가 없고 소추변호사나 사건의 개요를 요약하여 설명하는 판사가 배심에게 기소장에 기재되어 있는 피고인의 모든 범죄사실을 판단할 필요가 없다고 설명해 주면 된다.

배심에게 그러한 내용을 설명해 주는 형식은 사건에 따라 다를 수 있다. 먼저 첫 번째 범죄사실을 판단하게 하면서 그 범죄사실을 입증할 증거가 없는 경우에만 두 번째 범죄사실을 판단하도록 하는 경우가 있을 수 있고 여러 개의 범죄사실 중 증거를 고려하여 가장 적절한 하나의 범죄사실만을 골라 유죄평결을 하게 할 수도 있다. 절도와 장물취득의 경우와 같이 범죄의 죄질이 비슷한 경우에는 보통 후자의 방식을 취하게 된다. 이 경우 배심이 절도죄를 범한 것인지 아니면 장물취득죄를 범한 것인지 여부를 확신할 수 없다고 하여 양자에 대하여 모두 무죄를 선택하는 것은 부당하다.

피고인의 범의와 피해의 결과 등을 고려하여 죄질이 비슷한 경우뿐 아니라 죄질이 다른 여러 개의 범죄 중 하나를 선택하여 유죄인정을 하도록 기소장을 작성할 수도 있다.

사. 공동피고인에 대한 병합소송

하나의 범죄를 공동으로 범한 2명 이상의 피고인을 하나의 기소장으로 소추할 수 있는 것은 물론이다. 나아가 하나의 기소장에 2명 이상의 서로 다른 피고인이 범한 별개의 범죄를 기재하여 병합소송도 할 수 있다.

1) 공동의 범죄사실

하나의 범죄에 여러 명의 피고인이 공동으로 가담한 경우 그들 피고인 들은 모두 하나의 범죄사실로 기소되는 것이 보통이다. 이는 공동정범뿐 아니라 범죄에 가담한 모든 교사범이나 방조범에도 적용된다.[23] 따라서 A가 B, C에게 정보를 제공하고 그 정보에 따라 B, C가 건물에 침입하여 절도를 하는 사이에 D가 밖에서 망을 본 사건에서 소추인은 "A, B, C 그리고 D가 건물에 침입하여 절도를 하였다"는 식으로 하나의 범죄사실로 피고인들을 소추할 수 있다. 엄밀하게 따져본다면 A와 D는 건물에 침입한 것이 아니지만 법률적으로 A와 D는 B, C와 동일한 책임을 진다.

피고인들은 예심절차 등에서 소추인으로부터 그들의 역할에 대하여 충분히 듣고 그 내용을 파악하고 있으므로 하나의 기소장으로 공동소송을 한다 하더라도 그들에게 불리하지도 않다. 물론 유죄인정 후 양형을 정함에 있어서는 그들의 각자 역할을 고려하여 판결을 하게 된다. 이러한 방식으로 교사범이나 방조범을 주범과 동일하게 취급하여 하나의 범죄사실로 기소하는 것이 편리하지만 또한 각자의 역할을 기소장에서 구체적으로 설시하여 주는 것도 인정된다. 특히 여자가 남자의 강간범죄를 도와 준 경우 이러한 방식을 취한다. 강간죄의 책임을 여자에게 돌림으로써 배심원을 혼돈스럽게 하기보다는 여자인 "A가 B의 여자 강간행위를 도와주었다"고 하는 것이 자연스럽기 때문이다.

배심은 공동피고인에 대하여 증거에 따라 유죄나 무죄를 선택한다. 보통의 경우 공범관계에 있는 경우에만 공동소송을 하게 되지만 그러한 공범관계가 인정되지 않음에도 공동소송을 한 경우 그들에 대한 유죄인정은 귀족원에 의하여 유효한 것으로 받아들여지고 있다.[24] 판사는 공범관계에 있는 공동피고인에 대하여 분리소송을 명할 수 있기는 하지만 통상 분리소송을 하지 않고 공동소송을 하게 된다. 사건을 분리하지 않고 공동소송을 함으로써 시간을 절약하고 증인은 1회의 증언만 하게 되는 편리함이 있다. 또한 공동소송을 함으로써 피고인 각자의 역할이 뚜렷이 드러나게 되고 증거가 동일함에도 분리소송을 함으로써 발생할 수 있는 상이한 결론을 방지할 수 있다.

23) Accessories and Abettors Act 1861, s. 8. 동조는 "모든 2차 범죄가담자들도(all secondary parties) 주된 범죄자(principal offender)와 마찬가지로 기소되어 재판과 처벌을 받는다"고 규정하고 있다.

24) DPP. v. Meriman [1973] AC 584.

2) 별개의 범죄사실

어떤 경우에도 하나의 범죄사실에 서로 관련이 없는 여러 명의 피고인이 범한 범죄사실을 함께 기재할 수 없지만 하나의 기소장에는 피고인을 달리하는 여러 개의 범죄사실을 기재할 수 있다.

하나의 기소장에 여러 명의 피고인이 범한 별개의 범죄를 기재하기 위해서는 그들 사이에 어떤 연관성이 있어야 한다. 예컨대, 범죄행위는 별개지만 피고인 등이 연합하여 각자의 범죄를 범한 경우, 폭력집단 사이의 싸움에서 다양한 공격행위가 있었던 경우와 같이 모든 범죄가 하나의 사건에서 저질러진 때 그리고 하나의 사건에 여러 차례 출석하여 위증한 경우와 같이 계속하여 범한 범죄와 같은 연관성이 있어야 한다.

이러한 예로 2명의 피고인이 하나의 기소장으로 소추된 Assim 사건이 있다.[25] 피고인 중 1명은 피해자 A에게 위법한 상해를 가한 죄로 소추되었고 나머지 1명은 피해자 B에게 폭행치상을 가한 죄로 소추되었다. 이 사건에 있어서 피고인 각자의 행위는 서로 다른 피해자에 대한 것이기 때문에 그들을 하나의 범죄사실로 기소할 수는 없지만 그들을 하나의 기소장에서 별개의 범죄사실로 기소하여 병합소송을 하는 것은 인정된다.

그 이유는 그들 피고인은 같은 나이트클럽의 경비원과 접수직원이었고 피해자들은 그 나이트클럽에서 술값을 지불하지 않고 도망가려던 자들이었기 때문이다. 2개의 사건은 시간과 장소에 있어서 연관성이 있었고 술값을 내지 않고 가려는 자들을 붙잡기 위하여 발생한 것으로 그 동기에 있어서도 연관성이 있었다.

1968년 제정된 Theft Act는 장물사건의 경우 여러 명의 장물사범을 하나의 기소장으로 소추할 수 있다고 규정하고 있다.[26] 따라서 A가 주거침입절도를 하여 시계와 목걸이를 절취한 뒤 시계를 B에게, 목걸이를 C에게 팔고, C는 이 목걸이를 다시 D에게 매도한 경우 이들 4명은 하나의 기소장으로 소추되어 함께 재판받을 수 있다.

이러한 경우에도 판사는 물론 하나의 기소장에 따라 함께 재판하는 대신 분리재판을 명할 수 있다.

25) R. v. Assim [1966] 2 QB 249.
26) Theft Act 1968, s. 27(1).

3) 과부하 기소장

범죄사실에 대한 병합소송이나 공동피고인에 대한 병합재판에 관한 규칙은 그렇게 엄격한 것은 아니다. 따라서 일단 병합소송이나 공동재판이 규칙에 위반하지 않는 것으로 보이면 분리재판을 하지 않았다는 이유로 유죄판결이 파기되는 일은 좀처럼 일어나지 않는다. 하지만 과부하 기소장과 관련하여 문제가 되고 있다. 예컨대, Thorne 사건에서 14명의 피고인이 하나의 기소장으로 함께 재판을 받았다.[27] 이 기소장에는 3개의 강도사건과 강도범행의 모의, 강탈금품의 처리 그리고 강도사건의 소추와 관련하여 사법방해 등 여러 개의 관련 범죄가 포함되어 있었다. 이 사건의 재판에는 모두 27명의 변호사(counsel)와 10개의 법무법인(firms of solicitors)이 관여하여 111일간 재판이 진행되었고 판사가 배심에게 사건의 개요를 요약·설명하는 데 12일이 소요되었다.

재판이 너무 오랫동안 진행되었다는 점을 이유로 한 피고인의 항소는 받아들여지지 않았지만 고등법원은 이 사건에서는 2-3개의 짧은 재판이 더 바람직하였다고 판시하였다. 이러한 거창한 재판은 판사와 배심에게 부당한 부담을 가하게 된다. 물론 Thorne 재판이 영국 사법사상 가장 오래 끈 형사재판은 아니다. 그러한 오명을 받은 사건은 Kellard 사건이었다.[28] 사건의 내용은 사기무역과 관련한 여러 개의 범죄였는데 피고인 Kellard와 그의 공동 피고인들에 대한 재판은 17개월간 계속되었고 법원은 252일간 심리를 하였다. 하지만 이 사건에서도 고등법원은 재판이 너무 오랫동안 계속되어 불리하게 되었다는 피고인의 항소를 받아들이지 않았다.

고등법원은 문제가 되는 것은 재판기간이 아니라 그로 인해 피고인이 공정하지 못한 재판을 받게 되었는지 여부에 있고 이를 확인하기 위해서는 재판에 참여하는 배심원이 그들의 직무를 제대로 수행할 수 있었는지 여부를 알아보는 것이지만 재판이 오랫동안 진행되었다고 하여 배심원이 혼란에 빠져 업무를 제대로 수행할 수 없었다고 보기 어렵다고 판시하면서도 과부하 기소장으로 인하여 재판의 진행을 적절히 통제할 수 없는 경우가 발생하지 않도록 판사와 소추변호사는 주의하여야 한다고 강조하고 있다.

Kellard 사건에서 변호인은 일련의 사건을 분리해 재판하여야 한다고 신청

---

27) R. v. Thorne (1978) 66 Cr App R 6.

28) R. v. Kellard [1995] 2 Cr App R 134.

하였고 판사도 신청에 동조적이었다. 그런데 소추인 측 변호사가 분리될 범죄에 대한 증거가 남아있는 범죄에 대한 증거도 될 수 있다고 하면서 그 증거를 제출하겠다고 하였다. 동일한 증거를 두 개의 재판에 따로 제출할 것이라면 재판을 분리할 필요가 없게 되고 그에 따라 재판을 분리하지 않고 그대로 진행하였다. 고등법원은 신속한 재판을 위한 소추인 측 변호사의 의무를 강조하면서 이러한 방식으로 판사의 의도를 교란하는 것은 부적절하다고 판시했다.

4) 기소장에 관한 검사업무처리지침

검사업무처리지침은 하나의 기소장에 포함될 범죄사실에 관하여 지침을 제시하고 있다. 지침은 소추와 관련하여 피고인의 범죄사실을 선택함에 있어 i) 범죄의 경중을 반영하는 것, ii) 법원에 적절한 양형권을 부여하는 것, 그리고 iii) 재판이 명료하고 단순하게 진행될 수 있게 하는 것을 기준으로 하라고 지시하고 있다.

따라서 검사는 필요 이상의 범죄사실로 피고인을 소추하여서는 안 된다. 또한 검사가 여러 개의 범죄사실을 적시함으로써 피고인으로 하여금 그 중 몇 개의 범죄사실을 인정하도록 하거나 중한 범죄사실을 적시함으로써 가벼운 범죄사실을 인정하도록 하는 것도 인정되지 않는다.

아. 기소장에 대한 이의신청

1) 기소장의 분리신청

피고인이 기소장에 적시되어 있는 2개 이상의 범죄사실 중 일부를 분리하여 재판받거나 기소장에 기재되어 있는 다른 공동피고인과 분리하여 재판받고자 하는 경우에는 판사에게 기소장의 분리를 신청하여야 한다. 이 신청은 기소장에 대한 유·무죄 답변 직후에 하는 것이 일반적이다.

2) 기소장의 변경신청

기소장에 흠이 있는 경우 기소장의 변경이 피고인에게 불공정한 결과를 초래하지 않는다면 판사는 기소장의 변경을 명할 수 있다. 기소장의 변경을 명하는 것은 재판의 어느 단계에서도 가능하다. 기소장의 변경이 불공정한 결과를 초래하지 않는 경우라면 기소장의 흠이 사소한 것이든(성명의 철자를 잘못 기재한 경우 등) 혹은 근본적인 것이든(범죄의 구성요건 중 중요한 부분을 빠뜨린 경우 등) 관계없이 기소장의 변경은 가능하다.

기소장의 변경은 재판도중에 드러난 증거가 기소장의 범죄사실에서 주장하는 증거와 상이한 경우에도 인정된다. 물론 이러한 기소장의 변경이 재판의 마지막 단계에서 시도되는 경우에는 피고인에게 불공정한 결과를 야기할 우려가 있다는 이유로 그 신청이 거절될 수 있다. 기소장의 변경은 새로운 범죄사실을 추가하는 형식으로도 행해질 수 있다. 새로운 범죄사실의 추가는 기존의 범죄사실과 교환하여 이루어 질 수 있고 순수하게 새로운 범죄사실의 추가로도 이루어 질 수 있다.

3) 기소장의 기각신청

피고인은 판사에게 기소장을 기각하여 달라고 신청할 수 있다. 신청이 받아들여지면 기각된 기소장과 관련한 더 이상의 절차는 행해지지 않는다. 기소장의 기각신청은 기소장에 설시되어 있는 각 범죄사실별로 한다. 하지만 기소장의 기각신청은 피고인에게 큰 의미를 갖지 않는다.

기소장이 기각되더라도 소추인은 기각된 기소장과 관련한 범죄사실을 새로이 소추할 수 있다. 또한 기소장의 기각신청이 있는 경우 기소장의 변경으로 문제를 해결할 수 있다. 그 이외에 기소장의 기각신청이 받아들여지는 것은 다음의 경우와 같이 매우 제한적이다.

① 기소장안(bill of indictment)이 권한 없이 작성되었을 때,
② 기소장이나 범죄사실의 내용이 근본적인 흠을 갖고 있을 때,
③ 치안판사가 정식재판에 회부하지 않은 범죄사실의 경우이거나 회부절차에서 범죄사실에 대한 아무런 증거도 없다는 것이 드러난 때.

자. 기소장의 흠을 이유로 하는 항소

기소장의 흠이 피고인에 대한 재판과정에서 시정되지 않고 피고인이 종국적으로 유죄판결을 받게 되면 이러한 흠을 이유로 피고인은 유죄판결에 대하여 항소할 수 있다. 죄명을 기재하지 않거나 범죄사실을 제대로 적시하지 않은 경우 또는 재판에 제출된 증거와 범죄사실에 관한 증거가 일치하지 않는 경우와 같이 소인의 작성에 중요한 흠이 있는 때에는 유죄판결이 파기될 수 있다. 사소한 흠만이 있는 경우에는 항소의 이유가 될 수 없다.

그렇다고 하여 중요한 흠이 있는 경우에는 자동적으로 유죄판결이 파기되는 것은 아니다. 중요한 것은 그러한 흠이 피고인에게 불리하게 작용하였는지 여부를 가리는 것이다. 흠이 있었다 하더라도 그로 인하여 피고인에게 불리한 것이 없었다면 유죄판결은 그대로 유지된다.

그러나 흠이 소인의 작성에 그치는 것이 아니라 중요한 절차상의 잘못을 유발하여 기소장을 무효로 하는 경우 유죄판결은 유지될 수 없다. 규칙에 위반하여 여러 소인에 대한 위법한 병합소송이 이루어진 경우 이는 단순 위법에 그치고 기소장을 무효로 하는 것은 아니다.

3. 유·무죄 답변(plea)

대륙법계국가의 형사재판에서는 피고인이 범죄사실을 자백한다고 하여 피고인의 범죄를 인정하여 범죄혐의유무에 대한 재판절차를 생략하고 바로 양형재판절차로 넘어가는 것이 아니고 피고인의 자백을 포함한 여러 증거들을 종합하여 피고인에 대한 유·무죄를 결정한다.

그러나 당사자주의를 기본으로 하는 영미의 형사재판에서는 피고인이 기소범죄사실을 인정하는 경우 유·무죄를 결정하는 재판을 생략하고 바로 양형재판절차로 넘어가게 된다. 민사소송에서와 마찬가지로 당사자에게 일종의 처분권을 인정하는 것이다.

이러한 이유로 기소에 의한 정식재판은 기소인부(arraignment)절차로부터 시작한다. 기소인부절차에서 피고인에게 기소범죄사실이 고지되고 피고인은 그에 대하여 유·무죄답변을 하게 된다. 법원서기가 기소장을 읽어주고 각 소인에 대하여 피고인에게 유·무죄의 답변을 요구한다.

가. 무죄답변

피고인이 무죄답변(not guilty plea)을 하면 피고인의 범죄혐의를 가리는 재판을 시작하게 되고 소추인은 증거에 의해 합리적인 의심을 배척할 수 있을 정도로 피고인의 범행을 입증하여야 한다. 보통의 경우 소추인은 피고인이 실제 범죄를 저질렀고(actus reus) 그 당시 범죄를 범함에 있어 범의(mens rea)를 갖고 있었음을 입증하여야 한다.

범죄의 입증을 위해 소추인이 먼저 수집한 증거를 법정에 제출한다. 소추인이 제출한 증거만으로는 배심이 유죄인정을 하기 어려운 경우에는 판사가 배심에게 무죄평결을 하도록 지시한다. 이러한 경우에는 피고인이 반증을 제출하지 않고 바로 재판이 종료된다. 소추인은 피고인의 유죄입증을 위한 증거를 법정에 제출하고 이들 증거를 가지고 배심에게 피고인이 유죄라는 점을 설득한다. 나아가 피고인이 무죄답변을 한 경우 소추인은 피고인이 제시하는 반증(예컨대, 강박에 의한 행위, 정당방위행위)에 대하여도 그것이 근거가 없다는 점을 입증하여야 한다.

피고인이 제시하는 반증에 그것이 사실일 가능성이 있는 것으로 보이면 소추인은 그렇지 않다는 점을 합리적인 의심이 들지 않을 정도로 입증하여야 한다. 그러나 여기에는 예외가 있다. 범행 당시 정상적인 정신 상태에 있지 않았다는 점 또는 책임능력이 미약한 상태에서 범행을 저질렀다는 점은 피고인이 입증하여야 한다. 또한 제정법상의 범죄구성요건에 규정되어 있는 예외, 면제 또는 조건부 해당자라는 사실도 피고인이 입증하여야 한다.

피고인의 무죄답변에 따라 재판이 시작되면 피고인의 유·무죄를 가리기 위해 배심원들이 법정으로 들어온다. 그러나 피고인이 무죄답변을 하였다고 하여 반드시 배심재판(jury trial)이 뒤따르는 것은 아니다. 피고인이 기소장의 여러 소인(count) 중 일부 소인에 대하여 무죄답변을 하고 그 이외 다른 일부 소인에 대하여 유죄답변을 하는 경우 무죄답변을 한 소인에 대하여 재판절차를 진행하지 않는 경우가 종종 있다. 피고인이 유죄답변을 한 소인에 대한 처벌만으로도 충분히 피고인이 저지른 범죄에 대한 형벌의 목적을 달성할 수 있음에도 시간과 비용을 낭비하면서 무죄답변을 한 소인에 대하여 재판을 할 실익이 없다고 보기 때문이다.

이러한 경우 소추인 측 변호사가 선택할 수 있는 방안은 2가지이다. 그 하나는 피고인이 무죄답변을 한 범죄에 대하여 피고인의 유죄입증을 위한 증거를 제출하지 않는 것이다. 소추인 측 변호사가 증거를 제출하지 않겠다는 의견을 내면 판사는 피고인이 무죄답변을 한 범죄에 대하여 무죄로 기록하게 한다. 이와 같은 방식으로 무죄로 기록되면 배심에 의하여 무죄평결을 받은 것과 동일한 효력이 있다.[29)]

29) Criminal Law Act 1977, s. 17.

다른 하나의 방안은 무죄답변을 한 사건을 법원의 재판보류장부에 기재하는 것이다. 이러한 방식으로 재판이 보류되면 피고인에 대한 재판은 중지되고 후에 항소법원의 허가가 있는 경우에만 다시 보류장부에서 꺼내 재판할 수 있다. 사건이 법원의 보류장부에 기재되면 실제 무죄판결을 받은 것은 아니지만 그 사건을 다시 재판하는 일은 거의 일어나지 않는다. 다만 예외적으로 피고인이 유죄답변을 한 사건에 대하여 다른 이유로 항소법원에서 유죄판결이 파기된 경우 항소법원의 허가를 받아 보류사건을 다시 재판할 수 있다.

무죄답변은 피고인이 개인적으로 하여야 하고 변호인이 피고인을 위해 무죄답변을 대리할 수 없다. 그러나 이러한 무죄답변의 절차가 법에 위반되었다 하여 반드시 항소이유가 되는 것은 아니다.

나. 유죄답변

유죄답변(guilty plea)도 피고인이 개인적으로 하여야 하고 변호인이 피고인을 대리하여 할 수 없다. 변호인이 피고인을 대리하여 유죄답변을 한 경우 그 유죄답변은 무효이고 항소법원은 이러한 유죄판결을 파기하고 재소송을 명한다.[30]

피고인이 유죄답변을 하면 배심재판을 하지 않고 바로 양형재판으로 넘어가게 되고, 적정한 형을 정하기 위해 보호관찰관이나 양형조사관으로부터 양형자료를 받아 볼 필요가 있는 경우에는 재판을 속행하게 된다.

피고인이 일부 범죄에 대하여는 유죄답변을 하고 다른 일부 범죄에 대하여는 무죄답변을 한 경우 유죄답변을 한 범죄에 대한 양형재판은 무죄답변을 한 사건에 대하여 유·무죄를 결정할 때까지 연기하게 되고 무죄답변사건에 대한 재판 결과 유죄평결이 나면 함께 양형재판을 한다.

1) 공동피고인에 의한 답변

공동피고인이 하나의 기소장으로 기소되어 1명은 유죄답변을 하고 다른 1명은 무죄답변을 하게 되면 유죄답변을 한 피고인에 대한 사건은 기일을 추정하여 속행하는 것이 보통이다. 유죄답변을 한 피고인은 무죄답변을 한 피고인에 대한 재판이 종료될 때까지 보석으로 석방되거나 구속 상태를 유지한 채 양형재판을 기다리게 된다.

30) R. v. Ellis (1973) 57 Cr App R 571.

유죄답변을 한 피고인에 대한 형을 정하지 않은 상태에서 무죄답변을 한 피고인에 대한 재판을 하게 되면 그 과정에서 각자의 범죄 가담 정도를 알게 되는 장점이 있다. 따라서 무죄답변을 한 피고인에 대하여 배심이 유죄평결을 하는 경우 판사는 공동피고인에 대하여 동시에 형을 정하면서 누가 주도적인 역할을 하였는지 여부를 참작하게 된다. 유죄답변을 한 피고인에 대한 사건을 속행할 것인지의 여부를 정하는 것은 판사의 재량사항이다. 무죄답변을 한 피고인에 대한 재판 결과를 기다리지 않고 유죄답변을 한 피고인에 대하여 바로 양형재판을 거쳐 판결을 선고할 수 있는 것은 물론이다.

이때 소추인이 유죄답변을 한 피고인을 무죄답변을 한 피고인에 대한 재판의 증인으로 세우려고 하는 경우에 문제가 있을 수 있다. 유죄답변을 한 피고인에 대한 양형재판을 하기 전에 그를 증인으로 세우게 되면 그는 양형재판에서 유리한 판결을 받기 위해 판사가 원하고 있다고 생각하는 증언을 할 위험성이 있다. 그러한 이유로 과거에는 유죄인정을 한 피고인에 대한 양형재판을 먼저 하는 것이 원칙이었다.

한편 유죄인정을 한 피고인에 대하여 먼저 형을 선고하면서 변호인이 주장하는 피고인에 대한 형의 감경요소를 받아들여 가벼운 형을 선고하였지만 나중에 무죄답변을 한 피고인의 재판에서 그것이 잘못되었다는 것을 발견하더라도 이미 판결을 선고받은 피고인의 형을 높일 수 없게 된다. 이러한 이유로 항소법원은 소추인이 유죄답변을 한 피고인을 무죄답변을 한 피고인의 재판에 증인으로 세우려 하는 경우에도 그에 대한 형을 반드시 먼저 정하여야 하는 것은 아니고 판사의 재량에 따라 무죄답변을 한 피고인의 재판 후에 그와 동시에 할 수 있다고 판시하고 있다.[31)]

2) 애매한 답변

피고인이 기소장에 대하여 유죄(guilty)나 무죄(not guilty)라고 단순하게 답변하는 대신 애매하게 답변하는 수가 있다. 예컨대, 장물취득사건에서 장물을 취득한 것은 유죄이지만 취득한 물건이 장물이라는 점을 확실히 알고 있었던 것은 아니라고 주장하는 것과 같은 경우이다.

피고인의 이러한 답변은 "누구도 그것이 장물이라는 것을 명시적으로 말해주지는 않았지만 그것이 장물이라고 믿고 있었다"는 의미일 수도 있지만

31) R. v. Weeks (1980) 74 Cr App R 161.

"그 물건이 장물일지도 모른다는 의심을 하기는 하였지만 그것이 장물이라는 점은 정말 몰랐다"는 의미일 수도 있다. 전자의 경우에는 유죄납변이라고 보아야 하지만 후자의 경우에는 무죄답변이라고 보아야 한다.

이 경우 판사는 애매한 답변을 명료하게 할 수 있도록 피고인에게 범죄구성요건을 설명해 주어야 한다. 그러고 나서 다시 피고인에게 기소장을 고지하고 답변을 요구한다. 피고인의 답변이 애매한 경우에는 무죄답변을 한 것으로 본다.[32] 피고인의 답변이 애매모호함에도 유죄답변을 한 것으로 하여 양형재판을 한 경우 항소법원에 의하여 유죄판결은 파기되고 사건은 다시 왕립형사법원으로 되돌아가 피고인에 대한 답변을 다시 듣게 된다.

3) 자발적이지 못한 답변

피고인의 답변은 스스로 하는 것이어야 하고 또한 내면의 의사와 일치하는 것이어야 한다. 피고인의 유죄답변이 어떤 압력에 의한 것이라든지 유죄답변과 무죄답변을 자기의 의사에 따라 선택할 수 없는 상황에서 이루어졌다면 그러한 유죄답변은 무효이다. 이러한 이유로 피고인이 항소하면 유죄판결은 파기되고 항소법원은 재소송을 명하게 된다.

피고인에게 유죄답변을 하도록 압력을 가하는 것은 판사일 수도 있지만 피고인의 변호인일 수도 있다. 판사의 압력이 문제가 된 경우도 있었다. 피고인이 무죄답변을 하여 배심재판을 하던 도중 재판을 주재하던 판사가 배심원들을 내 보내고 피고인에게 피고인의 유죄는 명백하고 더 이상 재판을 하는 것은 시간낭비라고 말했다. 그럼에도 불구하고 피고인은 그의 무죄답변을 바꾸지 않았다. 만일 이때 피고인이 유죄답변으로 답변을 변경하였다면 그러한 유죄답변은 무효가 된다. 다른 이유로 항소한 이 사건에서 항소법원은 판사의 행위는 전적으로 부당한 것이라고 판시했다.[33]

다른 사건에서 피고인은 절도로 기소되어 무죄답변을 하였다. 소추인 측 증인이 증언한 뒤 판사는 상당한 기간 재판을 휴정하였다. 휴정기간 동안 피고인이 변호인을 찾아가 상의하였다. 피고인과 상의를 한 변호인이 판사의 사무실을 찾아갔다가 돌아와 피고인에게 만일 무죄를 계속 주장하였다가 유죄판결이 나는 경우 피고인은 징역형을 면키 어려울 것이라고 경고하였다.

---

32) Criminal Law Act 1967, s. 6(1).

33) R. v. Barnes (1970) 55 Cr App R 100.

대신 피고인이 유죄답변을 하는 경우 징역형이 아닌 벌금형이나 기타의 비구금형으로 처벌될 수 있을 것이라고 말하였다. 사실 변호인은 그의 개인 의견을 말한 것에 불과하였는데 피고인은 변호인이 판사의 의견을 전달하는 것으로 생각하고 유죄답변으로 변경하였다. 항소법원은 이 사건의 유죄판결을 파기하고 재소송을 명했다.34)

변호인에 의한 압력으로 보는 경우도 있다. 변호인이 피고인에게 소추인 측 증거가 너무 확실하여 피고인이 실제 범행을 하였는지 여부와 관계없이 유죄답변을 하는 이외 다른 방안은 없다고 조언하는 경우이다. 이러한 변호인의 조언에 따라 유죄답변을 하였다면 유죄답변은 무효가 되는 수가 있다. 변호인은 원칙적으로 피고인에게 적절한 조언을 하여야 하고 사정에 따라 강한 어조로 조언해 줄 수 있다. 따라서 소추인 측 증거가 강력하여 유죄답변을 하는 것이 상당하며 유죄답변을 하는 것이 무죄답변을 하였다가 유죄인정이 된 경우보다 양형에서 유리하다는 조언도 할 수 있다. 이러한 변호인의 조언이 그의 개인적 의견이라면 문제가 될 수 없다. 그러나 이러한 변호인의 조언이 변호인의 의견이 아니고 판사의 의견을 변호인이 말하는 것이라고 피고인이 생각하는 경우이다. 위에서 본 Turner 사건이 바로 그러한 경우이다.

변호인은 또한 피고인에게 유·무죄답변을 선택하는 것은 변호인이 아니라 최종적으로 피고인이며 피고인이 실제 유죄인 경우에만 유죄답변을 하라고 조언하는 것이 원칙이다. 이러한 전제 아래 피고인이 변호인으로부터 강력한 조언을 받고 주저하면서 유죄답변을 하였다고 하여 유죄답변이 무효로 되는 것은 아니다. 유죄답변이 무효로 되는 경우는 피고인이 자발적으로 그리고 신중하게 답변을 할 수 있는 능력을 상실한 상태에서 유죄답변을 한 때이다.

4) 더 가벼운 범죄에 대한 유죄답변

유죄답변과 무죄답변의 중간쯤 되는 것으로 기소장의 범죄보다 더 가벼운 범죄(a lesser offence)에 대한 유죄답변이 있다. 일정한 사건의 경우 이러한 선택은 배심에게 주어진 권한이다.35) 예컨대, 배심이 모살(murder)로 기소된 사건에서 고살(manslaughter)로, 주거침입절도로 기소된 사건에서 단순 절도로, 상해죄로 기소된 사건에서 과실치상으로 유죄평결을 하는 경우이다.

34) R. v. Turner [1970] 2 QB 321.
35) Criminal Law Act 1967, s. 6.

기소된 범죄사실보다 가벼운 범죄사실에 대하여 배심이 유죄평결을 할 수 있는 사안에서 피고인은 기소된 범죄사실에 대하여 무죄답변을 하면서 더 가벼운 범죄사실에 대하여 유죄답변을 할 수 있다.[36] 피고인의 이러한 답변이 받아들여지면 피고인은 기소된 범죄에 대하여 무죄판결을 받은 것이 되고 재판은 더 가벼운 범죄에 대한 양형재판으로 넘어가게 된다.

물론 소추인은 피고인의 이러한 더 가벼운 범죄에 대한 유죄답변을 받아들일 의무가 없다. 검사업무처리지침은 이러한 때 피고인이 범한 범죄의 죄질에 상응하는 판결을 법원이 선고할 수 있는 경우에만 더 가벼운 범죄에 대한 유죄답변을 받아들이라고 규정하고 있다.[37] 즉, 검사가 유죄답변을 받아들임에 있어 편의성을 이유로 해서는 안 된다는 것이다.

소추인이 피고인의 더 가벼운 범죄에 대한 유죄답변을 받아들일 상황이 아니면 기소범죄에 대한 유·무죄를 가리는 재판절차의 진행을 요구할 수 있다. 이러한 경우 법원은 피고인이 기소범죄에 대하여 무죄답변을 한 것으로 간주하여 재판절차를 진행하고 더 가벼운 범죄에 대한 유죄답변은 철회된 것으로 처리한다. 또한 소추인이 더 가벼운 범죄에 대한 유죄답변을 받아들이려고 하는 경우에도 법원이 이를 거부하고 기소된 범죄에 대한 재판을 할 수 있다. 재판 결과 배심은 기소된 범죄에 대하여 무죄평결을 하는 대신 더 가벼운 범죄에 대하여 유죄평결을 할 수 있다. 실무에서는 배심재판으로 인한 시간과 비용문제를 이유로 피고인의 이러한 더 가벼운 범죄에 대한 유죄답변을 받아들이는 경우가 많다.

5) 답변의 변경

무죄답변을 한 피고인이 유죄답변으로 답변을 변경하는 것은 재판의 어느 단계에서도 가능하다. 피고인의 변호인이 기소내용을 다시 피고인에게 제시하기를 요구하고 그에 대하여 피고인이 유죄답변을 하게 된다. 피고인이 유죄답변으로 변경한 경우에도 배심은 형식을 갖춘 유죄평결을 해야 한다. 이러한 절차를 거치지 않으면 유죄답변으로의 변경은 인정되지 않고 재판은 무효가 된다. 피고인이 재판 도중 유죄답변으로 답변을 변경한 경우 이는 양형에 참작이 되지만 처음부터 유죄답변을 한 것과 같은 효과가 있는 것은 아니다.

---

36) Criminal Law Act 1967, s. 6(1)(b).

37) Code for Crown Prosecutors, para 9.1.

유죄답변을 하였다가 무죄답변으로 답변을 변경하는 것도 가능하지만 이는 판사의 동의를 받아야 한다. 판사가 동의를 하는 것은 그의 재량행위에 속하고 피고인이 유죄답변을 할 때 변호인이 없었던 경우에도 마찬가지이다.

6) 유죄답변거래

영국에서는 미국과 달리 검사와 피고인 사이의 유죄답변거래(plea bargain)는 원칙적으로 인정되지 않고 있다. 나아가 영국의 경우에는 대륙법계국가의 경우와 같은 "구형"은 물론 미국에서와 같이 검사가 피고인에 대한 양형에 관하여 의견을 제시하는 것도 인정되지 않는다. 이와 같이 양형에 관하여 소추인의 역할이 제한되어 있기는 하지만 실무에 있어서 유죄답변거래가 전혀 이루어지지 않고 있다고 보기는 어렵다. 통상 유죄답변거래라고 하지만 그 정확한 의미는 다음의 4개의 경우로 나누어 볼 수 있다.

첫 번째 의미는 판사와 피고인 사이의 거래 또는 합의이다. 즉, 피고인이 고발된 범죄의 전부 또는 일부에 대하여 유죄답변을 하는 경우 일정한 형태의 판결을 해 주겠다고 판사와 피고인이 합의하는 것이다. 이러한 상황에서 피고인이 유죄답변을 하였다면 그 유죄답변은 무효이고 이에 기초한 유죄판결은 항소에 의하여 파기된다.[38)]

두 번째 종류의 유죄답변거래는 통상 미국에서 이루어지고 있는 유죄답변거래와 같이 피고인과 소추인 사이의 거래 내지 합의이다. 즉, 피고인이 일정한 범죄사실에 대하여 유죄답변을 하는 경우 검사가 더 중한 범죄로 기소하지 않는다거나 검사가 판사에게 비교적 가벼운 형을 선고해 달라고 요청하겠다고 합의하는 경우이다. 영국제도에서 이러한 의미의 유죄답변거래는 불가능한 것이다. 왜냐하면 검사가 기소(indictment)를 하는 것이 아니라 치안법원의 결정으로 기소를 하는데다 양형을 정함에 있어서도 소추인은 사실관계만을 판사에게 말할 수 있고 적정한 형에 대한 의견진술을 할 수 없기 때문이다.

세 번째 종류의 유죄답변거래는 피고인이 기소장에 기재되어 있는 범죄보다 더 가벼운 범죄에 대하여 유죄답변을 하는 경우 검사가 이를 받아들이겠다고 합의하는 경우이고, 마지막 의미의 유죄답변거래는 피고인이 기소장의 일부 범죄에 대하여 유죄답변을 하는 경우 검사가 나머지 범죄에 대하여 소추를 하지 않겠다고 합의하는 경우이다.

---

38) R. v. Tuner [1970] 2 QB 321.

이러한 세 번째 그리고 네 번째 경우에는 피고인이 부인한 범죄를 법원의 보류시킨부에 기재하고 이후 그 법원이나 항소법원의 허가 없이는 소송행위를 진행할 수 없도록 판사에게 요청하게 된다. 이러한 의미의 유죄답변거래는 영국에서도 자주 있는 일이지만 법원의 동의가 있어야 가능한 것이다.

이러한 의미의 유죄답변거래를 인정하는 이유는 피고인이 고발된 범죄보다 가벼운 범죄에 대하여 유죄를 인정하는 경우 또는 피고인이 여러 개의 범죄사실 중 일부에 대하여 유죄를 인정하고 있음에도 피고인에 대하여 고발된 범죄사실 전부에 대하여 정확하게 유·무죄를 가리는 것이 공익에 부합하는 것이 아니라는 데 있다.

7) 피고인이 답변을 하지 않는 경우

기소인부절차에서 유·무죄답변을 요구당하는 피고인은 그에 대하여 자신이 무죄인지 또는 유죄인지 여부를 답변하게 된다. 그러나 경우에 따라서는 피고인이 이러한 답변을 하지 않고 침묵을 지키는 때가 있다. 피고인이 다른 사람의 말을 들을 수 없거나 말을 할 수 없는 경우 또는 지적능력의 결함으로 질문이나 답변을 이해할 수 없는 경우가 있는 반면 피고인이 고의로 답변을 하지 않는 경우도 있다. 피고인이 답변을 할 수 있음에도 고의로 답변을 하지 않는 것을 악의의 침묵(mute of malice)이라 하고 피고인의 신체적 결함이나 지적능력의 결함으로 제대로 답변을 할 수 없는 때를 답변불능(unfitness to plead)이라고 한다.

가) 침묵의 경우 피고인이 답변을 하지 않고 침묵을 지키는 경우 이것이 그의 선택에 의한 것인지 즉, 악의의 침묵인지 아니면 듣거나 말할 수 없어서 답변을 하지 않는 경우인지를 가리게 된다.

피고인이 고의로 답변을 하지 않는 경우라면 피고인의 이익을 위하여 피고인이 무죄답변을 한 것으로 처리하고, 무죄답변을 한 경우와 마찬가지로 형사소송절차를 진행한다.39) 피고인이 고의로 침묵을 하고 있는지 여부를 가리기 위해 배심이 구성되며 입증책임은 소추인에게 있다. 소추인은 피고인이 고의로 침묵을 지키고 있다는 것을 합리적인 의심을 배척할 정도로 입증하여야 한다. 입증을 위해 피고인에 대한 의료자료를 제출할 수 있지만 최근 피고인이 말하는 것을 들었다는 증인을 세워 입증할 수도 있다.

39) Criminal Law Act 1967, s. 6(1)(c).

배심이 피고인의 침묵을 고의에 의한 것이라고 결정하게 되면 바로 범죄사실에 대한 재판으로 나아간다. 그러나 이러한 결정으로부터 24시간이 경과한 후에 범죄사실에 대한 재판을 시작하게 되면 새로운 배심을 구성하여야 한다.

피고인이 고의로 말을 하지 않는 경우가 아닌 때에는 이를 천형에 의한 침묵(mute by visitation of God)이라고 한다. 배심이 천형에 의한 침묵이라고 판정하는 때에는 그 원인도 특정하여야 한다. 피고인이 말하는 데 장애가 있거나 또는 귀머거리여서 법원서기가 말하는 것을 들을 수 없는 것이 그 이유인 때에는 통역이 가능할 때까지 소송은 연기된다. 그러나 통역 등의 방법으로 이러한 장애를 극복할 수 없는 경우에는 법무장관의 결정으로 소추행위를 종료하게(nolle prosequi) 된다.

피고인이 답변하지 않는 것이 그의 정신장애에 기인하는 것으로 보여 질 때는 배심이 다음에서 보는 답변불능인지의 여부를 결정한다.

나) 답변불능의 경우 피고인의 지적능력에 결함이 있어 소송절차를 제대로 이해하지 못하는 경우 피고인은 답변을 할 수 없는 것은 물론 정상적인 재판을 받을 수 없게 된다. 그러나 피고인이 특이한 성격의 사람이거나 범행 당시의 상황을 기억할 수 없을 정도로 심한 건망증을 앓고 있다는 이유만으로는 답변을 할 수 없거나 정상적인 재판을 받을 수 없다고 할 수 없다.

피고인이 답변불능의 상태에 있다는 것은 소추인이나 피고인 측에서 기소인부절차 이전에 판사에게 이를 주장하여야 한다. 이러한 주장의 사실 여부를 가리기 위해 배심이 구성된다. 답변불능에 대한 입증책임과 입증의 정도는 누가 이 문제를 제기하였느냐에 따라 결정된다. 소추인이 제기한 경우 피고인이 답변불능 상태라는 것을 합리적인 의심을 배척할 정도로 소추인이 입증하여야 하지만 피고인 측에서 이러한 주장을 제기한 때에는 피고인 측이 입증의 우세 정도로 입증하면 된다.

피고인이 유·무죄 답변을 하기에 부적절한 자라고 인정되면 되면 배심은 나아가 피고인이 기소된 범죄행위를 범한 것인지의 여부를 결정한다. 배심이 피고인의 답변불능 상태를 결정함에 있어서는 최소한 2명의 의사, 그 중 1명은 정신과 전문의로 공인받은 의사의 증언을 듣고 답변불능 여부를 결정해야 한다.[40)]

---

40) Criminal Procedure (Insanity) Act 1964, s. 4.

8) 재판을 이미 받았다는 답변

피고인이 기소범죄사실에 대하여 유·무죄답변을 함에 있어 이미 같은 범죄로 무죄판결 또는 유죄판결을 받았다고 답변하는 경우가 있다.[41] 형사재판에 대한 기록이 매우 잘 보존되고 있기 때문에 이미 재판을 받은 사건이 다시 재판의 대상이 되는 경우는 거의 없기는 하지만 영국에서 항소법원판결의 상당부분을 점하고 있는 것이 이미 재판을 받은 사건에 대한 재판인지의 여부를 판단하는 것이라고 한다.

피고인의 이러한 주장은 변호인이 서면으로 하여야 한다.[42] 그러나 피고인의 변호인이 선임되어 있지 않은 경우 피고인 스스로 이러한 주장을 구두로도 할 수 있다. 이러한 주장은 원칙적으로 기소인부절차 이전에 하여야 하지만 그 이후 이러한 주장을 하는 경우에도 법원은 재량에 따라 이러한 주장을 받아들일 수 있다. 소추인이 피고인의 이러한 주장을 인정할 수 없는 경우 왕립형사법원 담당직원의 사인을 받아 서면으로 피고인의 이러한 주장을 다툰다는 취지의 재항변서(replication)를 법원에 제출한다.[43]

과거에는 이러한 사안을 배심이 결정하였다. 그러나 이 문제는 사실문제보다는 법률문제가 쟁점이 되는 경우가 많아 배심이 다루기에는 적절하지 않은 면이 있었다. 이러한 이유로 1988년 제정된 Criminal Justice Act에 따라 배심이 이를 결정하는 것이 아니라 배심이 출석하지 않은 상태에서 판사가 결정한다.[44]

4. 배　　심

피고인이 기소인부절차에서 유죄답변을 하는 경우 재판은 양형절차로 넘어가지만 피고인이 무죄답변을 하는 경우에는 특별한 사정이 없는 한 배심재판을 통해 피고인에 대한 유·무죄를 가리게 된다.

41) 피고인이 무죄판결을 받았다는 답변을 plea of autrefois acquit라 하고 유죄판결을 받았다는 답변을 plea of autrefois convict라고 한다.

42) 그 형식은 다음과 같다. “Tom Brown says that the Queen ought not further to prosecute the indictment against him because he has been lawfully acquitted/convicted of the offence charged therein.”

43) 재항변서의 내용은 “John Diction joins issue on behalf of the Queen”와 같이 한다.

44) Criminal Justice Act 1988, s. 122.

왕립형사법원에서 피고인의 유·무죄를 가리는 모든 재판은 배심재판으로 한다. 이 점이 피고인의 선택에 따라 배심재판을 받지 않고 판사에 의한 재판을 받을 수 있는 미국의 경우와 다른 점이다. 배심에 관한 내용은 1974년 제정된 배심원법(Juries Act)에 주로 규정되어 있다.

가. 배심원의 자격

배심은 사회의 모든 계층으로부터 선발된다. 18세 이상 70세 이하인 자로서 13세 이후 최소 5년간 영국에 거주하고, 국회의원이나 지방자치단체장 등의 선거권자로 등록되어 있는 자는 특별한 예외사유가 없는 한 누구나 배심원으로 선발될 수 있다. 배심원으로 법원에 출석한 자가 영어를 제대로 할 수 없어 배심원으로 복무하기에 부적당한 경우 왕립형사법원의 담당직원은 그를 판사에게 데려가 판사의 명령으로 배심원으로서의 복무를 면제해 주도록 할 수 있다. 과거 배심원으로서 복무할 수 있는 나이는 65세까지였으나 현재 70세까지로 연장되어 있다. 그러나 65세 이상인 자의 경우 그가 원하는 때에는 자동적으로 배심원으로서의 복무를 면제받는 권리가 있다. 배심원법에 의하여 배심원으로서의 자격을 갖지 못하는 예외적인 경우는 다음과 같다.45)

① 사법부 구성원. 예컨대, 고위직 사법부 구성원으로서 판사, 순회판사, 임시직 판사, 치안판사, 유급치안판사 그리고 이러한 직위에 있었던 자,
② 과거 10년 내에 형사사법과 관련이 있는 자(barrister와 solicitor의 자격을 갖고 있는 자, 치안법원서기, 수습생으로 임명된 법원서기, 변호사 사무실 직원(barrister's clerk), 일용직을 포함한 법원 일반직 직원, 가석방위원회 위원, 가석방위원회에 의견을 제시하는 지방자치단체 직원, 보호관찰 직원, 교도소 직원, 경찰관, 경찰업무를 위하여 고용된 일반인),
③ 영국 성공회 또는 그 이외 다른 종교에서 임명된 성직자,
④ 정신병으로 치료를 받고 있는 자,
⑤ 과거에 5년 이상의 구금형을 선고받은 전과가 있는 자,
⑥ 지난 10년 사이에 5년 미만의 구금형을 선고받은 전과가 있는 자,
⑦ 지난 10년 사이에 사회봉사명령을 받은 전력이 있는 자,

45) Juries Act 1974, s. 1, Sch. 1.

⑧ 지난 5년 사이에 보호관찰명령을 받은 전력이 있는 자,

⑨ 형사소송질차에서 보석으로 석방되어 있는 자.

이러한 예외적인 경우를 제외하면 오늘날 영국의 성인(adult) 대부분은 배심원으로서의 자격을 갖고 있다. 하지만 1974년 Juries Act가 제정되기 이전에는 모든 성인이 배심원으로서의 자격을 갖고 있었던 것이 아니고 주택을 소유하고 있는 자만이 배심원으로서의 자격을 갖고 있었다.

나. 배심원의 소환

배심재판에서 배심원을 소환하여 배심업무를 보게 하는 것은 법률상 귀족원장의 직무이다.[46] 물론 그 업무를 직접 맡아 하는 것은 왕립형사법원의 담당 직원이다. 소환장은 우편을 통하여 서면으로 보낸다. 소환장에는 출석할 일시와 출석할 왕립형사법원의 소재지를 기재한다. 출석할 법원의 소재지는 가급적 배심원이 그의 집으로부터 출퇴근이 가능한 지역의 법원으로 하는 것이 보통이고 배심원이 출석하는 기간은 평균 2주 정도이다. 그러나 런던의 중앙형사법원과 같이 통상 장기간의 재판을 하는 법원의 경우에는 배심원의 출석기간이 더 길어질 수 있다. 장기간의 재판이 예상되는 경우에는 배심원에게 이를 미리 알려 사전 양해를 구하는 것이 보통이다. 배심원은 출석여비와 생계비 그리고 일실수익을 보상받는 것이 원칙이지만 귀족원장이 규정한 규칙에 따라 일실수익을 전부 보상해 주는 것은 아니다. 소환장에는 배심의 자격제한에 관한 것과 소환장을 받고 불출석하는 경우의 제재 및 배심원으로서의 복무를 면제받을 수 있는 경우 등에 대한 안내문을 첨부하여 보낸다.

배심원의 성명과 주소는 선거인명부에서 무작위로 뽑는다. 배심원소환을 담당하는 직원은 나이를 제외하고는 선거인 명부에서 선택된 자가 배심원으로서의 결격사유가 있는지 여부를 알 수 없고 또한 알 수 있는 방법도 없다. 소환담당 직원이 배심원의 결격사유 여부를 확인하는 것은 소환통보를 받은 자로부터 결격사유가 있다는 사유서를 받아 보는 것이 유일한 것이다. 따라서 전과자가 전과사실을 숨기는 경우 법원 직원으로서는 그가 배심원으로서 형사재판의 심리에 관여하는 것을 막을 방도가 없다.

46) Juries Act 1974, s. 2.

또한 배심원선발을 선거인명부에 전적으로 의존하는 경우 커다란 문제점이 있다는 논란이 있다. 우선 배심원으로서의 자격이 있는 사람들 중 약 8%가 선거인명부에 등재되지 않고 또한 선거인명부가 수시로 새로이 작성되지 않는 한 그 자체가 매우 부정확하다고 한다. 이러한 이유로 배심원으로 복무하여야 할 대상임에도 실제 그 대상에서 제외되어 있는 상당수의 소수그룹이 존재하게 된다고 한다. 예컨대, 20세에서 24세까지의 젊은이들, 소수 인종의 사람들, 세를 사는 사람들이 대상에서 제외되는 경우가 많다는 것이다.

왕립형사법원의 직원을 통하여 배심원의 성명과 주소 그리고 왕립형사법원에 출석할 일자를 기재한 배심원명부를 작성하는 것도 귀족원장의 직무이다.[47] 소추인과 피고인은 그들 사건을 다룰 배심원들이 선발될 이 배심원명부를 점검(inspect)할 권리가 있다. 이러한 배심원명부에 대한 조사는 재판 전이나 재판 도중에 가능하지만 재판 이후에는 불가능하다. 이러한 권리를 근거로 소추인과 피고인은 그들이 원하는 경우 잠재적 배심원들 중에서 그들 재판의 배심원으로 부적합한 자를 골라내기 위한 조사(inquiry)를 할 수 있다. 하지만 피고인은 이러한 조사를 실제 행할 수 있는 능력을 갖고 있을 수 없다. 반면 소추인은 경찰 전산망을 통해 잠재적 배심원들의 전과사실을 쉽게 구해 볼 수 있다. 하지만 이러한 전과 자료의 사용은 법무장관의 지시에 의하여 제한적으로만 가능하다.

배심원을 소환함에 있어서는 실제 재판에서 필요한 인원보다 훨씬 많은 수의 배심원을 소환하는 것이 보통이다. 그러나 실수로 필요한 인원보다 적은 수의 배심원이 소환된 경우에는 법원이 법원 주변에 있는 사람들을 불러 부족한 배심원을 보충할 수 있다.[48] 이러한 방식으로 소환된 배심원도 배심원명부에 추가된다. 물론 이러한 일은 자주 있는 일은 아니다.

배심원자격을 갖고 있는 자로서 배심원으로 소환되면 배심원으로 복무할 의무를 지게 되고 이러한 복무를 면제받거나 합리적 이유가 없음에도 출석하지 않는 경우에는 형사상의 처벌을 받게 된다.[49] 그 처벌은 1,000파운드 이하의 벌금형이다. 이 범죄에 대하여는 치안법원에서 약식재판으로도 처벌이 가능

47) Juries Act 1974, s. 5(1).
48) Juries Act 1974, s. 6.
49) Juries Act 1974, s. 20.

하지만 법정모욕의 경우와 같이 왕립형사법원에서 판사에 의하여 처리될 수 있다. 따라서 왕립형사법원의 판사는 배심원이 그의 범죄를 부인하는 경우 증거를 조사하고, 그에 따라 배심재판을 거치지 않고 유죄선고를 할 수 있는지 여부를 결정하게 된다.

이러한 의무위반으로 배심원을 처벌하기 위해서는 소환장이 법정 출석 예정일로부터 14일 이전에 배심원에게 도달되었음이 입증되어야 한다. 갑작스런 질병이나 친족의 사망은 불출석에 대한 합리적인 이유가 된다.

배심원 자격을 갖고 있는 다음의 사람들도 형사처벌을 면제받는다.

① 65세 이상인 자,
② 소환장을 받기 전 2년 동안에 배심원으로 복무한 일이 있는 자,
③ 법원으로부터 배심원복무를 면제받은 자로 아직 그 면제기간이 끝나지 않은 경우의 자(복잡한 사건에서 장기간에 걸쳐 배심원으로 복무한 자에 대하여 판사가 그 감사의 표시로 일정 기간 배심원으로서의 복무를 면제해 주는 경우가 종종 있다),
④ 국회의원,
⑤ 군인,
⑥ 의사와 간호사 그리고 병원의 직원,
⑦ 배심으로서의 복무가 자신의 신조와 맞지 않는 종교단체의 구성원.

군인을 제외하고 이러한 복무면제를 주장하는 자는 그 사유를 왕립형사법원의 담당직원에게 소명하여야 한다. 군인의 경우에는 소환장을 받은 군인의 지휘관이 그의 법원 출석으로 임무수행에 지장이 있다는 사유서를 제출하여야 한다. 이러한 사유를 갖고 있지는 않지만 그럼에도 불구하고 배심원으로서의 복무를 면제받을 상당한 이유가 있다고 생각하는 자는 왕립형사법원의 담당직원에게 사유를 밝히고 면제를 청구할 수 있다.

또한 복무의 연기신청도 가능하다. 왕립형사법원의 직원에 의하여 이러한 복무면제나 복무연기신청이 받아들여지지 않은 경우 왕립형사법원의 판사에게 이의신청을 할 수 있다.

다. 배심원의 선발

소환장을 받고 왕립형사법원에 출석한 배심원 중에서 특정 피고인에 대한 사건의 재판을 담당할 12명의 배심원을 선발한다. 이를 배심원선발(empanelling 또는 swearing-in of the jury)이라고 한다. 피고인이 무죄답변을 할 때 20명 또는 그 이상의 배심원들이 법정 안에 대기하고 있거나 아니면 법정 밖에 대기하고 있다가 피고인의 무죄답변 직후 법원정리에 의하여 법정 안으로 인도된다. 법원서기가 그들 중 12명의 이름을 불러 배심원석에 앉게 한다. 법원서기는 대기중인 배심원 모두의 명단을 갖고 있어야 하고 그 중에서 추첨을 통해 무작위로 12명을 지명하게 된다.[50)]

실무에서는 보통 배심원들이 자신의 이름과 주소가 적힌 카드를 법원서기에게 제출하고 법원서기가 이를 뒤섞은 다음 12장을 뽑아 배심원을 선발하는 방식을 취한다. Comerford 사건에서[51)] 판사가 배심원들의 성명을 공개법정에서 부르는 대신 그들에게 부여된 번호를 부르도록 하였다. 이러한 특이한 방법을 취한 이유는 이전의 평결에 이르지 못한 재판에서 있었던 협박에 대한 배심원들의 공포심을 제거하기 위한 것이었다.

피고인의 변호인이 이러한 절차에 대하여 이의를 제기하였지만 재판은 그대로 진행되고 피고인은 유죄평결을 받았다. 피고인의 항소에 대하여 항소법원은 이러한 배심원선발절차가 피고인에게 불공정하게 작용하였다거나 피고인의 권리를 침해한 것이 아니라면 이러한 이유만으로 재판이 무효가 되는 것이 아니라고 판시하면서 이 사건의 경우 피고인에게 불공정하였다거나 피고인의 권리를 침해하였다고 볼 수 없다는 이유로 피고인의 항소를 기각하였다.

12명의 배심원이 배심원석에 착석하게 되면 법원서기가 피고인에게 피고인의 사건을 재판할 배심원의 성명을 차례로 호명하겠다고 말하고 피고인이 반대할 배심원이 있으면 배심원이 선서하러 나올 때 즉, 배심원이 선서하기 전에 말하라고 고지한다. 법원서기가 이와 같이 고지한다고 하더라도 변호인이 없는 피고인이나 소송절차를 잘 모르는 피고인은 배심원에 대한 기피신청을 어떻게 하는지 모르는 경우가 있을 수 있다. 하지만 배심재판의 경우에는 피고

---

50) Juries Act 1974, s. 11.

51) R. v. Comerford [1998] 1 Cr App R 235.

인의 변호인이 없는 경우가 거의 없고 변호인이 피고인을 위하여 배심원기피 신청을 하는 것이 보통이므로 별 문제가 될 수 없다.

이어 법원서기는 배심원들에게 차례대로 선서를 하게 한다. 선서의 내용은 "나는 성실히 피고인을 재판하고 증거에 따라 평결할 것을 전지전능하신 신 앞에 맹세한다"는 것으로 우리의 증인선서서와 같이 미리 인쇄되어 있는 것을 읽는 방식으로 한다. 배심원이 선서를 함에 있어서는 그의 오른손에 성경(유대교도인 경우에는 구약성서, 이슬람교도인 경우에는 코란 등)을 들고 선서한다. 배심원이 선서를 원하지 않는 경우 선서를 하지 않는 것도 허용된다.

배심원이 선서를 하기 전에 당사자는 배심원 보류신청이나 기피신청을 할 수 있다. 이러한 신청이 받아들여지는 경우 해당 배심원은 법정에서 나가고 대기 중인 다른 배심원이 들어온다. 하지만 무조건의 기피신청제도가 폐지된 이후 배심원의 교체는 거의 일어나지 않는다고 한다. 12명의 배심원이 선서를 마치면 법원서기는 배심원들에게 선서를 했는지 여부 및 피고인이 그들의 관장 아래(in their charge)에 있는지 여부를 물어 본다. 이러한 질문은 절차의 진행에 있어서 필수적인 것은 아니지만 전통적으로 해오고 있는 것이다.

법원서기는 배심원에게 피고인이 무죄답변을 한 기소범죄사실의 내용 과 적용법조를 설명한 다음 증거 관계를 들어보고 피고인의 유·무죄를 말해주는 것이 배심원의 직무라는 것을 알려준다. 피고인이 일부 기소범죄사실에 대하여 유죄답변을 하고 일부에 대하여 무죄답변을 한 경우 배심원에게 유죄답변을 한 내용은 말해주지 않는다. 법원서기의 설명 이후 피고인이 배심의 관장 아래 들어가면 소추인 측에서 모두 진술을 한다.

라. 배심원에 대한 기피

배심원의 기피에는 두개의 상이한 접근방식이 있을 수 있다. 하나는 배심원의 선발 및 직무수행을 우연의 결과에 맡기는 것이다. 즉, 일정한 부류에 속하는 자 예컨대, 어린이나 정신병자는 배심원에서 제외되지만 이러한 부류에 속하는 자를 정함에 있어서는 가급적 이를 엄격하게 해석하게 된다. 따라서 어떤 자가 무작위의 방법으로 일단 배심원으로 선발되면 배심원자격에 문제가 없는 한 배심원으로 복무하게 된다. 이러한 방식에 있어서는 사안에 따라 불공정한 경우가 있을 수 있다.

다른 하나의 방식은 구체적인 재판에 부적절한 배심원을 철저하게 골라내는 것이다. 주로 미국의 각 주에서 채택하고 있는 방식으로서 이 방식을 따르는 경우 먼저 양 당사자에게 잠재적 배심원들을 미리 조사하여 그와 관련된 증거를 제출하고 배심원으로서의 적격성을 다투도록 하는 것이 보통이다. 이 방식을 취하게 되면 배심원선발과정이 재판 그 자체만큼이나 장기간이 소요되고 비용이 많이 들게 된다.

영국의 방식은 위 두개의 접근방식을 절충하는 것이지만 보다 더 우연의 결과에 따르는 방식을 취하고 있다고 볼 수 있다. 우선 우연의 결과에 따르는 방식에 따라 영국에서는 배심원자격을 갖지 못하는 부류의 범위를 제한적으로만 인정하고, 배심원의 선출은 무작위방식으로 하며, 배심원명부에서 배심원을 선발하는 방식은 추첨을 통해 하도록 한다.

한편 이러한 방식에 따라 무작위로 선발된 배심원을 그대로 배심원으로 복무하게 하는 것이 아니고 각 배심원에 대하여 소추인의 보류신청이나 소추인 또는 피고인에 의한 이유를 제시한 배심원기피를 인정하고 있다. 1988년 이전까지 피고인은 이유를 제시하지 않고 배심원을 기피할 수 있었으나 이러한 피고인의 이유 없이 하는 배심원기피제도는 폐지되었다. 따라서 영국의 경우 우연의 결과에 따르는 방식이 더 강화되었다고 볼 수 있다.

1) 무조건 기피제도의 폐지

수 세기에 걸쳐 영국 법정에서 재판을 받는 피고인은 아무런 이유도 제시하지 않고 일정 수의 배심원을 기피할 수 있는 권리를 갖고 있었다. 피고인의 변호인은 배심원이 선서하기 직전에 기피(challenge)라고만 진술하면 되고 그에 따라 기피를 당한 배심원은 다른 배심원으로 교체되었다.

Common Law에 의하여 인정되었던 이러한 기피제도를 이유를 제시하지 않는 기피(challenge without cause) 또는 무조건의 기피(peremptory challenge)라고 하였다. 이러한 무조건의 기피에서 1명의 피고인이 기피할 수 있는 배심원의 수는 점차 감소되었는데 1925년에는 25명에서 12명으로, 1948년에는 12명에서 7명으로 그리고 1977년에는 7명에서 3명으로 감소되었다. 피고인이 무조건 기피할 수 있는 배심원의 수가 3명으로 감소되었음에도 이 제도에 대한 비판은 계속되었다. 피고인의 변호인이 사소한 이유나 명백히 부적절한 이유로 이 권리를 행사한다는 것이다.

그러한 이유로 이 제도를 옹호하는 자들의 완강한 반대가 있었지만 결국 1988년에 무조건의 기피제도는 폐지되었나.52)

2) 배심원 보류

Common Law상 소추인은 피고인이 갖고 있던 무조건의 기피와 같은 권리를 가져본 일이 없다. 그러나 실질적으로는 피고인이 과거 갖고 있었던 무조건 기피와 거의 동일한 권리를 갖고 있었고 현재에도 갖고 있다. 이를 배심원에 대하여 보류신청을 할 수 있는 권리라고 한다. 소추담당 변호사가 특정인을 배심에서 제외하고자 하는 경우 그가 선서하기 직전에 보류(stand by)라고 진술하면 이 배심원은 다른 배심원으로 교체된다. 이때 소추담당 변호사는 보류신청을 하는 이유를 제시할 필요가 없다. 다만 배심원명부에 기재되어 있는 대기배심원 전부를 가지고도 12명의 배심원을 채울 수 없는 예외적인 경우에만 이러한 보류신청을 함에 있어서 그 이유를 제시하여야 한다. 이 경우 그에 대한 합당한 이유를 제시하지 못하는 때에는 보류대상이 되었던 배심원이 다시 배심원석에 앉게 된다.

피고인에게 인정되었던 무조건의 배심원기피제도의 폐지와 함께 소추인의 이 권리도 법무장관의 지침53)에 의해 매우 제한적으로 행사되고 있다.

3) 이유를 제시한 기피

소추인과 피고인은 배심원으로서 부적절한 자가 있는 경우 이유를 제시하고 배심원에 대한 기피신청(challenge for cause)을 할 수 있다. 당사자가 기피신청을 하면서 통상 이유로 드는 것은 대상 배심원이 배심원자격이 없는 자라거나 그 배심원이 사건에 대하여 편견을 가지고 있다는 것을 이유로 하는 것이 보통이다. 배심원이 편견을 갖고 있다고 볼 수 있는 경우는 배심원이 일방 당사자의 고용인이거나 그와 관련이 있는 때, 일방 당사자의 집에서 접대를 받은 때, 그 사건의 결과와 관련하여 희망사항이나 의견을 개진한 때 그리고 피고인에게 적대적인 감정을 표출한 때54) 등을 들 수 있다.

근자에 있어서는 판사가 피고인의 범죄행위와 관련한 섬뜩하고 부정확한

52) Criminal Justice Act 1988, s. 118(1).

53) Attorney-General's Guidelines on Exercise by the Crown of its Right of Stand-by (1989) 88 Cr App R 123.

54) 기피 대상이 된 배심원이 피고인석에 있는 피고인을 향하여 "망할 자식"이라고 말한 경우이다.

신문기사를 읽은 자를 배심원에서 제외한 경우도 있었다.[55)]

이유를 제시하는 기피신청도 배심원이 선서하기 전에 기피(challenge)라고 진술하면 된다. 신청인은 판사에게 신청이 이유 있다는 것을 입증하여야 한다. 입증은 엄격한 증명을 요하는 것이 아니고 입증의 우세정도로 입증하면 된다. 입증을 위한 증거를 제시함에 있어 배심원에 대한 질문은 금지된다.

배심원에게 이런 저런 질문을 함으로써 배심원으로서의 적격성에 문제를 제기할 수 있는 유리한 자료를 찾아보기 위한 "탐색적 신문(fishing expedition)"은 허용되지 않는다. 이러한 제한을 함으로써 배심선발절차가 신속히 진행될 수 있는 장점이 있다. 하지만 수백 명의 배심원이 소환되는 대규모 왕립형사법원의 경우 배심원명단을 살펴보는 것만으로는 어떤 배심원이 배심원으로서 적격성을 갖고 있는지의 여부를 판단하기는 매우 어려운 일이다. 그 결과 영국의 형사재판에서는 배심원으로서의 자격에 의문이 있는 상당수의 배심원들이 배심원으로 복무하는 결과가 되고 있다.

과거에는 무조건의 배심원기피가 가능하였기 때문에 이러한 이유를 제시한 기피신청은 별 의미가 없었다. 하지만 오늘날 무조건의 배심원기피제도가 폐지되고 소추인의 배심원보류신청제도가 엄격하게 제한되어 행사되는 상황에서 이유를 제시하는 배심원기피신청은 매우 큰 의미를 갖게 되었다.

4) 판사의 권한

판사는 배심원을 보류시킬 보충적인 권한을 갖고 있다. 이러한 예로 들 수 있는 것은 배심원이 선서를 하는 과정에서 글을 잘 모른다는 것이 밝혀져 그가 재판에 제출될 서류를 제대로 이해하지 못할 것이 명백한 경우이다. 이 때 판사는 그 배심원을 법정 밖으로 내보내게 된다. 이러한 경우 이외에 일반적으로 판사가 배심원구성에 관여할 수 있는지는 다툼이 있다. 특히 인종적으로 소수 집단에 속하는 흑인이나 동양인이 그가 속하는 인종 집단의 배심원을 원하는 경우에 문제가 된다.

Binns 사건에서[56)] 피고인 Binns는 다른 11명의 피고인과 함께 브리스틀에서 발생하였던 인종 문제로 인한 소요사태와 관련된 범죄행위로 재판을 받고 결국 무죄판결을 받았다. 이 사건의 피고인 중 1명을 제외한 나머지는 모두 서

55) R. v. Kray (1969) 53 Cr App R 412.
56) R. v. Binns [1982] Crim LR 522.

인도제도 출신의 젊은이들이었다. 피고인의 변호인은 판사에게 인종적으로 균형을 맞춘 배심을 구성하여 달라고 신청하였다. 피고인과 같은 인종의 배심원들이 흑인 청년들, 그리고 그들과 대부분이 백인으로 구성된 경찰과의 관계를 더 잘 이해할 수 있다는 이유에서였다. 이 사건의 판사 Stocker는 이러한 신청이 이유 있다고 생각하여 충분한 수의 흑인 배심원이 충족될 때까지 백인 배심원을 보류시켰다.

그러나 McCalla 사건에서는[57] 결론이 달랐다. 피고인은 판사에게 최소 2명의 흑인 배심을 요청하였지만 판사는 이를 거절하였다. 판사는 배심원명부에서 무작위로 배심원을 선발하는 것과 관련하여 판사에게는 아무런 권한이 없고, 또한 흑인이 배심원명부에 포함되도록 인위적으로 배심원의 수를 늘릴 수도 없다는 것을 이유로 들었다. 더욱이 피고인은 그를 재판할 배심원을 구성함에 있어서 특정 부류의 배심을 요구할 수 있는 권리가 없다는 것이다. 무조건의 배심원기피제도가 없어진 현재 판사가 배심원의 구성과 관련하여 어떠한 영향력을 행사할 수 있는지는 매우 중요한 문제가 되었다.

5) 배심원 심사

배심원에 대한 기피신청이나 보류신청을 제대로 할 수 있기 위해 배심원을 심사(vetting)할 수 있는지에 관하여 논란이 되고 있다. 배심원 심사 자체는 위법이 아니다. 오히려 재판에 앞서 당사자는 배심원명부를 조사할 수 있다.[58] 이 법에 따라 당사자는 배심원명부에 있는 자들의 이름과 주소를 알 수 있다. 이를 통해 당사자는 자신의 재판에 배심원으로 출석하여 복무하게 될 사람들의 배경과 성향 등을 알아볼 수 있다.

그러나 피고인 측으로서는 배심원명부에 있는 수많은 사람들에 대하여 필요한 사항을 알아본다는 것은 사실상 불가능한 일이다. 반면에 소추인 측에서는 방대한 경찰정보를 통하여 필요한 사항을 알아볼 수 있기는 하지만 실무상 그들이 알아보는 것은 배심원명부에 있는 자들의 전과관계 정도라고 한다. 경찰이 피고인을 위하여 배심원의 전과관계를 확인해 주지는 않지만 공소국장의 요청이 있는 경우에는 확인해 주어야 한다.

---

57) R. v. McCalla [1986] Crim LR 335.

58) Juries Act 1974, s. 5(2).

6) 배심원 보호

배심원에 대한 매수나 협박(jury nobbling)이 염려가 되는 경우에는 판사가 배심원보호명령(jury protection order)을 할 수 있다. 이러한 명령이 있게 되면 보통 경찰이 재판기간 중 배심원을 보호하여 외부의 간섭 없이 피고인의 유·무죄를 배심원들이 평결할 수 있도록 한다. 통상 이러한 명령은 소추인의 신청에 따라 하게 된다. 신청에는 충분한 근거가 있어야 한다.

보호명령이 있는 경우 배심원은 피고인을 배심원 매수나 협박과 관련하여 의심하게 되고 이러한 명령에 따르는 불편함에 대하여 피고인에게 나쁜 감정을 가져 잘못된 평결을 가져오게 할 수 있다. 반면 심약한 배심원의 경우에는 협박에 대한 두려움 때문에 아무런 협박을 받지 않았으면서도 피고인에 대한 무죄평결을 할 가능성도 있게 된다.

보호명령을 할 것인지의 여부는 판사의 재량행위이다. 소추인은 가능하면 피고인이 있는 자리에서 이 신청을 하여야 하지만 이 신청을 하는 자리에 배심원이 있어서는 안 된다. 원칙적으로 신청인은 증거를 통하여 그 이유를 입증하여야 한다. 그러나 예외적으로 판사의 허가를 받아 피고인이 없는 자리에서 신청을 하거나 입증을 면제받는 경우도 있다. 배심원에게 간단히 배심원보호명령의 이유를 설명해 줄 수 있지만 이로 인하여 배심원이 편견을 갖도록 해서는 안 된다.

마. 배심원구성과 항소

배심의 평결은 존중되어야 하므로 배심원구성과 관련한 특별한 하자가 없는 한 배심의 평결이 항소법원에 의하여 번복되는 것은 바람직스러운 일이 아니다. 이러한 이유로 배심에 대한 문제를 항소이유로 내세워 유죄평결을 번복하는 것은 항소법원의 판례나 법률에 의하여 엄격하게 제한되어 있다.

우선 항소법원은 배심원실(jury room)에서 어떤 잘못된 일이 있었는지 여부와 관련하여 아무리 강한 의심이 드는 경우에도 이를 심리하지 않는다는 오랜 원칙을 갖고 있다. 또한 배심원이 미리 알아서는 안 될 피고인에게 불리한 사실을 미리 알고 있었고 그로 인하여 피고인에게 강한 편견을 갖고 있었다는 사실을 피고인이 재판 후에 비로소 알게 된 경우라 하더라도 이를 항소이유로 삼아 항소할 수 없다.

이러한 경우 적법한 항소를 하기 위해서는 배심원이 증거와 관계없이 위와 같은 편견으로 인하여 재판 전부터 유죄평결을 하기로 마음먹고 있었다는 점을 피고인이 입증하여야 하지만 이러한 입증은 사실상 불가능한 일이다. 예컨대, Box and Box 사건에서[59] 피고인들은 과거 주거침입절도죄를 범한 자들로서 불량배들일 뿐 아니라 매춘부들과 관련이 있는 자들이라는 사실을 배심장이 사전에 알고 있었고, 그리고 배심장이 그의 친구에게 이들에 대한 재판에서는 증거를 들어 볼 필요도 없이 이들을 징역 10년에 처해야 한다고 말한 일이 있다는 사실이 드러났음에도 피고인들에 대한 유죄판결은 항소법원에 의하여 그대로 유지되었다.

물론 이러한 배심장이 배심원으로 복무하는 것은 옳은 일이 아니고 따라서 미리 판사에게 자신이 피고인에 대하여 사전에 알고 있는 사실을 알렸어야 하고 그렇게 되었다면 판사는 이러한 배심원을 배심에서 제외하였을 것이다. 또한 피고인이 이러한 사실을 미리 알고 있었다면 이유를 제시하고 그 배심원에 대한 기피신청을 하였을 것이고 그러한 경우 피고인의 배심원기피신청은 받아들여졌을 것이다. 항소법원은 배심이 증거에 의하여 공정하게 판단하였는지 아니면 배심장에 의하여 그들의 평결이 영향을 받았는지에 관하여 의문이 드는 것은 사실이지만 그럼에도 불구하고 위와 같은 사실이 평결 이전에 밝혀지지 않았다면 유죄평결은 유지되어야 한다고 판시하였다. 또한 이러한 판례의 입장은 법률에 의하여 그대로 수용되었다. 즉, Juries Act(제18조)는 다음과 같은 이유로는 유죄판결이 파기되지 않는다고 규정하고 있다.

① 배심원 소환에 관한 법률 또는 무작위로 배심원을 추첨하도록 한 법률을 위반한 경우,
② 배심원이 법률에 의하여 자격이 없었던 경우,
③ 배심원의 성명에 오기나 오류가 있었던 경우,
④ 배심원이 배심원으로 복무하기에 적절하지 아니하였던 경우.

그러나 위 ①항과 관련하여 이러한 사실을 미리 알고 이의신청을 하였음에도 아무런 조치 없이 재판이 그대로 진행된 경우에는 이 규정이 적용되지

59) R. v. Box and Box [1964] 1 QB 430.

않는다. 또한 적법하게 소환장을 받은 배심원을 가장하여 다른 사람이 배심원으로 복무한 경우에도 이 규정은 적용되지 않는다. 이러한 두 경우를 제외하면 배심원이 무자격자였다거나 또는 다른 이유로 배심원으로서는 부적절하였다는 이유만으로는, 비록 그러한 사실이 재판 후에 드러난 경우라 하더라도, 유죄판결을 파기할 수 없다.

바. 배심원 또는 배심의 면직

일단 배심이 구성되면 이들 12명의 배심원은 그 사건의 재판을 전부 듣고 그 재판의 결론으로 평결을 하는 것이 통상의 예이다. 그러나 재판과정에서 판사는 3명의 범위 내에서 배심원을 면직(discharge)하고 나머지 배심원들로 하여금 재판을 계속하게 할 수 있다. 또한 판사는 배심원 전원을 면직하고 이후 새로운 배심을 구성하여 재판하게 할 수도 있다.

판사가 배심원이나 배심을 면직하게 되는 것은 주로 재판과정에서 발생한 배심원의 부적절한 행위와 관련이 있다.

1) 배심원의 행위

판사는 배심원들이 평결을 위해 퇴정하기 이전 즉, 재판 도중에는 언제나 배심원들이 서로 흩어지는 것을 허락할 수 있는 재량권을 갖고 있다.[60]

이러한 재량권은 또한 배심원들이 평결을 위해 퇴정한 후에도 인정된다.[61] 배심원의 흩어짐은 점심시간을 위한 휴정이나 일과 종료로 인한 휴정의 경우에도 그대로 적용된다. 배심원이 흩어지기에 앞서 판사는 배심원들에게 동료 배심원 이외의 누구에게도 사건에 관해 말을 해서는 안 된다는 경고를 하여야 한다. 배심원은 특히 그 사건의 당사자나 증인, 양 당사자의 변호사 그리고 그 사건과 관련이 있는 자와 사건에 대해 말해서는 안 된다. 나아가 배심원들은 그의 가족이나 친구 등과도 사건에 관하여 상의해서는 안 된다. 평결을 하는 것은 배심원 자신이고 또한 배심원들로부터 말을 들은 사람들은 그 사건에 관한 배심원들의 태도를 왜곡하여 말할 수 있기 때문이다.

판사는 배심원이 이러한 규칙에 위반한 경우 배심원이나 배심을 면직하게 된다.

---

60) Juries Act 1974, s. 13.

61) Criminal Justice and Public Order Act 1994, s. 43.

2) 개별 배심원의 면직

재판 중 배심원이 사망하거나 배심원이 질병으로 인하여 직무를 수행할 수 없는 경우 또는 그 이외 다른 사정으로 판사에 의하여 면직된 경우라 하더라도 나머지 배심원이 9명 이상인 때에는 그대로 재판을 진행하고 그들로부터 평결을 받게 된다.[62] 배심원법(Juries Act)에 면직의 이유는 규정되어 있지 않지만 Common Law에 전통에 따라 배심원을 면직하기 위해서는 확실한 불가피성(evident necessity)이 있어야 한다. 어떤 것이 면직을 정당화할 수 있는 확실한 불가피성에 해당하는지는 판사의 재량에 맡겨져 있다.

Hamberry 사건에서[63] 판사는 재판이 장기간 계속되는 관계로 배심원의 휴가계획이 지장을 받을 수 있다는 이유만으로 배심원을 면직하였다. 고등법원은 판사의 이 결정이 정당하다고 판시했다. 비슷한 예로 일과 종료 후 휴정기간 중 남편이 사망한 때 그 배심원을 면직한 것이 정당하다는 판결도 있다.[64] 또한 배심원이 부적절한 행동을 하여 편견을 가졌다고 의심되는 경우에도 면직할 수 있다. 배심원을 면직함에 있어서 당사자의 동의는 필요하지 않다.

3) 배심 전부에 대한 면직

판사는 배심이 평결을 하기 이전에 배심 전부를 면직할 수 있는 재량권을 갖고 있다. 이러한 경우 피고인은 무죄로 되는 것이 아니라 새로 구성되는 배심에 의하여 다시 재판을 받게 된다. 그러한 경우는 다음과 같다.

① 배심이 평결에 이르지 못하는 경우,

② 피고인에게 불리한 증거로서 증거능력이 없는 증거가 부주의로 배심원에게 제공된 경우(예컨대, 증인이 증언을 하면서 피고인의 전과사실을 말한 경우에 이러한 진술이 허용되는 예외적인 경우가 아니라면 피고인은 판사에게 배심 전원에 대한 면직을 신청할 수 있고 판사는 이 신청을 받아들여 배심 전원을 면직할 수 있다. 물론 이러한 신청을 받아들일 것인지의 여부는 판사의 재량사항이다),

③ 배심원 중 일부가 부적절한 행위로 유죄판결을 받은 경우 또는 배심원

62) Juries Act 1974, s. 16.
63) R. v. Hamberry [1977] QB 924.
64) R. v. Richardson [1979] 1 WLR 1316.

의 일부가 피고인에 대하여 편견을 가지게 된 경우에 그 해당 배심원 만을 면직하는 방법으로는 문제를 해결 할 수 없는 때.

배심 전원이 면직되고 새로 구성된 배심재판에서 피고인이 유죄판결을 받은 경우 이전의 배심을 면직한 것이 부당한 경우라 하더라도 이를 항소의 이유로 삼을 수 없다.[65]

5. 재판절차

가. 판사와 변호사

왕립형사법원에서 기소에 의한 정식재판을 담당하는 판사는 모두 법률전문가인 법관(judge)이다. 즉, 고등법원 판사, 순회판사, 순회판사보 그리고 임시직 판사가 재판을 담당한다. 소추인은 법률상의 대리인이 있어야 한다. 영국에서 소추행위를 맡아 하는 국가기관으로서 공소국(the Crown Prosecution Service)이 설치되었고 이 기관에 소속되어 있는 검사(Crown Prosecutor)가 소추행위를 맡아하지만 왕립형사법원의 정식재판의 경우에는 따로 변호사를 선임하여 재판에 관여하도록 한다는 것은 전술한 바와 같다.

당사자주의소송에서 변호인의 조력을 받는다는 것은 매우 중요한 일이다. 피고인은 변호사를 선임하여 재판을 받는 것이 보통이지만 경제적 사정 등으로 대리인을 선임할 수 없는 경우 Criminal Defence Service로부터 무료변론의 도움을 받을 수 있다. 현재 일부 사무변호사(solicitor)도 왕립형사법원의 재판에 관여할 수 있기는 하지만 대부분의 경우 법정변호사(barrister)가 당사자와 접촉하는 사무변호사로부터 사건을 위임받아 왕립형사법원의 재판에 관여한다. 소추인 또는 피고인을 대리하여 왕립형사법원의 재판에 관여하는 법정변호사를 보통 counsel이라 부른다.

영국의 형사소송절차는 민사소송의 경우와 마찬가지로 기본적으로 당사자주의소송제도이다. 따라서 형사소송의 기본구조가 민사소송의 그것과 크게 다를 이유가 없다.

사인소추의 원칙에 따라 피해자는 누구나 형사소추를 할 수 있지만 영국

65) R. v. Gorman [1987] 1 WLR 545.

에서 일반적으로 법원에 피고인에 대한 형사처벌을 구하는 소추당사자는 원칙적으로 국왕이다. 국왕을 위하여 소추를 하는 자가 Prosecutor이다. 피고인의 변호인은 소추인 측 변호사에 대응하여 법정에서 피고인을 대리하는 역할을 한다.

소추인과 피고인이 법정에서 증거를 통해 서로 공격과 방어를 함으로써 실체적 진실 즉, 피고인이 기소된 범죄를 범하였는지 여부를 가리는 것이 당사자주의의 요체이다. 이러한 당사자주의재판에 있어서 판사의 역할은 양 당사자를 대리하는 변호사가 그들의 역할을 효율적으로 그리고 공정하게 수행할 수 있도록 기본적인 틀을 제공하는 것으로 제한된다. Whybrow 사건에서[66] 재판을 주재한 판사가 피고인의 증거제출을 가로막고 또한 공정한 재판을 저해할 정도로 자주 그리고 악의적으로 재판의 진행에 개입하였다는 이유로 유죄판결을 받은 피고인이 항소하였다. 이에 대하여 항소법원은 피고인의 항소를 받아들여 피고인에 대한 유죄판결을 파기하고 재소송을 명하였다.

항소법원은 이 판결에서 판사가 재판에 관여할 수 있고 또한 관여하여야 하는 경우가 있다고 강조하였다. 예컨대, 증인이 애매모호한 진술을 하는 경우 판사는 간결한 방법으로 이를 명확하게 진술할 수 있도록 해 주어야 하고 질문에 대한 증인의 진술을 제대로 알아듣지 못한 경우에는 다시 답변을 하게 하여 정확하게 알아들을 수 있도록 하여야 하며 또한 증인이 장황하게 진술하거나 반복해서 진술하는 경우 그리고 쟁점과 관계없는 진술이나 두서없는 진술을 하는 경우에는 이를 제지하여야 하고 증인에 대한 위압적인 신문을 하지 못하도록 하여야 한다고 판시했다.

하지만 Whybrow 사건의 경우에는 판사가 필요한 적절한 범위를 넘어 심리에 개입하였다는 것이다. 항소법원이 이 판결을 함에 있어서 선례로 인용한 사건은 Hulusi 사건인데[67] 그 내용은 다음과 같다.

> "피고인이 증거를 제시함에 있어 판사로부터 재촉을 받거나 방해를 받음이 없이 증거를 제출할 수 있다는 것은 영국 형사재판의 기본원칙이다. 증인이 증언대에 서는 경우 그가 국왕을 위한 증인인지 또는 피고인을 위

66) R. v. Whybrow (1994) The Times, 1994. 2. 14.
67) R. v. Hulusi (1973) 58 Cr App R 378.

한 증인인지 여부에 관계없이 대부분의 증인은 긴장상태에 있다는 것을 판사는 유념하여야 한다. 그들은 최선을 다하려 하고 그들의 진술이 정중하게 청취되기를 기대한다. 그러나 그들이 증언대에서 증언을 시작하려고 함에 있어 누구보다도 판사가 그들의 진술에 적대적인 태도로 관여하려고 한다는 사실을 알아채는 순간 비록 판사가 재근하거나 방해하지 않는 경우에도 그들은 안절부절못하고 진술을 제대로 할 수 없게 된다."

1) 소추담당 변호사의 역할

소추담당 변호사의 역할은 수단과 방법을 다하여 형사소송에서 이기는 것이 아니다. 하지만 소추담당 변호사는 유죄입증을 위한 증거를 가능한 한 설득력 있게 제시하여야 하고 피고인의 증인에 대하여 반대신문을 함에 있어서는 적절한 활력과 지혜를 갖고 하여야 한다. 영국에서도 소추담당 변호사의 역할은 형사소송에서 "피고인에 대한 유죄판결을 받아내기 위해 싸우는 데 있는 것이 아니라 형사사법의 집행을 보조하는 법무관(minister of justice)의 성격을 갖고 있다"고 말해진다.[68)]

소추인 측 증인에게 범죄 전과가 있는 경우 피고인이 이 사실을 이용하여 반대신문에서 유리한 진술을 받아낼 수 있는 경우라 하더라도 소추담당 변호사는 이 사실을 피고인에게 알려야 한다. 이러한 사실을 피고인이 통보받는 경우에도 피고인은 반대신문에서 이 사실에 관하여 반대신문을 하지 않는 경우가 종종 있다. 왜냐하면 이 사실을 신문하는 과정에서 피고인의 전과사실이 드러날 수 있기 때문이다. 이러한 경우 소추 변호사는 비록 의무사항은 아니지만 증인의 전과사실을 배심에게 밝힐 수 있다.

형사소송의 기본원칙에 의하면 소추담당 변호사는 피고인에게 세심한 면에 이르기까지 공정하여야 하지만 피고인에게 터무니없이 관대할 필요는 없다. 오늘날 영국 소추담당 변호사의 역할은 Bar's Code of Conduct 부록에 수록되어 있다. CPS에 의하여 선임된 소추담당 변호사가 이 행위규범에 따르게 됨으로써 CPS 소속 검사의 지휘로부터 어느 정도 독립적인 입장에서 소추행위를 한다.

---

68) R. v. Banks [1916] 2 KB 621.

2) 피고인을 위한 변호사의 역할

피고인을 위한 변호사는 소추남당 변호사와 동일한 의무를 지는 것은 아니다. 따라서 자신을 법무관으로 간주할 의무나 소추인에 대하여 공정하여야 할 의무 그리고 피고인이나 피고인의 증인이 전과사실이 있다는 것을 말해 줄 의무를 지는 것이 아니다. 특별한 제한이 있는 경우가 아니면 변호인은 피고인의 무죄판결을 위해 가능한 모든 수단을 동원할 수 있다. 예컨대, 소추인 측의 증거와 관련하여 재판의 초기단계에서 발견되면 쉽게 치유가 가능한 순전히 기술적인 하자가 있는 경우에도 변호인은 상대방이나 법원에 이 사실을 미리 지적할 필요가 없다.

항소법원은 Nelson 사건에서[69] 피고인에 대한 유죄판결에 이르기까지 기소장의 하자에 대한 지적을 하지 않은 피고인의 변호인을 비난하지 않았다. 변호인이 이러한 지적을 하지 않은 이유는 기소장의 하자를 기소장의 변경으로 쉽게 치유할 수 없도록 하기 위해서였다.

그러나 일반적으로 변호인은 공익을 위하여 적절하고 유효한 정의의 실현이 보장될 수 있도록 법원에 대한 우선적인 의무를 지고 있다. 따라서 변호인은 형사사법절차에서 법원을 도와주어야 하고 법원을 속이거나 고의 또는 부주의로 법원을 오도하여서는 안 된다. 마찬가지로 사소한 절차상의 오류가 있는 경우 이를 시정하도록 법원에 즉시 알려 주어야 하고 피고인에 대한 유죄판결이 있는 경우 항소의 이유로 삼기 위해 이러한 사실을 묵비해서는 안 된다.

또한 변호인에게 주어진 행동의 자유가 남용되어서도 안 된다. 피고인을 위한 변호인(counsel)은 다른 모든 변호사와 마찬가지로 그의 고객에 대하여서만이 아니고 법원에 대하여도 일정한 의무를 지고 있다. 따라서 법원을 교묘하게 오도하거나 비윤리적으로 행동해서는 안 된다. 피고인이나 피고인 측 증인의 전과사실에 대하여 이를 밝힐 필요까지는 없지만 사실이 아니라는 것을 알면서도 적극적으로 그들이 좋은 성격의 소유자들이라고 말하는 것은 허용되지 않는다. 나아가 장황한 진술 또는 반복된 진술로 법원으로 하여금 시간낭비를 하게 해서도 안 되고 피고인의 무죄입증을 위한 증거가 아니고 단순히 다른 사람을 모욕하기 위한 주장을 해서도 안 된다.

69) R. v. Nelson (1977) 65 Cr App R 119.

이러한 변호인의 행동지침은 Chairman of the Bar가 규정한 원칙에 잘 나타나 있다.70) 그에 의하면 변호인의 의무는 "두려움 없이 그리고 그의 개인적인 이해관계와 상관없이" 법정에 피고인의 증거를 제시하는 것이다. 피고인이 제시하는 증거의 진실성 여부, 피고인의 성품 그리고 사건의 성격에 관한 그의 개인적인 의견을 고려하여서는 안 된다.

물론 피고인이 변호인에게 그가 유죄라는 사실을 말한 경우에 변호인이 무죄를 주장하기 위한 증거를 제출하는 것은 법원을 오도하는 것이 되어 인정되지 않는다. 하지만 피고인이 변호인에게 유죄라고 말해 준 후에도 계속 무죄를 주장하고 있다면 변호인은 소추인의 증거에 대한 반대신문에서 증인의 진술만으로는 합리적인 의심을 배척할 정도로 피고인의 범죄행위를 입증하는 것은 아니라는 취지로 증인에 대하여 신문할 수 있다.

변호인의 생각으로 피고인의 말이 거짓말투성이고 따라서 유죄라고 믿고 있는 경우에도 피고인이 유죄라고 변호인에게 말한 일이 없는 경우에는 변호인은 피고인의 무죄입증을 위하여 최선을 다할 의무가 있다.

3) 변호사와 판사의 사적 접촉

일정한 경우 피고인의 변호사가 판사를 그의 방에서 사적으로 만나 당사자와 일반 방청인이 없는 상태에서 사건에 관하여 상의하는 것이 허용된다.

Tuner 사건에서71) 수석판사 Parker는 "변호사와 판사 사이에는 접촉의 자유가 있어야 한다"고 하면서 다음과 같이 판시하고 있다.

> "형사사법절차는 가능한 한 공개법정에서 이루어져야 한다는 것은 절대적으로 지켜져야 할 명제이다. 따라서 변호사는 정말 필요한 경우에만 판사에게 만나 줄 것을 요청할 수 있다. 판사는 또한 이러한 요청을 받은 경우 변호사를 사적으로 만나는 것이 피고인에 대한 공정한 재판을 위해 필요한 경우에만 이를 허용하여야 한다."

항소법원의 이러한 판결 이후 변호사와 판사의 사적 접촉은 극히 제한적으로 인정되고 있다. 그러한 사적 접촉이 인정되는 예로 피고인이 자신은 건강

70) 62 Cr App R 193.
71) R. v. Tuner [1970] 2 QB 321.

하다고 믿고 있는 상황에서 변호인이 그가 중병에 걸려 있다는 사실을 통보받고 이를 양형감경의 사유로 판사에게 알림에 있어 피고인이 출석한 공개법정에서 밝힐 수 없는 경우를 들 수 있다. 또한 사적 접촉이 유용한 경우로는 소추인과 피고인이 유죄답변거래를 한 경우 판사가 이를 받아들일 것인지를 알아보기 위한 때이다. 하지만 이러한 문제도 공개법정에서 다루어져야 한다는 판례가 있다.72)

판사와의 사적 접촉은 변호사의 요청으로 이루어지는 것이 보통이다. 이러한 사적 접촉에는 소추인 측 변호사와 피고인의 변호사가 모두 참석하여야 한다. 또한 대화내용에 대한 분쟁을 피하기 위해 그 내용을 기록할 자도 참석하여야 한다. 사적 접촉이 있었던 때에는 특별한 사정이 없는 한 판사와 사이에 어떤 일이 있었는지를 피고인에게 알려주어야 한다. 이러한 사적 접촉에서 판사가 피고인의 양형에 관하여 언급한 것이 있다면 이를 피고인에게 반드시 알려주어야 한다. 이러한 이야기를 들은 피고인이 겁을 먹고 자신의 범죄에 대하여 유죄답변을 하여 그것이 나중에 무효로 되는 경우에도 마찬가지이다.

판사와 변호사 사이의 사적 접촉에서 유죄답변과 양형에 관하여 논의가 있는 경우에는 법무장관의 지침이 있다. 물론 이러한 논의는 매우 예외적인 경우에만 인정된다. 소추인 측 변호사는 이러한 논의가 있는 경우 판사에게 논의 내용을 정확하게 기록할 것을 요구하여야 한다. 그리고 그 자신도 그 내용을 전부 자세히 기록하여 이를 소추행위를 담당하는 당국에 제출하여야 한다.

예외적인 경우가 아니라고 생각되는 때임에도 이러한 논의가 있는 경우 소추인 측 변호사는 판사에게 항소법원의 판례를 인용하여 주의를 환기시키고 자신은 이러한 양형에 관한 논의에 개입하여서는 안 된다. 또한 특정 양형에 명시적 또는 묵시적으로 동의하였다는 것으로 간주될 수 있는 말이나 행동을 하여서도 안 된다. 나아가 소추인 측 변호사는 일정한 경우 법무장관이 부당하게 관대한 양형에 관하여 항소할 수 있다는 것을 지적해 주어야 한다.

4) 소추행위를 중지시킬 판사의 권한

치안법원의 예심을 거쳐 기소장에 일단 서명이 되고 나면 피고인으로서는 상대방의 소추행위를 중지시킬 여지가 거의 없다. 피고인이 기소장에 대한 기각청구, 이미 무죄나 유죄판결을 받았거나 사면을 받았다는 답변 또는 왕립형

72) R. v. Coward (1980) 70 Cr App R 70.

사법원이 관할권을 갖고 있는 사건이 아니라는 주장을 할 수 있지만 실무에 있어서 이러한 주장이 성공할 가능성은 매우 적다.

이러한 구제 방법 이외에 소추인 측의 행위가 매우 불공정하다고 보이는 경우 변호인은 판사에게 소추행위의 중지를 청구할 수 있고 왕립형사법원은 소송절차의 악용이 있는 경우 이를 중지시킬 권한이 있다. 소송절차의 악용으로 문제되는 것은 소추행위의 지체다. 기소가능범죄에 대하여는 소추시효가 인정되지 않지만 소추행위의 부당한 지체로 소추행위가 위압적으로 생각되는 경우 법원은 소추행위를 중지시킬 수 있다.[73)]

Randle 사건에서[74)] 피고인들은 간첩죄로 징역 42년의 형을 복역하고 있던 George Blake의 탈옥행위와 관련한 범죄로 고발이 되었다. 피고인들은 범죄가 있었던 날로부터 23년이 지나 1990년에 중앙형사법원에 소환되었다. 그들은 소추행위의 부당한 지체를 이유로 소송절차의 중지를 신청했다. 판사는 신청을 기각했고 피고인들은 이에 대하여 항고했다. 고등법원은 피고인들의 항고를 기각하기는 하였지만 소추행위의 지체 자체만으로도 일정한 경우 절차의 악용이 될 수 있다고 판시했다.

이 사건과 관련하여 피고인들은 1988년에 책을 발간했고 소추인 측은 이 책에서 상당히 많은 증거를 제공받았다. 책의 내용에 비추어 기억을 하지 못한다는 피고인들의 변명은 인정되지 않았고 그에 따라 고등법원은 왕립형사법원의 결정을 지지한 것이다. 따라서 재판은 그대로 진행되었지만 피고인들은 배심에 의해 증거부족으로 무죄평결을 받았다.

Bell 사건에서 추밀원(Privy Council)[75)]은 소추행위의 지체가 피고인에게 불공정한 재판이 될 수 있는 기준을 제시하고 있다.

---

73) Bell v. DPP of Jamaica [1985] AC 397.

74) Central Criminal Court ex p Randle [1991] Crim LR 551.

75) 추밀원은 재정법원(Exchequer), 대법관법원(Chancery) 등과 같이 왕실법원(Curia Regis)에서 유래된 것으로 원래 Norman 왕들의 고위 관료들로 구성된 Council이었다. 나중에 왕국의 최고통치기관으로 발전되었고 1688년 내각(cabinet)에 의해 그 지위가 대체된 후에는 왕의 칙령을 반포하는 형식상의 기관이 되었다. 2003년 현재 영국에서 정치사회적으로 또는 법률분야에서 명성이 있는 저명인사 500여 명이 추밀원의원으로 선임되어 있고 정부의 각 부 장관은 당연직 의원이다. 영국을 이끌고 가는 사람들의 모임이라고 보면 된다. 추밀원의 Judicial Committee는 영연방의 최고법원으로 연방으로부터 올라오는 상고사건을 처리한다.

그와 관련된 요건들로서 들고 있는 것은 다음과 같다.

① 지체기간,
② 그러한 지체를 정당화시킬 수 있는 소추인 측 사정,
③ 자신의 권리를 주장하는 피고인의 노력,
④ 피고인에게 초래된 불이익.

이러한 요건을 전제로 Randle 사건에서는 23년의 기간이 지났음에도 피고인에게 특별한 불이익이 초래되지 않은 것이 피고인의 항고가 인정되지 않은 이유라고 할 수 있다. Buzalek 사건에서[76] 피고인들은 사기무역으로 유죄판결을 선고받았는데 그 재판은 그들의 사기무역행위가 당국에 의해 제지당한 때로부터 6년 반이 지나서 시작되었다. 사기무역혐의는 규모가 방대했고 많은 양의 서류를 조사하여야 했으며 서류는 독일어로 되어 있어 번역이 필요했다.

재판을 담당한 판사는 위와 같은 기간의 지체가 있었다고 하여 피고인들에게 부당한 재판이라고 볼 수 없다고 하였고 항소법원도 피고인들의 항소를 기각하였다. 이 사건의 경우 증거의 상당부분을 서류에 의존하게 되어 있었고 증인들이 이들 서류를 참고하면 과거 일을 기억하는 데 별 문제가 없다는 이유에서였다.

소송절차의 악용으로 간주될 수 있는 것은 비단 소추행위의 지체에 국한되는 것이 아니고 그 이외 소추인 측의 비양심적인 행위도 포함된다.

나. 소추인의 모두진술

피고인에 대한 배심재판이 시작되면 소추인 측 변호사는 사건에 관한 그의 주장을 개진한다. 소추변호사는 모두진술에서 사건의 전체적인 윤곽을 배심원들에게 설명한다. 법원서기가 기소장을 배심에게 읽어주었지만 다시 법률적인 쟁점사항을 설명하면서 피고인에 대한 기소범죄사실을 상기시켜 준다.

일반적으로 소추변호사는 배심원들에게 피고인의 범죄혐의를 입증하는 것은 소추인이라고 알려 주고 증거에 따라 피고인의 유죄가 확실하다고 생각되면 유죄평결을, 유죄라는 확신이 서지 않는 경우에는 무죄평결을 하여야 한다

76) R. v. Buzalek [1991] Crim LR 115.

고 말해 준다. 소추변호사도 법률적인 쟁점에 대해 배심원들에게 말해 줄 수 있지만 이는 일종의 참고사항에 불과하고 최종적으로 법률적인 쟁점을 언급하는 것은 판사이다. 범죄사실을 설명한 뒤 소추변호사는 제출하고자 하는 증거의 요지를 설명한다. 보통 소추변호사는 예심절차에서 제출하였던 진술서의 사본을 갖고 그 내용을 간단하게 배심원들에게 설명한다.

모두진술에서 소추담당 변호사가 주의할 사항은 다음과 같다.

① 피고인 측에서 어떤 증거에 대하여 이의를 제기하려는 경우 소추담당 변호사는 모두진술에서 그 증거에 관하여 말을 해서는 안 된다.
② 증거에 관하여 설명하면서 너무 강하게 입증가능성을 말하는 것은 금기사항으로 되어 있다. 특정 증거에 의하여 어떤 사실이 확실히 입증된다고 주장하였다가 그러한 기대가 충족되지 않는 경우 다른 증거에 대한 신빙성도 약해질 수 있기 때문이다.
③ 소추담당 변호사의 임무가 어떤 방법을 사용해서라도 유죄판결을 받는 데 있는 것이 아니므로 불필요한 감정적인 말을 사용해서는 안 된다. 감정적으로 피해자에 대한 동정심을 불러일으킨다든지 또는 범인에 대한 비난가능성을 감정적으로 유발해서는 안 된다. 배심은 증거에 의해 평결을 하는 것이지 동점심이나 적개심에 의해 평결을 해서는 안 되기 때문이다.

다. 소추인의 주장과 입증

모두진술에 이어 소추담당 변호사는 피고인에 대한 기소범죄사실을 입증할 증인을 소환하고 서증을 제출한다.

1) 증인의 소환

예심절차과정에서 소추인이 증거로 법원에 제출한 진술서(statement)나 선서진술서(deposition)를 작성한 사람들을 통칭하여 기소장 이면에 성명이 기재되어 있는 증인들이라고 한다. 과거 이러한 증인들의 이름을 기소장 이면에 기재하던 관행에서 이 말이 유래되었다.

소추인은 기소장의 이면에 나오는 소추인 측 증인을 모두 소환하여야 한다. 다만 증인의 진술서를 읽어주는 것으로 증언을 대체할 수 있는 경우, 증인의 법원출석을 실현하지 못한 경우 그리고 증인의 진술이 신빙성이 없는 것으로 보이는 경우에는 증인을 법정에 출석시키지 않아도 된다. 그러나 신빙성이 없는 증인이라는 이유로 증인을 소환하지 않는 때에도 피고인이 원하는 경우 소추인은 그를 증인으로 소환하여야 한다.

2) 증인소환의 방식

기소장의 이면에 나오는 증인의 법정출석은 소추인의 책임이다. 마찬가지로 피고인이 소환하려고 하는 증인의 법정출석은 피고인이 책임진다. 증인이 재판 기일에 법정에 출석하지 않는 경우 판사는 재판을 연기하거나 아니면 증인 없이 재판을 진행할 수 있는 재량권을 갖고 있다. 판사가 이러한 재량권을 행사함에 있어서는 증언의 중요성 그리고 출석하지 못하는 이유 등을 고려하여 결정한다. 소추인이 출석하지 않은 증인의 증언을 듣지 않고 그대로 소송을 계속하자고 주장하는 경우 판사는 그 증인의 증언이 피고인의 주장을 뒷받침하는 내용이 아닌지의 여부를 검토해 보아야 한다.[77]

당사자가 필요한 증인을 법정에 출석하도록 하기 위해서는 법원의 도움이 필요하다. 과거 예심판사는 예심절차에 증인으로 나온 자에 대하여 법정에 증인으로 출석하라는 명령(witness order)을 할 수 있었다.

증인의 진술서를 법정에서 읽어주는 것으로 증언이 가능한 경우에는 조건부출석명령을 하였고 법정에 출석하여 증언을 하여야 하는 경우에는 통상의 출석명령을 하였다.

그러나 이러한 실무상의 관행은 1996년 제정된 Criminal Procedure and Investigations Act에 의하여 폐지되었다. 현재는 당사자가 이의를 제기하지 않는 한 예심절차에 제출된 모든 증거는 피고인에 대한 왕립형사법원의 재판에서 읽어 주는 것으로 가능하게 되었다.

예심절차에서는 소추인만 증거를 제출할 수 있으므로 이러한 이의는 피고인만이 하게 된다. 따라서 피고인의 이의가 없는 경우라면 소추인은 증인을 불러 증언하게 할 수도 있고 증인의 진술서를 읽어 주는 것으로 대체할 수도 있다. 피고인이 이의를 제기하려면 정식재판회부일로부터 14일 이내에 서면으로 신청서를 소추인과 왕립형사법원에 제출하여야 한다. 법원은 피고인의 이의신청을 받아들이지 않을 수도 있다.

---

77) R. v. Cavanagh and Shaw [1972] 1 WLR 676.

증인의 법정출석을 원하는 당사자는 왕립형사법원에 그 증인에 대한 소환장(witness summons)의 발부를 신청할 수 있다.[78] 이러한 신청은 정식재판회부결정 이후 바로 하여야 한다. 소환장을 받고도 정당한 이유 없이 법정에 출석하지 않은 증인에 대하여는 체포영장을 발부할 수 있다. 체포된 증인은 증언을 할 때까지 구금되거나 보석으로 석방될 수 있다. 또한 증인출석명령이나 법원의 소환장에 정당한 이유 없이 불응하는 것은 법정모욕죄로 3월 이하의 징역형에 처해질 수 있다.[79]

3) 추가 증거

소추인은 예심절차에 소추인 측 증거로 진술서를 제출하지 않은 증인도 재판의 증인으로 소환할 수 있다. 일반적으로 이와 같이 추가로 증거를 제출하는 것은 예심절차단계에서는 증인의 존재를 모르고 있다가 정식재판회부결정 이후 재판 이전 단계에서 이 사실을 알게 된 경우가 보통이다.

그러나 예심단계에서 그러한 증인이 있다는 것을 알았다고 하여 예심절차에서 증거로 제출하지 않고 있다가 재판단계에서 비로소 증거로 제출하는 것이 금지되는 것은 아니다.[80] 그러나 증거개시제도에 의하여 소추인의 기습적인 공격이 인정되지 않고 증거를 미리 개시하여야 하므로 굳이 재판에 제출할 증거를 예심절차에서 감출 이유는 없다.

소추인이 예심단계에서 제출하지 않은 증거를 추가로 법정에 제출하고자 하는 경우에는 그러한 의도와 함께 추가로 제출하는 증거의 내용을 서면으로 법원과 피고인에게 제출하여야 한다. 이때 제출하는 추가 증거의 내용은 증인의 진술서 사본이 보통이다. 진술서 사본을 받아 본 피고인이 이의를 제기하지 않는 경우 그 증인을 소환하는 대신 진술서 원본을 증거로 제출하고 읽어 주면 된다. 이러한 사전 통보 없이 추가 증거가 제출되는 경우 피고인이 이에 적절히 대처하도록 하기 위해 재판은 연기된다.

4) 증거로서의 진술서

일반적으로 증인은 법정에서 구두로 증언하는 것이 원칙이다. 이렇게 함으로써 배심은 증인을 보면서 그의 증언을 들을 수 있고 그리고 그의 증언이

78) Criminal Procedure (Attendance of Witness) Act 1965, s. 2.
79) Criminal Procedure (Attendance of Witness) Act 1965, s. 3.
80) Epping and Harlow Justices ex p Massaro [1973] QB 433.

믿을 수 있는 것인지 여부를 결정하게 되며 상대방은 반대신문을 통하여 그 증언의 신빙성을 다퉈볼 수 있다. 전문증거를 원칙적으로 인정하지 않는 영미법의 모습이다. 그러나 예외적인 경우 선서진술서(deposition)나 진술서를 배심에게 증거로 읽어주는 것이 가능하고 이러한 때에는 증인이 법정에 출석할 필요가 없다.

일종의 전문법칙의 예외에 해당하는 이러한 경우는 여러 법에 규정되어 있다.

① Criminal Procedure and Investigations Act 1996 예심절차에서 소추인이 증거로 제출한 진술서는 뒤이은 왕립형사법원의 정식재판에서 증인을 소환하여 증언을 듣는 대신 배심에게 그 진술서를 읽어 주는 것으로 증거조사를 할 수 있다.[81]

② Children and Young Persons Act 1933 이 법에 근거하여 성범죄나 폭력범죄의 피해사인 어린이나 유소년으로부터 법정 밖에서 받은 선서진술서(deposition)는 이들의 법정 출석이 그들의 생명이나 건강에 심대한 위험을 초래할 가능성이 있는 경우 기소에 의한 정식재판에서 증거로 사용할 수 있다.[82] 다만 선서진술서를 받으며 피고인에게 그 사실을 알리고 피고인이 참석하여 반대신문을 행한 경우에만 전문증거를 법정에서 사용할 수 있다.

③ Criminal Justice Act 1967 이 법률에 의하여 진술서(written statements)를 회부절차(committal) 이외의 형사소송절차(criminal proceeding)에서 증거로 사용할 수 있다.[83] 진술서를 증거로 사용하기 위해서는 진술서에 진술자의 서명 그리고 사실과 다름없이 진술서를 작성하였다는 확인문구가 있어야 한다. 진술서를 증거로 제출하고자 하는 당사자는 상대방 당사자에게 진술서의 사본을 교부하여야 한다. 사본을 받은 당사자는 7일 이내에 이를 증거로 사용하는 데 동의할 수 없다는 통보를 할 수 있고 이러한 경우 진술서는 증거로 사용할 수 없다. 상대방 당사자가 여러 명인

---

81) Criminal Procedure and Investigations Act 1996, Sch. 2.

82) Children and Young Persons Act 1933, s. 43.

83) Criminal Justice Act 1967, s. 9.

경우 1명만 반대하여도 증거로 사용할 수 없다. 또한 상대방이 반대를 하지 않은 경우에도 판사는 진술서작성자를 소환하여 증언을 들어볼 수 있다. 이러한 증거는 왕립형사법원의 정식재판에서뿐 아니라 약식재판에서도 증거로 사용할 수 있다.

④ Criminal Justice Act 1988 이 법은 형사소송절차에 있어서 전문증거배제원칙에 중요한 예외를 인정하고 있다.[84] 문서 작성자가 사망하였거나 법정에 출석할 수 없을 정도로 아픈 경우, 영국 밖에 살고 있어 소환할 수 없는 경우 그리고 소재가 불명인 때 그의 진술서는 그가 법정에서 구두로 증언한 경우와 동일한 효력이 있다. 이러한 증거의 증거능력은 판사의 재량에 따라 결정된다.

5) 소추인 측 증거에 대한 피고인의 이의

예심절차에 제출되었던 소추인 측 증거의 내용을 읽어 본 후 피고인은 그에 대하여 이의신청을 할 수 있다. 영국의 배심재판에서 특정 증거에 대한 증거능력과 같은 법률문제는 배심이 아니라 판사가 결정하는 것이 원칙이다. 판사가 피고인의 이의를 받아들이면 그 증거는 법정에 제출하지 못한다. 배심이 증거능력 없는 증거를 보고 편견을 가질 수 있기 때문이다.

재판을 시작하기 전에 피고인의 변호사는 상대방에게 특정 증거에 대하여 이의를 제기한다는 것을 알려주어야 한다. 이렇게 함으로써 소추인 측 변호사는 모두진술에서 이 증거에 대한 언급을 하지 않고 나머지 증거만으로 입증취지를 진술하게 된다. 이후 당사자의 변호사는 판사에게 배심원의 퇴정을 명해 달라고 청구하고 판사는 법률적인 문제가 발생하여 법률가들만이 논의할 사항이라고 하면서 배심원들에게 퇴정할 것을 명하게 된다. 배심원들이 퇴정하면 피고인의 변호사는 소추인의 증거에 반대하는 이유를 설명하고 이에 대하여 소추인 측 변호사는 자신의 주장을 말하고 양 당사자의 주장을 들은 판사가 증거능력에 관한 결정을 한다. 판사가 증거능력이 없는 것으로 결정하면 배심원은 그 증거를 전혀 들을 수 없고 증거능력이 있는 것으로 되면 배심원들이 법정에 들어오고 난 후 바로 그 증거조사를 하게 된다. 하지만 어떠한 경우에도 법정에서 있었던 일을 배심원들에게 말해 주지 않는다.

84) Criminal Justice Act 1988, ss. 23-28.

6) 변호인의 반대신문권의 한계

변호인은 반대신문에서 원칙적으로 어떠한 질문도 할 수 있다. 다만 사건과 관계없는 질문이나 증인의 답변이 전문증거나 비전문가의 의견을 말하는 것과 같이 증거로서 허용되지 않는 것에 대한 질문은 허용되지 않는다. 피고인이 범죄를 범하였는지 여부에 관한 질문 또는 피고인이 범죄를 범하였을 가능성을 높이거나 낮추는 질문 그리고 증인의 신빙성에 관한 질문은 사건과 관계있는 질문이다. 따라서 피고인의 변호인은 피고인의 주장을 뒷받침할 수 있는 범위 내에서 상당히 광범위한 반대신문의 권한을 행사할 수 있다.

그러나 피고인의 변호인에게 인정되는 이러한 반대신문의 권한은 변호사 행동강령(Bar's Code of Conduct)에 의하여 일정한 범위에서 제한된다. 그 주요 내용은 다음과 같다.

① 변호인은 언제나 두려움 없이 모든 적절하고 합법적인 방법을 사용하여 피고인에게 최상의 이익이 되도록 그의 이익을 촉진하고 보호한다.
② 변호인은 단순히 추문에 불과한 것이거나 증인 등을 비난하거나 모욕하고 괴롭힐 의도나 계산으로 하는 진술이나 질문을 해서는 안 된다.
③ 변호인은 증인에 대한 반대신문에서 증인에게 변호인의 주장에 대하여 답변할 기회를 주지 않고 그를 비난하는 언동을 해서는 안 된다.
④ 변호인은 피해자나 증인 그리고 기타의 사람을 범죄로 유죄판결을 받은 자라거나 사기 또는 비행을 하는 사람이라고 암시해서는 안 되고, 피고인이 범한 범죄를 다른 사람의 탓으로 돌려서도 안 된다. 다만 이러한 주장이 증인의 신빙성과 같이 사건의 쟁점과 관련이 있는 때 그리고 상당한 근거에 의하여 사실이라고 보이는 경우에는 허용된다.

이러한 규칙은 피고인의 변호인에게만 적용되는 것이 아니고 소추인 측 변호사가 피고인 측 증인에 대하여 반대신문을 할 때도 그대로 적용된다.

7) 공식적인 인정

사실관계에 대하여 다툼이 없는 경우에는 증인을 소환하여 증언을 듣는 것 보다 증인의 선서진술서나 진술서를 읽어 주는 것이 훨씬 더 편한 증거조사방식이다. 이와는 달리 입증을 하고자 하는 당사자의 상대방이 증거조사절차를 거치지 않고 그 입증을 필요로 하는 사항을 인정하는 수가 있다. 즉, 소추인 또는 피고인은 증언에 의하여 입증하여야 할 사실관계에 관하여 소송절차 내에서 그러한 사실관계를 그대로 받아들일 수 있다. 이를 공식적인 인정(formal admission)이라 한다. 공식적인 인정은 사실관계에 대한 종국적인 것이 되고 그에 대하여는 다시 입증을 요하지 않는다.[85] 이 규정은 치안법원과 왕립형사법원의 재판에 모두 적용된다.

공식적인 인정은 소송절차 전에도 할 수 있고 소송절차 중에도 할 수 있다. 법정에서 행해지는 경우가 아니면 서면으로 하여 서명을 하여야 한다. 피고인이 하는 경우 그 스스로 할 수 있고 변호인이 피고인을 대리하여 할 수도 있다. 피고인이 소송절차 이전에 개인적으로 이러한 인정을 한 경우에는 그 당시나 그 이후 변호인의 승인을 받아야 한다. 공식적인 인정은 이를 한 당사자에게만 효력이 있고 당해 사건의 소송절차에는 모두 적용되므로 상소절차나 재소송절차에도 적용된다.

따라서 피고인이 특정한 일시에 위험한 운전을 하였다는 혐의로 왕립형사법원의 재판에 회부되어 재판을 받으며 그 날 운전한 사실을 공식적으로 인정한 경우 왕립형사법원의 재판절차에서는 물론 유죄판결을 선고받고 항소한 경우 항소법원의 재판에서도 이 사실을 부인할 수 없다.

그러나 피고인이 위 일시에 운전을 하였다는 것을 근거로 무면허운전으로 다시 소추된 경우 또는 손해배상의 민사소송을 당한 경우에는 이 사실을 부인할 수 있다. 물론 피고인이 위험한 운전으로 소추되어 재판을 받으며 운전사실을 공식적으로 인정하였다는 것은 이러한 소송절차에서 증거로 사용될 수 있지만 그러한 사실관계에 구속되는 것은 아니다. 또한 공식적인 인정은 법원의 허가를 받아 취소할 수 있다. 변호인이 법정에서 상대방과 논쟁을 하는 과정에서 의도와는 달리 공식적인 인정을 한 경우에도 공식적인 인정을 한 것으로 처리될 수 있다.[86] 따라서 변호사는 판사 면전에서 상대방과 논쟁을 함에 있어서 부주의로 어떤 사실을 인정하지 않도록 주의할 필요가 있다.

공식적인 인정과 피고인이 경찰이나 그 이외의 자에게 자신이 범죄를 범하였다고 비공식적으로 인정하는 자백은 서로 구별된다.

---

85) Criminal Justice Act 1967, s. 10.

86) R. v. Lewis [1989] Crim LR 61.

특별한 사정이 없는 한 자백은 자백사실을 인정할 수 있는 증거로 받아들여진다. 기소인부절차에서 유죄를 받아들이는 경우와 유사하게 피의자가 수사기관 등에서 한 자백은 증거의 여왕이라고 불릴 정도로 강력한 증거가 된다. 하지만 자백은 공식적인 인정과는 달리 종국적인 사실인정이 아니다. 따라서 피고인은 자백한 사실을 인정하면서도 자백한 사실이 진실이 아니라고 주장하면서 그 사실관계를 부인할 수 있다.

그러나 공식적인 인정을 한 경우에는 법원의 허가를 받아 이를 취소한 경우가 아니면 인정한 사실을 부인할 수 없다. 또한 법정 밖에서 피고인이 공식적인 인정을 하는 경우 변호인의 승인이 필요하지만 자백의 경우에는 그러하지 않다.

라. 피고인의 증거불충분 주장

통상 소추담당 변호사는 “이상이 소추인 측 주장과 입증(that is the case for the prosecution)”이라고 하면서 주장과 입증을 마친다. 피고인의 변호인은 소추인의 주장과 입증을 들어보고 범죄사실에 대한 입증이 제대로 되지 아니하였다고 생각하면 판사에게 소추인 측의 증거가 충분하지 않아 “따로 주장할 사항이 없다(there is no case to answer)”고 주장할 수 있다.

피고인에게 변호인이 없는 경우 또는 변호인이 있는 경우에도 변호인이 이러한 주장을 하지 않는 경우에는 판사 스스로 이를 문제 삼을 수 있다. 이러한 주장은 소인 전부에 대하여 할 수 있고 그 일부에 대하여 할 수도 있다. 또한 여러 피고인이 공동피고인으로 병합재판을 받는 경우에는 피고인 전부에 대하여 또는 그 일부에 대하여 할 수 있다. 피고인의 이러한 주장이 판사에 의하여 받아들여지면 판사는 배심에게 그에 대하여 무죄판결을 하도록 지시한다.

증거가 불충분한 경우는 증거가 없는 경우와 증거가 있긴 하지만 범죄사실을 입증하기에 미약한 경우로 나누어 볼 수 있다. 범죄에 대하여 증언을 할 수 있는 증인이 제대로 증언을 하지 못한 경우와 같이 피고인의 범죄를 입증하는 데 필수적인 증거가 없는 경우 피고인의 증거불충분주장이 받아들여지는 것에는 문제가 없다. 또한 범죄행위를 입증할 직접 증거는 없고 오직 정황증거만 있는 경우 그러한 정황을 모두 인정한다 하더라도 피고인의 범죄행위를 입증하기에 부족한 경우에도 증거불충분주장은 받아들여지게 된다.

그러나 피고인이 범죄를 범하였다고 인정할 만한 증거가 있긴 하지만 그 증거만으로는 확실히 피고인의 범행을 입증하기에 부족한 경우에는 문제가 될 수 있다. 이러한 경우의 기본원칙은 증인이 진실을 말하는지 여부는 배심이 결정하는 것이지 판사가 결정하는 것은 아니라는 것이다. 따라서 판사가 증인이 거짓말을 한다고 생각하여 배심에게 무죄판결을 하도록 지시하는 것은 권한의 남용이 된다.[87] 피고인이 증거불충분을 주장하면 판사가 배심원들을 퇴정시킨다. 배심이 있는 자리에서 증거에 관한 논의를 하면 배심원들에게 불필요한 선입견을 갖게 할 우려가 있으므로 배심을 내보내고 증거의 증명력에 관하여 변호사와 판사가 자유롭게 말하도록 하기 위해서다. 배심원이 퇴정하면 피고인의 변호사가 증거불충분의 이유를 개진한 다음 소추담당 변호사가 반박을 한다. 이어 판사가 결정을 하고 이후 배심원이 다시 법정으로 들어온다.

판사가 증거불충분 주장을 받아들이는 경우 판사는 배심에게 그 사실을 간단히 설명하고 배심으로 하여금 무죄평결을 하도록 지시한다. 여러 소인의 일부에 대해서만 증거불충분 주장을 받아들이는 경우 판사는 배심에게 그 소인에 대하여는 재판절차 종료시점에 무죄평결을 하도록 하겠다고 하면서 그 소인에 대하여는 상관하지 말고 다른 소인에 대하여만 재판을 하도록 알려준다. 물론 다른 소인에 대한 재판은 통상의 경우와 마찬가지로 진행된다. 증거불충분 주장이 전혀 받아들여지지 않은 경우 판사는 배심원이 없는 자리에서 있었던 일에 대하여 일체 배심원에게 말하여 주지 않는다.

배심재판에서 피고인의 증거불충분 주장에 따라 판사가 배심에게 무죄평결을 지시하는 것은 매우 중요한 의미를 갖고 있다. 통상 왕립형사법원에서 선고되는 전체 무죄사건의 약 21.2%가 이러한 판사의 지시에 따른 무죄이다.

마. 피고인의 변소와 반증

소추인 측이 피고인의 범죄혐의에 대한 입증절차를 마치면 다음으로 피고인이 소추인 측의 주장에 대하여 반박하고 반증을 제출하게 된다. 원래 범죄혐의에 대한 입증책임은 소추인 측이 지는 것이고 피고인 자신이 범죄를 범하지 않았다는 사실을 입증할 책임이 있는 것이 아니므로 피고인으로서는 원칙적으로 반증을 제출할 의무를 지는 것은 아니다.

---

87) R. v. Galbraith [1981] WLR 1039.

따라서 소추인 측의 주장과 입증만으로는 합리적인 의심을 배척할 정도로 피고인의 범죄사실에 대한 입증이 되어 있지 않다고 판단되면 변호인은 더 이상 증거를 제출할 필요 없이 최후 변론을 통하여 배심에게 피고인의 범죄혐의에 대한 충분한 입증이 되어 있지 않으므로 무죄를 선고해달라고 할 수 있다. 하지만 실무에서는 배심이 소추인 측의 주장과 입증만을 듣고 평결을 하는 경우는 거의 없고 피고인도 반증을 제시하는 것이 일반적이다.

1) 변호인의 모두진술

변호인이 반증방법으로서 피고인 이외의 다른 증거를 제출하고자 하는 경우에는 그에 관하여 배심에게 모두진술을 할 권리를 갖는다. 모두진술에서 변호인은 그가 제출하고자 하는 증거의 개요를 설명하고 소추인 측 증거에 대하여 비판을 할 수 있다. 그러나 변호인이 제출하고자 하는 증거가 피고인밖에 없거나 혹은 다른 증인을 부르는 경우에도 그의 입증취지가 피고인의 성격에 관한 증거뿐일 때에는 변호인에게 모두진술권이 주어지지 않는다.

2) 피고인 측 증거

피고인의 무죄주장을 위한 가장 중요한 증거는 피고인 자신이라고 할 수 있다. 우리의 형사소송에서도 검사나 변호인 또는 판사의 피고인에 대한 신문이 중요한 입증방법이 되고 있다.

그러나 영미의 당사자주의에서는 피고인에 대한 신문은 원칙적으로 인정되지 않는다. 다만 피고인이 당사자로서의 지위를 포기하고 증인으로서 자기의 범죄혐의와 관련한 증언을 할 수 있다. 즉, 피고인은 자신의 무죄주장을 위한 증인이 될 수 있지만 강제로 증인이 되는 것은 아니다.[88] 따라서 피고인이 자신의 무죄주장을 위하여 증인석에서 증언할 수 있지만 소추인이 피고인의 의사에 반하여 피고인을 강제로 증인석에 앉힐 수는 없다.

피고인은 또한 피고인 이외에 다른 사람을 불러 증언을 하게 할 수 있고 선서진술서나 진술서를 읽어보고 증거로 제출할 수 있다. 피고인과 제 3 자가 함께 증인으로 나서는 경우 먼저 피고인을 상대로 증인신문을 하는 것이 원칙이다. 피고인은 그의 사건에 관하여 전후 사정을 가장 잘 아는 증인이고 또한 피고인은 재판절차가 진행되는 동안 계속 법정에 있게 되므로 피고인이 다른

88) Criminal Evidence Act 1898, s. 1. "The accused is a competent but not compellable witness for defence."

증인의 증언을 들은 후 증언을 하게 되면 다른 사람의 증언에 맞추어 진술할 수 있게 되기 때문이다. 피고인 이외의 증인은 피고인이 증언을 하는 동안 법정 밖에 나가 있어야 한다. 판사는 이러한 원칙에 따르지 않고 그의 재량에 따라 피고인보다 다른 증인의 증언을 먼저 들을 수 있다.[89] 예컨대, 증인이 다른 급한 용무가 있는 경우 소추인 측이 이러한 순서변경에 이의를 제기하지 않는 경우 순서를 변경하여 할 수 있다.

피고인이 증인석에서 증언을 하는 경우 원칙적으로 다른 증인과 동일한 지위를 갖게 되지만 다음과 같은 예외가 인정된다.

① 피고인에게 기소된 범죄에 대하여 그 범죄사실을 인정하는지 여부를 물어볼 수 있다. 이러한 질문과 관련하여 증인에게 일반적으로 인정되고 있는 자기부죄금지의 권리(a privilege against self-incrimination)는 피고인에게 적용되지 않는다.[90]

② 다른 증인과는 달리 피고인에 대한 반대신문에서는 피고인의 전과 범죄사실이나 그의 나쁜 성격에 관한 질문은 금지된다. 그러나 피고인이 소추인 측 증인의 성격에 관하여 비방을 하였거나 그 자신의 성격이 훌륭하다는 증거를 제시한 경우 또는 공동피고인의 범죄행위를 입증할 증거를 제시한 경우에는 이러한 보호를 받지 못한다.

배심에게 있어서 피고인은 다른 어떤 증인보다 더 중요한 증인이 될 수 있다. 이러한 이유로 피고인은 폭력의 행사나 도망의 우려 등 다른 특별한 사정이 없는 한 피고인석이 아니라 증인석에서 증언하여야 한다.[91]

피고인이 증인석에서 증언을 하는 경우 피고인은 소추인 측의 반대신문에 노출되기 때문에 피고인에게 불리할 수 있다. 특히 피고인에게 전과 범죄사실이 있는 경우나 나쁜 성격의 소유자로서 이러한 사실이 반대신문에서 노출될 가능성이 있는 경우가 문제가 된다. 이러한 사정으로 상당히 최근까지도 피고인은 증인석에서 선서를 하고 증인으로 증언을 하는 것이 아니라 피고인석에

89) Criminal Evidence Act 1984, s. 79.
90) Criminal Evidence Act 1898, s. 1(e).
91) Criminal Evidence Act 1898, s. 1(g).

서 선서를 하지 않고 피고인으로서 자기의 주장을 할 수 있었다. 이렇게 함으로써 피고인은 자신의 변호사나 소추인 측 변호사에 의한 반대신문을 피할 수 있었다. 하지만 1982년에 이르러 피고인이 선서하지 않고 피고인석에서 진술할 수 있는 권리는 폐지되었다.[92] 피고인은 이제 침묵을 지키거나 아니면 증인석에서 증언을 하여야 하는 어려운 선택을 하여야 한다. 피고인이 침묵을 지키는 경우 배심원들이 피고인을 의심하게 될 것이고 증인석에서 증언을 하는 경우 반대신문에 노출되게 되어 있다.

어떤 선택을 할 것인지는 피고인이 스스로 결정하여야 한다. 이와 관련하여 변호사행동강령(Bar's Code of Conduct)은 다음과 같이 규정하고 있다.

> "피고인의 변호인은 피고인이 증인석에서 증언을 할 것인지 아니면 침묵을 지킬 것인지의 여부에 대해 조언을 해 주지만 그 결정은 피고인이 하도록 하여야 한다."

피고인이 변호인의 조언을 받고 이 점에 관하여 결정하면 변호인은 사후 분쟁을 피하기 위해 그 결정 사항을 기록하고 그에 대한 피고인의 사인을 받아 놓는 것이 보통이다.

3) 증거개시와 현장부재증명

피고인 또한 증거개시의무에 따라 재판 전에 소추인과 법원에 피고인 측 반증내용을 요약한 서면을 제출하여야 한다.[93] 나아가 반증내용으로 현장부재증명(alibi)을 주장하고자 하는 때에는 그 구체적인 내용 즉, alibi를 입증해줄 수 있는 자의 성명과 주소 또는 그를 추적할 수 있는 정보를 제공하여야 한다.

4) 감정증거의 제출

소추인과 마찬가지로 피고인도 전문가의 의견이나 감정의 결과를 증거로 제출하기 위해서는 회부절차 이후 바로 상대방에게 감정증거의 내용을 서면으로 제출하여야 한다. 이러한 서면을 제출받은 소추인은 동일한 사항에 대하여 감정해 볼 권리를 갖는다. 다만 이러한 감정 결과의 사전 제출이 감정인에 대한 위협이나 다른 사법방해의 결과를 초래할 가능성이 있는 경우에는 법원의

---

92) Criminal Justice Act 1982, s. 72.

93) Criminal Procedure and Investigation Act 1996, s. 5(6).

허가를 받아 재판 도중에 제출할 수 있다. 법원의 사전 허가를 받지 못한 경우에는 재판 도중에 이러한 증거를 제출할 수 없지만 예외적으로 사후 법원의 허가를 받아 이러한 증거를 제출하는 것은 가능하다.

5) 2명 이상의 피고인이 있는 경우

2명 이상의 피고인이 하나의 기소장에 따라 함께 재판을 받으면서 각자 다른 변호사를 선임한 경우에는 기소장에 기재되어 있는 피고인의 순서대로 증거를 제출한다. 2명 이상의 피고인이 1명의 변호사를 선임하여 증거를 제출하는 경우에는 공동피고인과 마찬가지로 증거를 제출한다. 따라서 변호인은 그들을 위하여 하나의 모두진술을 하고 순서대로 그들을 증인으로 세운다.

6) 변호인이 없는 피고인

왕립형사법원의 재판에 있어서는 피고인이 변호인을 선임하여 재판을 받는 것이 일반적이지만 피고인은 변호인을 선임하지 않고 스스로 재판을 받을 수 있고 재판 도중 언제라도 선임된 변호인을 해임할 수 있다.

변호인이 없는 경우에는 판사가 피고인의 소추인 측 증인에 대한 반대신문 그리고 피고인의 증거 제출 등을 도와준다. 특히 소추인의 주장과 입증이 종료된 후 판사는 피고인에게 그 자신이 증인으로 나설 것인지 또는 다른 제출할 증거가 있는지 여부를 물어보아야 한다. 이러한 조치를 취하지 않은 경우 유죄판결은 항소심에서 파기될 수 있다. 그러나 변호인이 없는 피고인은 다음의 경우 소추인 측 증인에 대하여 반대신문을 할 수 없다.[94]

① 강간이나 기타 특정한 성범죄로 기소된 피고인이 변호인을 선임하지 않고 재판을 받는 때에는 그 범죄의 피해자로 법정에 나온 증인에 대하여 반대신문을 할 수 없다.

② 폭력범죄, 특정한 성범죄, 납치, 감금이나 유괴죄로 기소된 피고인은 그 범죄의 피해자나 목격자로 법정에 나온 어린이에 대하여 반대신문을 할 수 없다.

③ 법원은 위와 같은 요건에 해당하는 경우가 아닌 때에도 증인의 상황이나 사건의 성격을 고려하여 그것이 정의의 실현에 반하지 않는다면 변호인이 없는 피고인에 의한 반대신문을 금지할 수 있다.

94) Youth Justice and Criminal Evidence Act 1999.

④ 피고인이 반대신문을 할 수 없는 때에는 피고인이 반대신문을 할 수 있는 대리인(representative)을 선임할 수 있다.

⑤ 피고인이 반대신문을 할 대리인을 선임하지 않는 때에는 법원이 증인의 증언에 대한 신빙성을 다투어보아야 하는지 여부를 검토해 보아야 한다. 그러한 필요성이 있는 경우에는 법원이 반대신문을 행할 대리인을 선정한다. 이러한 대리인은 피고인의 지시를 받지 않고 그에 대하여 책임을 지지도 않는다.

7) 피고인의 출석

피고인은 우선 유·무죄답변을 위하여 법정에 출석하여야 한다. 피고인이 법정에 출석하지 않으면 재판은 연기되고 판사는 질병과 같은 상당한 이유가 있는 경우가 아니면 직권으로 체포영장을 발부하게 된다.[95] 유·무죄답변을 위해 출석한 피고인은 원칙적으로 재판 중 계속하여 법정에 출석하는 것이 원칙이다. 피고인은 법정에서 소추인 측의 주장과 입증을 듣고 그에 대한 변명과 반증을 제시하게 된다. 피고인이 재판 도중에 출석하지 않는 경우에도 재판은 연기되고 판사는 체포영장을 발부하는 것이 원칙이다.

피고인이 질병으로 인하여 법정에 출석하지 못하는 경우에는 판사가 배심을 해산하게 된다. 이러한 경우 피고인이 다시 법정에 출석하게 되는 때 새로운 배심을 구성하여 재판을 다시 시작한다. 피고인이 재판 내내 법정에 출석하여야 한다는 원칙은 피고인이 절차진행과정을 이해하고 있어야 한다는 의미를 내포하고 있다. 따라서 영어를 못하는 피고인에게 제출된 증거를 통역해 주지 않은 것은 잘못된 재판(miscarriage of justice)으로 유죄판결의 파기사유에 해당한다.[96]

그러나 피고인이 출석하지 않아도 재판이 진행되는 경우가 있다. 우선 피고인이 고함을 지르거나 무례한 행동을 하는 등으로 그의 출석 상태에서는 재판을 진행하는 것이 부적절한 경우에는 피고인의 출석 없이 재판을 진행할 수 있다. 또한 피고인이 스스로 법정에 출석할 권리를 포기한 경우에도 피고인의 출석 없이 재판을 진행한다.

---

95) Bail Act 1976, s. 7.

96) Kunnath v. The State [1993] 1 WLR 1315.

피고인의 불출석과 관련해서는 항소법원이 Hayward 사건의 항소심에서 제시하고 있는 다음과 같은 원칙이 있다.[97)]

① 피고인은 원칙적으로 그의 재판에 출석할 권리와 변호인을 선임하여 재판을 받을 권리를 갖고 있다.
② 피고인의 이러한 권리는 피고인 자신이 분리하거나 또는 동시에 그리고 전부 또는 일부 포기할 수 있다.
③ 판사는 피고인이나 피고인의 변호인이 불출석한 상태에서 재판을 진행할 것인지 여부를 결정할 재량권을 갖고 있다.
④ 판사는 이러한 재량권을 행사함에 있어 매우 신중하게 하여야 한다. 특히 피고인의 변호인이 없는 경우에는 아주 예외적인 경우에만 피고인의 출석 없이 재판을 진행하기로 결정할 수 있다.
⑤ 재량권을 행사함에 있어서는 피고인에게 공정하게 결정하는 것이 가장 중요하지만 소추인 측에 공정하게 하는 것도 또한 고려되어야 한다.
⑥ 피고인의 출석 없이 재판을 진행하기로 결정한 경우 판사는 재판이 가능한 한 공정하게 진행되도록 노력하여야 한다. 특히 증거조사절차와 배심에게 증거의 요지를 설명해 줌에 있어서 피고인의 이익을 위하여 소추인 측 증거의 증명력이 약하다는 것을 지적하는 등 필요한 조치를 취해야 한다. 또한 피고인이 법정에 출석하지 않은 것이 피고인이 그의 범죄를 인정하는 것은 아니고 이 사실이 소추인 측 입증에 아무런 도움이 되지 않는다는 점을 배심에게 알려주어야 한다.

바. 당사자의 의견진술

피고인이 그의 변소와 반증을 마치면 소추인 측 변호사가 마지막으로 배심에게 소추인 측 증거의 요지를 설명해 준다. 이 경우 소추인 측 변호사는 자신을 수단과 방법을 가리지 않고 유죄판결을 받기 위해 노력하는 자가 아니라 "사법관(minister of justice)"으로 생각하여 직무를 수행한다. 증거를 요약하여 설명하면서 소추인 측 증거 중에서 가장 중요한 것이 어떠한 것이라는 것을 말하고 또한 피고인 측 증거의 허점을 말해 준다.

---

97) R. v. Hayward [2001] 3 WLR 125.

그러나 피고인에게 변호인이 선임되어 있지 않고 피고인이 그 자신 이외 다른 사실관계를 입증할 증거를 제출하지 않은 경우 소추인은 의견진술을 할 수 없다. 또한 소추인 측 변호사가 반드시 이러한 의견진술을 하여야 하는 것은 아니다. 피고인에게 변호인이 있는 경우에는 피고인 측에서 증거를 제출하지 않은 경우에도 소추인 측 변호사가 의견진술을 할 수 있지만 이러한 경우 보통 의견진술을 하지 않는다.

소추인 측 변호사가 의견진술을 하고 나면 이어 피고인의 변호인이 의견진술을 한다. 소추인 측 변호사와 마찬가지로 변호인은 배심에게 피고인 측 증거의 요지를 설명하고 소추인 측 주장과 입증에 대하여 반박을 한다.

변호인은 사건과 관련하여 어떠한 내용의 진술이라도 할 수 있는 상당히 광범위한 재량권을 갖고 있다. 하지만 증거 없는 사실관계를 주장하는 것은 인정되지 않는다. 2명 이상의 피고인이 있는 경우 기소장에 기재된 피고인의 순서대로 의견진술을 한다. 피고인에게 변호인이 없는 경우 피고인 스스로 의견진술을 할 수 있다.

사. 판사의 사건요지 설명

소추인과 피고인의 변호사가 의견진술을 마치면 재판절차의 마지막으로 판사가 배심에게 사건의 요지를 설명해 준다. 판사는 배심에게 법률문제에 대하여 설명을 하고 사실인정에 관하여 도움을 준다.

배심이 평결을 함에 있어 그 이유를 밝히지 않는 관계로 정확한 실상은 알 수 없지만 실무에 있어서 판사의 설명은 배심의 평결에 상당히 큰 영향을 미치는 것으로 알려져 있다.

판사는 주로 다음과 같이 배심에게 사건요지를 설명한다.

① 판사는 우선 배심에게 판사와 배심의 역할을 설명한다. 즉, 법률문제는 판사가 결정하고 배심은 이에 따라야 하며, 증거에 의하여 인정되는 사실관계는 배심이 결정하고 이 점에 관하여 판사의 의견에 구속되지 않는다는 것을 설명한다. 이러한 설명은 단순한 형식상의 것이 아니라 이를 생략한 경우 항소이유가 될 수 있다.[98]

98) R. v. Wootton [1990] Crim LR 201.

② 피고인의 범죄사실을 입증할 책임을 지는 것은 소추인이고 피고인은 아무 것도 입증할 책임이 없으며 합리적인 의심을 배척할 정도로 피고인이 범죄를 범하였다는 것을 인정하기 어려운 경우에는 무죄평결을 하여야 한다고 설명한다. 이러한 설명 대신에 피고인이 기소된 범죄를 범하였다는 "확신이 서는 경우에만" 유죄평결을 하여야 한다고 설명해 줄 수 있다. 나아가 이러한 양자의 설명을 혼합하여 "합리적인 의심을 배척할 정도로 입증이 되어 피고인이 기소된 범죄를 범하였다는 확신이 서는 경우"로 설명해 주는 것도 권고되고 있다.

③ 판사는 기소된 범죄의 구성요건을 설명하고 소추인이 피고인의 유죄를 입증하기 위해 증명하여야 할 사항을 설명한다.

④ 특정한 사건의 증거에 있어서는 판사가 증거법상의 문제를 배심에게 설명해 주어야 하는 경우가 있다. 예컨대, 폭력사건에 있어서 피고인이 정당방위를 주장한 경우 일반적으로 정당방위에 해당한다는 사실을 피고인이 입증하여야 하는 것으로 배심원들이 생각할 수 있다. 이러한 경우 판사는 피고인의 행위가 정당방위에 해당하지 않는다는 것을 합리적인 의심을 배척할 정도로 입증하여야 하는 것은 소추인이라는 점을 설명해주어야 한다. 피고인이 alibi를 주장한 경우도 마찬가지이다. 또한 증거법의 원칙에 따라 입증책임이 피고인에게 주어진 경우 예컨대, 살인사건에 있어서 심신미약의 점을 피고인이 주장하는 경우에는 입증책임을 지고 있는 것은 피고인이고 또한 피고인이 입증하여야 하는 것은 합리적인 의심을 배척할 정도가 아니라 입증의 우세 정도라고 말해 주어야 한다.

⑤ 2명 이상의 피고인이 하나의 기소장으로 재판을 받는 경우 판사는 배심에게 각 피고인에 대한 사건을 분리하여 생각하여야 한다고 설명한다. 특히 피고인 A에게 제출된 증거가 피고인 B에게 증거능력이 없는 경우에도 A에 대한 증거가 B의 재판에 영향을 미칠 수 있다. 예컨대, A와 B가 함께 범행을 하였다고 A 혼자 자백한 경우이다. 이러한 경우 판사는 B의 사건을 결정함에 있어 A의 자백은 증거능력이 없어 무시하여야 한다고 설명해 주어야 한다.

⑥ 마지막으로 판사는 증거관계를 요약하여 설명해 준다.

⑦ 이러한 설명을 마치면 판사는 배심에게 배심장(foreman)을 선출하도록 알려준다. 배심장은 배심원들의 대변인이 되어 평결 결과를 발표한다.

6. 평 결

가. 배심의 퇴정

판사가 배심에게 사건의 요지에 대한 설명을 마치면 법정정리가 배심원들을 "공개되지 않고 편리한(private and convenient)" 장소로 모시겠다고 선서한다. 선서를 하게 하는 이유는 법원의 허가 없이는 다른 사람들이 배심원에게 말을 하지 못하게 하고 정리 스스로도 평결이 끝났는지를 물어보는 것 이외에는 말을 하지 못하도록 하기 위해서다. 배심보좌인(jury bailiff)으로 불리는 정리가 선서를 한 뒤 배심원들을 인도하여 배심원실로 안내하고 자신은 밖에서 대기한다.

퇴정한 배심원들은 한 자리에 모여 전원일치의 평결을 위해 토론과 논쟁을 한다. 배심원 이외의 자들로부터 영향을 받지 않도록 배심원들은 가능한 한 외부인과 단절된다. 배심원들은 그들만으로 피고인에 대한 유·무죄 평결을 한다. 평결을 함에 있어서는 오로지 증거와 법정에서 들은 당사자의 주장 그리고 그들의 생활경험에다 상식만을 근거로 하여 평결한다. 배심이 외부의 영향을 받지 않고 평결을 할 수 있도록 하기 위해 3개의 규칙이 적용된다.

첫째, 배심은 배심보좌인의 보호 아래 있어야 한다. 따라서 배심보좌인은 외부의 사람이 배심이나 배심원에게 말을 하지 못하도록 해야 한다. 또한 보좌인 역시 판사의 지시 없이는 배심원실에 들어가거나 배심원에게 말을 해서는 안 된다. 전체 배심이나 배심원이 보좌인의 보호에서 이탈한 경우 유죄판결은 파기된다.

Neal 사건에서[99] 평결을 위해 퇴정한 배심이 판사의 허락을 받고 법원 건물을 나와 인근의 식당에 가서 점심을 먹었지만 배심보좌인은 동행하지 않았다. 점심식사를 하고 돌아온 배심이 피고인에게 유죄평결을 했다. 이 사건의 유죄판결은 항소심에서 파기되었다. 그 이유는 배심원들이 상당한 시간 배심보좌인의 보호에서 이탈해 있었고 그 사이에 수많은 사람들로부터 그 사건에 관

99) R. v. Neal [1949] 2 KB 590.

하여 이야기를 들을 수 있는 가능성이 있었다는 것이었다. 비슷한 사례로 Ketteridge 사건을 들 수 있다.[100] 이 사건에서 배심원 중 1명이 퇴정 이후 다른 배심원들과 함께 배심원실로 가지 않고 실수로 법원 건물을 빠져나갔다가 15분 후에 배심원실로 돌아왔다. 마찬가지로 배심원이 다른 사람과 이야기할 수 있는 가능성이 있었다는 이유로 피고인의 유죄판결이 파기되었다.

둘째, 배심원은 판사의 허가 없이는 배심원실을 떠날 수 없다. 배심원들이 그들의 방을 떠날 수 있는 경우는 판사로부터 새로운 지시를 받는 때 또는 배심이 판사에게 질문한 내용에 대하여 답변을 듣기 위한 때로 제한된다. 하지만 "분명한 사정(evident necessity)"이 있는 때 판사는 배심원들이 그들의 방을 떠나는 것은 물론 법원 건물을 떠나는 것도 허가할 수 있다.

늦은 시간까지 배심이 평결을 하기 위해 노력했으나 아직 결론에 이르기까지 더 많은 시간을 필요로 하는 경우 판사는 배심원들을 호텔로 데려가 자게 할 수밖에 없는 분명한 사정이 있는 때라고 결정할 수 있다. 그에 따라 배심원들이 보좌인의 보호 아래 호텔에서 자고 다음 날 다시 배심원실에서 평결을 계속할 수 있다. 물론 이러한 사정이 인정되는 것은 매우 복잡한 사건으로서 평결을 하는 데 하루 이상이 소요되는 사건에서 있을 수 있는 일이다. 일반적으로 배심에게 여러 시간을 부여하였지만 평결에 이를 낌새가 없는 때에는 판사가 배심을 해산하는 것이 보통이다.

셋째, 배심은 판사의 허가 없이는 서로 분리되어서는 안 된다. 1994년까지 이 원칙은 철저하게 지켜져 설사 배심원들이 잠을 자기 위해 호텔에 가는 경우에도 그들은 서로 분리되어서는 안 되었다. 하지만 현재에는 재판 도중 어느 때라도, 심지어 배심이 퇴정하여 배심실로 들어간 이후에도, 판사가 배심을 분리할 수 있는 재량권을 갖게 되었다. 따라서 오늘날에는 하룻밤을 보내기 위해 판사가 배심의 분리를 불허하여 배심원들을 호텔로 보낼 수도 있고 배심을 분리하여 각자의 집에 가서 자고 오게 할 수도 있다.

항소법원은 Oliver 사건에서[101] 배심의 분리를 허용하는 판사는 배심에게 다음과 같이 고지하여야 한다고 판시하고 있다.

---

100) R. v. Ketteridge [1915] 1 KB 467.
101) R. v. Oliver [1996] 2 Cr App R 514.

① 사건을 결정함에 있어서는 증거와 법정에서 보고 들은 논쟁만을 근거로 하여야 하고 법정 밖에서 보고 들은 것을 근거로 해서는 안 된다.
② 증거는 법정에 제출된 것으로 끝나는 것이고 배심원이 사건에 관한 새로운 증거나 정보를 찾거나 받는 것은 잘못된 것이다.
③ 배심원실에서 평결을 하기 위해 다른 배심원들에게 말하는 것을 제외하고 누구에게도 사건에 관하여 말을 해서는 안 된다.
④ 배심원실에서 평결을 하기 위해 다른 배심원들이 말하는 것을 제외하고 그 누구도 사건에 관하여 말을 하게 해서는 안 된다.
⑤ 법정을 떠남에 있어서는 배심원실에 돌아와 다시 평결절차를 계속할 때까지 사건에 관한 것은 잊어버리고 있어야 한다.

이러한 규칙에 위반하는 것은 그것이 아무리 사소한 것이라 하더라도 재판절차의 위반이 되지만 사건의 근본(root of the case)에 관련된 것이 아니면 유죄판결이 반드시 파기되는 것은 아니다.

1) 배심의 질문

배심이 평결을 위해 퇴정하고 배심원실로 들어간 이후에도 배심은 사건과 관련한 법률적인 문제에 대하여 판사에게 질문할 수 있다. 또한 배심은 판사에게 증거와 관련한 질문도 할 수 있다.

실제 아무런 증거도 제시되지 않은 쟁점에 관하여 어떠한 증거가 있는지 배심이 물어 오는 경우 판사는 그에 관한 증거는 아무 것도 없고 배심은 그들이 들은 증거만으로 판단하여야 한다고 알려주어야 한다. 배심이 평결을 위한 평의를 시작한 이후에는 어떠한 증거도 배심에게 추가로 제출될 수 없다.[102] 따라서 배심이 범행 현장이라고 주장되는 장소를 둘러보는 것도 금지된다.[103]

Stewart 사건에서[104] 항소법원은 배심이 퇴정한 이후 판사가 배심에게 한 쌍의 저울을 제공한 것은 잘못된 것이라고 판시했다. 사건은 마약의 양이 크게 문제가 된 것이었다. 항소법원은 판사와 양 당사자의 변호사 그리고 피고인이 없는 상황에서 판사가 배심으로 하여금 마약의 무게를 측정하도록 하였다고

102) R. v. Owen [1952] 2 QB 362.
103) R. v. Lawrence (1968) 52 Cr App R 163.
104) R. v. Stewart (1989) 89 Cr App R 273.

본 것이다. 이와 달리 Maggs 사건에서는[105] 퇴정한 배심에게 줄자와 돋보기를 제공한 것은 배심으로 하여금 그러한 측정을 하게 한 것이라고 볼 수 없고 따라서 이를 받아들일 수 없는 것은 아니라는 항소법원의 판결이 있었다.

그러나 배심은 일반적으로 퇴정을 하면서 증거자료(exhibits)를 가지고 배심원실로 갈 수 있다. 또한 법정에서 배심이 들은 인터뷰 테이프도 가져가 다시 들어볼 수 있다. 배심이 법정에서 녹음테이프를 듣지는 않았지만 그 녹취록을 받아 가지고 있는 경우에는 판사에게 요청하여 녹음테이프를 들어볼 수 있다. 녹음테이프가 증거이고 녹취록은 단순히 그 내용을 알아보는 편리한 방식에 불과하기 때문이다. 녹음테이프를 배심원실에서 들어보게 할 것인지 아니면 배심원들로 하여금 법정에서 들어보게 할 것인지 여부는 판사의 재량에 맡겨져 있지만 이러한 경우 법정에서 들어보게 하는 것이 원칙이다.

배심이 판사에게 질문할 사항이 있거나 판사와 의견을 나누고자 할 때에는 이를 적어 배심보좌인에게 주고 그가 이를 판사에게 전달한다. 부전지를 전달받은 판사는 양 당사자의 변호사와 피고인에게 법정으로 돌아오게 하고 그들에게 부전지의 내용을 읽어 준다. 부전지에 비밀사항이 기재되어 있는 때에는 이를 생략하고 내용을 요약하여 읽어줄 수 있다. 양 당사자의 변호사는 이에 대처할 적절한 의견을 제시할 수 있다. 이후 판사는 배심원들을 다시 법정으로 불러 그들이 제기한 문제에 대하여 공개법정에서 답을 준다.

2) 배심원실의 비밀보장

항소법원이 배심원실에서 있었던 일을 이유로 유죄판결을 파기하는 것은 매우 드문 일이라는 것은 전술한 바와 같다. 마찬가지로 항소를 하기 위해 배심원실에서 어떠한 일이 있었는지 여부에 대하여 조사를 하는 것도 좀처럼 허용되는 일이 아니다. 배심제도의 적정한 운영을 위해서는 배심원들이 비밀이 보장된 배심원실에서 어떤 의견도 두려움 없이 자유롭게 개진할 수 있어야 하는 것이 원칙이다. 이러한 이유로 배심원실의 비밀은 보장되어야 하지만 개별사건에서 이로 인한 부작용도 지적되고 있다.

Thompson 사건에서[106] 항소법원은 피고인 측이 주장하는 배심의 부정에 관한 증거를 심리하지 않았다. 피고인의 전과 범죄사실이 증거로 제출되지 않

105) R. v. Maggs (1990) 91 Cr App R 243.
106) R. v. Thompson [1962] 1 All ER 65.

은 이 사건에서 배심은 애초 피고인에게 무죄를 선고하려고 하였다. 그런데 배심장이 어떠한 경위로 입수한 것인지는 모르지만 그의 수중에 들어온 피고인에 대한 전과 범죄목록을 배심원들에게 읽어주었다. 이를 들은 배심이 피고인에 대하여 유죄평결을 하였지만 피고인의 항소는 인정되지 않았다. 마찬가지로 Roads 사건에서[107] 배심원 중 1명이 유죄평결에 동의하지 않았다는 증거도 받아들여지지 않았다.

배심의 평의에 관한 비밀보장은 1981년 법정모욕에 관한 법률(Contempt of Court Act)에 의하여 더욱 강화되었다.[108] 이 법은 배심의 평의에 관한 정보를 입수하거나 발표하는 행위를 범죄로 규정하고 있다. 이 법의 취지는 언론에서 배심원들을 인터뷰하여 어떤 이유로 그러한 평결에 도달하게 되었는지 보도하는 것을 방지하기 위한 것이다.

이와 관련하여 유명한 사례가 1992년 "Mail on Sunday"에 실린 기사에 관한 사건이다.[109] 이 기사는 Blue Arrow라는 사기사건에서 배심이 어떤 경위로 피고인에 대한 무죄평결에 이르게 되었는지에 관한 3명의 배심원들에 대한 인터뷰 내용이었다. 이 사건에서 위 신문의 발행인, 편집인 그리고 기자는 1981년 법정모욕에 관한 법률에 따라 각 3만 파운드, 2만 파운드 그리고 1만 파운드의 벌금형을 선고받았다.

이러한 금지규정은 단순히 언론에만 해당되는 것은 아니다. 항소법원은 Mickleburgh 사건에서[110] 이 규정은 법원 직원, 정리와 배심보좌인은 물론 그 이외 모든 사람에게도 적용된다고 판시하고 있다. 또한 McCluskey 사건에서[111] 항소법원은 배심의 위법행위에 대한 조사는 법원의 동의가 있어야 가능하다고 강조하고 있다. 일단 판결이 선고되면 담당 판사의 업무는 종결되는 것이므로 이러한 동의는 항소법원이 한다.

배심원실에서 있었던 일에 대하여 비밀을 보장하는 것은 나름대로 중요한 의미가 있지만 이로 인하여 배심원들이 어떻게 사건을 심의하여 평결에 도달하는지 그리고 어떠한 요소들이 배심원들의 평결에 영향을 미치게 되는지와

107) R. v. Roads [1967] 2 QB 108.
108) Contempt of Court Act 1981, s. 8.
109) Attorney-General v. Associated Newspapers Ltd [1994] 2 AC 238.
110) R. v. Mickleburgh [1995] 1 Cr App R 297.
111) R. v. McCluskey (1993) 98 Cr App R 218.

같은 형사사법에 있어서 중요하고 유용한 연구과제가 불법행위가 되어버렸다. 그러나 이러한 비밀보장은 배심원실 밖에서 일어난 일 예컨대, 호텔에서 하룻밤을 묵으며 일어난 일에까지 해당되는 것은 아니다.

Young 사건에서[112] 살인사건의 평결을 위해 퇴정한 배심원들이 호텔방에 모여 하룻밤을 보내게 되었다. 호텔에서 그들 중 몇 명이 한 방에 모여 귀신을 불러오는 점판을 사용해 살해당한 피해자로부터 피고인이 피해자를 살해한 진범인지의 여부에 대한 의견을 들어 보았다. 항소법원은 이러한 행위는 사건의 심의 중에 일어난 일이 아니고 하룻밤을 보내기 위한 휴식 시간에 일어난 일이므로 당시 어떠한 일이 있었는지를 조사할 수 있다고 판시했다. 실제 호텔방에서 이러한 일이 있었다는 것을 확인한 항소법원은 피고인의 항소를 인정하여 재소송을 명했다.

나. 배심의 평결

판사는 배심에게 사건을 요약하여 주면서 마지막으로 배심원 전원일치의 평결을 하도록 지시한다. 배심이 전원일치의 평결에 도달하면 그들은 법정으로 돌아오고, 법원서기가 배심장에게 그들 전원이 동의한 평결에 도달하였느냐고 물어 본다. 법원서기의 질문에 배심장이 그렇다고 대답하고 이어 각 소인에 대한 평결을 낭독한다.

배심은 각 피고인별로 각 소인에 대하여 평결을 제시한다. 배심은 물론 여러 소인 중 일부 소인에 대하여 유죄로 그리고 나머지 소인에 대하여 무죄로 평결할 수 있고 피고인들 중 일부에 대하여 유죄로 나머지 피고인에 대하여 무죄로 평결할 수 있다. 또한 하나의 절도 소인에 기재되어 있는 절취 물품 전부가 아닌 그 일부에 대하여 유죄평결을 할 수 있다.

법원서기가 배심장에게 평결 결과를 물을 때에는 “절도죄로 기소된 소인 1에 대하여 피고인이 유죄인지 아니면 무죄인지 확인하였는가요”, “장물취득죄로 기소된 소인 2에 대하여 피고인이 유죄인지 무죄인지 확인하였는가요” 등으로 물어 본다. 여러 개의 소인 중 하나의 소인 예컨대, 절도죄로 기소된 소인 1에 대하여 피고인으로부터 소추인 측 증거가 불충분하다는 주장이 있고 판사가 이를 인정한 때에는 그 소인에 대하여 법원서기가 “판사의 지시에 따

112) R. v. Young [1995] QB 324.

라 절도죄로 기소된 소인 1에 대하여 피고인의 무죄를 확인하였는가요"라고 물어 보고 이에 따라 배심장이 "무죄로 확인하였다"고 말하고 나면 법원서기가 나머지 소인에 대하여 통상의 경우와 같이 물어 본다.

배심장이 평결 결과를 발표함에 있어 다른 배심원이 이의를 달지 않는 한 배심원들이 모두 그 평결에 찬성한 것으로 간주된다. 배심장이 법정에서 평결을 발표함에 있어서는 유죄 또는 무죄라는 평결 결과만을 발표하고 그 이유는 밝히지 않는다. 따라서 배심재판에 있어서는 피고인이 어떠한 이유로 어떠한 증거에 의하여 유죄로 인정되었는지 또는 무죄로 되었는지 알 수 없다. 평결의 이유를 알 수 없기 때문에 유죄 또는 무죄라는 결론에 도달하게 된 이유를 가지고 항소하는 것은 원천적으로 봉쇄되어 있다고 할 수 있다.

다. 선택적 소인에 대한 평결

기소된 2개의 소인이 선택적 또는 택일적 관계에 있는 범죄일 수 있다. 예컨대, 피고인이 물건을 절취한 것인지 아니면 절취한 물건을 취득한 것인지 여부가 불분명한 경우 절도와 장물취득으로 동시에 기소한 경우와 같은 때이다. 이러한 경우 배심은 2개의 소인에 대하여 모두 무죄로 평결하든지 아니면 1개의 소인에 대하여는 유죄 나머지 소인에 대하여는 무죄로 평결 할 수 있다. 물론 1개의 소인에 대하여 유죄로 평결하고 나머지 소인에 대하여 평결하지 않을 수도 있다.

선택적 소인으로 기소된 사건에서 배심이 소인 1에 대하여만 유죄평결을 하고 소인 2에 대하여는 평결을 하지 않은 때에는 항소법원이 소인 1에 대한 유죄판결을 파기하고 소인 2에 대하여 유죄판결을 할 수 있다.[113] 그러나 배심이 소인 1에 대하여 유죄평결을 하면서 소인 2에 대하여 사실상 무죄평결을 한 때에는 만일 소인 1이 인정되지 않는 경우 배심이 소인 2에 대하여 유죄평결을 하였을 것이 명백한 경우에도 항소법원은 소인 2에 대한 무죄평결을 파기할 수 없다. 따라서 항소법원에서 소인 1에 대한 유죄판결이 파기되면 피고인은 소인 1과 소인 2에 대하여 모두 무죄판결을 받은 것이 된다.

이러한 불합리한 점을 방지하기 위해 판사는 배심이 소인 1에 대하여 유죄평결을 하는 경우 소인 2에 대하여는 평결을 하지 못하게 하고 있다.

113) Criminal Appeal Act 1968, s. 3.

라. 선택적 범죄에 대한 유죄평결

일반적으로 배심은 피고인의 범죄사실에 대하여 유·무죄만을 평결하는 것이 보통이다. 그러나 예외적으로 기소된 소인에 대한 유·무죄가 아닌 다른 대안을 선택하는 경우가 있다. 즉, 배심이 피고인의 기소된 소인에 대하여는 무죄평결을 하면서 다른 가벼운 범죄에 대하여 유죄평결을 할 수 있다. 배심이 이와 같이 기소되지 않은 다른 범죄에 대하여 유죄로 평결할 수 있는 경우는 1967년 제정된 Criminal Law Act에 규정되어 있다.

1) 일반적인 원칙

반역(treason)이나 모살(murder)이 아닌 다른 범죄로 기소된 경우에 그 범죄의 내용, 즉 소인이 다른 범죄에도 해당하는 경우 또는 그 소인에 기소된 범죄 이외의 다른 범죄사실이 명시적 또는 묵시적으로 포함되어 있는 때에는 배심이 기소된 범죄에 대하여 무죄평결을 하면서 그 다른 범죄에 대하여 유죄평결을 할 수 있다.[114] 하나의 소인에 다른 범죄사실이 명시적으로 포함되어 있는 것으로 볼 수 있는 것은 법정에 제출된 증거만으로는 인정되지 않는 범죄구성요건의 일부를 제외한 후에도 여전히 다른 범죄사실을 인정할 수 있는 경우이다.

이러한 사례의 하나로 Lillis 사건[115]을 들 수 있다. 이 사건에서 피고인은 남의 집에 침입하여 제초기를 절취하였다는 주거침입절도로 기소되었다. 증거조사 결과 피고인은 남의 집에 허락을 받고 들어가 제초기를 빌린 것으로 드러났지만 제 날짜에 제초기를 돌려주지 않은 것으로 밝혀졌다. 판사는 주거침입절도에 대하여는 증거가 없지만 제초기를 제 날짜에 돌려주지 않고 부당하게 소지하고 있었던 점은 절도로 유죄평결을 할 수 있다고 배심에게 알려주었다. 그에 따라 배심은 피고인에게 유죄평결을 하였고 피고인은 이에 대하여 항소를 하였다. 피고인은 주거침입절도죄의 범죄 일시, 장소와 피고인이 제초기를 돌려주지 않아 이를 절취하였다는 범죄의 일시, 장소가 상이한 것이라고 주장했다.

---

114) Criminal Law Act 1967, s. 6(3).
115) R. v. Lillis [1972] 2 QB 236.

그러나 피고인의 항소는 받아들여지지 않았다. 항소법원은 주거침입절도의 소인 가운데 소추인 측에서 입증하지 못한 모든 것(주거에 침입하였다는 점과 그 주거지에서 범죄가 일어났다는 것)을 제외하고도 제초기를 절취하였다는 절도죄의 소인이 그대로 남아있다고 판시했다. 그리고 기소장에 기재되어 있는 범죄의 일시와 실제 범죄의 일시 사이에 차이가 있다는 점은 항소이유가 될 수 있지만 이러한 차이가 있다고 하여 피고인의 방어권행사에 특별히 어려운 점이 인정되지 않는 한 판결에 영향을 미치는 것은 아니라는 것이다.

2) 특정한 범죄의 경우

기소된 범죄에 대하여 무죄평결을 하면서 그 보다 가벼운 다른 범죄로 유죄평결을 할 수 있는 경우로 개별 법률이 정해 놓은 것이 있다. 그 내용은 다음과 같다.

① 기소된 범죄가 모살인 경우에 배심은 고살, 중상해, 유아살해, child destruction 그리고 이들 범죄의 미수범으로 유죄평결을 할 수 있다.[116)]

② 기수범으로 기소된 피고인에게 배심은 그 범죄의 미수 또는 그 범죄를 기초로 유죄평결을 할 수 있는 다른 가벼운 범죄에 대한 미수로 유죄평결을 할 수 있다.[117)] 따라서 강도로 기소된 피고인에 대하여 강도미수 또는 절도미수로 유죄평결을 할 수 있다. 반대로 범죄의 미수로 기소된 피고인에 대한 심리 결과 그 범죄의 기수가 인정되는 때에는 배심이 그대로 기수로 유죄평결을 할 수 없고 배심은 미수로만 유죄평결을 할 수 있다.

③ 범죄가 체포 가능한 범죄인 경우 기소된 범죄가 피고인 이외의 자에 의해 범해진 것이 인정되고 피고인이 진범의 검거와 소추에 방해를 가한 점이 인정되면 배심은 피고인을 진범의 방조범으로 평결할 수 있다.[118)]

④ 범죄가 위험한 운전(dangerous driving)이나 이로 인한 사망사고인 경우 배심은 부주의 운전(careless driving)으로 유죄평결을 할 수 있다.[119)]

---

116) Criminal Law Act 1967, s. 6(2).
117) Criminal Law Act 1967, s. 6(4).
118) Criminal Law Act 1967, s. 4(2).
119) Road Traffic Offenders Act 1988, s. 24.

마. 다수결에 의한 평결

1967년까지 배심의 평결은 전원일치여야 했다. 전원일치평결은 잘못된 유죄평결을 방지할 수 있는 커다란 장점이 있다. 그러나 이를 그대로 따르게 되면 유죄나 무죄의 증거가 충분함에도 1명의 완고하고 이성적이지 못한 사람에 의해 정상적인 평결이 불가능하게 된다. 또한 배심원 중 1명이 매수되거나 협박을 받은 경우에도 정당한 평결이 불가능할 수 있다. 이러한 이유로 오랜 전통의 전원일치평결은 수정되어 다수결평결이 인정되게 되었다.[120] 다수결평결이라고 하지만 종다수의 평결이 아니고 12명의 배심원 중 11명이나 10명이 찬성한 것이 다수결평결로서 인정된다. 다만 배심원이 11명인 경우에는 10명이 찬성한 경우 그리고 배심원이 10명인 경우에는 9명이 찬성한 경우 다수결평결이 된다. 따라서 배심원이 11명인 경우 9명이 의견의 일치를 보고 나머지 2명이 이 의견에 반대한 경우 다수결평결로 인정되지 않는다. 그리고 배심원이 9명인 경우에는 다수결평결은 인정되지 않고 전원일치평결이어야 한다.

배심은 이러한 다수결에 의하여 피고인을 유죄 또는 무죄로 평결한다. 무죄로 평결한 경우에는 배심장이 법정에서 무죄라는 평결 결과만을 발표하면 되지만 다수결에 의하여 피고인을 유죄로 평결한 경우에는 다수결의 내용을 밝혀야 한다. 기소된 범죄사실에 대한 유·무죄 평결이 아니고 피고인의 유·무죄답변의 적법성 등과 같은 재판과 관련한 예비적인 문제들을 배심이 결정함에 있어서도 다수결평결이 인정된다.

그러나 이러한 다수결평결에 대해서는 일정한 제한이 있다. 우선 다수결평결이 인정되기 위해서는 배심이 전원일치평결을 위해 적어도 2시간 이상 또는 사건의 성격이나 복잡성에 비추어 판사가 상당하다고 인정할 수 있는 시간에 걸쳐 심사숙고한 후여야 한다. 2시간이라고 하지만 배심원이 법정에서 퇴정하여 배심원실에 들어가 평결을 준비하는 시간과 다시 법정으로 돌아오는 시간을 감안하면 2시간 보다 약간 많은 시간이 경과되어야 한다는 것이 실무지침이다. 배심의 다수결평결과 관련해서는 그에 대한 실무지침이 따로 제정되어 있다.[121]

---

120) Criminal Justice Act 1967. Juries Act 1974, s. 17.

121) Practice Direction (Crime: Majority Verdicts) [1967] 1 WLR 1198.

바. 배심의 해산

평결을 위한 일정한 시간이 경과하였음에도 배심이 유·무죄의 평결을 하지 못하면 판사는 배심을 해산한다. 전원일치의 평결에 도달하지 못하여 다수결평결을 지시하였음에도 그러한 평결에 도달할 기미가 보이지 않는 경우에는 판사가 배심을 법정으로 다시 불러 배심장에게 평결에 도달할 가능성이 있는지 여부를 물어 본다. 배심장이 배심원 사이에 서로 의견이 심하게 갈려 평결에 도달하기 어렵다는 답변을 하면 판사는 배심을 해산한다. 평결에 도달하지 못한 이러한 배심을 불일치 배심(hung jury)이라고 한다. 배심이 평결에 도달하지 못하였다고 하여 피고인이 무죄로 되는 것은 아니다.

따라서 새로운 배심을 구성하여 동일한 기소장에 근거하여 새로 재판을 하는 것이 가능하다. 이론적으로는 새로운 재판의 횟수는 제한이 없고 계속하여 새로운 배심을 구성하여 재판할 수 있다. 그러나 실무에 있어서는 2회에 걸쳐 재판을 하였지만 배심이 평결에 도달하지 못한 경우 세 번째 재판의 모두에 소추인 측이 유죄증거가 없다는 의견을 제시하고 그에 따라 판사가 무죄판결을 한다. 경우에 따라서는 소추인 측이 두 번째 재판도 하지 않겠다고 하는 경우가 있다.

범죄가 사소한 것이고 피고인이 사회적 명성이 있는 자인 경우에는 1회의 재판만으로도 그에게 이미 상당한 처벌효과를 과한 것과 같다고 생각하기 때문이다. 그러나 배심원이 매수되어 평결에 도달하지 못한 경우나 유죄증거가 새로 발견된 경우에는 새로이 배심을 구성하여 재판하게 된다.

사. 평결의 수용

배심의 평결이 판사의 생각과 다른 경우가 있을 수 있다. 이와 같이 판사가 배심의 평결에 동의하지 못하는 경우라 하더라도 판사는 배심의 평결을 거부할 수 없다.

즉, 판사가 피고인에 대하여 유죄 또는 무죄의 심증을 갖고 있는 경우 배심이 판사의 심증과 배치되는 평결을 하더라도 판사는 이를 따를 수밖에 없다. 또한 판사는 배심에게 어떠한 이유로 또는 어떠한 증거를 근거로 그러한 평결을 하게 되었는지 등을 물어볼 수 없다.

배심장이 일단 평결을 발표하면 배심은 해산한다. 마찬가지로 피고인이 무죄평결을 받으면 그 역시 소추절차로부터 해방된다. 피고인이 유죄평결을 받은 경우 판사는 바로 양형재판을 거쳐 판결을 선고하거나 양형자료의 수집을 위해 재판을 속행할 수 있다. 다음 재판 때까지 피고인은 보석으로 석방되거나 구금된 상태를 유지하게 된다.

제 5 절

판결절차

1. 판결 전 절차

가. 판결의 목적

국가형벌권을 상정하지 않고 피해자에 의한 사인소추와 당사자주의를 기본이념으로 하는 영국의 형사소송에 있어서도 피고인에 대한 형벌의 부과는 단순한 피해자의 입장에서의 응보에 그치는 것은 아니다. 영국에 있어서도 형사사법의 목적은 범죄를 예방하고, 발생한 범죄를 수사하고, 범인으로 밝혀진 자를 처벌하는 것이고 법원은 다른 형사사법업무에 종사하는 기관들과 함께 범인에 대한 제재, 다시 말해 판결에 의한 형벌을 통하여 이러한 목적을 달성하는 하나의 기관이다.

형벌이 범죄예방에 기여할 것이라는 점과 관련하여 영국에서도 이를 세 가지 측면에서 고찰하고 있다. 즉, 형벌의 두려움을 통하여 잠재적 범인을 일반적으로 억제하는 것, 범죄에 대한 적정한 판결을 선고받은 범인으로 하여금 다시 죄를 범하지 않도록 하는 것 그리고 특별히 위험한 자를 사회로부터 격리시키는 것이다. 그러나 지금까지 영국에서의 연구 결과에 의하면 피고인에게 특정한 형벌이나 엄한 형벌을 과한다고 하여 실제 범죄발생률에는 별 차이가 없다고 한다. 다만 징역형을 통하여 잠재적 범인을 사회로부터 격리시키는 것은 확실한 범죄예방이 될 수 있지만 영국 내무부의 연구결과에 의하면 모든 피고인에 대한 징역형을 일률적으로 6개월 감형한다 하더라도 연간 유죄판결의 증가는 1.6%에 그친다고 한다.[1)]

이러한 점을 고려하여 영국에서는 일반예방효과나 특별예방효과에 너무 집착하지 않고 범죄의 상대적인 경중을 고려하여 이를 적절하게 판결에 반영하고 서로 다른 범죄자들 사이의 형평성을 유지하는 것이 판결의 목적으로서 더욱 중요한 것으로 받아들여지고 있다.

나. 판결을 위한 자료

피고인이 유죄답변을 하거나 배심 또는 치안판사에 의하여 유죄로 인정된 경우 법원은 양형에 관한 자료를 제출받아 피고인에게 적정한 형을 선고하게 된다. 치안법원에서는 피고인에게 어떠한 형을 선고할지에 관하여도 유·무죄를 결정하는 경우와 같이 치안판사들의 다수결로 정한다. 왕립형사법원의 재판에 있어서는 재판을 주재한 판사가 형을 정한다. 물론 치안판사가 왕립형사법원의 재판에 관여한 경우에는 판사가 치안판사와 상의하여 형을 정한다.

배심은 양형에 관하여 아무런 권한이 없다. 예외적으로 배심이 피고인에 대한 유죄평결을 하면서 관대한 처벌을 권고한다는 단서를 달 수 있지만 흔한 일이 아니다.

일반적으로 피고인에 대한 양형은 소추인 측이 제공하는 범죄사실과 피고인에 대한 정상관계 즉, 피고인의 전력(antecedent)과 피고인에 대한 판결전보고서(report on the offender)를 받아보고 여기에 피고인 측에서 제출하는 형의 감경요소를 참작하여 판사가 결정한다.

1) 범죄사실에 관한 자료

피고인이 무죄답변을 하여 재판을 하고 그 결과 배심의 평결에 의하여 유죄가 인정된 경우에는 판사가 피고인의 범죄사실을 충분히 파악하게 되므로 소추인 측이 판사에게 다시 범죄사실을 알려 줄 필요가 없다. 그러나 피고인이 유죄답변을 한 경우에는 판사가 범죄사실을 제대로 알 수 없으므로 소추인 측 변호사는 피고인의 범죄사실을 요약하여 판사에게 알려주어야 한다.

범죄사실을 요약하여 정리함에 있어서는 예심절차에 제출하기 위해 준비한 소추인 측 증인들의 진술서를 참고하는 것이 보통이다.[2] 범죄사실을 설명

1) HMSO, the Sentence of the Court, p. 8.

2) 소추인 측 변호사는 소추인으로부터 소추사건을 의뢰받음에 있어 사건에 대한 개요를 듣게 되고(이를 briefing이라고 한다), 이때 예심절차에 제출하기 위해 준비한 증인들의 진술서를 제공받게 된다.

함에 있어서는 특히 사안의 경중에 관계되는 사실을 포함하여 어떤 경위로 범죄가 범하여졌는지를 밝힌다. 예컨대, 절도사건인 경우에는 절취한 재산의 가치, 피해회복의 정도 등을, 그리고 폭력범죄의 경우에는 상해진단서 등에 의거하여 피해자의 상해 정도를 판사에게 알려 주고 직무상의 범죄인 경우에는 피고인의 직무 내용을 알려준다. 또한 피고인이 체포된 경위와 체포 당시 피고인의 반응 등도 알려준다. 피고인이 체포 당시 협조적이었고 경찰관에게 그의 범행을 인정한 경우에는 양형에 있어서 유리한 자료가 된다.

경찰서에서 피고인에 대한 신문(interview)이 있었다면 그 내용을 읽어 주거나 그 내용을 요약하여 판사에게 알려 주고 피고인에게도 신문내용에 대한 의견을 말할 수 있는 기회를 주게 된다. 양형재판 단계에 있어서 소추인은 사건에 대하여 중립적인 입장을 취하여야 한다. 따라서 양형에 관하여 특정한 양형을 제시하는 구형이나 양형에 관한 의견진술은 인정되지 않고 무거운 형벌을 지지하는 의견을 제출해서도 안 된다. 이러한 의미에서 소추인 측 변호사는 자신을 단순한 낭사자의 대리인이 아니라 피고인의 이익도 함께 고려하는 사법관(minister of justice)으로 생각해야 된다고 한다.

범죄사실에 대하여 피고인의 유죄답변 또는 배심의 평결에 의하여 유죄인정이 된 경우에도 범죄사실의 구체적인 내용과 관련하여 당사자 사이에 다툼이 있을 수 있다. 다툼의 내용이 사소한 때에는 이를 무시할 수 있지만 중요한 것인 때에는 판사가 양 당사자의 의견을 듣고 이를 정리하여야 한다. 정리하는 방법으로 배심에게 이를 결정하게 하는 방법과 양 당사자로 하여금 증거를 제출하게 하여 검토한 다음 판사가 사실관계를 확정하는 경우가 있다. 이때 증거없이 소추인 측 주장에 따라 범죄사실을 확정해서는 안 되고 이 경우에도 의심스러운 경우에는 피고인의 이익으로 사실관계를 인정하여야 한다.[3]

Newton 사건에서 피고인은 아내를 수간(buggery)한 죄로 기소되어 유죄답변을 하였다. 당시 수간은 당사자의 동의와 관계없이 무기징역까지 처할 수 있는 범죄였다. 부인이 경찰에 피고인을 신고함에 있어서 수간을 승낙한 것이 아니라고 주장하였고 피고인은 수간 자체는 인정하면서 다만 아내의 동의를 받아 수간을 하였다고 주장하였다. 피고인의 유죄답변에 따라 판사는 동의가 있었는지에 대한 증거조사를 하지 않고 부인의 동의가 없었다는 것을 전제로 피

3) R. v. Newton (1982) 77 Cr App R 13.

고인에게 징역 7년을 선고하였다. 이 사건에서 항소법원은 부인의 동의가 있었는지 여부와 같은 중요한 문제를 판사가 증거 없이 인정한 것은 잘못이라고 판시했다.

2) 피고인에 대한 정상자료

가) 피고인의 전력(antecedent)　　피고인에 대한 치안법원의 예심절차에서 피고인을 왕립형사법원의 정식재판에 회부하기로 결정되면 피고인을 수사한 경찰은 즉시 "왕립형사법원을 위한 피고인의 전력(Crown Court antecedent)"이라는 것을 작성한다. 배심재판에 있어서는 배심이 평결을 하기 위해 퇴정하기 전까지 그리고 피고인이 유죄답변을 하는 경우에는 그 전까지 antecedent의 사본을 피고인에게 교부하고 판사와 속기사 그리고 소추인 측 변호사에게도 이 사본을 교부한다. antecedent에는 피고인의 나이, 교육정도, 과거와 현재의 직업, 가정환경과 수입, 체포 일자, 구금되어 있는지 아니면 보석으로 석방되었는지 여부, 전과가 있는 경우 마지막 출소 일자 등을 자세히 기재하여야 한다. 또한 피고인의 범죄전력도 여기에 첨부한다.

피고인의 범죄전력은 일정한 양식에 이를 모두 기재하여 antecedent에 첨부한다. 여기에는 유죄판결을 한 법원, 범죄행위의 죄명과 양형 그리고 징역형을 선고받은 경우 석방 일자가 기재된다. 피고인 측은 재판 전이나 재판 도중 언제라도 피고인의 전과관계가 기재되어 있는 범죄전력을 받아 볼 수 있다. 치안법원의 재판에 있어서는 피고인에 대한 유죄판결 이전에 치안판사에게 피고인의 전과관계 내역이 제공되지 않지만 왕립형사법원의 재판에 있어서는 판사에게 전과관계 내역이 제공된다. 특히 왕립형사법원의 재판에 있어서는 경찰이 피고인에 대한 최근의 동종 범죄전력 3개에 대한 간단한 내용과 법원이 관심을 가질 수 있는 전과내용을 법원에 제공하는 것이 보통이다.

이러한 자료는 antecedent와는 별도로 이에 첨부하여 제출한다. 과거에 있었던 피고인에 대한 경찰의 훈방조치는 전과 내역에 포함되어 제출되지 않지만 피고인이 과거 3년 내에 받은 훈방조치 전력은 전과 내역과 별도로 법원에 제공될 수 있다. 피고인의 전력에 대하여 잘못된 사항이 있으면 피고인은 이의를 제기할 수 있다. 피고인의 이의신청이 있으면 소추인 측에서 경찰관을 불러 이를 입증시킨다. 이때 소추인 측이 제출하는 증거는 유·무죄를 결정하는 재판에서 제출할 수 있는 증거이어야 한다.

따라서 전문증거나 단순한 의견에 불과한 증거는 제출할 수 없다. 이러한 입증에도 불구하고 피고인의 전력에 대한 논란이 있는 경우 그 입증책임은 소추인 측이 부담한다. 따라서 판사는 논란이 된 주장을 무시하고 판결을 하여야 하고 이 사실을 당사자에게 고지하여야 한다.

일단 실효된 전과는 민사소송 등에서 증거로 사용할 수 없는 것이 원칙이고 피고인은 그러한 범죄를 범하지 않았던 것으로 간주된다.[4] 그러나 내무부가 정한 특정한 직업 예컨대, 판사나 변호사와 같은 직업을 갖고자 하는 자에 대하여는 이러한 전과도 참작하여 그 채용의 적정성을 판단하게 되고 따라서 그러한 직업을 원하는 자는 그 전과를 밝혀야 한다. 마찬가지로 모든 형사소송절차에 있어서도 전과의 실효는 그 효력이 인정되지 않는다.[5] 따라서 피고인에 대한 형을 정함에 있어서도 실효된 전과는 양형에 참작이 된다.

나) 피고인에 대한 판결전보고서 법원은 유죄가 인정된 피고인에 대한 적정한 형을 정하기 위해 여러 가지 양형자료를 받아 본다. 그 중에서도 중요한 것이 피고인의 환경조사보고서(social inquiry report)와 의료보고서(medical report)이다. 피고인이 성년인 경우 환경조사보고서는 보호관찰관에 의하여 작성되고 피고인이 13세 미만의 어린이인 경우에는 지방자치단체 소속의 복지담당관이 작성한다. 피고인이 13세 이상이기는 하나 아직 성년이 되지 않은 경우에는 보호관찰관과 복지담당관이 함께 작성한다.

내무부의 지침에 의하면 환경조사보고서를 작성함에 있어서는 피고인의 범죄를 공정하고 객관적으로 요약하여야 하고 피고인의 행동과 범죄에 대한 태도를 분석하여야 한다. 또한 피고인을 1회 이상 면담하여 공평무사하게 보고서를 작성하여야 한다. 보고서에는 범죄행위에 대한 피고인의 해명, 책임의 인정 여부, 후회 여부, 범죄의 동기, 피고인의 성격, 전과관계, 교우관계, 음주나 마약복용과 같은 개인적인 문제, 경제적 어려움, 주거문제, 고용문제 그리고 질병문제 등을 파악한 자료가 기재되어야 한다.

내무부지침에는 이러한 환경조사보고서에서 피고인의 양형에 관한 의견을 제시할 필요는 없다고 되어 있지만 실무에 있어서는 그에 관한 의견, 특히 적절한 사회내처분(community sentence)을 제시하는 것이 일반적이다.

---

4) Rehabilitation of Offenders Act 1974, s. 4(1).

5) Rehabilitation of Offenders Act 1974, s. 7(2).

환경조사보고서를 법원에 제출함에 있어서는 그 사본을 피고인의 변호인에게 교부하고 변호인이 없는 피고인의 경우에는 피고인에게 교부하며 소년범의 경우 변호인이 없는 때에는 그의 부모나 후견인에게 교부하지만 소추인 측에는 교부하지 않는다. 피고인은 자신에게 불리한 환경조사보고서의 내용에 대한 이의신청을 위해 보고서를 작성한 보호관찰관에게 그 내용을 입증할 수 있는 증거를 요구할 수 있다.

법원이 피고인에게 징역형이나 의무의 부담이 있는 사회내처분을 선고하고자 하는 경우에는 환경조사보고서를 받아보아야 한다.[6] 다만 피고인이 18세 이상인 경우에는 법원의 판단으로 이를 받아보지 않아도 된다. 그러나 피고인이 17세 이하인 경우에는 다음과 같은 사정이 없으면 반드시 환경조사보고서를 받아보아야 한다.

① 범죄행위가 기소에 의해서만(indictable-only) 재판이 가능한 범죄이고 법원이 환경조사보고서가 필요 없다고 판단하는 때,
② 이미 환경조사보고서가 제출되어 있고 법원이 이를 검토한 때.

그러나 환경조사보고서를 받아보아야 하는 경우 그러한 조치 없이 판결을 선고하였다 하여 이 사실만으로는 판결이 무효로 되는 것은 아니다. 다만 이를 이유로 피고인이 항소한 경우 항소심 법원은 원칙적으로 피고인의 환경조사보고서를 받아보아야 한다. 피고인을 정신병원에 수용하는 판결을 하는 경우에는 반드시 피고인에 대한 의료보고서를 받아보아야 한다. 마찬가지로 피고인에게 징역형을 선고하는 경우에 피고인이 정신적으로 이상이 있는 것으로 보이는 때에도 법원은 원칙적으로 의료보고서를 받아보아야 한다.

피고인에 대한 보고서를 받아 보기위해 시간이 필요한 경우 또는 피고인에 대한 보고서를 받아보았지만 더 많은 자료가 필요한 경우에는 이러한 자료를 제출받을 때까지 법원은 재판을 속행하게 된다. 이러한 자료를 받아보기 위해 법원이 재판을 속행하는 때 피고인은 보고서의 내용이 자신에게 유리한 경우 특히 보고서에서 징역형 이외의 사회내처분을 권고하는 경우 법원이 그러한 권고를 따를 것이라는 기대를 할 가능성이 있다.

6) Powers of Criminal Courts (Sentencing) Act 2000, ss. 36, 81.

따라서 보고서의 내용이 자신에게 유리하게 나왔음에도 불구하고 징역형이 선고된 경우 피고인은 크게 실망하게 되고, 피고인이 이러한 이유로 항소를 하게 되면 항소심 법원은 원심판결이 정당함에도 이를 파기해야 된다는 의무감을 느끼게 된다.[7] 이러한 이유로 보고서를 받아보기 위해 재판을 속행하는 경우 판사는 피고인에게 보고서의 내용이 유리하게 나온다고 하여 반드시 징역형 이외의 가벼운 형이 선고되는 것은 아니라는 점을 알려 주는 것이 바람직하다고 한다. 이러한 고지를 한 후 사회내처분이 바람직하다는 보고서의 권고를 받아들이지 않고 징역형을 선고한 법원의 판결에는 아무런 이의도 제기할 수 없다. 하지만 판사가 그러한 고지를 하지 않았다고 하여 징역형 이외의 가벼운 형을 선고하기로 한 것을 의미하는 것은 아니다.[8]

다) 형의 감경사유 　피고인에 대한 양형보고서가 제출되고 보고서를 작성한 자가 보고서 내용에 대한 증거를 제시하고 나면 피고인의 변호인이 피고인의 이익을 위해 피고인에게 유리한 정상자료 즉, 형의 감경사유를 제시하게 된다. 변호인이 주장하고자 하는 내용은 보통 피고인에 대한 보고서에 어느 정도 언급되고 있는 것이 보통이므로 변호인은 주로 보고서의 내용 중 그의 주장에 도움이 될 수 있는 사항들을 드러내 언급한다.

특히 변호인은 죄질의 정도를 경감시킬 수 있는 요소로서 범죄에 이르게 된 경위를 언급하는 것이 일반적이다. 예컨대, 사기죄의 경우 유혹에 의해 충동적으로 범행에 이르게 되었다고 주장할 수 있고, 폭력범죄인 경우에는 피해자의 도발에 의해 피고인이 이성을 잃고 범행을 하게 되었다고 주장하는 것과 같다. 그러나 변호인이 피고인의 양형에 관한 정상을 주장하면서 범행을 부인하는 내용의 주장을 해서는 안 된다. 예컨대, 피해자의 도발에 의해 범행에 이르게 되었다고 주장하면서 정당방위를 주장해서는 안 된다.

변호인은 범죄사실에 대한 형의 감경요소와 함께 피고인의 특수한 사정으로 인해 형의 감경요소가 될 수 있는 사항들을 주장한다. 실직한 상태에서 경제적 어려움으로 범죄에 이르게 되었지만 곧 직업을 구할 수 있게 되었다든지, 음주로 인하여 범죄에 이르게 되었지만 음주습벽에 대한 치료를 받을 것이라는 점 등을 형의 감경요소로서 설명한다.

---

7) R. v. Gillan (1980) 2 Cr App R (S) 267.

8) R. v. Renan [1994] Crim LR 379.

마지막으로 피고인이 체포 당시 경찰관에게 협조적이었다든지 범죄를 인정하고 뉘우치고 있다는 점 등도 중요한 형의 감경요소가 된다. 변호인은 또한 피고인의 평소 성품을 증언할 수 있는 증인을 내세워 평소 피고인의 성품이라면 이러한 범죄를 범할 사람이 아니었고 앞으로도 절대로 재범하지 않을 것이라는 점을 증언하게 할 수 있다. 피고인이 아무런 전과도 없는 초범이라는 사실은 매우 중요한 형의 감경요소가 된다.

변호인이나 피고인이 형의 감경사유를 주장함에 있어 그것이 허위이거나 사건의 본질과 관계없는 것으로서 다른 사람의 명예를 훼손하는 내용인 경우 법원은 이러한 주장을 보도하지 못하도록 하는 명령을 발할 수 있다.[9] 이러한 주장을 양형재판이 아니라 그 이전 단계 즉, 유·무죄 재판단계에서 한 경우에는 보도제한명령을 발할 수 없다. 이 명령은 법원에 의해 언제든지 취소될 수 있고 법원에 의해 취소되지 않는 경우 1년이 경과하면 효력을 상실한다. 법원의 이러한 명령에 위반하여 보도하는 경우 형사처벌의 대상이 된다.

피고인은 원하는 경우 변호인 없이 자신이 스스로 형의 감경사유를 주장할 수 있다. 즉, 피고인이 그의 사건을 자신이 변론하는 것도 일종의 권리로서 인정되고 있다. 하지만 실무에 있어서 변호인이 피고인에 대한 형의 감경사유를 정리하여 제시함으로써 법원의 양형판단에 큰 도움을 줄 수 있다. 특히 피고인이 생애 처음 징역형에 처해지게 되는 경우 변호인에 의한 이러한 감경사유의 주장은 매우 중요한 의미를 갖게 된다.

따라서 징역형을 선고받은 전과가 없는 자로서 변호인이 선임되어 있지 않은 피고인에게 무료변호사제도(Criminal Defence Service)를 이용할 수 있는 기회를 주었음에도 피고인이 이를 신청하지 않은 때가 아니면 법원은 변호인이 없는 피고인에게 징역형을 선고할 수 없다.[10] 피고인에게 이러한 기회를 주었음에도 피고인이 무료변호사제도의 도움을 원하지 않는 경우 법원은 피고인에게 징역형을 선고할 수 있다.

징역형을 선고받은 전과에는 원칙적으로 징역형에 집행유예의 단서가 붙은 전과도 포함된다. 하지만 집행유예가 실효되지 않고 집행유예기간이 경과한 경우에는 징역형을 선고받은 전과로 보지 않는다.

---

9) Criminal Procedure and Investigation Act 1996, s. 58.

10) Powers of Criminal Courts (Sentencing) Act 2000, s. 83.

다. 다른 범죄사실의 고려

대륙법계국가에서와 같이 피고인에 대한 국가의 형벌권을 전제로 하면 피고인의 모든 범죄를 병합하여 동시에 재판하는 것이 원칙이다. 피고인이 저지른 모든 범죄를 대상으로 유·무죄를 동시에 결정하고 국가의 입장에서 모든 범죄내용을 종합적으로 참작하여 하나의 적정한 형을 선고한다. 그러나 민사소송에서 피고에 대한 별개의 소송이 따로 진행되는 것과 같이 영미에 있어서는 동일한 피고인에 대한 형사소송도 원칙적으로 별개로 진행된다. 같은 피고인이 저지른 범죄라 하더라도 범죄 사이에 일정한 연관관계가 없으면 원칙적으로 별개의 재판에 의해 유·무죄가 결정되고 형벌도 별개로 선고된다.

그러나 소추된 별개의 범죄에 대하여만 형벌을 과하는 경우에는 불편한 결과가 발생할 수 있다. 즉, 피고인이 범한 모든 범죄를 따로 소추하여야 한다는 것이 비경제적일 뿐 아니라 소추된 범죄에 대하여 유죄인정을 하는 피고인이 소추되지 않은 다른 유사한 범죄에 대하여도 함께 고려하여 판결을 선고해 주기를 바라는 경우가 있을 수 있기 때문이다. 이러한 이유로 소추되어 유죄로 인정된 범죄에 대하여 판결을 선고함에 있어 이와 관련된 범죄들을 동시에 고려하여 판결을 선고하는 관행이 Common Law상 발전되어 왔다.

판결에 이들 범죄를 고려대상에 포함시키기 위해서는 먼저 경찰이 피고인이 범한 것으로 의심되는 범죄들의 목록을 작성하여 피고인에게 교부한다. 피고인이 목록상의 범행을 인정하려고 하면 그 목록에 서명을 하여 법원에 제출하면 된다. 법원은 판결을 선고하기 전에 피고인에게 목록상의 범죄를 인정하는지 여부를 확인하여야 한다. 물론 법원은 소추인과 피고인이 원한다고 하여 자동적으로 다른 범죄를 고려대상에 포함하는 것은 아니고 그 범죄들 사이에 일정한 연관성이 있어야 한다. 따라서 서로 다른 종류의 범죄인 경우에는 고려대상에 포함할 수 없다. 마찬가지로 치안법원은 기소에 의해서 왕립형사법원에서만 처리될 수 있는 범죄와 같이 치안법원이 관할권을 갖고 있지 아니한 사건을 고려대상으로 할 수 없다.

소추된 범죄와 동시에 처리되어야 할 관련 범죄사실이 확정되면 법원은 소추된 사건에 대하여 판결을 선고하게 되는데 이 경우 법원은 소추된 범죄사실 자체에 대하여 판결을 선고하는 것보다 더 무거운 판결을 선고할 수 있지만 그 선고할 수 있는 형의 상한은 소추된 범죄의 법정 최고형 내로 제한된다.[11] 이러한 경우의 전형적인 예로 고용주에 의하여 절도로 고소된 근로자가 그 이전에 범한 일련의 유사한 범죄들을 인정하는 경우이다. 이 경우 법원은 피고인에 대한 판결을 선고함에 있어 범죄의 전 과정에 걸쳐 훔친 재물의 총액을 고려하여 판결을 선고하게 된다. 이러한 절차에 관한 법적 근거는 없지만 이는 Common Law상 확립된 관행이다. 이때 판결 선고에 있어 유죄로 인정된 범죄와 함께 고려된 범죄들은 이론상 유죄판결이 있었던 것으로 간주되는 것은 아니지만 실무에 있어서 경찰이 이를 다시 소추하는 일은 없다.

라. 판결의 변경

왕립형사법원과 치안법원은 판결의 선고 이후 28일 이내에 선고한 판결이나 명령을 변경 또는 취소할 수 있다.[12] 판결의 변경을 인정하는 이유는 판결에 기술적인 오류가 있거나 판결 이후 판사가 너무 심한 형을 선고하였다고 인정하는 경우 이를 시정하기 위한 것이다. 하지만 예외적으로 본래 선고한 형보다 무거운 형으로 변경하는 것도 불가능한 것이 아니다.

Reilly 사건에서[13] 항소법원은 왕립형사법원의 판사는 무거운 형으로 판결을 변경할 수 있는 권한이 있다고 하면서 애초 선고한 징역 3년의 형에 178,000파운드의 형사파산명령을 추가한 판결을 정당하다고 판시했다. 하지만 징역형의 형기를 무겁게 변경한다든지 징역형이 아닌 형을 징역형으로 변경하는 것은 실무상 찾아보기 어려운 일로 극히 예외적인 경우에만 인정된다.

마. 판결 선고의 연기

피고인에 대한 유죄인정 이후 피고인의 동태나 사정변경을 더 살펴보고 이를 반영하여 판결을 선고하는 것이 바람직한 경우가 있을 수 있다.

---

11) 따라서 피고인이 2개의 주거침입절도죄(법정형; 14년 이하의 징역형)로 기소된 경우 법원이 피고인에게 선고할 수 있는 법정형의 상한은 28년이 되지만 피고인이 1개의 주거침입절도로 기소되고 다른 1개의 주거침입절도죄가 고려의 대상이 된 경우 그 법정형의 상한은 14년이 된다.

12) Powers of Criminal Courts (Sentencing) Act 2000, s. 155. Magistrates' Courts Act 1980, s. 142(1).

13) R. v. Reilly [1982] QB 1208.

즉, 피고인이 재범을 하지 않고 성실히 살아가고 있는지 여부, 유죄 인정 이후 피해자에 대한 피해배상을 하였는지 여부 등을 참작하기 위하여 판결의 선고를 연기할 필요가 있게 된다. 이에 따라 치안법원 또는 왕립형사법원은 6개월 내의 일정 기간 피고인에 대한 판결의 선고를 연기할 수 있다.[14)]

법원이 판결의 선고를 연기함에 있어서는 피고인의 동의를 요한다. 따라서 판결 선고의 연기는 피고인이 그 연기된 기간 중 그에게 기대되는 행위를 하였을 때에는 이를 판결에 반영하여 징역형과 같은 중한 형을 선고하지 않는다는 법원과 피고인 사이의 일종의 약정이라고 할 수 있다.

고등법원은 판결 선고의 연기에 대해 다음과 같은 지침을 주고 있다.[15)]

① 판결 선고의 연기는 어려운 판결내용의 결정을 회피하는 수단으로 되어서는 안 된다. 피고인의 의도적 행위나 그의 주변 환경변화의 고려를 목적으로 판결 선고를 연기하는 것이 정의에 부합한다고 믿을 만한 구체적인 이유가 있어야 한다.

② 판결 선고의 연기는 보호관찰의 요건으로 명백히 규정되어 있는 특정한 행위(예컨대, 계속적인 치료행위 또는 일정한 주소에의 거주 등)만을 확보하기 위한 수단으로 사용되어서는 안 된다.

③ 그러나 판결 선고의 연기는 기대되는 행위가 어떤 법원명령의 요건으로 되는 것이 곤란하거나 유효하지 아니한 경우에도 인정된다. 직장을 구하기 위한 진지한 노력을 하는 것, 모범적인 생활태도를 보이는 것, 새로운 지위를 획득하고 유지하는 것과 같이 일반적으로 기대되는 예이기 때문에 보호관찰명령의 요건으로 하기 곤란한 경우, 피해자에게 배상을 하겠다는 의도가 반드시 피고인의 능력 범위 안에 있다고 보기 어려운 경우에도 판결 선고의 연기가 가능하다.

④ 판결 선고를 연기하는 법원은 어떤 이유로 선고를 연기하는지, 연기 기간 중 피고인에게 요구되는 행위가 무엇인지를 피고인에게 명백히 해주어야 한다. 그리고 그 사건에 관련된 모든 당사자에게 판결 선고의 연기라는 것이 판결의 단순한 연기에 불과하고 그것 자체가 판결이 아

14) Powers of Criminal Courts (Sentencing) Act 2000, s. 1.

15) R. v. George [1984] 1 WLR 1082.

니라는 것을 명백히 해 주어야 한다. 이렇게 함으로써 피고인이 종국적으로 판결을 선고받을 때의 오해나 판결이 부당하다고 느낄 수 있는 위험을 피하게 된다.

판결 선고의 연기 기간이 만료되면 피고인은 다시 법정에 출석하여 유죄로 인정된 범죄에 대하여 판결을 선고받게 된다. 법원이 구금된 피고인에 대하여 판결 선고의 연기를 하는 경우 보석으로 피고인을 석방하는 것이 아니라 그냥 단순 석방을 하면서 지정된 일자에 법정에 출석하여야 한다고 말해 준다. 피고인이 지정된 일자에 법정에 출석하지 않으면 법원은 소환장이나 체포영장을 발부할 수 있다.

판결 선고의 연기 기간이 종료되기 전에는 피고인을 법정에 출석시킬 수 없지만 만일 피고인이 연기 기간 중 다른 범죄행위로 유죄인정이 되었을 경우에는 연기 기간 중의 범죄를 재판하는 법원은 연기의 대상이 된 범죄에 대하여도 판결을 선고할 수 있다. 판결 선고의 연기는 1회에 한하여 인정되는 제도이다. 단, 치안법원에서 판결 선고의 연기가 있은 후 판결의 선고를 위해 피고인을 왕립형사법원으로 이송한 경우 왕립형사법원에서 다시 판결 선고를 연기할 수 있다.

피고인이 연기 기간 후에 판결을 선고받기 위하여 다시 법정에 출석하게 되면 법원은 먼저 피고인에게 부과하였던 기대행위의 내용을 파악하고 그리고 나서 피고인이 그에게 요구되었던 것을 이행함으로써 그가 약정내용을 실질적으로 지켰는지 여부를 확인하게 된다. 피고인이 그에게 주어진 요구조건을 이행하였다면 그는 징역형과 같은 무거운 형에 처해지지 아니한다는 정당한 기대를 가질 수 있다. 그러나 피고인이 요구되는 사항을 이행하지 못한 경우라면 법원은 그가 어떤 점에서 그러한 요구사항을 이행하지 못하였는지 정확히 설시해 주어야 한다.

피고인이 요구되는 사항을 이행하지 아니하였다 하여 반드시 그에게 징역형과 같은 무거운 형이 선고되는 것은 아니고 애초 연기 결정을 한 법원이 선택할 수 있었던 형벌 중 적정한 것을 선택하여 선고한다.

2. 형의 결정

가. 형벌의 종류와 양형의 기준

영국에서 인정되고 있는 형벌의 종류는 우리와 크게 다르지 않다. 다만 사형제도가 사실상 폐지된 것이 차이라고 할 수 있다. 형벌의 종류를 그 경중의 순서에 따라 가장 무거운 형부터 열거하면 다음과 같다.

① 징역형의 실형(immediate custodial sentence).
② 징역형의 집행유예(suspended sentence).
③ 사회내처분(community punishment order).
④ 사회내재활명령(community rehabilitation order).
⑤ 통행금지명령(curfew order).
⑥ 수강명령(attendance centre order).
⑦ 감독명령(supervision order).
⑧ 벌금형(fine).
⑨ 절대적 또는 조건부면책(discharge).

형사재판에서 유죄로 인정된 피고인에 대하여 선고할 형벌을 결정함에 있어서 가장 중요한 판단기준은 전술한 바와 같이 범죄의 성격과 피고인에 대한 정상이라고 할 수 있다. 따라서 구체적인 범죄행위의 내용과 피고인에 대한 정상에 따라 양형을 결정하게 되지만 여기에는 법률상의 일정한 제한이 있다. 예컨대, 피고인에 대하여 징역형을 선고하는 경우에는 일정한 요건이 구비되어야 하는 것과 같다. 또한 유사사건에 대한 이전의 판례가 양형의 결정에 있어 중요한 자료가 된다.

유죄로 인정된 피고인에 대하여 판결을 선고하는 1심판사는 보통 양형의 이유를 밝히지 않는다. 그러나 피고인이 양형에 대하여 항소를 하게 되면 항소심 판사는 피고인에 대한 양형이 적정한지 아니면 과중한지의 여부 및 그 이유를 밝히게 된다. 이러한 이유로 원심 법원의 판결보다 항소심법원의 판결이 피고인에 대한 양형의 결정에 있어서 중요한 자료가 된다. 특히 영국에서는 항소법원(the Court of Appeal)의 판례가 중요한 양형의 기준이 된다.

그러나 영국의 경우에도 피고인에 대한 양형의 결정을 전적으로 판례에 의존하기는 어렵다. 우선 비교되는 범죄가 아무리 유사한 범죄라 하더라도 그 범죄의 내용과 피고인에 대한 정상이 서로 완전히 동일할 수 없다. 따라서 판사가 마음먹기에 따라 현재 심리중인 재판대상인 사건과 판례 사이에는 항시 어떤 차이점이 있을 수 있기 때문이다. 실무에 있어서도 우리나라의 경우와 마찬가지로 피고인을 변론하는 변호사가 이전의 특정 사건에 대한 양형을 인용하면서 예컨대, 피고인에게 징역 몇 년이 적정하다고 변론하지는 않고 주로 어떠한 형태의 형벌이 적정하다고 변론하는 것이 보통이다. 예컨대, 피고인의 범죄행위가 중한 것이어서 징역형이 불가피한 경우라 하더라도 징역형에 대한 집행유예가 상당하다거나 피고인의 선량한 성품과 일정한 수입에 비추어 피고인에게 벌금형이 적절하다고 변론 하는 것과 같다.

항소법원(the Court of Appeal) 또한 특정 사건의 경우 특정한 형이 반드시 옳은 것이라고 주장하지는 않는다. 즉, 항소법원은 특정 사건의 양형에 있어서 왕립형사법원판사에게 상당한 재량권을 주면서 다만 범죄행위의 내용과 피고인에 대한 정상을 참작한 결과 피고인에 대한 왕립형사법원판사의 형이 일정한 범위를 넘어 가중하다고 생각될 때에만 그 형의 감경에 나서고 있다.

또한 1988년 Criminal Justice Act에[16] 의하여 법무장관이 지나치게 가벼운 형에 대하여 이의를 제기할 수 있는 규정이 신설되기 전에는 불이익변경금지의 원칙이 적용되어 항소법원이 피고인에 대한 형을 높일 수 없었기 때문에 항소법원의 판결은 적절한 선례가 되는 데 있어서 일정한 제한이 있을 수밖에 없었다. 이러한 경우 항소법원판사는 만일 내가 왕립형사법원판사라면 더 엄한 형을 선고하였을 것이라는 의견을 제시하기도 하였다.

이러한 제한에도 불구하고 미국과 달리 양형기준법이 제정되어 있지 아니한 영국에서 항소법원의 양형에 관한 판례는 피고인의 양형을 결정함에 있어 매우 중요한 역할을 하고 있다는 점을 부인할 수 없다. 항소법원도 양형을 결정함에 있어 항소법원의 선례를 따를 것을 권장하고 있다.[17] 양형에 관한 항소법원의 판례는 매우 중요한 의미를 갖고 있으므로 판례를 구해 보는 것도 매우 편리하게 되어 있다.[18]

16) Criminal Justice Act 1988, ss. 35, 36.
17) R. v. Johnson [1994] Crim LR 537.

나. 법률상의 제한

양형과 관련하여 양형기준법이 제정되어 있지 아니한 것은 물론이고 제정법의 경우에도 우리 형법의 규정과 달리 각 범죄에 대한 형의 상한만을 규정하고 형의 하한을 규정하고 있지 아니한 것이 영국 형사법의 큰 특색이라 할 수 있다. 그러나 각 구체적인 법률에서 형의 상한을 규정하는 이외 일반적으로 양형에 관한 일정한 기준을 제시하는 법률이 제정되어 있다.

1991년에 제정된 Criminal Justice Act는 법원이 피고인에게 사회내처분을 부과할 것인지의 여부 그리고 피고인에게 징역형을 부과할 것인지의 여부를 결정함에 있어서 필요한 일정한 요건들을 규정하고 있다. 이를 가리켜 보통 "문지방(threshold)에 관한 규정"이라고 하며 피고인에게 사회내처분이나 징역형을 선고함에 있어 필요한 일정한 제한선 즉, 그러한 형벌의 문지방을 넘어섰는지의 여부를 확인하고 이들 형벌을 과하여야 한다는 것이다.

이에 따라 피고인에 대한 사회내처분은 피고인의 범죄행위가 중한 것이어서 그러한 처분이 상당한 경우에만 선고할 수 있다.[19] 또한 피고인에 대한 징역형도 다음의 요건이 갖추어진 경우에만 선고할 수 있다.[20]

① 범죄행위가 매우 중한 것이어서 징역형만이 상당한 경우,
② 범죄가 폭력이나 성범죄인 때 피고인으로부터 공중을 보호하기 위해 징역형만이 적절한 경우.

다. 판례에 의한 기준

우리나라에서와 마찬가지로 영국에서도 양형과 관련하여 가장 중요한 것은 어떠한 경우에 유죄로 인정된 피고인에게 징역형의 실형을 과할 것인가라고 할 수 있다. 징역형은 피고인의 신체자유를 완전히 박탈하여 피고인에게 미치는 영향이 너무 크기 때문에 경험칙상 확실하지도 아니한 예방효과나 갱생효과를 목적으로 징역형을 남용하는 것은 잘못된 것이라고 한다.

18) 항소법원의 판결은 대부분 Criminal Appeal Reports (Sentencing), the Criminal Law Review, Blackstone's Criminal Practice를 통해 공개된다.
19) Powers of Criminal Courts (Sentencing) Act 2000, s. 35.
20) Powers of Criminal Courts (Sentencing) Act 2000, s. 79.

또한 징역형은 가장 비용이 많이 드는 형벌인 데다 원하지 않는 부작용을 낳을 가능성도 많다. 범인의 신분이나 경제적 사정에도 심각한 영향을 미칠 뿐 아니라 범인의 가족 특히 어린아이를 부양해야 하는 범인의 경우에는 그 가족들에게도 혹독한 시련을 가져다주는 것이 징역형이다. 이러한 이유로 항소법원은 일정한 경우 여자 피고인의 가족 내 의무가 형의 감경요소가 될 수 있다고 본다. 형기를 마치고 석방되는 경우에도 피고인이 정상적인 사회구성원으로 되돌아간다는 것은 매우 어려운 일이다. 특히 교활한 죄수들과 함께 생활함으로써 범죄경험이 없었던 피고인이나 청소년 범죄자의 경우에도 그들의 반사회적 성향이 더욱 심화될 수 있고 그들의 범죄수법도 발전될 수 있다. 이러한 이유로 항소법원은 "징역형은 반드시 필요한 경우에만 선택하여야 하고 징역형을 선택하는 경우에도 처벌의 필요성과 양립할 수 있는 범위 내에서 최단기간이어야 한다"는 일반원칙을 제시하고 있다.

물론 강간이나 마약의 밀거래행위처럼 범죄행위 자체가 죄질이 중한 것이어서 징역형의 선택이 불가피한 유형의 범죄들이 있다. 항소법원은 이러한 죄질이 중한 범죄에 대한 징역형의 결정에 있어서 형의 가중요소와 감경요소들을 제시하고 있다. 범죄유형 중 항소법원이 들고 있는 가중처벌대상인 범죄는 강간, 폭발물관련범죄 등이고 형의 가중요소로 열거하고 있는 것은 피고인의 전과, 시범판결, 피해자의 사정(피해자가 어린이나 노인 또는 불구자인 경우), 지위를 남용하여 범한 범죄, 사전 모의에 의한 범죄, 불필요한 폭력의 행사 그리고 단기체류 외국인 등이다.

반면 항소법원이 피고인에 대한 형의 감경요소로 들고 있는 것은 책임감경사유가 있는 경우, 필요성(necessity), 함정수사, 강박에 의한 범죄, 피고인의 선량한 품성, 범행 후의 선행, 판결이 피고인에게 미치는 영향, 피고인이 어린이나 노인인 경우 등이다. 책임감경사유가 있는 경우로는 피해자의 도발이나 유혹에 의한 범죄와 같이 피해자에게 어느 정도 책임이 있는 경우, 피고인에게 정신질환이 있는 경우, 스트레스 특히 가정 내 스트레스로 인하여 저지른 범죄인 경우, 취중에 저지른 범행, 법률이나 사실관계의 무지로 인한 범죄를 들 수 있다. 필요성이라고 함은 자신이나 다른 사람의 생명, 신체 등을 보호하기 위해 불가피하게 위법행위를 범하게 되는 것을 말하며 정당방위도 그 한 예로 본다.

또한 항소법원은 자동차사고로 인한 치사사고의 경우에도 형의 가중요소를 제시하고 있다. 즉, 항소법원은 자동차운전자의 과실로 사람을 사망에 이르게 한 경우 징역형을 선택할 수 있는 가중요소로 음주운전이나 약물복용 상태에서의 운전, 다른 차와 경주를 하거나 주행 경쟁을 하는 운전, 과속운전, 동승자의 주의를 무시하고 하는 운전, 교통법규를 위반하면서 하는 운전, 교통사고나 음주운전의 전과가 있는 자의 운전, 여러 명을 치사케 한 운전, 사고 후 피해자 구호 등 적절한 조치를 취하지 않은 경우, 수사나 체포를 회피할 목적으로 운전을 하다가 사고를 야기한 경우 등을 들고 있다.

그러나 항소법원이 이와 같이 형의 가중요소와 감경요소를 제시하고 있는 이유는 모든 판결에 있어 그 획일성(uniformity of sentence)을 확보하려는 데 있는 것이 아니라 양형에 대한 접근방식의 통일성(uniformity of approach)을 촉구하는 데 있다고 한다.

3. 징 역 형

가. 징역형의 의의

영국에서 징역형(imprisonment)이 형벌의 형태로 인정된 것은 비교적 근세의 일이다. 범죄자를 구금하는 시설인 교도소의 역사는 영국 형사법의 역사와 마찬가지로 오래된 것이지만 18세기까지만 하더라도 교도소는 채무를 변제하지 못한 자를 수용하거나, 재판을 기다리는 피고인을 구금하는 장소[21] 그리고 유죄판결을 받은 피고인에 대한 사형이나 추방과 같은 형의 집행을 위하여 대기하는 장소로 사용되었다. 그 후 주로 경범에 대한 처벌의 한 방법으로 징역형이 인정되었지만 과거 영국의 형사법원인 Assize가 courts of general gaol delivery[22]로 알려진 바와 같이 형사법원의 통상적인 업무는 판결을 통하여 피고인을 교도소에 보내는 것이 아니라 판결을 통하여 교도소에 있는 피고인을 밖으로 내보내는 것이었다.

---

21) 현재에도 영국 교도소에 수감되어 있는 수용자 약 8만 2천 명 중 약 20%가 재판이나 판결의 선고를 기다리고 있는 자들이고 유럽 대륙 특히 이태리의 경우에는 그 비율이 80%에 이른다고 한다.

22) 여기서 delivery의 의미는 피고인을 교도소로부터 석방하거나 형의 집행을 위하여 밖으로 내보내는 것을 말한다.

물론 피고인을 교도소 밖으로 내보낸다(delivery)는 것은 피고인에 대한 무죄판결 등에 의하여 피고인을 석방하는 경우도 있지만 피고인에 대한 판결의 집행, 즉 처형이나 추방을 위하여 피고인을 교도소에서 내보내는 것이 일반적이었다. 18세기 후반에 이르러 사형판결이 감소하게 되자 징역형이 일반적인 형벌의 하나로 인정되었다. 특히 19세기에 이르러 사형판결이 더욱 감소되고 중요한 형벌의 하나였던 유배형(transportation)제도가 폐지되자 중죄에 대한 통상의 처벌은 징역형이 되었다. 징역형(imprisonment)은 21세 이상의 성년에게만 선고할 수 있고 21세 미만의 자에 대하여는 징역형을 선고할 수 없다.[23] 물론 21세 미만의 자에 대하여도 징역형과 유사하게 일정한 장소에 수용하는 형을 선고할 수 있으며 징역형과 21세 미만의 자에 대한 수용을 통칭하여 감금형(custodial sentence)이라고 부르고 있다.

징역형을 집행하는 교도소는 여러 종류가 있다. 우선 개방교도소와 폐쇄교도소 그리고 지방교도소(local prison)와 훈련교도소(training prison)가 있으며 영국에서는 현재 남성 수형자의 10분의 1, 여성 수용자의 3분의 1 정도가 개방교도소에서 복역하고 있다. 지방교도소에는 재판이나 판결을 기다리고 있는 피고인, 단기간의 징역형을 선고받은 수형자, 장기 징역형을 선고받고 적절한 훈련교도소로 보내지기 전 대기하는 자들이 수용된다. 지방교도소는 모두 폐쇄교도소이고 대개 빅토리아시대에 건설된 오래된 것으로 도시 한가운데 있으며 시설이 열악한 교도소로 알려져 있다. 훈련교도소는 개방교도소인 곳도 있고 폐쇄교도소인 곳도 있지만 대부분 폐쇄교도소이다. 훈련교도소는 지방교도소에 비해 더 나은 수용시설과 작업환경 그리고 더 좋은 여가활용의 기회를 제공하는 것이 일반적이다.

나. 징역형을 선고하기 위한 요건

법원이 피고인에게 징역형을 선고하기 위해서는 법률이 요구하는 일정한 요건을 준수하여야 한다. 그 중 중요한 것은 다음과 같다.[24]

---

23) 징역형을 선고받을 수 있는 21세의 기준은 범행 당시의 나이가 아니라 판결을 선고할 때의 나이를 기준으로 한다.

24) Powers of Criminal Courts (Sentencing) Act 2000, ss. 79(2)(4), 81, 83.

① 변호인이 없는 피고인에게 변호인 선임의 기회를 주지 않고는 징역형을 선고할 수 없다.
② 징역형을 선고하기 전에 법원은 징역형의 선고가 법률상의 요건 즉, 범죄사안의 중대성 및 폭행과 성범죄의 경우 공중의 보호라는 요건에 부합하는지 여부를 확인하여야 한다.
③ 이러한 법률상의 요건을 충족하는지 여부를 확인하기 위해 피고인에 대한 판결전보고서를 받아 보아야 한다.
④ 피고인에게 징역형을 선고함에 있어서는 그 이유를 밝혀야 한다.

그러나 피고인에 대한 판결전보고서는 전술한 바와 일정한 경우 받아보지 않아도 되고 이러한 절차를 거치지 않았다고 하여 판결이 무효가 되는 것은 아니다. 징역형을 선고하면서 판결의 이유를 설명함에 있어서는 피고인이 알아들을 수 있도록 쉬운 말로 설명하여야 한다.

다. 징역형의 상한

Common Law상의 범죄에 대하여는 징역형의 상한에 관한 제한이 없는 것이 원칙이었다. 법원은 재량에 따라 피고인에게 적절한 형을 선고하면 되고 경우에 따라서는 무기징역까지 선고할 수 있었다. 마찬가지로 형의 하한에도 제한이 없다. 따라서 아무리 중한 사건이라도 사건의 성격에 따라 피고인에게 벌금형이 적정한 경우에는 징역형이 아니라 벌금형을 선고할 수 있는 것이 원칙이다. 하지만 오늘날 대부분의 Common Law상의 범죄는 의회에서 제정된 법률에 의하여 그 형의 상한선이 제한되어 있다. 물론 모살(murder)의 경우와 같이 유죄로 인정되는 경우 오로지 무기징역형만 선고할 수 있는 범죄가 있고 고살(manslaughter)의 경우와 같이 Common Law의 원칙이 그대로 남아있는 범죄도 있다.

제정법에 의하여 징역형에 처할 수 있는 범죄를 규정하는 경우 그 범죄에 대한 징역형의 상한을 규정하는 것이 보통이다. 하지만 제정법에서 징역형에 처할 수 있는 기소가능범죄로 규정하면서 그 형의 상한을 규정하고 있지 않은 경우 그 형의 상한은 징역 2년이다.[25)]

---

25) Powers of Criminal Courts (Sentencing) Act 2000, s. 77.

제정법에 의하여 인정되고 있는 주요 범죄에 대한 징역형의 상한은 다음과 같다.

① 무기징역: 영아살해, 낙태, 강간, 13세 미만의 소녀와 성교, 중상해, 살상목적의 또는 기소가능범죄를 범할 목적의 총기휴대, 살상목적의 재물손괴 또는 방화에 의한 재물손괴, 가중주거침입절도, 강도, A등급 마약의 수입·공급.

② 징역 14년: 주거침입절도, 장물취급, 공갈, 적에게 유리한 정보의 수집 및 전파, B등급 마약의 공급.

③ 징역 10년: 사기, 주거 이외의 건조물침입절도, 단순 재물손괴, 강제추행, 행사할 목적의 문서위조, 위험한 운전으로 야기한 치사사건.

④ 징역 7년: 절도, 위증, 중혼, 매춘으로 생계유지, A등급 마약의 소지.

⑤ 징역 5년: 과실상해, 중과실치상, 상해, 기망에 의한 용역취득, 기망에 의한 책임회피, B등급 마약의 소지, C등급 마약의 공급.

⑥ 징역 3년: 주거침입절도나 절도 또는 사기를 위한 장비 소지.

⑦ 징역 2년: 위험한 운전, 행사할 목적이 없는 문서위조, 대금지급을 면탈하기 위한 도주, 공격무기의 소지, 13세 내지 15세 소녀와의 불법적인 성교, C등급 마약의 소지.

⑧ 징역 6월: 직무집행 중인 경찰관에 대한 폭행, 음주운전, 무면허운전, 자동차 사용절도, 폭력행위에 대한 두려움을 느끼게 할 의도의 협박행위.

⑨ 징역 3월: 자동차 운행방해, 경범죄로 처리되는 재물손괴.

⑩ 징역 1월: 직무집행 중인 경찰관에 대한 직무집행방해.

징역형의 상한은 일반적으로 범죄의 상대적 경중을 반영하고 있지만 물론 이를 정확하게 반영하고 있는 것은 아니다. 예컨대, 장물취급이 위증죄보다 2배나 상한이 높게 되어 있다. 또한 실제로 법원에서 피고인에게 형을 선고함에 있어서는 징역형의 상한 보다 훨씬 낮은 형을 선고하고 있지만 그럼에도 상한을 높게 인정하고 있는 이유는 예외적으로 중한 경우를 상정하고 있기 때문이다. 예컨대, 절도나 재물손괴의 경우에도 국보급 재물을 절취한다거나 국보급 예술작품을 손괴하는 경우를 상정하는 것과 같다.

라. 동시집행과 순차집행의 징역형

국가형벌권을 전제로 피고인에게 징역형을 선고한 경우에는 피고인의 전체 범죄행위를 종합하여 하나의 징역형을 선고하게 되고 따라서 징역형을 집행함에 있어서는 선고된 징역형 하나만을 집행하면 된다. 또한 사정에 따라 피고인에 대한 모든 범죄행위에 대하여 동시에 재판이 이루어지지 않아 피고인에게 별개의 징역형이 선고된 경우에는 그 별개의 징역형을 순차적으로 집행하는 것이 원칙이다.

그러나 국가형벌권을 전제로 하지 않는 영미의 형사소송에 있어서는 피고인의 별개 범죄행위는 별도로 재판을 받는 것이 원칙이고 따라서 징역형도 별도로 선고된다. 나아가 피고인이 범한 여러 개의 범죄를 동시에 재판하는 경우라 하더라도 피고인에 대한 징역형은 각 피해자 별로 선고되는 것이지 국가의 입장에서 피고인의 전체 행위를 종합하여 하나의 징역형을 선고하는 것이 아니다. 예컨대, 우리 제도에서 피고인이 피해자 5명을 살해한 죄로 유죄판결을 받으면 그에 대한 형벌은 사형이나 무기징역 또는 특정한 징역형 하나로 선고되고 그 집행도 선고된 형 하나에 대해서만 하면 된다. 하지만 영미의 재판에 있어서는 피고인이 설사 피해자 5명을 살해한 죄로 동시에 재판을 받는다 하더라도 피고인에 대한 형벌은 각 피해자에 대하여 따로 선고된다. 즉, 피고인에 대하여 각 피해자 별로 무기징역, 무기징역, 징역 20년, 징역 15년, 징역 10년 등으로 선고된다. 이러한 이유로 다수의 사람을 살해한 경우 징역형의 합계가 수백 년이 되는 경우도 있을 수 있다.

이와 같이 피해자 별로 선고된 징역형을 모두 순차적으로 집행한다면 피고인에게 가혹할 수도 있고 또한 피고인이 살아 있는 동안 이를 전부 집행하지 못하는 경우도 있을 수 있다. 이러한 이유로 피고인에 대한 여러 개의 징역형을 동시에 집행할 필요가 있게 된다. 피고인에 대하여 선고된 여러 개의 징역형을 동시에 집행하는 경우 이를 동시집행의 징역형(concurrent sentence)이라 하고 피고인에게 선고된 징역형을 순차적으로 전부 집행하는 것을 순차집행의 징역형(consecutive sentence)이라 한다.

피고인에 대한 여러 개의 징역형을 선고할 때 이와 같이 집행방법을 지정하여 선고하는 것이 보통이지만 피고인이 이미 다른 범죄행위로 유죄판결을 선고받아 복역하고 있는 경우에도 다른 범죄행위에 대하여 징역형을 선고하면서 동시집행 또는 순차집행을 정하여 형을 선고할 수 있다. 판결을 선고함에 있어서 판사는 피고인에 대한 여러 개의 형이 동시집행의 형인지 아니면 순차집행의 형인지 분명히 말해 주어야 한다. 이러한 언급이 없는 경우에는 동시집행으로 추정된다.

피고인에 대한 징역형이 순차집행의 형으로 선고되면 그 형기의 합계는 각 범죄의 상한을 초과할 수 있다. 예컨대, 피고인이 5개의 주거침입절도죄로 판결을 선고받는 경우 주거침입절도죄의 상한은 징역 14년이지만 합계 40년의 징역형을 선고받을 수 있다. 하지만 치안법원에서 여러 개의 범죄에 대하여 순차집행의 징역형을 선고하는 경우 이를 모두 합산한 징역형의 한도에는 일정한 제한이 있다.

법률적으로는 2개 이상의 범죄에 해당하지만 피고인의 실제 범죄행위는 하나에 불과한 경우에는 순차집행이 아니라 동시집행의 징역형을 선고하는 것이 원칙이다. 예컨대, 피고인이 식당에 들어가 음식을 시켜먹은 뒤 그 대금을 계산하지 않고 도주한 경우 법률적으로는 사기, 기망에 의한 용역취득 그리고 대금지급 없이 도주한 3개의 범죄행위가 성립하지만 전체적으로 이는 하나의 범죄행위에 불과하여 법률상 3개의 범죄행위에 대한 징역형은 동시집행으로 하여야 한다는 것이다. 이때 피고인이 식당에서 도망을 가다가 종업원에게 붙들리게 되자 체포를 면할 목적으로 종업원에게 폭행을 가한 경우 이는 별도의 범죄행위가 되는 것이고 따라서 이에 대한 형은 순차집행의 징역형으로 선고된다. 피고인에게 순차집행의 징역형으로 판결을 선고하면 개별 범죄에 대한 징역형은 가벼워 보이지만 이를 전부 합산하게 되면 매우 무거운 형벌이 될 수 있다. 이러한 이유로 순차집행의 징역형을 선고하는 판사는 피고인에 대한 전체 형 즉, 범죄에 대한 총계의 원칙(totality of the offences)을 고려하여 판결을 선고한다.

마. 징역형의 형기

피고인의 범죄행위가 징역형을 선고할 수 있는 문지방을 넘어선 경우 다시 말해 피고인에게 징역형을 선고하기로 결정하고 나면 법원은 피고인에게 적정한 징역형의 형기를 정하게 된다.

법률은 피고인에 대한 징역형의 형기와 관련하여 다음과 같이 규정하고 있다.[26)]

① 법원이 징역형의 형기를 정함에 있어서는 범죄행위의 경중에 비례하여 정해야 하고,
② 범죄행위가 폭력범죄나 성범죄인 경우에는 피고인으로부터 공중을 보호하기 위해 필요한 더 장기간의 형을 정해야 한다.

물론 모살의 경우와 같이 법률에 의하여 형이 정해져 있는 경우에는 이 규정이 적용되지 않는다. 우선 법률은 피고인에 대한 징역형의 형기를 정함에 있어 비례의 원칙을 최우선으로 하고 있다. 따라서 범죄의 경중에 비례하여 형기를 정하게 된다. 범죄의 경중을 판단함에 있어서는 해당 범죄와 관련된 형의 가중요소와 형의 감경요소를 모두 참작하여야 한다. 또한 피고인에 대한 형의 감경요소도 고려하여야 한다. 이 경우에는 범죄행위 자체와는 관계가 없는 피고인에 대한 형의 감경요소 예컨대, 유죄인부절차에서의 유죄인정(guilty plea) 등도 포함된다.

범죄가 폭력범죄나 성범죄인 경우에는 이러한 비례의 원칙에 의한 형보다 더 중한 형도 피고인으로부터 공중을 보호하기 위해 인정된다. 법원은 징역형의 형기를 정함에 있어서 원칙적으로 피고인에 대한 판결전보고서를 받아보아야 한다.

1) 교도소 문소리의 원칙

피고인에 대한 징역형의 형기를 정함에 있어서 범죄의 경중과 관련한 항소법원의 입장은 Bibi 판결[27)]에 잘 나타나 있다. 판결의 요지는 피고인에 대한 징역형이 불가피한 경우라 하더라도 그 형기는 가능한 최단기간에 그쳐야 한

26) Powers of Criminal Courts (Sentencing) Act 2000, s. 80(2).

27) R. v. Bibi [1980] 1 WLR 1193. 이 판결에서 항소법원은 "우리의 교도소 현실이 너무나 과밀한 수용자로 넘쳐난다는 것은 공공연한 사실이다. 따라서 판결을 선고하는 법원은 실형의 선고가 필요한 경우라 하더라도 그 형기는 공중의 이익을 보호하고 범인을 처벌함과 동시에 재범을 방지하는 데 필요한 최단기간에 그쳐야 한다는 것을 특히 명심하여야 한다. 상당수의 피고인을 징역 6월이나 9월에 처한다고 하더라도 그들을 징역 18월에 처하는 것과 마찬가지의 정당하고 효과적인 판결이라고 할 수 있다"고 판시하고 있다.

다는 것이다. 특히 징역형을 처음 선고받는 피고인에 대하여는 범죄의 경중에 따른 상당한 형기의 징역형을 선고하는 것보다 피고인이 교도소에 수감되면서 듣게 되는 교도소의 문 잠기는 소리를 듣게 해주는 정도의 아주 단기간의 징역형만으로도 충분하다는 것이다. 이를 보통 교도소 문소리의 원칙이라고 한다. 또한 교도소 문소리의 원칙은 초범자에게만 인정되는 것이 아니고 전과가 있는 자 심지어는 교도소에 복역한 전과가 있는 자에 대하여도 적용된다.

2) 형기에 대한 설명

판결을 선고하는 판사는 범죄의 내용이 폭력 또는 성범죄에 관한 것이어서 공중을 보호하기 위해 죄질에 비해 더 장기간의 형기가 선고되어야 하는 경우 공개된 법정에서 피고인에게 그 이유를 설명해 주어야 한다.

3) 항소법원(the Court of Appeal)의 기준

항소법원은 종종 특정한 부류에 속하는 사건의 형기와 관련하여 어떠한 형이 적정한지에 관한 일정한 지침을 내어 놓고 있다. 이러한 사건을 guideline case라고 한다. 이와 관련한 중요한 case를 보면 다음과 같다.

가) 신뢰관계를 위반한 범죄의 경우　　신뢰관계를 위반하여 저지른 재산범죄와 관련한 guideline case는 Barrick 사건이라 할 수 있다.[28] 그 내용은 다음과 같다.

> "회계사, 변호사, 은행원, 우편배달원과 같이 다른 사람과 신뢰관계에 있는 자가 그러한 신뢰관계를 이용하여 그의 동업자나 고객, 고용인 또는 일반 공중을 기망하고 상당한 이익을 사취하는 경우가 있다. 이러한 자는 일반적으로 이전에 죄를 지어 본 일이 없는 자가 대부분이다. 이러한 자는 이 범죄로 인하여 입게 될 수모 그리고 그와 그 가족이 겪게 될 어려움에 비추어 그의 일생 중 다시는 이러한 범죄를 범할 가능성도 없고 또한 그러한 범죄를 범할 수 있는 유사한 지위를 찾을 가능성도 없다."

항소법원은 이러한 사건의 경우에는 아주 예외적인 경우를 제외하고는 징역형의 실형이 상당하다고 판시하면서 피해 금액에 따라 징역형의 형기를 정하고 있다.

28) R. v. Barrick (1985) 7 Cr App R (S) 142.

그 후 Clark 사건에서 항소법원은 그 동안의 물가상승, 조기석방제도의 변경, 절도죄의 상한이 징역 10년에서 징역 7년으로 감경된 점 등 사정변경에 따라 그 기준이 개정되어야 한다면서 다음과 같이 그 기준을 밝히고 있다.[29] 즉, 피해금액이 다액이긴 하나 17,500파운드 미만인 경우에는 아주 단기간의 징역형부터 21개월 이하의 징역, 17,500파운드 이상 100,000파운드 이하인 경우에는 2년 내지 3년의 징역, 100,000파운드 이상 250,000파운드 이하인 경우에는 3년 내지 4년의 징역, 250,000파운드 이상 100만 파운드 이하인 경우에는 5년 내지 9년의 징역, 100만 파운드 이상인 경우에는 10년 또는 그 이상의 징역이 상당하다는 것이다.

물론 이러한 항소법원의 양형기준은 일반적인 것이고 각 개별 사건의 경우 이러한 기준에 피고인에 대한 형의 가중요소와 감경요소가 고려되어 구체적인 형기가 정해진다.

나) 강간죄의 경우 　　강간죄에 대한 guideline case는 Billam 사건이라 할 수 있다.[30] 이 사건에서 항소법원은 다음과 같이 판시하고 있다.

"이 법원은 Roberts 사건[31] 이래 강간은 정말 예외적인 경우가 아닌 한 징역형의 실형이 마땅한 중대한 범죄라고 강조해 왔다. 강간사건에 있어서는 그 행위의 형태가 매우 다양하기 때문에 징역 몇 년의 형이 적절한지에 대한 기준을 제시하는 것은 어려운 일이다. 하지만 현재의 실무관행을 알려주는 상당수의 판례들을 요약하면 다음과 같다.

피고인이 무죄를 주장한 강간사건에서 아무런 형의 가중요소나 감경요소가 없는 경우 성년 강간범에 대한 징역형은 그 출발점이 5년이라 할 수 있다. 2명 이상의 남자가 합동하여 강간을 한 경우, 피해자가 거주하고 있는 집을 침입하여 강간을 한 경우, 피해자를 납치하여 감금한 상태에서 강간을 한 경우에는 그 출발점은 8년이 상당하다. 피고인이 연쇄강간을 하고 다닌 경우 즉, 여러 명의 다른 여자를 강간한 경우에는 15년이나 그 이상의 징역형이 상당하다. 피고인의 행위가 변태적이거나 정신병적인 성격

29) R. v. Clark [1998] 2 Cr App R (S) 95.
30) R. v. Billam [1986] 1 WLR 349.
31) R. v. Roberts [1982] 1 WLR 133.

또는 인격장애를 갖고 있고 앞으로 계속하여 여자에 대한 위험한 인물로 남아있게 되는 경우 무기징역형이 부적절하다고 할 수 없다.

다음의 경우에는 형의 가중요소로 보아야 한다. 즉, ① 강간죄를 범하는 데 필요한 정도 이상의 폭력을 행사한 경우, ② 여자를 협박하는 데 무기를 사용하거나 여자에게 상해를 가한 경우, ③ 강간이 반복된 경우, ④ 치밀한 계획을 세워 강간한 경우, ⑤ 피고인에게 동종의 전과가 있는 경우, ⑥ 피해자가 계속하여 성적 모욕이나 변태성욕의 대상이 된 경우, ⑦ 피해자의 나이가 아주 많거나 아주 어린 경우, ⑧ 피해자가 육체적 또는 정신적으로 심한 후유증을 갖게 된 경우를 가중요소로 보아 이들 중 하나 이상이 인정되면 통상의 경우보다 훨씬 중한 형을 선고하여야 한다.

피해자가 법정에서 증언하는 고통을 감안하여 피고인이 유죄를 인정하는 경우 다른 사건보다 더 중요한 형의 감경요소가 된다. 물론 피고인이 유죄를 다투는 경우 무죄판결의 가능성 등 모든 사정을 고려해야 한다.

피해자가 분별없이 행동하여 스스로 위험에 자신을 노출시켰다는 사정은 형의 감경요소가 될 수 없다. 마찬가지로 피해자의 성경험 등도 감경사유가 될 수 없다. 하지만 피해자가 성행위를 허락한 것으로 오해할 만한 행위를 하였다면 이는 감경사유가 된다.

강간죄의 미수, 특히 초기 단계에서 강간을 그만둔 경우에는 기수의 경우보다 가벼운 형을 선고한다. 하지만 미수의 경우에도 여러 가중요소를 고려하여 기수의 경우보다 훨씬 더 중한 형을 선고할 수 있다.

미성년자의 경우에도 성년자의 경우와 마찬가지로 감금형이 상당하지만 성년에 비해 형을 감경할 수 있다."

다) 마약범죄의 경우 마약범죄에 관한 guideline case는 Aramah 사건이다.[32] 이 사건에서 항소법원 수석법관 Lane은 다음과 같이 양형기준을 제시하고 있다.

"A급 마약 특히 헤로인과 모르핀은 여러 가지 이유로 중독성이 있는 마약 중에서도 가장 위험한 마약으로 알려져 있다.

32) R. v. Aramah (1982) 4 Cr App R (S) 407.

우선 첫째의 이유로 이들 마약은 다루기가 간편하다. 아주 적은 양으로도 수많은 사람이 1회분으로 사용할 수 있는 마약을 만들 수 있다. 둘째, 그 이익이 엄청나 가장 죄질이 나쁜 범인들이 유혹을 받게 되는 범죄이다. 그들 범인들은 헤로인이나 모르핀의 밀거래가 은행 강도를 하는 것 보다 더 많은 이익을 남기면서도 덜 위험한 범죄로 생각한다. 셋째, 이러한 엄청난 이익으로 인하여 결과적으로 담당 공무원의 부패 그리고 뇌물과 같은 사회악과 연루될 가능성이 크다는 것은 쉽게 예견할 수 있는 일이다. 이러한 요소들은 이들 범인들에 대한 보석의 타당성을 검토할 때에도 고려되어야 할 사항이다. 일반인 그리고 보통의 피고인에게는 엄청남 금액이라고 보여 지는 경우에도 마약밀거래 범인들에게는 종종 하찮은 돈에 불과할 수 있다. 넷째, 일단 헤로인에 중독이 되면(또한 적은 양으로도 쉽게 중독이 된다) 중독성이 너무 강하여 다시 헤로인을 구입하지 않을 수 없다. 이를 구입하는 데 모든 돈을 다 소비하게 되고 결국 이를 구입할 돈을 마련하기 위해 범죄를 저지르는 수밖에 없게 된다. 다섯째, 가장 중대하고 엄청난 해독으로 중독자의 타락과 고통 그리고 종국에는 중독자의 죽음까지도 불러온다. 이러한 이유로 일부 국가에서 상당량의 헤로인밀거래의 경우 범인을 사형에 처하고 있는 것도 이해하기 어려운 일이 아니다.

따라서 이러한 A등급 마약과 관련한 범죄로 유죄판결을 받은 자에 대하여 이 나라 법원은 판결로서 할 수 있는 일은 무엇이든지 하여야 한다. 먼저 헤로인과 모르핀 등의 밀반입과 관련하여 순도 100%를 기준으로 그 양이 500그램 이상인 다량의 마약을 밀반입한 경우에는 징역 10년이나 그 이상이 적절하고 그 양이 5킬로그램 이상인 경우에는 징역 14년이나 그 이상이 적절하다. 상당량의 마약을 밀반입한 경우 징역 4년 이하의 판결을 선고하는 것은 좀처럼 있어서는 안 될 일이다. 그러나 마약관련 범죄는 범인이 경찰을 도와 정보를 제공하는 것이 특히 권장되어야 하는 분야이므로 범인이 자신의 범죄를 자백하고 경찰에 협력한 경우에는 통상의 경우보다 더 큰 폭의 감형이 상당하다.

다음 헤로인과 모르핀의 공급과 관련해서도 그에 대한 양형은 밀거래의 양과 취급한 마약의 가액에 비례한다는 것은 두말할 나위가 없다. 이 경우 5년 이하의 징역에 처하는 일은 좀처럼 있어서는 안 되고 최초공급자에 가까운 자일수록 형은 가중되어야 한다. 따라서 공급자라 할지라도 대규모의 밀반입의 경우와 유사한 징역형을 선고받을 수 있다. 하지만 이러한 큰 고기가 잡히는 일은 거의 없다.

헤로인과 모르핀의 소지와 관련해서는 각 소지자의 개인적인 사정이 더 큰 의미를 갖는다. 경우에 따라서는 치료용으로 소지하는 자도 있는 등 소지하는 자의 사정이 너무나 다양하기 때문에 이 경우에 있어서는 양형의 기준을 제시하기가 어렵다. 단순 소지의 경우에는 그 형의 상한이 7년 이하의 징역이나 벌금형이지만 징역형이 상당하고 필요한 경우도 많다.

B급 마약 특히 마리화나에 대한 법원의 양형기준은 다음과 같다.

마리화나의 수입과 관련하여 개인이 사용할 의도의 아주 소량의 마리화나 수입은 단순 소지의 경우와 동일하게 처리하면 된다. 그 이외 20킬로그램 이하의 대마수입은 아주 예외적인 경우가 아니라면 징역 1년 6월부터 3년형이 적절하며 이 기준에서 가장 낮은 형을 선고받을 수 있는 자는 자백을 하고 얻은 이익이 소량인 피고인이다.

대부분의 마약 운반책은 선량한 자가 맡게 되므로 그의 평소 품행이 좋았다는 것은 다른 마약 범죄의 경우와 달리 그리 중요한 사항이 아니다. 그 이유는 대규모 마약밀수업자들은 선량한 자를 운반책으로 활용하여 이들이 붙잡혀 재판을 받는 경우 동정심을 불러일으키는 방법을 사용하는 것이 보통이기 때문이다. 그러한 사정으로 학생이나 병약자 또는 노인이 운반책으로 자주 등장하게 된다. 그들은 범인들의 제안에 쉽게 넘어가고 단기간에 이익을 취득하게 해주겠다는 제의에 취약한데다 법원이 오해를 하여 이들에게 쉽게 동정심을 베풀 가능성이 있다. 이들에게도 징역형의 실형이 적절하다. 20킬로그램 이상 중간 정도 규모의 마리화나 밀수입의 경우 그 양에 따라 3년 내지 6년의 징역형이 적절하며 대규모 마리화나 밀수입의 경우 10년 정도의 징역형이 적절하다.

마리화나의 공급과 관련해서 대규모 공급의 경우 징역 10년이 적절하며 그 이외의 경우에는 그 규모에 따라 징역 1년 내지 4년형이 적절하다. 기준의 상위에 속하는 자들은 다수의 소매상들에게 공급하는 자들이라 할 수 있고 가장 죄질이 낮은 자는 소량의 소매상이나 소비자가 해당된다. 이익을 남길 목적이 아닌 경우 예컨대, 파티에 사용할 목적으로 공급하는 경우에도 징역형의 실형이 적절하다. 자신이 사용할 목적으로 마리화나를 소량 소지하고 있는 때에는 벌금형이 적절하나. 그러나 전과가 있거나 계속하여 마리화나를 사용하는 경우에는 징역형이 적절하다."

라) guideline case의 의미 guideline case는 양형에 관하여 일반적인 지침을 주는 데 불과하고 구체적 사건에 있어서 반드시 지켜야 할 기준을 제공하는 것은 아니다. 이 점은 수석법관 Lane도 강조하고 있는 점이다.[33] 하지만 판결을 선고하는 판사가 이러한 항소법원의 지침을 벗어나 양형을 정할 수 없다. Johnson 사건에서[34] 왕립형사법원의 판사가 피고인에 대한 형을 정함에 있어 우체부에 대한 노상강도사건의 경우 항소법원은 비슷한 사례에서 통상 형을 감경해 오고 있지만 자신은 이러한 원칙에 동의하지 않으며 그렇게 하지도 않겠다고 언급하였다.

이 판결에 대해 항소법원은 항소법원의 지침은 단순한 지침에 불과하고 왕립형사법원의 판사가 여러 가지 양형요소를 고려하여 적정한 형을 선고하는 것이라고 하면서도 왕립형사법원의 판사는 항소법원의 지침에 주의를 기울여야 한다고 판시했다. 즉, 왕립형사법원의 판사는 다른 특별한 사정이 없는 한 넓은 의미에서 항소법원의 지침에 따라야 한다는 것이다. 이를 이유로 항소법원은 왕립형사법원에서 피고인에게 선고된 징역 7년을 5년으로 감경했다.

바. 무기징역

무기징역형(life imprisonment)은 보통 종신형을 말하는 것이지만 법률적으로 엄밀하게 본다면 형기가 정해져 있지 않은 징역형을 말한다. 형기가 정하여져 있지 아니하므로 감형이나 가석방에 관한 규정이 적용되지 않아 어떠한 단계에서도 당연히 석방될 자격을 취득하지 못한다. 마찬가지로 가석방은 이론상 언제든지 가능하며 가석방의 경우 일정한 최소 기간을 복역하여야 한다는 규정도 없다. 내무부장관은 가석방위원회의 추천에 따라 수석법관 그리고 그 사건을 담당했던 판사와 협의하여 무기징역을 선고받고 복역 중인 자를 가석방할 수 있다.

---

33) R. v. Nicholas (1986) The Times, 1986. 4. 23.

34) R. v. Johnson (1994) 15 Cr App R (S) 827.

무기징역을 복역하다 가석방된 자는 그의 여생 동안 계속하여 조건부석방으로 남아 있게 되고 내무부장관이나 가석방위원회에 의하여 언제든지 재수감될 수 있다. 또한 이러한 조건부석방은 징역형에 처할 수 있는 다른 범죄에 대하여 유죄인정을 한 왕립형사법원에 의하여 취소될 수 있다.

법원은 모살(murder)의 죄로 유죄 인정된 21세 이상의 성년에게는 반드시 무기징역형을 선고하여야 하고 작량감경 등의 방법으로 다른 형을 선고할 수 없다.[35] 무기징역형을 선고함에 있어 판사는 피고인이 가석방되기 전에 복역하여야 할 최소기간에 대한 의견을 달 수 있다. 그러나 판사의 최소기간복역에 관한 의견은 가석방위원회에 의하여 존중되기는 하지만 그 의견에 구속되는 것은 아니다. 마찬가지로 판사가 제시한 최소기간이 경과하였다고 하여 피고인에 대한 가석방이 보장되는 것도 아니다.

항소법원은 그 최소한의 기간은 12년 이상이어야 한다고 권고하고 있다. 이러한 판사의 의견에 대하여는 항소가 인정되지 않는다. 21세 미만의 자가 모살을 한 경우에도 반드시 무기구금이나 무기수용의 형을 선고하여야 한다. 이외에도 무기징역형만을 선고하게 되어 있는 범죄는 반란죄와 폭력에 의한 해적행위가 있다.[36] 또한 전술한 바와 같이 법률에서 다른 규정을 두고 있지 않는 Common Law상의 범죄와 무기징역형이 규정되어 있는 제정법상의 중대 범죄에 대하여 무기징역형을 선고할 수 있다. 따라서 고살(manslaughter), 강도, 강간, 계간, 중상해 의도의 상해, 가중주거침입절도, 총기 범죄에 대하여 무기징역형을 선고할 수 있다.

항소법원은 이러한 범죄에 대하여 무기징역형을 선고하기 위해서는 다음의 세 가지 요건이 충족되어야 한다고 판시하고 있다.[37] 즉, 범죄의 죄질이 아주 중하여 장기간의 징역형이 요구되고, 범죄의 성격이나 피고인의 전력에 비추어 재범의 가능성이 있으며 그리고 피고인이 재범을 하는 경우 다른 사람에게 미치는 해악이 매우 클 것으로 인정되는 때에만 무기징역형을 선고할 수 있다. 무기징역형도 궁극적으로는 피고인의 석방을 허용하는 것이지만 그 석방을 위해서는 범죄 후 피고인의 품행과 공중의 안전 등이 신중하게 고려된다.

35) Murder (Abolition of Death Penalty) Act 1965, s. 1.
36) 이들 범죄에 대하여는 법률상 아직도 사형을 선고할 수 있다.
37) R. v. Hodgson (1967).

무기징역형은 범죄가 특히 흉악하다는 이유만으로 인정되는 것이 아니다. 그러한 경우에는 장기간의 유기징역형이 더 적절하다고 한다.

사. 필요적 가중징역형의 선고

일정한 범죄의 경우 법률에 의하여 반드시 특정한 형을 선고하도록 하는 경우가 있을 수 있다. 미국의 경우 이 제도가 널리 보급되어 있지만 영국의 경우 이는 많은 논란을 거쳐 최근에야 비로소 도입된 제도이다. 우선 영국에서도 18세 이상으로 중대한 범죄(serious offence)를 범한 전력이 있는 자가 다시 중대한 범죄를 범하여 유죄로 인정된 경우에는 반드시 무기징역형을 선고하도록 되어있다.[38] 여기서 말하는 중대한 범죄는 다음과 같다.

① 모살(murder)미수,
② 모살모의 또는 모살교사,
③ 고살(manslaughter),
④ 상해 또는 중상해,
⑤ 강간 또는 강간미수,
⑥ 13세 미만의 소녀와의 위법한 성교,
⑦ 총기 또는 모의 총기휴대 강도,

중대한 범죄로 두 번째 유죄판결을 받은 경우 두 범죄 사이에 간격이 아무리 장기간이라 하더라도 예외적인 사정이 없는 한 피고인에게 무기징역형을 선고하여야 한다. 어떤 경우에 예외적인 사정이 인정되는지에 관하여는 견해를 달리할 수 있다. Kelly 사건에서[39] 항소법원은 무기징역형의 선고가 부당하다는 이유 자체만으로는 예외적인 사정이 있는 경우로 볼 수 없다고 판시했다.

Offen 사건에서는[40] 예외적인 사정의 범위와 관련하여 이러한 강제적인 무기징역형의 선고가 "인권에 관한 유럽협약"에 위반되는 것이 아닌지 여부가 쟁점이 되었다. 수석법관 Woolf는 피고인이 일반 공중에게 중대한 위협이 되

38) Powers of Criminal Courts (sentencing) Act 2000, s. 109.
39) R. v. Kelly [1999] Crim LR 240.
40) R. v. Offen [2001] 1 WLR 253.

지 않는 한 의무적인 무기징역형의 선고는 인권에 관한 유럽협약에 위반하는 것이라고 판시했다. 따라서 피고인이 일반 공중에게 중대한 위협이 되는 경우가 아니라면 이러한 기계적인 무기징역형의 선고를 하지 않아도 되는 예외적인 사정이 인정된다고 보고 있다.

다음으로 마약범죄에 대하여도 필요적 가중형벌이 인정되고 있다. 즉, 18세 이상의 자가 A급 마약밀거래로 유죄인정을 받은 경우 이전에 같은 범죄로 2회 이상 유죄판결을 선고받은 전력이 있으면 반드시 7년 이상의 징역형을 선고하여야 한다.[41] 하지만 이 경우에도 범죄사실이나 피고인과 관련하여 특별한 사정이 있고 모든 사정을 고려할 때 위와 같은 형을 선고하는 것이 부당하다고 인정되면 다른 형을 선고할 수 있다.

주거침입절도의 경우에도 3번째 주거침입절도로 유죄인정을 받은 피고인에 대하여는 반드시 3년 이상의 징역형을 선고하도록 되어 있다. 하지만 이 경우에도 마약밀거래의 경우와 같이 특별한 사정이 있는 경우의 재량권이 인정되고 있다. 마약밀거래범죄와 주거침입절도죄에 대한 선고형의 하한은 피고인이 유죄를 인정하는 경우 20%까지 감경될 수 있다. 물론 20%의 감경도 유죄인정의 경우 일반적으로 인정되는 3분의 1 감경보다는 적은 것이다.

아. 징역형의 집행유예

법원은 21세 이상의 피고인에게 징역형을 선고할 때 일정기간 그 형의 집행을 유예할 수 있다. 그러나 21세 미만의 자에 대하여 감금형을 선고함에 있어서는 이를 유예할 수 없다. 과거에는 피고인에게 징역형을 선고하면서 그 일부에 대하여만 집행을 유예하는 일부 집행유예의 징역형도 인정되었지만 현재에는 일부 집행유예의 판결은 인정되지 않는다.[42]

---

41) Powers of Criminal Courts (sentencing) Act 2000, s. 110.

42) 영국의 경우와 같이 대부분의 범죄에 대한 형벌이 징역형의 상한만 인정되는 나라에서는 일부 집행유예의 형이 큰 의미를 갖고 있다고 볼 수 없다. 그러나 우리의 경우와 같이 상당수의 범죄에 대하여 징역형의 상한뿐 아니라 그 하한이 인정되는 경우에는 징역형에 대한 일부 집행유예가 큰 의미를 가질 수 있다. 예컨대, 5년 이상의 징역형에 처해지는 범죄로 기소된 피고인에게 작량 감경하여 징역 2년 6월의 실형을 선고하는 경우와 징역 2년 6월에 3년간 집행유예의 판결을 선고하는 것은 너무나 큰 차이가 난다고 할 수 있다. 이때 징역 2년 6월 중 일부에 대하여 실형 나머지 일부에 대하여 집행유예를 인정한다면 양자를 조화하는 방법이 될 수 있다.

집행유예는 징역형의 실형을 선고함이 마땅하지만 예외적으로 일정한 요건이 구비되는 경우 인정된다. 따라서 벌금형의 선고가 적절함에도 피고인에게 자력이 없다는 이유로 징역형의 집행유예를 선택하는 것은 인정되지 않는다.

1) 집행유예 형의 선고

집행유예는 2년 이하의 징역형에만 선고할 수 있고 집행유예를 선고한다 하여 그 범죄에 대한 형의 상한을 초과할 수 없음은 물론이다. 경합범으로 피고인에게 2개 이상의 징역형을 선고함에 있어서도 합산한 형기가 2년을 초과하는 경우에는 집행유예를 선고하지 못한다. 다시 말해 피고인이 징역 2년형을 여러 개 선고받았지만 그 집행이 동시집행인 경우에는 각 징역형에 대하여 집행유예를 선고할 수 있지만 이들이 순차집행인 경우에는 집행유예를 선고할 수 없다. 집행유예기간 중에 피고인이 징역형에 처해질 수 있는 범죄를 범하게 되면 원칙적으로 유예된 징역형을 복역하게 된다. 집행유예기간은 판결 선고일로부터 진행되고 그 기간은 1년 이상 2년 이하의 범위에서 판결을 선고하는 법원이 정한다.

집행유예판결을 선고함에 있어 법원은 피고인에게 집행유예기간 중 징역형에 처해질 수 있는 범죄를 범하는 경우 일어날 수 있는 결과를 쉬운 말로 설명해주어야 한다. 집행유예의 판결은 집행유예의 사유가 있는 경우에만 선고할 수 있고 그러한 사정이 있는 경우가 아니면 징역형의 실형을 선고해야 한다. 또한 그러한 집행유예의 사유는 일반적인 사유가 아니라 아주 예외적인 특별한 사정이 있는 때에만 인정된다.

Okinikan 사건에서[43] 수석법관 Taylor of Gosforth는 "피고인의 좋은 성품, 젊음 그리고 초기 단계에서 유죄인정 등의 사유는 많은 사건들에서 공통적으로 볼 수 있는 것으로 예외적인 사정이라고 볼 수 없기 때문에 집행유예판결을 정당화할 수 있는 예외적인 사정이 아니다"고 판시했다. 한편 Ullah Khan 사건에서[44] 항소법원은 피고인의 정신적인 사정은 이러한 예외적인 사정이 된다고 판시했다. 피고인은 주택금융과 관련한 사기사건으로 소추되어 유죄로 인정된 사무변호사로 그는 주의력과 집중력에 장애를 가져올 수 있는 정신병의 하나인 편집증을 앓고 있었다.

---

43) R. v. Okinikan [1993] 1 WLR 173.

44) R. v. Ullah Khan (1994) 15 Cr App R (S) 320.

French 사건에서는[45] 피고인의 우울증이 집행유예를 선고할 수 있는 예외적인 사정으로 인정되었지만 Bradley 사건에서는[46] 예외사유로 인정되지 않았다. Kondal 사건에서[47] 피고인은 우체국 부국장이었다. 피고인은 절도와 회계부정으로 소추되어 유죄를 인정하였다. 피고인은 징역 1년 6월의 실형을 선고받고 항소하였다. 항소법원은 피고인의 경우 특별한 사정이 있는 때라고 하면서 피고인의 징역형을 1년으로 감경하고 그에 대한 집행유예의 판결을 선고하였다. 항소법원은 피고인이 우체국으로부터 절취한 돈을 단기간에 반환할 의사가 있었고 또한 그러할 가능성이 있었으며 그리고 피고인은 수사의 초기단계에서부터 회계부정을 인정했다는 점을 예외적인 사정으로 보았다.

2) 다른 형의 병과

피고인에 대하여 징역형의 집행유예를 선고하는 때에는 필요한 경우 이에 부가하여 벌금형이나 배상명령을 동시에 선고할 수 있다. 일반적으로 징역형의 집행유예를 선고함에 있어서는 벌금형을 동시에 부과하는 것이 일반적인 관행이다. 그렇게 함으로써 피고인이 범죄를 범하고도 아무런 처벌도 받지 않는다는 인식을 불식하고 있다.

피고인에게 집행유예를 선고하는 경우에 동시에 보호관찰명령은 부과할 수 없다. 예컨대, 피고인이 2개 이상의 범죄로 처벌받는 경우에도 그 하나의 범죄에 대하여 집행유예의 형을 선고하고 다른 범죄에 대하여 보호관찰명령을 선고하는 것과 같은 형의 병과는 인정되지 않는다. 하지만 왕립형사법원은 피고인에 대하여 집행유예감독명령을 발할 수 있고 이는 집행유예와 보호관찰명령을 동시에 선고하는 것과 그 효력이 유사하다.

피고인이 현재 징역형을 복역하고 있는 경우에 다른 범죄로 집행유예의 형을 선고하는 것은 원칙적으로 인정되지 않는다.[48] 마찬가지로 피고인이 2개 이상의 범죄로 처벌받는 경우 그 하나에 대하여 징역형의 실형을 선고하고 다른 하나에 대하여 집행유예를 선고하는 것도 인정되지 않는다. 즉, 징역형의 실형과 집행유예의 형은 서로 다른 형이기 때문에 동시에 선고할 수 없다.[49]

45) R. v. French (1994) 15 Cr App R (S) 845.
46) R. v. Bradley (1994) 15 Cr App R (S) 597.
47) R. v. Kondal (1995) 16 Cr App R (S) 845.
48) R. v. Baker (1971) 55 Cr App R 182.
49) R. v. Sapiano (1968) 52 Cr App R 674.

3) 집행유예기간 중의 범죄

피고인이 집행유예기간 중에 징역형에 처할 수 있는 범죄로 기소되어 치안법원이나 왕립형사법원에서 유죄판결을 받게 되면 법원은 집행유예판결에 대하여 다음과 같은 조치를 취할 수 있다.[50]

① 집행유예를 실효시키고 선고된 형을 그대로 복역하게 하거나,
② 집행유예를 실효시키되 선고된 형보다 단기간을 복역시킬 수 있고,
③ 집행유예의 기간을 연장(최장 2년)하여 집행유예를 존속시키거나,
④ 집행유예판결에 대하여 아무런 조치도 취하지 않을 수 있다.

법원은 집행유예기간 중 징역형에 처해질 수 있는 범죄를 범한 피고인에게 위에서 열거한 조치 중 하나를 선택할 수 있지만 모든 사정을 종합하여 그렇게 하는 것이 부당한 경우를 제외하고 원칙적으로 위 ①항의 조치를 취하여야 한다. 모든 사정에는 집행유예판결을 선고받은 애초의 범죄행위뿐 아니라 집행유예기간 중에 범한 범죄에 관한 것도 포함된다.

법원이 피고인에 대한 집행유예의 판결을 실효시키고 애초의 징역형을 복역하도록 하는 조치를 취하지 않는 경우에는 어떠한 이유로 그렇게 하는 것이 부당하다는 것을 밝혀야 한다. 법원 실무에 있어서는 집행유예를 실효시키고 애초의 징역형을 복역하도록 하는 것이 일반적이다. 항소법원 또한 애초의 범죄와 집행유예기간 중의 범죄가 서로 다른 종류의 범죄라는 이유 예컨대, 절도와 무면허운전이라는 이유만으로 집행유예의 판결을 실효시키는 것이 부당하다고 볼 수 없다고 판시하고 있다.[51] 이 경우 애초의 집행유예로 되었던 징역형과 다시 선고받는 징역형은 순차집행의 징역형이 된다.[52]

4) 집행유예실효 여부의 처리 법원

집행유예기간 중에 범죄를 범한 피고인이 그 범죄로 왕립형사법원에서 재판을 받는 경우 왕립형사법원은 피고인이 왕립형사법원은 물론 치안법원에서 집행유예의 판결을 선고받은 경우에도 그 집행유예판결의 실효 여부를 처리할

50) Powers of Criminal Courts (Sentencing) Act 2000, s. 119.
51) R. v. Saunders (1970) 54 Cr App R 247.
52) R. v. Ithell [1969] 1 WLR 272.

수 있다. 그러나 치안법원은 집행유예의 판결이 그 치안법원이나 다른 치안법원에서 선고된 경우에만 이를 처리할 수 있다.

왕립형사법원에서 집행유예판결을 선고받은 피고인이 집행유예기간 중에 징역형에 처해질 수 있는 범죄로 치안법원에서 유죄판결을 선고받은 경우 치안법원은 왕립형사법원이 피고인에 대한 집행유예의 실효 여부를 처리할 수 있도록 피고인을 왕립형사법원으로 이송할 수 있지만 피고인을 이송하는 대신 왕립형사법원에 피고인의 집행유예기간 중 범행사실을 통보만 할 수도 있다.

치안법원이 피고인을 왕립형사법원에 이송하는 경우 구금된 상태에서 이송할 수 있고 보석으로 석방하고 이송할 수도 있다. 이때 치안법원은 집행유예기간 중의 범죄로 치안법원에서 유죄로 인정된 범죄에 대한 판결의 선고를 위해서 그 사건도 동시에 왕립형사법원으로 이송한다. 치안법원이 왕립형사법원에 피고인의 위반사실을 통보만 하는 경우에는 치안법원이 집행유예기간 중의 범죄에 대하여 형을 선고한다. 왕립형사법원이 치안법원으로부터 통보만 받은 경우 집행유예의 실효여부를 심리하기 위해 피고인에게 소환장이나 체포영장을 발부할 수 있다.

집행유예기간 중에 있는 피고인이 치안법원에서 다른 범죄로 유죄인정을 받았지만 조건부면책(conditional discharge)이나 면책(absolute discharge)판결을 선고받은 경우에는 이들은 유죄판결로 인정되지 않아 집행유예판결에 영향을 미치지 않는다.[53)]

5) 집행유예감독명령

피고인에게 집행유예판결을 선고하면서 동시에 보호관찰명령을 선고하는 것은 인정되지 않지만 왕립형사법원은 이와 비슷한 결과를 가져올 수 있는 집행유예감독명령(suspended sentence supervision order)을 발할 수 있다. 즉, 집행유예판결을 선고하면서 일정기간, 유예기간을 초과하지 않는 범위에서, 보호관찰관의 감독을 받을 수 있도록 하는 것이다.[54)]

피고인이 법원의 이러한 명령에 위반하여 보호관찰관과 계속 접촉을 유지하지 않는 경우 그가 거주하고 있는 지역의 치안법원에서 1,000파운드 이하의 벌금형을 받을 수 있다. 이러한 벌금형을 받은 경우에도 집행유예감독명령은

53) R. v. Tarry [1970] 2 QB 561.

54) Powers of Criminal Courts (Sentencing) Act 2000, s. 122.

계속되고 집행유예판결에도 아무런 영향을 미치지 않는다. 다만 피고인이 집행유예기간 중 징역형에 처해질 수 있는 범죄로 유죄판결을 받는 경우 보통의 집행유예의 경우와 같이 집행유예의 판결은 실효되어 선고받은 형을 복역하게 되며 감독명령도 효력을 상실한다. 이 명령은 피고인에게 징역 6월을 초과하는 형을 선고하는 경우에만 가능하다. 다시 말해 치안법원은 이 명령을 발할 수 없다. 또한 이 명령을 받은 피고인은 보호관찰관과의 접촉을 유지하면 되고 다른 의무사항은 인정되지 않는다.

자. 21세 미만의 자에 대한 감금형

21세 미만의 자에 대하여는 징역형(imprisonment)을 선고할 수 없다. 이들에 대하여는 그 나이에 따라 징역형 대신에 감금형(custodial sentence)을 선고한다. 이들에 대한 감금형의 종류는 다음과 같다.

① 소년원에 수용,
② Powers of Criminal Courts Act(제91조)에 의한 수용,
③ 무기구금,
④ 수용 및 직업훈련명령.

징역형에 일반적으로 적용되는 법률규정들은 이들 21세 미만의 자들에 대한 감금형에도 그대로 적용된다. 이때 피고인의 나이는 판결의 선고일자를 기준으로 하는 것이 아니라 피고인에 대한 유죄가 인정된 일자를 기준으로 한다.[55]

1) 소년원 수용

피고인을 소년원에 수용하는 것은 피고인이 18세, 19세 그리고 20세인 경우에만 가능하다. 17세 이하의 자에 대하여는 수용 및 직업훈련명령을 한다. 소년원 수용의 최장기간은 그 범죄에 대한 징역형의 최장기간을 초과하지 못한다. 그 최단기간은 21일이다.

2) Powers of Criminal Courts Act(제91조)에 의한 수용

21세 미만의 자에 대하여 위 소년원 수용보다 더 장기간의 감금이 적절한 경우 2000년 제정된 Powers of Criminal Courts Act(제91조)이 적용된다.

55) R. v. Starkey [1994] Crim LR 380.

이 규정에 의한 수용판결을 선고하기 위해서는 피고인(10세부터 17세까지를 포함하여)이 다음의 죄로 기소에 의한 정식재판에서 유죄인정을 받은 경우여야 한다.

① 성인의 경우 최소 14년의 징역형에 처해질 수 있는 범죄,
② 여자에 대한 강제추행,
③ 위험한 운전이나 음주 또는 약물복용으로 인한 부주의 운전으로 피해자를 치사케 한 범죄.

이러한 수용판결을 선고하기 위해서는 다른 적절한 대안이 없는 경우이어야 한다. 이때 선고되는 수용의 기간은 그 범죄에 대하여 선고할 수 있는 법정최고형 이내의 장기간이 되는 것이 보통이다. 이 판결을 선고받은 소년은 보통 소년원에 수용되지만 그의 나이와 필요에 따라 내무부장관의 결정으로 정신병원이나 community home에 수용될 수 있다. 또한 가석방위원회의 추천에 따라 내무부장관은 언제든지 소년을 가석방할 수 있고 가석방된 소년은 나머지 기간 동안 조건부석방으로 남아있게 된다.

18세 미만의 소년이 모살의 죄를 범하여 유죄판결을 선고받는 경우 "여왕이 만족할 때까지(Her Majesty's pleasure)" 무기한의 감금형을 선고하여야 한다.[56] 이는 위 제91조에 의하여 무기수용을 선고하는 경우와 동일한 내용이다. 다만 다른 점은 모살의 경우 기준이 되는 소년의 나이는 유·무죄판결을 선고할 때가 아니라 범행시가 된다는 것뿐이다. 그럼에도 이 규정을 따로 두게 된 것은 역사적인 배경이 있기 때문이다. 과거 모살에 대하여 사형제도가 인정되던 시기에도 18세 미만의 피고인에 대하여는 사형을 집행하지 않고 여왕이 만족할 때까지 피고인을 수용하였고 그 흔적이 법률로 남아 있는 것이다.

3) 무기구금

18세 내지 20세의 피고인에 대한 무기구금(custody for life)은 성년에 대한 무기징역형과 동일한 것이다. 즉, 18세 이상 21세 미만의 피고인에 대하여 무기징역형을 선고하여야 하는 경우 그 대안으로 무기구금형을 선고한다.[57]

56) Powers of Criminal Courts (Sentencing) Act 2000, s. 90.
57) Powers of Criminal Courts (Sentencing) Act 2000, s. 94.

무기징역형에 적용되는 원칙은 무기구금에도 그대로 적용된다. 18세 내지 21세 미만의 소년이 모살을 범한 경우 필요적 무기구금형을 선고받게 된다. 무기구금형을 선고받는 소년은 내무부장관의 다른 결정이 없는 한 원칙적으로 소년원에 수용된다.

4) 수용 및 직업훈련명령

오늘날 소년에 대하여 감금형을 선고하는 경우 원칙적으로 수용 및 직업훈련명령을 한다. 이 명령은 10세 이상인 소년에게 할 수 있다. 다만 유죄판결을 선고할 당시 소년이 15세 미만인 경우에는 그가 “지속적인 범인(persistent offender)”인 경우에만 이 명령을 할 수 있다. 또한 소년이 12세 미만인 경우에는 그의 범죄로부터 공중의 이익을 보호하기 위해 감금형만이 적절한 경우에만 이 명령을 할 수 있다. 기간은 24개월을 한도로 4, 6, 8, 10, 12, 18개월로 정하여 한다. 기간 중 절반은 반드시 감금 상태에서 직업훈련을 받아야 하고 감금기간이 종료되면 보호관찰관 등의 감독 하에 나머지 기간 동안 직업훈련을 받게 된다.

차. 수형인의 석방

징역형을 선고받은 피고인이 재판 기간 중 구금되어 재판을 받은 경우에는 그 기간을 피고인의 징역형의 형기에서 공제한다.[58] 이러한 구속기간의 공제는 징역형의 선고와 동시에 공제해 주는 것이 아니고 피고인이 법원으로부터 선고받은 징역형의 2분의 1이나 3분의 2 또는 4분의 3기간을 복역한 후 계산해 준다.

피고인이 유죄로 인정되어 법원으로부터 일정 기간의 징역형을 선고받은 경우 일반적으로 그 기간을 전부 복역하는 것은 아니고 여러 가지 종류의 조기석방제도가 있다. 1991년 제정된 Criminal Justice Act 이전에 인정되던 조기석방제도는 감형(remission)과 가석방(parole)이었다. 우선 12개월 이하의 징역형을 선고받은 피고인에 대한 2분의 1 감형, 그리고 12개월을 초과하는 징역형을 선고받은 피고인에 대한 3분의 1 감형이 인정되었다. 이러한 감형은 피고인이 수형생활 중 교도소에서 규칙위반으로 징계를 받지 않는 한 당연히 인정되는 것이었다.

---

58) Criminal Justice Act 1967, s. 67.

한편 수형자에 대한 가석방은 전적으로 재량사항이어서 가석방위원회의 추천에 따라 내무부장관이 할 수 있었다. 다만 가석방을 위해서는 수형자가 6월 이상을 복역함과 동시에 형기의 3분의 1을 경과해야 하였다. 가석방되면 나머지 형기가 만료될 때까지 보호관찰관에 의한 감독과 같은 가석방조건에 따라야 하는 조건부석방으로 남아 있어야 했다. 또한 피고인이 징역형에 처해질 수 있는 범죄로 유죄판결을 받게 되면 왕립형사법원에 의해 그리고 가석방조건을 위반한 경우에는 내무부장관에 의해 가석방이 취소될 수 있었다.

그러나 이러한 교도소수형자에 대한 감형과 가석방에 관한 제도는 1991년 제정된 Criminal Justice Act에 의해 폐지되었고 현재는 2000년 제정된 Powers of Criminal Courts Act에 의하여 조기석방(early release)이란 명칭으로 통합적으로 규율되고 있다. 조기석방에 관한 내용은 다음과 같다.

① 12개월 미만의 징역형을 선고받은 수형인은 형기의 절반을 복역한다. 그 후 수형인은 원칙적으로 무조건(unconditionally) 석방된다.

② 12개월 이상 4년 미만의 징역형을 선고받고 복역 중인 수형인도 그 절반을 복역한다. 그 후 수형인은 보호관찰관의 감독을 조건으로 석방된다. 조건부석방과 감독은 형기의 4분의 3 시점에서 종료된다.

③ 4년 이상의 장기형을 선고받고 복역 중인 수형인은 형기의 절반 이상 그리고 형기의 4분의 3 이하를 복역한다. 형기의 절반이 지나면 가석방위원회의 추천에 따라 내무부장관이 조건부석방을 한다. 조건부로 석방된 수형인은 형기의 4분의 3 시점까지 보호관찰관의 감독을 받는다.

④ 임의적 무기징역형을 선고받은 수형인[59]의 경우에는 법원이 정한 필요적 복역기간이 지나면 가석방위원회가 그의 석방을 검토한다. 가석방위원회는 이러한 필요적 복역기간이 경과하고 공중을 보호하기 위해 수형인을 격리시키는 것이 더 이상 필요하지 않은 경우 수형인을 조건부로 석방하게 된다. 이때 수형인은 여생 동안 계속 보호관찰관의 감독을 받아야 하는 조건부석방으로 남아 있게 된다.

59) 모살의 경우 법원이 반드시 무기징역형을 선고하여야 하는 반면 그 이외 무기징역형이 인정되는 범죄에 대하여는 법원이 죄질에 따라 재량으로 무기징역형을 선고하게 된다. 전자를 필요적 무기징역형이라 하고 후자를 임의적 무기징역형이라 한다.

⑤ 필요적 무기징역형의 경우 내무부장관이 가석방위원회의 추천을 받아 가석방할 수 있으며 언제 수형인을 소건부로 석방할지에 관한 재량권을 갖고 있다. 내무부장관은 수석법관 그리고 재판을 담당한 판사와 협의할 수 있지만 최종 결정은 내무부장관이 한다.

조기석방된 수형인이 나머지 형기가 만료되기 이전에 징역형에 처해질 수 있는 범죄를 범하여 재판을 받게 되면 그 범죄에 대하여 판결을 선고하는 법원은 조기석방된 피고인에게 나머지 형기를 복역하도록 명할 수 있다.[60] 성범죄를 범하고 복역 중 조기석방된 수형인은 법원의 결정에 따라 형기의 3분의 2 시점까지 보호관찰관의 감독을 받는 것이 아니라 형기가 종료될 때까지 감독을 받게 된다.[61]

4. 사회내처분(Community Sentence)

가. 사회내처분의 종류

현재 인정되는 Community Sentence에는 다음과 같은 종류가 있다.[62]

① community rehabilitation order,

② community punishment order,

③ community punishment and rehabilitation order,

④ curfew order,

⑤ supervision order,

⑥ attendance centre order,

⑦ drug treatment and testing order,

⑧ action plan order,

⑨ drug abstinence order.

---

60) Powers of Criminal Courts (Sentencing) Act 2000, s. 116(2).

61) Powers of Criminal Courts (Sentencing) Act 2000, s. 117.

62) Powers of Criminal Courts (Sentencing) Act 2000, s. 33(1).

community rehabilitation order는 대상자가 6개월 이상 3년 이하의 기간 동안 보호관찰관의 감독을 받으며 그와 접촉을 유지하도록 하는 것이다. 이 명령은 16세 이상의 피고인에게만 부과할 수 있고 피고인의 재활과 피고인으로부터 공중의 보호 또는 피고인의 재범을 방지하기 위한 것이다. 법원이 이 명령을 함에 있어서는 일정한 장소에의 거주, 정신과 치료, 특정한 활동에 참여하거나 특정한 행위를 하지 못하도록 하는 등의 여러 가지 준수사항을 부과할 수 있다. 우리의 보호관찰명령과 유사한 것이다.

community punishment order는 대상자가 보수를 받음이 없이 사회를 위해 가치 있는 일정한 일을 하도록 하는 것이다. 징역형에 처해질 수 있는 범죄로 유죄판결을 받은 16세 이상의 자에게만 부과할 수 있고 봉사시간은 최단 40시간에서 최장 240시간까지이다.

community punishment and rehabilitation order는 위 두 명령을 결합한 것이다. 유죄인정을 받은 16세 이상의 자에게만 부과할 수 있고 그 기간은 1년 이상 3년 이하, 봉사시간은 40시간 이상 100시간 이하이다.

curfew order는 대상자로 하여금 6개월 이내의 기간을 정하여 매일 일정한 시간(2시간 이상 12시간 이하) 특정한 장소(보통은 집)에 머물 것을 명하는 것이다. 이 명령을 부과함에 있어서는 대상자의 명령준수 여부를 확인할 수 있도록 전자감시장비를 통한 감시조건을 붙일 수 있다.

supervision order는 community rehabilitation order와 비슷하게 보호관찰관의 감독을 받는 것이다. 이들 양자가 서로 다른 점은 community rehabilitation order는 징역형에 처해질 수 있는 범죄로 유죄판결을 받은 16세 이상의 피고인에게 부과할 수 있는 것임에 비해 supervision order는 징역형에 처해질 수 있는 범죄가 아닌 가벼운 범죄의 경우에도 인정되며 그 대상도 18세 미만의 미성년자에게만 인정되는 데 있다.

attendance centre order는 징역형에 처할 수 있는 범죄로 유죄판결을 받은 대상자로 하여금 일정한 장소 즉, centre에 출석하여 감독자의 지도를 받으며 일정한 활동을 하거나 교육을 받을 것을 명하는 것으로서 우리의 수강명령과 비슷한 제도이다. 21세 미만의 자에게만 인정된다. 대부분의 centre는 토요일과 일요일에 학교나 청소년클럽 건물을 이용하여 문을 열며 경찰관들이 그들의 여가 시간을 이용하여 운영하는 것이 보통이다. 대상자는 한번 출석하면 엄격한 감독아래 2시간의 육체적 훈련이나 교육을 받게 되고 보통 6회 정도 출석한다. 17세 미만의 소년들이 대상자가 되어 centre에 출석하는 것이 보통이나 최근에는 17세 내지 20세의 소년이나 소녀들을 위한 centre도 시도되고 있다.

drug treatment and testing order는 16세 이상의 마약중독자 또는 마약을 오용할 가능성이 있는 자에게 부과하는 것이다. 이 명령을 받은 대상자는 마약중독을 퇴치하기 위한 치료와 검사를 받아야 하며 그 기간은 6월 이상 3년 이하이다. drug abstinence order는 특정한 재산범죄나 마약관련범죄로 유죄인정을 받은 18세 이상의 피고인에게 부과되는 것이다. 이 명령을 받은 대상자는 A등급 마약을 사용하지 않아야 하고 이를 증명하기 위해 감독자에게 사용 여부를 확인하기 위한 시료를 제공하여야 한다. 마찬가지로 그 기간은 6월 이상 3년 이하에서 정해진다.

action plan order는 범죄를 범하여 유죄판결을 받은 유소년(juvenile)에게 부과할 수 있는 것이다. 이 명령을 받은 유소년은 장래 3개월간의 생활계획서를 작성하여 제출하고 보호관찰관의 감독을 받아야 한다.

나. 사회내처분의 요건

피고인에게 징역형을 선고하는 경우와 마찬가지로 법원이 유죄로 인정된 피고인에게 community sentence를 선고하는 경우에도 일정한 요건이 충족되어야 한다. 이를 보통 community sentence를 선고하기 위한 문지방(threshold)이라고 부르며 징역형의 경우와 달리 범죄사실의 경중만을 주로 고려하여 그 요건을 판단한다.[63] 범죄의 경중만을 주로 고려하지만 일정한 경우에는 판결전보고서를 받아보도록 하는 경우도 있다. 하지만 판결전보고서를 받아보도록 되어 있는 경우에도 법원의 재량으로 이를 생략할 수 있다.

과거에는 피고인의 동의를 전제로 하는 경우가 있었지만 현재에는 마약중독의 치료 이외에는 피고인의 동의를 필요로 하지 않는다. community sentence에 피고인의 동의가 필요한 경우 피고인이 동의를 하지 않는다면 그 대안으로 징역형이 선고되는 것이 보통이다. 이 경우에는 사안의 중대성이나 사회를 보호하기 위한 필요성 등 피고인에게 징역형을 선고하기 위한 요건이 갖추어져 있지 않는 경우에도 징역형의 선고가 가능하다.

---

63) Powers of Criminal Courts (Sentencing) Act 2000, s. 35(1).

다. 명령위반의 경우 처리

사회내처분대상자가 새로운 범죄를 범한 것이 아니고 명령상의 의무를 위반한 경우에는 치안법원이 이를 처리한다. 치안법원은 명령위반에 정당한 사유가 인정되지 않으면 그에 대하여 다음 중 하나의 조치를 취한다.

① 1,000파운드 이하의 벌금형에 처한다.
② 60시간 이하의 community punishment order를 명한다.
③ community rehabilitation order를 위반한 때에는 attendance centre order를 명한다.
④ 애초의 명령이 왕립형사법원에서 선고된 경우 대상자를 구속 상태 또는 보석 상태에서 왕립형사법원으로 이송한다.
⑤ 애초의 명령이 치안법원에서 선고된 경우 애초의 판결을 취소하고 대상자에게 새로운 판결을 선고할 수 있다.

5. 재 산 형

가. 벌 금 형

재산형으로는 벌금형 이외에 피해자에 대한 배상명령, 몰수 등이 있지만 가장 중요하고 또한 흔한 것은 벌금형이다. 치안법원의 약식재판에서뿐 아니라 왕립형사법원의 정식재판에서도 벌금형이 선고된다.

1) 벌금형의 상한

왕립형사법원이 유죄로 인정된 피고인에 대하여 벌금형을 선고함에 있어서는 법률상 그 상한의 제한이 없다. 치안법원이 기소가능범죄에 대하여 약식재판을 하고 선고할 수 있는 벌금형의 상한은 5,000파운드이다.

약식범죄의 경우 과거 벌금액의 상한은 각 처벌규정에 의하여 정해지는 것이 보통이었지만 이러한 경우 물가변동으로 인한 사정변경에 적절히 대응할 수 없는 단점이 있었다. 이러한 이유로 약식범죄에 대한 벌금형의 상한을 다섯개의 표준단계(stand scale)로 나눠 각 표준단계별 상한액을 내무부장관의 명령으로 조정하도록 하고 있다.

이에 따라 약식사건에 대한 처벌규정을 정하는 경우 그 상한금액을 따로 정할 수 없는 것은 아니지만 대부분 표준단계상 어떤 단계의 벌금을 과하는지만 규정하고 있다. 현재의 표준단계별 벌금액의 상한은 다음과 같다.

표준단계	벌금 상한
1	200파운드
2	500파운드
3	1,000파운드
4	2,500파운드
5	5,000파운드

치안법원의 경우 18세 미만의 소년에 대한 벌금형의 상한은 1,000파운드이고 14세 미만의 소년에 대한 벌금형의 상한은 250파운드이다. 그러나 왕립형사법원의 경우에는 유소년에 부과할 수 있는 범금형의 상한이 법률로 따로 정해져 있지 않다.

2) 벌금액의 결정

벌금액을 정함에 있어서는 먼저 범죄의 경중을 고려한다. 여기에는 형의 가중요소와 형의 감경요소를 포함한다. 다음 피고인의 개인적인 양형요소를 참작한 뒤 마지막으로 피고인의 자력상태를 고려한다. 과거에는 피고인의 자력부족을 이유로 벌금액의 하향조정은 가능하였지만 부자라는 이유로 벌금액을 상향조정하는 것은 인정되지 않았다. 하지만 오늘날 피고인의 자력을 고려하여 벌금액을 상향조정하는 것도 가능하다고 한다.

치안법원에서는 벌금형으로 처리되는 일반적인 범죄에 대한 벌금액결정과 관련하여 치안판사협회에서 정한 지침(guideline)이 일반적으로 통용되고 있다.[64] 지침에 의하면 치안판사는 먼저 범죄의 경중과 형의 가중요소 그리고 감경요소를 고려하여 벌금액을 정한 뒤 이를 지침에서 정하고 있는 벌금액과 비교하여 신중히 벌금액을 결정하도록 하고 있다.

피고인이 2개 이상의 범죄로 재판을 받고 유죄로 인정되어 각 범죄행위에 대하여 따로 벌금형을 선고받는 경우에는 이른바 총계의 원칙(totality principle)

64) Magistrates' Association's Sentencing Guidelines (2000).

이 적용된다. 특히 교통사고와 관련된 범죄에 있어서 이 원칙이 중요하다고 한다. 총계의 원칙이란 벌금액을 산정함에 있어 피고인의 범죄행위를 전체적으로 보고 적정한 벌금액을 산정하여야 하지 각개의 개별적인 범죄에 적정한 벌금액을 정한 뒤 이를 단순 합산해서는 안 된다는 것이다. 징역형의 경우와 달리 벌금형에 대해서는 집행유예가 인정되지 않는다.[65)]

3) 벌금형의 집행

벌금형의 집행은 치안법원이 맡아 한다. 치안법원이 벌금형을 선고하면 상당수 피고인은 이를 바로 납부한다. 피고인이 벌금의 납부를 기피할 가능성이 있는 경우 치안법원은 피고인에게 수색명령을 하여 현금 소지 여부를 확인한 뒤 현금이 발견되면 이를 벌금으로 납입하게 할 수 있다. 그러나 현금이 피고인의 소유가 아니거나 그 돈으로 벌금을 납부하게 하는 것이 피고인을 교도소에 구금하는 것 보다 가족에게 더 불리한 경우에는 그렇게 하지 못한다. 피고인이 즉시 벌금을 납부하지 못하는 경우에는 원칙적으로 일정한 납부기간을 정해 주거나 분할 납부를 하게 한다. 다만 다음의 경우에는 납부기간을 따로 주지 않고 즉시 집행을 한다.

① 범죄가 징역형에 처할 수 있는 것이고 피고인이 납부할 돈을 가지고 있는 것으로 보이는 경우,
② 피고인에게 일정한 주거가 없거나 영국을 떠날 가능성이 있는 경우,
③ 피고인이 기왕에 징역형을 복역하고 있는 중이거나 벌금형의 선고와 동시에 징역형의 선고가 있는 경우.

왕립형사법원이 피고인에게 벌금형을 선고하는 경우 납부기간과 납부하지 못하는 경우 교도소에 구금하여야 할 기간을 정한다. 이 경우에도 벌금형의 집행과 수납업무는 치안법원이 맡아 한다. 왕립형사법원이 벌금형의 수납업무를 맡아 할 치안법원을 지정하여 주는 것이 보통이지만 그렇지 아니한 경우 피고인을 왕립형사법원의 재판에 회부한 치안법원이 이를 맡아 한다.

65) 프랑스와 같은 일부 국가에서는 벌금형에 대한 집행유예도 인정되어 유예기간 중 새로운 범죄를 범하지 아니하면 벌금형에 대한 집행은 면제된다. 영국에서도 binding over에 있어서 보증금(recognizance)이 사실상 벌금형에 대한 집행유예의 기능을 갖고 있다고 한다.

치안법원에 의하여 선고된 벌금형은 일정한 경우 감면될 수 있다. 즉, 벌금형의 선고를 받은 피고인에게 사고나 질병 또는 실직 등 사정변경이 있는 경우에는 피고인의 신청에 의하여 치안법원이 벌금액을 감면해 줄 수 있다. 그러나 왕립형사법원에서 벌금형이 선고된 경우에는 왕립형사법원판사의 동의가 있는 경우에만 치안법원이 벌금을 감면할 수 있다.

4) 벌금을 납부하지 않는 경우의 조치

치안법원은 전임 또는 시간제의 벌금징수원을 고용하여 벌금을 징수할 수 있다. 벌금징수원은 벌금을 징수하고 재산압류영장과 구금영장을 집행한다. 벌금징수원은 영장집행의 경험이 있는 퇴직 경찰관들이 대부분이다. 치안법원은 벌금을 납부하지 않는 자에 대하여 먼저 피고인을 법정에 출석시켜 자력조사를 한다. 벌금형을 선고하는 법원은 자력조사 기일을 미리 정해 준다. 벌금을 납부하여야 할 자가 자력조사 기일에 소환장을 받고도 출석하지 아니하면 강제로 구인할 수 있다. 자력조사를 한 뒤 치안법원은 납부기일을 연장하여 주거나 분할 납부를 명할 수 있고 분할납부금의 액수를 줄여줄 수 있지만 총액의 감면은 원칙적으로 하지 않는다. 자력조사 결과 벌금을 납부할 충분한 자력이 있다고 인정되면 치안법원은 다음과 같은 집행방법을 택하게 된다.

가) 임금의 압류 　　벌금납부의무자에 대한 자력조사 이후 그 집행방법으로 일반적으로 인정되는 것이 임금의 압류이다. 임금의 압류는 벌금형의 경우 뿐 아니라 배상명령, 소추비용지급명령 그리고 binding over의 경우 보증금의 징수에도 인정된다. 상시 고용관계에 있는 벌금납부의무자의 임금이 압류되면 고용주는 임금에서 일정액을 공제하여 법원서기에게 납부하여야 한다.

나) 재산의 압류 　　법원은 벌금을 납부하지 않는 자의 재산을 확보하기 위해 임명된 집행관(bailiff)에게 벌금납부의무자의 재산을 압류(distraint of goods)할 수 있는 권한을 부여하는 압류영장(distress warrant)을 발부할 수 있다. 확보된 재산은 공매되어 벌금형의 집행에 충당된다.

다) 구　　금 　　벌금형을 선고받은 자의 범죄가 징역형에 처해질 수 있는 것이고 자력조사 결과 벌금을 납부할 수 있는 자력이 있음에도 벌금을 납부하지 않는 경우 마지막 수단으로 미납자를 교도소에 구금할 수 있다.

법원은 벌금미납자를 교도소에 구금하기 위해서 구금영장을 발부한다. 영장을 발부하는 경우에도 즉시 효력이 있는 영장을 발부하지 않고 일정한 유예기간을 주고 집행할 수 있는 영장을 발부할 수 있다. 이를 구금집행유예의 영장(suspended warrant of commitment)이라고 부른다.

벌금을 납부하지 않아 구금되는 기간은 미납금액을 기준으로 치안법원이 정한다. 다만 왕립형사법원은 벌금형을 선고함에 있어 미납의 경우 구금하여야 할 기간을 정해 동시에 선고한다. 구금기간이 정해지고 난 뒤 미납벌금의 일부를 납부하게 되면 비율에 따라 구금기간은 자동적으로 단축된다. 미납금의 액수에 따라 그 기간의 상한은 법으로 정해져 있다. 현재 인정되고 있는 상한은 다음과 같다.66)

200 파운드 이하	7일
400 파운드 이하	14일
1,000 파운드 이하	30일
2,000 파운드 이하	45일
5,000 파운드 이하	3개월
10,000 파운드 이하	6개월
20,000 파운드 이하	12개월
50,000 파운드 이하	18개월
100,000 파운드 이하	2년
250,000 파운드 이하	3년
100만 파운드 이하	5년
100만 파운드 초과	10년

벌금을 납부하지 않아 정해진 기간 교도소에 구금되면 벌금을 납부할 의무를 면하게 되고 정해진 기간 중 일부만 구금된 경우에는 그 비율에 따라 벌금은 감액된다. 17세 미만의 유소년의 경우에는 벌금을 납부하지 않더라도 교도소에 구금할 수 없고, 17세 이상 21세 미만의 청소년이 벌금을 납부하지 않는 경우에는 성년의 경우와 같이 구금은 가능하지만 교도소에 구금하는 것이 아니라 소년원에 수용하게 된다. 다만 청소년의 경우에는 소년원에 수용하는 대신 attendance centre order로 대체할 수 있다.

---

66) Powers of Criminal Courts (Sentencing) Act 2000, s. 139(4).

나. 배상명령(Compensation Order)

배상명령제도는 1972년 Criminal Justice Act에 의하여 처음 도입되었다. 이에 따라 법원은 피고인에게 그가 범한 범죄[67]로 인하여 피해자가 입은 상해나 손실 그리고 손해에 대한 배상을 하도록 명할 수 있다.[68] 나아가 법원은 피해자가 교통사고 이외의 범죄로 사망에 이른 경우 유족에게 그 장례비용과 유족의 위자료까지 지급하게 할 수 있다.

배상명령은 다른 형벌은 물론 community sentence 또는 discharge처분 등에 부가하여 할 수 있지만 다른 형벌을 과함이 없이 배상명령만 할 수 있다. 유소년(juvenile)에게 배상명령을 하는 경우에는 부모나 보호자가 없거나 그렇게 하는 것이 특별히 부당하지 않는 한 부모나 보호자에게 배상명령을 한다. 배상명령을 권장하기 위해 법원이 배상명령을 하지 않는 경우 이유를 명시하도록 되어 있다. 교통사고의 경우 원칙적으로 자동차보험에 의하여 피해배상이 이루어지고 배상명령을 하지 않지만 설취한 자동차를 운전하다가 사고를 야기한 경우 그리고 사고자동차가 보험에 가입되어 있지 않은 경우에는 예외적으로 배상명령을 할 수 있다.

배상액을 정함에 있어 법원은 소추인과 피고인 측에서 제출하는 모든 자료를 참작하여 결정한다. 피고인의 자력이 벌금과 배상명령을 모두 이행하기 어려운 때에는 배상명령이 우선한다. 따라서 피고인의 자력에 따라 피해자에게 배상을 할 수 있도록 벌금액을 하향 조정하거나 벌금형을 선고하지 않을 수 있다. 치안법원에서 배상명령을 하는 경우 배상액의 한도는 5,000파운드로 제한되어 있지만 왕립형사법원의 경우에는 그러한 법률상의 제한은 없다.

다. 소추비용지급명령

법원은 유죄인정을 받은 피고인에게 정당하고 합리적인 소추비용을 소추인에게 지급하도록 명할 수 있다.[69] 소추비용으로 지급하여야 할 금액은 법원의 명령에 의하여 구체적으로 정해진다.

---

67) 여기에는 그 사건의 범죄뿐 아니라 판결 선고에 고려대상이 되는 범죄까지 포함한다.
68) Powers of Criminal Courts (Sentencing) Act 2000, s. 130(1)(a).
69) Prosecution of Offences Act 1985, s. 18.

피고인에게 소추비용을 부담시켜야 할 것인지, 어느 정도의 비용을 부담시켜야 할 것인지의 여부는 전적으로 법원의 재량에 속한다. 소추비용지급에 관하여 특별히 확립된 원칙이 있는 것은 아니지만 보통 다음과 같은 원칙이 실무상 통용되고 있다.

① 법원은 피고인이 소추비용을 지급할 능력이 없는 경우 특히 피고인에게 징역형을 선고하면서 소추비용지급명령을 해서는 안 된다.
② 무죄의 가능성이 없는 사건에서 피고인이 부당하게 다투어 소추인이 불필요하게 많은 비용을 부담한 때에는 이 명령을 하는 것이 바람직하다.
③ 피고인이 유죄인정을 한 경우에도 소추비용지급명령을 할 수 있지만 피고인의 유죄인정은 반대측면에서 중요하게 고려되어야 한다.
④ 어느 쪽으로도 재판이 가능한 범죄에서 피고인이 왕립형사법원의 배심재판을 선택하였다는 이유만으로 소추비용지급명령을 하는 것은 적절하지 않다.
⑤ 범죄가 매우 경미하여 소액의 벌금형을 과하는 경우에 소추비용지급명령을 하는 것은 부적절하다.

피고인에 대한 소추비용지급명령도 벌금형과 같은 방법으로 치안법원이 집행한다.

6. 기타의 판결

가. 면책(Discharge)

법원이 유죄로 인정된 피고인에 대하여 형벌을 과하는 것이 반드시 필요한 경우가 아니면 면책처분을 한다.[70] 면책에는 피고인에게 아무런 조건을 붙이지 않고 하는 무조건면책(absolute discharge)과 일정 기간 다른 범죄를 범하지 않을 것을 조건으로 하는 조건부면책(conditional discharge)이 있다.

70) 영국 법원의 discharge처분은 우리 검찰의 기소유예처분과 비슷한 것으로 볼 수 있다. 국가형벌권을 전제로 하는 대륙법계국가에서는 검찰이 기소유예처분을 하지만 대등 당사자주의의 영미법계에서는 소추당사자가 아닌 법원이 피고인에게 discharge처분을 한다.

조건부면책에서 그 기간은 명령을 발하는 날로부터 계산하며 3년을 초과할 수 없다.[71] 법원은 모살의 경우와 같이 법률에 의하여 형이 특정되어 있는 경우가 아니라면 원칙적으로 어떠한 범죄에 대하여도 그리고 어떠한 연령의 피고인에게도 면책을 할 수 있다. 배상명령과 같이 부가적인 처분을 하는 경우에는 면책을 할 수 있지만 다른 형벌을 과하면서 동시에 면책을 하는 것은 인정되지 않는다.

다만 피고인이 2개 이상의 범죄로 유죄판결을 받은 경우에는 그 중 일부 범죄에 대하여 징역형이나 벌금 등 다른 형을 선고하면서 나머지 범죄에 대하여 면책을 하는 것은 허용된다. 실무에 있어서도 피고인이 범한 여러 범죄 중 사안이 중한 범죄에 대하여 징역형이나 벌금형 등 다른 형을 선고하면서 사안이 가벼운 범죄에 대하여는 조건부면책을 명하는 경우가 흔하다.

무조건면책을 받게 되면 피고인은 아무런 조건 없이 형벌로부터 방면된다. 이 처분은 형식적으로는 범죄가 되지만 실제 비난가능성이나 처벌가치가 없는 경우에 한다. 피고인이 조건부면책처분을 받고 성해진 기간 아무런 범죄도 저지르지 않는 경우 애초의 범죄에 대한 형벌을 받지 않게 되지만 그 기간 중 다른 범죄를 범하게 되면 애초의 범죄에 대한 형벌을 받게 된다. 이때 법원은 피고인이 지금 막 유죄판결을 받은 경우와 마찬가지로 적절한 형벌을 선택하여 선고할 수 있다. 그러나 새로운 범죄를 범하였다 하여 반드시 애초의 범죄에 대하여 형을 선고하여야 하는 것은 아니고 이 경우 따로 형을 선고하지 않으면 기존의 조건부면책의 효력은 그대로 남아 있게 된다.

나. 선행보증(Binding Over)

법원은 유죄로 인정된 피고인에게 형벌을 과하는 대신 일정한 액수의 보증금을 납부하게 하고 일정한 기간 선행을 하거나 법원의 소환에 응하겠다는 서약을 피고인으로부터 받을 수 있다. 피고인이 법원과 이러한 서약상태에 들어가 있는 것을 피고인이 법원에 묶이게(bound over) 되었다고 하며 그에 따라 이 처분을 binding over라고 부른다. binding over제도는 상당히 오래전부터 인정되어 오던 것으로 1361년 제정된 치안판사법(Justices of Peace Act)에서 보통 그 기원을 찾는다.

71) Powers of Criminal Courts (Sentencing) Act 2000, ss. 12-15.

서약상태에 있는 피고인이 서약에 위반하여 선행을 하지 않거나 법원의 출석요구에 응하지 않는 경우 보증금은 몰수되며 애초 범죄에 대한 형벌을 받을 수 있다. 또한 16세 미만의 유소년에게 유죄판결을 한 법원은 그의 부모나 보호자로부터 유소년을 적절히 지도하겠다는 서약을 받을 수 있다.72) 이때 부모나 보호자에게 부과되는 보증금은 1,000파운드를, 그 기간은 3년을 초과할 수 없고 유소년이 18세가 되면 서약의 효력은 상실된다.

다. 위반사실의 기재와 운전면허정지

대부분의 도로교통법위반사항은 특별한 사정이 없는 한 위반사실에 대하여 유죄인정을 한 법원의 명령에 따라 그 위반내용이 위반자의 운전면허증에 기재된다. 이때 운전면허정지명령이 따르지 않는 경우 그 위반사실에 대한 벌점이 면허증에 동시에 기재된다. 면허증에 기재되는 위반사실 중 음주운전의 경우나 위험한 운전으로 사망사고를 야기한 경우와 같이 특별한 사정이 없는 경우 당연히 1년 또는 2년간 운전면허정지가 되는 경우가 있고 법원의 재량에 따라 운전면허정지가 되는 경우가 있다.

도로교통법위반으로 유죄인정을 받은 피고인이 그 위반사실에 대한 벌점과 그 이전에 받은 벌점의 합계가 12점 이상이고 이들 위반행위가 3년 이내에 일어난 경우 특별한 사정이 없는 한 최소 6개월의 운전면허정지명령을 받게 된다. 이때 법원은 특별한 사정이 있는 경우 운전면허정지명령을 하지 않을 수 있고 그 기간을 6개월 이내로 할 수도 있다.

1) 위반사실의 기재

도로교통법위반으로 유죄인정을 받은 피고인의 면허증에 위반사실이 기재되는 범칙행위는 30개 이상으로 이들은 법률에 규정되어 있다.73) 물론 자동차운전과 관련된 모든 범죄에 대하여 위반사실이 기재되는 것은 아니다. 예컨대, 경찰의 정지신호에 따르지 않은 경우, 자동차검사를 받지 않은 경우 그리고 자동차의 상태와 관련된 범죄에 대하여는 위반사실이 면허증에 기재되지 않는다. 위반사실이 운전면허증에 기재되는 경우에는 일정한 벌점이 부과된다.

72) Powers of Criminal Courts (Sentencing) Act 2000, s. 150.

73) Road Traffic Offenders Act 1988, Sch 2. 이 규정에는 위반사실의 기재뿐 아니라 재판의 형식, 필요적 운전면허정지, 임의적 운전면허정지 및 벌점에 관한 것도 함께 규정되어 있다.

주요한 교통법규위반행위에 부과되는 벌점은 다음과 같다.

음주 또는 약물복용 운전	3-11
운전할 수 없는 상태의 운전	10
위험한 운전으로 치사사고 야기	3-11
위험한 운전	3-11
부주의 운전	3-9
사고야기 후 도주	5-10
과속운전	3-6
신호위반	3
면허정지기간 중 운전	6
무보험 운전	6-8

특별한 사정이 없는 한 이러한 범죄로 유죄인정을 받은 피고인의 운전면허증에 유죄인정 사실(유죄 일시, 유죄판결 법원, 범죄사실 그리고 부과된 벌점)을 기재하게 한다.[74] 여기서 말하는 특별한 사정은 운전자와 관련된 특별한 사정이 아니라 범죄와 관련된 특별한 사정을 말하고 일반적으로 이러한 사정이 인정되는 경우는 거의 없다. 피고인에게 유죄로 인정된 위반사실을 근거로 운전면허정지명령을 하는 때 그 사실을 운전면허증에 기재하지만 벌점을 부과하지 않는다. 위반사실에 대하여 운전면허정지명령이 따르지 않는 경우 벌점을 부과한다.

2) 필요적 운전면허정지

교통법규위반사실에 대하여 특별한 사정이 없는 한 반드시 운전면허가 정지되는 경우는 다음과 같다.

① 자동차운전자에 의한 고살(manslaughter)의 경우,
② 위험한 운전에 의한 치사사고를 야기한 경우,
③ 위험한 운전의 경우,
④ 음주상태에서 부주의 운전으로 치사사고를 야기한 경우,

---

74) Road Traffic Offenders Act 1988, s. 44.

⑤ 음주나 약물의 영향으로 운전할 수 없는 상태에서 운전하거나 운전하려고 한 경우,

⑥ 피고인의 운전능력을 시험하기 위한 시료제공요청에 불응한 경우,

⑦ 도로에서 자동차경주를 하거나 속도시험을 한 경우.

법원은 이러한 교통관련 범죄로 유죄인정을 받은 피고인에 대하여는 특별한 사정이 없는 한 반드시 최단 12개월(위험한 운전으로 사망사고를 야기한 경우는 최단 2년 간)의 운전면허정지명령을 하여야 한다.[75] 피고인이 음주운전으로 처벌받은 뒤 10년 내에 다시 음주운전으로 유죄인정을 받은 경우 그 최단기간은 3년이다. 그러나 특별한 사정이 인정되는 경우에는 최단기간보다 짧은 기간의 운전면허정지명령을 하거나 그러한 명령을 하지 않을 수 있지만 법원은 공개 법정에서 그러한 결정에 대한 이유를 설명하여야 한다.

전술한 바와 같이 여기서 말하는 특별한 사정은 그 범죄와 관련된 것을 말하고 피고인 개인의 특별한 사정은 고려대상이 아니다. 따라서 운전면허정지로 인하여 피고인이나 그의 가족에게 생계곤란이나 실직 등의 결과가 초래된다고 하여 이를 특별한 사정이라고 할 수 없고 음주운전의 경우 주취정도가 기준치를 조금밖에 초과하지 않아 피고인의 운전능력에 아무런 영향을 주지 못하였다거나 다른 도로사용자들에게 위험을 야기치 않았다는 것도 특별한 사정이 될 수 없다.

3) 임의적 운전면허정지

임의적 운전면허정지에 대한 사유도 Road Traffic Offenders Act(별표 2)에 기재되어 있다. 그 주요한 사유는 다음과 같다.

① 부주의 운전의 경우,

② 음주측정요구에 불응한 경우,

③ 운전면허정지 기간 중 운전의 경우,

④ 속도제한에 위반한 경우,

---

75) 우리나라의 경우에는 운전면허의 정지와 운전면허취소가 모두 인정되고 있지만 영국의 경우 운전면허에 대한 disqualification에 있어서 기간을 정한 운전면허정지만이 인정되고 운전면허 자체에 대한 취소는 인정되지 않는다.

⑤ 교통신호에 위반한 경우,

⑥ 사고 후 정지하지 않거나 사고를 신고하지 않은 경우,

⑦ 무보험 운전의 경우.

이러한 경우 법원은 범죄에 대한 경위와 피고인의 사정을 고려하여 운전면허정지 여부를 결정하게 된다. 임의적 운전면허정지의 경우 최단기간의 제한은 따로 없다. 실무에 있어서는 임의적 운전면허정지의 경우 아주 짧은 기간의 운전면허정지를 하는 것이 일반적이다. 장기간의 운전면허정지를 하게 되면 운전면허정지기간 중 운전이라는 새로운 범죄만을 양산할 가능성이 있기 때문이다. 특히 초범자에 대하여는 운전면허정지의 맛만 보여주는 것만으로 충분하다고 한다.

4) 벌점초과에 의한 운전면허정지

운전면허정지사유에 해당하는 범죄로 유죄인정을 받은 피고인의 지난 3년간 벌점 합계가 12점 이상인 경우 운전면허정지명령을 한다.[76] 벌점제에 의한 운전면허정지기간은 최단 6개월이다. 그러나 피고인이 현재 유죄인정을 받은 범죄를 범하기 전 3년 이내에 운전면허정지명령을 받은 전력이 있으면 그 최단기간은 12개월이다. 피고인이 3년의 기간 중 2회에 걸쳐 운전면허정지명령을 받았다면 그 최단기간은 2년이다.

벌점에 의하여 면허정지를 함에 있어서는 여러 개의 범죄행위에 대하여 따로 면허정지기간을 정하는 것이 아니고 하나의 면허정지기간만을 정하지만 그 기간은 모든 범죄를 고려하여 정한다.

5) 자동차를 다른 범죄에 사용한 경우

피고인이 범죄를 저지름에 있어 자동차를 사용한 경우에도 운전면허정지명령을 할 수 있다.[77] 왕립형사법원만이 이러한 운전면허정지명령을 할 수 있고 또한 2년 이상의 징역형에 처해질 수 있는 범죄로 유죄인정을 받은 피고인에게만 할 수 있다. 즉, 피고인 또는 공범이 2년 이상의 징역형에 처해질 수 있는 범죄를 범함에 있어 자동차를 이용하여 범죄를 범하였거나 범행 후 검거나 수사를 피하기 위해 자동차를 사용한 경우에 인정되는 것이다.

76) Road Traffic Offenders Act 1988, s. 35.

77) Powers of Criminal Courts (Sentencing) Act 2000, s. 147.

이러한 경우 자동차가 이러한 범행에 제공되었으면 실제 피고인이 그 자동차를 운전하였는지의 여부 또는 그 자동차에 동승하고 다녔는지의 여부는 문제가 되지 않는다.

6) 면허정지명령의 취소

장기간 운전면허정지명령을 받은 피고인은 정지명령의 취소를 법원에 청구할 수 있다.[78] 면허정지기간이 4년 미만인 경우에는 정지일로부터 2년 후, 정지기간이 4년 이상 10년 이하인 경우에는 그 기간의 2분의 1이 경과된 후, 정지기간이 10년을 초과하는 경우에는 5년이 경과되면 취소를 청구할 수 있다.

청구를 받은 법원은 즉시 면허정지명령을 취소할 수 있고 일정한 기간을 두고 취소할 수도 있다. 청구가 기각된 경우에는 3개월이 경과한 후 다시 청구할 수 있다. 면허정지명령을 취소함에 있어서 법원은 피고인의 성격, 면허정지기간 중의 태도, 피고인이 범한 범죄의 성격과 기타 제반 사정을 참작하여 취소 여부를 결정한다.

라. 원상회복명령

법원은 피고인이 절도와 관련된 범죄로 소추되어 유죄로 인정된 경우 절취된 물건을 소지하고 있는 피고인이나 제3자를 상대로 그 물건을 소유자에게 반환할 것을 명할 수 있다.[79] 절취된 물건에는 사기나 공갈로 취득한 물건도 포함된다. 절도와 관련된 범죄(offence with reference to the theft)에는 장물취급이나 절도의 공모 그리고 절도방조도 포함된다.

마. 몰수명령

본래 범인이 범죄로 취득한 이익을 박탈하기 위해 도입된 것이 criminal bankruptcy order였다. 그러나 1988년 Criminal Justice Act가 이 제도를 폐지하고 그 대신 부가명령으로 몰수명령(confiscation order)을 도입하였다.[80] 통상 몰수명령을 하는 것은 왕립형사법원이지만 치안법원의 약식재판에서도 몰수명령을 할 수 있다.

---

78) Road Traffic Offenders Act 1988, s. 42.

79) Powers of Criminal Courts (Sentencing) Act 2000, 148.

80) Criminal Justice Act 1988, ss. 71-102.

몰수명령은 소추인의 신청에 의하여 하기도 하지만 법원이 독자적으로 할 수도 있다. 법원은 피고인이 유죄로 인정된 범죄나 고려대상에 넣은 범죄를 통하여 이익을 얻은 것이 있는지 여부를 결정한다. 이익을 얻은 것이 있다면 그 금액을 결정하고 피고인에게 이를 납부하라고 명한다. 피고인이 마약밀매행위로 얻은 이익의 몰수는 1994년 Drug Trafficking Act에 의하여 규율되지만 그 내용은 위 몰수명령과 비슷하다.

바. 강제퇴거권고

법원은 징역형에 처해질 수 있는 범죄로 유죄인정을 받은 17세 이상의 피고인에 대하여 판결을 선고하면서 그가 영국 시민이 아닌 경우에는 피고인을 영국에서 강제로 퇴거시킬 것을 내무부장관에게 권고할 수 있다.[81] 이러한 강제퇴거에는 많은 제한이 따른다. 또한 강제퇴거권고는 피고인의 범죄에 대하여 형을 선고하면서 그에 부가하여 인정되는 부가처분이다. 따라서 피고인에게 무기징역형을 선고하는 경우에도 강제퇴거를 권고할 수 있다.

1) 강제퇴거의 제한

영국 시민이나 영국에 거주할 권리가 있는 피고인에 대하여는 강제퇴거를 권고할 수 없다. 강제퇴거를 권고하는 법원은 피고인의 계속적인 영국내 거주가 사회의 본질적인 이익에 영향을 미치는 사회정책적인 요구에 큰 위협이 되는지 여부를 검토한다. 법원은 그러한 위협이 된다고 판단하면 강제퇴거를 권고하면서 그 이유를 피고인과 내무부장관에게 고지한다.

강제퇴거를 권고하는 것은 피고인을 받아들일 나라가 있는 경우에만 가능하다. 법원에서 유죄인정을 받은 범죄로 인하여 형벌과 함께 강제퇴거권고를 받은 피고인은 내무부장관의 강제퇴거명령 이전에 정치적 망명을 요청할 수 있고 이 경우 특단의 사정이 없는 한 강제퇴거명령을 할 수 없다. 이러한 경우에는 법원의 강제퇴거권고에 의해서가 아니라 행정조치로 강제퇴거절차를 밟게 되며[82] 이 경우 피고인은 심사관에게 이의신청을 할 수 있고 심사관은 정치적 망명의 허용 여부를 결정한다.

---

81) Immigration Act 1971, s. 6.

82) Immigration Act 1971, s. 3(5).

2) 절 차

강제퇴거를 권고하는 경우 최소 7일 전에 피고인에게 이를 통보해주어야 한다. 통보서에는 대상자의 성명과 강제퇴거를 당하지 않을 권리가 있음을 피고인이 입증해야 한다는 내용을 기재하여 경찰을 통해 알려준다. 피고인은 유죄로 인정된 범죄 자체에 대하여 항소할 수 있을 뿐 아니라 강제퇴거권고에 대하여도 상급법원에 항소할 수 있다. 그러나 일단 내무부장관에 의해 강제퇴거명령이 난 경우에는 그에 대한 이의를 하게 된다. 강제퇴거권고사안은 매우 신중하게 심리가 되어야 하므로 심리절차에는 피고인이나 변호인이 반드시 참석하여 의견을 진술하도록 하여야 한다.

법원으로부터 강제퇴거권고를 받은 피고인은 법원에서 달리 정하지 않는 한 내무부장관이 강제퇴거명령을 할 때까지 구금된다. 내무부장관의 결정은 보통 수주일 내에 내려지지만 항소를 위하여 허용된 기간이 남아 있는 경우에는 강제퇴거명령을 하지 못한다.

3) 강제퇴거권고의 기준

피고인에게 강제퇴거권고를 할 것인지의 여부는 피고인의 영국 내 계속거주가 영국에 유해한 것인지 여부에 따라 결정된다. 중한 범죄를 범한 피고인, 전과가 많은 피고인 또는 출입국관리법위반죄를 범한 피고인은 보통 강제퇴거권고를 받게 되지만 사소한 범죄를 범한 외국인은 강제퇴거대상이 되지 않는다. 예컨대, 우발적으로 가게에 들어가 물건을 훔친 피고인에게는 강제퇴거권고를 하지 않지만 절도 범죄단체의 일원으로서 계획적으로 절도를 범한 경우에는 그 대상이 된다. 법원이 강제퇴거권고를 함에 있어서는 강제퇴거로 인하여 피고인의 가족과 같은 무고한 사람들이 받게 될 영향도 고려한다. 강제퇴거로 인하여 가정이 파괴될 가능성이 있는 경우에는 신중히 강제퇴거권고를 결정한다.

내무부장관이 강제퇴거명령을 함에 있어서는 범죄의 성질, 피고인의 전과, 피고인의 영국 내 거주기간, 영국과의 관계, 피고인의 나이와 경력, 피고인의 자국 내 사정 그리고 피고인을 위하여 제출된 유리한 자료들을 참고한다. 초범자에 대하여는 사안이 특히 중한 경우가 아니라면 강제퇴거명령을 하지 않는 것이 보통이다.

사. 정신장애자에 대한 병원유치명령

모살(murder) 이외의 징역형에 처해질 수 있는 범죄로 유죄인정을 받은 피고인에 대하여 일정한 요건이 충족되면 병원유치명령을 한다. 다만 치안법원은 유죄인정 전이라도 소추된 범죄가 피고인의 작위나 부작위에 의한 것이라고 입증된 때에는 정신병 또는 정신박약 피고인에 대하여 병원유치명령을 할 수 있다. 법원으로부터 병원유치명령을 받은 피고인은 병원에 유치되어 정신보건심사위원회(Mental Health Review Tribunal)로부터 석방결정을 받을 때까지 감금되어 치료를 받게 된다.[83] 병원유치명령의 요건은 다음과 같다.

① 정신장애의 진단과 치료에 경험을 갖고 있는 것으로 공인된 의사 1명을 포함하여 의사 2명의 감정서나 감정증언에 의하여 피고인이 정신병을 앓고 있음이 입증되어야 하고,
② 피고인이 앓고 있는 정신장애의 정도에 비추어 피고인을 정신병원에 감금하여 두고 치료하는 것이 적당하여야 하고,
③ 치료를 통하여 피고인의 정신질환상태가 호전될 수 있거나 최소한 악화되는 것을 방지할 수 있어야 하고,
④ 범죄의 죄질이나 성격, 피고인의 전과, 다른 처벌방법 등 제반 사정을 종합하여 판단할 때 병원유치명령이 그 사건에 있어서 가장 적절한 처분이라고 인정되어야 한다.

법원이 피고인에게 병원유치명령을 선고하는 경우 따로 징역형이나 벌금형 또는 보호관찰명령을 선고할 수 없고 배상명령이나 운전면허정지 등만 가능하다. 피고인의 폭력성으로 인하여 특별한 보안조치 아래 치료가 요구되는 경우에는 피고인을 특별병원에 유치하게 된다. 왕립형사법원은 피고인에 대하여 병원유치명령을 하는 경우에 범죄의 죄질, 피고인의 전력, 석방 후의 재범위험성 등을 종합적으로 고려하여 공공의 안녕을 위하여 필요하다고 인정되는 때에는 피고인에게 격리수용명령(restriction order)을 할 수 있다.[84]

83) Mental Health Act 1983, s. 37.
84) Mental Health Act 1983, s. 41.

제 6 절

상소절차

1. 상소제도의 발전

가. Common Law와 상소

대륙법계국가의 형사소송에서는 국가의 형벌권을 전제로 국가 수사기관이 피고인에 대한 범죄혐의를 수사하고 그에 따라 범인으로 밝혀진 자를 법정에 세워 재판하는 것이므로 형사재판의 주된 과제는 수사기관에 의하여 범인으로 밝혀져 기소된 자가 실제 범인인지의 여부를 가리는 일이 될 수밖에 없었다. 따라서 대륙법계 형사소송에서는 이러한 과제를 충실히 수행하기 위해 피고인에 대한 재판을 단심으로 끝내지 않고 상소제도를 통해 더욱 철저히 피고인에 대한 혐의를 가리는 것이 원칙이다.

그러나 Common Law의 형사재판은 단심이 원칙이었다. 당사자주의와 공판중심주의에 기초한 배심재판에서 일단 사실관계가 확정되고 그에 따라 피고인에 대한 유·무죄가 결정되면 이는 종국적인 것이고 상소 등의 방법으로 이를 번복한다는 것은 사실상 불가능한 일이었다.

이러한 단심재판의 원칙은 상소제도가 도입된 오늘날에 있어서도 크게 달라졌다고 보기 어렵다. 따라서 영미의 형사재판에서 상소제도는 원칙적으로 하급심재판의 오류를 시정하고자 하는 것이 그 주된 목적이고 범인으로 지목된 피고인이 실제 범인인지의 여부를 다시 확인하기 위한 절차로 보기 어렵다.

나. 상소제도의 도입

기소(indictment)에 의한 정식재판에서 유죄판결을 받은 피고인의 항소권은 1907년까지도 원칙적으로 인정되지 않았다. 다만 재판을 담당한 판사의 재량에 따라 재판과정에서 있었던 법률상의 문제를 형사유보문제처리법원(the Court for Crown Cases Reserved)으로 하여금 재검토하도록 할 수 있었다. 1907년에 이르러서야 비로소 Criminal Appeal Act가 제정되고 그에 기초하여 형사항소법원(the Court of Criminal Appeal)이 창설되면서 유죄판결을 선고받은 피고인의 항소가 일반적으로 인정되었다.

형사항소법원은 기소에 의한 정식재판에서 유죄판결을 받은 피고인이 법률적인 문제 또는 사실 확정의 문제를 이유로 항소하는 경우 이를 심리하였고, 양형이 과중하다고 주장하는 피고인의 항소도 받아 심리하였다. 그러나 이 법원은 1966년 형사항소법(Criminal Appeal Act)에 따라 폐지되고 그 업무는 새로 창설된 항소법원(the Court of Appeal)이 맡아하게 되었다. 항소법원은 폐지된 형사항소법원의 권한을 그대로 이어받아 행사하면서 피고인에 대한 형이 너무 관대하다는 이유로 법무장관이 제기하는 이의도 심리하게 되었다.

항소법원은 또한 왕립형사법원의 정식재판에서 무죄판결이 난 사건에 대하여 법무장관이 그 법률적용의 잘못을 주장하며 이의를 제기하는 경우 그에 대한 의견도 제시하고 있다. 물론 항소법원에 의하여 왕립형사법원의 피고인에 대한 무죄판결이 법률상 잘못된 것으로 인정된다 하더라도 피고인의 무죄판결 그 자체의 효력에는 영향이 없다. 이러한 과정을 거쳐 오늘날에는 피고인의 유죄판결이나 양형에 관한 상소가 인정되는 것은 물론 예외적으로 소추인의 상소도 인정되고 있다.

치안법원의 약식재판에 대한 항소는 왕립형사법원에 하고 왕립형사법원의 정식재판에 대한 항소는 항소법원에 한다. 다만 치안법원과 왕립형사법원의 심리와 관련하여 법률적이나 절차적인 문제에 대한 이의를 제기하는 경우 고등법원(여왕좌부)에 항소를 한다. 항소법원의 판결이나 고등법원(여왕좌부)의 판결에 대하여 귀족원에 상고할 수 있지만 법률적인 문제에 관해서만 상고가 가능하다.

다. 상소심의 구조

상소심의 구조는 1심과 달리 당사자주의가 적용되지 않는다. 피고인의 상소에 대응하여 소추인 또한 법률상의 문제에 관하여 자신의 의견을 주장하기도 하지만 피고인에 대응하는 상대방 당사자로서 상소심에 관여하는 것이 아니다. 이를 영국 특유의 "일방주의 상소제도(one-sided system of appeal)"라고 부르기도 한다. 이는 상소제도의 취지가 오로지 피고인을 위법·부당한 판결로부터 구제하기 위한 것이기 때문이다. 따라서 대륙법계국가의 형사소송과는 달리 소추인이 피고인에 대한 무죄판결이나 가벼운 양형에 관하여 상소를 하는 것은 원칙적으로 인정되지 않는다.

이러한 이유로 상소심에서는 피고인의 상소이유를 듣고 그에 대한 가부판단을 하는 것이 원칙이고 다시 배심을 구성하여 증거조사를 하는 등의 심리를 속행하지 않는다. 그에 따라 상소이유를 검토한 결과 1심의 재판이 잘못된 경우 피고인에 대한 유죄판결을 파기하고 재소송을 명하는 경우는 있지만 상소심 법원이 직접 재판(trial)을 하지는 않는다.

2. 치안법원판결에 대한 항소

치안법원의 판결이나 결정에 대하여는 다음과 같은 불복절차가 있다.

① 왕립형사법원에의 항소,
② 절차나 법률문제에 관한 고등법원에의 항소,
③ 치안법원의 결정에 대한 고등법원에의 법률심사 청구.

치안법원판결에 대하여 왕립형사법원에 항소할 수 있는 것은 원칙적으로 치안법원에서 유죄판결을 선고받은 피고인뿐이다. 그러나 치안법원의 재판과정에서 그 절차나 법률문제와 관련하여 고등법원에 항소를 하거나 심사청구를 하는 것은 치안법원의 결정에 불복하는 피고인과 소추인 양 당사자에게 모두 인정된다.

가. 왕립형사법원에의 항소

1) 항소할 수 있는 경우

치안법원의 약식재판에서 무죄를 주장한 피고인은 그에 대한 유죄판결이나 양형에 대하여 왕립형사법원에 항소할 수 있다. 기소인부절차에서 유죄를 인정한 피고인은 무죄를 주장하면서 항소할 수 없고 양형에 대하여만 항소할 수 있다. 양형에 대하여 항소하는 경우 치안법원의 유죄판결에 기한 어떠한 양형판결에 대하여도 항소할 수 있다. 따라서 형사소추비용지급과 같이 명시적으로 항소를 금하고 있는 것을 제외하면 조건부면책(conditional discharge)이나 무조건의 면책(absolute discharge)은 물론 운전면허정지명령, 강제추방권고, 병원수용명령이나 배상명령에 대하여도 항소를 할 수 있다.

피고인이 치안법원의 기소인부절차에서 유죄인정을 한 경우에는 그로 인한 유죄판결에 대하여 항소할 수 없는 것이 원칙이지만 피고인의 유죄인정이 진정한 것이라고 보기 어려운 경우에는 예외적으로 무죄를 주장하면서 항소할 수 있다. 왕립형사법원이 이러한 피고인의 주장을 받아들이는 경우 피고인이 무죄답변을 한 것으로 하여 사건을 다시 치안법원으로 돌려보낸다.

2) 항소절차

피고인은 판결 선고일로부터 21일 이내에 치안법원의 담당직원과 소추인에게 서면으로 항소통보를 하여야 한다. 여기서 21일은 유죄인정일로부터가 아니라 판결의 선고 또는 판결의 선고를 위한 왕립형사법원에의 이송 결정을 기준으로 한다. 피고인이 양형에 관한 항소를 하지 않고 오로지 유죄인정에 대해서만 항소하는 경우에도 마찬가지이다. 항소통보서양식은 따로 정해져 있지 않지만 유죄인정에 대한 항소인지 양형에 관한 항소인지 아니면 양자 모두에 관한 것인지를 분명히 해야 한다.

항소인이 보통 어떠한 이유로 치안법원의 판결이 잘못된 것인지 언급하는 경우가 있기는 하지만 항소의 이유를 적시할 필요는 없다. 항소통보서가 기일내에 접수되면 항소에 대한 허가는 필요하지 않지만 21일의 기일을 지키지 못한 경우 왕립형사법원의 허가를 받아야만 항소할 수 있다.

징역형의 실형을 선고받은 피고인으로부터 항소통보서를 접수한 경우에는 왕립형사법원의 항소심 기일에 출석할 것을 조건으로 피고인을 보석으로 석방할 수 있다.[1] 치안법원이 보석을 불허한 경우에는 왕립형사법원이나 고등법원 판사에게 다시 보석을 청구할 수 있다.[2] 치안법원에서 피고인에게 선고하는 징역형은 6월 이내의 단기간이 보통이기 때문에 항소한 피고인에게 보석을 허가하지 않는 경우 항소심 심리기간 중에 피고인은 선고받은 형기를 사실상 모두 복역할 가능성이 있으므로 이 경우 보석은 매우 중요한 의미를 갖는다.

치안법원판결에 대한 항소사건은 보통 2명의 치안판사와 함께 왕립형사법원의 순회판사나 임시직 판사가 담당한다. 피고인은 법원서기에게 약식재판에 제출된 증거요지(note of evidence)의 사본을 요구할 수 있다. 사본의 제공은 의무사항이 아니지만 피고인의 편의를 위해 제공하는 것이 보통이다. 항소심의 심리는 약식재판과 동일한 방식으로 진행되는 재심(re-hearing)의 형식을 취한다. 따라서 유죄판결에 대하여 항소한 경우에는 피항소인(소추인) 측에서 모두 진술을 하고 증거를 제출한다. 이에 대하여 항소인 측 변호사는 피항소인 측 증거만으로는 항소인의 유죄를 입증할 수 있는 증거가 될 수 없다는 주장을 하고 이 주장이 받아들여지지 않는 경우 반증을 제출한다.

증거조사절차가 종료되면 양 당사자의 변호사가 최후진술을 하고 법원이 판결을 선고한다. 양 당사자가 증거를 제출함에 있어서는 치안법원의 약식재판에 제출한 증거를 그대로 제출할 수 있지만 그에 한정되지 않고 다른 증거도 제출할 수 있다. 항소심 재판과정에서 왕립형사법원은 피고인이 유죄로 인정된 고발사실을 다른 범죄사실로 변경할 수 없을 뿐 아니라 치안법원에 의하여 변경된 고발사실을 무시할 수도 없다. 피고인이 양형에 관하여 항소한 경우에는 소추인 측에서 범죄사실과 피고인의 전력, 판결전조사보고서를 읽어주기만 하고 피고인 측에서도 형의 감경사유만을 제시한다.

3) 왕립형사법원의 권한

항소심의 결정은 판사가 고지하며 이 때 그 이유를 밝혀야 한다. 이유를 고지함에 있어서는 그 사건의 주된 쟁점을 적시하고 그에 대하여 어떻게 판단했는지를 알려주면 된다. 이때 이유를 고지하지 아니하는 것은 위법사유(denial of natural justice)가 된다.[3]

---

1) Magistrates' Courts Act 1980, s. 113(1).
2) Supreme Court Act 1981, s. 81(1)(b).
3) Harrow Crown Court ex p Dave [1994] 1 WLR 98.

왕립형사법원은 치안법원의 판결을 그대로 인정하거나 번복할 수 있고 경우에 따라서는 이를 변경할 수 있다. 또한 왕립형사법원은 그 사건에 대한 항소법원의 의견을 달아 사건을 치안법원으로 돌려보낼 수도 있다. 치안법원판결에 대해서는 불이익변경금지의 원칙이 적용되지 않아 판결을 변경하는 경우 피고인에 대한 형을 높일 수 있다. 피고인이 무죄를 주장하며 유죄인정에 대하여만 항소한 때에도 마찬가지이다. 다만 이 경우에도 왕립형사법원은 치안법원이 피고인에게 선고할 수 있는 형의 상한을 초과할 수 없다.

물론 치안법원에서 선고한 형을 왕립형사법원이 올리는 것은 찾아보기 어려운 일이다. 그럼에도 불구하고 이러한 제도를 유지하고 있는 이유는 불필요한 항소를 방지하기 위한 것이다. 특히 치안법원의 판결에 대한 항소에 있어서는 항소기간을 도과한 경우가 아니면 허가를 요하지 않는다는 점을 참작한 제도이다. 또한 항소에서 실패한 피고인은 항소비용을 소추인에게 지급하라는 명령을 받을 수 있다. 반면 항소에서 성공한 피고인은 그의 소송비용을 정부로부터 보상받을 수 있다.

나. 법률문제에 대한 고등법원에의 항소

당사자가 법률문제에 대하여 고등법원(the High Court)에 항소할 때에는 case stated에 의한 방식으로 한다. 치안판사의 결정이 문제가 되는 경우 당사자의 요청에 따라 치안법원서기가 문제에 대한 치안판사의 결정 내용(case)을 서류에 기재하고(stated) 당사자가 이러한 치안판사의 결정에 법률적인 이의를 제기하면서 항소하는 것이 case stated에 의한 항소이다. 이러한 항소를 받아 처리하는 곳은 고등법원의 여왕좌부다.

1) 항소할 수 있는 경우

치안법원의 소송당사자 또는 치안법원의 판결이나 소송절차에 의하여 권리침해를 당한 당사자는 법률상의 잘못된 점이나 권한위반을 이유로 고등법원의 의견을 들어보겠다고 하면서 치안법원의 결정 내용을 서면에 기재하여 달라는 방식으로 그 결정에 이의를 제기할 수 있다.[4)]

이 규정의 내용을 나누어 보면 다음과 같다.

4) Magistrates' Courts Act 1980, s. 111(1).

① 이 규정에 의한 항소는 피고인은 물론 소추인도 할 수 있다.

② 항소는 법률상의 오류나 권한위반의 문제에 한정된다. 항소하기 전에 서면에 기재하여 달라는 신청을 하게 하는 것은 문제의 쟁점을 분명히 하기 위한 것이다. 법률문제가 아니라 사실의 확정에 관한 이의는 인정되지 않는다. 따라서 고발장이 중복되어 부적합하다는 주장, 치안판사가 재판할 사항이 아니라는 주장, 증거능력이 없는 자백을 증거로 인정하였다거나 증거능력이 있는 자백을 배척하였다는 주장이나 증거에 의하여 인정된 사실만으로는 유죄를 인정할 수 없다는 주장 등과 같이 법률적인 문제에 대해서만 이의를 제기할 수 있다. 이 중에서도 증거에 의해 인정된 사실만으로 유죄를 인정할 수 있는지의 여부가 가장 많이 주장되는 항소이유이다. 사실 확정 문제에 관한 것은 항소의 대상이 될 수 없지만 전혀 증거의 뒷받침이 없이 사실을 인정한 경우에는 법률문제가 되어 고등법원에 항소할 수 있기 때문이다.[5)]

③ 대부분의 항소는 유죄판결이나 무죄판결을 뒤집기 위한 것이다. 치안법원의 양형에 관한 결정은 법률적인 오류나 권한위반이라고 볼 수 있는 경우가 거의 없기 때문에 양형부당을 이유로 이 규정에 의한 항소를 하는 경우는 거의 없다. 하지만 법률문제가 있는 경우에는 항소가 가능하다. 음주운전의 경우 특별한 사정이 없음에도 면허정지명령을 하지 않은 경우 소추인이 이 규정을 근거로 항소하는 것이 그 예이다.

2) 항소절차

유죄나 무죄의 판결이 선고된 후 21일 이내에 치안판사에게 결정 내용을 서면으로 작성하여 달라고 신청하여야 한다. 유죄인정 후 판결 선고까지 휴정한 경우에는 판결 선고 후 21일 이내에 신청하면 된다. 이 신청은 서면으로 하여야 하고 어떠한 법률문제 또는 권한위반을 문제 삼고 있는지 분명히 밝혀야 한다. 치안판사가 증거 없이 사실을 인정하였을 경우에는 그 사실을 특정하여야 한다. 신청이 이유 없는 것일 때에는 신청을 기각할 수 있지만 신청을 기각하였다는 증명을 해주어야 한다. 신청기각에 대하여 당사자는 고등법원에 항소할 수 있다.

5) Bracegirdle v. Oxley [1947] KB 349.

치안판사의 결정 내용을 교부받고도 고등법원에 항소하지 않는 경우를 대비하여 항소하지 않는 경우 보증금을 납부하기로 하는 조건부로 결정 내용을 작성해 줄 수 있다. 서면의 작성은 치안법원서기가 맡아 한다. 서면을 작성함에 있어 법원서기는 치안판사와 상의하고 당사자가 의견을 제출하는 경우 이를 참작한다. 서면이 작성되면 애초의 결정에 참여한 최소 2명의 치안판사가 사인을 한다. 법원서기는 이 서류를 항소인이나 그의 변호인에게 송부하고 이를 송부 받은 항소인은 10일 이내에 고등법원에 이를 제출한다. 고등법원에 서류를 제출한 후 4일 이내에 항소인은 항소사실의 통지서와 치안법원서기가 작성한 서류의 사본을 상대방에게 교부하여야 한다. 이러한 통보가 있고 난 후 최소 8일이 지난 후 항소심이 열린다.

치안법원이 피고인에게 징역형의 실형을 선고한 후 항소가 제기된 경우 치안판사는 피고인에게 보석을 허가할 수 있다. 하지만 치안판사가 보석을 불허하였다고 하여 고등법원판사에게 보석을 청구할 수 없다.

3) 고등법원의 항소사건 처리

항소사건을 심리하는 고등법원여왕좌부는 2명의 고등법원판사로 구성되지만[6] 때로는 3명이 심리하기도 한다. 귀족원장은 항소법원판사로 하여금 이 업무를 맡아보게 할 수 있다. 판사 2명의 의견이 서로 다른 경우 하급심의 결정에 동의하는 판사의 의견이 우월한 것이 되고 항소는 기각된다. 법정에서 증거조사를 하지 않으며 심리는 서면으로 작성된 쟁점에 대하여 항소인과 상대방이 서로 법률상의 주장을 하는 형식을 취한다.

고등법원은 항소에 대하여 치안판사의 결정을 번복하거나 승인할 수 있고 또한 변경할 수 있다. 나아가 의견을 달아 사건을 치안법원으로 돌려보낼 수 있고 고등법원에서 직접 적정한 판결을 선고할 수도 있다.

4) 왕립형사법원의 결정에 대한 고등법원에의 항소

치안법원의 판결이나 결정에 대한 법률문제에 관하여 고등법원에 항소할 수 있는 것과 같이 왕립형사법원의 판결이나 결정에 대하여도 그것이 기소에 의한 재판에서 유·무죄를 가리는 문제가 아닌 때에는 case stated의 방식으로 고등법원에 항소할 수 있다.[7]

---

6) Supreme Court Act 1981, s. 66(3).
7) Supreme Court Act 1981, s. 28.

어떤 것이 기소(indictment)에 의한 재판에서 유·무죄를 가리는 문제인지의 여부에 대하여는 구별에 어려움이 있다. 하지만 치안법원의 판결에 대해 왕립형사법원에 항소한 경우 왕립형사법원이 그에 대하여 한 판결은 기소에 의한 재판에서 유·무죄를 가리는 문제가 아닌 것은 명백하다. 따라서 치안법원의 판결에 대하여 항소한 사건에서 왕립형사법원으로부터 불리한 결정을 받은 당사자는 case stated 방식에 의하여 고등법원에 항소할 수 있다. 즉, 피고인의 유죄판결이 피고인의 항소에 의하여 왕립형사법원에서 무죄로 변경된 경우의 소추인 또는 치안법원의 유죄판결에 대하여 항소하였으나 그 뜻을 이루지 못한 피고인은 이 방식에 의하여 고등법원에 항소할 수 있다.

항소를 하는 자는 먼저 왕립형사법원의 담당직원에게 쟁점에 관하여 결정사항을 작성하여 달라고 청구할 수 있고 청구는 결정이 있은 날로부터 21일 이내에 하여야 한다. 치안법원의 결정에 대한 항소와 다른 점은 왕립형사법원의 경우 항소하는 자가 서면으로 된 결정 내용의 초안을 왕립형사법원에 제출하여야 한다는 점이다. 항소하는 자의 상대방도 결정 내용의 초안을 작성하여 제출할 수 있다. 항소인이 제출한 초안을 읽어 본 판사는 이를 기초로 결정사항의 내용을 작성하고 그에 사인을 한다. 이 서류를 항소인에게 교부하고 서류를 받은 항소인은 이 서류와 함께 치안법원 그리고 왕립형사법원의 판결문 사본을 고등법원에 제출한다. 고등법원의 심리는 왕립형사법원의 결정 이후 6월 이내에 시작된다. 이때 구속된 피고인은 왕립형사법원의 판사나 고등법원에 의하여 보석으로 석방될 수 있다. 심리의 방식이나 항소에 대한 처리는 치안법원에서의 항소의 경우와 동일하다.

치안법원에서 판결을 선고받은 피고인이 case stated의 방식으로 고등법원에 항소하기 위해 결정 내용에 대한 서면작성을 신청한 경우에는 왕립형사법원에 항소할 수 있는 권리를 상실한다.[8] 따라서 치안법원에서 유죄판결을 선고받은 피고인이 사실의 확정문제와 법률문제에 대하여 동시에 이의를 제기하고자 하는 경우에는 고등법원이 아니라 왕립형사법원에 항소를 하게 된다. 왕립형사법원에서 항소의 목적을 달성하지 못한 경우 왕립형사법원의 판결에 대하여 법률문제를 이유로 다시 고등법원에 항소할 수 있기 때문이다.

8) Magistrates' Courts Act 1980, s. 111(4).

다. 사법심사의 청구

영국 고등법원(the High Court)의 중요한 임무 중 하나는 하급법원이나 위원회(tribunal)의 업무를 감독하는 것이다. 고등법원은 이러한 감독을 다음과 같은 특권명령(prerogative order)을 발하는 형식으로 하고 있다.

① 하급법원이나 위원회의 결정을 파기하는 명령(quashing order),[9]
② 하급법원이나 위원회로 하여금 그 의무를 이행하도록 하는 직무집행명령(mandatory order: mandamus),
③ 하급법원이나 위원회로 하여금 위법한 처분이나 권한남용의 처분을 하지 못하도록 하는 금지명령(prohibiting order).

특권명령은 하급법원이나 위원회의 결정에 대하여 고등법원에 사법심사(judicial review)를 하여 달라는 청구를 한 경우에 가능하나. 행성관정의 처분에 대해 법원의 사법심사를 구하는 것으로 일종의 행정소송이라 할 수 있다. 따라서 각종 위원회나 치안법원의 결정 또는 기소에 의한 정식재판과 관련이 없는 왕립형사법원의 결정을 일종의 행정처분으로 보고 그에 대한 사법심사를 인정하고 있는 것이다.[10]

치안법원판결이나 왕립형사법원판결에 대하여 case stated에 의한 방식으로 고등법원에 항소를 하려고 하지만 결정 내용을 서면으로 받기 어려운 경우 이 방식이 유용하게 활용될 수 있다. 사법심사를 청구하려고 하는 자는 사법심사의 대상이 되는 결정과 관련하여 이해관계를 가지고 있어야 한다. 형사사건에 대한 판결의 당사자 즉, 소추인이나 피고인은 당연히 이해관계가 있는 자로 인정된다. 사법심사를 청구하기 위해서는 고등법원판사의 허가를 받아야 한다. 고등법원은 사법심사를 함에 있어 증거조사를 할 수 있지만 대부분 서면 진술서에 의존하고 구두 진술을 듣는 경우는 거의 없다.

9) 과거에는 이를 writ of certiorari라고 불렀다.
10) Supreme Court Act 1981, s. 29(3).

3. 왕립형사법원 판결에 대한 항소

왕립형사법원(the Crown Court)의 판결에 대한 항소는 유죄인정이나 양형에 관한 것 모두 항소법원(the Court of Appeal)에 한다. 기소(indictment)에 의한 정식재판에서 왕립형사법원이 판결을 선고한 경우는 물론 치안법원에서 유죄인정을 받고 판결의 선고를 위해 왕립형사법원으로 이송된 피고인에 대하여 판결을 선고한 경우도 마찬가지이다.

그러나 전술한 바와 같이 기소에 의한 정식재판과 관련이 없는 왕립형사법원의 판결에 대하여는 case stated에 의한 방식이나 사법심사의 방식으로 고등법원(the High Court)에 항소한다.

가. 유죄인정(Conviction)에 대한 항소

기소에 의한 왕립형사법원의 정식재판에서 배심으로부터 유죄평결을 받은 피고인은 항소법원의 허가를 받아 항소법원에 항소할 수 있다.[11)]

1) 재판을 담당한 판사가 인정한 항소

재판을 담당한 판사가 피고인의 유죄평결에 대하여 항소하는 것이 상당하다고 인정한 때에는 항소법원의 허가를 받음이 없이 항소할 수 있다. 피고인이 왕립형사법원의 유죄인정에 대하여 항소하는 것이 상당하다고 인정하는 판사의 인정서(certificate)에는 항소사유가 사실확정에 관한 문제인지 아니면 법률문제에 관한 것인지 또는 이 양자 모두에 관한 것인지를 기재한다. 판사가 배심의 유죄평결에 불만이 있다는 이유만으로는 인정서를 작성해 주지 않는다.

2) 허가에 의한 항소

피고인은 항소법원의 허가를 받아 유죄판결에 대하여 항소할 수 있다. 항소허가는 항소법원의 권한으로 되어 있지만 대부분 항소법원의 단독판사가 허가를 한다. 항소법원판사는 피고인의 항소이유에 대한 서면심리를 거쳐 허가여부를 결정한다. 즉, 항소법원판사는 항소인의 항소허가신청통보서, 항소이유서, 왕립형사법원에서 재판을 담당한 판사의 요약서 그리고 경우에 따라서는 증거서류의 사본 등을 검토하고 결정한다. 이때 항소인의 변호사를 불러 의견을 들어볼 수 없는 것은 아니지만 그렇게 하는 일은 거의 없다.

---

11) Criminal Appeal Act 1968, s. 1(1).

항소법원판사가 항소허가신청을 기각한 경우 피고인은 다시 항소법원형사부에서 허가 여부를 결정해 달라고 이의를 제기할 수 있다. 하지만 이러한 이의를 제기하였다가 그마저 기각된 경우에는 그간의 구금기간이 형기에 통산되지 않는다.[12] 이러한 이유로 단독 판사로부터 항소허가를 받지 못한 대부분의 항소인은 항소법원에 이의를 제기하기 어렵다. 영국에서는 이러한 항소허가제로 인하여 불필요한 항소가 통제되고 항소권의 남용이 제한되고 있다.

3) 유죄답변을 한 피고인의 항소

항소할 수 있는 자는 유죄판결을 받은 피고인이고 기소인부절차에서 그가 어떠한 답변을 하였는지의 여부는 항소와 관계가 없다. 따라서 유죄답변을 한 피고인도 무죄답변을 한 피고인과 동일한 항소권을 갖고 있다. 하지만 항소법원이 왕립형사법원의 기소인부절차에서 유죄답변을 한 피고인에게 항소허가를 해 준다는 것은 기대하기 어렵다. 이와 관련한 오래된 판례에서 항소법원판사는 다음과 같이 판시하고 있다.[13]

> "항소법원은 유죄답변이 있었던 때에는 다음과 같은 경우 즉, i) 항소인이 기소범죄사실의 성질을 이해하지 못하였거나 그 범죄사실에 대하여 유죄답변을 하려고 의도한 것이 아닌 경우, ii) 항소인이 인정한 사실만으로는 법률적으로 기소범죄사실을 유죄로 인정할 수 없었던 경우에만 항소를 받아들여 심리한다."

i)항에서 말하는 유죄답변은 외견상 유죄답변으로 보이기는 하지만 판사나 변호사 등이 피고인에게 압력을 가하여 이루어진 경우와 같이 사실상 무효인 유죄답변에 해당되어 항소사유가 된다.

ii)항에서 말하는 사유는 소추인이나 피고인이 소추된 범죄를 입증하기 위한 핵심 사실에 관하여 오해를 하고 있는 경우를 말한다. 예컨대, 피고인이 특정한 일시에 특정한 장소에 있었다는 사실을 입증하는 것만으로는 기소된 범죄사실을 입증할 수 없는 경우임에도 소추인이나 피고인이 이 사실이 입증되면 범죄사실이 입증된 것으로 오해하고 있는 경우와 같은 때를 말한다.

---

12) Criminal Appeal Act 1968, s. 29.

13) R. v. Forde [1923] 2 KB 400.

이와 같이 소추인이나 피고인이 모두 오해를 하는 경우는 실무상 거의 없는 일이고 이러한 경우에는 피고인 측에서 증거가 없는 사건이라고 주장하는 것이 보통이다. 그럼에도 불구하고 이러한 일이 일어난 경우에는 피고인이 유죄인정을 하였어도 항소허가를 받을 수 있다.

4) 항소법원(the Court of Appeal)의 처리

가) 절차상의 하자 항소법원은 피고인에 대한 유죄인정이 "신빙할 수 없는(unsafe) 것으로 보이는 경우"에는 피고인의 항소를 허용하고 그 이외의 경우에는 항소를 기각한다.[14] 항소의 허용 여부를 결정함에 있어서 피고인의 유죄인정이 신빙할 수 있는 것인지의 여부만을 그 기준으로 하고 있다. 이 규정은 1995년 Criminal Appeal Act에 의하여 개정된 내용이고 과거에는 규정내용이 달랐다. 즉, 과거에는 항소법원이 피고인에 대한 유죄인정이 신빙할 수 있는 것인지의 여부, 담당판사가 법률문제에 관하여 잘못된 결정을 하였는지의 여부 그리고 재판과정에서 실질적인 절차위반이 있었는지의 여부를 심사하도록 되어 있었다.

그에 따라 이러한 사항 중 하나가 잘못된 것으로 드러난 경우 항소법원은 그로 인하여 오심(miscarriage of justice)이 실제 일어났는지 여부를 심리하고 결정해야 했다. 그러나 규정내용을 위와 같이 아주 단순화하면서 문제가 생겼다. 예컨대, 피고인에 대한 유죄인정 자체는 문제가 되지 않지만 피고인의 재판과 관련한 절차에 있어서 잘못이 있는 경우 개정된 규정에 의하면 항소사유가 될 수 없는 것으로 보이기 때문이다.

이 점이 문제가 되었던 사건이 Mullen 사건이다.[15] 이 사건에서는 피고인이 재판에 회부되게 된 과정이 문제가 되었다. 영국의 소추당국이 짐바브웨 소추당국의 협조아래 피고인을 짐바브웨에서 영국으로 추방하는 형식으로 피고인을 데려와 재판에 회부하였는데 그 과정이 위법한 절차에 의한 것이었다. 항소법원은 이러한 영국 소추당국의 행위는 '너무나 비열하고 수치스러운 것'이어서 이러한 소추행위가 성공한다는 것은 공중의 도덕관념에 모욕을 가하는 것이라고 판시했다. 하지만 이 사건에서 유죄를 인정한 재판 자체는 문제가 되지 않았다.

---

14) Criminal Appeal Act 1968, s. 2(1).
15) R. v. Mullen [1999] Crim LR 561.

따라서 이러한 절차의 위반이 피고인에 대한 공정한 재판을 해하고 피고인의 유죄인정을 믿을 수 없는 것으로 볼 수 있는가 하는 점이 문제가 되었다. 항소법원은 위와 같이 소추당국의 행위가 너무나 비열하고 수치스러운 경우에는 절차위반만으로도 항소이유가 된다고 보아 피고인에 대한 유죄판결을 파기했다. 항소법원은 항소사유에 관한 규정을 개정한 것은 단순히 항소법원의 실무관행을 입법화한 것에 불과하고 종래의 실무관행에 의하면 절차위반은 유죄판결을 파기하는 사유가 된다는 것이다. 더욱이 유죄판결이 신빙성이 있는 것이 되기 위해서는 적법한 것이어야 하고 따라서 재판 자체가 실시될 수 없는 것이었다면 그 유죄판결도 신빙할 수 있는 것이라고 볼 수 없다고 판시했다.

비슷한 사례로 Smith 사건을 들 수 있다.[16] 이 사건에서 항소이유는 아무런 유죄증거도 없다는 피고인의 항변(submission of no case)을 판사가 부당하게 기각하였다는 것이었다. 항변이 기각된 후 피고인은 반증을 제시하였지만 교호신문과정에서 범죄사실을 인정하게 되었다. 법률의 개정 이전에는 이러한 절차상의 잘못이 항소이유가 되었지만 법률의 개정 이후 이러한 피고인의 유죄인정에도 불구하고 피고인의 유죄인정이 신빙할 수 없는 것으로 볼 수 있는지가 문제가 되었다. 하지만 이 경우에도 항소법원은 주저 없이 피고인에 대한 유죄인정은 신빙할 수 없는 것이라고 판시했다.

재판과 관련한 절차상의 하자 이외에 증거의 증거가치에 관하여 이의를 제기하며 항소하는 것도 가능하다. 예컨대, 신빙성이 미약한 증인의 진술을 근거로 유죄인정을 하였다고 항소하는 경우와 같다. 그러나 항소심판사는 주로 증거서류나 증거에 대한 요약보고서를 보고 판단하게 되므로 증인의 진술이 신빙성이 있는지 여부를 알기 어렵다. 이러한 이유로 대부분의 항소인은 재판과정에서 나타난 구체적인 위법한 절차를 근거로 들면서 이로 인하여 피고인에 대한 유죄판결이 신빙할 수 없는 것이라고 주장하는 것이 보통이다.

나) 항소이유가 되는 절차상의 하자 　항소인들이 가장 보편적으로 항소이유로 들고 있는 것이 판사의 사건개요에 대한 요약(summing-up)과 관련한 것들이다. 즉, 범죄의 구성요건을 잘못 설명해 준 경우, 증거에 의해 인정되는 피고인의 반증사실을 배심원들에게 알려주지 않은 경우, 입증책임과 입증의 정도에 관하여 제대로 알려주지 않은 경우 등이다.

---

16) R. v. Smith (1999) The Times, 1999. 5. 31.

그 이외 항소이유로 들 수 있는 절차상의 하자로는 위법성의 가능성이 내포되어 있는 기소장을 소추인으로 하여금 변경하도록 하는 경우, 증거능력이 없는 증거에 해당되어 배척하여야 할 증거를 증거로 허용한 경우, 배심원으로부터 받은 쪽지를 제대로 처리하지 않은 경우, 다수결평결에 관한 법률상의 제한을 위반한 경우 등이 있다. 하지만 이러한 절차위반과 관련하여 종국적으로 문제가 되는 것은 피고인에 대한 유죄판결이 신빙할 수 있는 것인가 하는 점이다.

종종 피고인이 자신의 변호인이 재판과정에서 잘못한 점이 있다고 주장하면서 이를 근거로 항소하는 수가 있다. 전통적으로 항소법원은 피고인의 이러한 주장을 쉽게 받아들이지 않고 있다. Clinton 사건에서[17] 항소법원판사는 변호인의 변론행위를 문제 삼아 유죄판결을 파기하는 것은 매우 드문 일이라고 하면서 이 경우에도 중요한 것은 모든 사정을 종합하여 피고인에 대한 유죄판결이 신빙할 수 있는 것인지의 여부를 따져보는 것이라고 판시했다.

위 사건의 경우 피고인 Clinton은 납치 및 강제추행으로 기소되었다. 피해자는 범인의 용모를 진술함에 있어 문신과 상처자국 등을 포함하여 피고인의 용모와는 매우 상이하게 진술했다. 그러나 피고인은 재판에서 반대증거를 제시하지 못하였고 다른 특별한 증거 없이 피해자의 진술만을 근거로 배심으로부터 유죄평결을 받았다.

항소법원은 피고인의 항소를 받아들이면서 이러한 경우 변호인은 피고인에게 피해자가 말하는 가해자의 용모와 피고인의 차이를 강조하면서 이를 강력하게 주장하도록 권고하였어야 했다고 판시했다. 즉, 피고인의 변호인은 증언을 주저하는 피고인을 설득하여 피해자가 주장하는 가해자의 용모와 피고인의 용모가 서로 다른 점을 증언하게 하였어야 함에도 그러한 노력을 하지 않은 것이 큰 잘못이라는 것이다. 하지만 변호인의 변론행위를 이유로 항소를 받아주는 것은 극히 예외적인 경우라고 할 수 있다.

다) 항소가 받아들여진 경우　　항소법원의 심리 결과 피고인에 대한 유죄판결이 신빙할 수 없는 것으로 인정되면 피고인의 항소를 받아들여 피고인에 대한 유죄판결을 파기하게 된다.[18]

17) R. v. Clinton [1993] 1 WLR 1181.
18) Criminal Appeal Act 1968, s. 2(2).

항소법원이 재심을 명하지 않고 유죄판결을 파기하면 왕립형사법원이 피고인에 내하여 유죄판결 대신 무죄판결을 한 것으로 기록하고 피고인은 마치 배심으로부터 무죄평결을 받은 것과 같이 처리된다. 따라서 소추인 측에서 같은 범죄로 다시 소추하려는 경우 피고인은 이미 무죄판결을 받았다는 항변을 하게 되고 피고인을 다시 소추하는 것은 인정되지 않는다.

항소법원은 피고인의 항소를 받아들이면서 피고인에 대한 재심을 명할 수 있다.[19] 1988년에 제정된 Criminal Justice Act에 의하여 이 규정이 개정되기 전까지는 항소법원에 제출된 새로운 증거를 이유로 피고인의 항소를 받아들인 경우에만 재심을 하도록 되어 있었다. 하지만 새로운 증거를 이유로 항소를 받아들이는 경우는 매우 드문 일이었고 따라서 항소법원이 재심을 명하는 경우도 아주 드물었다.

그러나 1988년 법률개정에 의하여 사정은 달라졌다. 즉, 항소법원은 피고인의 항소를 받아들이면서 재심을 명하는 것이 정의의 관념에 부합하는 경우 재량으로 재심을 명할 수 있게 되었다. 따라서 피고인이 항소에 성공한다 하여 바로 형사소추절차로부터 자유로워지는 것은 아니고 항소법원이 제반 사정을 참작하여 재소송을 명할 것인지의 여부를 결정한다.

라) 새로운 배심 소집을 명하는 영장 항소법원은 1966년 제정된 형사항소법(Criminal Appeal Act)에 따라 항소사건을 처리한다. 하지만 항소법원은 이 법과 별도로 과거 형사유보문제처리법원(the Court of Crown Cases Reserved) 당시부터 인정되어 온 "유죄판결을 파기하고 새로운 배심의 소집을 명하는 영장(writ of venire de novo)"을 발부하는 권한을 갖고 있다. 이 영장을 발부하게 되면 새로운 배심을 구성하여 피고인에 대한 재판을 다시 하게 된다.

항소법원은 왕립형사법원의 재판과정에서 발생한 절차상의 하자가 재판을 무효로 할 정도로 본질적인 것이어서 피고인이 유효한 유죄판결을 받을 상황에 있지 아니하였던 경우에만 이 명령을 발한다. 예컨대, 기소장안의 제출과 관련한 회부절차가 무효인 경우, 배심으로 하여금 별개의 기소장을 동시에 재판하도록 한 경우, 피고인에게 배심원기피의 기회를 주지 않은 경우, 하나의 기소장에 기재되어 있는 2개의 소인에 대한 병합소송이 법에 위반한 경우, 피고인에게 유죄답변을 하도록 압력을 가한 경우 등이 여기에 해당한다.

---

19) Criminal Appeal Act 1968, s. 7.

그러나 유효하게 시작된 재판의 도중에 일어난 절차위반에 대하여는 이 명령이 허용되지 않는다. 항소법원이 이 권한을 행사할 수 있는 경우에도 반드시 권한을 행사하여야 하는 것은 아니고 재량에 따라 단순히 유죄판결을 파기만 하고 재소송을 명하지 않을 수도 있다.

이 명령이 있는 경우 왕립형사법원의 재판은 완전히 무효가 되기 때문에 파기할 유죄판결도 존재하지 않는 것이 된다. 과거 새로운 증거가 있는 경우에만 재소송을 명할 수 있는 때에는 새로운 증거가 없음에도 재소송을 명할 필요가 있는 경우 이 명령이 유용하게 사용될 수 있었지만 현재 항소법원이 항소를 받아들이면서 재량에 따라 새로운 증거가 없는 경우에도 재소송을 명할 수 있는 상황에서는 그 의미를 상실하였다.

마) 항소의 일부를 받아들이는 경우 　피고인이 왕립형사법원에서 2개 이상의 소인(count)에 대하여 재판을 받고 그 모두에 대하여 항소한 경우 항소법원은 그 일부에 대하여만 항소를 받아들일 수 있다. 나아가 항소법원은 배심이 피고인에 대한 기소범죄사실 중 일부에 대하여 유죄평결을 하고 다른 범죄사실에 대하여 유죄평결을 할 수 있었지만 유죄평결을 하지 아니한 경우 유죄평결을 한 범죄사실을 그 다른 범죄사실로 대체할 수도 있다.[20]

예컨대, 배심이 소추된 범죄사실에 대하여 피고인을 유죄로 인정하였지만 만일 기소된 범죄사실이 유죄로 인정되지 않았다면 그보다 더 가벼운 다른 범죄에 대하여 유죄인정을 할 수 있었던 경우 항소법원은 피고인에 대한 유죄판결을 파기하면서 이를 가벼운 다른 범죄로 대체할 수 있다.

바) 이중 항소의 경우 　일단 항소를 하였다가 항소가 이유 없는 것으로 인정되어 항소가 기각되면 다시 항소할 수 없다. 다시 하는 항소의 이유가 첫 번째 항소의 경우와 다른 때에도 마찬가지이다.

Pinfold 사건에서[21] 항소인은 배심에 대한 판사의 증거요약에 잘못이 있다고 항소하였다가 기각되자 다시 무죄를 입증할 새로운 증거가 있다고 하면서 항소했다. 항소법원은 일단 항소를 기각하고 난 후에는 재항소를 받아 심리할 권한이 없다고 판시했다.

---

20) Criminal Appeal Act 1968, s. 3.
21) R. v. Pinfold [1988] QB 462.

ㄴ. 양형(Sentence)에 관한 항소

피고인의 양형에 관한 항소는 크게 두 부류로 나누어 볼 수 있다. 그 하나는 피고인이 기소(indictment)에 의한 정식재판에서 유죄인정을 받고 그에 따라 왕립형사법원에서 형을 선고받은 경우이고 다른 하나는 피고인이 치안법원의 약식재판에서 유죄인정을 받고 판결의 선고를 위해 왕립형사법원으로 이송되어 왕립형사법원에서 형을 선고받은 경우이다. 판결을 선고한 판사가 항소하는 것이 상당하다고 인정한 경우가 아니면 항소법원의 허가를 받아야 양형에 관해 항소할 수 있다.

1) 기소에 의한 정식재판의 경우

기소에 의한 왕립형사법원의 정식재판에서 유죄인정을 받은 피고인은 모살(murder)과 같이 그 형이 미리 정해져 있는 범죄로 유죄판결을 받은 것이 아니라면[22] 양형판결(sentence)에 대하여 항소법원에 항소할 수 있다.[23] 여기서 말하는 양형판결은 상당히 넓은 의미를 가지고 있다.

따라서 형벌의 의미를 갖는 판결에 대하여 항소할 수 있는 것은 물론 형벌의 의미를 갖고 있다고 보기 어려운 보호관찰명령이나 조건부면책은 물론 무조건의 면책에 대하여도 항소할 수 있다. 또한 병원수용명령이나 강제퇴거권고도 양형판결에 포함된다. 나아가 부가명령에 불과한 소추비용지급명령이나 피해자에 대한 배상명령도 항소의 대상이 된다.

2) 약식재판에서 유죄를 인정받은 경우

치안법원의 약식재판에서 유죄인정을 받고 왕립형사법으로 이송되어 양형판결을 선고받은 피고인은 다음과 같은 경우 왕립형사법원의 양형판결에 대하여 항소법원에 항소할 수 있다.[24]

① 선고된 형이 6월 이상의 징역형이거나 6월 이상의 소년원수용인 때,

---

22) 모살의 경우에는 의무적으로 무기징역형을 선고하여야 하기 때문에 양형에 관한 항소가 인정되지 않는다. 모살의 경우 판사가 무기징역형을 선고하면서 가석방을 고려할 수 있는 시기까지의 최소복역기간을 정할 수 있지만 이는 권고사항에 불과하고 내무부장관을 기속하는 것이 아니기 때문에 그러한 최소복역기간에 대하여도 항소할 수 없다.

23) Criminal Appeal Act 1968, s. 9.

24) Criminal Appeal Act 1968, s. 10.

② 치안법원에서 선고할 수 없는 형을 선고한 때(예컨대, 법률에 의해 약식재판에서 선고할 수 있는 형의 상한이 징역 3월임에도 어느 쪽으로도 재판할 수 있는 범죄로 보아 그 형기 내에서 징역 4월을 선고한 경우),

③ 피고인에게 운전면허정지명령이나 강제퇴거권고명령을 하는 경우 또는 집행유예를 취소하고 선고된 징역형을 복역하게 하는 때.

치안법원에서 유죄로 인정된 피고인을 판결의 선고를 위해 왕립형사법원으로 이송하는 것은 치안법원의 권한으로는 선고할 수 없는 6월 이상의 징역형이 선고되기를 기대하기 때문이다. 그럼에도 왕립형사법원이 피고인에게 6월 미만의 징역형을 선고한 경우에는 피고인으로서는 불만이 있을 수 없고 따라서 6월 미만의 징역형은 항소대상이 되지 않는다.

3) 항소허가

왕립형사법원에서 판결을 선고한 판사가 항소하기에 적절한 사건이라고 인정하지 않으면 피고인은 항소법원의 허가를 받아 항소할 수 있다. 왕립형사법원판사에게 이러한 인정(certificate)의 권한을 주게 된 것은 1982년 Criminal Justice Act에 의하여 Criminal Appeal Act가 개정되고서이다. 그러나 항소법원은 왕립형사법원판사의 이러한 권한행사를 자제하도록 하고 있다.[25] 실무에 있어서도 판결을 선고한 판사가 자신이 정한 형이 과중하다고 하면서 항소하도록 하는 것은 생각하기 어려운 일이다. 허가를 받는 절차는 유죄판결에 대한 항소의 경우와 동일하다.

4) 항소법원의 처리

양형에 관한 항소의 경우 항소법원은 왕립형사법원의 판결을 파기하고 그보다 중하지 않은 적절한 새로운 형을 정하여 판결을 선고할 수 있다.[26] 과거 형사항소법원의 경우와 달리 항소법원은 양형에 관한 피고인의 항소에 대하여 왕립형사법원이 선고한 형을 높일 수 없다.

피고인이 항소한 여러 소인 중 그 하나에 대한 유죄를 파기하고 나머지 소인에 대하여 유죄를 그대로 인정하는 경우 유죄로 인정된 소인에 대한 형을 올릴 수 있지만 이 경우에도 전체 형은 왕립형사법원에서 선고한 형을 초과할

---

25) R. v. Grant (1990) 12 Cr App R (S) 441.

26) Criminal Court Act 1968, s. 11(3).

수 없다.[27] 항소법원이 배심의 유죄평결에서 인정된 범죄사실을 더 가벼운 범죄사실로 대체하는 경우에도 형을 높일 수 없다. 물론 항소법원이 항소기간 중의 구금기간을 피고인의 형기에 산입하여 주지 않는 방법으로 사실상 피고인에 대한 형을 높일 수는 있다. 또한 법무장관이 왕립형사법원에서 선고한 피고인에 대한 양형판결이 너무 관대하다는 이유로 항소법원에 '이의를 제기한' 경우에는 항소법원이 피고인에 대한 형을 높일 수 있다. 하지만 이는 양형에 관한 피고인의 항소와 성격을 달리하는 것으로 항소법원은 기본적으로 형을 높일 수 없는 것이 원칙이다.

항소법원이 피고인의 항소에 대하여 선택할 수 있는 처분에는 불이익변경금지의 원칙 이외 다른 아무런 제한이 없다. 따라서 항소법원은 줄여 주는 형이 아무리 단기간이라 하더라도 왕립형사법원에서 선고된 형을 줄일 수 있다. 하지만 항소법원판사들도 인정하고 있는 바와 같이 어떠한 형이 적법한 양형인가에 관해서는 판사마다 그 견해가 다르다. 어떤 판사는 비교적 형이 중하고 어떤 판사는 비교적 형이 관대한 것은 이러한 견해 차이에 따른 것이고 어떤 것이 옳고 어떤 것이 그르다고 말할 수 없다. 따라서 특정한 사건에 있어서 합당한 하나의 형은 존재한다고 할 수 없고 받아들일 수 있는 형의 범위가 존재한다고 본다. 결국 받아들일 수 있는 범위 내에서 정해진 형이라면 비록 그 범위 내의 극단에 위치한 판결이거나 항소법원판사가 생각한 판결과 다르다고 하더라도 항소법원이 양형에 관한 항소를 받아들일 가능성은 거의 없다.

수석법관 Hewart는 Gumbs 사건에서[28] 다음과 같이 언급하고 있다.

> "항소법원은 하급법원이 그 재량에 따라 선고한 판결에 대해서 그것이 항소법원의 견해와 다르다는 이유만으로 절대 관여하지 않는다. 항소법원이 판결을 변경하는 것은 일반원칙에 반하는 잘못이 있는 경우이다."

양형에 관한 항소가 받아들여질 수 있는 일반원칙의 위반으로 볼 수 있는 것은 다음과 같다.

---

27) Criminal Court Act 1968, s. 4.
28) R. v. Gumbs (1926) 19 Cr App R 74.

① 법률상 잘못된 판결: 왕립형사법원의 판사가 선고한 판결이 법률의 규정에 위반한 경우 항소법원이 이를 적법한 판결로 대체할 수 있다.
② 판결원칙에 반한 판결 또는 명백히 과중한 판결: 항소이유로 가장 많이 들고 있는 원칙위반이라고 할 수 있다. 항소인은 그에 대한 양형이 단순히 과중하다고 주장하는 것만으로는 불충분하고 어떠한 이유로 판결이 일반적으로 받아들여질 수 있는 양형의 범위를 벗어난 것인지 입증하여야 한다. 판결원칙에 반하는 것으로는 예컨대, 징역형을 과할 수 있는 문지방을 넘지 않았는데도 징역형을 선고한 경우 등이 여기에 해당한다.
③ 판결에 대한 접근방식이 잘못된 경우: 판사가 판결을 선고하면서 형을 높인 이유가 원칙에 반하는 내용인 경우 등이 여기에 해당한다. 예컨대, 판사가 형을 높게 정한 이유를 설명하면서 피고인의 무죄답변을 근거로 든 경우와 같다.
④ 판결 선고 이전의 절차진행이 잘못된 경우: 예컨대, 피고인에 대한 전력(antecedent)을 위법한 절차로 제공받은 경우 또는 소추인이 제공한 범죄사실을 증거 없이 인정한 경우 등이다.
⑤ 형평에 반하는 경우: 범죄에 대한 정상과 관련하여 공범 사이에 특별한 차이가 없음에도 한 사람에게만 높은 형을 선고한 경우 항소사유가 된다. 그러나 다른 공범자에게 형을 낮게 선고한 것이 잘못된 판결인 경우 그 낮은 형을 근거로 항소해도 성공할 가능성은 거의 없다.

다. 항소절차

유죄판결이나 양형에 관하여 항소하는 절차는 다음과 같다.

① 항소인은 판결 선고일로부터 28일 이내에 왕립형사법원에 항소허가신청(notice of application for leave to appeal)을 하여야 하고 신청서에는 항소이유서를 첨부하여야 한다. 변호인이 항소이유서를 작성하고 사인하지만 변호인이 없는 경우에는 항소인이 직접 항소이유서를 작성한다. 항소허가신청서와 항소이유서를 접수한 왕립형사법원은 이를 항소법원의 항소담당사무국으로 송부한다.

② 항소가 유죄판결에 대한 것이면 항소이유서의 작성은 보통 두 단계로 나누어진다. 우선 변호인이 자신이 작성한 재판기록을 근거로 항소이유서(이를 'initial ground'라고 부른다)를 작성한다. 변호인의 기록은 불완전하고 부정확한 것이 보통이므로 이를 보충하기 위해 변호인은 속기사가 작성한 기록의 사본을 청구할 수 있다. 재판기록의 사본 중 중요한 것은 판사의 사건요지설명이다. 물론 증거사본이 필요한 경우도 있다. 이들 기록사본을 참작하여 변호인은 항소를 포기하도록 권고하기도 한다. 항소인이 변호인의 권고에 반하여 항소절차를 계속 진행할 수 있지만 이 경우 항소기간 중의 구금일수를 인정받지 못할 위험성이 크다. 반면 이들 기록사본을 검토한 결과 항소하는 데 실익이 있는 경우 변호인은 기록사본을 근거로 항소이유서를 완성한다.

③ 항소이유서와 기록사본 등은 고등법원단독판사에게 배당된다. 단독판사가 서류를 검토하고 항소허가 여부를 결정한다. 항소를 허가하는 경우 항소인을 위해 국선변호인을 선임하기도 하고 구금된 항소인에 대한 보석을 허가하기도 하며 필요한 증인을 소환하기도 한다.

④ 단독판사의 결정내용은 항소인에게 통보된다. 항소를 허가하지 않는 결정이 통보된 경우 항소인은 14일 이내에 항소법원형사부에 다시 항소허가신청을 할 수 있다. 단독판사 또는 항소법원형사부가 항소허가를 한 경우 항소법원사무국에서는 제출된 기록을 순서에 따라 정리하고 사건의 개요를 요약하며 심리일자를 정한다.

⑤ 심리기일에 항소인의 변호인은 주장사실을 개진한다. 항소가 유죄판결에 대한 것이면 거의 예외 없이 소추인의 변호사도 출석하며 항소인의 주장에 대하여 응답하기도 한다. 때로는 항소인의 요구에 의하여 증인이 출석하기도 한다. 예컨대, 왕립형사법원의 재판에서 인적사항을 몰라 증인으로 부르지 못했던 알리바이 관련 증인 등을 부를 수 있다. 그러나 대부분의 경우 왕립형사법원의 기록사본을 참조하고 양 당사자 사이의 주장을 듣는 것으로 심리를 마친다. 항소가 양형에 관한 것인 때에는 소추인 측 변호사는 대부분 참석하지 않는다. 피고인에게 높은 형을 선고하여 달라고 요구하는 것은 소추인의 업무가 아니기 때문이다.

이러한 일반적인 항소절차 이외에 두 가지 다른 절차가 있을 수 있다.

그 하나는 왕립형사법원의 재판을 담당했던 판사가 항소를 인정해 준 경우이다. 이 경우에는 항소인이 항소허가신청을 하는 것이 아니라 단순히 항소의 통보(notice of appeal)를 하면 된다. 통보를 받은 항소법원사무국은 이를 항소사건부에 기재하고 심리를 준비한다.

다른 하나의 경우는 항소법원사무국이 항소이유서를 읽어 보고 항소사유가 상당하다고 보여지면 단독판사에게 서류를 배당하는 절차를 생략하고 사건을 바로 항소사건부에 기재하는 것이다. 이러한 경우에는 항소법원형사부가 항소허가를 하고 심리절차를 진행하게 된다.

라. 소추인의 항소

왕립형사법원의 판결에 대하여 소추인은 항소할 수 없다. 잘못된 무죄판결은 물론 지나치게 과경한 형에 관해서도 소추인의 항소는 인정되지 않는 것이 원칙이다. 그러나 이러한 일반원칙에 대하여 두 개의 예외가 인정되고 있다.

그 하나는 피고인에 대한 무죄판결이 잘못된 경우 그 시정을 위하여 법무장관이 항소법원에 이의를 제기하는 것이다. 그러나 이러한 이의가 받아들여진다 하더라도 왕립형사법원에서 선고한 피고인에 대한 무죄판결에는 영향을 미치지 않는다.

다른 하나는 왕립형사법원에서 선고한 피고인에 대한 형이 지나치게 가벼운 경우 법무장관이 항소법원에 양형에 관하여 이의를 제기하는 것이다. 이러한 경우에는 피고인의 양형에 관한 불이익변경금지의 원칙이 적용되지 않고 따라서 항소법원이 법무장관의 이의를 받아들이게 되면 실제 피고인의 형은 올라가게 된다.

1) 무죄판결에 대한 이의

1972년 이전에는 왕립형사법원의 판사가 피고인의 무죄평결로 종결된 사건의 심리과정에서 법률의 적용이나 해석을 잘못한 경우에도 그에 대한 시정절차는 마련되어 있지 않았다. 이러한 판결에 대하여도 소추인을 위한 아무런 불복방법이 마련되어 있지 아니한 관계로 잘못된 왕립형사법원판사의 판결이 기록으로 남게 되고 이것이 잘못된 것임에도 법원의 합법적 결정으로 오인될 우려가 있었다.

이러한 문제를 해결하기 위해 1972년 법무장관의 이의제도가 도입되었다. 법무징관은 왕립형사법원의 배심재판에서 피고인이 배심으로부터 무죄평결을 받은 경우 그 재판과 관련한 법률문제에 관하여 항소법원의 의견을 들어 볼 수 있게 되었다.29)

무죄판결에 관한 법무장관의 이의에 대해 항소법원이 의견을 내기 위해서는 먼저 법무장관의 주장을 들어보아야 한다. 무죄평결을 받은 피고인도 변호인을 통해 자신의 주장을 제출할 수 있지만 절차진행의 대상이 되는 위험은 없다. 항소법원의 의견이 어떠한 것이든 예컨대, 왕립형사법원에서 재판을 담당한 판사의 결정이 잘못된 것이고 사건의 내용에 비추어 피고인에게 유죄판결이 상당하다고 하는 경우에도 피고인의 무죄판결은 영향을 받지 않는다. 하지만 법무장관이 항소법원으로부터 이러한 의견을 받아둠으로써 장래 다른 피고인에 대한 유사사건에서 동일한 오심을 방지할 수 있게 되었다.

2) 양형판결에 관한 이의

왕립형사법원이 기소에 의한 정식재판으로만 처리가 가능한 범죄나 일정한 기소가능범죄에 대하여 피고인에게 선고한 형이 지나치게 가벼운 경우 법무장관은 그 판결에 대하여 이의를 제기하며 판결을 항소법원에 송부할 수 있다.30) 이러한 이의제기에 따라 항소법원판사는 피고인에 대한 판결을 파기하고 적절하다고 생각되는 형을 다시 선고할 수 있다. 법무장관이 무죄판결에 이의를 제기하는 경우에는 항소법원의 허가를 받을 필요가 없지만 양형판결에 대하여 이의를 제기하기 위해서는 항소법원의 허가를 받아야 한다.

이 제도가 도입된 당시에는 기소에 의한 정식재판으로만 처리가 가능한 범죄(indictable-only offence)에 대하여만 법무장관이 이의를 제기할 수 있었지만 1994년부터 어느 쪽으로도 재판이 가능한 범죄 중 일부 범죄 즉, 강제추행, 사람을 살해하겠다는 내용의 협박, 16세 미만의 자에 대한 가혹행위 그리고 이들 범죄에 대한 미수 및 교사에 대하여도 이의를 제기할 수 있게 되었다. 나아가 2000년부터는 사안이 중대한 사기사건(serious fraud case) 및 특정한 종류의 밀수범죄 및 마약범죄에도 법무장관의 이의가 인정되고 있다.

29) Criminal Justice Act 1972, s. 36.

30) Criminal Justice Act 1988, ss. 35, 36.

4. 귀족원에의 상고

가. 항소법원판결에 대한 상고

항소법원(형사부)의 판결이나 결정에 대하여 피고인은 물론 소추인도 귀족원에 상고할 수 있다. 귀족원에 상고하기 위해서는 다음의 요건이 갖추어져야 한다.31)

① 상고 대상으로 삼고자 하는 항소법원의 판결이나 결정에 중요한 공익과 관련한 법률상의 쟁점이 포함되어 있다고 항소법원이 확인을 하고,
② 항소법원이나 귀족원이 귀족원에서 심리할 만한 법률상의 쟁점이 있다고 판단하여 상고허가를 한 경우.

상고허가신청은 항소법원의 판결 직후 법정에서 구두로 할 수 있고 판결 이후 14일 이내에 서면으로도 할 수 있다. 항소법원이 상고허가신청을 받고도 법률상의 쟁점이 포함되어 있다고 확인해 주기를 거절하는 경우 그에 대한 다른 이의신청방법은 없다. 항소법원이 확인을 거절하는 경우에도 그 이유를 제시하지 않는 것이 실무관행이다.

항소법원이 중요한 공익과 관련한 법률상의 쟁점이 포함되어 있다고 인정하면서도 상고허가를 해주지 않는 경우 항소법원의 거부 결정 이후 14일 이내에 귀족원에 상고허가를 신청할 수 있다. 귀족원에 상고허가신청을 하면 귀족원판사 3명으로 구성된 상고위원회가 허가여부를 결정한다. 상고허가가 있는 경우 최소 3명의 귀족원판사로 구성된 재판부가 심리하도록 되어 있지만 통상 5명으로 구성된 재판부가 심리한다. 귀족원은 상고사건을 처리하면서 항소법원이 갖고 있는 권한을 그대로 행사할 수 있고 경우에 따라 사건을 항소법원으로 돌려보낼 수도 있다.

항소법원은 상고사건의 심리기간 중 피고인에게 보석을 허가할 수 있다. 피고인이 징역형의 유죄판결을 선고받고 항소하여 항소법원에서 무죄판결을 선고받은 데 대하여 소추인이 귀족원에 상고한 경우 항소법원은 피고인을 계속 구금하거나 보석으로 석방할 수 있다.

---

31) Criminal Appeal Act 1968, s. 33.

피고인이 항소법원에서 무죄판결을 선고받은 경우 항소법원은 피고인을 보석으로 석방하지 않고 무조건 식방할 수 있지만 무조건 석방된 피고인에 대하여 귀족원이 무죄판결을 파기하고 유죄판결을 선고하더라도 피고인이 다시 잔여기간을 복역하게 되는 것이 아니므로 항소법원이 피고인을 무조건 석방하는 것은 드문 일이다.

나. 고등법원판결에 대한 상고

절차문제나 법률문제에 관한 고등법원의 결정에 대하여도 귀족원에 상고할 수 있다.[32] 항소법원판결에 대한 상고와 마찬가지로 고등법원이 공익과 관련한 법률상의 쟁점이 포함되어 있다는 확인을 해 주어야 하고 고등법원이나 귀족원으로부터 상고허가를 받아야 상고할 수 있다.

민사사건에 대한 고등법원의 1심판결에 대한 항소는 항소법원에 하게 되어 있지만 형사문제에 대한 고등법원의 판결은 1심판결이 아니므로 귀족원에 상고하는 것만이 인정된다.[33] 다만 형사문제에 관한 것이라 하더라도 보증금의 몰수와 같은 민사적 성격을 갖고 있는 사건에 대해서는 항소법원에 항소할 수 있다.

32) Administration of Justice Act 1960, s. 1(1)(a).

33) Supreme Court Act 1981, s. 18(1).

제 3 장

미국의 형사소송

제1절 서　　론
제2절 형사소송절차의 진행
제3절 범죄의 수사
제4절 소추결정과 그 통계
제5절 재판절차와 피고인의 권리

제 1 절
서 론

1. 미국의 형사소송

Common Law에서 유래한 미국의 형사소송이 영국의 형사소송과 기본적으로 다를 이유가 없고 따라서 영국의 형사소송이나 미국의 연방과 각 주의 형사소송이 모두 Common Law에 기초하고 있는 것으로 그 내용과 절차가 대동소이하다는 것은 더 이상의 설명을 요하지 않는다.

그러나 미국의 형사소송에 있어 논의 대상이 되는 중요한 쟁점은 영국의 그것과 매우 다른 점을 주목할 필요가 있다. 영국의 형사소송이 양 당사자 사이의 공정한 재판과 적정한 양형에 초점을 맞추고 있는 데 비해 미국의 형사소송에서 중요한 쟁점은 공정한 형사소송절차 자체라기보다 미국 연방헌법상 보장되고 있는 피고인의 인권보장이라고 할 수 있다. 이러한 의미에서 미국의 형사소송법은 단순한 형사소송절차에 관한 법이 아니라 형사소송에 있어서 헌법상 보장되고 있는 국민의 인권보장과 관련한 법체계라고 할 수 있다.

원래 사인소추와 당사자주의 그리고 공판중심주의를 기본원칙으로 하는 Common Law 형사소송에서 가장 중요한 쟁점은 양 당사자 사이의 공정한 재판이라 할 수 있다. 따라서 미국의 형사소송에 있어서도 가장 중요한 이념은 공정한 재판이 될 수밖에 없다. 그러나 영국에서와는 달리 범죄의 반사회성 내지 공적인 성격에 주목하고 그에 따라 일찍이 일반 시민의 사인소추제도를 폐지하고 주나 연방만이 형사소추행위를 하도록 하는 일종의 국가소추제도를 채택한 미국에서 공정한 재판은 커다란 위기에 처하게 되었다.

Common Law의 원칙에 따라 소추권을 행사하는 미국의 연방이나 각 주는 비록 당사자의 자격으로 소추행위를 하게 되지만 현실적으로 연방이나 각 주는 피고인과 비교할 수 없는 막강한 힘을 가지고 있고 따라서 당사자 사이의 공정한 재판이라는 것은 처음부터 기대하기 어려운 것이 되고 말았다.

이와 같이 불공정한 양 당사자 사이의 지위를 대등한 당사자로 조정하여 공정한 재판을 보장하기 위해서는 소추당사자로서의 주나 연방의 권한, 특히 이러한 권한을 실제 행사하는 연방수사관이나 경찰의 권한을 제한하고 형사소추의 대상이 될 수 있는 일반 국민이나 피고인의 인권보장을 강화하는 것이 중요한 과제로 등장하였다. 이러한 이유로 미국 연방헌법의 중요한 과제는 형사소추의 대상인 피고인을 위한 인권보장이 될 수밖에 없었다. 따라서 초기 미국 연방헌법에 대한 여러 차례의 개정은 형사소송과 관련한 이러한 인권보장을 그 내용으로 하는 것이 대부분이었고 일반 시민이나 피고인의 헌법상 인권보장과 관련한 위헌문제가 형사소송절차에서 가장 중요한 쟁점이 되었으며 그에 따라 연방헌법의 내용이나 그와 관련한 연방대법원의 판례가 연방이나 주를 불문하고 미국의 모든 형사소송절차를 규율하게 되었다. 그에 따라 미국의 각 주나 연방은 형사실체법인 형법이나 형사소송절차를 규율하는 법률은 서로 그 내용을 달리 할 수 있지만 형사소송과 관련한 인권보장의 내용은 모두 연방헌법의 규율을 받게 되었고 이와 관련한 형사소송법의 내용은 연방이나 각 주 모두 그 내용이 다를 수 없다. 이러한 맥락에서 미국 형사소송법은 국가형벌권을 전제로 형사소송에 있어서 피고인의 인권보장을 최고의 이념으로 하는 대륙법계형사소송법의 경우와 유사한 성격을 갖고 있다고 볼 수 있다.

그러나 미국의 형사소송이 영국과 달리 인권보장을 그 중심과제로 하고 있다고 하여 형사소송의 기본이념이나 절차가 Common Law나 영국의 형사소송과 다르다고 보기는 어렵다. 미국의 형사소송이 피고인의 인권보장에 주안점을 두고 있고 연방이나 각 주의 형사소송법이 인권보장의 법체계인 것처럼 보이기는 하지만 형사소송의 기본원칙이나 절차는 영국의 경우와 크게 다를 이유가 없다. 즉, 미국의 형사소송은 기본적으로 영미법의 일반원칙에 따라 영국의 형사소송과 동일한 구조와 절차를 대전제로 하면서 그 바탕위에서 미국 연방헌법에 터를 잡은 미국 특유의 기본권보장을 형사소송의 주된 과제로 다루고 있다고 할 수 있다.

2. 미국 형사법원의 구조

사회에서 발생하는 범죄를 시민이 다른 시민에 가한 일종의 불법행위로 보는 Common Law의 전통에 따라 영국에서는 범죄의 피해자가 소추인이 되는 것이 원칙이었다. 한편 국왕의 통치영역에서 일어난 범죄의 경우 이를 국왕의 법익에 대한 침해로 보아 국왕 또한 소추당사자가 될 수 있었다. 이러한 이유로 사인소추가 사실상 모습을 감추게 된 오늘날 영국에 있어서 소추당사자는 원칙적으로 국왕이 된다.

그러나 이와 달리 일찍부터 범죄의 반사회성에 무게를 두었던 미국에서는 범죄를 단순히 가해자가 피해자에게 가한 불법행위로 보는 것이 아니라 범죄를 공적인 것으로 보아 연방이나 주에 대한 불법행위로 파악하게 되었다. 그에 따라 일찍부터 형사소송에 있어서 사인소추제도를 폐지하고 연방이나 주가 당사자가 되어 범죄자를 소추하게 되었다.

연방이나 주가 당사자로서 범죄혐의자를 소추한다고 하여 미국의 형사소송이 국가형벌권이라는 개념을 받아들여 국가의 입장에서 범인을 처벌하는 것이라고 보기는 어렵다. 범죄의 직접적인 피해자가 아닌 연방이나 주가 형사소추의 당사자가 되지만 형사소송을 피해자와 가해자 사이의 당사자주의 소송구조로 보는 것은 그대로이고 다만 범죄의 공적인 성격을 중시하여 피해당사자를 연방이나 주로 보고 있을 뿐이다. 나아가 연방이나 주를 피해당사자라고 하여 연방이나 주 만을 피해자로 보는 것도 아니다. 즉, 범죄를 가해자가 연방이나 주가 아닌 직접 피해자에게 가한 불법행위로 파악하는 전통적인 이념이 바뀐 것이 아니다. 따라서 미국의 형사소송에 있어서도 여러 명의 피해자에게 여러 개의 범죄를 범한 피고인에 대하여 주나 연방의 입장에서 전체 범죄에 상응하는 하나의 형벌을 과하는 것이 아니라 각 피해자에게 가한 범죄에 대하여 따로 형벌을 과하는 것이 원칙이다. 결국 영국의 형사소송에 있어서 여왕이 소추당사자가 되는 것과 비슷하게 미국에서는 연방이나 각 주가 소추당사자가 되는 것에 불과한 것이다.

그에 따라 연방이 당사자가 되는 사건은 연방정부가, 주가 당사자인 사건은 주가 소추하는 등 연방이나 주는 별개의 주권 주체 내지 당사자가 되는 관계로 법원도 연방과 각 주로 나누어지는 이중 구조를 갖고 있다.

이를 도표로 보면 다음과 같다.

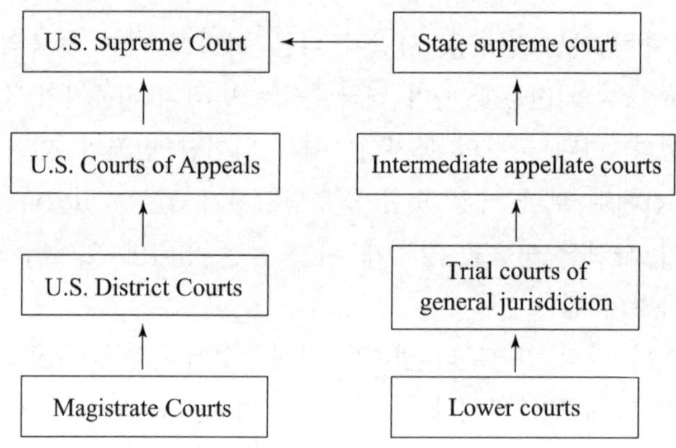

미국의 법원제도를 이와 같이 연방과 주의 이중 구조로 보지 않고 50개의 주와 연방 그리고 Washington D. C.로 구성되는 52개의 별개 사법제도로 보는 견해도 있다. 하지만 이들 각 제도가 여러 면에서 매우 유사하기 때문에 통상 연방과 주의 이중 구조로 나눠 보는 것이 일반적이다.

가. 연방 법원의 구조

"미합중국의 사법권은 하나의 최고법원, 그리고 의회(Congress)가 필요에 따라 규정하고 설치하는 하급법원들에 속한다. 최고법원과 하급법원의 판사는 비행을 저지르지 않는 한 그 직을 유지하고, 정기적으로 그 직에 대한 보수를 받으며 보수는 그 직을 유지하는 동안 감액되지 않는다."[1] 이러한 연방헌법의 규정에 따라 연방이 당사자가 되는 사건과 관련하여 미국에는 1개의 연방대법원과 13개의 연방 항소법원 그리고 94개의 연방 지방법원이 설치되어 있다.

1) 연방대법원

연방헌법에 따라 설치된 최고법원이 연방대법원(the U. S. Supreme Court)이다. 연방대법원은 대법원장과 8명의 대법관으로 구성된다.[2]

1) 연방헌법 제 3장 제 1 조.

2) 연방대법원의 대법관 수는 1869년 제정된 법률에 의해 그 수가 9명으로 정해졌고 법률의 개정에 따라 그 수가 달라질 수 있지만 현재까지 그대로 유지되고 있다. 대법원판사를 Justice라 부르고 그 이외의 다른 법원의 판사를 judge라고 부른다.

대법원장(Chief Justice)과 대법관(Associate Justice)은 모두 상원의 조언과 동의를 받아 대통령이 임명한다. 대법관은 종신제이고 탄핵에 의하지 않고는 직을 박탈당하지 않는다. 대법원은 워싱턴에 있고 판결은 전원합의체(en bloc)로만 하며 소그룹이나 부로 나누어 하지 않는다. 판결을 하기 위한 정족수는 6명이지만 5명 이상의 대법관이 찬성해야 유효한 판결을 할 수 있다. 대법원의 재판은 매년 10월 첫 월요일에 시작하여 다음해 6월 말까지 계속한다.

연방대법원은 헌법에서 정하고 있는 특정 사건들에 대한 관할권을 갖는다. 연방대법원이 처리하는 사건의 대부분은 상고(appeal)나 사건이송영장(writ of certiorari)에 의하여 연방대법원에 올라온다. 하급법원판사의 인정(certification)에 의해 사건이 올라오기도 하지만 매우 드문 일이고 Common Law에 의하여 인정되던 오심영장(writ of error)에 의한 방식은 1928년에 폐지되었다. 연방대법원은 상고사건을 재심리(review)하여야 할 의무가 있지만 실제 모든 상고사건을 시비곡직에 따라 다시 심리하지는 않는다. 대신 연방대법원에서 시비곡직을 가려 심리할 만한 실질적인 연방법상의 문제를 내포하고 있지 않다는 이유를 붙여 상고를 기각한다.

연방대법원에 올라오는 대부분의 상고사건(85-90%)은 연방항소법원이나 주 대법원으로부터 사건이송영장에 의하여 올라온다. 사건이송영장에 의하여 사건이 연방대법원으로 올라오면 4명의 법칙(rule of four)이 적용된다. 4명의 법칙이란 9명의 대법관 중 적어도 4명 이상의 대법관이 사건을 시비곡직에 따라 재심리하는 것이 필요하다고 인정하는 때에만 사건을 재심리하게 되는 것을 말한다. 연방대법원의 심리대상(docket)에 포함되기 위해 필요한 대법관 4명의 찬성을 받지 못한 경우 원심법원의 판결은 그대로 확정된다.

연방대법원에는 매년 8,000건 내지 9,000건의 사건이 연방 법원이나 주 법원으로부터 올라오지만 이 중 연방대법원이 심리하는 사건은 극히 제한적으로 매년 약 80여건에 대하여만 심리를 한다. 나머지 대부분의 사건은 대법관 4명의 찬성을 얻지 못하고 그대로 기각된다.

2) 연방 항소법원

연방대법원 아래 연방 항소법원(Court of Appeals)이 있다. 연방 전체를 담당하는 연방 항소법원을 포함하여 13개의 연방 항소법원이 설치되어 있고 1999년 현재 연방 항소법원에 근무하는 판사는 179명이다.

업무량에 따라 하나의 연방 항소법원에 6명 내지 28명의 판사가 근무한다. 연방 항소법원판사는 상원의 조언과 동의를 받아 대통령이 임명하며 모두 종신제 판사다. 연방대법관과 마찬가지로 탄핵에 의해서만 그 직을 박탈당한다. 연방대법원과 달리 전원합의체로만 심리를 하는 것이 아니고 전원합의체 또는 3명 내지 5명으로 구성되는 일종의 부 내지 그룹으로 나뉘어(in divisions) 심리하기도 한다.

3) 연방 지방법원

연방사건을 재판하는 제 1 심법원이 연방 지방법원(district court)이다. 미국 전역에 걸쳐 94개 지역에 설치되어 있고 괌과 푸에르토리코 그리고 버진아일랜드에도 설치되어 있다. 주마다 최소 하나의 연방 지방법원이 설치되어 있고 주에 따라 4개의 연방 지방법원이 설치되어 있는 곳도 있다.

연방 지방법원판사는 상원의 조언과 동의를 받아 대통령이 임명하며 모두 종신제 판사이고 탄핵에 의해서만 그 직을 박탈당한다. 연방 지방법원이 설치되어 있는 주의 상원의원과 임명권자인 대통령이 같은 당 소속인 경우 대부분 그 상원의원의 추천을 받아 대통령이 임명하는 것이 일반적인 관례다.

연방 지방법원판사의 과도한 업무량을 도와주기 위해 설치된 것이 연방 치안법원이다. 연방 치안판사는 1년 이하의 징역형에 처할 수 있는 가벼운 사건이나 경범사건을 재판한다. 치안판사는 그 지역의 연방 지방법원판사에 의하여 임명되며 종신까지 직위가 보장되는 것이 아니다.

나. 주 법원의 구조

주 법원의 구조는 각 주에 따라 상이하다. 하지만 대부분의 주가 연방의 법원체계를 그대로 따르고 있다.

1) 주 대법원

각 주는 하나의 최고법원을 설치하고 이 법원으로 하여금 주의 법률이나 헌법과 관련된 사건에 관하여 최종심의 역할을 하도록 하고 있다. 다만 텍사스 주와 오클라호마 주는 민사와 형사로 나누어 2개의 최고법원을 두고 있다.

2) 주 항소법원

최고법원 아래에는 항소법원(intermediate appellate court)을 두고 있는 주도 있고 그렇지 않은 주도 있다. 현재 항소법원을 두고 있는 주는 35개 주이다.

항소법원을 두지 않고 있는 주에서는 1심법원의 재판에 대하여 바로 주 대법원에 상고를 한다.

3) 주 지방법원

민사와 형사사건 등 주의 모든 사건을 재판하는 주의 1심법원은 여러 가지 이름으로 불리고 있다. 즉, circuit court, district court, court of common plea 등으로 불리는 법원이 각 주에서 민사와 형사 등 일반적인 사건에 대한 1심 재판을 담당한다. 다만 뉴욕의 1심법원은 다른 주와 달리 supreme court라고 부른다. 대부분의 주에서는 이러한 1심법원이 그 주의 모든 사건에 대한 재판을 하지만 일부 주에서는 유언의 검인, 소년 또는 가정문제 등에 대한 특별법원을 두고 있다.

주의 법원체계에 있어서 가장 하위에 위치하는 법원이 군 법원(county court), 치안법원(justice of the peace court), 시 법원(municipal court) 등이다. 이들 법원은 보통 가벼운 민사나 형사사건을 처리한다.

다. 상소절차

연방이나 주 모두 1심법원의 재판에 대한 상소는 보통 바로 그 위 단계의 법원에 하는 것이 일반적이다. 피고인은 유죄판결이나 양형에 관하여 상소할 수 있는 반면 소추당사자인 연방정부나 주정부는 피고인이 무고하다는 의미의 무죄판결에 대하여 상소할 수 없다. 다만 무죄판결에 법률적인 문제가 있는 경우에는 소추인 측도 상소할 수 있다. 상소법원은 원칙적으로 사건에 대하여 증거조사 등 더 이상 심리를 하지 않으며 1심법원에 제출된 증거에 대하여 재평가를 하지도 않는다. 상소법원의 주된 기능은 1심법원의 재판과 판결절차에 있어서 법률상의 잘못이 있는지의 여부를 검토하는 것이다.

1심법원판사는 재판을 진행함에 있어 여러 가지 중요한 결정들을 하게 된다. 예컨대, 피고인의 수사단계에서의 자백을 받아들일 것인지 배척할 것인지, 어떠한 이의신청을 받아들이고 어떤 것을 기각할 것인지, 증인에 대한 반대 당사자의 신문을 허용할 것인지의 여부, 배심원의 선발과 관련한 결정, 어떠한 증거를 허용하고 어떠한 증거를 배척할 것인지 등에 관하여 중요한 결정을 한다. 상소법원은 1심법원판사의 이러한 결정에 대한 적부를 판단하는 것이 그 주된 임무라 할 수 있다.

물론 모든 잘못이 유죄판결을 번복하는 근거가 되는 것은 아니다. 상소법원은 1심법원의 유죄판결을 파기함에 있어 종종 무해한 잘못(harmless error)이라는 기준을 제시한다. 판사의 잘못이 해로운 것이 아니라면 유죄판결은 그대로 유지되고 잘못이 해로운 것인지 여부는 사건의 실체에 따라 상소법원이 결정한다. 그러나 사안에 따라서는 판사의 잘못이 기본권을 침해하는 것으로서 유죄판결이 자동적으로 파기되는 경우도 있다. 예컨대, 변호인의 조력을 받을 권리를 침해한 경우, 배심에 의한 재판을 받을 권리를 부인한 경우, 판사가 배심에게 합리적인 의심에 관한 기준을 제대로 설명하지 아니한 경우, 배심원이 사형제를 반대한다고 하여 그를 부적절하게 배제한 배심이 피고인에게 사형판결을 결정한 경우 등이 여기에 해당한다.

당사자의 상소에 따라 상소사건을 심리한 상소심법원은 1심법원판사의 판결을 인정(affirmation)하거나 파기(reversal)할 수 있고 파기와 반송(reversal and remand)을 명할 수도 있다. 반송명령이 있는 경우 원심은 다시 심리를 하고 그에 따라 새로운 결정을 하게 된다. 피고인의 상소에 의하여 원심판결이 파기된 경우 그 사건에 대하여는 다시 재판을 하며 이러한 경우 이중위험(double jeopardy)의 원칙은 적용되지 않는다. 피고인이 상소하는 경우 피고인 스스로 이 원칙을 포기한 것으로 보기 때문이다.

라. 법원의 관할과 판결의 효력

연방과 주의 모든 법원은 법률에 의해 그 관할이 정해져 있고 법원의 판결은 원칙적으로 그 관할 내에서만 효력을 갖게 된다. 미국의 모든 법원은 연방대법원의 관할 내에 있으므로 연방의 법률문제나 연방헌법과 관련된 연방대법원의 판결은 미국의 모든 법원을 기속한다. 연방 항소법원의 판결은 그 관할구역 내의 법원을 기속한다. 연방 지방법원의 판결도 그 관할구역 내에서만 효력이 있다.

각 주 법원의 판결도 그 관할구역 내에서만 효력이 있다. 다만 주 대법원의 판결은 다른 지역에서도 그 효력이 인정된다. 연방헌법이 각 주의 주권을 인정하고 그 주의 문제는 그 주에서 해결하도록 하고 있기 때문에 각 주의 최고법원은 순전히 그 주나 그 지역의 법률문제에 관한 최종적인 심판자가 된다. 예컨대, 캘리포니아 주 대법원이 캘리포니아 주 법률이나 자치단체의 규칙과 관련하여 유권해석을 한 경우 이는 미국 연방대법원에 의해서도 존중된다. 물론 주 대법원의 그러한 법률해석이 연방헌법과 관련되어 있는 경우 그 최종 심판자는 연방대법원이 된다.

연방과 주의 이중적인 구조에다 각 법원의 제한적인 관할권으로 인하여 각 법원 사이에 모순되는 판결이 존재할 가능성이 높다. 물론 항소를 통해 이러한 모순은 대부분 해결되고 있지만 항소가 되지 않는 경우 이러한 모순은 그대로 남게 된다. 예컨대, 오하이오 주 남부 소재 연방 지방법원에서는 재소자와 방문객 사이의 접촉을 인정하는 반면 같은 주 북부 소재 연방 지방법원에서는 다른 사건에서 재소자의 이러한 권리를 부인할 수 있다. 이러한 문제는 오직 항소를 통하여 오하이오 주 소재 연방 항소법원이 해결할 수 있다.

마. 연방과 주의 관할

범죄를 저지른 자를 연방 수사기관이 연방 법원에 제소하고 연방 법원으로 하여금 재판하게 할 것인지 아니면 주 수사기관이 주 법원에 제소하고 주 법원으로 하여금 재판하게 할 것인지를 결정하는 기준은 혐의자가 저지른 범죄의 피해당사자가 연방이 되는지 아니면 주가 되는지에 따라 정하는 것을 원칙으로 한다. 그에 따라 혐의자의 범죄가 연방법위반인 경우에는 연방 수사기관이 연방 법원에 제소하여 연방 법원에서 재판하고 주법(state law)위반인 경우에는 주의 수사기관이 주 법원에 소를 제기하여 주 법원에서 재판한다.

범죄가 연방법위반이면서 동시에 주법위반인 경우에는(예컨대, 납치, 마약운반, 지폐위조, 연방보험에 들어있는 은행에서의 강도 등) 연방 법원과 주 법원에 모두 제소할 수 있다. 예컨대, 범인이 플로리다 주 마이애미에 있는 Miami National Bank에서 강도를 한 경우 그는 플로리다 주 법률에 따라 주 법원에 소추될 수 있고 또한 연방법에 따라 연방보험에 들어있는 은행에 대한 강도로 연방 법원에 소추될 수 있다. 범인의 범죄행위는 하나이지만 소추는 2개가 될 수 있다. 이러한 경우 주와 연방은 이중 주권(double sovereignty)의 개념에 따라 형사소송에서 서로 별개의 당사자로 인정되기 때문에 피고인에 대한 이중위험(double jeopardy)의 문제는 일어나지 않는다.

일반적으로 연방이나 주 가운데 먼저 범죄혐의자의 신병을 확보하는 당사자가 피고인을 소추하는 것이 원칙이다. 그리고 대부분의 경우 주가 혐의자에 대한 신병을 먼저 확보하게 된다. 주가 먼저 재판을 하고 난 다음 연방정부가 다시 범인을 소추할 수 있지만 주의 재판에서 피고인이 유죄인정을 받아 상당한 형을 선고받은 때에는 연방정부가 소추를 자제하는 것이 보통이다. 반대로 연방정부에서 먼저 범죄혐의자의 신병을 확보하여 소추를 하고 그에 따라 피고인에게 상당한 형벌이 부과된 경우에는 주정부가 소추를 자제하게 된다. 주에 따라서는 연방법에 의하여 처벌받은 자에 대한 소추를 법으로 금지하고 있는 주도 있다.

3. 위헌심사

성문헌법이 없는 영국에서는 법원의 위헌심사라는 것이 문제가 될 수 없다. 그러나 성문헌법국가인 미국에서는 위헌심사가 매우 중요한 의미를 갖고 있고 특히 형사소송에 있어서 그 의미는 더욱 중요하다. 위헌심사를 위한 헌법재판소가 따로 설치되어 있지 않은 미국에서는 법원이 위헌심사를 한다. 여기서 위헌심사라고 하는 것은 법률, 법률에 기초한 공적 행위 또는 공무원의 행위가 헌법에 위반하는 것으로 인정될 때 이를 위헌이라고 선언하고 그 효력을 부인하는 것을 말한다.

연방헌법이 위헌심사에 관한 규정을 명시적으로 두고 있지는 않지만 법원이 이러한 위헌심사권을 갖는다는 것은 연방대법원의 판례에 의하여 인정되었다.[3] 당시 문제가 되었던 사건은 복잡한 사실관계와 정치문제를 포함하고 있었지만 그 중에서도 중요한 쟁점은 미국 의회가 연방헌법에 의하여 법원에 부여한 애초의 권한 이외에 또 다른 권한을 추가로 법원에 부여할 수 있는가 하는 점이었다. 전원일치의 판결에서 연방대법원장 John Marshall은 무엇이 법인가를 판단하는 것은 사법부의 직무이자 의무라고 단언하면서 헌법에 반하는 행위는 무효라고 판시했다.

위헌심사의 대상은 미국 의회나 주 입법기관에 의하여 통과된 법률, 지방자치단체에 의하여 제정된 규칙 그리고 공무원의 행위가 된다. 예컨대, 1998년 인디애나폴리스 시 당국이 마약범죄를 단속하기 위해 도로에 검문소를 설치하였다. 검문소에서는 구체적인 범죄혐의가 인정되지 않는 차량까지 정지시켜 검

3) Marbury v. Madison, 5 U. S. 137 [1803].

문하였다. 시는 4개월 동안 6개의 검문소를 운영하여 1,161대의 차량을 정지시키고 104명을 체포하였다. 체포된 사람 중 55명이 마약관련 범죄자였다. 이러한 검문행위가 비합리적이고 개인의 권리를 침해하는 것이라는 이유로 법원에서 다투어졌다. 연방대법원은 이러한 검문행위는 부당한 수색과 압수를 금하고 있는 연방헌법 수정 제4조에 위반하는 것이라고 판시했다.4)

위헌심사의 문제는 법률의 집행에 있어 매우 중요한 의미를 갖고 있다. 입법기관에 의하여 제정된 법률은 구체적 사건과 관련하여 법원의 심사대상이 되고 심사 결과 헌법에 위반되는 것으로 인정되면 효력을 상실하게 된다. 법집행공무원의 경우에도 그들의 모든 행위는 법원에서 다투어질 수 있고 만일 법원에 의하여 개인의 헌법상의 권리를 침해한 것으로 인정되면 그 공무원의 행위는 무효가 되고 해당 공무원은 형사상 또는 민사상의 책임을 지게 된다.

4. 선례 구속의 원칙

법원이 특정한 사안과 관련하여 법원의 판결을 통해 그에 적용될 수 있는 어떤 법원칙을 정한 경우 비슷한 사실관계에 있는 이후의 사건에서도 그 법원칙에 따라 이를 그대로 적용하여야 한다. 이를 라틴어로 "stare decisis"라고 하는데 그 의미는 결정된 사건에 따른다는 것이다. 이러한 stare decisis가 축적되어 판례(judicial precedent)가 되고 법원은 이후의 비슷한 사건에서 이 판례에 따르게 된다. 판례는 그 법원의 관할구역 내에서만 효력을 갖는다. 예컨대, 제5연방순회항소법원의 판결은 그 관할구역 내에 있는 주(텍사스, 루이지애나, 미시시피)에서만 판례로서 효력이 있다. 마찬가지로 플로리다 대법원의 판결은 플로리다 주에서만 효력이 있다.

연방대법원은 미국 전역을 관할하기 때문에 연방대법원의 판결은 미국 어디에서나 판례로서 효력을 갖는다. 예컨대, 체포된 피의자에 대한 신문과 관련한 Miranda v. Arizona 사건에 관한 Miranda 판결은 미국의 모든 법원이 따라야 하는 판례이다. 하지만 사실관계가 이전의 사건과 다른 경우 그 내용의 변경은 가능하다. 따라서 연방대법원은 사실관계에 따라 Miranda 원칙을 새로이 정리하거나 수정하고 그리고 그 적용범위를 확장할 수 있다.

4) Indianapolis et al. v. Edmond et al. 531 U. S. 32 [2002].

판례는 그러한 결정을 한 법원에 의하여 폐기될 수 있다. 연방대법원이 판례를 변경함에 있어서는 9명의 대법관 중 최소 5명의 대법관이 찬성하면 된다. 형사소송에서 중요한 의미를 갖는 판례는 연방대법원의 판례라고 할 수 있지만 다른 법원의 판결도 판례로서 효력을 갖는 것은 마찬가지이다.

5. 형사소송을 규율하는 법

형사소송을 규율하는 법 특히, 형사소송과 관련한 인권보장을 정하고 있는 법은 연방과 주의 헌법, 법률, 판례 그리고 법원규칙이라고 할 수 있다.

가. 연방헌법

형사소추대상인 피의자의 인권보장을 위한 중요한 내용은 연방헌법에 자세히 규정되어 있다. 이러한 권리들은 권리장전(Bill of Rights)으로 체계화되어 애초 연방헌법 수정 10개조항의 중요한 내용을 이루고 있다. 헌법상 보장되고 있는 권리는 형사소추대상인 피의자에게 인정되는 최소한의 권리이다. 이러한 권리는 확장될 수 있고 또한 연방의 법률 또는 각 주의 헌법이나 법률에 의하여 더 많은 권리가 주어질 수 있다. 미국 각 주의 헌법도 연방헌법이 보장하고 있는 것과 비슷한 권리를 규정하고 있는 것이 보통이다. 그러나 각 주 헌법의 규정은 그 해당 주에서만 적용된다.

미국의 형사소송에서 피의자의 인권보장과 관련이 있는 연방헌법의 중요한 규정은 다음과 같다.

1) 수정 제1조

"의회는 종교의 국교화에 관한 법률, 자유로운 종교활동을 금하는 법률, 언론의 자유나 출판의 자유 또는 평화로운 집회의 자유 그리고 불만을 해소하기 위해 정부에 청원하는 자유를 제한하는 법률을 제정하지 못한다."

즉, 연방헌법 수정 제1조는 종교의 자유, 언론의 자유, 출판의 자유, 집회의 자유 그리고 청원의 자유를 규정하고 있다.

2) 수정 제2조

"자유국가의 안전을 위해 필요한 잘 정비된 민병대, 무기를 소유하고 소지할 수 있는 시민의 권리는 침해될 수 없다."

수정 제2조는 시민이 무기를 소지할 수 있는 권리를 보장하고 있다. 따라서 미국 국민의 총기소지는 헌법상 보장된 권리이다.

3) 수정 제4조

"부당한 수색과 압수로부터 신체, 주거, 서류, 동산의 안전을 보호받아야 할 국민의 권리는 침해될 수 없다. 선서 증언이나 무선서 증언에 의하여 상당한 이유가 뒷받침되고, 수색할 장소와 검거하거나 압수할 사람이나 물건이 특정된 경우가 아니면 영장을 발부할 수 없다."

이 규정은 부당한 수색과 압수 그리고 체포로부터 보호받을 권리를 규정하고 있다. 따라서 경찰의 업무와 관련하여 매우 중요한 의미를 갖는다.

4) 수정 제5조

"전시 또는 국가적 재난 시에 육군이나 해군 또는 민병대에 근무하면서 발생한 사건이 아닌 경우에는 대배심에서 기소하지 않는 한 사형에 처할 수 있는 범죄 또는 파렴치죄로 기소되어 법정에 서지 않으며, 동일한 범죄로 자신의 생명이나 수족이 이중으로 위험에 처하지 않고, 형사사건에서 자신의 이익에 반하는 증인으로 강제되지 않으며, 적법한 절차에 의하지 않고는 생명이나 자유 또는 재산을 박탈당하지 않는다. 또한 정당한 보상 없이 공적인 이유로 사유재산을 빼앗기지 않는다."

수정 제5조는 중범죄에 대한 대배심(grand jury)에 의한 기소(indictment), 형사피고인에 대한 이중위험(double jeopardy)과 자기부죄(self-incrimination)로부터의 보호 그라고 생명, 자유, 재산의 박탈과 관련한 적법절차(due process of law)를 규정하고 있다. 형사소송과 관련하여 특히 중요한 것은 자기부죄금지의 원칙이라고 할 수 있다.

5) 수정 제6조

"모든 형사소추절차에 있어서 피고인은 범죄가 발생한 주나 지역의 공정한 배심에 의한 신속하고 공개된 재판을 받을 권리, 고발내용을 통보받을 권리, 증인을 대면할 권리, 자신을 위한 증인의 증언을 강제할 수 있는 권리 그리고 변호인의 조력을 받을 권리를 갖는다."

수정 제6조는 배심재판을 받을 권리, 신속한 공개재판을 받을 권리, 고발내용을 통보받을 권리, 증인을 대면하고 소환할 권리 그리고 변호인의 조력을 받을 권리를 보장하고 있다.

6) 수정 제8조

"과도한 보석금(bail)의 요구나 과도한 벌금(fine)의 부과는 물론 잔인하고 이상한 형벌의 부과도 인정되지 않는다."

수정 제8조는 과도한 보석금이나 벌금 그리고 잔인하고 이상한 형벌로부터의 보호를 규정하고 있다.

7) 수정 제14조

"미국에서 태어나거나 미국 시민권을 받은 모든 사람은 미국 그리고 그가 거주하는 주의 시민이다. 어떤 주도 미국 시민의 권리나 특권을 제한하는 법률을 제정하거나 그러한 법률의 효력을 강제할 수 없으며 적법한 절차에 따르지 않고 사람의 생명, 자유, 재산을 박탈할 수 없고 그 관할구역에서 법 앞의 평등권(equal protection of law)을 부인할 수 없다."

수정 제14조는 적법절차와 평등권을 보장하면서 이러한 권리의 보장은 각 주에도 적용된다고 규정하고 있다.

나. 각 주의 헌법

연방헌법과 별도로 미국 50개의 각 주는 모두 독자적인 헌법을 갖고 있다. 대부분의 주 헌법은 그들 자신의 권리장전을 헌법에 규정하여 주 정부에 의한 기본권침해로부터 시민의 기본권을 보장하고 있다. 각 주의 헌법에 규정되어 있는 이러한 규정들은 연방헌법의 내용과 일치하여야 한다. 만일 그 내용이 상이하고 그에 따라 법원에서 다투어지는 경우 연방헌법위반으로 판정되어 무효가 될 수 있다. 한편 주 헌법이나 주 법률이 연방헌법보다 더 넓은 의미의 기본권을 보장하는 수가 있다. 주 헌법이나 주 법률이 연방헌법이 보장하는 기본권보다 더 좁은 의미의 기본권을 보장하고 있다면 이러한 법률은 연방헌법에 위반되어 효력이 없지만 연방헌법보다 더 넓은 의미의 기본권을 보장하고 있다면 이러한 법률은 연방헌법에 우선하여 적용된다.

예컨대, 주 헌법이 피고인에게 자기부죄(self-incrimination)금지의 원칙에 반하여 증언을 하도록 요구하는 규정을 둘 수 있지만 이러한 규정은 연방헌법 수정 제5조에 위반하는 것으로 무효가 된다. 그러나 미연방대법원이 Miranda 원칙을 위반하여 취득한 진술증거라 하더라도 이를 법정에서 피고인의 증언에 대한 신빙성을 다투는 증거로 사용할 수 있다고 판시하고 있음에도 주 헌법이 이 원칙에 위반하여 취득한 진술증거를 피고인의 증언에 대한 신빙성을 다투는 증거로 사용할 수 없다고 규정하면 이 규정은 연방대법원의 판례에 우선하여 적용된다.

다. 법 률

연방이나 주의 법률은 연방헌법에서 규정하고 있는 인권보장조항을 더 상세하게 규정하고 있는 것이 일반적이다. 예컨대, 연방헌법이 재판절차에 있어 피고인의 권리로 변호인의 조력을 받을 권리를 보장하고 있고 그에 따라 연방이나 주의 법률은 이를 그대로 보장하고 있다. 나아가 이들 법률은 변호인의 조력을 받을 권리를 더 철저하게 보장하는 수가 있다.

가령 보호관찰처분의 취소절차에 있어서는 연방헌법상 변호인의 조력을 받을 권리가 인정되지 않고 있다. 하지만 많은 주에서는 이러한 경우에도 변호인의 조력을 받을 권리를 법률로 인정하고 있다. 마찬가지로 소년범의 경우 배심재판을 받을 권리가 연방헌법상 보장되지 않지만 주 법률에 의하여 배심재판을 받을 권리가 보장될 수 있다.

라. 판 례

전술한 바와 같이 판례의 구속력이 인정되는 미국의 형사소송에 있어 판례(case law)는 형사소송의 중요한 법원(source of rights)이 된다. 그러나 미국 형사소송에서 말하는 판례는 종래의 Common Law와는 구별되는 개념이다. 과거 Common Law가 미국의 형사소송에서 그대로 적용되기도 하였고 그 내용이 미국 형사소송의 중요한 내용을 이루고 있는 것을 사실이지만 오늘날 미국의 형사소송에서 Common Law는 구속력 있는 선례로 인정받지 못하고 있다.

판례는 물론 그 판결을 선고한 법원의 관할구역 내에서만 효력이 있다.

마. 법원의 규칙

연방법원은 연방의 형사사건에 관하여 그리고 주 법원은 주의 형사사건에 관하여 감독권한을 갖고 있다. 이러한 각 법원의 감독기능을 통하여 다양한 법원규칙이 제정되고 발전되어 왔다. 감독권한을 행사하는 법원은 연방대법원 또는 주 대법원인 경우가 보통이다.

이러한 법원에 의하여 제정된 법원규칙은 법률과 마찬가지의 구속력을 갖는다. 또한 이러한 규칙은 법률을 보충하여 형사소송의 상세한 절차를 규정하고 있는 것이 대부분이다.

6. 연방헌법의 효력에 관한 논란

오늘날 연방헌법의 인권에 관한 규정 특히 수정헌법에서 규정하고 있는 권리장전이 미국의 연방은 물론 모든 주의 형사소송에 그대로 적용된다는 점에 대하여 의문을 제기하는 사람은 없다. 그러나 과거에는 이러한 연방헌법에서 보장하고 있는 권리장전이 각 주의 형사소송에도 그대로 적용되는지에 관하여 많은 논란이 있었다.

피고인의 인권보장에 관한 권리장전을 규정하고 있는 연방헌법 수정 제 1 조 내지 제 10 조는 연방헌법이 애초의 13개 주로부터 비준을 받은 2년 후인 1791년 일괄 비준을 받아 연방헌법의 일부가 되었다. 연방헌법은 주정부가 아니라 연방정부의 권한을 제한하기 위한 것이었기 때문에 이러한 권리장전도 애초에는 연방정부 소속의 공무원의 행위를 제한하기 위한 것으로만 간주되었다. 따라서 주 헌법이나 주의 법률 또는 규칙으로만 주나 지방자치단체 소속 공무원의 행위를 제한할 수 있는 것으로 생각하였고 연방의 헌법이나 법률로는 이들의 행위를 제한할 수 없는 것으로 보았다.

그 후 1868년에 연방헌법 수정 제 14 조가 제정되었다. 그 제 1 항은 "어떤 주도 미국 시민의 권리나 특권을 제한하는 법률을 제정하거나 그러한 법률의 효력을 강제할 수 없다; 어떤 주도 적법한 절차에 따르지 않고 사람의 생명, 자유, 재산을 박탈할 수 없다; 법 앞의 평등권을 부인할 수 없다"고 규정하고 있다. 이 수정헌법규정은 주를 규제대상으로 하는 내용으로서 이를 적법절차조항(due process clause)과 평등권보장조항(equal protection clause)의 2개 구절로 나누어 볼 수 있다. 연방대법원은 적법절차조항이 연방헌법에서 보장하고 있는 피고인에 대한 권리의 대부분을 수용하는 것으로 해석함으로써 논란을 불러일으키게 되었다. 즉, 연방헌법에서 보장하고 있는 피고인에 대한 권리는 연방공무원의 행위를 전제로 하고 있지만 적법절차규정으로 인하여 연방공무원 뿐 아니라 주나 지방자치단체 소속 공무원의 행위도 그 대상이 된다는 것이다.

문제는 권리장전의 내용 중 어떠한 것이 주나 지방자치단체 소속 공무원의 행위까지 규제하느냐 하는 것이었다. 과거에는 일부 권리장전에 관한 규정 중 일부 기본권관련조항만 적용된다는 선택적 수용(selective incorporation)이나 사안의 내용에 따라 결정하여야 한다는 구체적 사정에 따른 수용(case-by-case incorporation)을 지지하는 견해가 있었으나 현재에는 연방헌법의 모든 조항이 주의 경우에도 그대로 적용된다는 전부 수용(total incorporation)이 판례의 입장이고[5] 따라서 연방헌법상의 인권보장규정이 주의 경우에도 그대로 적용된다는 데 대해 아무런 이견이 없다.

5) Duncan v. Louisiana, 391 U. S. 145 [1968].

제 2 절

형사소송절차의 진행

미국과 영국의 형사소송절차가 상이할 뿐 아니라 미국 내 52개 각 사법구역에 따라 그 절차가 조금씩 상이한 것은 사실이다. 마찬가지로 각 사법구역 내에 있어서도 중죄(felony)와 경죄(misdemeanor)[1]에 따라 절차를 달리하고 있다. 하지만 영국과 미국의 이들 각 형사소송절차는 모두 Common Law의 기본 원칙에 바탕을 둔 것으로 그 절차의 기본적인 구조는 동일하다. 그러한 이유로 영국의 형사소송절차와 별도로 다시 미국의 형사소송절차를 구체적으로 설명하는 것이 무용한 것일 뿐 아니라 미국의 연방이나 50개 주의 형사소송절차를 따로 살펴보는 것은 사실상 불가능한 일이기도 하다.

여기에서는 영국의 형사소송절차와 다른 미국 특유의 형사소송절차에 주목하면서 중죄(felony)에 관하여 연방이나 각 주에서 공통으로 인정되고 있는 일반적인 절차를 개관해 보기로 한다.

1. 체포와 입건

미국에서도 경찰이 범죄혐의자를 체포하는 경우 판사로부터 체포영장을 발부받아 체포하는 사례가 없는 것은 아니지만 전체 체포사건의 약 95%에 해당하는 대부분의 사건에서 영장 없이 혐의자를 체포한다.

1) 영국에서는 기소가능(indictable) 여부를 기준으로 범죄를 분류하고 있지만 미국에서는 아직도 Common Law에 따라 범죄를 중죄와 경죄로 구분하고 있다. 중죄는 보통 1년을 초과하는 징역형에 처할 수 있는 범죄를 말하고 경죄는 1년 이하의 징역형에 처할 수 있는 범죄를 말한다.

경찰이 이미 발생한 범죄에 대하여 증거를 수집하여 범인을 체포하기도 하지만 이러한 경우 긴급한 필요가 없는 때에는 법원으로부터 체포영장을 발부받아 체포하는 것이 보통이고, 그 이외 대부분의 체포는 범행 현장 또는 범행 직후의 체포 다시 말해 현행범인이나 준현행범인의 체포가 일반적이다. 기본적으로 범죄혐의자의 혐의를 입증하기 위한 증거수집기관인 경찰의 혐의자 체포는 Common Law상 인정되는 일반인의 현행범체포에 기초를 두고 있기 때문이다. 경찰이 혐의자를 체포한 경우에도 사안이 가벼운 경우에는 혐의자를 경찰서로 인치하는 대신 정해진 일시에 법원에 출석하여 재판을 받으라는 소환장(citation 또는 summons)을 발부하고 석방하는 경우도 있다. 소환장을 받은 혐의자가 지정된 일시에 법원에 출석하지 않는 경우 판사가 체포영장(bench warrant)을 발부할 수 있다.

경찰이 판사로부터 체포영장을 발부받기 위해서는 체포 대상자가 체포 대상인 범죄를 범하였을 것이라고 믿을 만한 상당한 이유(probable cause)가 있다는 것을 치안판사에게 소명하여야 한다. 상당한 이유가 있다는 것은 선서진술서(affidavit)나 수사경찰관 또는 증인(주로 피해자)의 증언에 의하여 소명되어야 한다. 체포영장이 발부되면 체포영장을 발부받은 경찰관뿐 아니라 그 주의 다른 어떤 경찰관도 영장이 발부된 자를 체포할 수 있다. 경찰관은 혐의자를 체포하면 바로 혐의자의 신체를 수색하여 무기나 금제품 또는 범죄와 관련된 증거를 압수한다. 체포된 자가 자동차를 운전하고 있었다면 경찰관은 차량내부를 수색하여 위와 같은 물품들을 압수할 수 있다.

혐의자를 체포하는 경우 항상 Miranda 원칙을 고지하는 것은 아니고 체포 후 경찰관이 체포된 자에 대하여 혐의를 인정하는지 여부를 신문하는 경우에만 고지한다. 대부분의 경우, 특히 영장에 의하여 체포하는 경우 체포만 하게 되고 따로 신문을 하지 않는 것이 일반적이다.

혐의자를 체포하여 경찰서나 유치장에 인치하게 되면 피의자에 대한 입건절차를 밟는다. 이를 Booking이라고 하는데 경찰의 사건부(blotter)에 혐의자의 성명과 체포 시간, 유치장 도착 시간, 체포대상자가 범한 범죄 그리고 체포경찰관을 기재한다. 사안이 중한 경우에는 혐의자에 대한 사진촬영과 지문채취를 한다. 대부분의 경우 체포된 혐의자는 그가 원하는 변호사나 가족에게 최소 1통 이상의 전화를 하는 것이 허용된다.

경미한 사안으로 입건된 혐의자는 대부분의 경우 보석으로 석방된다. 이를 경찰보석(station house bail)이라고 하는데 범죄에 따라 정해져 있는 일정한 돈을 보증금(bond)으로 내고 정해진 기일에 법원에 출석할 것을 조건으로 경찰서에서 석방되는 것을 말한다. 이때 사안이 중하여 보석이 인정되지 않거나 보석보증금을 내지 못한 혐의자는 치안판사에게 인치될 때까지 계속 구금된다.

2. 체포 후의 수사

혐의자가 범행 현장에서 바로 체포된 소위 현행범(red-handed)의 경우에는 체포 후 별다른 수사를 필요로 하지 않는 것이 보통이다. 하지만 그러한 현행범이 아닌 경우에는 체포 이후의 수사가 매우 중요하다. 혐의자에 대한 체포 후의 수사도 수사기관의 입장에서 객관적 진실을 규명하는 데 있는 것이 아니라 기본적으로 체포 이전의 수사와 마찬가지로 소추당사자로서의 증거수집행위라는 성격을 갖는다. 다만 신병이 확보되었다는 사정변경에 따라 혐의자를 상대로 하는 수사 예컨대, 경찰의 피의자신문(interrogation), 피의자에 대한 사진촬영과 이를 목격자에 보여줌으로써 하는 혐의자의 특정, 목격자나 증인에 의한 범인식별(eyewitness identification of the arrestee), 필적감정을 위한 피의자의 자필 필적 제공, 유전자 감정을 위한 시료 제공 등이 통상 행해진다.

영미제도에 있어 경찰의 수사 내지 증거수집행위는 피의자를 법원에 고발함으로써 종료되는 것이 아니고 법원으로부터 그에 대한 유죄판결을 받을 때까지 계속되는 것이 원칙이다.

3. 소추 여부의 결정

Common Law의 원칙에 따라 당사자가 법원에 혐의자의 처벌을 구하는 것은 고발이 되고 그에 따라 혐의자를 체포한 경찰이 혐의자를 법원에 고발할 것인지의 여부를 최초로 결정한다. 이후 소추결정은 경찰 자체에 의하여 다시 검토되고 최종적으로 검사가 이를 검토한다. 검사가 공소권을 독점하여 경찰이 수사하여 송치한 사건을 검사만이 기소하는 것은 아니지만 미국에서 검사가 경찰의 고발절차에 깊이 개입하는 것은 사실이다.

체포된 혐의자는 24시간 또는 48시간 이내에 치안판사에게 인치되어야 하고 치안판사에게 인치되기 전에 미리 고발장이 제출되어야 한다. 따라서 경찰이 애초 소추결정을 재검토하는 것은 이 시간 내에 하게 된다. 이때 검사도 중요한 사건의 경우 종종 경찰의 소추결정을 검토하지만 검사의 검토는 이 단계에서 끝나는 것이 아니고 고발 이후에도 재판의 전 과정을 통하여 계속된다고 할 수 있다.

가. 고발 전 경찰의 재검토

경찰이 혐의자를 입건한 뒤 치안판사에게 혐의자를 인치하기 전에 고발에 대한 재검토를 하는 것이 보통이다. 통상 영장 없이 혐의자를 체포한 경찰관이 체포보고서를 작성하여 상급자에게 보고하는 과정에서 이러한 재검토가 이루어진다. 보고를 받는 상급자는 보고서에 기재된 대로 고발하도록 승인하기도 하고 고발 내용을 무겁게 또는 가볍게 변경하도록 하거나 고발을 그만두도록 하기도 한다. 고발을 그만두게 하는 경우는 고발을 하기에는 증거가 부족하거나 고발 이외의 다른 조치가 적절하다고 보이는 때이다.

상급자가 고발을 하지 못하게 하면 그에 따라 체포된 자는 석방된다. 다만 중죄(felony)의 경우 검사의 사전 승인을 받고 혐의자를 석방하도록 하는 주도 있다. 중죄혐의로 체포된 자를 이러한 방식으로 석방하고 소추를 하지 않는 경우는 전체 체포사건의 약 4%-10%에 이른다고 한다.

나. 고발 전 검사의 검토

경찰이 체포된 혐의자를 법원에 고발하는 과정에서 검사가 어느 정도 그에 관여하는지에 관하여는 각 주에 따라 상당한 차이가 있다.

일부 주의 경우 중죄(felony)는 물론 경죄(misdemeanor)로 체포된 모든 혐의자에 대한 고발에 있어 검사의 사전 동의를 받도록 하고 있다. 한편 다른 일부 주의 경우, 특히 인구가 밀집하여 많은 범죄가 발생하고 있는 도시지역에서는 일정한 범죄의 경우 경찰이 그 자체 판단으로 고발하고 있다. 이러한 지역에서는 검사가 다수의 중죄사건을 전부 검토하는 대신 일부 중요한 중죄사건만을 고발 전에 검토한다. 사전 검토를 거치지 않는 그 이외 다수의 중죄사건은 고발 이후 예비신문이나 대배심절차 단계에서 검토하는 것이 보통이다.

경죄사건의 경우에는 대부분의 주에서 검사의 검토 없이 경찰의 자체 판단으로 고발하고 있다. 결국 경죄사건의 경우에는 재판이 개시되고 난 후 검사가 검토하게 되지만 첫 기일에 피고인이 고발사실을 인정해버리면 사실상 고발에 대한 검사의 검토는 생략되는 것이 된다. 고발 내용을 검토하는 검사는 경찰이 추천하는 고발 내용을 그대로 받아들이거나 고발 내용을 변경할 수 있으며 경찰에게 증거보강을 요구할 수 있고 경우에 따라서는 조건을 달거나 또는 아무런 조건 없이 고발을 하지 못하도록 할 수 있다.

혐의자를 체포한 경찰의 소추의견에 대하여 검사가 하는 "소추불허결정"을 "rejection", "declination", 또는 "no-paper"라고 부른다. 검사가 이러한 결정을 하는 주된 이유는 증거부족에 있다. 물론 증거가 충분한 경우에도 검사는 다른 대안이 상당한 경우 소추불허결정을 한다.

검사의 고발 전 검토는 지역에 따라 매우 다양하게 행해지고 있어 어떤 지역의 경우에는 철저한 검토로 인하여 약 38%의 소추불허결정이 나오는 반면 어떤 지역에 있어서는 거의 검토를 하지 않아 소추불허결정이 거의 없는 지역도 있다.

다. 고발 후 검사의 검토

경찰의 고발에 따라 진행되는 후속 절차(예컨대, 피고인에 대한 예심절차 등)에서 검사는 자동적으로 다시 경찰의 고발 내용을 검토하게 된다. 검토 결과 피고인에 대한 경찰의 고발이 부당한 것이라면 검사는 법원에 고발취하신청(nolle prosequi motion)을 함으로써 법원으로부터 소에 대한 기각결정(dismissal)을 받는다. 또한 검토 결과 경찰의 고발내용이 실제 범죄내용보다 너무 무거운 경우에는 고발내용을 가벼운 것으로 변경할 수 있다.

4. 고발장의 제출과 치안판사의 구속사유 검토

경찰과 검사가 고발 내용을 검토한 결과 고발이 상당한 경우에는 치안법원에 고발장을 제출한다. 고발장을 보통 "complaint"라고 부른다. 사안이 가벼워 치안법원에서 재판이 가능한 경죄의 경우 소송절차의 모든 과정을 통하여 고발장이 기소장(charging instrument)으로서의 역할을 한다.

그러나 중죄의 경우에는 치안법원의 절차까지만 고발장이 기소장으로서의 역할을 하고 그 이후에는 정식 기소장(indictment)으로 대체된다. 대부분의 범죄에 있어 고발장의 내용은 보통 간단하게 기재된다. 고발장의 기본적인 기능은 피고인이 특정한 일시, 장소에서 형사법규정에 위반하여 특정한 범죄를 범하였다는 주장을 간결하게 제시하는 데 있다.

고발장에 기재되어 있는 주장사실을 진실한 것이라고 믿고 있다고 선서증언을 하는 자가 "고발인(complainant)"이 되고 고발장에 서명을 한다. 피해자나 수사경찰관이 고발인이 되는 것이 일반적이다. 수사경찰관이 고발인이 되는 때 그가 범죄현장을 목격하지 못하고 피해자나 다른 목격자로부터 받은 정보에 따라 고발인이 되는 경우에는 그의 고발 내용은 "정보와 믿음(information and belief)"에 기초한 것이라고 기재한다.

고발장의 제출에 따라 고발된 자는 형사소송에서 피고인(defendant)이 된다. 또한 고발장의 제출로 사건은 법원의 사건부에 등재되고 사건이 종결될 때까지의 모든 과정을 기록하는 재판기록의 시발이 된다. 고발된 사건이 법원에서 종결되는 일반적인 태양은 소의 기각, 유·무죄판결이 되는 것이 보통이지만 일정한 경우 처리를 유보하고 사건을 보류사건부(inactive docket)로 보내거나 이후 다시 고발하겠다는 소추인의 신청에 따라 고발을 기각하는 경우도 있다. 피고인이 도주하여 재판을 진행할 수 없는 경우 이러한 조치를 취하는 것이 보통이지만 피고인이 다른 지역의 교도소에 수감되어 있는 경우나 외국 등 법원의 관할지역 밖에 거주하는 경우에도 같은 조치를 취한다.

고발장이 제출되면 치안판사는 피고인의 첫 출정 이전이나 또는 첫 출정에 맞추어 소위 "Gerstein review"라는 것을 하여야 한다. 즉, Gerstein 사건에서 나온 연방대법원의 판결에 따라 피고인이 영장 없이 체포되어 구금 상태에서 고발이 된 경우에는 고발된 범죄사실에 비추어 피고인의 구금 상태를 계속 유지할 만한 상당한 이유(probable cause)가 있는지 여부를 치안판사가 검토하여야 한다.[2] 이러한 치안판사의 검토는 보통 영장발부의 경우와 비슷하게 고발인의 자료에만 기초하여 행해지는 일방적인(ex parte) 결정이다. 치안판사의 검토 결과 상당한 이유가 인정되지 않으면 치안판사는 소추인 측에 즉시 증거를 보강하던지 아니면 체포된 피고인을 석방하라고 명하게 된다.

2) Gerstein v. Pugh, 420 U. S. 103, 95 (1975).

체포영장이 발부되어 혐의자의 체포에 상당한 이유가 있는지 여부가 치안판사에 의하여 이미 검토된 경우에는 이 절차가 요구되지 않는다. 마찬가지로 피고인이 체포 이전에 대배심에 의하여 기소된(indicted) 경우에도 이 절차는 인정되지 않는다.

5. 피고인의 첫 출정

고발장이 치안법원에 제출되고 그에 따라 치안법원에 피고인에 대한 사건이 접수되면 체포된 피고인은 일정한 시간 내에 치안법원에 출석하게 된다. 이를 보통 피고인의 첫 출정(first appearance, initial presentment, preliminary arraignment 또는 arraignment on the warrant)이라 부른다.

피고인이 치안법원에 첫 출정하는 시간은 피고인의 구금 상태가 계속되고 있는지의 여부에 따라 달라진다. 피고인이 체포된 후 정해진 기일에 법원에 출석하라는 소환장을 받고 석방된 경우에는 소환장의 발부와 법정에 출석하는 일자 사이에는 최소 며칠 이상의 기간이 있게 된다. 또한 경찰서에서 보석으로 석방된 피고인의 경우에도 마찬가지이다. 그러나 중죄혐의로 체포된 대부분의 피고인과 경죄혐의로 체포된 상당수의 피고인은 체포 후 구금 상태를 그대로 유지하게 되고 이러한 경우 체포와 피고인의 첫 치안법원 출정 사이의 시간은 매우 짧은 것이 원칙이다.

Common Law의 전통에 따라 미국의 모든 형사소송법은 체포되어 구금되어 있는 피고인을 상당히 빠른 시간 내에 치안법원에 인치하도록 규정하고 있다. 통상 범죄혐의자를 체포하게 되면 경찰서로 그를 데려와야 하고 입건과 제한적이지만 체포 후의 수사, 고발 여부의 검토 그리고 고발장의 준비 등으로 수 시간 내에 체포된 자를 바로 치안법원에 데려가는 것은 사실상 불가능하다. 결국 치안법원이 야간에 심리를 하지 않는다면 오후에 체포된 자는 다음날이 되어서야 치안법원에 인치할 수 있게 된다. 이러한 사정을 참작하여 대부분의 법역에서 경찰이 혐의자를 체포한 때로부터 첫 출정까지 일정한 지체를 인정하면서도 24시간 이상의 지체를 인정하지 않고 있는 것이 일반적이다. 다만 주말에 치안법원이 휴정하는 것을 참작하여 그 지체시간을 48시간 이내로 제한하는 주도 있다.

피고인의 첫 출정은 상당히 짧은 절차로 종료된다. 먼저 치안판사는 출석한 피고인이 고발장에 기재되어 있는 자가 맞는지 여부를 확인한다. 이어 치안판사는 피고인에게 고발장에 기재되어 있는 고발 내용을 알려주고 이후 형사소송절차에서 인정되는 피고인의 권리를 고지한다. 법역에 따라 피고인에게 고지해주는 권리의 범위는 상이하다. 통상 치안판사는 피고인에게 묵비권이 있음을 알려주고 피고인이 법정이나 경찰에서 진술하는 내용은 소송에서 그에게 불리한 증거로 사용될 수 있다는 주의를 준다. 또한 피고인이 경죄로 고발되었는지 아니면 중죄로 고발되었는지에 따라 이후 절차에 관하여 고지해 주는 권리의 내용이 달라진다. 중죄로 고발된 경우에는 치안판사가 다음의 절차 즉, 예비신문절차를 알려주고 피고인이 이 권리를 포기하지 않는 한 그 기일을 정한다. 피고인이 경죄로 고발된 경우에는 예비신문이나 대배심절차는 인정되지 않기 때문에 이를 알려주지 않는다.

한편 경죄로 고발된 경우에는 피고인의 첫 출정에서 피고인의 유죄인정으로 형시소송절차가 종료되는 경우가 많다. 특히 교통사범으로 고발된 경우에는 첫 출정과 동시에 절차가 종료되는 것이 일반적이다.

피고인의 첫 출정에 있어 변호인이 없는 경우 치안판사는 피고인에게 변호인을 선임하여 조력을 받을 권리가 있음을, 그리고 피고인의 경제적 사정으로 변호인을 선임하지 못하는 때에는 일종의 국선변호인이라 할 수 있는 법원에서 선임해 주는 변호인(court appointed counsel)의 조력을 받을 권리가 있음을 알려준다. 국선변호인의 조력을 받을 권리는 범죄의 내용에 따라 달라진다. 일부 법역의 경우 유죄로 인정된다 하더라도 징역형에 처해지지 않는 가벼운 경죄에 대하여는 국선변호인을 인정하지 않고 있다.

대부분의 법역에서 중죄와 사안이 가볍지 않은 경죄의 경우 국선변호인이 인정되고 통상 치안판사가 국선변호인선임절차를 주재한다. 치안판사는 피고인이 국선변호를 원하는지의 여부 및 피고인의 경제적 능력을 확인한다. 그에 따라 치안판사는 직접 국선변호인을 선임하기도 하고 국선변호인선임을 담당하는 판사에게 국선변호인을 선임해 주라고 알려주기도 한다.

중죄로 고발된 피고인의 경우에는 상당한 비율의 국선변호인 선임이 이루어지고 있다. 75개의 대규모 county에서 중죄로 고발된 자들을 샘플 조사한 결과 약 80%가 국선변호인의 조력을 받는 것으로 나타났다.

가난한 피고인을 위한 국선변호인 선임방식은 크게 3개의 부류로 나누어진다. 미국 내 약 70%의 인구를 관할하는 대부분의 지역에서는 주(state)나 군의 국선변호인회(county public defender service)가 국선변호인을 제공한다. 그리고 약 25%의 지역에서는 당직변호사제도(assigned counsel system)에 의존한다. 이들 지역에서는 판사가 필요에 따라 국선변호인을 선정하는 방식(ad hoc basis)을 취하거나 정해진 선발방식에 따라 일반 개업 변호사 중에서 국선변호인을 정한다. 나머지 10% 미만의 지역에서는 일반 법률회사나 개업변호사 단체 또는 비영리변호사 단체 등과 일정한 기간 가난한 피고인을 위한 국선변호인 제공계약을 체결하고 그들로부터 국선변호인을 제공받는다.

피고인의 첫 출정에서 가장 중요하게 다루어지는 것은 피고인의 보석문제이다. 경범으로 고발된 피고인은 이미 소환장을 받고 석방되거나 경찰에서 보석으로 석방된 경우 또는 첫 출정에서 이미 유죄를 인정하는 경우가 대부분이므로 따로 보석이 문제되는 일은 거의 없다. 그러나 중죄로 고발된 거의 모든 피고인 그리고 사안이 중한 경죄로 고발된 피고인에 대하여는 보석에 관한 결정을 하여야 한다. 과거에는 현금으로 보증금을 내거나 보증증권판매업자로부터 보증증권(bond)을 구입하여 제출하고 보석으로 석방되는 것이 원칙이었으나 현재에는 이러한 방식 이외에도 여러 형태의 보석제도가 시행되고 있다.

오늘날 이용되고 있는 보석의 방식은 다음과 같다.

① 지정된 기일에 출석하겠다는 피고인의 약속을 받고 석방하는 방식,
② 지정된 기일에 출석하지 않으면 일정 금액을 물겠다는 약속을 받고 석방하는 방식,
③ 여행제한 등과 같이 돈과 관계없는 조건을 부과하고 석방하는 방식,
④ 보석보증금의 일부(보통은 10%)만을 납부하게 하고 석방하는 방식.

경죄사건에 있어서는 치안판사가 피고인의 출석약속만을 받거나 혹은 출석하지 않는 경우 일정 금액을 물겠다는 약속만을 받고 보석으로 석방하는 경우가 대부분이고 보석보증금을 납부하게 하는 때에도 아주 적은 금액만을 요구하기 때문에 보석보증금을 납부할 수 없어 보석으로 석방되지 못하는 피고인은 거의 없다.

또한 중죄혐의자를 포함한 모든 범죄혐의자의 경우 보석으로 석방되는 피고인이 85% 이상이 되고 그 중 상당수는 보석보증금과 같은 금전적인 보증이 아닌 다른 조건을 달아 석방되고 있다.

하지만 중죄사건, 특히 죄질이 중한 중죄사건으로 체포된 피고인만을 놓고 보면 사정은 완전히 다르다고 할 수 있다. 규모가 큰 county 75개를 표본조사한 결과 중죄혐의로 체포된 피고인의 37%가 종국재판이 끝날 때까지 구금되어 있었고 특히 강간이나 강도로 재판을 받는 피고인의 50%가 구금 상태에서 재판을 받았다.

보석으로 석방된 피고인이 법정에 출석하지 않는 비율은 약 25%이고 보석으로 석방된 후 다른 범죄를 범하여 체포되고 그에 따라 보석이 취소되는 피고인이 약 14%, 그리고 약 8%는 매년 도망자로 남게 된다.

6. 예　　심

중죄(felony)로 고발되어 법정에 첫 출정한 피고인은 치안판사로부터 소위 예심(preliminary hearing 또는 preliminary examination)을 받게 된다. 대부분의 주는 중죄로 고발된 피고인에게 예심을 받을 권리를 인정하고 있다.

본래 Common Law에서 소추당사자가 범죄혐의자를 중죄로 고발하면 그에 대한 예심을 담당하는 것은 대배심의 기능이었다. 영국에서는 대배심제도를 폐지하고 이러한 대배심의 예심기능을 치안법원이 맡아하도록 하였다. 그러나 미국의 경우에는 Common Law의 전통을 이어받아 대배심의 예심기능을 그대로 인정하면서도 영국의 경우와 같이 치안판사에 의한 예심도 인정하는 등 양 제도가 혼용되고 있다.

예심은 피고인의 첫 출정 이후 기일을 잡아 하는 것이 보통인데 피고인이 보석으로 석방되지 않고 구금되어 있는 경우에는 보통 1-2주 후, 그리고 피고인이 불구속 상태인 경우에는 수 주 후에 예심을 한다. 그러나 중죄로 고발된 모든 피고인 또는 대부분의 피고인에 대하여 예심이 이루어지는 것은 아니다. 우선 예심이 실시되기 이전에 검사가 고발이 상당한지의 여부를 검토하게 되고, 그 결과 고발이 부당한 경우에는 검사가 소의 기각(dismiss)신청을 하면 예심 이전에 사건이 종결된다.

또한 검사가 예심 이전에 대배심으로부터 기소(indictment)결정을 받게 되면 예심은 열리지 않는다. 예심에서 치안판사가 고발에 상당한 이유가 없다고 결정하더라도 대배심의 기소결정을 번복할 수 없기 때문이다. 검사가 예심을 실시하기 전에 대배심의 기소결정을 받아 예심을 우회하는 일은 대배심의 기소가 인정되는 주에서는 흔한 일이다. 마찬가지로 예심을 받는 것은 피고인의 권리이기 때문에 피고인이 예심을 받지 않겠다고 하면 예심은 열리지 않는다. 특히 피고인이 재판에서 고발된 범죄에 관하여 유죄인정을 하려고 하는 때에는 굳이 예심을 거칠 필요가 없다.

예심에서는 대배심의 경우와 마찬가지로 당사자가 아닌 중립적인 위치에 있는 기관(neutral body)이 고발의 상당성을 검토한다. 예심에 있어서 중립적인 위치에 있는 기관은 치안판사이다. 치안판사는 검사가 제출한 증거를 토대로 피고인이 고발된 범죄를 범하였을 것이라고 믿을 만한 상당한 이유(probable cause)가 있는지 여부를 심리하여 결정한다. 예심의 경우에는 대배심의 심리와 달리 일방 당사자의 진술이나 증거만을 기초로 심리하는 것(ex parte screening)이 아니라 양 당사자의 의견을 듣는 소위 대심절차(adversary proceeding)이고 따라서 양 당사자는 변호사(counsel)를 내세울 수 있다.

예심에서 어떤 증거를 기초로 심리하는지에 관하여는 법역에 따라 많은 차이가 있지만 대부분의 경우 선서진술서(affidavit)보다는 증인의 증언을 듣고 심리한다. 보통의 경우 소추인 측에서 범죄사실을 입증할 중요한 증인을 내세워 증언을 하도록 하고 피고인은 그 증인에 대한 반대신문을 하는 방식으로 진행한다. 피고인도 증인을 내세울 수 있지만 예심단계에서는 피고인의 중요한 증인을 내세우지 않는 것이 보통이다. 예심 결과 제출된 증거를 기초로 고발에 상당한 이유가 인정되면 치안판사는 사건을 다음 단계로 넘긴다. 대배심의 기소결정을 필요로 하는 주에서는 사건을 대배심으로 넘기고 대배심절차를 인정하지 않는 주에서는 사건을 정식재판에 바로 회부하게 된다.

예심 결과 중죄로 고발하는 데 필요한 상당한 이유가 인정되지 않고 경죄만 인정되는 경우에는 검사로 하여금 경죄로 대체하도록 한다. 예심 결과 고발에 상당한 이유가 인정되지 않으면 치안판사는 피고인의 석방을 명한다. 이러한 방식으로 고발이 기각되는 경우는 주에 따라 상이하지만 예심사건의 약 5-10%에 이르고 전체 중죄고발사건의 5% 이하라고 한다.

7. 대배심의 기소

대배심(grand jury)의 예심제도를 폐지한 영국과 달리 미국의 경우에는 거의 대부분의 법역에서 아직 이 제도를 인정하고 있다. 하지만 미국의 경우에도 대배심제도를 인정하면서 이를 절대적인 것으로 하지 않고 대배심의 기소(indictment)와 검사의 고발(information)에 의한 정식재판회부를 선택사항으로 하고 있는 주가 다수이다. 중죄로 고발된 모든 피고인에 대하여 대배심에 의한 기소만을 인정하는 18개의 주와 미연방 그리고 컬럼비아 특별구를 가리켜 보통 indictment jurisdiction이라 하고 소추인의 고발(information)에 의한 정식재판회부를 선택적으로 인정하는 주를 information state라고 부른다. 그 이외 사형이나 무기징역형에 처해질 수 있는 범죄에 대하여만 대배심에 의한 기소를 인정하고 있는 4개의 주를 limited indictment jurisdiction이라 한다.

Common Law에서 중죄로 고발된 피고인에 대하여 대배심의 예심을 인정하였던 이유는 소추인 특히 국왕의 남소주로부터 피고인을 보호하기 위한 것이었다. 그러한 연유로 대배심의 예심은 영국의 식민지였던 미국에서 영국 국왕의 압제로부터 식민지 국민의 기본권을 보장하기 위한 장치로서 특히 중요한 의미를 갖게 되었다. 한편 대배심의 심리를 받는 것은 피고인의 권리이기 때문에 피고인은 이 권리를 포기할 수 있다. 주에 따라 다르기는 하지만 보통 약 10%의 피고인이 이 권리를 포기하고 있다.

본래 대배심은 23명의 일반 시민으로 구성되어 다수결에 의하여 기소결정을 하였다. 하지만 오늘날에 이르러서는 12명으로 구성되는 대배심이 많고 또한 기소결정에 단순 과반 이상을 요구하는 주가 있다. 치안판사에 의한 예심의 경우와 마찬가지로 대배심의 경우에도 고발을 정당화할 수 있는 충분한 증거가 있는지의 여부를 심리한다. 다만 치안판사에 의한 예심의 경우와 달리 대배심은 Common Law의 전통에 따라 비공개로 심리하며 양 당사자의 진술을 듣는 것이 아니라 소추인 측이 제출하는 증거만을 심리한다. 피고인은 대배심의 심리에 참석할 수 없을 뿐 아니라 증거를 제출할 수 없다.

대배심은 치안판사의 예심에 구속되지 않는다. 치안판사가 고발에 대한 기각결정을 하였다 하더라도 대배심은 혐의자를 기소할 수 있고 고발이 상당하다고 하여 사건을 대배심으로 넘긴 경우에도 기소를 거부할 수 있다.

대배심에서 배심원의 과반수가 소추인 측 증거가 충분하다고 결정하게 되면 대배심은 소추인이 요구하는 기소장을 발부한다. 마찬가지로 전통에 따라 소추인이 제출한 기소장안(bill of indictment)에 "true bill"이라 기재하고 이후 기소장안은 기소장(indictment)이 된다. 대배심에서 배심원 과반수가 기소장발부를 거부하는 경우에는 기소장안에 "no bill"이라 기재하고 이 경우 피고인에 대한 고발은 기각된다. 대배심에서 고발이 기각되는 비율은 주에 따라 다르지만 보통 2-5%에 불과하다고 한다.

대배심에서 기소장이 발부되면 피고인은 정식재판에 회부되어 기소장에 따라 재판을 받게 되고, 대배심절차를 거치지 않고 고발(information)에 따라 바로 정식재판에 회부되는 경우에는 고발장이 기소장과 같은 역할을 한다. 대배심절차를 거치지 않는 경우 소추인의 고발에 대하여 치안법원의 예심을 거치는 것이 보통이지만 전술한 바와 같이 이 경우에도 피고인은 예심을 포기할 수 있다.

8. 기소인부절차

피고인이 중죄혐의로 대배심에 의하여 기소(indictment)되거나 소추인의 고발(information)에 따라 바로 정식재판에 회부되면 Common Law의 전통에 따라 법정에 소환되어 기소된 범죄를 범한 것이 사실인지 여부를 질문 받게 된다. 물론 경죄로 고발된 경우에도 치안법원에서 이러한 질문을 받게 된다. 이를 기소인부절차(arraignment)라고 하는데 피고인은 법정에서 판사로부터 기소 내용을 고지 받고 그에 대하여 유죄를 인정하는지의 여부에 대한 판사의 질문에 답변을 하게 된다.

가. 불항쟁의 답변

기소인부절차에서 판사의 질문에 대하여 피고인은 자신의 범행을 인정하는 유죄답변(plea of guilty)이나 무죄답변(plea of not guilty)을 하는 것이 일반적이지만 이와 달리 제3의 형태로 형사소송절차에서 피고인의 유죄를 인정하는 것은 아니지만 재판을 통하여 무죄주장을 하지 않고 기소범죄사실을 받아들이겠다고 답변할 수 있다.

이를 불항쟁의 답변(nolo contendere plea)이라 하며 피고인이 유죄답변을 하는 경우 이 사실은 민사소송 등에서 피고인에게 불리하게 원용될 수 있지만 피고인이 이러한 불항쟁의 답변을 하게 되면 유죄판결을 받은 사실이 다른 재판절차에서 피고인에게 불리하게 원용되지 않는다.

나. 무죄답변

미국 형사재판의 현실에서 정식재판에 회부된 대부분의 피고인들은 결국 유죄를 인정하는 것이 보통이지만 설사 나중에 유죄를 인정하는 경우라 하더라도 기소인부절차단계에서는 무죄를 주장하는 것이 일반적이다. 이 단계에서는 피고인 측에서 소추인 측 증거가 얼마나 확실한 것인지 알 수 없을 뿐 아니라 검사와 유죄협상을 할 수 있는 기회가 있으므로 일단 무죄답변을 하게 된다. 피고인이 무죄답변을 하게 되면 재판기일이 지정되는데 그 사이에 여러 변동사항이 생길 여지가 있게 된다.

피고인이 무죄답변을 하면 우선 검사가 사건을 다시 검토하게 된다. 검사가 기소인부절차단계까지 소추의 정당성을 충분히 검토해 온 경우에도 사정의 변경이나 새로운 사실의 발견 등으로 이 단계에서 5-15%의 사건이 검사의 고발취하신청에 의하여 종결된다. 또한 후술하는 바와 같이 피고인 측의 재판 전 이의신청이 받아들여져 재판을 하지 않고 사건이 종료되는 경우가 종종 있다. 그 이외 대다수의 사건, 즉 60-85%의 사건은 피고인이 기소인부절차에서 무죄답변을 하였음에도 불구하고 피고인의 종국적인 유죄답변으로 인하여 유·무죄를 가리는 재판절차를 거치지 않게 되는데 이는 검사와 피고인 사이의 유죄답변협상에 의하여 이루어지는 것이 보통이다.

다. 유죄답변

유죄답변을 하게 되면 피고인은 헌법상 보장되고 있는 여러 권리 예컨대, 배심에 의한 재판을 받을 권리, 증인에 대한 반대신문권 그리고 자기부죄금지의 권리 등을 포기하는 것이 된다. 따라서 피고인은 자발적으로 그리고 유죄답변의 결과를 완전히 이해하고 유죄답변을 하여야 한다. 그렇지 아니한 경우 유죄답변은 무효가 된다.[3] 이러한 이유로 많은 주에서 판사가 유죄답변을 하는

3) Boykin v. Alabama, 395 U. S. 238 [1969].

경우의 결과를 피고인에게 고지해주도록 하고 있다. 일부 주에서는 피고인이 유죄답변을 하는 경우에도 검사로 하여금 피고인의 유죄를 입증할 수 있는 증거를 제출하도록 하기도 한다.

피고인이 자신의 무죄를 주장하면서도 다른 이유로 유죄답변을 하는 경우도 있을 수 있다. 예컨대, 유죄로 인정되는 경우 징역 1월에 처해질 수 있는 경범으로 고발되었지만 보석보증금을 납부하지 못하여 기소인부절차가 이루어지기까지 5주 간 구금되어 있는 피고인의 경우가 그 예이다. 이때 피고인이 무죄를 주장하지 않고 유죄답변을 하게 되면 이미 복역한 기간에 비추어 바로 석방될 수 있고 이러한 이유로 피고인이 무고함을 주장하면서도 유죄답변을 하는 경우이다. 이러한 유죄답변을 Alford 유죄답변이라고 하는데 연방대법원은 피고인의 유죄답변은 피고인이 그의 유죄를 인정하는 것이 아니라 유죄답변에 따르는 권리의 포기를 알면서 유죄답변을 하는 것이라고 판시하면서 그 유효성을 인정하는 한편 피고인이 그의 무고함을 주장하면서 유죄답변을 하는 경우 판사가 그러한 유죄답변을 받아들이지 않는 것도 유효하다고 판시하고 있다.[4] 따라서 Alford 유죄답변을 받아들일 것인지의 여부는 판사의 선택사항이라고 할 수 있다. 한편 피고인이 유죄답변의 의미를 제대로 알고 유죄답변을 한 경우라면 설사 그러한 유죄답변이 사형을 피하기 위한 것이라 하더라도 유효하다는 것이 연방대법원의 입장이다.[5]

라. 유죄답변거래

피고인이 유죄답변을 하는 대가로 애초의 범죄보다 더 가벼운 죄로 고발하거나 피고인으로 하여금 가벼운 형을 선고받을 수 있도록 하는 거래 또는 피고인에게 다른 이익을 주기로 하는 거래를 보통 유죄답변거래(plea bargain)라 하는데 어떤 의미에서는 미국 특유의 제도라고 할 수 있다.[6]

---

4) North Carolina v. Alford, 400 U. S. 25 [1970].

5) Brady v. United States, 397 U. S. 742 [1970].

6) Common Law나 영국의 형사소송에 있어서는 정의에 반한다는 이유로 plea bargain을 인정하지 않고 있다. 그러나 plea bargain은 당사자의 처분권을 전제로 하는 당사자주의에 기초하고 있음은 물론이다. 우리나라에도 이러한 plea bargain제도를 도입하여야 한다는 주장이 있지만 우리는 당사자의 처분권을 전제로 하는 plea(기소인부)제도를 인정하지 않고 있고 본래 협상이라는 것은 대등 당사자 사이에서만 가능하다는 점 등을 고려하면 신중한 접근이 필요한 주장이다.

미국에서 인정되고 있는 유죄답변거래에는 다음의 3가지 형태가 있다.

① 피고인이 증거에 의하여 인정되는 범죄보다 더 가벼운 범죄에 대하여 유죄답변을 하기로 하는 약정,
② 피고인이 애초의 고발범죄에 유죄답변을 하는 대신 피고인의 양형에 도움을 주기로 하는 약정,
③ 피고인이 유죄답변을 하는 대신 다른 범죄에 대한 소추를 취소하거나 다른 범죄에 대하여 새로이 고발을 하지 않기로 하는 약정.

피고인의 유죄답변이 모두 유죄답변거래의 산물이 아닌 것은 물론이고 많은 피고인이 검사와의 거래 이외 다른 이유로 유죄답변을 하는 것이 현실이다. 또한 모든 거래가 유죄답변으로 이어지는 것도 아니다. 거래의 조건이 양 당사자와 판사가 받아들일 수 있는 것이어야 한다. 어떤 형태의 권유(inducement)는 그 성질상 불공정하거나 강제적인 것이 될 수 있다. 이러한 방식으로 받은 유죄답변은 자발적인 것이 아니어서 무효가 된다. 예컨대, 증거가 충분하지 않음에도 피고인의 배우자를 공범으로 소추하겠다고 하는 것은 부적절한 압력으로 이를 통하여 얻은 유죄답변은 무효가 된다.

유죄답변거래는 여러 형태로 이루어질 수 있고 비공식적인 장소를 포함하여 법원 복도나 길거리 또는 검사나 판사의 사무실 등 어디에서나 행해질 수 있다. 그러나 대부분의 경우 거래는 검사와 피고인의 변호사 사이에서 이루어진다. 이러한 유죄답변거래에 피고인은 변호인과 함께 동석하기도 하지만 반드시 참석하는 것은 아니다. 통상 판사는 법정에 협상의 결과가 제출될 때까지 어떤 일이 있었는지를 알려고 하지 않지만 경우에 따라서는 판사에 의해 유죄답변거래가 이루어지기도 한다. 실무에 있어서 판사가 단기간의 형을 제안하면서 유죄답변을 받아내는 것이 드문 일은 아니라고 한다.

검사가 피고인에게 유죄답변을 하는 조건으로 어떤 약속을 한 경우 그 약속은 지켜져야 한다. 검사가 이러한 약속을 지키지 않으면 그 약속은 검사의 의사와 관계없이 강제되거나 그렇지 못한 경우 유죄답변거래에 따른 피고인의 유죄답변은 취소된다.[7)]

7) Santobello v. New York, 404 U. S. 257 [1971].

Santobello 사건에서 피고인은 뉴욕 주에 의하여 2개의 중죄혐의로 기소되었다. 유죄답변거래에 따라 가벼운 범죄에 대하여 유죄답변을 하는 대신 검사는 피고인의 양형에 관하여 아무런 의견도 제시하지 않겠다고 약속했다. 피고인은 그에 따라 유죄답변을 하였지만 그 후에 있었던 양형절차에서 새로 사건을 맡은 검사가 약속과 달리 법정최고형의 의견을 제시하고 판사는 그대로 형을 선고했다. 다만 판사는 검사의 의견진술에 따라 최고형을 선고한 것이 아닐 뿐 아니라 검사의 의견은 최고형의 결정에 아무런 영향도 미치지 않았다고 했다. 이 판결에 대하여 피고인은 자신의 유죄답변을 취소하고 재판을 다시 해달라고 요구했지만 피고인의 요구는 거절되었다. 피고인의 상소에 대하여 연방대법원은 plea bargain에 따라 피고인이 유죄답변을 한 경우 피고인은 그 거래가 성사되는 데 대한 권리를 가지고 있고 따라서 판사는 그 거래를 강제하거나 아니면 피고인의 유죄답변을 취소하여야 한다고 판시했다.

이러한 문제점을 피하기 위해 대부분의 검사는 유죄답변거래를 함에 있어 피고인에게 양형에 관한 의견진술을 할 것인지 여부를 알려주면서 동시에 판사는 법률적으로 검사의 이러한 의견진술에 반드시 따라야 하는 것이 아니라는 점도 분명하게 알려준다. 많은 주에서 판사가 공개된 법정에서 유죄답변거래의 조건을 확인하도록 되어 있다. 판사가 그 조건을 인정하기 어려운 경우에는 피고인의 유죄답변을 취소하도록 하고 피고인의 유·무죄를 가리는 재판을 한다. 검사와 피고인이 유죄답변거래를 하는 경우 피고인은 변호인의 도움을 받을 헌법상의 권리를 보장받는 것이 원칙이다. 그러나 검사가 피고인을 찾아가 변호사가 참석하지 않은 상태에서 피고인과 유죄답변거래를 하고 그 후 피고인이 변호인과 그 결과에 대해 상의한 뒤 법정에서 유죄답변을 하는 경우 그 적법성이 문제되지만 이에 관한 연방대법원판결은 아직 나와 있지 않다.

유죄답변거래는 미국에서도 논란이 많은 제도이다. 일부 주에서는 이를 폐지하였고 다른 일부 주에서는 소추기관의 훈령으로 이를 금지하기도 한다. 그러나 이 제도로 인하여 소추당사자인 주나 피고인뿐 아니라 형사사법제도 자체도 큰 이익을 보고 있다고 한다. 제도를 폐지할 경우 유·무죄를 가리는 재판절차에서 국가가 부담하여야 할 인적, 물적, 경제적 부담을 생각하면 이 제도는 많은 논란에도 불구하고 큰 의미를 갖고 있는 제도라는 것이다.

9. 재판 전 이의신청

중죄에 대한 재판을 시작하기에 앞서 양 당사자는 법원에 재판과 관련한 이의신청(pretrial motion)을 할 수 있다. 피고인이 이러한 이의신청을 하는 것이 보통이지만 소추인 측도 이의신청을 하는 경우가 있다. 피고인이 하는 이의신청으로는 기소절차와 관련한 이의신청(예컨대, 대배심절차에 하자가 있었다고 주장하는 경우 등), 고발장이나 기소장의 유효성과 관련한 이의신청, 소추의 범위 그리고 소추의 시기와 장소에 관한 이의신청, 증거개시와 관련한 이의신청, 헌법에 위반하여 위법하게 취득한 증거에 대한 이의신청 등이 있다.

그러나 실무상 이러한 이의신청이 제기되는 경우는 그렇게 많지 않다. 이의신청이 제기되는 경우에도 범죄의 성질에 따라 이의신청의 비율이 다르다. 예컨대, 마약범죄의 경우에는 이의신청이 다수 제기되는 반면 전형적인 문서위조범죄의 경우에는 이의신청이 제기되는 경우가 거의 없다. 전체적으로 약 5% 정도의 사건에서 이의신청이 이루어지고 이의신청으로 인한 소의 기각은 2% 미만에 불과하다.

10. 재판절차

Common Law의 전통에 따라 영미의 형사재판절차는 민사재판절차와 크게 다를 이유가 없다. 하지만 형사재판은 피고인의 인권보장을 위해 민사재판의 경우와 달리 몇 가지 중요한 차이와 특징이 있다. 민사재판과 달리 형사재판에서 인정되는 중요한 차이점은 다음과 같다.

① 피고인의 무죄추정의 원칙,
② 합리적인 의심을 배척할 정도의 입증,
③ 증언대에 서지 않아도 되는 피고인의 권리,
④ 위법하게 수집된 증거의 배제원칙,
⑤ 피고인의 자기부죄금지의 원칙.

이러한 점을 제외하면 형사재판절차는 민사재판절차와 별다른 차이가 없을 뿐 아니라 영국의 재판절차와 미국의 재판절차 그리고 미국 각 주와 연방의 재판절차가 서로 크게 다를 이유가 없다. 마찬가지로 대부분의 법역에서 경죄사건에 대한 재판절차도 중죄사건의 재판과 비슷하게 진행된다. 하지만 일부 주에서는 경죄의 경우 비교적 형식에 구애받지 않고 느슨한 증거법을 적용하여 재판을 하고 있다.

전술한 바와 같이 대부분의 사건은 피고인의 유죄답변이나 소의 기각으로 재판절차를 거치지 않는 것이 대부분이고 중죄사건 중 약 15% 미만의 사건만이 피고인의 유·무죄를 가리는 재판절차를 거치게 된다. 물론 예외적으로 30% 이상 재판절차를 거치는 법역도 있지만 소를 기각하는 경우를 제외하고 유·무죄 답변만을 고려하면 약 10%의 피고인만이 무죄주장을 하여 재판절차를 거치게 된다. 특히 치안법원에서 재판을 하는 경죄의 경우에는 약 3-7%의 피고인만이 무죄답변을 하여 재판을 받게 된다.

가. 배심원의 선발

중죄로 정식재판에 회부된 피고인은 배심재판을 받는 것이 원칙이다. 영국의 경우와 같이 미국의 경우에도 배심재판을 받는 것은 피고인의 생래적 기본권의 하나로 인정되고 있고 그에 따라 연방헌법(수정 제 6 조)도 배심재판을 중요한 기본권의 하나로 보장하고 있다. 즉, 중죄로 기소된 모든 피고인과 경죄의 경우 6월 이상의 징역형에 처해질 수 있는 범죄로 고발된 피고인에게 이 권리가 인정된다. 또한 대부분의 주에서 가벼운 경죄(misdemeanour)로 고발된 피고인의 경우에도 일정한 경우 배심재판을 인정하고 있다. 즉, 피고인이 가벼운 경죄로 고발되어 치안법원에서 재판을 받은 후 이에 불복하여 일반 형사법정에서 새로이 재판받을 것(trial de novo)을 청구하여 허락받은 경우에는 배심재판을 받게 된다.

배심재판을 받을 권리도 피고인의 권리이기 때문에 영국과 달리 피고인이 이 권리를 포기하면 배심재판은 이루어지지 않는다. 미국 전체적으로 보면 중죄(felony)로 기소된 피고인의 약 70%가 배심재판을 받고 있지만 일부 법역에서는 판사에 의한 재판을 받는 피고인이 배심재판을 받는 피고인보다 더 많은 경우도 있다. 반면에 경죄사건의 경우에는 대부분의 피고인 즉, 95% 이상의 피고인이 배심재판이 아닌 판사에 의한 재판을 받고 있다.

Common Law에서 피고인의 유·무죄를 결정하는 배심은 본래 12명으로 구성되는 것이 원칙이었지만 오늘날 다수의 주에서 경죄의 경우에는 6명 그리고 사형 이외의 형으로 처벌되는 범죄의 경우에는 12명보다 적은 수의 배심이 인정되고 있다. 법원은 배심원소집영장(venire facias)을 받고 출석한 예비배심원 중에서 배심원을 선발한다. 대부분의 주에서 선거인명부나 운전면허증소지자를 대상으로 배심원소집영장을 발부한다. 배심원으로 선발되어 배심업무를 맡게 되는 것은 일반 국민의 의무이지만 대부분의 주에서 다양한 면제사유를 인정하고 있다. 대부분의 주에서 인정하고 있는 면제사유는 생계곤란, 건강상의 이유 그리고 법원 직원 등이 되고 있지만 다수의 주에서 특정한 직업 예컨대, 의사, 치과의사, 성직자, 선출된 공직자, 경찰공무원, 소방대원, 교사 그리고 혼자서 사업을 하는 자 등을 면제사유로 인정하고 있다.

소집된 배심원후보에 대하여는 배심원의 자격과 관련한 이의신청사유가 있는지의 여부를 알아보기 위한 질문을 하게 된다. 이를 "사실을 말하기(to tell truth)"라는 뜻의 "voir dire"절차라고 한다. 연방의 형사소송에서는 재판을 담당하는 판사가 배심원후보에게 질문을 하고 양 당사자의 변호사(counsel)는 판사의 허락을 받아 질문을 하거나 판사에게 질문사항을 제출하여 판사가 그 질문을 하는 것이 보통이다. 그러나 대부분의 주에서는 변호사가 직접 질문을 한다. 배심원은 어느 쪽에도 경사되지 않는 공정한 배심원이 되어야 하지만 현실에 있어서 공정한 배심원을 선발한다는 것은 어려운 일이고 양 당사자는 서로 자신들에게 동정적인 배심원을 선발하려고 한다. 그에 따라 중요한 형사사건의 경우 양 당사자가 배심원선발에 있어 컨설턴트의 자문을 받는 것이 보통이다. 배심원의 자격과 관련하여 이의신청을 하는 경우에는 Common Law의 전통에 따라 이유를 제시하고 하는 기피신청(challenge for cause)과 이유를 제시하지 않고 하는 무조건의 기피신청(peremptory challenge)이 있다.

이유를 제시하고 하는 기피신청의 경우 그 이유는 법으로 정해져 있는 것이 보통이다. 예컨대, 투표권이 없다거나 중죄혐의로 기소되어 있거나 중죄로 유죄판결을 받은 경우, 정신병의 경우, 그 사건의 증인이 될 가능성이 있는 경우, 그 사건의 기소장을 발부한 대배심의 배심원으로 있었던 경우, 그 사건에 관하여 의견을 개진한 일이 있는 경우 그리고 피고인에 대하여 편견을 갖고 있는 경우 등이 일반적으로 그 이유로 규정되어 있다.

영국에서는 피고인에게 인정하였던 무조건의 기피신청제도를 폐지하였지만 미국에서는 아직도 일정 수의 배심원에 대한 무조건의 기피신청을 인정하고 있다. 피고인뿐 아니라 소추인도 자신의 재량으로 무조건의 배심원기피신청을 할 수 있다.

무조건의 기피신청을 할 수 있는 배심원의 수는 주에 따라 그리고 범죄의 내용에 따라 차이가 있다. 중한 범죄일수록 기피할 수 있는 수가 늘어난다. 예컨대, 경죄의 경우 6명까지 기피할 수 있는 반면 중죄의 경우에는 12명이 되고 사형에 처해질 수 있는 범죄의 경우에는 그 수가 16명 내지 20명으로 늘어나기도 한다. 무조건의 기피신청의 결과 소수인종을 대표하는 배심원의 수가 줄어들고 있다고 한다. 무조건의 기피신청이라 하지만 인종이나 성(gender)을 근거로 한 기피신청은 헌법에 위반하는 것이 된다.

배심원의 명단은 공개되는 것이 원칙이지만 보복의 가능성이 있는 때에는 비공개로 하는 수도 있다.

나. 당사자의 모두진술(opening statement)

1) 소추인의 모두진술

소추인의 모두진술은 피고인의 범죄사실과 그에 대한 증거를 배심원에게 알리는 것이 주된 내용이 된다. 소추인의 의견이나 결론, 피고인의 성격과 관련한 언급, 논란이 있을 수 있는 언급 그리고 증거에 의하여 뒷받침되지 않는 주장은 금지된다. 피고인 측은 모두진술에서 소추인이 금지된 발언을 하는 경우 이의를 제기할 수 있다.

2) 피고인의 모두진술

소추인의 모두진술에 이어 피고인 측도 모두진술을 할 수 있지만 섣불리 모두진술을 하였다가 이를 입증하여야 하는 부담을 안게 되기도 하고 그러한 입증을 하지 못하는 경우 피고인의 주장이 거짓으로 인정될 여지가 있으므로 이 단계에서 피고인의 모두진술은 신중하게 하거나 생략하고 이후 소추인의 입증이 끝나고 하는 것이 일반적이다. 주에 따라서는 소추인의 입증 이후 피고인의 모두진술을 인정하는 주도 있다.

다. 당사자의 입증

1) 소추인의 입증

모두진술을 하고 나면 소추인 측에서 고발된 범죄에 대한 증거를 제출한다. 범죄사실을 입증할 물적 증거(physical evidence)를 제출하기도 하지만 대부분의 증거는 목격자 등 증인의 증언이 된다. 증인에 대한 신문은 소추인의 주신문(direct examination)에 이어 피고인 측이 반대신문(cross-examination)을 하고 그에 대하여 소추인이 재 주신문(redirect examination)을 하는 경우 피고인 측이 재 반대신문(recross-examination)을 할 수 있다. 소추인은 유죄입증을 위한 모든 증거를 제출하고 난 뒤 입증행위를 종료한다(rest the case)고 말한다.

2) 피고인의 입증

소추인의 입증이 끝나면 피고인 측이 반대 증거를 제출하고 그 입증을 한다. 피고인이 소환한 증인의 경우 피고인 측이 먼저 주신문을 하고 소추인이 반대신문을 한다. 피고인 측은 입증활동을 종료하고 난 후 또는 그 전이라도 배심이 평결을 하기 전에 여러 가지 이의신청을 할 수 있다.

가) 무죄판결 신청(motion for acquittal) 피고인은 소추인의 입증활동이 종료되면 소추인이 제출한 증거만으로는(prima facie case) 피고인의 유죄를 증명하기 위한 입증이 충분하지 않다는 취지의 이의신청을 할 수 있다. 즉, 소추인의 주장과 입증만으로는 피고인의 반증을 들어 볼 필요도 없이 유죄입증에 실패하였다고 주장하는 것이다.

일방의 주장과 입증만으로 입증된 상태를 prima facie case라고 하고 보통의 경우 반증을 통하여 이러한 입증상태가 해소되지만 소추인이 이러한 prima facie case를 통하여 유죄입증을 하는 데 실패한 경우에는 피고인 측이 반증을 제시할 필요 없이 피고인은 무죄가 된다.

따라서 피고인 측이 이러한 신청을 하고 판사가 신청을 받아들이면 피고인은 바로 무죄가 된다. 반면 피고인의 이러한 신청이 기각되면 재판은 계속되고 피고인은 심리를 종결하는 때 다시 같은 신청을 할 수 있다.

나) 무죄평결지시 신청 소추인과 피고인의 입증이 모두 종료되면 피고인 측은 판사에게 배심으로 하여금 무죄평결을 하도록 지시(directed verdict of acquittal)해 달라고 신청할 수 있다.

마찬가지로 소추인의 입증 내용만으로는 합리적인 사람이라면 피고인의 유죄를 인정할 수 없는 경우에 해당한다는 이유로 이러한 신청을 하게 된다. 다만 일부 주에서는 배심재판을 받을 권리는 피고인의 권리일 뿐 아니라 소추인의 권리도 된다는 이유에서 배심으로부터 피고인의 유·무죄에 대한 결정권을 판사가 가져가는 것은 부당하다고 하면서 이 신청을 인정하지 않고 있다.

그러나 대부분의 주에서는 유죄증거가 충분하지 않음에도 피고인이 배심으로부터 유죄평결을 받는 오심(miscarriage of justice)을 방지하기 위한 법원의 고유권한으로 이 신청을 인정하고 있다.

다) 재판의 무효 신청 재판과정에서 있었던 판사나 당사자의 부적절한 행위로 인하여 재판이 무효로 되는 경우가 있다. 재판의 무효사유가 될 수 있는 부적절한 행위로는 선동적인 증거(inflammatory evidence)의 제출이나 판사 또는 검사의 편파적인 언동 등이 될 수 있다. 이러한 이유를 들어 하는 재판의 무효신청은 배심이 평결에 들어가기 전에 할 수 있다.

3) 반증의 제시

양 당사자는 모두 자신들의 주장사실에 부합하는 입증을 한 후 상대방 당사자의 입증에 대하여 반증을 제시할 수 있다. 예컨대, 피고인이 소추인 측 증인의 신빙성을 다투거나 소추인 제출의 증거 상호간의 모순점을 다투는 증거를 제시하는 경우 그리고 소추인이 피고인 제출의 증거를 이와 같은 방식으로 다투는 것을 말한다. 당사자의 주신문에 이은 반대신문에서 증인의 신빙성을 다투기도 하지만 이와 같이 반증을 제시하는 것이 더 효과적인 방법이 된다. 특히 피고인이 알리바이 주장을 하는 경우 이러한 반증의 제시가 요구된다.

라. 당사자의 의견진술

양 당사자의 입증활동이 종료되면 양 당사자가 마지막으로 사건에 대하여 그들의 의견을 진술한다. 이때 대부분의 법역에서 소추인 측이 먼저 사건에 대하여 마지막으로 의견을 진술한다.

이 진술에 이어 피고인 측이 최후진술을 하고 그에 대하여 소추인이 피고인의 최후진술을 반박하는 마지막 의견진술을 한다. 소추인 측에 대해서만 피고인 측의 의견진술에 대하여 다시 반박할 기회를 주는 것은 피고인의 유죄입증을 위한 무거운 부담을 소추인이 전적으로 지고 있기 때문이다.

1) 소추인의 의견진술

검사는 제출한 증거를 요약하여 설명히고 어떤 연유로 이러한 증거들에 의하여 기소된 범죄사실에 대한 피고인의 유죄가 입증되는지를 밝힌다. 검사가 의견진술을 함에 있어서 어떤 진술을 할 것인지의 여부는 검사의 재량에 속하는 일이지만 부적절한 의견진술을 하는 경우에는 피고인 측의 이의대상이 되고 심한 경우에는 재판의 무효 내지 재소송이 문제되고 나아가 항소심에서 이를 이유로 유죄판결이 파기되는 수도 있다. 예컨대, 검사가 피고인의 유죄를 주장하면서 만일 피고인이 무고한 자라면 재판과정에서 자신이 증인으로 나서는 것이 당연함에도 나서지 않은 것으로 보아 유죄가 틀림없다고 의견진술을 한 경우 이는 피고인의 자기부죄금지의 권리를 침해한 것으로 재판의 무효사유가 될 수 있다.

2) 피고인의 최후 진술

배심재판에서 피고인 측의 최후진술 내지 최후변론은 매우 중요한 의미를 갖게 된다. 피고인 측은 합리적인 의심을 배척할 정도로 피고인의 유죄인정을 위한 무거운 입증책임을 지고 있는 것은 소추인 측이라는 점을 강조한다. 이어 소추인이 이러한 입증책임을 다한 것이 아니기 때문에 피고인은 무죄라고 주장하는 것이 보통이다.

검사와 마찬가지로 피고인의 변호사도 자신의 개인적인 의견을 개진하는 것은 인정되지 않는다. 예컨대, 변호인이 배심에게 "나는 나의 고객이 범죄를 범하지 않았다는 것을 개인적으로 확신하고 있다"고 말하는 것은 인정되지 않는다. 증거로 제출된 사실에 근거하여 변론을 하여야 하고 변호인의 개인적인 신념을 개입시켜서는 안 된다.

마. 판사의 사건요지설명

피고인에 대한 재판을 주재하는 판사는 양 당사자가 입증을 마치고 의견진술을 하고 나면 배심이 평결을 하기 위해 퇴정하기 전에 배심에게 그 사건과 관련한 일반적인 법원칙과 쟁점이 된 부분 그리고 그에 대한 증거의 요지를 설명해 준다. 일부 주에서는 양 당사자의 마지막 의견진술 이후에 판사가 배심에게 사건요지를 설명하기도 하지만 대부분의 주에서는 판사의 선택에 따라 양 당사자의 의견진술 이전 또는 이후에 할 수 있도록 하고 있다.

판사는 배심에게 피고인에 대한 범죄사실의 구성요건 그리고 이러한 범죄사실의 구성요건과 피고인의 유죄는 증거에 의해 합리적인 의심을 배척할 정도로 입증되어야 한다는 것을 알려준다. 대부분의 주에서 판사가 증거에 관한 의견진술(예컨대 어떤 증인의 증언은 이러 이러한 점에 비추어 신빙성이 부족하다)을 하는 것을 허용하고 있지만 일부 주에서는 이를 금지하고 있다. 증거의 성질과 신빙성은 배심의 판단에 맡겨두어야 한다는 이유에서이다.

대부분의 주 형사소송에서 양 당사자 특히 피고인의 변호인이 판사에게 특정 사항을 배심에게 주지시켜달라고 요청하는 것이 일반적이다. 판사는 당사자로부터 이러한 요청을 받게 되면 이를 들어주기도 하고 거부하기도 하며 경우에 따라서는 이를 수정하여 배심에게 설명하기도 한다. 이러한 문제와 관련하여 검사와 변호사 그리고 판사가 비공식적으로 상의를 하기도 한다. 하지만 배심에게 어떠한 사항을 설명할 것인지는 결국 판사가 결정한다. 판사가 이러한 설명을 함에 있어서 부적절한 사항을 배심에게 알려준 경우 이는 항소심에서 다투어지게 된다.

바. 배심의 평의

판사의 사건요지설명이 끝나고 배심이 평결을 위해 법정을 떠나 배심실에 들어가면 평의(deliberation)를 하기 전에 먼저 배심장(foreman)을 선출한다. 배심장은 배심원들의 평의를 주재하고 법정으로 돌아와 배심의 평결 결과를 발표한다. 배심의 평의는 비공개로 진행되고 배심원들은 그들의 결정과 관련하여 이후 법률적인 조사나 책임의 대상이 되지 않는다. 하지만 배심원들이 이후 자발적으로 평의의 자세한 내용에 관하여 토의하는 것은 문제가 되지 않는다.

배심원들을 외부로부터 격리시키는 문제에 대하여는 주마다 그 입장을 달리하고 있다. 일반적으로 사건이 사회적으로 민감한 반향을 불러일으킬 수 있는 경우, 배심원을 매수할 가능성 그리고 배심원들의 비행이 발생할 가능성이 많은 사건의 경우에 배심원들을 격리시키고 있다. 대부분의 주에서 이러한 이유로 배심원을 격리시킬지의 여부는 재판을 담당하는 판사의 재량에 맡기고 있다.

배심의 평의에 따라 피고인의 유죄 또는 무죄가 결정되지만 배심이 이러한 결정에 도달하지 못한 경우를 불일치 배심(hung jury)이라고 한다. 어느 정도의 시간에 걸친 평의에도 불구하고 결론에 도달하지 못한 경우를 불일치 배심으로 볼 것인지는 판사가 정한다. 불일치 배심의 경우 피고인을 다시 소추를 할 것인지의 여부는 검사가 결정한다. 배심에 의하여 피고인에 대한 유죄 또는 무죄의 결정이 없었기 때문에 피고인은 이중위험(double jeopardy)을 주장할 수 없고 불일치 배심이 되는 경우 몇 번이나 다시 피고인을 소추할 수 있는지에 관한 제한도 없다. 보통 검사가 피고인의 유죄가능성과 비용문제를 고려하여 결정한다.

배심이 의도적으로 법정에 제출된 증거의 증명력에 반하여 평결을 하는 경우가 있다. 예컨대, 피고인의 유죄를 입증할 증거가 있음에도 피고인에게 무죄평결을 하거나 고발된 범죄보다 가벼운 범죄로 유죄평결을 하는 경우와 같다. 이를 jury nullification이라 한다. 배심이 이러한 결정을 하는 이유는 증거에 따라 법률을 그대로 적용하는 것이 오히려 불공평(injustice)한 결과가 발생하는 것으로 보기 때문이다. 이는 오랫동안 미국 형사소송의 일부가 되어 왔고 정부의 과잉소추행위에 대한 방패로 인식되고 있다. 연방대법원도 배심의 이러한 권리를 인정하고 있다.8)

사. 평 결

판사나 배심의 평결(verdict)은 기소된 사건에 대한 피고인의 유죄 또는 무죄가 되는 것이 일반적이다. 그러나 일부 주의 경우 피고인의 정신이상에 의한 무죄(not guilty by reason of insanity)라는 제 3의 평결을 인정하고 있다. 정신이상에 의한 무죄평결을 받은 피고인에 대하여는 그를 정신이상자유치시설에 수용하기 위한 민사소송이 제기된다.

연방의 형사소송이나 대부분의 주의 경우 평결은 배심원 전원일치제로 하고 있다. 피고인의 유죄 또는 무죄결정에 있어 배심원의 의견이 전원일치가 되지 않으면 불일치 배심이 되고 재판은 무효(mistrial)가 된다. 불일치 배심이 되면 판사가 배심을 해산하고 새로이 배심을 구성하여 재판을 하게 되지만 다시 재판을 할 것인지 여부는 검사에 의하여 결정된다.

연방대법원은 전원일치에 미달하는 유죄평결을 인정하는 주의 법률에 대하여 위헌이 아니라고 판시하고 있다.

---

8) United States v. Powell, 469 U. S. 57 [1984].

그에 따라 12명의 배심원 중 10명이 유죄평결에 찬성하고 2명이 반대한 경우 이를 유효하다고 인정하였고[9] 유죄평결에 9대 3의 찬성을 인정하는 주 법률에 대하여도 합헌결정을 하였다.[10] 연방대법원은 사형에 처할 수 있는 범죄를 제외한 모든 형사사건에서 6명의 배심원을 규정하고 있는 주의 법률을 합헌으로 인정하고 있다.[11] 대부분의 주가 중죄사건의 경우 12명의 배심을 규정하고 있지만 6명의 배심을 규정하고 있는 주의 법률에 따라 6명의 배심원으로 재판을 하는 경우 그 평결은 전원일치여야 한다.[12] 배심이 배심장을 통하여 평결을 발표하면 피고인은 배심원의 평결에 대한 투표 결과를 알아 볼 권리가 있다. 배심은 공개된 법정에서 전원일치의 평결인지 아니면 몇 명이 결정된 평결에 찬성하였는지 또는 누가 평결에 반대하였는지를 발표한다.

11. 양형재판절차

피고인이 무죄평결을 받게 되면 이유 여하를 막론하고 사건은 종결되고 피고인은 석방된다. 그러나 피고인이 배심이나 판사에 의하여 유죄평결을 받게 되면 피고인에게 적정한 형을 정하는 양형절차로 넘어간다. 대륙법계형사소송에 있어서 재판은 피고인의 유·무죄와 양형을 함께 심리하는 것이 일반적이고, 판결 또한 유·무죄와 양형 모두를 포함하는 것이 일반적이지만 Common Law에 있어서 피고인의 유·무죄를 가리는 재판(trial)과 양형(sentencing)절차는 엄격히 구분된다. 따라서 재판단계에서 피고인의 양형에 관한 자료, 특히 피고인의 전과자료 등이 제출되는 것은 인정되지 않고 유죄평결 이후 양형절차로 이행된 경우에만 피고인에 대한 양형자료의 제출이 인정된다.

피고인에게 선고되는 형은 영국의 경우와 비슷하게 재산형, 사회내처분, 보호관찰명령 그리고 징역형이 되는 것이 일반적이지만 영국과 달리 사형제도가 인정될 뿐 아니라 실제 사형판결과 그 집행이 상당수 이루어지고 있다는 점이 특이하다고 할 수 있다.

---

9) Apodaca v. Oregon, 406 U. S. 404 [1972].
10) Johnson v. Louisiana, 406 U. S. 356 [1972].
11) Williams v. Florida, 399 U. S. 78 [1970]. 그러나 연방대법원은 5명의 배심원의 경우 이는 헌법위반이라고 판시하고 있다; Ballew v. Georgia, 435 U. S. 223 [1978].
12) Burch v. Louisiana, 441 U. S. 130 [1979].

미국에서는 Common Law에 의한 형을 부인하고 제정법주의를 채택한 결과 피고인에게 선고할 수 있는 최고형 또는 최단기형은 법으로 정해져 있다. 그에 따라 본래 판사나 배심이 재량에 따라 법에 의하여 정해진 형기 내에서 피고인에게 선고할 형을 정하는 것이 원칙이다. 또한 대부분의 주에서 피고인에 대한 형은 판사가 단독으로 정한다. 그러나 일부 주에서는 피고인이 판사에 의한 양형 또는 배심재판에 의하여 유죄평결이 난 경우 배심에 의한 양형 중에서 선택하게 하고 있다. 다만 사형판결의 경우에는 배심재판에 의한 유죄평결과 12명의 배심에 의한 승인이 있을 때에만 사형을 선고할 수 있도록 하는 것이 일반적이다.

그러나 오늘날 상당수의 주와 연방에서 양형기준법(sentencing guideline act)을 제정하여 판사의 양형에 관한 재량을 제한하고 이 법에서 정한 양형기준에 따라 형을 정하도록 하고 있다. 그에 따라 특정 사건에 있어서 피고인에게 선고하는 형은 양형인자에 따라 자동적으로 계산되어 나오는 것이 원칙이고 판사가 이러한 형을 선고하지 않는 경우에는 그 이유를 제시해야 하며 이유가 상당하지 않은 경우 이는 상소대상이 된다. 한편 상당수 피고인에 대한 형은 검사와 피고인 또는 피고인의 변호인 사이의 유죄답변거래에 따라 정해진다. 유죄답변거래에 의한 양형의 결정은 연방대법원도 그 합법성을 인정하고 있고 그에 따라 이러한 경우에는 법원의 양형절차가 별 의미를 갖지 않게 된다.

재판절차와 양형절차가 분리되는 관계로 유죄평결이 있었다 하여 피고인에 대한 형이 바로 결정되지 않는다. 피고인에게 유죄평결이 있으면 판사는 보호관찰관으로 하여금 판결전조사보고서(presentence investigation report, PSIR)를 작성하여 법원에 제출하도록 한다. 조사보고서의 결론부분에서 보호관찰관은 그 사건과 피고인에 관한 모든 정상을 참작하여 피고인에게 선고하여야 할 적정한 형을 정하여 판사에게 권고하는 것이 일반적이다. 이러한 판결전조사보고서를 토대로 판사 또는 배심이 피고인에게 선고할 적정한 형을 정하게 되지만 이때 보호관찰관의 양형에 관한 의견은 참고만 하고 그에 기속되지 않는다.

또한 양형자료를 수집하는 것은 보호관찰관의 임무이지만 양 당사자도 양형에 관한 자료를 제출할 수 있고 상대방이 제출한 자료에 대하여 다툴 수 있다. 이러한 양형자료의 수집과 양형자료에 대한 이의신청 또는 그 반박자료의 제출 등에는 증거법이 적용되지 않는다.

따라서 양 당사자는 증인을 불러 증언을 들어 볼 권리를 갖고 있지 않으며 증인을 불러 증언을 듣는 경우에도 반대신문을 할 수 없다. 대부분의 주에서 판결전조사보고서를 피고인 측에도 제공하기 때문에 피고인 측은 잘못된 판결전조사보고서의 내용에 대해 이의신청을 할 수 있고 반박자료도 제출할 수 있다. 양형자료에 관한 다툼이 있는 경우 판사가 이를 종국적으로 결정하며 이를 위해 판사는 재판절차에 준하는 방식으로 증언을 들어보기도 한다.

12. 상 소

판결이 선고되면 피고인은 일정한 기간(통상 30일) 이내에 유죄평결이나 양형에 관하여 상급법원에 상소할 수 있다. 피고인의 상소가 헌법상 인정되는 권리는 아니지만 모든 주에서 법률상의 권리 또는 법원절차로 피고인의 상소를 인정하고 있다. 또한 일부 주에서는 사형판결의 경우 주 항소법원을 거치지 않고 바로 주 대법원에 상소하게 하고 있다.

모든 형사사건은 연방법이나 헌법상의 문제가 있는 경우 연방대법원까지 상소할 수 있는 것이 원칙이다. 그러나 연방대법원에서 상소사건을 받아 심리하기 위해서는 9명의 대법관 중 4명의 찬성(rule of four)이 있어야 한다. 그에 따라 매년 연방대법원에 올라오는 수 천 건의 사건 중에서 극히 일부만이 연방대법원에서 심리된다는 것은 전술한 바와 같다. 연방대법원이 심리를 거절하는 경우 바로 아래 상급심법원의 판결이 그대로 확정된다.

피고인의 상소가 인정되어 피고인에 대한 유죄판결이 파기되면 피고인은 무죄가 되는 것이 아니라 다시 재판을 받게 되는 것이 원칙이다. 피고인의 상소는 피고인의 이중위험금지원칙에 대한 권리의 포기로 보기 때문이다. 피고인을 다시 소추할 것인지 여부를 결정하는 것은 검사다. 다만 피고인에 대한 유죄입증을 위한 증거불충분을 이유로 하급법원의 유죄판결이 상급법원에서 파기된 경우에는 재소추할 수 없다.

전술한 바와 같이 재판에 오류가 있었다고 하여 피고인의 유죄판결이 모두 파기되는 것은 아니다. 특히 사안이 복잡하고 어려운 사건인 경우 재판과정에서 판사가 여러 가지 오류를 범할 수 있다. 재판에 오류가 있었다 하더라도 그것이 무해한 것이면 피고인의 유죄판결은 파기되지 않는다.

어떠한 오류가 무해한 것인지 아니면 판결에 영향을 미친 유해한 것인지 여부는 상소심법원이 사건의 전체적인 사실관계를 검토하여 결정한다. 하지만 피고인의 기본권을 침해한 것으로 인정되어 당연히 유해한 오류로 인정되는 것도 있다. 예컨대, 변호인의 조력을 받을 권리를 침해하여 판사가 국선변호인을 선임해주어야 함에도 이를 선임해 주지 않은 경우와 같이 피고인의 유죄판결에 영향을 미치지 않은 때에도 이러한 오류는 당연히 유해한 오류가 되어 피고인에 대한 유죄판결은 파기된다.

13. 인신보호영장제도

피고인에 대한 재판과 상소절차 등 통상의 형사소송절차가 모두 끝난 후에도 유죄판결을 선고받고 복역 중인 재소자는 언제든지 그에 대한 수사와 재판과정에서 있었던 위법행위를 이유로 그의 석방을 구하는 민사소송을 제기할 수 있다. 이를 인신보호영장(habeas corpus; you have the body)이라 하며 다른 사람을 구금하고 있는 자로 하여금 재소자를 법정에 데려와 왜 구속이 정당하고 계속되어야 하는지 그 이유를 설명하라고 지시하는 영장을 말한다.

이는 Common Law에 의하여 오래 전부터 인정되어 오던 것으로서 정부에 의한 모든 종류의 위법한 구금에 대한 구제책으로 미국에서는 종종 "자유를 위한 위대한 영장(Great Writ of Liberty)"이라고 불려진다. 자유를 박탈당한 자는 누구든지 인신보호영장을 청구할 수 있지만 승소하는 예는 거의 없다. 통상 피고인이 유죄판결을 받은 법원에 청구한다.

상소는 유죄판결을 선고받은 피고인이 상급법원에 그 유죄판결의 파기를 위하여 제기하는 것이지만 인신보호영장은 상소심을 포함한 모든 형사소송절차가 종료되고 피고인의 유죄판결이 확정되어 수감생활을 시작한 후 인정된다는 점이 근본적으로 다르다.

예컨대, 중죄로 고발된 피고인이 유죄판결을 받고 상소하였으나 상소가 모두 기각되어 교도소에 수감된 후 배심재판을 받는 과정에서 소추인이 배심을 매수한 사실을 알게 되면 더 이상 상소는 인정되지 않지만 인신보호영장을 청구하여 그의 석방을 구할 수 있다. 이 소송은 민사소송이고 재소자를 수감하고 있는 교도소의 소장이 상대방 당사자가 된다.

인신보호영장청구에 성공하여 석방되는 경우에도 새로 재판을 받게 되는 것이지 무죄로 되는 것은 아니다. 인신보호영장을 청구하는 것은 스스로 이중위험금지의 권리를 포기하고 이전의 재판이 헌법위반 또는 무효라고 주장하면서 새로운 재판을 요구하는 것으로 보기 때문이다.

과거 인신보호영장제도는 사형판결을 받은 재소자가 그 집행의 연기를 위한 방편으로 자주 이용되었다. 이러한 청구가 결국 실패로 끝나는 경우에도 연방대법원의 심리를 받기까지 몇 년이 소요되었고 청구가 기각되면 다시 계속하여 이 청구를 하는 식이었다. 이러한 폐해를 방지하기 위해 연방대법원은 인신보호영장청구는 1회에 한하여 할 수 있는 것으로 변경하였다. 따라서 재소자가 인신보호영장청구의 원인이 되는 주장사실을 달리하여 청구하는 경우에도 재청구는 인정되지 않는다. 다만 사형판결의 경우에는 예외가 인정된다. 즉, 사형판결을 받은 자가 무죄를 주장하며 다른 청구원인사실을 들어 인신보호영장을 다시 청구하는 것은 인정된다.

제 3 절

범죄의 수사

1. 수사절차와 인권보장

가. Common Law와 수사절차

영국의 경우와 같이 미국의 형사소송에 있어서도 Common Law의 기본원칙은 크게 변한 것이 없다. 수사절차에 있어서도 마찬가지이다. 따라서 경찰이나 연방 수사기관의 수사는 기본적으로 소추당사자로서 피고인의 유죄입증을 위해 법정에 제출할 증거자료의 수집행위에 불과한 것이 된다. 즉, 미국의 경찰이나 수사기관은 국가형벌권을 행사하는 국가 수사기관으로서 국가의 입장에서 객관적으로 혐의자에 대한 범죄혐의를 밝히는 것이 아니라, 민사소송에 있어 원고 또는 사인소추에 있어서 소추행위를 하는 사인과 마찬가지로 혐의자를 찾아내 법원에 소추하고 법원으로부터 유죄판결을 받아내는 형사소송의 일방 당사자로서 그러한 소추행위에 필요한 증거를 수집한다.

물론 미국의 형사소송에서는 사인소추가 금지되고 있어 일반 시민이 사인소추를 전제로 증거를 수집하는 등 수사행위에 관여하는 경우가 드물지만 일단 형사소송의 원칙은 Common Law의 기본원칙이 그대로 적용된다. 그러나 미국의 형사소송이 일찍이 사인소추를 부인하고 대륙법계형사소송의 영향을 받아 주나 연방에 의한 공소추제도를 받아들이고 그에 따라 사실상 '공권력을 행사하는' 경찰이나 FBI와 같은 연방 수사기관이 범죄의 수사와 소추를 전담하게 되면서 영국에서와는 다른 문제가 제기되었다. 영국의 경우에는 Common Law의 기본원칙을 그대로 계승하여 수사에 종사하는 경찰이라 하더라도 원칙적으로 일반 시민과 다른 특별한 수사권을 갖고 있는 것으로 보지 않고 '법질서유지에 관심 있는 하나의 사인'으로 보고 있지만, 미국의 경우에는 사실상 공권력을 행사하는 경찰이나 연방 수사기관을 영국에서와 같이 단순히 경찰관 유니폼을 입은 시민에 불과한 것으로 보기는 어렵게 되었다.

여기에다 광대한 영토, 다양한 인종구성과 다양한 문화의 공존 등에 비추어 사인소추의 이념과 당사자주의를 원칙으로 하는 영국의 형사소송이 미국에 그대로 적용되기는 어려웠다. 특히 백인에 비해 상대적으로 교육과 문화수준이 낮은 흑인 등 소수 인종에 대한 경찰의 억압적인 수사가 문제가 되었다.

이러한 이유로 미국의 형사소송은 Common Law의 원칙을 그대로 유지하면서도 형사소송에 있어서 대등한 당사자로 볼 수 없는 수사기관 즉, 공권력을 행사하는 연방 수사기관이나 경찰과 관련한 수사절차에 있어서는 피의자에 대한 여러 가지 인권보장적인 조치가 필요하게 되었다. 이러한 요청에 부응하여 미국 연방헌법에 대한 여러 차례의 수정이 이루어지고 연방헌법의 규정은 연방은 물론 미국의 모든 주에 적용되게 되었으며 또한 연방대법원의 판결을 통하여 그 적용범위가 점차 확장되고 구체화되었다.

이러한 과정을 거쳐 연방이나 각 주는 형사실체법에 있어서는 서로 내용을 달리할 수 있지만 형사소송에 있어서는 연방헌법과 연방대법원의 판결을 통하여 통일된 내용을 갖게 되었다. 그러한 이유로 미국의 형사소송을 설명하는 경우 주로 연방헌법이나 연방대법원의 판결을 통한 인권보장적인 규정과 그 해석이 형사소송의 전부인 것처럼 일반적으로 받아들여지고 있지만 실제 미국의 형사소송은 그 절차에 있어서 영국의 형사소송과 크게 다를 것이 없고 다만 연방 수사기관이나 경찰이 개입된 수사와 관련하여 피의자의 인권보장을 위한 여러 가지 규제장치가 가동되고 있을 뿐이라고 할 수 있다.

경찰과 검사의 관계에 있어서도 영국과 같이 범인을 발견하고 증거를 수집하여 범인을 고발하는 것은 경찰이 담당하고 검사는 이러한 사건을 인수하여 법정에서 소추행위를 맡아 하는 것이 원칙이다.[1] 다만 영국의 경우와 달리 미국의 연방이나 각 주는 형법과 형사소송법을 제정하여 시행하고 있다.

1) 대등 당사자주의를 철저하게 관철하려는 입장에서 영국의 검사는 원칙적으로 범죄의 수사에 관여하지 않는 것이 원칙이지만 미국의 검사는 법정에서 소추행위를 전담하는 이외 소추당사자를 위해 범죄와 관련된 증거를 수집함에 있어 특별한 제한이 없다.

나. 수사와 상당한 이유

1) 의 의

전술한 바와 같이 사인소추에 있어서 수사는 민사소송에 있어 원고가 입증자료를 수집하는 것과 마찬가지로 소추당사자가 소추행위에 필요한 증거자료를 수집하는 것에 불과한 것이다. 따라서 이러한 증거수집행위에 대하여 따로 그 개시 기준 등을 정할 필요가 없다. 사인의 현행범체포나 압수·수색의 경우에도 마찬가지이다. 그러한 요건이 구비되어 있는지 따라서 그것이 적법한 것인지 아니면 위법한 것인지가 나중에 문제가 될 뿐 부당한 현행범체포와 같은 위법한 수사행위의 결과로 취득한 증거가 문제되는 일은 없었다.

이러한 Common Law의 원칙은 오늘날에도 영국이나 미국의 형사소송에 그대로 적용된다. 하지만 사실상 공권력을 행사하는 미국의 연방 수사기관이나 경찰이 일반 시민과 마찬가지로 아무런 기준도 없이 자의적으로 수사를 개시하거나 체포 또는 압수·수색 그리고 소추행위를 하게 된다면 이는 시민의 인권보장과 관련하여 큰 문제가 될 수 있다. 이러한 이유로 미국의 경우 시민의 인권을 보장하고 공권력의 남용을 방지하기 위해 연방 수사기관 또는 경찰의 수사에는 일정한 기준을 정하고 그러한 기준에 위반된 수사 및 그 결과로 취득한 증거에 대하여 엄격한 규제를 하고 있다.

이와 관련하여 미국의 형사소송에서 중요한 의미를 갖는 것이 '상당한 이유(probable cause)'라고 할 수 있다. 경찰업무와 관련하여 이 개념은 매우 넓게 사용되고 있고 종종 경찰의 행위가 적법한지 여부를 결정하는 중요한 기준이 된다. 연방대법원도 "형식적으로 체포의 요건을 모두 갖추고 있는 경우라 하더라도 상당한 이유가 뒷받침되지 않는 경우의 체포나 압수는 부당하다는 것이 일반적인 원칙이다"고 판시하고 있다.[2] 경찰의 업무집행과 관련하여 상당한 이유를 요하는 근거는 연방헌법 수정 제 4 조다.[3]

비슷한 개념으로 합리적 의심(reasonable suspicion)이란 것이 있다. 합리적 의심이 인정되는 경우 경찰이 정지와 겉옷 수색(stop and frisk)을 할 수 있지만

2) Michigan v. Summers, 452 U. S. 692 [1981].

3) 동조의 규정은 "The right of the people to be secure in their persons, houses, papers, and effects against unreasonable searches and seizures shall not be violated and no Warrants shall issue, but upon probable cause…"로 되어 있다.

합리적인 의심만으로 사람을 체포할 수 없다. 합리적인 의심은 상당한 이유보다 입증의 정도에 있어서 보다 더 약한 개념이긴 하지만 이들 개념은 모두 주관적인 것이기 때문에 구체적인 사건에 있어서 합리적인 의심과 상당한 이유를 구별하기는 쉽지 않다. 이들 문제는 법정에서 종종 중요한 쟁점으로 다투어지며 그에 대한 법원의 결정은 상소의 대상이 되기도 한다.

2) 상당한 이유의 의미

연방대법원은 상당한 이유를 '단순한 의심(bare suspicion)' 이상으로 정의하고 있다. 즉, "경찰관이 알고 있거나 믿을만한 정보에 기초한 사실과 정황 자체로 합리적인 주의력을 갖고 있는 사람이라면 범죄가 막 발생했거나 발생하고 있다고 믿을 만한 사유가 있다고 볼 수 있는 때 상당한 이유는 존재한다" 또한 "상당한 이유에 대한 실질적인 요건은 유죄라고 믿을 수 있는 합리적인 근거에 있다"고 한다.[4] 법원은 단순한 의심(suspicion)과 확실한 사실(certainty)의 중간지대에 존재하는 상당한 이유를 인정하는 데 있어서 중요한 주관적 요소로 '합리성(reasonableness)'이라는 기준을 들고 있다. 체포나 압수를 정당화할 수 있는 객관적 사실이나 정황은 합리적인 사람이라면 불법행위가 막 일어났거나 현재 일어나고 있다는 것을 충분히 설득할 수 있는 것이어야 한다.

상당한 이유를 판단함에 있어서는 구체적인 의심의 이유와 특정한 사실을 함께 고려해야 한다. 육감(hunch)이나 일반화된 의심(generalized suspicion)은 상당한 이유가 있다고 인정할 만한 합리적인 근거가 될 수 없다. 이러한 이유로 일부 주에서는 상당한 이유라는 말을 쓰는 대신 "합리적인 이유(reasonable cause)" 또는 "합리적인 근거(reasonable ground)"라는 말을 쓰고 있다.

3) 합리적인 사람의 기준

합리적인 주의력을 갖고 있는 사람이라는 개념은 법률교육을 받은 사람을 가리키는 것이 아니다. 대신 동일한 사정에서는 동일한 생각을 할 수 있는 평균적인 수준의 사람을 말한다. 그러나 상당한 이유가 있는지의 여부를 결정함에 있어서는 이러한 통상적인 사람의 생각에다 경찰관의 특수한 경험을 고려하여 판단한다. 즉, "경찰관은 해당 분야에 대한 지식과 범인들과의 접촉과정에서 취득한 경험을 바탕으로 합리적인 추론을 이끌어낼 수 있다."[5]

4) Brinegar v. United States, 338 U. S. 160 [1949].
5) United States v. Ortiz, 422 U. S. 891 (1975).

경찰관은 그들의 경험과 훈련 그리고 경력을 감안하면 특정한 사실이나 정황을 평가함에 있어 일반인보다 훨씬 더 유능하다고 할 수 있다. 따라서 일반인을 기준으로 하면 상당한 이유가 인정되지 않는 경우에도 훈련을 받고 경험이 있는 경찰관의 경우에는 상당한 이유가 인정되는 수가 있다. 특히 일반인에게는 범죄행위와 관련이 없는 무고한 행위로 보이지만 훈련받은 경찰관의 입장에서는 범죄행위의 발생을 알려주는 것으로 보이는 일이 드물지 않는 절도나 마약범죄의 경우 이러한 사정이 현저하다.

4) 실무상의 기준

실무에 있어서는 경찰관이 합리적인 사람이라면 체포나 압수가 정당화될 수 있는 여지가 그렇지 않은 경우보다 더 많다고 충분히 생각할 수 있는 믿을 만한 증거를 갖고 있는 경우에 상당한 이유는 존재한다고 볼 수 있다. 이를 산술적으로 생각한다면 50% 이상의 가능성이 있는 경우를 말한다고 할 수 있다. 물론 50% 이상의 가능성이 있는 경우는 당연히 상당한 이유가 있다고 볼 수 있고 실무에 있어서는 그에 다소 미치지 못하는 경우에도 상당한 이유가 있다고 인정되는 경우가 있다.[6] 이와 관련하여 형사소송에서 문제가 되는 입증의 정도는 다음의 경우로 나누어 볼 수 있다.[7]

입증의 정도	확실성의 정도	소송에서의 적용
absolute certainty	100%	필요한 경우 없음
beyond a reasonable doubt	95%	피고인의 유죄인정
clear and convincing evidence	80%	보석불허, 피고인의 심신상실
probable cause	50% 이상	영장발부, 영장 없는 체포, 압수, 수색 기소장의 발부
preponderance of the evidence	50% 이상	민사소송, 피고인의 주장
reasonable suspicion	30%	stop and frisk
suspicion	10%	경찰 또는 대배심의 수사개시
reasonable doubt	5%	피고인의 무죄
hunch	0%	소송에서 의미 없음

6) Illinois v. Gates, 462 U. S. 213 (1983).
7) Rolando V. del Carmen, Criminal Procedure, p. 78.

5) 상당한 이유가 적용되는 경우

형사소송에서 경찰의 수사와 관련하여 상당한 이유가 적용되는 중요한 경우는 다음과 같다.

① 영장에 의한 체포,
② 영장 없이 하는 체포,
③ 영장에 의한 압수와 수색,
④ 영장 없이 하는 압수와 수색.

이들 4가지 경우에 적용되는 상당한 이유의 개념은 동일하다. 하지만 상당한 이유를 구체적으로 적용함에 있어서는 중요한 차이가 있다. 체포의 경우에 있어 상당한 이유를 인정하기 위한 주된 관심사는 범죄가 실제 발생하였는지의 여부 그리고 체포 대상자가 그 범죄를 실제 범하였는지의 여부이다. 반면 압수와 수색에 있어서는 그 대상이 되는 물건이 범죄와 관련이 있는지의 여부 그리고 수색을 하려고 하는 장소에서 그 물건을 발견할 수 있는지의 여부가 주된 관심사가 된다.

상당한 이유라는 개념은 동일하지만 이와 같이 그 관심사가 상이한 관계로 체포를 함에 있어서는 상당한 이유가 존재하는 경우에도 압수와 수색에 있어서는 상당한 이유가 인정되지 않는 경우가 있을 수 있다. 예컨대, 강도혐의로 혐의자를 그의 아파트에서 체포하는 경우 강취한 물건은 강도혐의자가 아파트 밖에 세워둔 그의 차에 있다고 경찰관이 믿고 있는 때에는 체포에 대하여는 상당한 이유가 인정되지만 아파트에 대한 수색에 있어서는 상당한 이유가 인정되지 않는다.

영장에 의한 체포나 압수·수색의 경우에는 상당한 이유의 존재 여부를 판단하는 것은 영장을 발부하는 치안판사이다. 치안판사가 상당한 이유의 유무를 판단하므로 경찰관은 영장을 발부받으면 그에 관하여 특별히 염려할 필요가 없다. 하지만 치안판사의 판단이 종국적인 것은 아니다. 치안판사가 상당한 이유가 있는 것으로 인정하여 영장을 발부한 경우라 하더라도 재판과정에서 다투어질 수 있고 그때 상당한 이유가 실제 존재하지 않았다는 것이 인정되면 영장에 의하여 취득한 증거라도 증거로 사용할 수 없다. 주에 따라서는 영장이 발부된 경우 상당한 이유가 없었다는 것은 피고인이 입증의 우세 정도가 아닌 분명하고 확실한 증거(clear and convincing evidence)로 입증하여야 한다고 하는 주도 있다.

반면 영장 없이 하는 체포나 압수·수색의 경우에는 경찰관이 현장에서 상당한 이유의 존재 여부를 결정하게 된다. 경찰관의 이러한 결정은 나중에 재판에서 다투어지게 된다. 특히 재판 전이나 재판 도중에 증거에 대한 이의신청(motion to suppress)으로 다투어지는 것이 보통이다. 물론 이러한 이의신청에 대한 결정은 상소심에서도 다투어진다.

경찰관이 영장을 발부받지 아니하고 체포나 압수·수색을 한 경우 그에 대한 상당한 이유가 인정되지 않으면 다음의 두 가지 문제가 발생한다.

우선 이러한 절차로 취득한 증거는 법정에서 피고인의 유죄입증을 위한 증거로 사용할 수 없다. 다음 이러한 수사를 한 경찰관은 민사적인 책임을 질 가능성이 있고 극단적인 경우에는 형사소추의 대상이 될 수 있다. 이러한 이유로 연방대법원은 영장에 의한 체포나 압수·수색을 권장하고 있지만 실무에 있어 대부분의 체포나 압수·수색은 수많은 영장주의에 대한 예외사유를 근거로 영장 없이 행해지고 있는 것이 현실이다.

6) 위법한 체포 또는 압수·수색이 되는 경우

상당한 이유는 경찰관이 수사를 함에 있어서 그 요건이 구비되어 있어야 한다. 수사 당시 상당한 이유가 없었다면 그 후에 상당한 이유가 인정되는 경우에도 위법한 수사가 적법한 것으로 치유되는 것이 아니다. 예컨대, 경찰관이 수상쩍게 보이는 사람을 체포하여 그 신체를 수색한 결과 그의 주머니에서 마약을 발견한 경우라 하더라도 체포를 함에 있어 상당한 이유가 없었다면 이러한 증거를 법정에 제출할 수 없다.

경찰관이 치안판사로부터 영장을 발부받으려고 하는 때에는 그의 선서진술서(affidavit)에 상당한 이유를 인정할 수 있는 사유를 기재하여야 한다. 선서진술서에 기재되어 있지 않는 사실은 경찰관이 알고 있었던 것이라 하더라도 상당한 이유의 존재 여부를 결정하는 자료가 될 수 없다. 예컨대, 경찰관이 선서진술서를 치안판사에게 제출하면서 정보원으로부터 정보를 받은 것이라고 기재하였는데 이 사실만으로는 상당한 이유를 인정하기에 부족한 경우 설사 경찰관이 위 정보원의 정보를 보강할 수 있는 다른 정보원의 정보를 갖고 있었다 하더라도 이를 선서진술서에 기재하지 않았다면 상당한 이유가 인정되지 않는 상황에서 발부받은 영장이 유효한 영장이 되는 것은 아니라는 것이다.[8)]

일단 경찰의 수사행위가 상당한 이유를 구비하지 않아 위법한 것이 되면 그 이후에는 어떠한 이유로도 상당한 이유가 성립하지 않는다. 또한 의심만으로는 체포에 대한 충분한 근거가 될 수 없다. 하지만 단순한 의심이 발전하여 체포를 정당화할 수 있는 상당한 이유가 성립하는 수는 있다. 예를 들어 정지신호를 무시하고 진행한 운전자를 정지시킨 경우 그 이유만 가지고 그를 음주운전혐의로 체포할 수 없지만 그에게 질문을 하여 본 결과 음주운전사실이 인정되는 경우 그를 체포할 수 있는 것과 같다.

경찰관이 직접 범행을 목격하지 못한 때에도 상당한 이유가 인정되는 경우가 있다. 경찰관이 순찰을 하고 있을 때 어떤 운전자가 부근 가게에서 강도행위가 발생하였다고 알려주는 경우이다. 경찰관이 이 말을 듣고 가게에 당도하자 어떤 자가 물건을 들고 그의 차로 달려가다가 경찰차를 발견하고 물건을 그대로 두고 차에 올라타 도망가려고 하였다. 이러한 경우 상당한 이유가 인정되고 그 체포는 정당한 것이 된다.

다. 증거배제법칙

미국에서 상당한 이유(probable cause)와 함께 수사절차에서 경찰의 권한남용을 방지하고 시민의 인권보장을 위해 제도화된 것 중 하나가 위법수집증거의 배제법칙(exclusionary rule)이다. “압수물은 압수절차가 위법이라 하더라도 물건 자체의 성질·형상에 변경을 가져오는 것은 아니므로 그 형상 등에 관한 증거가치에는 변함이 없다 할 것이므로 증거능력이 있다”는 과거 우리나라의 판례[9)]와 마찬가지로 Common Law에서는 위법하게 수집된 증거라 하여 그 증거의 내용이 달라지는 것이 아니므로 그 증거능력을 인정하는 것이 원칙이었다. 또한 오늘날에도 영국에서는 위법수집증거라 하여 증거능력을 모두 부인하는 것이 아니고 그것이 당사자 사이의 공정한 재판을 방해하는 경우에만 증거능력이 부인된다. 물론 미국의 경우에도 이러한 Common Law의 원칙은 이론적으로는 아직도 그대로 적용되고 있다고 할 수 있다.

---

8) Whiteley v. Warden, 401 U. S. 560 [1971].

9) 대판, 1992. 6. 23, 92도 682 판결.

즉, 이러한 Common Law의 원칙에 따라 경찰이 아닌 일반 시민이 위법하게 증거를 수집한 경우 증거배제법칙은 적용되지 않고 다만 경찰이나 연방 수사기관의 수사관 등 주나 연방의 공무원이 관여하여 위법하게 증거를 수집한 경우에만 위법수집증거의 증거능력이 문제가 된다. 일반 사인이 위법하게 수집한 증거의 경우에는 위법수집증거의 배제법칙이 적용되지 않지만 영국의 경우와 같이 그러한 증거가 당사자 사이의 공정한 재판을 방해하는 경우 문제가 될 수 있다. 그러나 사인이 수사에 관여하는 일이 흔한 일이 아니므로 크게 문제가 되지는 않고 있다.

1) 증거배제법칙의 의의

증거배제법칙이란 “정부가 부당한 수색과 압수에 대한 연방헌법 수정 제 4 조의 인권보장규정을 위반하여 취득한 증거는 유죄입증을 위한 형사소추의 증거로 허용되지 않는다”는 것을 말한다. 연방대법원판례에 의하면 증거배제법칙은 연방헌법 수정 제 4 조의 경우에만 적용된다고 한다.[10] 따라서 연방헌법 수정 제 5 조, 제 6 조, 제14조에 위반하여 취득한 증거에는 증거배제법칙이 적용되지 않는다. 예컨대, 형사사건으로 고발된 피고인이 변호사를 선임하였음에도 변호인의 참여 없이 피고인을 신문한 경우 또는 구금된 피고인에게 Miranda 원칙을 고지하지 않고 신문한 경우 증거배제법칙이 적용되는지의 여부가 문제될 수 있다. 변호인의 조력을 받을 권리를 침해한 경우는 연방헌법 수정 제 6 조 위반이 되고 Miranda 원칙을 고지하지 않고 신문한 것은 수정 제 5 조 자기부죄금지규정에 위반되어 이들 증거는 증거로 허용되지 않지만 그 이유가 증거배제법칙에 따라 증거능력이 부인되는 것은 아니라는 것이다. 이러한 경우 증거능력이 부인되는 것은 연방헌법 수정 제 5 조, 제14조에 근거한 적법절차위반(due process violation)으로 보고 있다. 마찬가지로 헌법규정의 위반이 아니라 단순한 행정절차규정위반의 경우에도 이 법칙은 적용되지 않는다. 예컨대, 서면에 의한 사전 승인을 받지 아니한 경우의 가택수색을 금하는 경찰의 직무규정이 있음에도 경찰이 이 규정에 위반하여 증거를 취득한 때에는 증거배제법칙이 적용되지 않는다.

증거배제법칙에 대하여는 미국에서도 논란이 많다. 그럼에도 불구하고 이 법칙을 인정하는 이유는 경찰의 위법행위를 억제하기 위한 것이다.

10) United States v. Leon, 468 U. S. 897 (1984).

즉, 경찰관이 위법하게 수집한 증거를 법정에서 사용하지 못하게 하면 수색과 압수에 있어서 경찰관의 위법행위를 근절시키거나 최소한으로 감소시킬 수 있다는 가정에서 이 법칙을 인정하게 된 것이라고 할 수 있다.

증거배제법칙이 연방헌법에 의하여 인정되는 것인지 아니면 법원의 판례에 의하여 인정된 것인지 여부가 문제가 되었다. 연방헌법에 의하여 인정되는 것이라면 연방대법원에 의하여 이 법칙이 무시될 수 없을 뿐 아니라 의회도 이를 변경할 수 없게 된다. 그러나 판사들이 판례를 통하여 만든 것이라면 연방대법원은 이를 언제든지 무시할 수 있고 의회도 논란은 있을 수 있지만 입법을 통하여 이를 수정할 수 있다. 헌법에 기초한 것이라고 주장하는 사람들은 연방대법원의 "증거배제법칙은 수정 제 4 조와 제14조의 본질적인 부분에 해당한다"는 판결을[11] 그 근거로 들고 있다. 최근의 연방대법원판결은 "증거배제법칙은 법칙의 일반적 억지력을 통한 장래 발생할 수 있는 연방헌법 수정 제 4 조 위반에 대한 안전장치로서 판사들이 만든 증거법칙이다"라고 판시하여[12] 증거배제법칙을 판례에 의하여 확립된 것으로 보고 있다.

2) 증거배제법칙의 발전

전술한 바와 같이 증거배제법칙은 Common Law에서는 인정되지 않는 것이었고 미국을 건국한 선조들이 연방헌법 수정 제 4 조를 제정할 때까지도 알려지지 않은 원칙이었다. 결국 증거배제법칙은 연방대법원이 창시한 것이라고 할 수 있다. 증거배제법칙이 처음 인정된 것은 1886년 연방대법원판결이다. 연방대법원은 범죄의 증거에 해당하는 서류를 강제로 공개하게 하는 것은 부당한 수색과 압수로부터 보호받아야 할 혐의자의 헌법상의 권리를 침해하는 것으로 그러한 자료는 법정에서 증거로 사용할 수 없다고 판시하였다.[13] 하지만 연방정부 공무원이 위법하게 취득한 증거가 연방의 형사소송에서 일률적으로 배척되게 된 것은 1914년의 Weeks 사건에 이르러서였다.[14]

1914년 이후 1960년에 이르기까지 위법하게 수집된 증거는 일률적으로 연방의 형사소송에서 배척되기는 하였지만 이는 연방공무원이 위법하게 수집한 증거이거나 증거의 수집에 연방정부 공무원이 관련된 경우에만 적용되었고 주

11) Mapp v. Ohio, 367 U. S. 643 (1961).
12) Arizona v. Evans, 514 U. S. 1 (1995).
13) Boid v. United States, 116 U. S. 616 [1886].
14) Weeks v. United States, 232 U, S. 383 [1914].

정부 공무원에 의하여 위법하게 수집된 증거는 그 대상이 되지 않았다. 따라서 주정부 공무원이 위법하게 수집하여 연방정부 공무원에게 전달한 증거는 연방의 형사소송에서 적법한 증거로 사용될 수 있었다. 이 경우 위법행위를 한 것은 연방정부 공무원이 아니라 주정부 공무원이므로 연방의 형사소송에서는 아무런 문제가 되지 않는다는 것이다. 이를 가리켜 "은 접시의 이론(silver platter doctrine)"이라 부른다.

그 후 1960년 Elkins 사건에서 연방대법원은 위법하게 수집된 증거가 누구에 의해서 수집된 것인지 여부에 관계없이 즉, 연방정부 공무원이 수집하였는지 아니면 주정부 공무원이 수집하였는지 여부에 관계없이 연방의 형사소송에서는 증거로 사용할 수 없다고 판시하였다.15) 이와 관련하여 연방대법원은 1949년 Wolf 사건에서 위법수집증거의 배제법칙은 주의 형사소송에서는 적용되지 않는다고 판시했다.16)

1952년 연방대법원은 그 태도를 약간 수정하여 위법수집증거배제법칙이 주의 형사소송에 적용되는 것은 아니지만 어떤 수색은 너무나 충격적인 것이어서 연방헌법의 적법절차조항에 의하여 증거로 사용될 수 없다고 판시했다. 하지만 이러한 충격적인 수색에 해당하는 것은 강요나 폭력 그리고 야만적인 행위가 개입된 경우로 제한하였다.17)

그 후 1961년 Mapp 사건에 이르러 연방대법원은 연방헌법 수정 제 4 조의 규정은 주의 형사소송에도 적용되고 따라서 위법하게 수집된 증거는 주의 형사소송에서도 사용할 수 없다고 판시하였다.18) Mapp 사건은 미국의 형사소송에 있어서 가장 중요한 사건이라 할 수 있는 Miranda 사건에 이어 두 번째 중요한 사건으로 받아들여지고 있다. Mapp 사건에서 피고인 Mapp는 오하이오주 법률에 위반하여 음란한 서적과 그림 그리고 사진을 소지한 혐의로 유죄평결을 받았는데 사건의 내용은 다음과 같다.

클리블랜드의 경찰관 3명이 Mapp의 집에 찾아가 문을 두드리며 집안으로 들어가겠다고 하였다. 변호사와 전화통화를 한 그녀가 수색영장 없이는 집안으로 들어올 수 없다고 하면서 그들의 요청을 거부했다.

---

15) Elkins v. United States, 364 U. S. 206 [1960].
16) Wolf v. Colorado, 338 U. S. 25 [1949].
17) Rochin v. California, 342 U. S. 165 [1952].
18) Mapp v. Ohio, 367 U. S. 643 (1961).

3시간 후 4명의 경찰이 새로 현장에 도착하자 경찰은 다시 집안으로 들어가겠다고 하였다. 그녀가 문을 열어주지 않았음에도 경찰은 강제로 문을 열고 안으로 들어갔다. 그 사이 피고인의 변호사가 도착하였지만 경찰은 변호사가 피고인을 만나기 위해 안으로 들어가는 것을 막았다. 경찰 1명이 수색영장이라고 주장하는 서류를 들고 있었고 피고인은 그 경찰에게 수색영장을 보자고 하였다. 피고인은 경찰으로부터 그 서류를 잡아채 자기의 가슴 속에 넣었다. 그러자 다툼이 일어났고 경찰은 피고인이 반항한다는 이유로 수갑을 채웠다. 수갑이 채워진 상태에서 피고인은 침실로 끌려갔고 그곳에서 경찰관은 그녀의 화장대와 장롱 그리고 벽장과 의상가방을 수색했다. 이어 사진첩과 그녀의 개인적인 서류들을 들여다봤다. 수색은 계속되어 아이들 방, 거실, 부엌, 식당 그리고 지하실과 지하실에 있는 여행용 가방에까지 이어졌다. 이러한 광범위한 수색과정에서 피고인이 유죄판결을 받게 된 음란물이 발견되었다.

재판과정에서 소추인 측은 수색영장을 제출하지 못하였고, 영장 없이 수색한 이유도 설명하지 않았다. 하지만 압수물은 재판부에 의하여 증거로 인정되고 피고인은 유죄판결을 받았다. 피고인의 상소에 대하여 연방대법원은 위법하게 수집된 증거는 연방법원의 재판에서 증거로 사용할 수 없다는 증거배제법칙은 이제 주의 형사소송에도 그대로 적용된다고 하면서 위 유죄증거들을 배척했다. Mapp 판결 이전에도 주의 재판에서 위법하게 수집된 증거를 배척하는 경우가 있기는 하였지만 원칙적으로 그것은 각 주 법원의 재량에 맡겨져 있었다. 하지만 Mapp 판결에 의하여 주의 형사소송에 있어서도 증거배제법칙이 그대로 적용되게 되었다.

3) 증거배제법칙의 구체적 적용

피고인이 연방의 형사소송 또는 주의 형사소송에서 위법하게 수집된 증거를 배제하게 하려면 증거에 대한 재판 전 이의신청(pretrial motion to suppress)으로 하면 된다. 만일 이러한 기회를 놓친 경우에는 재판 도중에 그 증거가 제시될 때 이의를 제기할 수 있다. 재판 도중에 이러한 이의제기의 기회를 놓친 경우에는 상소로 이를 다툴 수 있다. 상소과정에서도 이러한 문제제기를 하지 못한 경우에는 확정판결 이후의 절차 예컨대, 인신보호영장(habeas corpus case)을 통하여 이를 다툴 수 있다. 형사소송에서 증거배제법칙을 다투는 것은 사실상 끝이 없다고 할 수 있다.

증거에 대한 이의신청을 함에 있어서 입증책임을 부담하는 것은 문제의 수색이나 압수가 영장에 의한 것인지 여부에 따라 달라진다. 수색이나 압수가 영장에 의한 것이라면 일단 그것은 유효한 것이라고 추정된다. 따라서 이러한 경우에는 피고인이 상당한 이유가 없음에도 발부된 영장이라는 점을 입증하여야 한다. 피고인이 상당한 이유가 실제 존재하지 않았다는 것을 분명하고 확실하게(clear and convincing) 입증한다는 것은 매우 어려운 일이다. 반대로 영장없이 수색이 실시된 경우에는 소추인이 상당한 이유가 있었다거나 혹은 영장없이 수색할 수 있는 예외사유에 해당한다는 점을 입증하여야 한다. 피고인이 제기한 이의신청에서 상당한 이유가 있었다는 점을 입증하기 위해서는 경찰관이 법정에서 증언하는 것이 일반적이다.

이의신청이 있었지만 판사가 이의신청을 들어주지 않고 증거의 증거능력을 인정하게 되면 재판은 그대로 계속되고 소추인은 그 증거를 유죄의 입증자료로 사용하게 된다. 그 결과 피고인이 유죄판결을 선고받게 되면 피고인은 증거능력에 관한 잘못된 결정이라고 주장하며 상소할 수 있다.

판사가 피고인의 증거에 관한 이의신청을 받아들여 그 증거를 법정에서 사용하지 못하게 하는 경우 대부분의 법역에서 그 결정에 대한 소추인의 즉시항고를 인정하고 있다. 만일 판사의 잘못된 결정에 의하여 재판이 그대로 진행되고 그에 따라 소추인이 그 증거를 사용하지 못함으로써 피고인이 무죄판결을 받게 되면 그에 대하여는 항소를 할 수 없기 때문이다. 물론 문제의 증거를 제외하더라도 다른 유죄의 증거가 있는 경우에는 즉시항고를 하지 않는 것이 보통이다. 증거배제를 위한 이의신청이 적시에 이루어졌음에도 법원이 위법하게 수색되거나 압수된 증거를 받아들인 경우 이는 흠 있는 재판이 된다. 이를 근거로 상소하면 그러한 흠이 무해한 것(harmless error)이 아닌 한 유죄판결은 파기된다. 무해한 흠이라는 것 즉, 흠이 있는 증거를 받아들인 것이 피고인의 유죄입증에 아무런 기여도 한 것이 없다는 점은 소추인이 합리적인 의심을 배척할 정도로 입증하여야 한다. 이때 무해한 흠이라는 것을 입증하기 위해서는 그 증거를 제외하고서도 피고인의 유죄입증에 충분한 다른 증거가 있었다는 것으로는 부족하고 그러한 문제의 증거가 없었다 하더라도 유죄판결과 다른 결과가 나올 합리적인 가능성이 없었다는 것을 입증하여야 한다.[19]

19) Chapman v. California, 386 U. S. 18 [1967].

증거배제법칙은 연방헌법 수정 제 4 조에서 보장하고 있는 개인의 사생활의 비밀(privacy)을 침해당한 자만이 주장할 수 있다. 따라서 집주인이 집을 비운 사이 하루 저녁 집을 지키는 손님에게는 적용되지만[20] 아파트에 잠시 들른 피고인이 아파트를 빌린 사람과 함께 업무상의 목적 즉, 마약을 포장하기 위해 아파트를 사용한 경우에는 증거배제법칙이 적용되지 않는다.[21]

4) 배제되는 증거

형사소송에서 위법하게 수집된 증거로 피고인의 유죄입증을 위한 증거로부터 배제되는 것은 밀매물건(마약 등), 범죄로 취득한 물건(절도장물 등), 범죄행위의 도구(주거침입을 위한 도구 등)는 물론 위법하게 수집된 것이라면 재판에서 피고인의 유죄입증을 위하여 사용할 수 없는 단순한 물건들 예컨대, 신발, 옷 그리고 특정인을 범죄행위와 연결시킬 수 있는 물건을 포함한다.

또한 위법하게 수집된 증거를 통하여 2차적으로 수집되거나 파생된 것으로 소위 "독수의 과실(fruit of the poisonous tree)"에 해당하는 증거도 법정에서 증거로 사용할 수 없다.[22] 이를 독수의 과실이론이라고 하며 나무에 독이 있는 경우 그 과실에도 독이 있는 것과 같이 애초 위법하게 수집된 증거는 이후 수집되는 모든 증거를 오염시키기 때문에 위법하게 수집된 증거는 이를 바탕으로 다른 증거를 수집하는 데도 사용할 수 없다는 것을 말한다. 독수의 과실은 그 자체로는 위법하게 수집된 증거는 아니지만 위법하게 수집된 증거와 마찬가지로 법정에서 증거로 사용되는 것이 금지된다. 독수의 과실에 해당하는 증거를 "파생증거(derivative evidence)" 또는 "제 2 차 증거(secondary evidence)"라고 부르는데 이러한 파생증거는 여러 형태를 취할 수 있다.

> 사례 1: 경찰이 피고인의 집을 위법하게 수색하고 그 결과 절도 장물의 소재지를 알려주는 지도를 발견했다. 경찰이 그 지도를 이용하여 폐가의 창고에서 절도 장물을 찾았다. 이 경우 지도와 절도 장물은 모두 법정에서 증거로 사용할 수 없다. 지도는 위법하게 수집된 증거이고 절도 장물은 독수의 과실이 되기 때문이다.

20) Minnesota v. Olson, 495 U. S. 91 [1990].
21) Minnesota v. Carter, 525 U. S. 83 [1998].
22) Silverthorne Lumber Co. v. United States, 251 U. S. 385 [1920].

사례 2: 경찰이 피고인의 집을 위법하게 수색하고 그 결과 마약을 발견했나. 경찰은 피고인에게 마약소지사실을 자백하라고 추궁했다. 이러한 추궁에 피고인이 마약소지사실을 자백했다. 피고인의 자백은 위법한 수색의 결과로 받아낸 것이고 따라서 독수의 과실이 된다.

사례 3: 경찰이 상당한 이유나 피고인의 동의가 없음에도 피고인 집에 들어가 피고인의 일기장을 발견했다. 일기장에는 피고인이 살인을 했다는 자세한 내용과 범행도구를 둔 장소가 기재되어 있었다. 경찰관이 그 장소를 찾아가 살인에 사용된 범행도구를 찾았다. 이 경우 일기장은 위법하게 수집된 증거로서 법정에서 증거로 사용될 수 없고 살인의 도구는 독수의 과실이 되어 증거가 되지 못한다.

5) 증거배제법칙의 예외

경찰관에 의해 위법하게 수집된 증거라 하여 모두 법정에서 증거로 사용할 수 없는 것이 아니고 일정한 경우 법원의 판례에 의해 증거로 허용되는 경우가 있다. 이를 보통 4개의 부류로 구분하여 성심(good faith)에 의한 예외, 불가피한 발견(inevitable discovery)에 의한 예외, 해독(purged taint)에 의한 예외 그리고 독립된 자료(independent source)에 의한 예외라고 한다.

가) 성심에 의한 예외　　법원은 여러 차례에 걸쳐 good faith에 의한 배제법칙의 예외를 인정해 오고 있다. good faith에 의한 예외라는 것은 경찰이 취득한 증거에 잘못이나 실수가 있다 하더라도 그러한 잘못이나 실수가 경찰에 의하여 저질러진 것이 아닌 경우 또는 경찰에 의한 것이라 하더라도 그러한 잘못이나 실수가 정직하고 합리적인 업무처리로 인한 때에는 배제법칙의 예외가 되어 증거로 허용된다는 것이다.

이러한 예외를 인정하기 위해서는 경찰관이 그의 증거수집행위가 위법하다는 것을 몰랐다고 주장하는 것만으로는 부족하고 그 행위가 적법하다고 믿은 것이 정직하고 "객관적으로 합리적인 신념(objectively reasonable belief)"에 근거한 것이라는 점을 법정에서 입증하여야 한다.

판례에서 성심에 의한 예외로 인정된 경우는 다음과 같다.

① 경찰이 아니라 판사나 치안판사에 의하여 잘못이 저질러진 경우

이와 관련한 최초의 중요한 판례가 Sheppard 사건이다.[23] 이 사건에서 연방대법원은 궁극적으로 무효인 영장이긴 하지만 공정하고 독립된 치안판사에 의하여 발부된 수색영장에 따라 성심으로 직무를 집행한 경찰에 의하여 수집된 증거는 재판에서 증거로 사용될 수 있다고 판시했다. 이 사건의 경찰관은 Sheppard의 집을 수색하는 데 필요한 체포와 수색영장을 발부받기 위해 선서진술서를 작성했다. 경찰관은 선서진술서에 피해자의 옷과 피해자에게 사용했을지도 모르는 둔기를 포함한 특정한 물건의 수색을 원한다고 기재하였다. 지방검사(district attorney)가 경찰관의 선서진술서를 검토하고 승인했다. 그날은 일요일이어서 법원이 휴무 중이었고 경찰관은 영장신청서 양식을 구하기가 어려웠다. 형사는 결국 보스턴에 있는 다른 관할지역에서 규제약물(controlled substances)을 수색하는 데 사용된 일이 있는 영장신청서 양식을 찾아 그 양식에 약간의 수정을 한 다음 이를 선서진술서와 함께 집에 있는 판사에게 제출했다. 이를 판사에게 제출하면서 영장 양식에는 약간의 수정이 필요할 것이라고 알려주었다. 판사는 선서진술서에 의하면 주거를 수색하는 데 필요한 상당한 이유가 있는 것으로 보인다고 하면서 형사에게 영장의 형식도 수정해 주겠다고 말하였다. 판사는 영장의 양식을 약간 수정하였지만 중요한 부분을 수정하지 않아 규제약물을 수색하는 권한만을 인정하였고 또한 그 내용이 선서진술서와 일체가 되도록 해주지도 않았다. 그럼에도 판사는 영장에 사인을 하고 형사에게 영장과 선서진술서를 교부하면서 영장은 그 형식이나 내용에 있어서 수색을 하는 데 충분하다고 알려주었다. 영장에 의한 수색은 선서진술서에 기재되어 있는 목록에 제한되어 행해졌고 그 결과 유죄를 입증할 수 있는 여러 증거들이 발견되었다. 피고인은 재판과정에서 이 영장에 의하여 수집된 증거에 의하여 1급 살인죄로 유죄판결을 받았다. 피고인의 상소에 대하여 연방대법원은 수색영장을 집행한 경찰관이 비록 무효인 영장으로 판명되긴 하였지만 치안판사에 의해 발부된 영장에 따라 성심으로 수색을 하였기 때문에 이러한 수색에 의하여 수집된 증거는 법정에서 증거로 사용할 수 있다고 판시한 것이다.

---

23) Massachusetts v. Sheppard, 468 U. S. 981 (1984).

② 법원 직원에 의해 잘못이 저질러진 경우

범원 직원의 실수와 관련하여 예외로 인정된 것이 Evans 사건이다.[24] 이 사건에서 Evans는 차를 운전하고 가다가 애리조나 주 피닉스 경찰관에 의하여 체포되었다. 통상의 순찰을 하던 경찰관이 순찰차에 설치되어 있는 컴퓨터를 통하여 Evans가 경범죄위반으로 체포영장이 발부되어 있는 사실을 발견하고 그를 체포하게 된 것이다. Evans를 체포한 경찰관이 그의 자동차를 수색한 결과 마리화나가 들어있는 봉지를 발견했다. Evans는 마리화나소지죄로 고발되었고 그는 마리화나가 위법하게 수집된 증거라고 하면서 증거에 대한 이의신청을 하였다. Evans는 그를 정지하여 체포하는데 근거로 사용된 경범죄위반영장은 체포일로부터 17일 이전에 이미 유효기간이 지나버린 영장이지만 법원 직원의 실수로 컴퓨터에서 삭제되지 않은 것이라고 주장했고 또한 그것은 사실이었다. 그럼에도 불구하고 Evans는 유죄판결을 받게 되자 압수된 증거는 증거배제법칙에 따라 법정에서 사용할 수 없는 증거라고 주장하면서 상소했다. 연방대법원은 Evans의 주장을 기각하면서 잘못된 정보가 법원 직원의 실수에 기인한 것인 때에는 수정 제 4 조에 위반하여 수집한 증거라고 주장하면서 이의를 제기할 수 없다고 판시했다. 증거배제법칙은 법칙의 일반적인 억지력을 통하여 장래 발생할 수 있는 연방헌법 수정 제 4조의 권리침해를 방지하기 위해 사법적으로 고안된 장치이고, 역사적으로 법원 직원의 잘못이 아니라 경찰의 비행을 억지하기 위한 장치라는 것이다.

③ 경찰이 잘못한 것은 사실이지만 영장을 발부받으며 치안판사에게 제출한 정보가 정확한 것이라고 믿은 것이 진실하고 합리적인 경우

이 사건은 경찰이 수색장소를 잘못 파악한 경우이다. 경찰은 마약과 마약매매에 필요한 장구를 압수하기 위해 McWebb라는 사람의 소유로 알려진 "Park Avenue 2036 소재 3층 아파트"에 대한 수색영장을 발부받았다. 경찰은 위 주소지 3층에는 하나의 아파트만 있는 것으로 믿었다. 그러나 실제 위 아파트 3층에는 2개의 아파트가 있었고 그 하나는 McWebb 그리고 나머지 하나는 피고인 Garrison의 아파트였다. 경찰관이 수색을 하는

---

24) Arizona v. Evans, 514 U. S. 1 (1995).

과정에서 수색장소가 McWebb의 아파트가 아니라 Garrison의 아파트라는 사실을 알게 되기 전에 그곳에서 금제품을 발견하게 되었고 이로 인하여 Garrison은 메릴랜드 주의 금제품단속법에 의하여 유죄판결을 선고받았다. Garrison은 경찰에 의하여 압수된 증거는 증거배제법칙에 따라 증거로 사용할 수 없는 것이었다고 주장하면서 상소했다. 연방대법원은 피고인의 상고를 인정하지 않으면서 영장의 유효성은 영장신청 당시 경찰관이 알고 있는 정보에 비추어 판단해야 한다고 판시했다.[25)]

④ 주거에 들어가는 것을 승낙한 자가 그러한 승낙을 할 수 있는 권한을 갖고 있다고 믿은 데 합리적인 이유가 있는 경우

종래의 성심에 의한 예외(good faith exception)는 연방대법원의 판결에 의하여 "확실한 권한(apparent authority)에 의한 예외의 이론"으로 발전되었다. Rodriguez 사건에서 피고인은 그의 아파트에서 체포되었고 마약소지혐의로 고발되었다. 경찰은 피고인의 아파트에 들어갔을 때 따로 수색을 하지 않고 바로 보이는 곳(in plain view)에서 마약을 압수했다고 말했다. 경찰은 Fisher라는 여자의 도움을 받아 그 아파트에 들어가게 되었다. 그녀는 경찰관에게 그 아파트가 자신의 소유이고 그 안에 자신의 옷과 가구가 있다고 하면서 가지고 있던 열쇠로 문을 열어주고 경찰관이 안으로 들어가는 것을 승낙했다. 하지만 Fisher는 이미 그 아파트에서 퇴거한 상태였기 때문에 실제 아무런 권한을 갖고 있지 않았다. 연방대법원은 제반 사정을 종합하면 경찰이 Fisher에게 권한이 있다고 믿게 된 것은 합리적이고 사실인 것으로 보이므로 Fisher에 의하여 주어진 승낙은 유효한 것이라고 판시하면서 apparent authority principle도 증거배제법칙의 하나라고 판시했다.[26)]

⑤ 경찰의 행위가 나중에 위헌법률로 인정된 법률에 근거한 경우

Krull 사건에서 경찰관이 Krull 소유의 폐차장에 영장 없이 들어가 도난차량에 대한 증거를 발견했다. 그러한 영장 없는 출입은 일리노이 주 법률에 의하여 인정된 것이었다. 그러나 다음날 연방대법원은 위 주법이 경찰

25) Maryland v. Garrison, 480 U. S. 79 (1987).
26) Illinois v. Rodriguez, 497 U. S. 117 (1990).

관에게 과도한 재량권을 부여하고 있어 연방헌법 수정 제 4 조에 위반하는 것이라고 판시하였다. 그에 따라 영장 없이 폐사상에 들어가 도난차량에 대한 증거를 수집할 수 있도록 되어 있는 위 주법은 무효가 되었다. 유죄 판결을 선고받은 피고인이 위헌으로 결정된 법률에 근거한 수색과 압수라고 주장하면서 상소했고 연방대법원은 이에 대하여 위 법률의 위헌성을 문제 삼지 않는 대신 위와 같이 취득한 증거는 good faith에 의한 위법증거배제법칙의 예외로서 인정된다고 하였다. 이러한 경우 잘못은 경찰에 있는 것이 아니라 입법기관에 있었다고 본 것이다.27)

일부 학자들은 이러한 good faith에 의한 증거배제법칙의 예외를 인정한다는 것은 궁극적으로 증거배제법칙의 사문화 내지는 그 적용의 약화를 초래하는 것이라고 비판하면서 이러한 예외적인 결정들은 아주 제한적으로 해석되고 적용되어야 한다고 주장하고 있다.

나) 불가피한 발견에 의한 예외 불가피한 발견에 의한 예외는 독수의 과실이론의 경우에만 인정되고 또한 발견된 증거가 무기나 사체인 경우에 한정되는 것이 보통이다. 연방대법원은 경찰의 불법적인 행위와 관계없이 합법적인 방법을 통하여서도 결국 발견할 수 있는 증거였다는 것을 경찰이 입증하면 증거배제법칙의 예외로서 증거로 사용할 수 있다고 보고 있다.

예컨대, 살인혐의를 받고 있는 목사를 체포하여 데려가는 도중에 경찰이 피해자를 위해 기독교의식에 맞는 장례를 해주는 것이 좋지 않겠느냐고 하면서 살해당한 소녀의 사체유기장소를 혐의자에게 물어보았다. 경찰은 혐의자를 직접 신문하지는 않고 한번 생각해 보라고만 말했다. 한편 경찰관이 피고인을 데려가기 전 피고인의 변호인이 경찰관에게 피고인을 데려가는 도중에 피고인을 신문하지 말아달라고 요청하였다. 그러나 경찰관으로부터 한번 생각해보라는 말을 들은 혐의자는 경찰을 사체유기장소로 데려갔고 그곳에서 살해당한 소녀의 사체가 발견되었다. 연방대법원은 이 사건에서 경찰관이 혐의자에게 사체유기장소를 알려주도록 권유하는 방법으로 헌법상 보장되고 있는 변호인의 조력을 받아야 할 피고인의 권리를 침해한 것을 인정하면서도 위 사건의 경우 피해자의 사체는 결국 경찰에 의하여 발견될 수 있었던 증거라고 하면서 증거

27) Illinois v. Krull, 480 U. S. 340 (1987).

로서 사용할 수 있다고 판시했다. 경찰이 혐의자의 안내를 받아 사체유기장소로 가고 있을 때 수색조가 사체유기지점에 접근하고 있었고 혐의자의 안내가 없었다 하더라도 경찰이 결국 사체를 발견할 수 있었다는 것이다.[28)]

불가피한 발견의 예외와 관련하여 미국 연방수사국(FBI)은 다음과 같은 주의사항을 제시하고 있다.

> "불가피한 발견에 의한 예외를 인정받기 위해서는 어떤 가정적인 상황이 있었다면 문제의 증거가 경찰의 합법적인 수사에 의하여 결국 발견될 수 있었던 것이라고 주장하는 것만으로는 부족하다. 그 증거는 그러한 가정적인 상황이 없었다 하더라도 결국 발견될 수밖에 없었을 것이라는 점을 명백히 밝혀야 한다. 불가피한 발견에 의한 예외의 경우에도 경찰이 합법적인 방법으로도 궁극적으로 그 증거를 발견할 수 있었다는 이유만으로 증거배제법칙을 통하여 경찰의 위법행위를 방지하겠다는 제도 자체의 범위를 넘어설 수 없다."

다) 해독에 의한 예외　　해독에 의한 예외도 독수의 과실이론과 관련이 있다. 피고인의 자발적인 후속행위가 애초 불법행위에 묻어있는 독을 없애 버린 경우에 적용된다. 피고인의 자의에 의한 개입이 흠 있는 증거와 경찰관의 불법행위 사이의 인과관계를 단절시켜 그러한 증거를 법정에서 사용할 수 있게 된다. 예컨대, 경찰관이 혐의자에 집에 불법으로 들어가 혐의자로부터 자백을 받았지만 혐의자는 자백진술서에 서명을 거부했다. 혐의자는 그 자신의 서약서(his own recognizance)를 내고 석방되었다. 며칠 후 혐의자는 스스로 경찰서를 찾아가 자백진술서에 서명을 했다. 연방대법원은 혐의자의 행위는 자발적으로 한 것이고 따라서 증거에 묻어있는 위법성의 독을 깨끗하게 청소해 버렸다고 판시했다.[29)]

하지만 이때 불법체포와 불법체포의 과실이라고 할 수 있는 자백사이의 인과관계를 단절시키기 위해서는 피고인의 개입행위가 의미 있는 것이어야 한다. 예컨대, 불법체포를 당한 혐의자가 강도행위를 자백했고 비록 혐의자가 자

---

28) Nix v. Williams, 467 U. S. 431 [1984].

29) Wong Sun v. United States, 371 U. S. 471 [1963].

백을 하기 전 3회에 걸쳐 Miranda 원칙을 고지 받고, 경찰서에서 잠시 그의 친구를 만나기는 하였지만 연방대법원은 이러한 경우 그러한 행위는 의미가 없는 것이어서 그러한 방식으로 수집한 증거는 법정에서 증거로 사용할 수 없다고 판시했다.30)

해독에 의한 예외가 인정될 수 있는지 여부를 결정하는 기준은 혐의자의 자발적인 후속행위가 애초 경찰관의 위법행위를 없애 버리거나 무효로 할 수 있는지 여부에 있다. 이는 법원이 구체적인 사건에 따라 주관적으로 결정하는 것이고 일률적인 기준이 정해져 있는 것은 아니다.

라) 독립된 자료에 의한 예외　　경찰관이 위법한 수색이나 압수를 통하여 수집한 증거가 아니고 독자적인 자료에 의하여 수집한 증거라는 사실을 입증하면 수집한 증거를 법정에서 사용할 수 있다.31) 이를 독립된 자료에 의한 예외라고 부른다.

Crews 사건에서 연방대법원은 애초 혐의자의 불법감금행위라는 위법성이 경찰관의 위법행위와 관련이 없는 다른 증거를 통하여 피고인의 유죄를 입증할 수 있는 소추인의 기회를 박탈하는 것은 아니라고 보았다. 예컨대, 불법수색과정에서 14세의 소녀가 피고인의 아파트에서 발견되었다. 피고인이 소녀와 성교하였다는 소녀의 증언은 법정에서 증언으로 받아들여졌고 그 이유는 소녀의 증언은 아파트 수색 이전부터 존재하던 독립된 자료라는 것이었다. 소녀의 부모는 아파트 수색 이전에 소녀의 실종을 신고했고 경찰정보원이 이미 소녀가 그 아파트에 감금되어 있다는 것을 알고 있었기 때문이다.32)

6) 증거배제법칙이 적용되지 않는 경우

가) 사적인 수색　　전술한 바와 같이 증거배제법칙을 인정하지 않는 Common Law의 원칙은 이론적으로는 미국의 형사소송에도 그대로 적용되는 일반원칙이라 할 수 있다. 다만 공권력을 행사하는 경찰의 위법행위를 억제하기 위해 미국에서 특유하게 발전되어온 것이 증거배제법칙이다. 따라서 사적수색에 있어 증거배제법칙이 적용되지 않는 것은 당연한 논리적 귀결이라 할 수 있다.

---

30) Taylor v. Alabama, 457 U.S. 687 [1982].

31) United States v. Crews, 445 U.S. 463 [1980].

32) State v. O'Bremski, 423 p.2d 530 [1967].

그러한 이유로 정부공무원의 행위(action of governmental official)가 아닌 일반 사인에 의하여 위법하게 취득한 증거인 경우 소추인은 이 증거를 법정에서 유효한 증거로 사용할 수 있다.

다만 사인의 이러한 증거취득에 있어 경찰이 사인의 위법한 증거취득을 부추기거나 사인의 증거취득에 가담한 경우에는 마찬가지로 증거배제법칙이 적용된다. 연방대법원도 연방헌법 수정 제4조의 연원과 역사는 그것이 주권당국의 행위를 제한하기 위한 것이라는 점을 분명히 보여주고 있고 따라서 그것은 정부기관 이외의 자에 대한 제한을 목적으로 하는 것이 아니라고 판시하고 있다.[33)]

나) 대배심의 수사　　대배심의 수사절차에서 신문을 받는 자는 그 신문이 불법도청과 같은 위법한 수색을 통하여 취득한 증거에 기초한 것이라는 이유로 답변을 거부할 수 없다.

대배심의 수사절차에 증거배제법칙을 적용하는 것은 대배심의 수사기능을 부당하게 방해하는 것이 되기 때문이다.[34)]

다) 양형절차　　일부 하급심 법원들은 위법수집증거에 해당되어 피고인의 유죄입증을 위한 재판과정에서 사용할 수 없는 증거들도 유죄인정 후의 양형절차에서는 증거로 사용할 수 있다고 보고 있다. 양형절차에서는 어떠한 증거라도 신뢰할 수 있는 증거라면 판사가 참고할 수 있다는 것을 그 이유로 들고 있다. 위법하게 수집된 증거라 하여 반드시 그 증거의 신뢰성에 영향을 미치는 것은 아니기 때문이다. 하지만 주의 법률이 이러한 증거의 경우 양형절차에서도 이를 사용할 수 없도록 규정하고 있는 경우에는 마찬가지로 증거배제법칙이 적용된다.

라) 행정기관내부의 규칙을 위반한 경우　　수색이 헌법을 위반한 것이 아니라 단순히 행정기관내부의 규칙을 위반한 것에 불과한 경우 그러한 규칙위반을 통하여 취득한 증거는 법정에서 증거로 허용된다. 그러한 위반은 연방헌법상 보장되고 있는 기본적인 공정성(fundamental fairness)을 침해하는 것이 아니기 때문이다.

예컨대, 음주운전중인 운전자에게 음주측정을 거부하는 경우 이러한 측정

---

33) Burdeau v. McDowell, 256 U. S. 465 [1921].
34) United States v. Calandra, 414 U. S. 338 [1974].

거부는 법정에서 피고인에게 불리한 증거로 사용될 수 있다는 경고를 하도록 되어 있음에노 경찰이 이러한 경고를 하지 않고 취득한 증거는 증거로 사용될 수 있다는 것이다.[35] 물론 주법이 이러한 증거를 허용하지 않는 경우 증거로 사용할 수 없게 된다.

마) 형사소송 이외의 절차　증거배제법칙은 형사소송에만 적용되고 민사소송이나 행정소송에는 적용되지 않는다. 위법하게 수집된 증거라 하더라도 세금과 관련된 민사소송이나 추방문제를 다루는 행정소송에서는 일방 당사자가 이를 증거로 사용할 수 있다. 마찬가지로 징계처분의 효력을 다투는 행정소송에서도 증거로 사용할 수 있다. 하지만 행정소송의 경우에도 일정한 경우 위법하게 수집된 증거는 법정에서 증거로 사용될 수 없는 경우가 있다. 그 하나는 주의 법률이나 행정기관의 내부 규정이 이러한 증거의 사용을 금지하고 있는 경우이고, 다른 하나는 당사자가 악의(bad faith)로 위법하게 증거를 수집한 경우이다.

바) 가석방취소절차　가석방결정의 취소를 위한 법원의 심문절차에도 증거배제법칙은 적용되지 않는다는 연방대법원판례가 있다.[36] Scott 사건에서 가석방담당 공무원이 가석방조건의 위반과 관련하여 합리적으로 의심할 만한 이유가 없음에도 가석방된 자의 주거를 수색하였고 결국 위법한 수색을 한 것으로 드러났다.

그러나 연방대법원은 증거배제법칙은 형사소송 이외의 절차에서는 적용되는 것이 아니기 때문에 가석방취소절차에서는 증거배제법칙이 적용되지 않고 이러한 경우에 증거배제법칙을 적용한다면 주의 가석방제도의 기능을 방해하는 것이 되고 가석방취소절차의 전통적인 유연하고 행정적인 성격을 바꾸는 것이라고 하면서 증거배제법칙을 인정하지 않았다.

Scott 사건에서는 가석방취소절차만 문제가 되었지만 가석방과 보호관찰의 유사한 기능을 생각하면 보호관찰취소절차에도 위법수집증거배제법칙은 적용되지 않는다고 보는 것이 합리적이라고 한다.

---

35) South Dakota v. Neville, 459 U. S. 553 [1983].

36) Pennsylvania Board of Probation and Parole v. Scott, 524 U. S. 357 [1998].

2. 정지와 겉옷 수색(stop and frisk)

가. 영미법과 경찰의 검문

경찰이 공개된 장소에서 지나가는 사람을 불러 세워 범죄를 범하였는지 또는 범죄를 범하려고 하는 것은 아닌지 여부를 알아보기 위해 그의 신분과 행동에 대하여 물어보고(stop), 자신의 신체적 안전을 위해 위험한 무기의 소지 여부를 확인할 목적으로 입고 있는 의복의 외피를 톡톡 건드리며 만져보는 것(frisk)을 “stop and frisk”라 한다.

국가형벌권과 국가 수사기관의 범죄수사권을 전제로 한다면 거동이 수상한 자에 대한 경찰의 불심검문은 당연히 인정되는 수사의 한 방식으로서 국가 수사기관인 경찰의 검문행위는 크게 문제될 것이 없다.

그러나 사인소추와 당사자주의를 원칙으로 하는 Common Law의 전통을 바탕에 깔고 있는 미국의 형사소송에서 일방 당사자가 상대방 당사자가 될 수 있는 자를 상대로 특별한 사정이 없음에도 불심검문을 한다는 것은 원칙적으로 인정하기 어려운 일이다. 따라서 우리 경찰이 도로를 봉쇄하고 신분 확인이나 음주단속을 하는 것과 같은 일반적인 검문은 원칙적으로 인정되지 않고 상당한 이유가 있는 경우 현행범을 체포할 수 있는 것과 같이 특별한 사정이 있는 때에만 검문이 인정된다.

결국 ‘합리적인 의심(reasonable suspicion)’이라는 특별한 사정이 있는 경우 검문을 허용하면서 그에 대한 엄격한 법적통제를 가하고 있는 것이 미국 형사소송의 특징이라 할 수 있다.

stop and frisk도 일종의 사람을 상대로 하는 압수·수색에 해당하는 것으로 연방헌법 수정 제 4조의 규율대상이 된다. 다만 체포(arrest)에 비하여 신체침해의 정도가 심하지 않기 때문에 체포의 경우처럼 상당한 이유가 있는 때에만 허용되는 것이 아니고 합리적인 의심이 인정되는 때 허용된다. 여러 주에서 이 제도를 입법화하여 상당한 이유가 아닌 합리적인 의심에 기초한 stop and frisk를 인정하고 있지만 이를 법제화하지 않은 주에 있어서도 대부분 그 주의 판례에 의하여 이를 인정하고 있다.

나. 최초의 판례

미국에서 stop and frisk와 관련하여 이를 최초로 인정한 가장 중요한 판례가 Terry 사건이다.[37)]

1963. 10. 31. 오후 2시 30분 오하이오 주 클리블랜드 시내 중심가에서 형사가 두 사람을 주시하고 있었다. 형사에게 두 사람은 범행을 위하여 상점을 "둘러보고(casing)" 있는 것으로 보였다. 두 사람은 상점 주위를 오르락내리락하며 창문을 통하여 상점 안을 엿보기도 하고 다시 길모퉁이로 돌아가 이야기를 하기도 했다. 잠시 후 다른 남자가 나타나 두 사람과 합류하였다가 곧바로 돌아갔다. 형사는 두 사람이 몇 블록 떨어진 곳에서 그 다른 남자와 다시 만나는 것을 목격했다. 형사는 그들에게 다가가 그들이 누구인지 그리고 신분확인을 위한 질문을 했다. 그들이 제대로 대답을 하지 못하고 말을 더듬자 형사는 그들을 frisk했다. Terry와 다른 한 사람이 권총을 소지하고 있었다. 그들은 불법무기소지죄로 재판을 받고 유죄판결을 받았다.

이 사건에 대한 상고심에서 연방대법원은 경찰은 어떤 사람이 범죄를 범하였다고 믿을 만한 상당한 이유가 없는 경우에도 질문을 하기 위해 그를 잠시 붙잡아 둘 권한을 갖고 있다고 판시했다. 이러한 수사를 위한 통행인의 정지는 체포에 해당하는 것이 아니고, 이러한 정지가 범죄행위가 지금 막 발생할 것처럼 보인다는 합리적인 의심을 불러일으킬 수 있는 수상한 행동과 이러한 의심을 정당화시킬 수 있는 특이하고 명확한 사실들을 포착할 수 있는 능력에 따라 행해진 때에는 허용된다는 것이다. 또한 정지시킨 다음 경찰관은 그 자신이나 다른 사람에게 위해를 가할 위험성이 있다고 믿을 만한 합리적인 의심이 있는 경우 정지당한 사람에 대하여 frisk를 할 수 있다는 것이다.

다. stop and frisk의 요건

연방대법원이 Terry 사건에서 제시하고 있는 유효한 stop and frisk를 위한 기준은 다음과 같다.

우선 stop을 위한 요건으로서는 경찰관이 수상한 행동을 목격하고 이를 근거로 그의 경험에 비추어 범죄가 막 발생하려고 하거나 또는 범죄가 방금

37) Terry v. Ohio, 392 U. S. 1 (1968).

발생하였고 그리고 그러한 수상한 행동을 하는 자가 무장을 하고 있거나 현실적으로 위험한 자일 수 있다는 결론이 합리적으로 도출될 수 있는 상황이어야 한다. 이러한 상황에서 그러한 수상한 행동을 수사하는 경찰관은 먼저 자신의 경찰관으로서의 신분을 밝히고 합리적인 질문을 하여야 한다.

이와 같은 요건이 갖추어진 때 경찰관은 그 자신이나 주위에 있는 사람들의 보호를 위해 다른 사람의 공격에 사용될 수 있는 무기의 발견을 목적으로 수상한 자의 외투에 대한 조심스러운 제한된 수색(pat-down)을 할 수 있다. 이러한 frisk 과정에서 경찰관이 위험한 무기를 발견한 경우 이를 압수할 수 있고 이는 법정에서 증거로 사용된다.

라. 합리적인 의심

stop and frisk는 합리적인 의심이 있는 경우에만 유효하다. 어떠한 경우에 합리적인 의심이 인정되는지의 여부에 대하여는 판례상 인정되고 있는 확실한 기준은 없다. 연방대법원은 합리적인 의심과 관련하여 "합리적인 의심은 그 양과 질에 있어서 상당한 이유를 인정하는 데 요구되는 정보와 다른 정보만으로도 인정된다는 의미에서 그리고 상당한 이유의 경우에 요구되는 것보다 더 신뢰성이 적은 정보의 경우에도 인정된다는 의미에서 상당한 이유보다 그 요구기준이 낮은 것이다"고 판시하고 있다.[38)]

확실성의 정도에 있어서 합리적인 의심은 상당한 이유보다 낮은 것이지만 단순한 의심보다는 높은 것이다. 통행인의 정지(stop)를 정당화하기 위한 합리적인 의심은 구체적인 객관적 사실과 경찰관의 경험에 입각한 논리적 결론에 근거하고 있어야 한다. 행위자의 구체적이고 객관적인 행동이 이러한 일반적인 판단의 기준이 되어야 하고 범죄의 개연성이 높은 장소라는 이유만으로 합리적인 의심을 인정할 수 없다. 다만 이러한 구체적이고 객관적인 행동을 근거로 합리적인 의심을 판단함에 있어서는 전체적인 상황(totality of circumstances)을 고려해야 한다는 것이 연방대법원의 입장이다.[39)] Arvizu 사건에서 피고인은 국경수비대원이 합리적인 의심을 인정하기 위한 근거로 들고 있는 10개의 이유들 대부분은 모두 그 자체로 위법한 것이라고 주장했다.

---

38) Alabama v. White, 496 U. S. 325 [1990].
39) United States v. Arvizu, 534 U. S. 266 [2002].

하지만 연방대법원은 피고인의 주장을 배척하면서 개별적인 이유가 아니라 전체적인 상황이 합리적인 의심을 인정하는 기준이 된다고 판시했다.

마. 자동차에 대한 정지와 겉옷 수색

자동차를 타고 도로를 가는 사람도 일반 도로통행인과 마찬가지의 상황에서 stop and frisk의 대상이 된다. 즉, 자동차를 타고 가는 사람도 불법행위에 관여되었을 가능성이 있다고 볼만한 합리적인 의심이 있는 경우에만 정지(stop)를 당하게 되고 그리고 단속경찰관의 안전에 위험이 있는 경우에만 겉옷 수색(frisk)이 인정된다. 자동차를 정지시킨 후 경찰관은 운전자가 경찰관의 안전에 위해를 가할 것으로 보이는 합리적인 의심이 없는 경우에도 운전자로 하여금 차에서 내릴 것을 명할 수 있다.40)

Mimms 사건에서 순찰 중이던 2명의 경찰관이 유효기간이 만료된 번호판을 자동차에 부착하고 운전하고 있는 피고인을 발견했다. 경찰관은 교통법규위반딱지를 발부하기 위해 Mimms의 자동차를 정지시켰다. 경찰관 1명이 Mimms에게 다가가 자동차에서 내릴 것과 자동차소유증명서 그리고 운전면허증을 제시하라고 요구했다. 경찰관의 지시에 따라 Mimms가 차에서 내렸고 경찰관은 차에서 내리는 Mimms의 운동복 상의 안쪽이 불룩하게 튀어나온 것을 보았다. 경찰관은 그것이 무기일지도 모른다는 두려움에서 경찰관 중 1명이 Mimms를 frisk했고 그가 차고 있는 허리띠에서 실탄 5발이 장전되어 있는 38구경 권총을 발견했다. 재판과정에서 Mimms는 정당한 이유 없이 경찰관이 그를 차에서 내리도록 하였기 때문에 권총은 위법하게 취득한 증거이고 따라서 이러한 증거는 유죄입증을 위한 증거에서 배제되어야 한다고 주장했다.

연방대법원은 일단 경찰관이 교통규칙위반을 이유로 적법하게 자동차를 정지시킨 경우에는 다른 범죄행위나 경찰관에 대하여 위해를 가할 것 같은 의심이 들지 않는 때에도 운전자로 하여금 차에서 내리도록 명령할 수 있다고 하면서 피고인의 주장을 받아들이지 않았다. 운전자에 대한 이 정도의 강요는 운전자가 받아들일 수 있는 최소한의 것이라 할 수 있고 운전자가 차에서 내린 후 경찰관의 판단에 따라 운전자가 무장을 하였거나 위험한 자라고 믿을 만한 합리적인 이유가 있는 경우에는 frisk를 할 수 있다는 것이다.

40) Pennsylvania v. Mimms, 434 U. S. 106 [1977].

3. 체 포

가. 체포와 연방헌법 수정 제4조

연방헌법 수정 제4조는 "부당한 압수로부터 개인의 안전을 보호받을 수 있는 권리는 침해당하지 않는다"고 규정하고 있다. 체포(arrest)는 사람에 대한 일종의 압수(seizure)라고 할 수 있고 따라서 연방헌법 수정 제4조의 규정은 체포에 그대로 적용된다. 그에 따라 체포가 적법한 경우 그에 수반하는 압수·수색 또한 적법한 것이 되고 체포가 위법한 경우 그 이후 취득한 증거는 모두 위법한 것이 되어 법정에서 증거로 사용할 수 없다.

형사소송에서 체포의 적법성은 주로 연방헌법의 기준, 특히 상당한 이유라는 요건에 의해 결정된다. 즉, 영장에 의한 체포이건 영장 없이 하는 체포이건 관계없이 체포의 적법성은 연방헌법이 정하고 있는 상당한 이유의 유무에 의하여 결정된다. 이러한 연방헌법에 따르지 않는 주의 법규정은 헌법위반이 되어 무효가 된다. 다만 주의 법률이 연방헌법보다 피고인에게 더 많은 권리를 주고 있는 경우에는 문제가 없다.

나. 체포의 의미

체포는 형사소추(criminal prosecution)나 조사(interrogation)를 목적으로 사람을 그의 의사에 반하여 붙잡아 구금하는 것을 말한다.[41] 또한 연방헌법 수정 제4조의 규율대상이 되는 체포는 정부에 의한 행동자유권의 박탈(governmental termination of freedom of movement)만을 말한다.[42]

본래 Common Law에 있어서 체포는 형사소추를 위해 혐의자를 법원에 데려가기 위한 것이었다. 또한 일방 당사자인 수사기관이 상대방 당사자인 혐의자를 체포하여 일정 기간 구속한다는 것은 인정될 수 없고 이러한 의미의 구속은 영미법에서 인정되지 않는 제도이다. 특히 일방 당사자인 소추인이 법정에서 상대방 당사자가 되는 혐의자로부터 그의 진술을 통해 유죄증거를 수집하기 위한 체포 즉, 혐의자의 조사를 목적으로 하는 체포는 원칙적으로 인정되지 않았다.

---

41) Dunaway v. New York, 442 U. S. 200 [1979].

42) Brower v. County of Inyo, 486 U. S. 593 [1989].

그러나 수사 현실에 있어서는 혐의자를 체포한 다음 법정에 데려가기 전에 그 막간을 이용하여 혐의자를 상대로 인터뷰를 하거나 범죄와 관련한 조사(interrogation)를 하는 것이 일반적이다. 조사 결과 사안이 경미한 경우에는 법원으로 데려가는 대신 바로 석방을 하게 된다. 이러한 수사 현실을 반영하여 미국의 형사소송에서는 경찰의 조사를 위한 체포도 인정하여 이를 법적 통제의 대상으로 하고 있는 것이 특색이다.

체포는 법적 권한을 갖고 사람의 자유를 박탈하는 것이다. 어느 정도의 속박(restraint)이 따라야 하며 단순히 말로 하는 것은 체포가 아니다. 따라서 자기 마음대로 그 장소를 벗어날 수 없을 정도로 사람의 자유가 법집행 공무원에 의하여 제한되는 것을 말한다.

다. 체포와 체포영장

체포에는 판사로부터 영장을 발부받아 하는 것과 영장 없이 하는 체포가 있다. 연방대법원은 영장에 의한 체포를 강조하고 있지만[43] 수사 현실에 있어서는 대부분 영장 없이 체포가 이루어지고 있다.

대륙법계국가의 형사소송에 있어서 범죄혐의자를 체포·구금하는 것은 혐의자에 대한 범죄혐의를 수사하는 수사기관이고 따라서 혐의자를 법정에 데려가기 위한 목적만으로 구속을 하는 것이 아니다. 따라서 혐의자의 인권보장을 위해 수사기관이 혐의자를 구속할 때에는 판사로부터 구속영장을 발부받아 구속하도록 하는 영장주의가 매우 중요한 의미를 갖게 되고 그에 따라 구속의 경우에는 예외 없이 영장주의가 적용되며 다만 현행범체포와 같이 예외적인 경우에만 극히 제한적으로 영장주의에 대한 예외를 인정하고 있다.

그러나 전술한 바와 같이 Common Law에 있어서 체포는 일반적으로 현행범체포를 말하는 것이고 또한 수사기관이 수사목적으로 혐의자를 체포하는 것이 아니라 일반 시민이나 당사자가 혐의자를 체포하여 법원에 인치하는 것을 말하므로 이러한 전통에 입각한 미국의 형사소송에서 체포의 경우 영장주의가 그렇게 중요한 의미를 갖는 것이 아니며 따라서 체포영장에 의하지 않는 체포가 일반적이라고 할 수 있다.

체포영장(arrest warrant)은 치안판사나 판사 또는 다른 권한 있는 기관에

43) United States v. Watson, 423 U. S. 411 [1976].

의하여 발부된 명령서(writ)로서, 경찰 또는 다른 공무원으로 하여금 영장에 기재되어 있는 자를 체포하여 그에 대한 고발범죄에 대하여 그가 답변을 하거나 신문에 응할 수 있도록 '치안판사 면전이나 법원에 데려올 것'을 명하는 것이다. 체포영장의 형식은 주에 따라 상이하지만 기본적으로 영장을 발부하는 법원, 체포 대상자의 성명, 고발된 범죄의 죄명과 범죄사실, 체포 대상자를 체포하여 영장을 발부한 법원에 데려오라는 명령, 영장발부일자 그리고 영장을 발부하는 판사나 치안판사의 서명이 들어가는 것이 일반적이다.

판사로부터 영장을 발부받기 위해서는 먼저 피해자나 경찰관에 의하여 피고인의 체포에 상당한 이유가 있음을 보여주는 고발장이 제출되어 있어야 한다. 고발장에는 범죄가 발생하였고 그 범죄에 대하여 피고인에게 책임이 있다는 사실을 적시하여야 한다. 치안판사가 고발장과 그리고 함께 제출된 서류 또는 증언을 검토한 결과 고발된 피고인에 대하여 체포에 상당한 이유가 있다고 인정되면 체포영장을 발부한다. 대부분의 주에서 체포영장의 발부는 엄격하게 사법기능으로 되어 있고 따라서 체포영장은 판사나 사법직원(judicial officer)에 의하여 발부된다. 또한 체포영장의 발부는 "중립적이고 독립적인(neutral and detached)" 지위에 있는 자가 담당해야 한다.

그러나 체포에 상당한 이유가 있는 경우 경찰관이 영장 없이 혐의자를 체포하는 것과 같이 그 요건인 상당한 이유(probable cause)는 일반인을 위해 고안된 개념이므로 일부 주에서는 법원서기와 같이 법조자격을 갖고 있지 않는 자도 체포영장을 발부할 수 있도록 하고 있다. 다만 이 경우에도 영장발부를 담당하는 자는 중립적이고 독립적인 지위에 있어야 한다. 연방대법원도 주의 법률이 허용하고 있는 경우 법원서기도 체포영장을 발부할 수 있다고 판시하고 있다.[44)]

체포영장은 경찰관이 집행하는 것이 보통이지만 주에 따라서는 적절한 권한을 위임받은 일반 시민으로 하여금 집행하도록 하는 곳도 있다. 체포영장은 영장이 발부된 주에서만 효력이 있고 다른 주에서는 효력이 없는 것이 원칙이다. 다만 주 경계를 넘어 도주하는 범인을 추적하여 체포하는 소위 월경추격(hot pursuit)의 경우에는 예외가 인정된다. 체포영장의 집행과 관련하여 중죄의 경우에는 낮과 밤 관계없이 언제든지 체포대상자를 체포할 수 있지만 경죄의 경우에는 낮에만 체포영장을 집행하는 것이 원칙이다. 그러나 주에 따라서는 낮

44) Shadwick v. City of Tampa, 407 U. S. 345 [1972].

과 밤 구분 없이 언제든지 경범에 대한 체포영장의 집행을 허용하는 곳도 있다.

체포영장을 집행하는 경찰관은 체포영장을 집행함에 있어 반드시 체포영장을 소지하고 있을 필요는 없고 체포 후 요구가 있는 때 보여주면 된다. 체포영장은 부당한 지체 없이 바로 집행되어야 하지만 유효기간이 정해져 있는 수색영장과는 달리 유효기간이 정해져 있지 않고 대상자를 체포하거나 체포영장을 반환할 때까지 유효한 것이 원칙이다.

라. 영장 없이 하는 체포

일반적으로 법원이 영장에 의한 체포를 더 선호하고 경찰 또한 불법체포로 인한 민사상의 손해배상청구를 면하기 위해 영장에 의한 체포를 바람직한 것으로 보고 있지만 수사의 현실에 있어서 영장에 의한 체포는 아주 예외적이다. 또한 영장에 의한 체포가 체포 대상자를 그의 집에서 체포하는 경우를 제외하면 헌법상 반드시 요구되는 것도 아니다. 그에 따라 대부분의 주에서 실제 행해지는 체포의 약 95%가 영장 없이 이루어지고 있다.

미국의 경우에도 영장 없이 혐의자를 체포하는 것은 현행범체포를 내용으로 하는 Common Law에 기초한 것으로 주마다 그 규정은 조금씩 다르지만 대부분 Common Law의 일반원칙을 그대로 입법화하고 있다.

1) 중죄의 경우

경찰관이 공공의 장소에서 중죄를 범하고 있는 자를 목격한 경우 영장 없이 그를 체포할 수 있다. 연방대법원도 공공의 장소에서 범인을 체포하는 경우 주의 법률이 허용하고 있다면 영장을 받을 시간과 기회가 있는 때라 하더라도 영장 없이 범인을 체포할 수 있다고 판시하고 있다.[45] 실제 연방의 법률과 모든 주의 법률이 이를 인정하고 있다. 공공의 장소라는 최소한의 안전장치가 마련되어 있으므로 영장에 의하지 않은 체포라도 연방헌법 수정 제4조에 위반되지 않는다는 것이다. 하지만 통상 할 수 있는 영장 없는 체포라 하더라도 타인의 주거에 들어가는 것은 동의가 없는 한 인정되지 않는다.[46]

Payton 사건에서 경찰은 2일 간의 집중적인 수사 결과 Payton이 주유소 책임자를 살해하였다고 믿을 만한 상당한 이유를 말해주는 데 충분한 증거를

45) United States v. Watson, 423 U. S. 411 [1976].

46) Payton v. New York, 445 U. S. 573 [1980].

수집하였다. 경찰관은 영장을 받지 않고 Payton의 아파트에 들어가 그를 체포했다. 이러한 경우 체포영장 없이 주거에 들어가는 것과 체포는 뉴욕 주 법률에 의해 인정되는 것이었다. 경찰관들은 그의 아파트 철문을 두드렸고 반응이 없자 긴급구조요원을 부르고 쇠지레를 사용하여 문을 열고 안으로 들어갔다. 아파트 안에는 아무도 없었고 경찰관들이 주위를 둘러보고(in plain view) 30구경 탄피상자를 발견하여 압수하였고 이후 이 압수물은 피고인에 대한 살인사건의 증거로 제출되었다. 피고인은 유죄판결을 받았고 이에 불복하여 상소하였다. 피고인은 사적인 주거지에 있는 중죄혐의자를 체포하는 경우 영장을 발부받을 수 있는 시간이 있는 때에는 영장을 발부받아 체포하여야 함에도 영장을 발부받지 않은 것은 연방헌법 수정 제 4 조위반이라고 주장했다. 연방대법원은 이러한 경우 영장이 있어야 한다고 하면서 피고인의 주장을 받아들이고 이와 배치되는 뉴욕 주 법률을 위헌으로 판시한 것이다.

중죄혐의자를 공공의 장소에서 체포하는 경우 반드시 범죄가 경찰관의 면전에서 발생하여야 하는 것은 아니다. 예컨대, 어떤 여자가 경찰관에게 달려와 자기 남편이 방금 이웃 사람이 쏜 총에 맞았다고 신고한 경우 경찰관은 영장 없이 총을 쏘았다는 자를 체포할 수 있다.

2) 경죄의 경우

Common Law의 원칙에 따라 경죄의 경우 영장 없이 혐의자를 체포할 수 있는 것은 범죄가 경찰관의 면전에서 발생하였거나 발생하려고 하는 경우에 그리고 체포에 상당한 이유가 인정되는 때이다. 즉, 경범에 있어서는 경찰관이 직접 범죄의 발생을 그의 감각기관을 통하여 인지하였을 경우에만 체포가 인정된다. 따라서 경찰관이 제 3 자로부터 신고를 받고 하는 체포는 인정되지 않는다. 이러한 Common Law의 원칙은 아직도 대부분의 주에서 그대로 따르고 있지만 실제에 있어서는 이러한 원칙에 대한 광범위한 예외가 주의 법률에 의하여 인정되고 있어 실제 Common Law의 원칙은 유명무실한 것이 되었다. 여러 주에서 인정하고 있는 공통적인 예외사유는 다음과 같다.

① 즉시 체포하지 않으면 도주의 가능성이 있는 경우,

② 즉시 체포하지 않으면 증거를 은닉하거나 파괴할 가능성이 있는 때,

③ 교통사고가 포함된 사건인 때,

④ 경찰관의 면전에서는 아니지만 경범이 현재 범해지고 있다고 믿을만한 상당한 이유가 있는 때,
⑤ 가정 내 폭력이 포함된 경우,
⑥ 가게털이(shoplifting)와 여인숙 주인을 속이는 범죄의 경우.

마. 일반 시민의 체포

본래 Common Law에 있어서는 일반 시민도 중죄 또는 경죄 중 사회의 평온을 해하는 범죄(breach of the peace)가 발생한 경우 그 범죄를 범한 것이라고 믿을 만한 상당한 이유가 있는 자를 체포할 수 있었다. 이와 같은 Common Law의 원칙은 다소간의 수정은 있어 왔지만 미국의 경우에도 대부분의 주에서 그대로 인정하고 있다. 다만 어떠한 경범죄가 사회의 평온을 해하는 치안위반(breach of the peace)에 해당하는지에 관하여는 주에 따라 차이가 있다.

일반 시민이 범인을 체포한 경우 체포 대상자가 저지른 범죄가 중죄가 아니거나 breach of the peace에 해당하지 않으면 그 체포는 위법한 것이 되고 위법한 체포를 한 시민은 민사상의 손해배상의 책임을 지게 된다. 일반 시민이 체포를 하는 경우 경찰관과 마찬가지로 필요한 강제력을 행사할 수 있다. 경찰관이 범인을 체포하는 경우에도 그의 관할구역 밖에서 혐의자를 체포하게 되면 경찰관의 체포가 아니라 일반 시민의 체포행위가 된다.

4. 수색과 압수

사람에 대한 압수인 체포의 경우와 마찬가지로 미국의 형사소송에서 물건과 장소에 대한 수색(search)과 압수(seizure)를 규율하는 것도 연방헌법 수정 제 4조라고 할 수 있다. 따라서 상당한 이유가 있는 경우 이를 근거로 발부된 영장에 의해서 수색과 압수를 할 수 있는 것이 원칙이고, 제한된 예외사유의 경우를 제외하고 판사나 치안판사의 사전 동의 없는 수색과 압수는 그 자체로서 연방헌법 수정 제 4조에 위반되는 위법한 수색과 압수가 된다.[47]

수색과 압수의 대상이 되는 것은 보통 다음과 같은 것들이다.

47) Katz v. United States, 389 U.S. 347 [1967].

① 제한된 예외를 제외하고 어느 누구도 소지할 수 없는 마약, 위조지폐, 도박용구와 같은 금제품,
② 절도죄의 장물이나 위조된 수표와 같은 범죄의 결과물,
③ 무기나 주거침입도구와 같은 범죄의 도구,
④ 피해자의 혈액이 묻어 있는 혐의자의 옷 또는 범죄행위와 관련이 있다고 믿을 만한 상당한 이유가 있는 혐의자의 복면, 신발, 가발과 같은 단순한 범죄의 증거.

가. 영장에 의한 수색과 압수

수색과 압수를 함에 있어서는 먼저 판사의 수색영장(search warrant)을 발부받아야 한다. 보통 치안판사가 수색영장을 발부한다. 수색영장은 치안판사에 의해 발부된 명령서로서, 법을 집행하는 공무원으로 하여금 '범죄와 관련된 물건을 찾아 법원에 가져오라'는 명령이다.

경찰이 치안판사로부터 수색영장을 발부받기 위해서는 선서진술서에 의해 수색과 압수에 상당한 이유를 인정할 수 있는 사실을 적시하여야 한다. 치안판사가 발부하는 수색영장에는 상당한 이유에 대한 사실, 이를 뒷받침하는 증언, 수색할 장소와 압수할 물건 그리고 치안판사의 서명이 있어야 한다.

1) 상당한 이유

연방헌법 수정 제 4 조의 규정에 따라 수색과 압수를 위한 영장의 발부에는 상당한 이유(probable cause)가 있어야 한다. 전술한 바와 같이 상당한 이유를 인정하기 위해서는 단순한 의심만으로는 부족하고 객관적인 사실과 경찰관이 알고 있는 믿을만한 정보를 종합하면 합리적인 사람의 경우 어떤 범죄가 발생하였거나 지금 일어나고 있다고 믿을 수 있을 만큼 이를 충분히 담보하는 것이어야 한다. 상당한 이유의 의미는 체포의 경우와 동일하지만 그 초점은 체포의 경우와 다르다. 체포의 경우에는 범죄가 발생하였는지 여부 그리고 체포대상자가 그러한 범죄를 범하였는지 여부가 초점이 되지만 수색과 압수의 경우에는 압수 대상 물건이 수사 대상인 범죄행위와 관련이 있는지의 여부 그리고 경찰관이 그러한 물건을 수색 대상인 장소에서 찾아낼 수 있는지의 여부가 초점이 된다.

2) 상당한 이유를 뒷받침하는 증언

치안판사는 선서진술서(sworn affidavit)를 토대로 수색영장을 발부한다. 즉, 치안판사는 그에게 제출된 선서진술서를 통하여 수색영장에 상당한 이유가 있는지 여부를 확인한 후 수색영장을 발부한다. 선서진술서의 내용은 그 자체만으로 상당한 이유의 유무를 판단할 수 있도록 자세한 것이어야 한다. 따라서 수색영장이 필요하다는 경찰관의 결론만을 적시하여서는 안 되고 필요한 압수대상 물건이 수색 대상인 장소에서 발견될 수 있다는 객관적 사실을 적시하여야 한다. 선서진술서는 경찰관에 의하여 제출되는 것이 보통이지만 범죄로 인한 피해자에 의하여 제출될 수도 있다.

또한 상당한 이유만 인정되면 직접증거뿐 아니라 전문증거에 의해서도 수색영장이 발부될 수 있다. 수색영장의 신청은 반드시 서면으로 하여야 하는 것은 아니다. 전화나 직접 치안판사를 찾아가서 하는 구두 신청도 인정된다. 구두로 신청하는 경우 이를 기록하고 이 기록을 근거로 상당한 이유의 유무를 결정한다. 미약밀매징보를 입수하여 마약밀매 현장을 급습하고 현장에서 마약을 압수하는 것과 같이 장래 예상되는 압수의 경우 상당한 이유만 인정되면 수색영장이 발부된다. 이를 “anticipatory search warrant”라고 한다.

수색영장이 유효하기 위해서는 새로운 정보(fresh information)를 근거로 수색영장이 발부되어야 한다. 정보가 오래된(stale) 것이면 상당한 이유를 인정할 수 없고 영장은 무효가 된다.[48] Leon 사건에서 경찰관이 치안판사에게 선서진술서를 제출한 것은 1981년 9월이었고 경찰관이 비밀정보원으로부터 정보를 받은 것은 같은 해 8월이었다. 연방대법원은 이 사건에서 “선서진술서에는 범죄행위에 관한 정보제공자의 정보와 관련하여 그 기초가 되는 사실을 기재하여야 하는데 그 사실은 결정적으로 오래된 것이다”고 판시하였다.

새로운 정보를 요구하는 이유는 사정이 빠르게 변하기 때문에 어느 시점에 특정한 장소에서 발견될 수 있는 물건이 영장이 발부되어 집행되는 시기에는 그 장소에 없을 수 있기 때문이다. 연방대법원은 어느 정도의 시간이 지나면 오래된 정보가 되는지에 관하여 명확하게 이를 밝히고 있지 않지만 일반적으로 시간이 지체되면 될수록 그 정보가 오래된 정보가 될 가능성은 더 커진다고 할 수 있다.

---

48) United States v. Leon, 468 U. S. 897 [1984].

3) 수색할 장소와 압수할 물건

수색영장에는 수색할 장소가 명확하게 특정되어 있어야 한다. 예컨대, 아파트를 수색하는 경우에는 아파트의 주소만이 아니라 아파트의 동과 호수가 특정되어야 한다. 연방대법원은 위법수집증거배제의 원칙에 대한 예외의 경우에서 본 바와 같이 경찰관이 영장을 발부받을 당시 알고 있는 사정을 기준으로 영장의 적법성을 판단하여야 한다고 판시하고 있다.49)

Garrison 사건에서 경찰관은 마약과 마약사용 기구를 압수하기 위해 McWebb라는 이름을 가진 사람의 소유로 보이는 "Park Avenue 2036번지에 있는 3층 아파트"에 대한 수색영장을 발부받았다. 당시 경찰관은 위 아파트 3층에는 하나의 아파트만 있는 것으로 알고 있었고 그러한 믿음에는 별 문제가 없었다. 그러나 실제 위 3층에는 McWebb의 아파트와 Garrison의 아파트 등 2개의 아파트가 있었다. 경찰관들은 Garrison의 아파트에 들어가 수색을 하고 그에 따라 마약을 발견하고 난 뒤에야 그들이 수색한 장소가 McWebb의 아파트가 아니라 Garrison의 아파트라는 사실을 알게 되었다. Garrison은 압수된 마약과 관련하여 유죄판결을 받았다. Garrison은 수색 대상이 아닌 다른 아파트를 수색할 정도로 수색영장이 장소를 특정하지 못한 것이므로 위법한 것이라고 주장하면서 압수된 증거를 유죄증거에서 배제해 달라고 청구했다. 이에 대해 연방대법원은 압수물을 증거로 받아들이면서 수색영장의 적법성은 영장을 신청할 당시 경찰관이 알고 있는 사정을 기준으로 판단하여야 한다고 판시한 것이다.

압수할 물건도 경찰관이 자의적으로 압수할 수 없도록 자세하게 기재되어야 한다. 예컨대, 압수물을 특정하면서 단순히 도난당한 장물이라고 기재하여서는 안 되고 구체적인 도난 물품을 기재하여야 한다.

4) 치안판사의 서명

체포영장의 경우와 마찬가지로 수색영장도 중립적이고 독립된 치안판사에 의하여 발부된다. 따라서 영장을 발부하는 경우에는 수수료를 받고 영장을 기각하는 경우에는 수수료를 받지 않는 치안판사는 여기에 해당하지 않는다. 또한 수색의 범위를 결정하기 위해 수색에 참여하는 치안판사도 중립적이고 독립적인 치안판사라 할 수 없고 각 주에 있어서 수사와 소추의 최고 책임자라 할 수 있는 주의 법무장관도 중립적이고 독립된 자에 해당하지 않는다.

49) Maryland v. Garrison, 480 U. S. 79 [1987].

나. 영장 없이 하는 수색과 압수

영장을 발부받지 않고 수색과 압수를 한 경우 그에 대한 상당한 이유가 있었다는 것은 수색과 압수를 한 경찰관이 법정에서 이를 입증하여야 한다. 상당한 이유가 있는 경우 영장을 발부받아 하여야 하는 수색과 압수에 대한 원칙의 예외로 적법한 체포와 관련한 수색 등 여러 예외가 인정되고 있다.

1) 적법한 체포에 따른 수색의 예외

적법한 체포에 이어 체포 대상자를 수색하는 것은 통상적인 경찰의 업무 수행이다. 체포영장으로 체포하는 경우는 물론 체포영장 없이 체포하는 경우에도 체포 대상자를 수색하는 것이 일반적이다. 적법한 체포에 부수하여 체포 대상자를 수색하는 것이 인정되는 이유는 체포경찰관의 안전을 확보하고 체포대상자의 도주를 방지하며 증거의 은닉이나 손괴를 방지하기 위한 것이다. 그러나 이러한 이유를 정당화시킬 만한 상당한 이유가 있는 경우에만 수색을 할 수 있는 것은 아니다. 체포에 따른 수색에는 체포 대상자의 신체를 수색하는 것과 체포 대상자의 지배하에 있는 주변 장소를 수색하는 2종류가 있다.

혐의자를 체포한 경우 그의 신체를 수색하는 것은 언제나 가능한 일이다. 따라서 체포경찰관의 안전을 확보하기 위해서 또는 증거를 발견하기 위해서 수색을 하여야 한다는 요건이 필요하지 않다.[50] 하지만 신체수색을 하는 경우에도 정당한 사정이 인정되지 않으면 항문수색이나 체강수색은 인정되지 않는다. 신체수색에 이어 경찰관은 체포 대상자의 직접적인 지배하에 있는 장소를 수색한다. 이와 관련하여 대표적인 판례가 Chimel 사건이다.[51] 이 사건에서 연방대법원은 다음과 같이 판시했다.

> "체포를 하는 경찰관이 체포에 대항하거나 도주하는 데 사용할 수 있는 무기를 제거하기 위해서 체포 대상자를 수색한다는 것은 합리적인 것이다. 나아가 경찰관이 증거의 은닉이나 손괴를 방지하기 위해 주위를 수색하고 체포 대상자와 관련된 증거를 압수하는 것도 아주 합리적인 일이다."

---

50) United States v. Robinson, 414 U. S. 218 [1973].
51) Chimel v. California, 395 U. S. 752 (1969).

이러한 Chimel 원칙에 따라 체포에 수반한 영장 없는 수색은 체포 대상자의 "직접적인 지배하에 있는 장소"에 한정하여 하는 이상 적법한 수색이 된다. 직접적인 지배하에 있는 장소라고 하는 것은 체포 대상자가 무기를 취득하거나 증거를 손괴할 수 있는 거리에 있는 장소를 의미한다. 일부 주에서는 이러한 장소를 "손으로 붙잡을 수 있는 지역(grabbable area)"이라 부르기도 한다. 체포에 따른 수색을 하는 것은 체포와 거의 동시에 이루어져야 하고 체포 이후 상당한 시간이 경과하고 난 후의 수색은 위법한 것이 된다.

이와 관련된 판례가 Chadwick 사건이다.52) 이 사건에서 경찰관은 마리화나 밀거래사범들을 체포하고 마리화나가 들어있는 것으로 보이는 그들의 사물함을 압수하였다. 체포 후 1시간이 지나 그들을 유치장에 감금하고 나서 그들의 사물함을 열고 영장 없이 수색을 하였다. 연방대법원은 이러한 수색을 위법한 것이라고 하면서 "시간과 장소라는 점에서 체포로부터 멀리 떨어진 것"이라고 판시했다. 그러나 체포대상자를 구금상태에서 수색하는 것은 비록 시간이 지체되어 하는 것이라도 그러한 지체에 정당한 이유가 있는 경우 적법한 체포에 따른 수색으로서 유효한 수색이 된다.53)

2) 당사자의 동의에 의한 예외

수색과 압수에 당사자가 동의한 경우에는 영장주의가 적용되지 않고 그에 따라 압수된 증거물은 증거로 사용된다. 물론 상대방의 동의는 자발적인 것이어야 하고 무력이나 강박 또는 강요에 의한 것이 아니어야 한다. 예컨대, 경찰관이 먼저 안에 들어갈 것을 요구(demand)하고 그에 따라 상대방이 동의한 경우에는 자유롭고 자발적인 동의로 간주되지 않는다. 자발적인 동의인지 여부는 전체적인 상황(totality of circumstances)을 고려하여 판단한다. "문을 여시오(open the door)"와 같은 어투는 법원에 의하여 상대방에게 다른 선택의 여지를 주지 않는 것으로 해석되고 따라서 자발적인 동의로 인정되지 않는다. 실무상 관행은 상대방에게 요구(demand)하는 것이 아니라 정중하게 요청(request)하고 그에 따라 상대방이 동의한 경우에는 자발적인 것으로 보고 있다.

Bostick 사건에서54) 배지와 인식표를 단 경찰관이 버스에 탑승하여 승객

52) United States v. Chadwick, 433 U. S. 1 [1977].
53) United States v. Edwards, 415 U. S. 800 [1974].
54) Florida v. Bostick, 501 U. S. 429 [1991].

들에게 마약을 단속하러 나왔다고 설명했다. 특별히 의심할 여지가 없음에도 한 승객에게 다가가 신분증과 버스표를 보여 달라고 했다. 그리고 그 승객에게 그의 가방을 수색하는 데 동의해 달라고 하면서 그에게 동의를 거부할 권리가 있음을 말했다. 그에 따라 그 승객은 가방을 수색하는 데 동의했다. 유죄판결을 받은 Bostick이 상고를 하였지만 연방대법원은 이러한 승객의 동의는 유효한 것이라고 판시했다. 최근의 판례는 여기에서 더 나아가 합리적인 사람이라면 동의를 거부할 수 있는 권리를 갖고 있다고 이해할 수 있는 상황에서는 경찰관이 버스 승객에게 접근하여 질문을 하고 수색에 대한 동의를 요청하는 것은 연방헌법 수정 제 4 조가 허용하는 것이라고 판시하고 있다.55)

단순한 침묵 또는 수색에 반대하지 않은 것만으로는 동의를 한 것이라고 보기 어렵다. 예컨대, 상대방이 어깨를 으쓱한(shrug) 것은 동의로 보기보다는 무관심(indifference)이나 체념(resignation)으로 보아야 하고 동의로 볼 수 없다. 경찰의 허위진술이나 기망의 결과 동의를 한 경우에도 유효한 동의로 볼 수 없다. 영장을 발부받아 갖고 있지 않으면서도 영장을 갖고 있다고 거짓말을 한 경우가 여기에 해당한다.56)

일단 수색에 동의를 한 경우에도 언제든지 동의를 취소할 수 있다. 수색을 하는 도중에도 동의의 취소를 할 수 있지만 취소하기 전에 이미 압수한 물건은 증거로 인정된다.

3) 특별한 필요에 의한 예외

법집행과 관련된 업무를 수행하는 경찰 이외의 다른 공적인 기관(public agency)에 의한 수색에 있어서 영장주의가 적용되지 않는 예외가 연방대법원의 판례에 의하여 인정되고 있다. 이를 "법집행과 관련 없는 특별한 필요(special needs beyond law enforcement)"에 의한 예외라고 하는데 학교에서의 수색, 보호관찰대상자와 가석방된 자에 대한 수색, 공항에서의 수색 그리고 근로자의 책상에 대한 수색 등이 여기에 해당한다.

학교 선생이나 행정 직원이 학생에 대하여 영장 없이 수색을 할 수 있는지 여부에 대하여는 오랫동안 논란이 있어 왔다. 이에 대해 연방대법원은 1983년 6대 3의 판결로 공립학교 선생이나 행정 직원은 법이나 학교규칙을 위반한

55) United States v. Drayton, 536 U. S. 194 (2002).
56) Bumper v. North Carolina, 391 U. S. 543 [1968].

것으로 생각되는 학생에 대하여 영장 없이 수색을 할 수 있다고 판시했다. 수색을 함에 있어 요구되는 것은 수색을 하는 경우 법이나 학교 규칙을 위반한 학생으로부터 증거를 발견할 수 있을 것이라고 믿는 데 대한 합리적인 이유뿐이라는 것이다.57)

이 사건에서 뉴저지 고등학교 선생이 학교 규칙을 위반하여 학교 화장실에서 담배를 피우고 있는 학생과 그 동반자를 발견했다. 선생은 학생들을 교장실로 데려갔다. 교장실에서 학생들은 담배피운 사실을 부인했고 교감보가 학생에게 그의 지갑을 보여 달라고 했다. 지갑을 열자 담배 1갑이 발견되었고 통상 마리화나를 사용할 때 이용되는 담배말이용 종이꾸러미가 보였다. 지갑을 철저하게 수색하자 마리화나와 파이프 그리고 마리화나 거래에 관여했음을 말해주는 상당액의 돈 등이 발견되었다. 학생은 소년법원에서 증거에 대한 이의신청을 하며 상당한 이유가 없음에도 영장 없이 실시된 수색은 위법한 것이라고 주장했다. 연방대법원은 학생의 주장을 배척하면서 연방헌법 수정 제 4 조는 공립학교 직원에 의한 수색에도 적용되지만 한편 면학분위기를 유지하기 위한 학교의 정당한 노력을 참작하면 수정 제 4 조의 제한은 약간 완화되어야 한다고 판시했다.

이러한 공립학교의 수색에 대한 예외는 공립학교 직원에게만 인정되는 것이고 경찰에 대하여 인정되는 것이 아니다. 따라서 경찰이 학교에서 수색을 하는 경우에는 영장주의가 그대로 적용된다. 마찬가지로 이러한 수색의 예외는 고등학교나 중학교 그리고 초등학교에만 인정되고 대학교 학생에게는 인정되지 않는다.

보호관찰 대상자에 대한 수색과 관련하여 연방대법원은 합리적인 이유가 있는 경우 영장 없이 수색하는 것을 인정하고 있는 주의 법률은 보호관찰제도의 특별한 필요에 따라 이루어진 합리적인 대응방안이므로 연방헌법에 위반하는 것이 아니라고 판시했다.58) 이와 같은 영장주의의 예외는 보호관찰 대상자에게만 적용되는 것이 아니고 가석방된 자에 대하여도 인정된다. 한편 연방대법원이 가석방취소절차에 있어서는 위법하게 수집된 증거도 허용된다고 판시하고 있는 것은 전술한 바와 같다.

---

57) New Jersey v. T. L. O., 469 U. S. 325 [1985].
58) Griffin v. Wisconsin, 483 U. S. 868 [1987].

무기를 발견하고 항공기납치를 방지하기 위해 공항 이용자에 대한 제한된 수색이 인정되고 있다. 이러한 수색에는 상당한 이유나 합리적인 의심 또는 단순한 의심조차도 필요한 요건이 아니다. 또한 이러한 수색은 사법적인 목적으로 하는 것이 아니라 안전상의 이유로 하는 행정적인 조치라고 할 수 있다.

하급심판결 중에는 항공기납치를 방지하는 것은 매우 중대하고 시급한 문제이기 때문에 항공기 승객의 탑승에 앞서 무기와 폭발물을 탐지하는데 충분할 정도로 모든 승객과 화물을 검사하는 것은 이러한 필요에 부합하는 것이라고 판시한 것이 있다.[59]

4) 긴급한 상황에 의한 예외

긴급한 상황으로 인하여 수색을 위한 영장을 발부받는 것이 비현실적이거나 쓸모없는 경우 또는 위험하거나 불필요한 경우에는 영장 없이 수색을 할 수 있고 이를 긴급한 상황(exigent circumstances)에 의한 예외라 한다. 이러한 예외상황에 속하는 것으로는 경찰관에게 신체적 위해의 위험이 있는 경우, 증거인멸의 위험이 있는 경우, 월경추격, 제 3 자에 대한 위험 그리고 음주운전 등이 있다.

연방대법원은 영장을 발부받을 때까지 수색을 지체하는 경우 경찰관의 안전에 위험이 따르거나 증거인멸의 염려가 있는 때에는 영장에 의하지 않는 수색이 정당화될 수 있다고 하면서 다만 증거인멸의 가능성만 있는 경우에는 그렇지 않다고 판시한바 있다.[60] 따라서 증거인멸의 염려는 현실적이거나 긴박한(real or imminent) 것이어야 한다. 또한 연방대법원은 수색 대상 장소가 중대한 범죄의 현장이라 하더라도 영장을 발부받는 사이에 증거인멸의 염려가 없거나 영장을 발부받는 것이 쉬운 일이 아니라는 사정이 없는 한 그 자체만으로는 영장을 받지 않고 하는 수색을 정당화하는 것은 아니라고 판시했다.[61]

Mincey 사건에서 사복경찰관이 마약수사를 위해 Mincey의 아파트를 급습하다가 총에 맞아 죽었다. 바로 경찰의 살인사건 수사팀이 현장에 도착했고 경찰은 그때부터 4일 간 영장 없이 그 아파트를 철저하게 수색했다. 옷장을 뒤지고 양탄자를 찢어 보는 등의 수색 결과 200여 개의 물건을 압수했다.

---

59) United States v. Davis, 482 F. 2d 893 [9th Cir. 1973].

60) Vale v. Louisiana, 399 U. S. 30 [1970].

61) Mincey v. Arizona, 437 U. S. 385 [1978].

재판과정에서 Mincey는 영장 없는 수색은 위법한 것이라고 주장하면서 증거에 대한 이의신청을 했다. 이에 대해 애리조나 주정부는 살인 현장에서는 영장 없이 수색을 할 수 있다고 하면서 그 전에 애리조나 주 대법원이 인정한 살인 현장의 예외(murder scene exception)를 주장했다. 그러나 연방대법원은 사안이 중하다는 이유만으로 긴급한 상황이라고 볼 수 없다고 하면서 정부의 주장을 배척하고 피고인의 주장을 받아들인 것이다.

경찰은 위험한 혐의자로서 추격당하고 있는(in hot pursuit) 자가 들어가 숨어있다고 생각되는 집에 영장 없이 들어가 수색을 할 수 있다. Warden 사건에서[62] 경찰은 강도혐의자를 추격하여 나중에 피고인의 집으로 밝혀진 어느 집에 당도했다. 피고인의 아내가 문을 열어 주자 경찰은 주거침입절도범을 찾는다고 하면서 그녀의 허락을 받아 안으로 들어갔다. 무기를 찾아 수색하는 과정에서 범죄사실을 입증할 수 있는 피고인의 옷을 세탁기 안에서 발견했다. 경찰은 이 옷을 압수하여 법정에 증거로 제출했다. 이 사건에서 연방대법원은 피고인의 아내의 동의가 유효한지의 여부를 떠나서 이러한 수색은 월경추격(hot pursuit)에 의한 것으로서 적법한 것이라고 판시했다.

즉, 경찰이 무장강도사건의 발생과 그 혐의자가 특정의 집에 들어갔다는 정보를 입수한 뒤 5분 안에 그 집에 도착하여 합리적인 방법으로 안에 들어가 그 사건의 용의자로 지목되는 사람과 그 범행에 사용된 무기를 수색하였다는 것이다. 제3자의 위험과 관련하여 도와달라는 비명소리를 들은 경찰관은 영장 없이 소리가 나는 집에 들어갈 수 있다. 연방헌법 수정 제4조는 수사과정에서 지체를 하는 경우 경찰관이나 제3자에게 중대한 위험을 초래할 가능성이 있는 경우 이러한 지체를 요구하고 있지 않다는 것이 연방대법원의 판례다.

또한 경찰관은 음주운전 중 체포된 자를 상대로 영장 없이 강제로 음주측정을 위한 채혈을 할 수 있다. 물론 채혈은 병원에서 의사에 의하여 행해진다. 영장발부를 위하여 시간이 경과하면 운전자의 혈중알코올농도가 낮아질 수 있으므로 이를 긴급한 상황으로 볼 수 있다는 것이다.[63] 그러나 연방대법원은 증거보전만을 위한 채혈에 일정한 제한을 두고 있다. 예컨대, 음주운전한 자를 체포하기 위해 야간에 영장 없이 그의 집에 들어가는 것은 인정되지 않는다.

---

62) Warden v. Hayden, 387 U. S. 294 [1967].
63) Schmerber v. California, 384 U. S. 757 [1966].

증거를 보전하기 위한 필요가 있다는 사실만으로는 긴급한 상황을 인정하기 어렵다는 것이다.64)

Welsh 사건에서 피고인은 운전 중 차가 도로를 벗어나자 차를 버렸다. 경찰이 현장에 도착하여 목격자로부터 피고인이 술에 취하였거나 몹시 아픈 상태였다는 말을 들었지만 피고인은 이미 현장을 떠나 집으로 가 잠을 자고 있었다. 경찰이 차량등록번호를 통하여 피고인이 부근에 살고 있는 것을 확인하고 영장을 발부받지 아니한 채 그의 집에 찾아가 그를 체포했다. 위스콘신 주 대법원은 경찰의 행위가 긴급한 상황에 의한 예외에 해당한다고 하면서 이를 정당한 것으로 보았다. 그러나 연방대법원은 이 판결을 번복했다. "긴급한 상황에 해당하는지의 여부를 결정하는 데 있어 고려되어야 할 중요한 사실은 체포의 이유가 되는 범죄의 경중이라 할 것이고, 범죄를 범한 것으로 믿을만한 상당한 이유가 있긴 하지만 그것이 가벼운 범죄(minor offense)에 불과한 경우에는 긴급한 상황에 의한 예외로서 주거에 들어가는 것을 허용하기 어렵다"는 것이다. 연방대법원은 이러한 경우 이를 범행 현장으로부터 피고인을 바로 추격하는 것이라고 보기 어렵고 또한 피고인이 차를 버리고 집에 들어가 잠을 자고 있었으므로 공중이나 피고인의 안전을 보호할 필요도 없다고 보았다. 이러한 경우에는 오로지 증거보전의 필요만 남게 되고 이 사건 범죄의 경중에 비추어 영장 없는 주거침입을 정당화하기 어렵다는 것이다.

다만 이러한 연방대법원의 판결을 뒤집어보면 범죄의 내용이 단순 음주운전이 아니고 다른 사람을 다치게 한 범죄의 경우에는 경찰의 이러한 행위가 정당화될 수 있다고 볼 여지가 있다.

5) 행정상의 수색과 검사의 예외

행정상의 수색(administrative search)이라 함은 연방정부나 주정부의 행정규칙이나 규제에 대한 위반이 있었는지의 여부를 조사하기 위한 행정부 조사관에 의한 수색을 말한다. 이러한 수색은 보통 각 행정기관의 내부규정이나 규칙에 근거하여 행해지는 것이 보통이고 따라서 경찰이 아니라 이러한 행정기관의 조사관이나 직원에 의하여 행해진다. 이러한 행정상의 수색에 필요한 영장을 통상의 영장 즉, 사법상의 영장(judicial warrant)으로 부르지 않고 행정상의 영장(administrative warrant)이라 부르기도 한다.

64) Welsh v. Wisconsin,466 U. S. 740 [1984].

행정상의 영장의 경우에는 영장이 필요한지의 여부 그리고 상당한 이유가 필요한지의 여부에 있어서 사법상의 영장과 구별된다. 먼저 행정상의 수색으로 인정되는 것은 행정규칙위반을 조사하기 위해 대상자의 주거에 들어가는 것이다. 이러한 경우에는 당사자의 동의나 영장이 있어야 한다. 연방대법원도 보건이나 안전 또는 다른 종류의 검사관은 소유자의 동의나 영장 없이 개인의 주거에 들어갈 수 없다고 판시하고 있다.[65]

Camara 사건에서 피고인은 임차하여 주거로 사용하고 있는 건물에 대한 거주규칙위반 여부를 검사하겠다는 건물검사관의 영장 없는 검사를 거부하였다는 이유로 샌프란시스코 시 주택공급규칙위반으로 고발되었다. 피고인은 영장 없는 검사를 규정하고 있는 시의 규칙은 헌법에 합치하지 않는 것으로 연방헌법위반이라고 주장했다. 연방대법원은 피고인의 주장을 받아들여 "개인과 개인의 재산이 연방헌법 수정 제 4 조에서 보호받는 것은 그가 범죄행위로 혐의를 받고 있는 경우에 한한다는 것은 확실히 이상한 결론이다"고 판시했다.

물론 이러한 경우 대상자가 행정규칙을 위반하였을 것이라는 상당한 이유가 있는 경우에만 영장을 발부받을 수 있는 것이 아니고 법률상 또는 행정규칙상 일정한 부류(예컨대, 다가구 주택 또는 전년도에 검사를 받지 않은 건물)의 검사대상에 해당한다는 사실만 밝히면 된다. 마찬가지로 행정상의 검사를 위해 업무용 건물(commercial building)에 들어가는 경우에도 당사자의 동의 또는 영장이 필요하지만 이 경우에도 영장을 발부받음에 있어 상당한 이유는 필요한 요건이 아니다.

이와 관련된 것이 See 사건이다.[66] 이 사건에서 피고인 See는 시애틀 소방서의 직원이 영장을 발부받지 않고 그리고 그가 시의 규칙을 위반하였을 것이라는 상당한 이유가 없이 그의 잠겨있는 물품창고에 들어가 검사하는 것을 거부하였다는 혐의로 고발되어 유죄판결을 선고받았다. 그러한 검사는 시의 소방규칙위반 여부를 확인하기 위해 주기적으로 행해지던 통상적인 것이었다. 피고인의 상고에 대하여 연방대법원은 "공중에 개방되어있지 아니한 이러한 창고에 당사자의 동의 없이 행정상의 검사를 목적으로 들어가기 위해서는 영장에 의해서만 가능하다"고 판시했다.

---

65) Camara v. Municipal Court, 387 U. S. 523 [1967].
66) See v. City of Seattle, 387 U. S. 541 [1967].

행정상의 수색과 관련하여 상당한 이유는 물론 당사자의 동의나 영장 없이도 가능한 수색이 "엄격하게 규제되고 있는 사업(closely regulated business)"에 대한 수색이다. 이러한 수색이 인정되는 이유는 그것이 공중의 이익과 밀접한 관련이 있는 경우이거나 이미 이러한 사업에 종사하는 당사자의 동의가 있는 것으로 볼 수 있는 경우이기 때문이다. 예컨대, 무기판매상에 대한 수색,[67] 폐차장에 대한 수색[68] 그리고 주류상에 대한 수색[69] 등이 여기에 해당한다.

다. 헌법상의 수색과 압수에 해당하지 않는 경우

넓은 의미의 수색과 압수에 해당한다고 볼 수 있지만 연방헌법 수정 제 4 조가 규정하고 있는 영장주의나 상당한 이유가 적용되지 않는 경우가 있다. 따라서 영장이나 상당한 이유가 없음에도 이러한 방식으로 취득한 증거는 위법하게 취득한 증거에 해당하지 않아 법정에서 적법한 증거로 사용된다. 이와 관련하여 판례상 인정되고 있는 것이 plain view, open field 그리고 abandonment 라고 하는 것이다.

1) plain view doctrine

plain view doctrine이라고 하는 것은 적법하게 어떤 장소에 임하게 된 경찰관의 시야 내에(within the sight of an officer) 있는 물건은 그것이 압수대상물로 바로 인정되는 경우 영장 없이 압수할 수 있다는 것이다. 즉, 경찰관의 시야 내에 있는 물건은 연방헌법 수정 제 4 조와 관계없이 압수할 수 있다는 것이다.

연방대법원은 "정당한 권리를 갖고 압수대상물을 볼 수 있는 장소에 있는 경찰관의 시야 내에 보관된 물건은 압수대상이 되고 법정에 증거로 제출될 수 있다는 것은 오래전부터 인정되어 오고 있는 것이다"고 판시하고 있다.[70]

Harris 사건에서 경찰관이 강도사건과 관련하여 압수된 자동차를 수색했다. 자동차문을 열자 강도피해자의 자동차등록카드가 경찰관의 시야에 들어왔다. 강도로 기소된 Harris는 재판과정에서 경찰관이 영장을 발부받을 수 있는 여유가 있었음에도 영장을 발부받지 않고 압수한 자동차등록카드는 위법하게 수집한 증거라고 하면서 증거에 대한 이의신청을 했다.

67) United States v. Biswell, 406 U. S. 311 [1972].
68) New York v. Burger, 482 U. S. 691 [1987].
69) Colonnade Catering Corporation v. United States, 397 U. S. 72 [1970].
70) Harris v. United States, 390 U. S. 234 [1968].

유죄판결을 선고받은 피고인의 상고에 대하여 연방대법원은 자동차등록카드는 경찰관의 시야에 들어온 것이고 따라서 압수에 영장이 필요한 것이 아니라고 판시했다. 이를 영장주의에 대한 예외로 볼 수도 있지만 plain view의 경우에는 그 압수대상물을 찾기 위한 어떠한 수색도 행해진 바가 없기 때문에 연방헌법 수정 제 4 조가 규정하고 있는 수색에 해당한다고 볼 수 없고 따라서 영장이나 상당한 이유가 필요 없게 된다. 경찰관이 수색을 해서 압수물을 압수한 것이 아니라 우연히 그리고 기대하지 않은 상태에서 단지 눈에 보이는 것을 압수한 것에 불과하기 때문이라는 것이다.

plain view doctrine이 인정되기 위해서는 그 대상물이 경찰관의 시야에 들어온 것이어야 한다. 따라서 시야에 들어온 것이 아니라 다른 감각기관 예컨대, 듣거나 냄새를 맡거나 맛을 보거나 또는 만져보아서 찾아낸 물건은 그 대상이 되지 않는다. 또한 경찰관이 그의 시야에 들어온 물건을 압수할 수 있는 것은 그 장소에 적법하게 들어갈 수 있는 권리가 있는 경우이어야 한다. 따라서 타인의 주거에 위법하게 들어간 경우에는 그의 시야에 들어온 물건을 압수하였다 하더라도 이는 위법하게 수집한 증거가 된다. 마찬가지로 경찰관의 시야에 들어온 물건은 그것이 바로 압수대상물건이라는 것이 명백한 경우이어야 한다. 즉, 압수대상물을 보고 바로 그것이 압수대상물이라는 것을 알 수 있는 경우이어야 하고 다른 확인절차를 거쳐 비로소 그것이 압수대상물임을 알 수 있는 때에는 이 원칙이 적용되지 않는다.

2) open field doctrine

open field doctrine이라고 하는 것은 공개된 장소(open field)에 있는 물건은 연방헌법 수정 제 4 조가 보호하고 있는 물건이 아니고 따라서 영장이나 상당한 이유가 없는 경우에도 압수할 수 있다는 것이다. 다시 말해 연방헌법 수정 제4조가 부당한 수색이나 압수로부터 보호하고 있는 것은 집(houses), 서류(papers) 그리고 동산(effects)이고 open field는 여기에 해당하지 않는다. 즉, 수정 제4조가 부여하고 있는 국민의 신체, 가택, 서류 그리고 동산에 대한 특별한 보호는 open field에까지 확장되는 것이 아니다.[71)]

집(house)이 공개된 장소에 해당하지 않는 것은 물론이고 집의 개념은 상당히 넓게 인정되고 있다. 소유하고 있는 집과 임차한 집 사이에 차이가 있을

71) Hester v. United States, 265 U. S. 57 [1924].

수 없고 아파트, 호텔이나 모텔의 방, 병원 입원실은 물론 공중에게 공개되지 않은 직장의 구획된 공간도 집에 포함된다. 주택에 딸린 마당(curtilage)도 open field에 해당하지 않는다. 집과 주택에 딸린 마당까지가 수정 제 4 조가 보호하고 있는 house에 해당하고 마당이 끝나는 지점에서 open field가 시작된다.

3) abandonment doctrine

abandonment doctrine은 소유권을 포기한 물건은 연방헌법 수정 제 4 조가 보호하는 물건이 아니라는 이론이다. 소유권의 포기는 영구적인 것이어야 한다. 따라서 소유권을 포기한 물건은 영장이나 상당한 이유 없이도 압수하여 법정에 증거로 제출할 수 있다.

소유권의 포기는 반드시 임의적인 것일 필요는 없다. 예컨대, 범인이 증거를 숨길 목적으로 물건을 집 밖으로 또는 자동차 밖으로 집어던지는 경우도 소유권을 포기한 물건이 된다. 공개된 장소나 공중이 왕래하는 장소에 버려진 물건은 원칙적으로 소유권을 포기한 물건이 된다. 예컨대, 공항에서 감시받고 있는 것을 눈치 챈 혐의자가 화장실에 들어가 그곳에 마약을 버린 경우 또는 경찰차가 추격하자 차 밖으로 마약을 집어던진 경우에는 소유권을 포기한 버려진 물건이 된다.

공개된 장소가 아닌 사적인 장소에 버린 물건도 소유권을 포기한 물건이 되는 수가 있다. 예컨대, 투숙 중이던 호텔방에서 퇴실하고 난 후 그곳에 남겨진 물건은 버려진 물건으로 영장 없이 경찰이 압수하여 증거로 사용할 수 있다.

라. 수색과 관련한 문제들

1) 버스 화물의 수색

자동차 등으로 여행을 하는 승객의 가방은 연방헌법 수정 제 4 조가 규정하고 있는 동산(effects)으로서 이 규정의 보호를 받게 된다. 따라서 경찰관이 가방을 검사하기 위해 영장이나 상당한 이유 없이 손으로 가방을 눌러보는 것과 같은 행동은 허용되지 않는다.[72] Bond 사건에서 국경순찰대원(border patrol agent)이 승객의 불법입국 여부를 검사하기 위해 그레이하운드 버스에 승차했을 때 Bond는 여행용 가방을 갖고 여행 중이었다. 버스 뒷좌석으로 갔던 대원이 앞으로 나오면서 Bond의 좌석 위에 있는 천으로 된 가방을 손으로 눌러보

72) Bond v. United States, 529 U. S. 334 [2000].

고 그 안에 벽돌 비슷한 물체가 들어있는 것을 감지했다. Bond는 그것이 자신의 가방이라고 말하고 그것을 열어보는 데 동의했다. 그 속에서 대원은 필로폰을 발견했다. 유죄판결을 선고받은 Bond는 위와 같은 국경순찰대원의 수색은 그의 헌법상의 권리를 침해한 것이라고 주장하면서 상소했다. 연방대법원은 다음과 같은 이유로 Bond의 주장을 받아들였다.

우선 Bond는 프라이버시를 보호받을 권리를 갖고 있다고 했다. 그는 "천으로 된 가방을 사용하였고 그것을 그의 좌석 바로 위에 올려둠으로써" 그의 프라이버시를 지키려고 했다는 것이다. 다음으로 프라이버시를 보호받을 권리는 "그것이 사회생활에 있어 합리적인 것으로 받아들여질 때" 인정되는 것으로 보았다. 연방대법원은 결론적으로 "비록 다른 승객이나 버스직원들이 수화물을 다룰 가능성이 없는 것은 아니지만 그 안에 무엇이 들어있는지 확인하기 위해 이를 손으로 만져보는 것과 같은 일은 없을 것이라는 기대를 할 수 있었음에도" 경찰이 이러한 행위를 한 것으로 보았다. 또한 연방대법원은 "손으로 만져보는 것과 같은 육체적인 침해행위는 눈으로 검사하는 것 보다 훨씬 더 법익침해가 크다고 할 수 있어 경찰관의 이러한 행위는 연방헌법 수정 제 4 조에 위반하는 것"이라고 판시했다.

2) 혐의자의 일시 억류

긴급한 상황에서 그리고 영장을 발부받을 때까지 증거를 보전할 필요가 있는 경우 경찰은 일시적으로 사람을 억류할 수 있고 이는 연방헌법 수정 제 4 조에 위반되는 것이 아니다.[73)]

McArthur 사건에서 어떤 여자가 경찰관에게 남편과 같이 살고 있는 트레일러에서 자신의 짐을 가져 나오는 동안 함께 그곳에 가달라고 요청했다. 그 여자는 남편 McArthur가 있는 트레일러 안으로 들어갔고 경찰은 밖에서 기다렸다. 여자가 잠시 후 밖으로 나와 경찰관에게 남편이 트레일러 안에 마약을 갖고 있다고 알려주었다. 경찰관이 현관문을 두드리고 남편에게 트레일러 안을 수색하겠다고 요청했지만 남편은 이를 거절했다. 경찰관 1명이 영장을 발부받으러 간 사이 남편이 현관으로 나왔고 경찰관은 남편 혼자서 안으로 들어가지 못하게 했다. 그러나 남편은 3번에 걸쳐 안으로 들어갔고 그 때마다 경찰관은 문간에 서서 남편을 지켜보고 있었다.

73) Illinois v. McArthur, 531 U. S. 326 [2001].

영장을 발부받은 경찰관이 도착하자 트레일러 안을 수색했고 그 결과 마약과 미약매매에 필요한 기구들을 발견했다. 유죄판결을 받은 남편 McArthur는 연방헌법 수정 제 4 조가 보장하고 있는 자신의 권리가 침해당했다고 하면서 상소했다. 연방대법원은 피고인의 주장을 배척하면서 경찰이 합리적인 시간 안에 영장을 발부받는 동안 상당한 이유가 구비되고 그리고 증거보전이라는 필요에 따라 일시적으로 대상자를 억류하는 것이 헌법위반이라고 본 판례는 없다고 판시했다.

3) 우편물 수색

제 1 종 우편물과 봉함된 우편물은 연방헌법 수정 제 4 조가 보호하는 것이고 따라서 경찰이나 우체국 직원은 영장 없이 이를 수색할 수 없다. 다만 우체국 직원은 우편물 안에 금제품이나 다른 압수 가능한 물건이 들어있는 것으로 보이는 상당한 이유가 있는 경우 영장을 발부받는 데 필요한 합리적인 시간의 범위 안에서 이를 억류할 수 있다. 하지만 영장을 발부받아 수색을 하는 경우에도 우편물을 열어볼 수 있기는 하지만 편지내용을 읽어볼 수 없다.[74)]

4) 일반 시민에 의한 수색과 압수

Common Law의 원칙에 따라 일반 시민도 수색과 압수를 할 수 있지만 이러한 수색과 압수에 대하여는 연방헌법상의 제한이 적용되지 않는다. 연방헌법상의 인권보장규정은 공권력을 행사하는 공무원의 행위(government agency and officer)에만 적용되기 때문이다. 이러한 원칙은 설사 일반 시민의 수색이나 압수가 위법한 경우에도 마찬가지로 적용된다. 따라서 일반 시민이 위법하게 수집한 증거라 하더라도 법정에서 이를 증거로 사용할 수 있다. 하지만 일반 시민의 이러한 행위에 경찰이 관여된 경우에는 연방헌법 수정 제 4 조가 적용된다. 경찰이 일반 시민의 수색이나 압수를 부추기거나 사인의 그러한 행위에 관여한 경우 위법하게 수집된 증거는 법정에서 증거로 사용할 수 없다.

예컨대, 이웃 사람이 자신의 노트북컴퓨터를 절취한 것으로 의심하여 그 집에 침입하여 노트북컴퓨터를 회수한 뒤 이웃 사람을 절도로 고발한 경우가 있을 수 있다. 이때 연방헌법 수정 제 4 조에 의한 부당한 압수와 수색으로부터 보호받을 권리는 공무원의 행위에만 적용되고 일반 시민의 수색과 압수에는 적용되지 않기 때문에 위와 같은 방식으로 압수된 노트북컴퓨터도 이웃 사람

74) United States v Van Leeuwen, 397 U. S. 249 [1970].

에 대한 절도사건에서 증거로 사용될 수 있다. 다만 경찰이 이러한 수색과 압수를 하도록 하였거나 이러한 수색과 압수에 관여한 때에는 위법한 증거가 된다. 이때 절도피해자가 이웃 사람의 집에 불법으로 침입한 행위로 형사책임이나 민사책임을 지게 되는 것은 별개의 문제가 된다. 경찰관이 일반 시민의 수색과 압수를 도운 경우에는 연방헌법 수정 제 4 조가 적용되며 경찰관이 그러한 아이디어를 제공한 것에 불과한 경우 또는 수색이 진행되는 도중에 경찰관이 참여하였다고 하여 결론이 달라지는 것은 아니다. 물론 사인에 의한 수색과 압수가 완전히 종료되고 난 후 경찰관이 관여한 경우에는 문제가 되지 않는다.

5) 사인이 수색한 물건과 동일한 물건에 대한 수색

연방대법원은 이미 사인에 의해 수색이나 압수의 대상이 된 물건에 대한 경찰관의 압수 또는 수색은 합법적인 것이라고 판시하고 있다. 또한 금제품으로 의심되는 물건에 대한 영장 없이 하는 현장에서의 화학적 검사도 유효하다고 한다.[75] Jacobsen 사건에서 개인운송회사의 직원들이 상자 안의 튜브에 숨겨져 있는 4개의 플라스틱가방에서 흰색 가루를 발견했다. 신고를 받은 DEA 직원들이 출동하여 상자에서 튜브를 꺼내 현장에서 백색가루에 대한 시험을 한 결과 그것이 코카인이라는 것을 확인했다.

유죄판결을 받은 Jacobsen이 그의 연방헌법 수정 제 4 조의 권리를 침해당했다고 하면서 상소했다. 연방대법원은 DEA직원이 플라스틱가방을 튜브에서 꺼내 그 내용을 눈으로 검사하는 것은 이미 일반 시민인 운송회사직원들이 수색한 것과 다른 내용이 전혀 없다고 판시했다. 또한 현장에서의 시험도 일반 시민이 한 수색의 범위를 넘어선 것은 사실이지만 이것이 연방헌법 수정 제 4 조에 위반하는 불법은 아니라고 했다.

6) 비번 경찰의 수색

근무 중이 아닌 비번인 경찰의 수색은 일반 시민의 수색인지 아니면 이 경우에도 경찰의 수색으로 보아야 하는지가 문제가 될 수 있다. 대부분의 법역에서 비번 중인 경찰의 수색도 경찰의 수색으로 인정하고 있다. 따라서 경찰관은 하루 24시간 그리고 일주일 내내 법집행 공무원이 된다. 이렇게 보지 않는 경우 경찰이 연방헌법 수정 제 4 조의 적용을 회피할 수 있는 수단으로 사용할 수 있기 때문이다.

75) United States v. Jacobsen, 466 U.S. 109 [1984].

7) 외국인의 외국에서의 수색

연방대법원은 외국인에 대한 그의 외국 소재 거소에서의 수색은 연방헌법 수정 제4조의 적용대상이 되지 않는다고 판시하고 있다.[76]

Verdugo-Urquidez 사건에서 멕시코 시민으로 멕시코에 살고 있는 피고인이 미국에서 발부된 영장에 따라 멕시코 경찰에 의해 주거지에서 체포되었다. 그는 국경에서 미국에 인도되었고 샌디에이고에 있는 수용소에 수감되었다. 피고인이 마약밀매뿐 아니라 미국 마약 단속국의 특수직원인 Enrique Camarena의 고문과 살해에도 관여되었다고 의심한 미국 수사관은 멕시코에 있는 그의 집 2곳을 수색하기로 하여 멕시코 경찰의 협조를 받아 그들과 함께 영장 없이 수색을 했다. 유죄판결을 받은 피고인의 상고에 대해 연방대법원은 외국에 있는 외국인의 주거에 대한 수색과 압수의 경우에는 그가 후일 미국에서 재판을 받고 또한 압수된 물건이 미국의 법정에 증거로 제출되는 경우에도 연방헌법 수정 제 4 조는 적용되지 않는다고 판시했다.

8) 마약탐색을 위한 경찰견의 사용

마약을 탐지하기 위해 경찰견으로 하여금 밀폐된 용기에 들어있는 물건에 대하여 냄새를 맡도록 하는 것은 경찰이 그 현장에 적법하게 들어갈 수 있는 한 연방헌법 수정 제 4 조가 규정하고 있는 수색으로 볼 수 없다. 따라서 상당한 이유나 영장 없이도 경찰견으로 하여금 마약의 탐지를 위하여 냄새를 맡도록 할 수 있다.[77]

5. 자동차에 대한 정지와 수색

가. 자동차 정지

자동차를 정지시키는 것 또한 연방헌법 수정 제 4 조가 규정하고 있는 압수(seizure)의 한 형태라고 할 수 있다. 따라서 연방헌법 수정 제 4 조의 규정이 적용된다. 하지만 자동차의 기동성(mobility)을 감안한다면 다른 일반적인 경우와 동일하게 이 규정을 적용할 수 없다.

---

76) United States v. Verdugo-Urquidez, 494 U. S. 259 [1990].

77) United States v. Place, 462 U. S. 696 [1983].

1) 자동차정지에 대한 일반원칙

자동차에 대한 정지가 압수의 한 형태라고 하지만 압수에 관해 규정하고 있는 연방헌법 수정 제 4 조가 그대로 적용되는 것은 아니다. 즉, 자동차는 고도의 기동성을 갖고 있는데다가 자동차정지가 당사자에게 심한 인권침해를 가져오는 것은 아니므로 연방헌법 수정 제 4 조의 영장주의 또는 상당한 이유를 필요로 하는 규정은 적용되지 않는다. 물론 자동차의 정지에도 일정한 단서가 전제되어야 하고 아무런 근거도 없는 정지 또는 정당한 근거가 없는 정지는 위법한 것이 된다.

연방대법원은 경찰이 운행 중인 자동차를 정지시키기 위해서는 적어도 범죄와 관련되었다고 볼 만한 "합리적인 의심(reasonable suspicion)"은 있어야 한다고 판시하고 있다.[78] 이러한 합리적인 의심을 인정하기 위해서는 여러 개별 사실들을 따로 보아서는 안 되고 전체적인 상황(totality of circumstances)을 종합적으로 고려하여 판단한다.[79] 합리적인 의심과 관련해서 문제가 되는 것이 도로를 봉쇄하고 모든 차량을 검문하는 경우이다. 이러한 예외를 인정할 것인지 여부는 그간 논란의 대상이 되어 왔다. 연방대법원은 일정한 경우 도로봉쇄를 통한 자동차정지를 합법적인 것으로 인정하고 있다.

이러한 예외로 인정되고 있는 것이 음주운전단속을 위한 경우, 불법이민을 방지하기 위한 경우 등이다. 음주운전단속과 관련하여 연방대법원은 자동차 운전자의 음주운전을 단속할 목적으로 지나가는 모든 차량을 정지시키는 도로봉쇄의 한 형태인 음주운전검문소(sobriety checkpoint)는 연방헌법 수정 제 4 조가 보장하고 있는 부당한 수색과 압수로부터의 보호규정에 위반하는 것이 아니고 따라서 헌법에 부합하는 것이라고 판시했다.[80]

연방대법원의 합헌판결이 나오기 이전 21개 주에서는 음주운전검문소의 설치를 합헌으로 보았고 12개 주에서는 이를 위헌으로 보았다. 연방대법원이 음주운전검문소의 설치를 합헌으로 보고 있지만 경찰관에게 재량권을 인정하지 않는 적절한 방식의 검문소만이 합헌으로 인정되고 경찰관의 자의적인 정지는 인정되지 않는다.

---

78) United States v. Cortez, 449 U. S. 411 [1981].

79) United States v. Arvizu, 534 U. S. 266 [2002].

80) Michigan Department of State Police v. Sitz, 496 U. S. 444 [1990].

상설검문소에서 간단한 질문을 하기 위해 통상적으로 행해지는 도로봉쇄 형태의 자동차정지는 연방헌법 수정 제 4 조에 부합하고 따라서 검문소를 설치하기 전에 영장을 받을 필요는 없다.[81] 이때 "고정검문소(fixed checkpoint)"를 국경에 설치하지 않고 국경 안쪽에 설치하여 모든 차량을 정지할 수 있고 고정검문소에서 차량을 정지한 후 특정 승객들을 "제 2 차 검사구역(secondary inspection area)"으로 보낼 수 있으며 그곳에서 그들을 상대로 질문을 하고 정당한 이유가 있는 경우 자동차에 대한 수색을 할 수 있다. 즉, 연방대법원은 외국인의 불법입국을 통제하기 위한 목적의 이러한 자동차정지를 "아무런 의심점이 없는(suspicionless)" 경우에도 인정하고 있다.

또한 자동차운전면허증과 자동차등록증을 확인하기 위해 도로를 봉쇄하는 것도 합법적인 것으로 인정되고 있다. 이러한 과정에서 경찰관이 다른 범죄의 단서를 발견한 경우에는 그 범죄와 관련한 수사를 위하여 합리적인 조치를 취할 수 있다.

그러나 경찰은 특정한 차량을 상대로 운전면허증과 차량등록증만을 확인하기 위한 이러한 정지를 할 수 없다. 특정 차량 운전자에 대하여 이러한 정지를 하기 위해서는 그가 교통규칙을 위반하였다고 믿을 만한 합리적인 이유가 있어야 되고 단순한 의심만으로는 할 수 없다.[82]

일정한 경우 도로를 봉쇄하거나 검문소를 설치하고 지나가는 모든 차량을 정지시켜 검문하는 것이 인정되기는 하지만 통상의 범죄수사를 목적으로 하는 도로봉쇄는 인정되지 않는다.[83] Edmond 사건에서 인디애나폴리스 경찰이 마약을 적발할 목적으로 자동차검문소설치계획을 작성했다. 그에 따르면 검문소는 주간에만 운영되고 검문소 표시를 선명하게 하도록 하며 검문소 설치장소는 검문소설치 이전에 미리 정하고 또한 미리 정해진 수의 자동차만 검문하도록 되어 있었다. 자동차를 정지시킨 후에는 자동차운전면허증과 자동차등록증만 제시할 것을 요구하고 불법행위의 의심이 구체적으로 드러나는 경우에만 운전자를 억류할 수 있으며 검문을 위해 자동차를 정지시키는 시간은 5분을 초과하지 않도록 했다.

81) United States v. Martinez-Fuerte, 428 U. S. 543 [1976].

82) Delaware v. Prouse, 440 U. S. 648 [1979].

83) Indianapolis v. Edmond, 531 U. S. 32 [2000].

Edmond와 다른 사람들이 검문소에서 정지를 당했고, 후일 그들은 합리적인 의심이 없음에도 그들을 정지시킨 것은 연방헌법 수정 제4조에 위반하는 것이라고 주장하면서 소를 제기했다. 이 사건의 상고심에서 연방대법원은 연방대법원에 의하여 이전에 인정된 도로봉쇄는 음주운전단속, 불법이민의 통제 그리고 운전자의 운전면허증과 자동차등록증을 검사하기 위한 것뿐이라고 하면서 Edmond의 주장을 인정했다. Edmond 사건이 이전에 대법원이 인정한 것과 다른 점은 Edmond 사건에서의 목적은 형사상의 범죄행위 특히, 마약의 운반을 방지하기 위한 것에 있었다는 것이다. 연방대법원은 마약문제가 심각한 것이기는 하지만 도로봉쇄를 정당화하는 정도는 아니라고 보았다. 즉, 연방대법원은 "우리는 주목적이 일반 범죄의 증거를 확보하기 위한 도로봉쇄계획을 승인한 바 없다. 도로봉쇄와 관련하여 우리는 경찰이 자동차를 정지시킴에 있어서는 구체적인 의심이 있어야 한다는 일반원칙에 대해 아주 제한적인 예외만을 인정하고 있다"고 판시했다.

2) 자동차정지 후의 조치

자동차를 정지시킨 경찰은 그에 수반하여 일정한 조치를 취할 수 있다. 자동차정지는 그 자체가 목적이 아니라 범죄행위가 발생하였는지 또는 발생하려고 하는지 여부를 확인하기 위한 수단이기 때문이다. 경찰이 취할 수 있는 후속 조치는 일반적인 경우, 합리적인 의심이 인정되는 경우, 상당한 이유가 인정되는 경우 그리고 상대방의 동의가 있는 경우에 따라 달라진다.

가) 일반적인 경우　　교통규칙위반을 이유로 합법적으로 자동차를 정지시킨 경우 경찰관은 다른 사유가 없다 하더라도 운전자를 차에서 내리도록 명할 수 있다. 이때 운전자가 무기를 갖고 있거나 위험한 자라고 믿을 만한 합리적인 이유가 있는 경우 경찰관은 그 자신의 안전에 위해가 될 수 있는 무기의 소지 여부를 확인하기 위해 frisk를 할 수 있다.[84] 예컨대, 자동차정지신호를 위반하여 운전한 운전자를 정지시킨 때 경찰관은 그에게 자동차에서 내릴 것을 명할 수 있고 그에 따라 운전자가 자동차에서 내린 후 그가 무기를 소지하고 있거나 위험한 자로 믿을 만한 합리적인 이유가 있는 경우 그를 frisk할 수 있다. frisk한 결과 불법무기가 발견된 경우 경찰관은 그를 체포할 수 있다. 반대로 운전자가 무기를 소지하고 있거나 위험한 자라고 믿을 만한 합리적인

84) Pennsylvania v. Mimms, 434 U. S. 106 [1977].

사정이 없는 경우 경찰관이 할 수 있는 것은 운전자로 하여금 차에서 내리도록 하는 것뿐이다. 그러한 사정이 없음에도 운전자를 frisk하는 것은 운전자에 대한 정지가 합법적인 경우에도 위법한 것이 된다.

자동차운전자 이외 그 동승자에 대하여도 경찰이 차에서 내릴 것을 명할 수 있는지의 여부는 논란이 되어 왔다. 연방대법원은 이에 대해 교통규칙위반을 이유로 자동차를 정지시킨 경우 동승한 자에 대하여도 차에서 내릴 것을 요구할 수 있다고 판시했다.[85]

Wilson 사건에서 주 교통경찰이 속도위반자동차를 정지시켰다. 그 차를 추적하는 과정에서 경찰관은 렌터카 안에 3명이 타고 있는 것을 보았다. 차를 정지시키고 차에 다가가자 렌터카에서 운전자가 내려 경찰에게 다가왔다. 운전자는 그의 면허증을 제시했지만 떨고 있었고 몹시 초조해 보였다. 경찰은 동승자 중 1명인 Wilson 또한 땀을 흘리며 몹시 초조해하는 것을 목격했다. 이를 목격한 경찰이 Wilson에게 차에서 내릴 것을 요구했고 그가 차에서 내리는 과정에서 정제한 코카인이 땅바닥에 떨어졌나. 그 자리에서 체포되어 코카인소지죄로 고발된 Wilson은 재판과정에서 경찰관이 그로 하여금 차에서 내리게 한 것은 부당한 압수에 해당한다고 주장했다. 1심법원과 항소심법원은 피고인의 주장을 받아들였지만 연방대법원은 피고인의 주장을 인정하지 않고 1심과 항소심판결을 번복했다.

연방대법원은 "자동차를 정지시킨 경우 담당 경찰관에 대한 위험성은 운전자 이외에 다른 동승자가 있는 경우 더 증가한다"고 전제한 뒤 "경찰관을 보호해야 하는 정부의 정당하고 중요한 이해관계는 자동차 운전자나 그 동승자에 대한 사소한 인권침해보다 더 우선하는 것"이라고 판시했다.

일단 적법하게 자동차를 정지시킨 경우 경찰관은 운전자나 동승자에게 질문을 할 수 있고 이때 Miranda 원칙을 고지할 필요는 없다. 연방대법원도 통상의 교통규칙위반을 이유로 도로가에 자동차를 정지시키고 질문을 하는 것은 구금 상태에서의 신문이라 볼 수 없고 따라서 Miranda 경고를 할 필요가 없다고 판시하고 있다.[86] 물론 경찰관이 자동차운전자 등을 상대로 질문을 할 수 있지만 이는 임의적인 것에 불과하고 당사자는 이러한 경찰관의 질문에 응하

85) Maryland v. Wilson, 519 U. S. 408 [1997].

86) Berkemer v. McCarty, 468 U. S. 420 [1984].

지 아니할 헌법상의 권리를 갖고 있다. 미국에서는 이를 헌법상의 권리라고 보고 있지만 당사자주의를 기본으로 하는 Common Law의 일반원칙에 비추어 볼 때 이는 당연한 결론이다. 다만 당사자가 경찰관의 질문에 답변을 하지 아니할 권리가 있다고 하지만 경찰관의 정당한 질문에 답변을 하지 않는 것은 체포나 수색 또는 압수를 하는 데 필요한 상당한 이유의 존재 여부를 결정하는 자료가 될 수 있다.

나) 합리적인 의심이 인정되는 경우 자동차를 정지시키고 운전자에게 질문을 한 결과 운전자가 음주운전을 하고 있다고 볼만한 합리적인 의심이 있는 경우 음주운전 여부를 확인하기 위해 음주측정기로 검사를 할 수 있다. 이는 50개 주 모두가 인정하고 있는 것이다. 음주측정을 거부하거나 음주측정 결과 기준치를 초과한 경우에는 운전면허정지처분이 따른다. 이때 운전면허정지처분 이외에 형사상의 처벌도 가할 수 있는지는 논란이 되고 있다. 일부에서는 동일한 범죄를 대상으로 하여 이중으로 처벌하는 것이라고 주장하는 반면 운전면허정지처분은 행정적인 것이고 형사상의 처벌이 아니므로 이중처벌이 아니라는 의견도 있다. 주에 따라 결론이 다른 이 사안에 대하여 연방대법원의 판결은 아직 나오지 않고 있다.

음주측정 이외에 경찰관은 운전자가 위험한 자이거나 차안에 있는 무기를 꺼내 사용할 수 있다고 의심할 만한 합리적인 이유가 있는 경우에는 비록 운전자가 차 밖으로 나와 있다 하더라도 차안에 대한 간단한 수색을 할 수 있다.[87] 이러한 수색은 무기가 발견되거나 숨겨져 있을 가능성이 있는 객실 내부(passenger compartment)로 제한된다.

무기를 찾기 위한 간단한 수색은 일종의 stop and frisk에 대한 확장개념이고 체포(arrest)에 해당하는 것이 아니다. 이러한 간단한 수색은 합리적인 의심이 있는 경우에만 인정되고 단순히 교통규칙위반을 이유로 운행 중인 자동차를 정지시킨 경우에는 인정되지 않는다.

다) 상당한 이유가 인정되는 경우 합리적인 의심에 따라 자동차를 정지시킨 이후 자동차에 범죄로 취득한 것이나 범죄의 도구 또는 금제품이 실려 있다고 볼 만한 상당한 이유가 있는 경우 경찰관은 영장 없이 자동차에 대한 정식의 수색을 할 수 있다.

87) Michigan v. Long, 463 U. S. 1032 [1983].

Bannister 사건에서[88] 경찰은 속도위반딱지를 발부하기 위해 Bannister의 자동차를 정지시켰다. 그에 대한 소환장을 작성하는 과정에서 경찰관은 2가지 사실을 목격하게 되었다. 즉, Bannister와 그 차의 동승자가 자동차부품절도범으로 방송된 자들과 동일한 자들로 보이고 그 차 뒷좌석에 위 범행에 사용된 것으로 보이는 렌치 등 물건이 놓여 있었다. 이 사건에서 연방대법원은 경찰관이 목격한 것을 근거로 영장 없는 수색을 정당화할 수 있는 상당한 이유를 인정할 수 있다고 판시했다. 이러한 경우 그 자리에 치안판사가 있었다면 경찰이 가지고 있는 정보를 근거로 치안판사로부터 수색영장을 발부받을 수 있었다고 볼 수 있기 때문이라는 것이다.

상당한 이유는 수색을 하기 전에 인정되어야 하고 그렇지 않은 경우 수색은 위법한 것이 된다. 상당한 이유가 있는 경우 경찰은 수색 이외에 승객의 소지품도 수색할 수 있다. 연방대법원은 자동차를 수색하기 위한 상당한 이유를 구비하고 있는 경찰관은 압수대상물을 숨길 수 있는 것으로서 차안에서 발견된 승객의 소지품을 검사할 수 있다고 판시하고 있다.[89]

Houghton 사건에서 와이오밍 고속도로순찰대 소속의 경찰관이 교통규칙위반을 이유로 Houghton이 타고 있는 자동차를 정지시켰다. 교통규칙위반에 대하여 그녀에게 질문을 하는 사이 경찰관은 그녀의 셔츠 주머니에서 주사바늘을 발견했다. 그녀가 마약주사를 맞기 위해 주사바늘을 사용한다고 인정하자 경찰관은 모든 승객을 차에서 내리도록 했다. 이어 경찰관은 차량내부를 수색했고 뒷좌석에서 그녀의 것이라고 하는 지갑을 발견했다. 그 지갑에서 필로폰과 그 사용도구가 발견되자 경찰은 그녀를 체포했다. 마약소지의 중죄로 유죄판결을 선고받은 피고인은 자동차 안에 있는 승객 개인의 소지품을 수색한 것은 연방헌법 수정 제 4 조에 위반하는 것이라고 주장하면서 상고했다. 그러나 연방대법원은 상당한 이유를 갖고 자동차를 수색하는 경찰관은 차안에 있는 승객의 소지품도 검사할 수 있다고 판시한 것이다.

또한 경찰관은 상당한 이유가 있는 경우 운전자를 체포할 수 있다. 예컨대, 교통규칙위반을 이유로 자동차를 정지시킨 경찰관은 운전자를 차에서 내리게 할 수 있고 이때 그 자신에게 위험이 느껴지는 경우 운전자를 상대로 frisk를

88) Colorado v. Bannister, 449 U. S. 1 (1980).
89) Wyoming v. Houghton, 526 U. S. 295 [1999].

할 수 있으며 그 결과 위법한 무기를 발견하게 되면 운전자를 체포하고 자동차에 대한 수색을 할 수 있다. 이때 운전자의 몸수색이 가능한 것은 물론이다.

라) 동의가 있는 경우　　상당한 이유나 합리적인 의심이 인정되지 않는 경우에도 당사자의 동의가 있는 경우 경찰관은 자동차를 수색할 수 있다. 연방대법원도 적법하게 자동차를 정지시킨 경찰관은 자동차를 운전하고 있는 자에게 수색에 대한 동의를 요구할 수 있다고 판시하고 있다.[90)]

이러한 동의는 서면으로 받을 필요는 없지만 진지하고 자발적인 것이어야 한다. 동의가 유효한 것인지 여부가 법정에서 문제가 되는 경우 경찰이 이를 입증해야 한다. 경찰이 이러한 동의를 받음에 있어 미리 당사자에게 거절의 권리가 있음을 알려줄 필요는 없고 통상의 일반적인 사람이라면 거절의 자유가 있다는 것을 알고 있으면 된다.

3) 수색을 위한 교통법규위반 구실의 정지

연방대법원은 자동차운전자가 교통법규를 위반하였다고 믿을 만한 상당한 이유가 있는 경우 경찰관이 일시적으로 그를 억류하는 것은 비록 마약단속과 같은 다른 법집행의 목적으로 자동차를 정지시킨 것이라 하더라도 적법한 것이라고 판시하고 있다.[91)]

Whren 사건에서 사복을 입은 경찰관이 경찰 표시를 하지 않은 차를 타고 마약우범지역을 순찰하던 중 교차로에서 젊은 사람들이 자동차를 타고 기다리고 있는 것을 보았다. 그 자동차는 교차로에서 이상하리만큼 오래 기다리고 있다가 경찰관이 차를 회전하여 다가가자 갑자기 신호도 켜지 않고 급발진을 하여 우회전을 하였다. 경찰차가 신호에 걸려 서 있는 차를 따라잡은 다음 경찰관 1명이 차에 접근하여 살펴보았더니 Whren이 손에 정제된 코카인이 들어있는 것으로 보이는 플라스틱 가방을 들고 있었다.

마약소지로 기소된 재판에서 피고인 Whren은 사복의 경찰관은 통상 교통법규위반에 대한 단속을 하지 않는데도 불구하고 교통법규위반을 이유로 피고인의 자동차를 정지시킨 것은 마약소지 여부를 확인하기 위해 자동차를 수색하기 위한 구실에 불과한 것이라고 주장하면서 증거에 대한 이의신청을 했다. 이에 대해 연방대법원의 다수의견은 피고인의 주장을 배척하고 다른 목적이 있

---

90) Schneckloth v. Bustamonte, 412 U. S. 218 [1973].
91) Whren v. United States, 517 U. S. 806 [1996].

어 자동차를 일시 억류한 경우에도 헌법위반은 아니라고 본 것이다. 물론 연방대법원이 다른 수사목적을 위하여 교통법규위반을 구실로 하는 자동차정지를 합헌으로 인정하고 있지만 주의 법률이 이를 인정하고 있지 않는 경우에는 불법이 된다.

4) 가벼운 교통규칙위반과 체포

연방대법원은 안전벨트미착용과 같이 벌금으로만 처벌되고 징역형이 인정되지 않는 가벼운 교통법규위반의 경우에도 체포가 가능하고 그것이 연방헌법 수정 제 4 조에 위반하는 것은 아니라고 판시하고 있다.[92]

텍사스 주 법률은 자동차 앞좌석에 승차하는 사람은 모두 안전벨트를 매게 되어 있고 여기에 위반하는 경우에는 50달러 이하의 벌금에 처하도록 되어 있다. 또한 텍사스 주 법률은 법을 위반한 자에 대하여는 경찰관이 체포를 하는 대신 소환장을 발부할 수 있는 경우에도 영장에 의한 체포를 할 수 있다고 명시적으로 규정하고 있다. Atwater 사건에서 텍사스 주에 살고 있는 Atwater는 두 자녀를 앞좌석에 태우고 자동차를 운전하고 있었지만 안전벨트를 착용하지 않아 적발되었다. 그녀는 안전벨트미착용으로 체포되었고, 나중에 벌금 50달러를 선고받았다. 피고인은 Common Law에 따라 징역형에 처할 수 없는 가벼운 범죄에 대하여는 체포를 할 수 없음에도 피고인을 체포한 것은 헌법위반이라고 주장하며 상고했다. 연방대법원은 징역형에 처할 수 없는 범죄에 대하여도 체포를 할 수 있다고 하면서 피고인의 주장을 받아들이지 않았다.

나. 자동차 수색

자동차를 적법하게 정지시켰다고 하여 바로 자동차를 수색할 수 있는 것은 아니다. 자동차를 정지시키는 것과 자동차를 수색하는 것은 별개의 것이고 또한 서로 다른 원칙이 적용된다. 즉, 자동차를 정지시키는 데 있어서는 영장이 필요하지 않고 단순히 합리적인 의심만 있으면 가능하다. 그러나 자동차 수색에는 이와 다른 원칙이 적용된다.

1) 자동차 수색과 영장

자동차 수색의 경우에도 자동차 정지의 경우와 같이 영장이 있어야 하는 것은 아니다. 이러한 의미에서 영장주의에 대한 예외가 된다. 하지만 자동차

92) Atwater v. City of Lago Vista, 532 U. S. 318 [2000].

정지의 경우와 달리 합리적 의심만으로는 부족하고 상당한 이유가 있는 경우에만 수색이 가능하다. 물론 여기에서 말하는 자동차는 언제든지 운전하여 갈 수 있는 기동성이 있는 자동차를 말한다. 고장 등으로 움직일 수 없는 자동차에 대한 수색에는 영장이 있어야 한다.

이와 관련한 오래된 연방대법원의 판례가 Carroll 사건이다.[93] 이 사건에서 피고인 Carroll은 금지된 주류(intoxicating spirituous liquor)를 자동차로 운송하다가 적발되어 기소되고 유죄판결을 선고받았다. 피고인은 영장 없이 주류를 압수한 것은 위법한 것임에도 이를 증거로 받아들였다고 주장하면서 상고했다. 경찰은 피고인의 주장에 대해 자동차에 금지된 주류가 실려 있다고 볼 만한 상당한 이유가 있어 자동차를 수색했고, 만일 영장을 받으려고 하였다면 그 사이에 피고인은 자동차를 운전하고 가 버렸을 것이라고 반박했다.

연방대법원은 영장을 발부받으려고 하는 사이 피고인이 자동차를 운전하여 갈 수 있으므로 영장 없이 자동차를 수색한 것은 합리적인 것이라고 판시했다. 이 판결에서 연방대법원은 영장을 발부받을 시간적 여유가 없는 경우에 영장 없는 자동차 수색이 가능하다고 판시했지만 이후의 판결들은 영장을 받을 수 있는 경우에도 영장 없이 자동차 수색을 할 수 있다고 판시하고 있다.[94] 이를 영장주의에 대한 "자동차에 대한 예외(automobile exception)"라 한다. 영장주의에 대한 예외로서 영장을 발부받지 않고 자동차를 수색할 수 있지만 이러한 수색을 하기 위해서는 자동차에 압수대상 물건이 실려 있다는 상당한 이유가 있어야만 하고 단순히 합리적인 의심만 인정되는 경우에는 할 수 없다.

2) 교통법규위반단속에 따른 수색

연방대법원은 당사자의 동의나 상당한 이유가 없음에도 교통법규위반딱지를 발급하면서 자동차를 수색하는 것을 허용하는 주의 법률은 연방헌법 수정 제 4 조에 위반하는 것이라고 판시했다.[95] Knowles 사건에서 피고인은 과속으로 자동차를 운전하다가 정지를 당하여 소환장(citation)을 발급받았다. 이어 경찰관은 자동차에 대한 수색을 하였고 그 결과 마리화나와 그 사용도구가 발견되었다.

93) Carroll v. United States, 267 U. S. 132 (1925).
94) Robbins v. California, 453 U. S. 420 [1981].
95) Knowles v. Iowa, 525 U. S. 113 [1998].

아이오와 주 법률은 "운전자를 체포하는 대신 소환장을 발급하는 경우에도 체포의 경우에 할 수 있는 적법한 수색을 할 수 있다"고 규정하고 있었다. 아이오와 주 대법원은 이 규정을 해석함에 있어 경찰이 체포를 선택하지 않고 대신 소환장을 발급하는 경우에도 자동차와 운전자에 대한 정상적인 수색(full-blown search) 즉, 교통법규위반단속에 따른 수색을 할 수 있다고 해석했다.

마약사용도구를 소지한 혐의로 유죄판결을 받은 피고인이 위법한 수색이라고 주장하면서 상고했다. 연방대법원은 피고인의 주장을 받아들여 그러한 수색은 설사 주의 법률에 의하여 허용되는 것이라 하더라도 연방헌법 수정 제4조에 위반하는 것이라고 판시했다. 그러한 수색은 당사자의 동의나 상당한 이유가 있을 때에만 가능하다는 것이다. 물론 이러한 경우에도 연방헌법 수정 제4조의 보호대상이 되지 않는 plain view의 대상이 되는 물건에 대해서는 이 원칙이 적용되지 않는다. 예컨대, 경찰관이 교통법규위반차량을 정지시켜 위반딱지를 발급함에 있어 당사자의 동의나 상당한 이유가 없으면 자동차를 수색할 수 없다. 그러나 경찰관이 자동차내부를 쳐다보고 이때 압수대상물건이 보이는 경우에는 plain view이론에 의하여 이를 압수할 수 있다.

3) 승객 객실에 대한 수색

경찰이 자동차운전자를 체포하게 되면 영장 없이 승객이 타고 있는 객실에 대한 수색도 할 수 있다. 따라서 경찰관에게 위험을 초래할 수 있는 물건이 있다고 생각되거나 체포된 혐의자의 범죄와 관련된 증거가 있다고 생각되는 때에는 객실에서 발견된 모든 물건의 내용물을 검사할 수 있다.

Belton 사건에서[96] 뉴욕 주 경찰관이 과속으로 달리는 자동차를 발견하고 추격하여 차를 도로가로 붙여 정차하도록 명했다. 자동차를 정지시키고 운전자로부터 운전면허증을 제시받는 과정에서 경찰관은 마리화나가 타는 냄새를 맡았고 자동차의 바닥에서 "Supergold"라는 표시가 있는 봉투를 발견했다. 경찰은 자동차에 타고 있는 4명을 체포했고 봉투를 집어 내용물을 확인하자 마리화나가 발견되었다. 이어 경찰은 동승자들이 타고 있던 객실부분을 수색했고, 뒷좌석에서 피고인 Belton의 검은 가죽재킷과 주머니 안에 있는 코카인을 발견했다. 재판과정에서 피고인은 코카인이 자신의 직접적인 통제지역 안에 있는 것이 아님에도 이를 수색하여 압수한 것은 위법이라고 주장하면서 증거에 대한 이

96) New York v. Belton, 453 U. S. 454 [1981].

의신청을 했다. 연방대법원은 피고인의 주장을 배척하고 경찰이 적법한 체포를 하는 경우에는 영장 없이 승객의 객실에 대한 수색을 할 수 있다고 판시했다.

4) 트렁크와 그 안에서 발견된 봉함물건에 대한 수색

경찰이 적법하게 자동차를 정지시키고 그 자동차 안에 금제품이 있다고 믿을 만한 상당한 이유가 있는 때에는 영장 없이 자동차에 대한 수색을 할 수 있다. 이러한 수색을 함에 있어서는 치안판사로부터 수색영장을 발부받아 하는 경우와 마찬가지로 철저하게 수색할 수 있다. 따라서 트렁크는 물론 모든 용기와 짐을 포함하여 금제품이 숨겨져 있는 것으로 보이는 자동차의 모든 부분을 검사할 수 있다.[97]

Ross 사건에서 마약밀매혐의로 피고인 Ross의 자동차를 정지시키고 그를 체포한 경찰이 자동차의 트렁크를 열고 봉함된 갈색의 종이봉투를 발견했다. 봉투 안에는 글라신 백(glassine bag)들이 있었고 그 안에 헤로인이 들어 있었다. 경찰이 그 차를 경찰서로 운전하여 가 그곳에서 다시 영장 없이 수색한 결과 지퍼로 잠겨 있는 가죽지갑이 나왔고 그 안에 현금이 들어 있었다. 피고인은 재판과정에서 영장 없이는 글라신 백과 가죽지갑을 열어볼 수 없음에도 경찰이 이를 열어보았다고 주장했다. 그러나 연방대법원은 피고인의 주장을 받아들이지 않고 이러한 경우 영장 없이 압수한 물건은 증거로 사용할 수 있다고 판시했다. 이 판결은 이전의 판결보다 영장 없는 자동차수색의 범위를 매우 넓게 인정하고 있다는 점에 의미가 있다.

5) 체포와 수색의 동시성

자동차에 대한 수색은 적법한 체포에 이어 바로 행해져야 한다. 그러나 사정에 따라서는 체포와 동시에 수색을 할 수 없는 경우가 있을 수 있다. 그러한 특별한 사정이 있는 경우에는 수색이 지체되어도 위법한 수색이 되지 않는다. 예컨대, 고속도로에서 자동차를 정지시키고 수색을 하기 위한 상당한 이유가 있는 경우 경찰은 자동차를 정지시킨 다음 경찰서로 자동차를 끌고 가 그곳에서 영장 없이 수색을 할 수 있다. 위 Ross 사건이 그 한 예이다.

Johns 사건에서[98] 세관 직원이 마리화나를 운반하는 것으로 의심되는 트럭을 정지시켰다. 세관 직원은 마리화나가 들어 있는 것으로 보이는 밀봉된 짐

97) United States v. Ross, 456 U. S. 798 [1982].

98) United States v. Johns, 469 U. S. 478 [1985].

을 트럭에서 꺼내 정부 창고에 넣어 두었다. 3일 후 세관 직원이 영장 없이 밀봉된 심을 열어보았고 그 안에서 마리화나를 발견했다. 연방대법원은 이 사건에서 Ross 사건을 포함한 어떠한 사건의 경우에도 자동차 수색은 즉시 이루어져야 한다고 판시한 바가 없다고 하면서 이 사건의 경우와 같이 3일 간의 지체도 허용된다고 판시했다. 따라서 수색은 합리적인 시간 안에 행해지면 되고 부당하게 지체되어 수색이 되었다는 것은 피고인이 입증하여야 할 사항이다.

6) 영장을 발부받을 수 있는 경우의 영장 없는 수색

영장을 발부받을 수 있는 시간이 있음에도 영장을 발부받지 않고 하는 수색도 적법한 것으로 허용된다. Maroney 사건에서[99] 경찰이 상당한 이유를 근거로 고속도로에서 자동차를 정지시켜 운전자를 강도혐의로 체포하였다. 경찰은 자동차를 수색할 상당한 이유가 있음에도 수색을 하지 않고 자동차를 경찰서로 견인한 다음 경찰서에서 영장 없이 수색을 했다. 재판에서 피고인은 경찰이 영장을 발부받을 수 있는 시간이 있음에도 영장 없이 수색을 했고 그 결과 취득한 증거는 위법한 증거라고 주장했다. 경찰이 이미 자동차를 경찰서에 견인해 놓았기 때문에 더 이상 긴급한 상황은 존재하지 않는다는 것이다.

그러나 연방대법원은 고속도로에서 자동차를 정지시킴에 있어 수색을 할 수 있는 상당한 이유가 있었고, 이러한 상당한 이유가 나중에 하는 영장 없는 수색을 정당화한다고 하면서 피고인의 주장을 배척하고 이러한 영장 없는 수색을 적절한 것이라고 판시했다.

7) 버스 승객에 대한 질문

연방대법원은 버스를 수색함에 있어서 경찰관이 버스 승객에게 다가가 질문을 하고 합리적인 사람이라면 거절할 수 있는 상황에서 수색에 대한 동의를 요구하는 것은 연방헌법 수정 제 4 조가 허용하는 것이라고 판시하고 있다.[100]

Drayton 사건에서 피고인 Drayton과 Brown은 그레이하운드 버스를 타고 플로리다에 있는 포트로더데일에서 미시간으로 가고 있었다. 중간 정거장인 플로리다의 탈라하시에 버스가 정차하고 있는 동안 3명의 경찰관이 마약단속을 위해 버스에 올라탔다. 경찰관 1명이 피고인들에게 다가가 가방을 갖고 있느냐고 물었다. 그들이 머리 위 선반에 있는 가방을 가리키자 경찰이 이를 검사했

99) Chambers v. Maroney, 399 U. S. 42 [1970].
100) United States v. Drayton, 536 U. S. 194 [2002].

지만 아무것도 발견하지 못했다. 피고인들은 따뜻한 날씨임에도 두꺼운 코트와 불룩한 바지를 입고 있었다. 경험에 의하여 이러한 경우 마약을 밀거래하는 자들의 전형적인 모습이라고 생각한 경찰관이 피고인들에게 몸수색을 할 수 있느냐고 물어보았다. 피고인들은 동의를 하고 의자에 앉은 채 몸을 앞으로 숙여 재킷을 열어보였다. 경찰은 그들의 몸을 툭툭 치며 만져보았고(pat down), 그들의 다리에서 딱딱한 물체를 느끼고 그들에게 그 물체를 확인할 수 있느냐고 물었다. 그들이 여기에 동의했고 확인 결과 마약으로 드러났다.

유죄판결을 받은 피고인들은 수색이 불합리한 것이라고 주장했다. 연방대법원은 이 주장을 배척하고 버스를 수색함에 있어서 경찰관이 버스 승객에게 다가가 질문을 하고 합리적인 사람이라면 거절할 수 있는 상황에서 수색에 대한 동의를 요구하는 것은 연방헌법 수정 제 4 조가 허용하는 것이라고 판시했다. 이에 덧붙여 연방대법원은 경찰이 이러한 협조 요청에 거절할 권리가 있음을 승객에게 말해 줄 필요가 없다고 하였다.

8) 자동차 안에 있는 용기에 대한 영장 없는 수색

자동차 안에 놓여 있는 용기(container)에 금제품이나 범죄의 증거가 들어있다고 믿을 만한 상당한 이유가 있는 때에는 자동차에 대한 수색을 정당화할 만한 상당한 이유가 없는 경우에도 영장 없이 그 용기를 수색할 수 있다.[101]

Acevedo 사건에서 캘리포니아 주 산타아나의 경찰관이 Acevedo가 마리화나가 숨겨져 있는 것으로 알려진 아파트를 나오는 것을 보았다. 그는 갈색종이가방을 들고 있었고 경찰이 전에 본 마리화나포장용기와 같은 크기였다. 이미 하와이에 있는 연방 마약단속직원으로부터 갈색의 종이가방에 마리화나가 들어있다는 전화연락을 받은 뒤였으므로 경찰은 그 종이가방을 수색할 상당한 이유를 갖고 있었다. Acevedo는 종이가방을 그의 차 트렁크에 넣은 다음 차를 운전하여 갔다. 경찰이 차를 정지시키고 트렁크를 열게 한 뒤 가방을 열자 마리화나가 나왔다.

Acevedo는 판매목적의 마리화나소지혐의에 대해 유죄인정을 하였다가 다시 유죄판결에 대한 상소를 하면서 압수된 마리화나는 증거로 사용할 수 없다고 주장했다. 피고인은 경찰이 마리화나가 들어있는 용기인 종이가방 자체에 대하여는 영장 없이 수색할 상당한 이유가 있었는지 모르지만 자동차를 수색

101) California v. Acevedo, 500 U. S. 565 [1991].

할 상당한 이유는 갖고 있지 않았다고 주장했다. 그러나 연방대법원은 피고인의 이러한 주장을 받아들이지 않고 이와 같은 경우 경찰의 자동차 안에 있는 용기에 대한 영장 없는 수색이 가능하다고 판시했다.

6. 범인식별절차

대륙법계형사소송에서는 국가 수사기관이 혐의자를 찾아내 범죄혐의를 수사한 결과 수사기관의 입장에서 혐의자의 범죄혐의가 인정된다고 보이는 경우에만 혐의자를 법원에 기소한다. 따라서 범인식별절차와 같은 것은 범인 특정을 위한 수사기관의 수사방법 중 하나에 불과한 것이고 그것이 다른 수사방법과 다른 특별한 의미를 갖고 있다고 보기 어렵다.

그러나 영미법에서는 수사기관의 수사 결과 증거에 의하여 범죄혐의가 인정되는 경우 혐의자를 고발하는 것이 아니라 상당한 이유가 있으면 혐의자를 법인에 고빌하고 법정에서 혐의자에 대한 유·무죄를 가리게 된다. 수사기관의 수사에 따라 범죄혐의가 밝혀진 자를 고발하는 것이 아니고 유죄판결을 받을 가능성이 있는 자 즉, 상당한 이유가 있는 자를 고발하는 것이기 때문에 누구를 상대로 고발을 할 것인지 여부는 매우 중요한 의미를 갖게 된다. 이러한 이유에서 영미법에서는 소추대상자로서의 범인을 특정하거나 찾아내기 위한 방법으로 소위 범인식별절차(identification parade)가 발전하여 왔고 최근에 이르러서는 DNA 테스트가 중요한 범인식별 증거로 사용되고 있다.

여기에서는 범인식별절차 그리고 그와 관련하여 연방헌법상 보장되고 있는 피의자의 인권보장문제를 주로 살펴보기로 한다.

가. line-up

line-up은 범인과 비슷한 사람을 여러 명 세워 놓고 피해자나 목격자로 하여금 범인을 찾아내도록 하는 범인식별절차의 한 방법이다. 한 사람을 상대로 하는 것은 line-up이라 하지 않는다. line-up의 절차는 지역에 따라 상이하지만 대부분의 경우 경찰서에서 피해자나 목격자로 하여금 5명 내지 그 이상의 대상자를 상대로 범인을 지목하도록 하는 방식으로 행해진다. 대부분 목격자나 피해자 등 line-up에 참가하는 자들만 볼 수 있는 유리창을 사용하여 대상자

쪽에서는 피해자나 목격자를 보지 못하도록 하고 있다. 공정한 line-up을 입증하기 위해 그 과정을 촬영하기도 한다.

1) 변호인의 조력을 받을 권리

혐의자가 정식으로 고발(charge)되기 이전 단계 즉, 기소(indictment), 고발(information), 예비신문(preliminary hearing) 또는 기소인부절차 이전 단계에서 line-up이 이루어지는 경우에는 변호사의 조력을 받을 권리가 인정되지 않는다.[102] Kirby 사건에서 강도혐의자가 경찰서에서 피해자를 통하여 범인식별절차를 거쳤다. 그 과정에 변호사가 참석하지 않았을 뿐 아니라 경찰 또한 혐의자에게 변호사의 조력을 받을 권리를 고지해 주지 않았다. 피고인은 강도죄로 유죄판결을 선고받고 상고했다.

연방대법원은 피고인이 아직 정식으로 고발된 상태가 아니었기 때문에 line-up이나 기타 대면확인절차(face-to-face confrontation)에서 변호인의 출석이나 변호인의 조언을 받을 권리가 보장되어 있는 것이 아니라고 판시했다. 이를 "Kirby rule"이라 부른다. 피고인이 거친 범인식별절차는 경찰이 통상 하는 절차이고 따라서 "소추를 위한 결정적인 단계(critical stage of prosecution)"가 아니라는 것이다. 소추를 위한 "결정적인 단계"에서만 변호인의 출석과 변호인의 조언을 받을 권리가 있다고 본 것이다. 그러나 연방대법원은 구금 상태에서의 신문(custodial interrogation)[103]과 사건을 대배심에 회부하는 데 충분한 증거가 있는지 여부를 결정하는 예비신문절차(preliminary hearing)[104]에서 변호인의 조력이 필요하다고 판시한 것을 제외하고 어떤 것이 결정적인 단계인지에 대하여 정의를 내리지 않고 있다.

대부분의 하급법원들은 체포영장을 가지고 혐의자를 체포하여 구금 상태로 가져가는 것을 정식으로 고발을 제기하는 것과 동일한 것으로 보는 반면에 체포영장을 발부받지 않고 혐의자를 체포하여 구금 상태로 가져가는 것은 아직 정식고발이 제기되기 전으로 보고 있다. 다만 주의 법률이 정식고발 이전 단계에서 하는 line-up의 경우에도 변호인의 조력을 받을 권리를 인정하고 있는 때에는 주의 법률이 우선한다.

---

102) Kirby v. Illinois, 406 U. S. 682 [1972].
103) Miranda v. Arizona, 384 U. S. 436 [1966].
104) Coleman v. alabama, 399 U. S. 1 [1970].

한편 피고인이 범죄혐의를 받아 정식으로 고발되고 나서 하는 line-up이나 기타 내변확인은 결정적인 단계에서의 절차로 간주된다.[105] 따라서 피고인은 변호인의 출석을 요구할 권리가 있다. 다만 변호인의 조력을 받을 피고인의 권리도 다른 권리와 마찬가지로 포기가 가능하다.

Wade 사건에서 피고인은 은행강도혐의로 체포되어 기소되었다. 기소 이후 그에게 변호인이 붙여졌다. 변호인이 정해지고 나서 15일 후 FBI요원이 변호인에게 통보하지 않고 은행 직원 2명을 출석시킨 가운데 Wade와 다른 5-6명의 수감자를 대상으로 그 지역 군법원의 법정에서 line-up을 실시했다. line-up에 참가한 대상자들로 하여금 모두 은행강도사건 때 강도가 입었다고 하는 옷을 입도록 하였고, 강도가 범행 당시 은행에서 하였다는 말 즉, "돈을 가방에 담아라"는 말을 해 보도록 하였다. 피고인은 재판에서 유죄판결을 선고받게 되자 이러한 line-up은 자기부죄금지의 원칙에 위반하는 것일 뿐 아니라 변호인의 조력을 받을 피고인의 권리도 침해한 것으로 헌법에 반하는 것이라고 주장하면서 상고했다. 이에 대해 연방대법원은 line-up이 자기부죄금지의 원칙에 반하는 것은 아니지만 변호인의 조력을 받을 권리를 침해한 것으로 판시했다. 재판 전에 하는 line-up은 의도적이건 아니건 선입견을 갖도록 할 가능성이 너무 크고 따라서 재판과정에서 해로운 것이 될 수 있다고 연방대법원은 보았다. 변호인이 참여함으로서 이러한 편견을 방지하고 재판과정에서 의미를 가질 수 있는 대면을 확보할 수 있도록 하는 것이므로 line-up은 재판과정에서와 마찬가지로 변호인의 조력을 받을 권리가 보장되어야 하는 "소추를 위한 결정적인 단계"라는 것이다.

line-up에 있어서 변호인의 역할은 그 절차가 공정하게 진행되는 것을 보장하는 것이다. 따라서 변호인은 line-up절차에서 절차가 정당하게 진행되고 있는지 그리고 혐의자를 위한 적법절차의 권리(due process right)가 침해당하는 것은 아닌지 여부를 확인하는 감시자(watchman)로서의 역할을 한다. 따라서 변호인은 질문을 하는 등의 방식으로 line-up절차에 관여하는 것이 아니라 지켜보는 자(non-participant observer)의 역할을 하는 것이 원칙이다.

2) 적법절차를 보장받을 권리

혐의자는 line-up에 있어서 적법절차(due process of law)를 보장받을 권리

105) United States v. Wade, 388 U. S. 218 [1967].

가 있다. 다시 말해 line-up은 불공정(unfair)하게 진행되어서는 안 된다는 것을 말한다. 연방대법원은 "line-up에 참여하여 범인식별을 하는 증인에게 부적절한 암시를 하는 것은 다른 어떤 개별적 요소보다도 더 큰 오심의 이유가 될 수 있다. 나아가 어떤 의미에서는 다른 모든 원인을 합한 것보다 더 큰 오심의 이유가 될 수 있다"고 판시하고 있다.[106)]

범인식별절차가 공정하게 진행되었는지의 여부는 그 절차와 관련된 모든 상황을 고려하여 결정한다. 불공정한 것으로 인정되기 위해서는 모든 상황(totality of circumstance)을 고려할 때 범인식별절차가 허용될 수 있는 한계를 넘어 암시적으로 실시됨으로써 돌이킬 수 없는 식별오류에 대한 현실적이고 실질적인 가능성이 있어야 한다.[107)] 이러한 돌이킬 수 없는 오류에 도달하였는지 여부는 각 사건을 심리하는 재판부가 결정한다. 물론 연방대법원은 다음에서 보는 바와 같이 그에 대하여 일정한 기준을 제시하고 있다.

Gilbert 사건에서[108)] 연방대법원은 강당에서 100여 명의 증인이 참가하여 실시된 line-up은 암시의 위험성이 내재되어 있는 절차이기 때문에 적법절차를 보장받을 피고인의 권리를 침해하는 것이라고 보았다. 마찬가지로 무력을 사용하여 혐의자를 강제로 line-up에 나가게 하는 것도 피고인의 적법절차에 대한 권리를 침해하는 것으로 보고 있다.

Foster 사건에서[109)] 연방대법원은 범죄의 유일한 목격자인 David라는 사람에 의한 재판 전 범인식별을 피고인에 대한 적법절차의 권리를 침해한 것으로 보았다.

이 사건의 혐의자는 다른 2명과 함께 line-up에 서게 되었는데 혐의자는 180센티미터가 넘는 장신임에도 다른 2명은 165센티미터 안팎의 키가 작은 사람들이었다. 그리고 혐의자만 강도가 입었던 옷과 비슷한 옷을 입었다. 증인이 3사람 중에서 범인을 찾아내지 못하자 경찰은 혐의자만 내세워 증인으로 하여금 범인이 맞는지 여부를 확인하도록 하였다. 이 절차에서도 혐의자가 범인인지 여부를 증인이 확신하지 못하자 경찰은 2번째 line-up을 하면서 최초 3명 중에서 혐의자만 반복하여 line-up에 나가도록 했다.

106) United States v. Wade, 388 U. S. 218 [1967].
107) Neil v. Biggers, 409 U. S. 188 [1972].
108) Gilbert v. California, 388 U. S. 363 (1967).
109) Foster v. California, 394 U. S. 440 (1969).

연방대법원은 이러한 상황에서 혐의자가 범인으로 지목되는 것은 불가피한 것이라고 하면서 이를 적법절차위반으로 보았다. 연방대법원이 암시적인 범인식별절차로서 허용될 수 없는 것으로 보는 것은 다음과 같다.

① 혐의자가 아시아인이거나 아프리카 출신 미국인인 경우 line-up 대상자 중 그러한 인종에 속하는 자를 1명만 내세워 하는 line-up,
② 사전에 경찰관이 증인에게 혐의자의 신체 특징에 관해 말해 준 경우,
③ line-up에 나온 혐의자가 죄수복을 입거나 수갑을 차고 있는 경우,
④ 경찰관이 증인들로 하여금 서로 이야기를 하도록 하고 line-up을 실시하기 전에 서로 목격한 바에 대한 의견을 나누도록 한 경우.

법원은 모든 상황을 종합하여 적법절차에 관한 피고인의 권리가 침해되었는지의 여부를 판단하지만 특히 다음 사항을 고려하여 결정한다.

① 범죄발생 당시에 어떠한 사정으로 증인이 이를 목격하게 되었는지,
② 증인은 당시 어느 정도의 주의력을 가지고 범죄를 목격하였는지,
③ 증인이 line-up 이전에 어느 정도 정확하게 상황을 묘사하였는지,
④ 증인이 어느 정도 확실성을 가지고 혐의자를 지목하였는지,
⑤ 범죄발생과 범인식별 사이에 어느 정도의 시간이 지났는지 여부를 종합적으로 고려하여 판단한다.

한편 International Association of Chiefs of Police(IACP) Legal Center는 적법절차와 관련한 피고인의 권리를 보장하기 위해 line-up과 관련한 자세한 기준을 제정하여 이를 준수하도록 권고하고 있다.

3) line-up과 자기부죄금지의 원칙

line-up에 나가게 됨으로써 증인의 범인식별절차를 통하여 자기의 죄를 스스로 인정하게 되는 것이 아닌지 여부가 문제가 되어 왔다. 하지만 연방대법원은 일관하여 line-up이나 show-up이 자기부죄금지의 원칙에 위반하는 것이 아니라고 판시하고 있다. 연방대법원은 자기부죄금지의 원칙이 적용되는 것은 혐의자의 진술증거에 한하는 것이고 혐의자 그 자신의 신체나 목적물 등은 그

대상이 아니라는 것이다. 따라서 다음과 같은 증거들은 진술증거가 아니기 때문에 자기부죄금지의 원칙이 적용되지 않고 그 결과 정부가 이를 강제로 받아낼 수 있다고 한다.

① 경찰의 line-up이나 show-up에 나가게 하는 것,
② 혈액을 채취하는 것,
③ 사진을 제출하게 하는 것,
④ 필적감정을 위한 시료를 제출하게 하는 것,
⑤ 어떤 단어나 몸짓을 반복하게 하거나 성문분석을 위한 시료 제출.

나. show-up

show-up은 혐의자와 증인을 1대 1로 대면하게 하여 범인인지 여부를 확인하는 절차를 말한다. 통상 범행 직후 또는 line-up을 하기 어렵거나 불가능한 경우 show-up을 한다. line-up의 경우와 마찬가지로 변호인의 조력을 받을 권리와 적법절차를 보장받을 권리는 인정되지만 자기부죄금지의 원칙은 적용되지 않는다.

1) 변호인의 조력을 받을 권리

대부분의 사건에 있어서 수사경찰관은 범죄의 발생 직후 체포한 혐의자를 범죄가 발생한 장소로 데려와 피해자나 목격자를 상대로 혐의자가 범인인지 여부를 확인하도록 하고 있다. 이러한 단계 즉, 정식으로 고발되기 전에는 Kirby 사건에서 본 바와 같이 show-up의 경우에도 변호인의 조력을 받을 권리가 인정되지 않는다. 따라서 show-up 과정에서는 혐의자가 요청하는 경우에도 변호인의 조력을 받을 수 없다. 다만 경찰관이 체포한 혐의자를 상대로 신문을 하는 경우에는 Miranda 원칙을 고지하여야 한다.

그러나 혐의자를 고발하여 일단 당사자주의 형사소송절차가 시작되고 나면 사정은 다르다. Moore 사건에서[110] 강간혐의자인 Moore가 예심을 받으러 경찰관과 같이 법정에 출석했다. 혐의자가 판사 앞에 출석한 뒤 경찰관이 피해자에게 법정에서 가해자를 보았는지 물어보았다. 피해자가 Moore를 가리키며 그가 가해자라고 알려주었다.

110) Moore v. Illinois, 434 U. S. 220 [1977].

재판과정에서 피고인의 이의에도 불구하고 이러한 방식의 범인식별이 받아들여져 피고인은 유죄판결을 선고받았다. 그러나 피고인의 상고에 대해 연방대법원은 이미 대심의 형사소송절차가 시작되었기 때문에 피고인에게는 변호인의 조력을 받을 권리가 있고 따라서 위 절차는 이러한 피고인의 권리를 침해한 것이라고 판시했다.

2) 적법절차를 보장받을 권리

이와 관련한 연방대법원의 중요한 판례가 위에서 언급한 Neil 사건에 관한 것이다.[111] 이 사건에서 강간피해자는 가해자가 흑인이고 오렌지색 셔츠를 입고 있었으며 고음의 목소리를 가지고 있었다는 것 이외 다른 범인의 특징을 기억하지 못했다. 피해자는 희미하게 밝은 그녀의 부엌에서 공격을 받았고 강제로 집에서 끌려나와 밝은 보름달 아래에서 강간을 당했다. 피해자에게 여러 장의 혐의자 사진을 보여주고 line-up을 몇 번 실시했지만 혐의자를 찾아내지 못했다. 7개월 후 경찰은 정보원의 정보를 바탕으로 피고인을 체포하여 피해자에게 데려갔다. 경찰은 피해자에게 피고인의 오렌지색 셔츠를 보여주고 옆방에 있는 피고인의 목소리를 알아볼 수 있는지 물어봤다. 비교를 위한 다른 목소리는 제공되지 않았다.

연방대법원은 show-up 절차 자체는 암시적이지만 전체 상황을 고려하면 피해자의 범인식별은 믿을 만하다고 판시했다. 연방대법원이 고려한 사항은 증인이 범죄를 목격하게 된 경위, 증인의 주의력의 정도, 범인의 인상착의에 대한 증인의 사전 묘사, 혐의자와의 대면에서 증인이 보여준 확실성의 정도 그리고 범죄와 대질사이의 시간이었다. 이러한 사항들을 종합적으로 검토한 결과를 다음과 같이 설시하면서 피해자의 식별을 믿을 만하다고 본 것이다.

> “피해자는 상당한 시간 즉, 30분에 걸쳐 그녀에 대한 공격자와 함께 있었다. 피해자는 그녀의 집에서 적절한 인공 조명 아래 그와 같이 있었고 또한 집 밖 보름달빛 아래에서 그와 같이 있었다. 피해자는 적어도 2회에 걸쳐 즉, 그녀의 집에서 그리고 숲속에서 그와 직접적으로 그리고 아주 가깝게 대면했다. 그녀는 우연한 목격자가 아니라 모든 범죄 중에서도 개인적으로 가장 모욕적인 범죄의 피해자이다. 그녀가 범인의 대략적인 나이와

111) Neil v. Biggers, 409 U. S. 188 (1972).

키, 몸무게, 얼굴, 피부의 결, 체격과 목소리에 관하여 경찰에 묘사한 것은 Proust[112]를 만족시킬 정도는 아니지만 통상 완벽한 것으로 볼 수 있다. 그녀는 대질을 한 자가 그녀를 강간한 자라는 데 대하여 아무런 의심도 하지 않았다."

Stovall 사건에서[113] 연방대법원은 유일한 증인이 병원에 입원해 있고 그의 생명이 위독한 경우에는 긴급한 대면의 필요에 따라 불공정의 가능성이 있는 show-up도 정당화될 수 있기 때문에 병원에서의 show-up이 적법한 것이라고 판시하고 있다. 피고인 Stovall은 Behrendt 박사를 살해한 죄로 사형판결을 선고받았다. 피고인은 살인사건이 있었던 다음날 경찰에 의해 체포되었고 변호인을 선임할 시간적 여유를 갖지 못한 채 병원으로 끌려가 피해자의 부인과 대면을 했다. 피해자의 부인 또한 남편과 함께 공격을 당해 중상을 입고 입원해 있었다. 피고인을 대면하고 그의 목소리를 들어 본 부인이 남편을 살해한 범인이 피고인이라고 확인했다. 피고인은 적법절차를 보장받을 권리를 침해당했다고 주장하면서 상고했지만 연방대법원은 피고인의 상고를 받아들이지 않았다. 연방대법원은 다음과 같은 주 항소법원의 판결이유를 인용하면서 피고인의 주장을 받아들이지 않은 것이다.

"이 세상에서 피고인 Stovall의 무죄를 입증할 수 있는 유일한 여자가 있었다. 그녀의 진술 그리고 '피고인은 범인이 아니다'라는 그녀의 진술만이 피고인을 자유인으로 만들 수 있었다. 병원은 법원으로부터 그리고 구치소로부터 크게 멀리 떨어져 있지 않았다. Behrendt 부인이 언제 죽을지는 아무도 몰랐다. 범인을 밝혀야 할 책임, 즉시 조치를 취하여야 할 필요성, 그녀가 구치소로 올 수 없다는 사정 등을 감안하면 경찰관이 할 수 있는 유일한 방법은 피고인을 병원으로 데려가는 것이었다. 이러한 상황에서 통상의 line-up을 한다는 것은 불가능한 것이고 따라서 line-up을 하였어야 한다는 피고인의 주장은 문제가 되지 않는다."

---

112) Proust, J. L. (1754-1826)은 프랑스의 화학자로 화합물을 이루고 있는 각 성분 원소의 질량비는 일정하다는 정비례의 법칙을 발견하였다.

113) Stovall v. Denno, 388 U. S. 293 [1967].

다. 사진에 의한 범인식별

사진에 의한 범인식별(photographic identification)은 피해자나 목격자에게 범인의 가능성이 있는 자의 사진을 보여주고 범인을 찾아내도록 하는 것이다. 이를 "rogue's gallery" 또는 "mug shot identification"이라고 부르기도 한다. 이러한 범인식별절차에는 혐의자에게 다른 권리는 인정되지 않고 적법절차를 보장받을 권리만이 인정된다.

1) 변호인의 조력을 받을 권리

재판 전 단계에서 소추인이 목격자에게 혐의자의 사진을 보여주고 범인을 확인하려고 하는 절차에 있어서는 변호인의 조력을 받을 권리가 인정되지 않는다. 혐의자가 이미 고발된 이후의 경우에도 마찬가지이다.[114] Ash 사건에서 피고인 Ash는 5개 죄목의 은행강도로 고발되었다. 재판을 준비하는 과정에서 검사가 법정에 부를 목격자들이 법정에서 피고인을 범인으로 지목할 수 있을지 여부를 확인히기 위해 사진에 의한 범인식별을 하기로 했다. 재판을 하기 직전 FBI요원과 검사가 피고인의 흑백사진을 보고 잠정적으로 피고인을 범인으로 지목한 4명의 목격자에게 5장의 칼라사진을 보여주었다. 3명이 피고인의 사진을 선택했지만 나머지 1명은 선택을 하지 못했다.

유죄판결을 선고받은 피고인은 소추를 위한 "결정적인 단계"라고 할 수 있는 기소 후의 범인식별절차에서 변호인의 조력을 받을 권리를 인정받지 못했다고 주장하면서 상고했다. 이에 대해 연방대법원은 목격자가 사진을 보는 동안 피고인은 그곳에 출석하지 않기 때문에 사진에 의한 범인식별은 line-up과는 다르다고 하면서 피고인의 주장을 배척했다.

2) 적법절차를 보장받을 권리

line-up이나 show-up의 경우와 마찬가지로 사진에 의한 범인식별에 있어서도 적법절차는 보장된다. 즉, 암시적인 방식은 인정되지 않는다. 암시적인 방식을 피하기 위해서는 목격자에게 여러 사람의 사진을 보여주어야 한다. 나아가 특정인의 사진에 주의를 끌만한 점도 없어야 한다. 예컨대, 동양인이 혐의자인 경우 여러 장의 동양인 사진을 제시하여야 하고 여러 장의 사진 중에 1명의 동양인 사진만 제시하는 것은 허용되지 않는다.

---

114) United States v. Ash, 413 U. S. 300 [1973].

Simmons 사건에서[115] 목격자들이 은행강도범행이 있었던 다음 날 용의자의 친척으로부터 입수한 여섯 장의 용의자 사진을 보고 그가 범인이라고 지목했다. 이어 5명의 동일한 목격자들을 상대로 혐의자에 대한 법정에서의 범인식별절차(in-court identification)를 가졌다. 연방대법원은 이와 같은 방식의 사진에 의한 용의자의 범인식별절차는 치유할 수 없는 잘못된 범인식별을 초래할 실질적인 가능성이 있다고 볼 정도로 불필요한 암시가 있었다고 보기 어렵다고 판시했다. 연방대법원이 이 사건에서 고려한 요소는 범죄의 중대성, 즉시 체포의 필요성 그리고 범인식별에 있어서 오류의 가능성이 적었다는 사실이었다.

Manson 사건에서[116] 연방대법원은 한 장의 사진만을 목격자에게 보여주는 것은 불필요하고 암시적인 것이기는 하지만 그럼에도 불구하고 전체적인 상황을 고려하면 이러한 범인식별도 적법한 것이라고 판시하고 있다.

이 사건에서는 사복경찰관이 아파트현관에서 헤로인판매자로부터 헤로인을 구입했다. 그는 다른 조명이 없는 상태에서 약 2-3분간 판매자와 2피터 이내의 거리에 서서 거래를 했다. 몇 분 후 경찰관은 다른 경찰관에게 판매자의 인상착의를 설명했다. 판매자는 유색인이고 약 5피트 11인치의 키에 가무잡잡한 얼굴, 아프리카풍의 짧은 검은 머리, 툭 튀어난 광대뼈 그리고 아주 뚱뚱한 체격의 사람이라고 묘사했다. 이 말을 들은 경찰관은 피고인이 판매자라고 생각하여 피고인의 사진을 사복경찰관의 사무실에 갖다 주었다. 2일 후 사복경찰관은 그 사진을 보았고 사진속의 사람이 헤로인판매자였다고 확인했다. 재판과정에서 사진이 혐의자에 대한 사진이라고 하면서 제출되었고 법정에서 범인식별절차를 거쳤다.

유죄판결을 선고받은 피고인의 상고에 대하여 연방대법원은 사진 1장을 대상으로 하는 범인식별은 불필요하고 암시적인 것이지만 그렇다고 하여 법정에서 한 범인식별이 증거에서 배제되는 것은 아니라고 판시했다. 연방대법원은 "사복 경찰관은 우연한 목격자가 아니라 훈련받은 경찰관으로서 혐의자를 목격할 수 있는 충분한 시간을 가졌고, 그를 정확하게 묘사했으며, 피고인의 사진을 보고 적극적으로 혐의자라고 확인하였고, 범죄 후 단지 2일 만에 사진을 본 것이다"고 설시했다.

---

115) Simmons v. United States, 390 U. S. 377 [1968].

116) Manson v. Brathwaite, 432 U. S. 98 [1977].

사진에 의한 범인식별자체는 피고인의 적법절차를 보장받을 권리를 침해한 것으로 보이지만 전체적인 상황을 고려하면 법원에서의 범인식별은 인정된다는 것이다.

라. 기타 방법에 의한 범인식별

line-up이나 show-up 그리고 사진에 의한 범인식별 이외에 경찰이 혐의자의 범인식별을 위해 사용하는 방법으로 DNA 검사, 거짓말탐지기 검사, 최면술 등이 있다. 법정에서 이러한 형태의 과학적인 증거가 증거로 허용되는지 여부는 각 증거방법에 따라 그 결론을 달리한다. 또한 이러한 증거와 관련하여 헌법상의 권리가 문제되는 경우도 있다.

1) DNA 검사

비교적 새로운 방식이면서 진범의 발견에 탁월한 효력을 발휘하는 것이 유전자 검사라고 일반적으로 불리고 있는 DNA(deoxyribonucleic acid) 검사이다. DNA 검사는 범행 현장에 남아있는 혈흔이나 성액 등에서 나온 유전자와 범인의 유전자를 비교하여 그것이 동일한 사람의 유전자인지 여부를 가리는 것이다. DNA는 정액, 혈액, 머리카락, 피부, 땀 그리고 타액 등 여러 가지 증거자료로부터 찾아낼 수 있다.

DNA 연구가 처음 시작된 것은 19세기까지 거슬러 올라가지만 DNA 검사가 본격적으로 각광을 받게 된 것은 1980년대 영국에서였다. 그러나 이를 범인식별에 있어 절대 오류가 없는 확실한 수단으로 애용하게 된 것은 미국의 수사관들이다. 1987년 미국의 형사법정에 DNA 검사 결과가 증거로 처음 제출되자 지문(fingerprint)의 발견 이래 과학수사에 있어서 가장 위대한 전진이라는 찬사가 나오기도 하였다. DNA 검사는 범인을 찾아내 범죄를 해결하는 데도 유용하지만 범인으로 잘못 고발된 피고인이나 억울하게 유죄판결을 선고받은 자들의 누명을 벗겨주는 데도 큰 역할을 한다.

DNA 검사가 활용되기 이전 강간살인 등 강력 범죄로 사형판결을 받고 집행대기 중이던 상당수의 사형수가 새로 개발된 DNA 검사를 통하여 무고함이 밝혀지고 재심에서 무죄방면된 것은 미국 형사사법제도의 문제점을 말해주는 것이기도 하지만 한편 DNA 검사의 효력을 단적으로 말해주는 좋은 예라고 할 수 있다.

미국에 있어서 연방이나 주는 이러한 DNA 검사를 통한 범죄해결을 위해 전과자 등을 상대로 유전자정보를 수집하여 광범위한 데이터베이스를 구축하고 있지만 사생활보호와 관련한 인권문제로 인하여 실제 범죄수사에 있어 제대로 활용되지는 않고 있다. 이러한 DNA 검사를 통한 자료는 법정에서 증거로 인정되고 있는 것이 원칙이지만 경우에 따라서는 유명한 미식축구선수인 O. J. Simpson의 전 처와 그녀의 애인 살해사건에서와 같이 그 증거능력이 법정에서 크게 다투어지기도 한다.

2) 거짓말탐지기 검사(Polygraph Examination)

미국에서도 범죄혐의자를 상대로 거짓말탐지기 검사를 하는 경우가 있지만 대부분의 법원은 양 당사자가 동의하지 않는 한 검사 결과를 증거로 받아들이지 않고 있다. 거짓말탐지기 검사는 "Frye doctrine"에 부합하는 것이 아니기 때문에 증거로 받아들일 수 없다는 것이다. Frye doctrine은 과학적 시험의 결과를 증거로 사용하기 위해서는 그러한 절차가 그 분야에서 일반적으로 공인되어 있을 때에만 가능하다는 원칙이다.[117)]

그러나 연방대법원이 연방의 형사재판에 있어서는 연방의 증거법에 따라 Frye doctrine을 폐기하고 증거능력에 관해 훨씬 더 관대한 "Daubert doctrine"을 채택하였다고 판시한[118)] 이래 연방의 경우 거짓말탐지기 검사 결과의 증거능력은 담당 판사의 재량에 맡겨져 있다. 한편 연방대법원은 피고인에게 유리한 거짓말탐지기 검사 결과를 법정에서 증거로 사용하지 못하게 하는 것은 피고인의 헌법상의 권리를 침해하는 것이 아니라고 판시하고 있다.[119)]

7. 피의자신문과 자백

가. 당사자주의와 피의자신문

영미의 당사자주의 형사소송에서 일방 당사자에 불과한 수사기관이 상대방 당사자가 될 수 있는 혐의자를 상대로 범죄혐의와 관련하여 피의자신문을 한다는 것은 원칙적으로 인정되지 않는다.

---

117) Frye v. United States, 293 F. 1013 (D.C. Cir. 1923).

118) Daubert v. Merrell Dow Pharmaceuticals, Inc., 509 U. S. 579 [1993].

119) United States v. Scheffer, 523 U. S. 303 [1998].

따라서 법정에서 피고인을 상대로 피고인신문을 하는 것이 인정되지 않는 것과 마찬가지로 수사단계에서도 수사기관이 피의자를 상대로 신문을 하거나 신문사항을 조서로 작성하여 법정에 제출하는 것도 생각하기 어려운 일이다.

그러나 이러한 Common Law의 원칙을 전제로 한다 하더라도 수사업무에 종사하는 경찰이 임의수사의 한 방법으로 혐의자에게 질문을 하거나 혐의자로 하여금 자술서를 작성하게 하는 것이 금지될 이유도 없다. 경찰관의 질문에 혐의자가 응할 의무가 있는 것은 아니지만 자발적으로 경찰관의 질문에 대답하는 경우 특히 범죄사실에 관하여 자백을 하거나 이를 자술서로 작성하여 주면 경찰관은 법정에 출석하여 이 사실을 증언하게 되고 이러한 경찰관의 증언은 중요한 유죄인정의 증거가 된다. 이러한 연유로 영미의 형사소송에 있어서는 전통적으로 피고인이 수사관에게 자백을 하였다는 경찰관의 증언과 그러한 증언의 신빙성 즉, 피고인의 자백이 있었는지 여부 그리고 피고인의 자백이 자발적인 것이었는지의 여부가 재판의 중요한 쟁점이 되어 왔다.

특히 사인소추의 이념을 그대로 유지하고 있는 영국과 달리 공소추제도를 도입하고 그에 따른 공권력의 남용을 방지하기 위해 헌법상 피의자의 권리를 보장하고 있는 미국에서는 경찰관의 피의자신문과 관련한 문제가 형사소송에서 매우 큰 이슈가 되어 왔다. 이 문제와 관련하여 주로 논란이 된 것은 어떠한 경우에 자백이 증거로 인정되고 어떠한 경우에 증거로 인정되지 않는지 그 기준에 관한 것이었다. 오랫동안 계속되어 온 이러한 논란에 대하여 사실상 종지부를 찍도록 한 사건이 Miranda 사건이다.

나. Miranda 사건 이전의 기준

Miranda 사건 이전 연방대법원은 자백의 증거능력과 관련하여 그 인정기준을 일반적으로 정하지 않고 구체적 사건에 따라 결정하면서 주된 기준을 자백의 임의성(voluntariness)에 두고 있었다. 다시 말해 경찰이 조사과정에서 혐의자의 의지를 꺾거나 억압하여 그 자백이 강제적이거나 혐의자의 적법절차에 대한 권리를 침해한 것으로 볼 수 있는지의 여부에 따라 자백의 증거능력을 결정했다.

연방대법원의 이러한 태도는 자백의 증거능력과 관련하여 구체적인 기준을 제시하는 것이 아니었기 때문에 하급법원에 혼동을 가져오게 했다. 즉, 연방대법원은 물리력이나 강요에 의하여 취득한 자백은 증거능력이 없고 자백에 임의성이 있는 경우에만 증거능력이 있다는 것으로 임의성을 그 기준으로 제시하고 있지만 임의성의 의미는 명확한 것이 아니고 또한 시대를 따라 계속 변해왔다. 다음 판례에서 보는 바와 같이 애초에는 매질이나 채찍질 등 신체에 가하는 물리력에 의해 취득한 자백만이 증거능력을 인정받지 못했다. 그 후 신체에 가하는 물리력뿐 아니라 정신적인 것도 강요로 인정되었다.

1) 1936년 Brown 사건

이 사건에서[120] 살인사건을 수사하던 보안관보가 다른 사람들을 대동하고 살인사건의 혐의자인 Brown을 살인 현장으로 데려가 범죄와 관련한 신문을 했다. 그가 범행을 부인하자 상당한 시간 밧줄로 그를 나뭇가지에 매달아 두는 방식으로 자백을 받았다. 나무에서 내려오게 되자 그는 다시 범행을 부인했다. 그를 다시 나무에 묶은 다음 채찍질을 했다. 그럼에도 범행을 부인하자 집으로 돌려보냈다. 그 후 보안관보가 다시 Brown을 붙잡아 그가 자백을 할 때까지 채찍질을 했다. 연방대법원은 피고인의 유죄를 파기하면서 피고인의 이러한 자백은 완전한 강요와 야만적 행위로 취득한 것이고 따라서 헌법상의 적법절차에 대한 피고인의 권리를 침해한 것이라고 판시했다.

2) 1940년 Chambers 사건

이 사건에서[121] 4명의 청년이 주로 그들의 자백을 기초로 살인죄에 대한 유죄판결을 받았다. 경찰이 피의자들의 신체에 물리력을 가하는 방식의 강요는 하지 않았지만 그들이 구금되어 있는 동안 외부 세계와 접촉을 단절한 채 계속적인 신문으로 그들에게 압박을 가했다. 연방대법원은 피고인들의 자백이 강요에 의한 것이라고 하면서 유죄판결을 파기했다.

3) 1959년 Spano 사건

이 사건에서[122] 피고인 Spano는 살인혐의를 받고 있었다. 살인사건 이후 약 10일이 지나서 Spano는 친구에게 전화를 했는데 그 친구는 신참 경찰관이었다. 친구에게 Spano는 살인사건의 피해자로부터 무지막지하게 맞았고 피해자에게 총을 쏠 때 정신이 없어서 무엇을 하고 있는지 모르는 상태였다고 말

120) Brown v. Mississippi, 297 U. S. 278 [1936].
121) Chambers v. Florida, 309 U. S. 227 [1940].
122) Spano v. New York, 360 U. S. 315 [1959].

했다. 전화를 받은 친구는 그의 상급자에게 이를 보고했다. Spano는 경찰에 불려와 신문을 받았지만 그의 변호사는 아무런 답변도 하지 말라고 조언했다. 피고인의 친구가 찾아와 피고인에게 전화를 받은 것 때문에 자신의 신상에 큰 문제가 발생하게 되었다고 말해 주었다. 친구는 그의 아내와 아이들을 핑계로 피고인의 동정심을 자극하도록 지시를 받고 왔다. 피고인은 협력하기를 거부했지만 4회에 걸친 친구의 끈질긴 설득에 결국 총을 쏜 사실을 말하게 되었다.

Spano는 유죄판결을 받고 상고를 했고 연방대법원은 자백을 받아내기 위한 심리적 압박의 수단으로 기망행위를 한 것은 피고인의 헌법상의 권리를 침해하는 것이라고 하면서 이러한 증거는 피고인의 유죄입증을 위한 증거로 사용될 수 없다고 판시했다.

4) 1961년 Rogers 사건

이 사건에서[123] 피고인은 살인으로 기소되어 배심으로부터 유죄평결을 받았다. 체포되어 유치장에 감금되어 있을 때 피고인은 경찰로부터 살인사건에 관하여 신문을 받았다. 신문은 체포된 날 오후에 시작되어 저녁까지 계속되었다. 신문을 받는 동안 피고인은 담배를 피웠고, 샌드위치를 먹고 커피도 마셨다. 경찰로부터 폭행을 당하거나 협박을 받지도 않았다. 경찰의 신문이 시작되고 6시간이 지났지만 여전히 피고인은 어떤 정보도 제공하지 않았다. 그러자 경찰이 피고인에게 그의 아내를 구금하겠다고 하고 그 말에 피고인은 자백을 하게 되었다. 이 자백에 의해 피고인은 유죄판결을 받았다.

연방대법원은 피고인이 자백을 함에 있어서 정신적으로 완전히 자유로운 상태에 있지 않았기 때문에 자발적인 자백으로 보기 어렵고 따라서 증거로 인정될 수 없다고 판시했다.

5) 1964년 Escobedo 사건

이 사건에서[124] Escobedo는 살인혐의로 체포되어 여러 시간 신문을 받으며 자백을 권유받았다. 그는 신문을 받으며 계속해서 변호사를 만나기를 요구했고 당시 변호사도 경찰서로 찾아와 피고인을 만나기를 요청하고 있었다. 경찰은 이러한 요청을 모두 거절하고 계속 피고인을 신문했다. 결국 피고인은 자백했고 그에 따라 재판에서 유죄판결을 선고받고 상소했다.

123) Rogers v. Richmond, 365 U. S. 534 [1961].
124) Escobedo v. Illinois, 378 U. S. 748 [1964].

연방대법원은 피고인은 변호인의 조력을 받을 권리를 부인당했고 따라서 그러한 상황에서 피고인을 신문하여 받은 진술은 피고인에게 불리한 증거로 사용될 수 없다고 판시했다. 즉 "이 사건에서와 같이 해결되지 않은 범죄에 대한 일반적인 수사의 범위를 넘어 특정의 혐의자에게 초점을 두는 수사가 시작된 경우에는 경찰에 의하여 유도된 진술은 형사재판에서 그 혐의자에 대한 불리한 증거로 사용될 수 없다"고 판시한 것이다.

Escobedo 사건은 경찰이 변호인의 조력을 받을 피고인의 권리를 침해한 간단한 사건으로 보이지만 여기에는 해결되지 않은 2개의 문제가 있다. 그 하나는 변호인의 조력을 받을 권리는 이 사건의 경우와 같은 때에만 인정되는 것인지의 여부와 변호인의 조력을 받을 권리가 인정되는 단계라고 할 수 있는 "특정의 혐의자에게 초점을 두는 수사가 시작된 경우"는 어떤 단계를 말하는지의 문제이다. 이러한 문제에 대하여 답을 주고 있는 것이 Miranda 사건이다.

다. Miranda 사건

Miranda 판결은[125] 대법관 5대 4의 찬성으로 결정된 것으로 미국연방대법원의 판결 중에서 가장 잘 알려지고 유명하면서도 한편 논란거리가 되어 온 판결이다.

1) 사안의 개요

피고인 Ernesto Miranda는 애리조나 주 피닉스에 있는 그의 집에서 경찰관에게 체포되어 경찰서로 유치되었고 그곳에서 납치강간사건에 관하여 신문을 받았다. Miranda는 당시 23세의 가난한 청년이었고 중학교 3학년 중퇴자였다. 경찰관은 Miranda를 2시간 동안 신문했고, 이어 Miranda가 사인한 자백진술서를 들고 신문실을 나왔다. 자백은 재판에서 증거로 받아들여졌고 Miranda는 강간과 납치로 유죄판결을 받아 각 범죄에 대하여 20년과 30년의 징역형에 처해졌다. 애리조나 주 대법원은 피고인의 유죄를 인정했고 피고인은 연방대법원에 상고했다.

2) 법률상의 쟁점

이 사건에서의 법률상의 쟁점은 자백의 증거능력을 인정받기 위해서는 경찰관이 구금되어 신문을 받고 있는 혐의자에게 자기부죄금지와 변호인의 조력

125) Miranda v. Arizona, 384 U. S. 436 (1966).

을 포함하는 그의 헌법상의 권리를 신문 전에 미리 고지해 주어야 하는지 여부에 있었다.

3) 연방대법원의 판결

연방대법원은 이러한 쟁점에 대하여 경찰관이 혐의자에게 먼저 자기부죄를 하지 않을 권리와 변호인의 조력을 받을 혐의자의 권리를 고지해 주지 않은 이상 구금 상태에서 경찰관의 신문을 통하여 취득한 자백은 재판에서 증거로 사용될 수 없다고 판시했다. 판결의 요지는 다음과 같다.

> "우리는 개인이 권한 있는 당국에 의하여 구금 상태에 들어가거나 다른 형태로 자유를 박탈당하게 되고 그러한 상태에서 신문을 받게 되면 그의 자기부죄금지에 대한 권리는 위험에 처해진다고 생각하고 있다. 절차적인 안전장치가 적용되어야 한다. 혐의자는 신문을 받기 전에 먼저 다음의 사실 즉, 그는 대답을 하지 않을 권리가 있고, 그가 말하는 모든 것은 재판에서 그에게 불리하게 사용될 수 있고, 변호인의 출석을 보장받을 권리가 있고, 만일 그가 변호인을 선임할 수 없는 경우에 그가 원하면 신문 전에 변호인을 선임해 줄 수 있다는 사실을 고지 받아야 한다. 이러한 권리를 행사할 수 있는 기회는 신문을 하는 동안 계속 제공되어야 한다."

4) 판결의 의의

Miranda 판결은 미국의 형사소송과 경찰의 수사현실에 엄청난 파장과 영향을 미치게 되었다. 이 판결은 자백의 증거능력을 정하는 데 있어서 선명한 기준을 제시하고 있을 뿐 아니라 경찰의 기존 수사관행에 일대 변화를 가져오게 하였다.

한편 이 판결을 둘러싼 경찰 내부 또는 외부의 찬반논쟁도 뜨겁게 달아올랐다. 찬성론자들은 시민의 권리를 보호하기 위한 적절한 안전장치라고 환영하는 반면 반대론자들은 연방대법원이 범죄에 대하여 관대하고 범인들을 과보호하고 있다고 비난했다. 대법관 5대 4의 판결이 초기 찬반논쟁에 더욱 불을 붙였다. 반대론자들은 대법관구성의 변경이 있으면 바로 이 판결은 서거할 운명에 있다고 생각했다. 그러나 그러한 일은 일어나지 않았고 가까운 미래에 일어날 것으로도 보이지 않고 있다.

Miranda 판결이 특이한 것은 다른 사건의 경우와 달리 연방대법원이 경찰에게 무엇을 해야 한다고 구체적인 지침을 내리고 있다는 데 있다. 즉, 경찰의 행위가 단순히 피고인의 헌법상의 권리를 침해한 것이라고 판시한 것이 아니라 경찰이 하여야 할 것을 명료하게 규정하고 있다.

또한 이 판결은 Escobedo 사건에서 명확하게 결론이 나지 않은 것을 명백히 하고 있다. 즉, 어떤 단계에서 변호인의 조력을 받을 권리가 보장되는지와 관련하여 이 판결은 "구금 상태에서의 신문"이라고 이를 명백히 하고 있다. Escobedo 사건으로 변호인의 조력을 받을 피고인의 권리는 재판 이전 단계인 경찰 단계로까지 확대된 것으로 볼 수 있지만 Miranda 판결로 인하여 그 권리는 경찰서뿐 아니라 구금 상태에서의 신문이 이루어지는 길거리까지 그 적용범위가 확대된 것이라고 할 수 있다.

5) Miranda 경고

연방대법원의 판결에 따라 경찰관은 구금 상태에 있는 혐의자에게 신문을 하기 전에 다음의 경고를 하여야 한다.

1. 당신은 질문에 대답하지 않을 권리가 있다.
2. 당신이 말하는 모든 것은 재판에서 당신에게 불리하게 사용될 수 있다.
3. 당신은 신문에 변호인을 참석시킬 권리가 있다.
4. 변호인을 선임하지 못하는 경우, 신문에 앞서 변호인이 선임될 수 있다.

이외에 대부분의 법역에서 다섯 번째 경고 즉, "당신은 언제든지 이 신문을 종료할 권리를 갖고 있다"는 경고를 한다. 물론 이러한 다섯 번째 경고는 헌법상 요구되는 것은 아니다. 대부분의 법역에서 연방대법원판결이 규정하고 있는 것과 동일한 경고를 하고 있지만 일부에서는 이와 조금 다르게 하고 있는 경우도 있다. 하지만 그 취지가 동일하면 문제가 없다.

6) Miranda 경고의 근거

연방대법원이 요구하고 있는 Miranda 경고는 연방대법원의 판사가 정한 것인지 아니면 헌법상 이러한 경고가 필요한 것인지 여부가 문제가 될 수 있다. 헌법상 요구되는 것이 아니고 연방대법원판사가 정한 것이라면 입법에 의하여 Miranda 판결은 수정이 가능하기 때문이다.

1966년 Miranda 판결이 나온 이래 가장 심각한 도전이 1999년 연방항소법원에서 나왔다. 즉, 제 4 지구 연방항소법원의 3명으로 구성된 재판부는 2대 1의 판결로 Miranda 경고를 하지 않고 취득한 자백이라 하더라도 임의성이 있는 경우에는 연방법원의 형사소추절차에 있어서 증거능력이 인정되고, 연방법원에서는 연방법이 Miranda 판결에 우선한다고 판시했다.[126] 이 판결은 커다란 사회적 반향을 불러일으켰고 즉시 연방대법원에 상고되었다. 연방대법원은 이에 대하여 대법관 7대 2의 찬성으로 Miranda 판결은 헌법에 근거한 것이고 따라서 Miranda 판결의 효력을 번복하는 내용의 의회에서 제정된 법률은 헌법에 위반하는 것이라고 판시했다.[127]

라. Miranda 판결의 해석

1) 적용범위

Miranda 원칙은 모든 범죄에 적용된다. 경죄나 중죄는 물론 교통법규위반범죄 또는 사안이 가벼운 죄나 무거운 죄의 구별 없이 범죄혐의로 체포되어 구금 상태에서 신문을 받는 모든 혐의자에게 적용된다. 다만 통상의 교통법규위반으로 도로에 차를 정차시키고 질문을 하는 경우에는 적용되지 않는다.[128]

McCarty 사건에서 오하이오 주 고속도로순찰대 소속의 경찰관이 차로를 지그재그로 운전해가는 차를 발견했다. 경찰관이 자동차를 정지시키고 피고인 McCarty를 차에서 내리게 했다. 피고인이 제대로 서있지도 못하는 것을 보고 경찰관은 음주측정을 하자고 하면서 마약을 사용한 일이 있는지 물어보았다. 피고인은 맥주 2잔을 마셨다고 하면서 조금 전에 마리화나를 피웠다고 말했다. 경찰관이 피고인을 체포하여 유치장으로 데려갔고 그곳에서 음주측정을 했다. 그곳에서 다시 피고인에 대하여 신문을 했고 피고인은 자백을 했다.

음주와 약물사용운전으로 유죄판결을 받은 피고인은 그에게 Miranda 경고를 한 일이 없고 따라서 그의 자백을 증거에서 제외하여야 한다고 주장하면서 상소했다. 소추당사자인 오하이오 주는 피고인에 대하여 고발된 범죄는 경범에 해당하는 교통법규위반범죄이기 때문에 그에게 Miranda 경고를 할 필요가 없

126) United States v. Dickerson, No. 97-4750 [4th Cir. 1999].
127) Dickerson v. United States, 530 U. S. 428 [2000].
128) Berkemer v. McCarty, 468 U. S. 420 (1984).

었다고 반박했다. 연방대법원은 피고인의 주장을 받아들여 "구금되어 신문을 받게 되는 자는 그가 혐의를 받고 있거나 그로 인하여 체포된 범죄의 성격이나 경중에 관계없이 Miranda 판결에서 규정하고 있는 절차상 안전장치의 이익을 향유할 권리가 있다"고 판시했다. 나아가 연방대법원은 이에 대한 유일한 예외는 통상의 교통법규위반으로 도로가에 자동차를 세우고 운전자를 억류한 상태에서 질문을 하는 경우밖에 없다고 판시했다. 이러한 경우에는 잠시 동안의 구금이 있을 뿐이고, 설사 운전자가 소환장을 발부받는 경우에도 운전자는 결국 가던 길을 다시 운전하여 갈 것을 기대할 수 있기 때문이라는 것이다. 따라서 이 사건의 경우 애초의 자동차 정지에는 피고인 McCarty의 주장과 달리 심각한 자유권의 박탈이 없다는 것이다.

비슷한 내용의 판례가 Bruder 사건이다.[129] 이 사건에서 연방대법원은 교통규칙위반을 이유로 자동차를 운전하는 자를 도로 가장자리에 정지시키는 것은 연방헌법 수정 제 4 조에서 규정하고 있는 사람의 압수에는 해당하지만 Miranda 경고를 하여야 할 완전한 구금 상태는 아니라고 판시했다. 물론 통상의 단순한 교통규칙위반에 대한 질문을 넘어서는 교통 관련 범죄의 경우에는 Miranda 경고를 하여야 한다.

2) Miranda 경고와 변호인의 조력을 받을 권리

Miranda 원칙은 연방헌법 수정 제 5 조에서 규정하고 있는 자기부죄금지의 원칙을 보장하기 위한 것이다. 형사소송에서 변호인의 조력을 받을 권리는 연방헌법 수정 제 6 조에서 규정하고 있다. Miranda 경고에 변호인의 조력을 받을 권리를 명시하고 있지만 이는 연방헌법에서 보장하고 있는 일반적인 변호인의 조력을 받을 권리를 말하는 것이 아니고 변호인의 조력을 통해 피고인의 자기부죄금지의 원칙을 더욱 철저하게 보장하기 위한 것이다. 결국 Miranda 원칙에서 말하는 변호인의 조력을 받을 권리는 일반적인 변호인의 조력을 받을 권리의 일부에 불과한 것이 된다.

따라서 Miranda 원칙에 따라 변호인의 조력을 받을 권리를 고지해주었다 하더라도 연방헌법 수정 제 6 조에서 규정하고 있는 변호인의 조력을 받을 권리가 침해된 경우 그 증거는 증거능력을 갖지 못한다.

---

129) Pennsylvania v. Bruder, 488 U. S. 9 [1988].

3) Miranda 권리의 포기

연방대법원은 Miranda 판결에서 "경고를 하고 그에 따라 그러한 권리를 행사할 기회를 제공한 뒤에는 개인이 의식적으로(knowingly) 그리고 분별력을 갖고(intelligently) 그러한 권리를 포기하고 질문에 답하거나 진술할 것에 동의할 수 있다"고 판시하고 있다. 우선 권리의 포기는 분별력을 갖고 하는 지적인 것이어야 하고 또한 자발적인 것이어야 한다. 분별력을 갖고 한다는 것은 혐의자가 그가 무엇을 하고 있는지 그 의미를 알고 또한 충분히 권리를 포기할 수 있는 위치에 있는 자로서 포기한다는 것을 말한다. 술에 취해 있는 자 또는 약물의 영향을 받고 있는 자나 중상을 입고 그 후유증이나 쇼크 상태에 있는 자 그리고 노쇠한 사람이나 나이가 너무 어린 사람은 분별력을 갖고 권리를 포기하였다고 보기 어렵다. 또한 협박이나 무력, 강요에 의한 것이 아니라 혐의자의 자유로운 의지에 따라 권리를 포기하여야 한다. 자유로운 의지에 의한 것인지 여부는 전체적인 상황을 종합하여 결정한다.

Minccy 사건에서[130] 경찰관을 살해한 혐의를 받고 있는 혐의자가 중상을 입고 병원 중환자실에 입원하여 강력한 진정제를 맞고 있는 동안 경찰관이 그에게 누구를 총으로 쏜 일이 있느냐고 물어보았다. 혐의자는 다친 다리가 참을 수 없이 아프다고 하면서 자신은 말을 할 수 없고 변호사를 만나야 한다고 대답했다. 그럼에도 불구하고 경찰은 피고인으로부터 Miranda 권리에 대한 포기를 받고 서면 진술을 받았다. 이에 대해 연방대법원은 이러한 상황에서 혐의자로부터 받은 서면 진술은 그의 자유롭고 합리적인 선택에 의한 것이라고 볼 수 없고 따라서 증거능력이 없는 것은 물론 탄핵증거로도 사용할 수 없다고 판시했다. 권리의 포기는 명시적으로 할 수 있지만 묵시적으로도 할 수 있다.[131] 하지만 피고인이 권리를 포기하였다는 것을 소추인이 입증하여야 한다. 이를 입증하기 위해 서면으로 혐의자에게 Miranda 경고를 하면서 그 하단에 권리포기의 확인을 받는 것이 보통이다. 피고인이 경찰로부터 Miranda 경고를 받고 아무 말을 하지 않은 경우 권리를 포기한 것으로 볼 수 없다.[132] Miranda 권리를 포기한 경우에도 언제든지 이를 철회할 수 있다.

130) Mincey v. Arizona, 437 U. S. 385 [1978].
131) North Carolina v. Butler, 441 U. S. 369 [1979].
132) Teague v. Louisiana, 444 U. S. 469 [1980].

4) Miranda 경고를 하여야 할 경우

혐의자를 상대로 구금 상태에서 신문(custodial interrogation)을 하는 경우에는 언제나 Miranda 경고를 하여야 한다. 구금 상태에서의 신문은 그 자체로 강제적인 요소를 갖고 있다고 추정하고 있는 것이다. 경찰이 혐의자를 체포한 뒤 구금 상태에서 혐의자에 대하여 신문을 하는 경우에 Miranda 경고를 하는 것이고 적법한 체포를 하기 위해 Miranda 경고를 하는 것이 아니다.[133] 구금 상태에서의 신문이 요건이기 때문에 혐의자를 구금하였지만 신문을 하지 않는 경우 또는 구금 상태가 아닌 상황에서 혐의자에게 신문을 하는 경우에는 Miranda 경고를 할 필요가 없다.

혐의자가 구금 상태에 있다는 것은 혐의자가 체포된 때 또는 체포된 것은 아니지만 현저히 자유를 박탈당한 경우를 말한다. 예컨대, 체포영장에 의해 혐의자를 체포하여 경찰서로 데려가는 도중 경찰관이 혐의자에게 그가 혐의를 받고 있는 범죄에 대하여 질문을 하기 위해서는 먼저 혐의자에게 Miranda 경고를 해야 한다. 이때 혐의자가 그의 권리를 포기하고 경찰관의 질문에 대하여 범행을 자백하는 진술을 하게 되면 경찰관은 법정에 증인으로 출석하여 혐의자가 호송 도중 그에게 범행을 자백하였다는 증언을 하게 되고 이러한 증거는 피고인의 유죄인정에 결정적인 증거가 된다.

마찬가지로 상당한 이유를 근거로 영장에 의하지 않고 혐의자를 체포한 경우 경찰관이 혐의자에게 범죄사실과 관련한 질문을 하기 위해서는 먼저 Miranda 경고를 해야 한다. 경찰관이 혐의자에게 범죄사실의 인정과 관련한 질문을 하는 것은 물론 범죄사실과 관련 없는 질문을 하거나 아무런 질문을 하지 않는 경우에도 그것이 범죄사실에 대한 신문과 동일한 기능을 하는 것이라고 보일 때에는 신문으로 인정된다.

Brewer 사건에서[134] 살인사건의 혐의자가 경찰에 자진 출석했다. 혐의자는 변호인의 조력을 원했다. 경찰관이 혐의자를 자진 출석한 경찰서로부터 관

133) 우리 형사소송법(제200조의5)은 검사 또는 사법경찰관이 피의자를 체포하는 경우에는 피의사실의 요지, 체포의 이유와 변호인을 선임할 수 있음을 말하고 변명의 기회를 주어야 한다고 규정하여 Miranda 원칙을 체포의 요건으로 규정하고 있지만 이는 Miranda 원칙의 오해에서 비롯된 것으로 보인다. 이러한 고지는 체포의 요건이 아니라 체포 후 고지해 주는 것으로 충분할 것이다.

134) Brewer v. Williams, 430 U. S. 387 [1977].

할경찰서로 호송하는 도중에 그에게 교회장(christian burial)에 관하여 이야기를 했다. 혐의자를 존경할 만한 사람(reverend)이라고 부르면서 살인사건 피해자의 부모로 하여금 불쌍하게 피해를 당한 어린이에게 교회장을 해 주도록 해야 하지 않겠느냐고 물었다. 이 말을 들은 혐의자가 피해자의 사체가 있는 장소를 말해주었다. 연방대법원은 이 사건에서 경찰관에 의한 현실적인 신문은 없었지만 그럼에도 불구하고 피고인의 종교적 관심에 호소하여 자백을 유도한 것은 신문과 마찬가지로 보아야 한다고 판시했다.

이와 달리 Innis 사건에서[135] 연방대법원은 경찰관들이 자기들끼리 말한 것은 신문에 해당하지 않는다고 판시했다. 이 사건에서 경찰관들은 택시운전자에 대한 권총강도혐의로 체포된 혐의자를 경찰차 뒷좌석에 태워 호송하면서 자기들끼리 이야기를 했다. 그들은 범행 현장 부근 소재 학교에 다니는 신체장애 학생이 탄환이 장전된 권총을 발견하고 그로 인하여 부상을 입게 된다면 이는 참으로 어처구니없는 일이라고 말하였다. 뒷좌석에서 이 말을 들은 혐의자가 경찰관들의 말에 참견하여 그 권총이 있는 장소를 말해주었다. 연방대법원은 이러한 상황은 신문에 해당하지 않고 따라서 이와 같은 혐의자의 자발적인 진술에 의하여 취득한 증거는 증거능력을 갖는다고 판시했다.

5) Miranda 원칙의 구체적인 적용

가) 변호사를 요구한 이후의 동일한 범죄에 대한 신문 Edwards 사건에서[136] 혐의자는 강도, 주거침입절도 그리고 살인으로 고발되었다. 처음 신문을 받으며 변호사를 요구했고 신문은 중단되었다. 다음날 아직 혐의자가 변호사를 만나지 못한 상태에서 다시 신문을 받았고 혐의자는 그의 혐의를 인정하는 진술을 두 명의 형사에게 했다. 그러나 연방대법원은 이 자백을 자발적인 것이라고 인정하긴 하였지만 혐의자가 그의 변호인의 조력을 받을 권리를 분별력을 가지고 의도적으로 포기했다고 볼 수 없다는 이유로 증거로 받아들이지 않았다. 연방대법원은 "일단 혐의자가 그의 변호사와 상의할 때까지 대답을 하지 않겠다고 하였다면 혐의자가 새로이 경찰과의 의견교환이나 거래 또는 대화를 제안하지 않는 한 동일한 범죄에 관하여 다시 신문을 받지 않는다"고 판시했다. 이를 "Edwards rule"이라 부른다.

135) Rhode Island v. Innis, 446 U. S. 291 [1980].
136) Edwards v. Arizona, 451 U. S. 477 [1981].

이 사건에서 혐의자는 경찰과의 새로운 의견교환을 제안하지 않았고 그럼에도 다음날 아침 경찰관이 다시 찾아와 두 번째 Miranda 경고를 하고 신문을 하였다. 두 번째 신문을 받으며 혐의자는 다른 공범자가 그의 범죄가담 사실을 이미 경찰에게 말해 버린 것을 알고 자백을 하게 되었던 것이다.

Minnick 사건에서[137] 연방대법원은 일단 혐의자가 변호사를 요구한 경우에는 그가 변호사와 상의하였는지 여부와 관계없이 변호사가 출석하지 않은 신문은 중단되어야 한다고 판시했다. 혐의자가 변호사를 요구했고 그에 따라 변호사와 상의할 기회를 준 다음 변호사의 입회 없이 혐의자의 의사에 반하여 그를 신문한 것은 연방헌법 수정 제 5 조위반이라고 보았다. 신문을 하기 전에 변호사와 상의한 것만으로는 부족하고 변호사를 요구한 이후의 신문에는 항시 변호사가 입회하여야 하며 그렇지 아니한 상태에서 취득한 증거는 증거능력이 없다는 것이다.

나) 변호사를 요구한 이후 다른 범죄에 대한 신문 Edwards rule에 이어 연방대법원은 Roberson 사건에서[138] 혐의자가 어떤 범죄에 관하여 신문을 받으며 Miranda 권리를 주장한 경우에는 그 범죄와 관련 없는 다른 범죄에 대한 신문에 있어서도 Miranda 권리를 주장한 것으로 보아야 한다고 판시했다. 이 사건에서 Roberson은 Miranda 경고를 받은 뒤 경찰관에게 변호사를 원한다고 말했고 경찰관은 그에 대한 신문을 중단했다. 3일 후 아직 구금되어 있는 Roberson이 변호사를 원하고 있다는 사실을 모르고 있는 다른 경찰관이 그에게 Miranda 경고를 하고 이전의 사건과 관계없는 다른 주거침입절도사건에 관하여 신문했다. 신문과정에서 범행을 자백했지만 재판과정에서 피고인은 Edward rule을 근거로 그의 자백을 증거에서 배제해 달라고 요구했다. 연방대법원은 피고인의 주장을 받아들여 이 증거의 증거능력을 부인했다. 따라서 피고인이 어떤 범죄에 대한 신문에 앞서 변호사를 원한다고 말한 뒤에는 변호인의 출석 없이는 그 범죄나 다른 범죄에 대하여 신문할 수 없다.

다) 변호사가 선임된 사건과 관련 있는 다른 사건에 대한 신문 연방대법원은 Cobb 사건에서[139] 동일한 혐의자에 대하여 변호사가 선임되어 있는

137) Minnick v. Mississippi, 498 U. S. 146 [1991].
138) Arizona v. Roberson, 486 U. S. 675 [1988].
139) Texas v. Cobb, 532 U. S. 162 (2001).

사건이 아닌 다른 사건인 경우에는 두 사건이 사실관계에 있어 서로 관련이 되어 있다 하더라도 변호사의 출석 없이 혐의자를 신문할 수 있다고 판시했다. 이 사건에서 피고인 Cobb는 주거침입절도로 기소되었고 국선변호인이 선임되었다. 피고인은 경찰신문에서 주거침입절도에 대해서는 자백하였지만 주거침입절도과정에서 피해자를 살해한 점에 대하여는 자백하지 않았다. 보석으로 석방된 피고인은 집에서 그의 아버지에게 살인의 점을 자백했고 그의 아버지는 이를 경찰에 신고한 뒤 경찰에 출석하여 진술서를 작성해주었다.

그에 따라 피고인에 대하여 체포영장이 발부되었고 피고인은 체포되어 신문을 받으며 살인의 점에 대해 자백했다. 유죄판결을 받은 피고인은 경찰에서 살인의 점에 자백하는 과정에서 절도사건으로 선임되어 있는 그의 국선변호인이 참여하지 않았고 이는 변호사의 조력을 받을 그의 권리를 침해한 것이라고 주장하면서 상고했다. 연방대법원은 연방헌법 수정 제 6 조의 변호사의 조력을 받을 권리는 각 구체적인 특정 사건에 관한 것이고 그와 다른 사건에는 적용되지 않는다고 하면서 피고인의 주장을 받아들이지 않았다. 즉, 피고인에 대한 주거침입절도사건의 변호인은 비록 그와 밀접하게 관련되어 있지만 서로 다른 사건인 피고인의 살인사건의 변호인이 되는 것은 아니라는 것이다.

라) 기소 후 변호사가 입회하지 않은 신문 기소(indictment)를 한 후 즉, 형사소송에서 일단 대심(adversarial)의 소송절차가 시작되고 난 후에도 경찰은 피고인을 상대로 신문을 할 수 있다. 신문이라는 것이 임의수사의 한 방식이기 때문에 기소 이후라 하여 특별히 금지될 이유가 없다. 다만 이러한 경우 변호인의 입회 없이 신문하게 되면 그러한 신문으로부터 취득한 증거는 증거로 사용할 수 없다. 또한 같은 감방에 있는 정부의 정보원에게 자백을 한 것은 변호인의 조력을 받을 권리를 침해한 것으로 증거능력이 없다.140)

Henry 사건에서 피고인은 무장은행강도혐의로 기소되었다. 교도소에서 재판을 기다리고 있는 사이 FBI 요원이 피고인과 같은 감방에 있는 정보원에게 피고인의 동태를 잘 살펴보라고 하면서 다만 먼저 범죄에 대하여 피고인에게 물어 보는 등의 행위는 하지 말라고 지시했다. 석방된 정보원이 FBI요원에게 피고인이 감방에서 무장은행강도혐의를 자백하는 말을 들었다고 보고했다. 정보원은 그 정보에 대한 대가를 받았다.

140) United States v. Henry, 447 U.S. 264 [1980].

연방대법원은 변호인이 없는 상태에서 피고인으로 하여금 자백을 하도록 유도할 수 있는 상황을 의도적으로 만든 것은 정부가 연방헌법 수정 제 6 조의 변호인의 조력을 받을 피고인의 권리를 침해한 것이라고 하면서 이러한 자백증거를 배척했다. 비록 피고인이 명시적으로 질문을 받은 것이 아니라 하더라도 피고인의 유죄를 입증할 수 있는 정보를 피고인이 기소되고 난 이후 그리고 변호인이 없는 상태에서 취득했기 때문에 피고인의 권리가 침해되었다고 본 것이다.

마) Miranda 원칙과 탄핵증거　　Miranda 원칙에 위배하여 취득한 증거라 하더라도 그것이 임의성 있는 진술인 경우 피고인의 증언에[141] 대한 신뢰성을 다투기 위한 증거로는 사용할 수 있다. 이때 판사는 배심에게 피고인의 자백을 유죄의 증거로 보아서는 안 되고 다만 피고인이 증언하는 진술의 신빙성에 관한 판단자료로만 사용하라고 알려주어야 한다.[142]

예컨대, 경찰관이 피의자를 신문함에 있어 진술거부권을 고지하면서도 변호인의 조력을 받을 권리를 고지하지 않는 것과 같이 Miranda 경고를 전부 해주지 않은 경우가 있을 수 있다. 이러한 신문을 통하여 취득한 피고인의 자백은 유죄의 증거로 사용될 수 없다. 그러나 피고인이 재판과정에서 증언대에 나서 그가 기소된 범죄에 대하여 아무 것도 아는 것이 없다고 증언하는 경우 그러한 피고인의 증언에 대한 신빙성의 판단자료로 피고인의 자백을 사용할 수 있다. 그러나 피고인의 자백이 단순히 Miranda 원칙에 위배될 뿐 아니라 강제나 강요 등으로 취득한 임의성이 없는 경우에는 법정에서 어떠한 자료로도 사용될 수 없다.

바) Miranda 원칙과 부수적으로 파생된 증거　　Miranda 원칙에 위배하여 취득한 임의성 있는 증거 즉, 피고인의 자백을 근거로 취득한 다른 증거도 원칙적으로 위법하게 수집된 증거로서 증거능력이 없다.

그러나 Miranda 원칙에 위배하여 취득한 진술을 근거로 부수적으로 파생된 증거(collateral derivative evidence; 그 사건과 관련이 있는 증거이지만 그 사건의 직접적인 증거는 되지 아니하는 것)를 취득하는 것은 허용된다.

---

141) 미국의 경우에도 영국의 경우와 마찬가지로 피고인이 형사재판에서 신문의 대상이 되는 것은 아니지만 피고인이 스스로 자기부죄금지에 관한 권리를 포기하고 자신의 무죄입증을 위해 증언대에 서서 증언할 수 있다.

142) Harris v. New York, 401 U. S. 222 [1971].

Tucker 사건에서[143] 경찰은 혐의자에게 Miranda 경고를 하지 않고 신문했다. 이 신문과정에서 경찰은 피고인의 유죄를 입증하는 데 필요한 소추인 측 증인이 될 수 있는 사람의 이름을 알게 되었다. 연방대법원은 이 사건의 상고심에서 피고인 자신의 진술은 Miranda 원칙에 위배하여 취득한 것이기 때문에 증거로 사용될 수 없지만 소추인 측 증인의 증언은 이러한 원래의 흠이 치유된 것으로서 증거로 사용될 수 있다고 판시했다.

마. Miranda 원칙이 적용되지 않는 경우

1) 신문을 하지 않는 경우

전술한 바와 같이 Miranda 경고는 체포의 전제 요건이 아니라 구금되어 신문을 받는 혐의자에게 하는 것이고 따라서 혐의자를 체포한 경우에도 신문을 하지 않는 때에는 Miranda 원칙이 적용되지 않는다. 통상 많은 주에서 치안판사가 최초 출정(initial appearance)을 위하여 그 면전에 인치된 혐의자에게 Miranda 경고를 하고 있다.

2) 범죄 현장에서의 일반적인 신문

범죄 현장에 출동한 경찰은 그 주변에 있는 일반인들을 상대로 범죄와 관련된 사람들에 대한 정보를 얻기 위해 질문을 할 수 있다. 이러한 경우에는 질문에 앞서 미리 Miranda 경고를 할 필요가 없다. 이와 관련하여 Miranda 판결은 다음과 같이 설시하고 있다.

> "범죄 현장에서 범죄와 관련된 사실에 관하여 일반적인 질문을 하는 것은 우리의 결정에 영향을 주지 않는다. 일반 시민이 법을 집행하는 자를 돕기 위하여 가지고 있는 정보를 법 집행자에게 제공하는 것은 그들의 책임 있는 행동이다. 그러한 상황에서는 구금되어 신문을 받는 과정에 수반되는 억압적인 분위기가 반드시 수반되는 것이 아니다."

그러나 경찰이 범죄 현장에서 그곳에 있는 사람들을 상대로 하는 일반적인 질문의 단계를 넘어 특정한 사람에게 초점을 맞추어 질문을 하는 경우에는 Miranda 경고를 해야 한다.

143) Michigan v. Tucker, 417 U.S. 433 (1974).

3) 진술이 자발적인 경우

혐의자가 경찰관의 질문을 받지 않은 상태에서 그 스스로 자발적으로 진술하는(volunteered statement) 경우에는 Miranda 경고를 할 필요가 없다. 예컨대, 혐의자가 스스로 경찰서를 찾아가 범죄사실을 자백하는 경우 이러한 자백은 법정에서 증거로 허용된다. 물론 자발적인 진술과 강요나 협박을 받지 않고 혐의자의 자유의사로 하는 임의성 있는 진술(voluntary statement)은 구별된다.

4) 혐의자의 인적사항에 관한 질문

혐의자의 인적사항에 관한 질문 예컨대, 혐의자의 이름이나 주소 등에 관하여 질문을 하는 때에는 Miranda 경고를 할 필요가 없다.[144] Muniz 사건에서 혐의자는 음주운전혐의로 체포되었다. 입건절차를 거치면서 혐의자는 그의 행동과 말이 녹화된다는 말을 들었다. 그는 그의 이름, 주소, 신장, 체중, 눈 색깔, 출생일 그리고 현재의 나이 등 7가지 질문을 받고 그에 답변을 했다. 재판과정에서 피고인은 이러한 질문을 받기 전에 피고인은 Miranda 경고를 받지 않았다고 하면서 그 답변을 증거에서 배제해달라고 요청했다.

연방대법원은 이 사건의 상고심에서 이러한 질문들은 "입건절차에서 통상 이루어지는 질문(routine booking question)"으로 Miranda 원칙의 예외가 된다고 판시했다. 이러한 7개의 질문들은 기록보존을 위한 목적으로만 이루어진 것이고 피고인에 대한 자기부죄의 가능성이 포함되어 있지 않으므로 Miranda 경고는 요구되지 않는다는 것이다.

5) 목격자에 대한 질문

경찰이 범죄의 혐의자가 아닌 범죄의 단순한 목격자에 대하여 질문을 하는 경우에는 Miranda 경고를 할 필요가 없다. 그러나 질문과정에서 그가 단순한 목격자가 아니라 범죄에 관련되어 있을 가능성이 드러난 때에는 Miranda 경고를 하여야 한다.

6) stop and frisk의 경우

stop and frisk의 경우에는 Miranda 경고를 할 필요가 없다. 경찰과 혐의자의 이러한 짧은 대면에 있어서는 통상 간단한 질문만 이루어지기 때문에 혐의자에 대한 중대한 자유의 박탈이 있다고 보기 어렵기 때문이다. 그러나 stop and frisk가 진전되어 체포 상태가 된 경우에는 Miranda 경고를 하여야 한다.

---

144) Pennsylvania v. Muniz, 496 U. S. 582 [1990].

7) 범인식별의 경우

마찬가지로 line-up이나 show-up 그리고 사진에 의한 범인식별의 경우에도 Miranda 경고를 할 필요가 없다. 이러한 방법에 의하여 취득한 증거는 그 성질에 있어 물적(physical) 증거이고, 자기부죄의 증거가 될 수 있는 진술증거가 아니기 때문이다.

8) 자백진술을 사인에게 하는 경우

진술이나 자백을 일반 사인에게 하는 경우에는 Miranda 원칙이 적용되지 않는다. 강제적인 자기부죄로부터 보호받을 권리는 법을 집행하는 공무원이 행하는 신문에 대하여만 적용되기 때문이다. 따라서 피고인이 구금되어 있는 상태에서 그의 친구나 감방 동료에게 Miranda 경고를 받지 않고 자신의 죄를 인정하는 진술을 하더라도 이러한 증거는 재판에서 증거로 허용된다. 다만 주나 연방의 공무원이 그러한 상황을 조성한 경우에는 Miranda 원칙이 적용된다.

일반 사인에는 보석회사(bail company)로부터 돈이나 위임을 받아 보석으로 석방된 뒤 도주한 보석 석방자들을 찾아다니는 "bounty hunter"도 포함된다. 다만 각 주는 Miranda 경고 없이 일반 사인에게 자백한 피고인의 진술을 증거로 사용하지 못하게 하는 법률을 제정할 수 있다.

9) 대배심신문의 경우

대배심수사절차에서 잠재적인 피고인에 대하여 신문을 하는 경우에는 설사 검사가 그 증인 즉, 잠재적인 피고인을 소추할 의도를 갖고 있는 때에도 Miranda 경고를 할 필요가 없다. 대배심에서의 신문은 구금 상태에서의 신문이 아니고 또한 경찰에서의 신문과 같이 그 남용의 가능성이 없기 때문이다. 연방대법원도 대배심실에서의 신문은 구금 상태에서의 경찰의 신문과 다르다고 판시하고 있다.[145] 물론 각 주의 법률이 대배심신문의 경우에도 Miranda 경고를 하도록 규정하고 있는 때에는 Miranda 원칙이 적용된다.

10) 공중의 안전에 위협이 되는 경우

구금되어 신문을 받는 피고인에게 Miranda 경고를 하지 않고 취득한 증거라 하더라도 공중의 안전과 관련하여 그러한 신문에 합리적인 이유가 있는 때에는 증거로 허용된다.[146]

---

145) United States v. Mandujano, 425 U. S. 564 [1976].

146) New York v. Quarles, 467 U. S. 649 [1984].

Quarles 사건에서 한 여자가 순찰중인 2명의 경찰관에게 접근하여 방금 강간을 당하였다고 하면서 범인의 인상착의를 설명하고 범인은 권총을 들고 부근 슈퍼마켓에 들어갔다고 말했다. 경찰관 중 1명이 슈퍼마켓에 들어가 여자가 말한 범인을 찾아냈다. 피고인 Quarles는 뒷문을 통하여 도망가다가 붙잡혔다. 경찰관은 피고인이 어깨에 빈 권총집을 차고 있는 것을 보았다. 피고인에게 수갑을 채우고 권총이 어디에 있는지 물어보자 피고인이 빈 상자가 있는 쪽을 보면서 머리를 끄덕였고 그곳에서 권총을 발견했다. 권총을 수거한 뒤에야 피고인에게 Miranda 경고를 하였다.

연방대법원은 공중의 안전을 위한 예외로서 이러한 경우 Miranda 경고 없이 혐의자를 신문하고 그 결과 압수한 권총은 증거능력이 있다고 판시한 것이다. 공중의 안전을 위한 이러한 예외는 공중에게 급박한 위험이 있고 그러한 위험이 중한 때에만 극히 제한적으로 인정된다.

바. Miranda 원칙과 무해한 오류

피고인의 유죄판결에 이른 재판과정에 오류가 있었다 하더라도 그것이 무해한 것이면 피고인의 유죄판결은 상소심에서 파기되지 않는다. 이를 “무해한 오류의 원칙(harmless error rule)”이라고 하는데 이 원칙이 임의성이 없는 자백의 경우에도 적용되는지의 여부가 문제가 되었다. 연방대법원은 무해한 오류의 원칙은 임의성 없는 자백이 포함된 사건에도 적용되지만 그 입증책임은 소추인 측에 있고 또한 그 입증의 정도는 “합리적인 의심을 배척할 정도”이어야 한다고 판시하고 있다.[147] Fulminante 사건의 판결이 중요한 의미를 갖는 이유는 이전에는 1심 재판을 담당한 법원이 임의성 없는 자백을 증거능력이 있는 것으로 잘못 받아들인 경우 상소심법원은 그러한 증거능력의 인정이 유해한 것인지 또는 무해한 것인지 여부를 가리지 않고 자동적으로 피고인의 유죄판결을 파기하였기 때문이다.

Fulminante 사건에서 피고인은 경찰로부터 의붓딸을 살해한 혐의를 받았지만 고발은 되지 않았다. 그 후 피고인은 살인사건과 관련이 없는 불법총기휴대죄로 고발되어 유죄판결을 선고받고 연방교도소에 수감되었다. 수감되어 있으면서 피고인은 동료죄수로서 FBI정보원인 Sarivola와 친하게 지내게 되었다.

147) Arizona v. Fulminante, 499 U. S. 279 [1991].

피고인은 수감되어 있는 동안 어린이를 살해하였다는 소문으로 인하여 보호를 받아야 할 처지에 있었고 Sarivola에게 진실을 말해 주는 대신 그의 보호를 받게 되었다. 피고인은 의붓딸을 오토바이에 태워 사막으로 데려가서 목을 조르고 강간한 다음 그녀로 하여금 자신에게 살려달라고 애원하게 한 뒤 그녀의 머리에 총을 2번 쏘아 살해했다는 것을 Sarivola에게 자백했다. 교도소에서 석방된 다음 피고인은 Sarivola의 부인에게도 동일한 내용의 자백을 했다. 1급 살인죄로 기소된 피고인은 Sarivola와 그의 처에게 한 그의 자백을 증거에서 배제해달라고 청구했다. 그러나 법원은 이러한 자백을 증거로 받아들여 피고인에게 사형을 선고했다.

이 사건의 상고심에서 연방대법원은 무해한 오류의 원칙은 Miranda 자백의 경우에도 적용된다고 판시했다. 한편 연방대법원은 이 사건에 있어서 피고인의 자백은 임의성이 있는 자백이라고 보기 어렵고 그러한 자백을 증거로 받아들인 것이 무해한 것이라는 점을 합리적인 의심을 배제할 정도로 정부가 입증하여야 함에도 이러한 입증이 없었다고 하면서 피고인에 대한 유죄판결을 파기하고 다시 재판하도록 하였다.

8. 대배심수사

가. 대배심수사의 의의

오늘날 영국과 달리 미국 형사소송에 있어 특유한 제도 중의 하나가 대배심의 수사(grand jury investigation)라고 할 수 있다. 영국의 경우 대배심제도가 폐지되어 치안법원이 그 기능을 대신하고 있지만 치안법원은 범죄에 대한 수사가 아니라 고발된 사건을 왕립형사법원의 정식재판에 회부할 것인지의 여부를 결정하는 일종의 예심을 담당하고 있다. 하지만 미국의 형사소송에 있어서는 대배심이 치안법원과 함께 일종의 예심기능을 담당하는 이외 범죄에 대한 수사기능까지 담당하고 있다는 것이 특이한 점이라 할 수 있다.

본래 대륙법계국가에서와 같이 수사기관이 범죄혐의자에 대한 범죄혐의를 수사하고 그 결과 범죄혐의가 인정되는 경우에 검사만이 기소를 하는 제도에 있어서는 대배심에 의한 예심이나 대배심에 의한 수사라는 것은 생소한 개념이 될 수밖에 없다.

그러나 당사자주의에 따라 상당한 이유가 있는 경우 소추당사자가 범죄혐의자를 법원에 고발하고 법원에서 재판을 통하여 그 혐의를 가리는 영미의 제도에서는 대배심의 예심이나 대배심의 수사는 나름대로 의미를 갖게 된다. 특히 상대방 당사자 즉, 범죄혐의자에 대한 소추인의 수사권이 원칙적으로 인정되지 않는 상황에서 소추인이 소추에 필요한 증거 즉, 상당한 이유를 인정할 만한 증거를 확보하지 못한 경우 대배심의 수사를 통하여 이러한 증거를 확보한다는 것은 매우 중요한 수사방법이 된다.

즉, 당사자주의를 핵심으로 하는 영미의 형사소송에서는 현행범이나 이에 준하는 혐의자의 경우 체포를 통하여 신병을 확보한 후 일정한 수사를 거쳐 법원에 고발하게 되지만, 범죄혐의자가 체포대상이 되지 않는 경우에는 수사기관이 소환장을 발부하여 범죄혐의를 수사한다는 것은 생각하기 어려운 일이므로 대배심의 수사를 통하여 증거를 확보한 후 대배심으로부터 기소장을 받아 소추를 하게 된다. 대배심의 수사를 통하여 증거를 확보할 수 있는 이유는 대배심이 법원 명의로 목격자 등 증인에게 소환장(subpoena)을 발부할 수 있음은 물론 증언을 강제할 수 있고 허위증언을 하는 경우 위증죄로 처벌할 수 있기 때문이다.

결국 영미의 수사기관은 원칙적으로 혐의자에 대한 수사권을 갖고 있지 않기 때문에 일정한 경우 대배심에 의한 수사를 할 수밖에 없고 그러한 의미에서 대배심의 수사는 이들 국가의 특유한 제도라고 할 수 있다.[148)]

나. 대배심제도의 기능

1) 종래의 대배심제도

대배심제도(grand jury system)는 미국의 형사소송에 있어서 일종의 “방패와 칼”의 역할을 동시에 하고 있는 것으로 말해지고 있다. 우선 대배심은 정부와 일반 시민 사이에 들어가 정부의 부당한 소추에 대한 견제기능을 함으로써 일반 시민을 위한 방패의 역할을 하고 있다고 말해진다. 즉, 고발된 혐의자에 대한 기소장(indictment)을 발부할 것인지의 여부를 결정하는 과정에서 소추당사자인 정부가 갖고 있는 증거를 검토하게 되고 그러한 절차를 통하여 검사의 소추결정에 대한 심사를 한다.

148) 영국의 경우에는 대배심제도가 폐지되었기 때문에 대배심수사는 인정되지 않는다.

한편 대배심은 그의 수사기능을 통하여 범죄의 진압을 위한 칼의 역할도 수행한다. 정부가 소추하려고 하는 사건에 있어서 그 당부를 심사하는 것이 아니라 증거가 불충분하여 아직 소추단계에 이르지 못한 상황에서 소추인 측이 취득할 수 없는 새로운 증거를 발견하여 이를 소추인 측에 제공함으로써 소추당사자인 정부가 혐의자에 대한 유죄판결을 받는 데 필요한 도구 즉, 칼을 제공하고 있다고 말해진다. 연방은 물론 2개 주를 제외한 모든 주의 형사소송에서 이러한 대배심의 2가지 기능은 법률로 인정되고 있다. 하지만 영국에서 대배심제도가 폐지된 것과 마찬가지로 미국의 경우에도 상당수의 주에서 대배심의 기능 중 방패로서의 기능은 그 중요성을 상실하고 있는 것이 현실이다. 즉, 검사의 고발(information)에 따라 대배심의 심사절차를 거치지 않고 바로 재판에 회부하는 것이 상당히 넓게 인정되고 있다.

그러나 일종의 예심으로서의 대배심의 역할은 상당히 퇴색하였지만 일부 주를 제외하고 연방과 대부분의 주에서 대배심의 수사기능은 아직 그대로 유지되고 있을 뿐 아니라 공무원의 범죄 또는 조직범죄 등 특정 분야에 대한 수사에 있어서 매우 유용한 수사방법으로 인정되고 있다. 특히 대통령 등 고위공무원을 대상으로 하는 특별검사의 수사는 대부분 대배심의 수사를 이용하고 있다.[149]

2) 특별 대배심

많은 주가 수사목적을 위한 특별 대배심(special grand jury)제도를 가지고 있다. 특별 대배심이라 하더라도 대부분의 경우 일반 대배심과 동일한 법적 기준에 따라 운용되고 있지만 수사기능을 향상시키기 위한 일정한 구조적 특징을 가지고 있다. 예컨대, 일반 대배심의 경우보다 더 장기간 활동을 하거나 관할범위를 주 전체로 하는 것과 같다. 또한 일부 주에서는 특정의 사건과 관련하여 특별한 필요가 있는 경우 특별 대배심을 구성하기도 한다.

수사 결과에 따라 일반적으로 특별 대배심이 기소장(indictment)을 발부하고 있지만 일부 주의 경우에는 기소장이 아니라 예심의 대상이 되는 고발장(complaint)과 동일한 효력이 있는 것을 발부하기도 한다.

---

149) Nixon 대통령이 관련된 Watergate 사건도 대배심을 통한 수사였고(대배심은 Nixon 대통령을 기소되지 않은 공모자로 낙인찍었다), Bill Clinton 대통령의 성추문사건도 특별검사(independent counsel)인 Kenneth Starr가 대배심을 통하여 수사했다.

3) 다른 수사기관의 소환장에 의한 수사

대배심의 수사는 원칙적으로 법원의 벌칙부소환장(subpoena)에 의해 행해진다. Common Law에 있어서 일방 당사자인 수사기관이 상대방 당사자에게 소환장을 발부하여 소환을 하고 소환에 응한 당사자를 상대로 수사를 한다는 것은 생각하기 어렵다. 그러한 이유로 영미법에 있어서 법원의 벌칙부소환장을 통한 대배심의 수사가 중요한 의미를 갖는다는 것은 전술한 바와 같다.

물론 영미의 경우에도 혐의자에게 소환장을 발부하고 혐의자가 응하는 경우 혐의자를 상대로 임의수사를 하는 것을 특별히 금지할 이유도 없다. 이러한 관점에서 미국의 상당수 주는 검사나 법원 또는 수사기관으로 하여금 수사를 위한 소환장의 발부를 법률로 인정하고 있다. 이와 같은 수사방식은 대배심의 수사와 그 성격을 달리하는 것이지만 대배심의 수사에 있어서와 마찬가지로 자기부죄금지의 권리 그리고 이를 근거로 하는 소환장에 대한 이의 및 연방헌법 수정 제 4 조의 부당한 압수와 관련한 규정이 그대로 적용된다.

다. 배심제도의 발전

1) 초기 영국의 배심

대배심제도는 애초 영국에서 탄생하여 발전한 것이지만 후일 미국에 건너와 더욱 의미 있는 제도로 발전되었다. 대배심의 시초는 1166년에 공포된 Clarendon법(Assize of Clarendon)으로 보는 것이 일반적이다. 이 법은 각 지역사회의 "선량하고 법을 준수하는(good and lawful)" 12명의 사람들로 하여금 일정한 심사(an inquiry)를 하도록 규정하고 있다. 이들 12명의 배심원들(jurors)은 선서를 하고 순회중인 치안판사나 주행정관(sheriff)의 질문에 답변을 하였다. 이 절차에서 배심원들은 범죄의 혐의가 있다고 생각되는 모든 사람들을 고발하여야 했고 고발된 혐의자는 죄인판별법(trial by ordeal)에 붙여졌다.

이 법은 범죄의 혐의를 받는 사람을 보호하기 위해 만들어진 것이 아니라 범인의 검거에 있어 정부의 관리를 도와주기 위한 것이었다. 배심원들은 지역사정에 밝은 자들이었고 지역 사정에 어두운 국왕의 관리들이 알 수 없는 범죄혐의자들을 고발할 수 있었다. 배심원들이 가까운 주위 사람에 대한 고발을 주저하는 것을 방지하기 위해 혐의자를 알고 있으면서도 고발을 하지 않는 경우 배심원에게 상당한 벌금형을 가하였다.

14세기 말에 이르러 종래의 죄인판별법이 배심재판으로 대체됨에 따라 이러한 고발을 주로 담당했던 기존의 배심은 2개의 배심으로 분리되었다. 고발된 피고인에 대한 유·무죄를 가리는 것은 12명의 배심원으로 구성된 소배심(petit jury)이 담당하였고 기존의 고발을 담당하던 배심은 24명(가부 동수를 피하기 위해 나중에 23명)의 대배심으로 확장되었다. 이 단계에 이르러 대배심은 범인 색출에 있어 국왕을 보조하는 것을 주된 임무로 하는 기관으로 남게 되었다. 대배심이 범죄를 고발함에 있어서는 그들 자신이 알고 있는 것을 근거로 그들 자신이 주도적으로 고발하거나 사적인 고소인(complainant)의 주도로 고발하기도 하지만 국왕을 대표하는 관리 특히, 고발범죄를 입증할 수 있는 증인을 대배심에 제공하는 치안판사(justice of peace)의 주도로 고발을 하기도 하였다.

대배심이 배심원들 자신의 주도로 고발을 하는 경우에 그 고발장을 가리켜 "presentment"라고 부르고 국왕을 대표하는 치안판사 등 관리가 주도하여 고발을 하는 경우 그 고발장을 "indictment"라고 불렀다.

이후 몇 세기를 거치면서 대배심은 상당한 정도의 독립성을 인정받았다. 배심원들은 그들의 방에서 비공개로 증인의 진술을 듣는 관행을 확립하였고 법원은 더 이상 배심원으로부터 대배심이 기소를 거부하는 이유에 대한 설명을 듣지 않게 되었다. 대배심의 심리와 평결에 대한 비밀보장은 불기소결정에 대하여 반감을 가질 수 있는 국왕이나 그의 관리들로부터 받게 될지도 모르는 보복으로부터 배심원과 증인을 보호하는 장치가 되었다.

영국에서 대반란의 시기라고 할 수 있는 17세기 말에 이르러 새로 쟁취한 대배심의 독립성은 커다란 시련을 맞게 되었다. 국왕은 신교도 교의에 동조하는 자들에 대한 기소를 위하여 대배심에 심한 압력을 가했다. 대배심은 국왕의 이러한 압력에 굴하지 않았다. 특히 대배심은 세인의 관심을 끈 2개의 반역죄 사건에서 혐의자들에 대한 기소를 거부했는데 그 하나는 Stephen Colledge[150]에 대한 것이고 다른 하나는 Earl of Shaftesbury[151]에 대한 것이었다.

---

150) Stephen Colledge(1635-1681)는 신교도로서 가구장이였다. 국왕을 살해하기로 모의하였다는 것을 내용으로 하는 신교도 반란죄에 가담하였다는 이유로 국왕의 관리에 의해 고발되었으나 휘그당원들이 장악하고 있는 London의 대배심은 Colledge에 대한 기소장의 발부를 거부했다. 그러나 국왕은 토리당원들이 장악하고 있는 Oxford의 대배심으로부터 다시 기소장을 발부받아 Colledge를 재판에 회부하였으며 Colledge는 사형판결을 선고받고 참수되었다. 이 재판과 관련하여 Colledge는 여러 권의 책을 내기도 하였다.

후일 국왕은 다른 대배심으로부터 Colledge에 대한 기소장을 받아내기는 하였지만 이들 사건으로 인하여 대배심은 국왕의 압제로부터 시민을 보호하는 보루로서의 명성을 얻게 되었다. 또한 이 시기에 대배심은 그 스스로의 주도로 지방정부 소속의 하급 공무원들에 대한 부정을 고발(presentment)함으로써 정부 관리의 부정부패를 척결하는 기관으로서의 명성도 얻게 되었다. 이러한 과정을 거쳐 17세기 말 영국의 대배심은 한편으로는 부지런한 소추인(prosecutor)으로 기능을 하면서 다른 한편으로 부당하게 고발되는 자에 대한 방어자로서의 기능을 수행하는 야누스적 성격을 갖게 되었다.

2) 미국에서의 발전

다른 영국의 법제도와 마찬가지로 대배심제도 또한 영국의 식민지 미국에 그대로 받아들여졌다. 특히 미국에서의 대배심제도는 고발을 통한 형법의 실현이라는 본래의 범위를 넘어 식민 정부의 중요한 정책수단으로 발전되었다.

영국에서 대배심은 고발(presentment)에 관한 권한을 통하여 공무원의 비행에 대한 심사를 한 후 공무원의 행위가 비록 부당하기는 하지만 그것이 범죄행위에는 해당하지 않아 고발을 하지 않는 경우에도 종종 그 부당함을 비판하는 보고서(report)를 내기도 하였다. 미국의 대배심은 영국 대배심의 이러한 권한을 더욱 강화했다. 범죄행위에 해당하지 않아 고발을 하지 않는 경우에도 대배심의 보고서를 통하여 광범위한 분야에 걸친 일반 시민의 불만을 대변했다. 식민 정부에 대한 식민 사회의 불만이 고조됨에 따라 대배심의 보고서는 정부나 국왕의 관리에 대하여 매우 비판적으로 되었다. 동시에 식민지의 대배심은 적정한 형사소추와 관련하여서도 국왕의 관리와 자주 불화를 겪게 되었다.

이러한 과정에서 대배심이 John Peter Zenger[152)]에 대한 치안방해성격의

151) Anthony Ashley-Cooper(1621-1683)는 제 1 대 Earl of Shaftesbury로서 17세기 영국의 공위기간(Interregnum)과 Charles 2세 시대에 재무장관, 귀족원장 그리고 국회의원 등을 지낸 유명한 정치가이다. 처음에는 국왕을 지지하는 왕당파였으나 후일 국왕의 정책에 반대하는 유명한 휘그당원이 되었다. 국왕은 그를 반란죄로 고발하고 London 탑에 감금하였지만 Middlesex의 대배심은 그에 대한 기소장의 발부를 거부했고 이 소식을 들은 London 시민들은 환호했다.

152) John Peter Zenger(1697-1746)는 독일계 미국인으로 출판업에 종사하며 동시에 언론인으로 활동했다. 뉴욕 총독을 비난하는 글을 썼다가 구속되었지만 감옥에서도 계속 글을 써서 출판하게 했다. 그의 변호인 Hamilton은 명예훼손죄로 기소된 Zenger의 행위가 범죄가 되지 않는다고 주장하여 미국에서 최초로 기소된 행위의 위법성을 다투었고 총독이 직접 선임한 판사가 재판을 주재했음에도 배심은 Zenger에게 무죄평결을 했다.

명예훼손(seditious libel)사건에서 2회에 걸쳐 기소를 거부하자 식민 정부는 검사의 고발(information)만으로 소추를 하는 수치를 당하기도 하였다.

반면 대배심은 국왕이 소추를 거부하는 군인을 포함하여 다양한 분야에 종사하는 국왕의 관리에 대한 고발(presentment)을 감행했다. 이러한 어려움을 타개하기 위해 식민 정부는 그들에 동조적인 배심원들로 대배심을 구성하고자 했지만 배심원선발은 지역사회에서 그 사회의 지도자들에 의하여 선출되는 관계로 이 또한 소기의 목적을 달성할 수 없었다. 식민 정부에 반대하는 대배심의 태도는 미국 혁명의 발발과 함께 그 명성을 더욱 고상하게 만들었다. 그에 따라 당시 미국의 모든 주 헌법은 중죄에 대해서는 대배심의 고발(presentment 또는 indictment) 없이는 소추를 할 수 없다고 규정하게 되었고, 연방헌법도 권리장전을 채택함에 있어서 아무런 논란 없이 이러한 내용을 수정 제5조에 규정하게 되었다. 미국의 독립 이후에도 대배심은 심한 당파적인 사건에서 검사의 편파적인 기소를 거부하여 부당한 소추를 방지함과 동시에 대배심 자신이 주도하는 고발(presentment)을 통하여 특히 공무원의 부정과 탈세사건에 대한 공적 감시인(public watchdog)으로서의 기능을 충실히 수행했다.

1820년대에 이르러 영국의 공리주의자 Jeremy Bentham은 대배심제도를 강력히 비판하면서 대배심은 국민을 대표하는 기관도 아니고 효율적이지도 못하다고 주장했다. 효율적이지 못하다는 주장은 인구밀도가 낮은 미국의 서부지역에서 그 타당성을 인정받았다. 또한 모든 중죄사건에 있어서 대배심의 기소를 요한다는 것은 성가시고 비용이 많이 들 뿐 아니라 무고한 자를 보호하는데 필요한 것도 아니라는 비판이 제기되었다. 이러한 주장에 따라 미국에서는 미시간 주가 1859년 최초로 대배심을 통한 기소를 그대로 인정하면서 검사의 고발(information)을 통한 기소를 선택적으로 인정하게 되었다. 그 후 몇 개의 주가 미시간 주의 예를 따르게 되었고 1884년에는 연방대법원도 indictment에서 information으로의 변경을 헌법에 위반하는 것이 아니라고 판시하였다. 이러한 추세에 따라 대부분의 주가 information에 의한 소추를 인정하게 되었고 현재 모든 중죄사건에 있어서 대배심에 의한 기소를 피고인의 권리로 인정하고 있는 주는 18개 주에 불과하다.

그러나 영국에서와 같이 대배심제도를 폐지한 주는 없고 information에 의한 소추를 인정하고 있는 주 중 2개의 주를 제외한 모든 주에서 대배심의 기소(indictment)를 선택적으로 인정하고 있으며, 모든 주가 대배심의 수사기능을 그대로 인정하고 있다. 다수의 주가 대배심의 기소가 아니라 검사의 고발에 의한 소추를 인정하는 가운데서도 모든 주에 있어서 대배심의 수사 활동 특히 지방정부의 부정에 대한 수사는 매우 적극적이었다.

대배심의 적극적인 수사로 인한 기소로 몇몇 경우에는 지방정부의 모든 직원이 직위를 박탈당하여 지방정부의 공백상태가 초래되는 일이 발생하기도 하였다. 여기에다 각 지방의 검사는 대배심의 이러한 수사 활동에 비협조적인 경우가 많았다. 이러한 문제점을 타개하기 위해 대배심은 법원이 임명하는 특별검사(special prosecutor)를 통하여 수사를 하기도 하고 주저하는 검사의 의사를 무시하고 수사를 밀어붙이기도 하였다.

이 방식의 수사로 유명한 것이 1930년대 뉴욕에 있어서 “조직 공갈단의 범죄(racketeering offence)”에 대한 수사였다. 특히 이러한 수사를 통하여 명성을 크게 얻게 된 특별검사 Thomas E. Dewey의 업적은 이와 유사한 대배심의 수사를 전국적으로 확산시키는 결과를 가져왔고 나아가 조직범죄의 척결에 있어서 가장 중요한 역할을 하는 것이 대배심이라는 평판을 가져왔다. 이후 다양한 종류의 화이트칼라 범죄에 대한 연방 대배심의 수사는 이 분야에 있어서도 대배심의 명성을 확립시켰고 나아가 각급 공무원의 부정행위에 대한 수사는 정부에 대한 감시인(watchdog over government)으로서의 대배심의 인상을 더욱 고양시키게 되었다. 한편 1960년대 들어와 대배심은 당파적 수사나 급진 그룹에 대한 무리한 수사를 통하여 그 수사기능에 대한 비판을 받기도 하였다.

라. 대배심수사에 대한 논란

대배심수사와 관련하여 찬반의 논쟁이 있어 왔다. 논의의 주된 쟁점은 탄핵주의를 기본으로 하는 미국의 형사소송구조에서 직권주의적인 의미를 갖고 있는 대배심의 수사를 인정할 수 있느냐는 것과 대배심의 수사기능을 인정하는 경우에도 그것이 대배심의 중립성과 밀접한 연관성을 갖고 있느냐에 관한 것이다. 즉, 과거에는 대배심이 독립적인 위치에서 수사를 하였지만 형사사법절차에서 검사와 경찰의 역할이 확대되어 대배심의 독립적인 지위가 무너지고 대배심이 검사의 꼭두각시가 되어 있는 상황에서도 대배심의 수사를 인정할 수 있느냐는 것이다.

대배심의 수사를 두고 기본적으로 영미의 탄핵주의 형사사법제도에 직권주의적인 요소를 가미한 것이라고 말해진다. 이러한 이유로 대배심수사에 대한 비판론자들은 대배심의 수사는 예외적인 것이고 따라서 법원의 엄격한 감독 아래 아주 좁은 범위에서 행해져야 한다고 주장한다. 비판론자들은 탄핵주의적인 미국의 형사소송제도에서 처음부터 대배심의 수사를 인정한 것은 사실이지만 직권주의적인 대배심의 수사를 본격적으로 받아들인 것은 아니라고 주장한다. 즉, 애초 대배심은 기본적으로 배심원들이 알고 있는 사실 또는 피해를 입은 사람들의 자발적인 증언에 의존하여 수사를 하였던 것이지 오늘날 대배심의 수사와 같이 증인을 강제로 출석시켜 증언하게 하는 방식의 수사는 하지 않았다는 것이다.

또한 연방헌법이나 각 주의 헌법 또는 권리장전에서 규정하고 있는 대배심의 역할은 무리한 소추로부터 무고한 피고인을 보호하기 위한 것이 주된 것이고 대배심의 수사기능은 부차적인 것일 뿐 아니라 주된 기능인 심사역할과 본질적으로 분리되는 것도 아니라는 것이다. 그럼에도 불구하고 오늘날 대배심의 역할은 그 본말이 전도되어 있다는 것이다.

이에 반해 대배심수사를 지지하는 자들은 처음부터 대배심은 광범위한 수사권능을 부여받았다고 보고 있다. 증인을 강제로 출석시켜 증언하게 하는 것은 연방헌법의 채택 이전부터 인정되어 왔다는 것이다. 다시 말해 헌법제정 당시부터 대배심은 무고한 피고인을 위한 안전장치로서뿐 아니라 공직사회의 부정을 감시하고 지방공무원들이 무시하거나 수사할 수 없는 범죄들을 척결하는데 있어서도 중요한 기능을 수행해 오고 있었다는 것이다. 연방헌법에서 대배심의 indictment에 의한 소추뿐 아니라 대배심의 presentment에 의한 소추도 인정하고 있는 것이 이를 잘 말해주고 있다는 것이다. 이러한 논란에 대해 연방대법원은 Blair 사건에서[153] 대배심이 강제적인 절차에 의존하는 것은 일찍이 1612년 영국에서도 인정되었던 것이고, 대배심의 수사권능은 연방헌법의 채택 당시부터 인정되어 온 것으로서 대배심은 거대한 수사기관으로 그 수사권은 아주 제한적으로만 인정되는 것이 아니라고 판시했다.

비판론자들은 대배심에 광범한 수사권이 부여되었다 하더라도 그러한 수사권은 실질적인 의미에서 대배심의 독립적인 역할과 연관되어 있다고 본다.

153) Blair v. United States, 250 U. S. 273 (1919).

과거 대배심은 그의 수사권을 독립적으로 행사하였지만 오늘날 대배심의 광범위한 수사권은 현실적으로 오로지 검사에 의해 행사되는 것으로 보고 있다. 즉, 경찰과 함께 업무를 수행하는(working with police) 검사는 어떠한 증인을 소환할 것인지 그리고 언제 소환할 것인지를 결정한다. 증인을 심사하는 것도 검사이고 증인이 제기하는 이의신청의 적법성에 관하여 대배심에 조언하는 것도 검사다. 증인이 소환에 불응하는 경우 법정모욕을 이유로 처벌을 구하는 것도 검사이고 증인이 자기부죄금지의 권리를 주장하면서 증언을 거부하는 경우 그에게 면책권을 인정할 것인지 여부를 결정하는 것도 검사라는 것이다.

또한 대배심은 일반인으로 구성되는 데 비해 검사는 전문지식을 갖고 있고 경찰의 도움을 받을 수 있기 때문에 대배심은 불가피하게 검사의 리더십에 따르지 않을 수 없다고 본다. 그에 따라 비판론자들은 오늘날의 대배심은 과거 독자적으로 수사를 하던 기관이 아니라 검사의 꼭두각시에 불과한 수사기관이므로 다른 정부 수사기관의 수사 예컨대, 경찰수사에서와 마찬가지로 법원의 엄격한 감독을 받아야 한다고 주장한다.

옹호론자들도 대배심수사에 있어서 실질적인 역할을 수행하는 것은 검사라는 현실을 인정하지만 이러한 변화는 대배심의 수사기능을 더욱 효율적으로 만들고 그 남용을 방지하는 데 있어 의미가 있는 긍정적인 것이라고 주장한다. 이러한 논란과 관련하여 대배심수사를 그 실질에 있어 행정부 수사기관의 수사절차에 불과한 것으로 보고 있는 일부 법원들이 대배심의 독립성이 상실됨에 따라 법원의 사법적 감독도 강화되어야 한다고 주장하고 있지만 연방대법원은 Williams 사건에서[154] "대배심의 수사에 있어서 검사의 주도적 역할을 인정하고 있는 관행은 선례에 의하여 확립된 것이고 이러한 선례의 변경은 법원에 의해서가 아니라 법률에 의해서만 가능하다"고 판시하고 있다.

마. 대배심수사의 장점

경찰수사에 비해 대배심의 수사는 비용이 많이 들 뿐 아니라 시간이 많이 소요되고 따라서 매우 성가신 수사방법이라고 할 수 있다. 하지만 대배심의 수사에는 그 나름의 장점이 있다. 대배심수사의 장점은 다음과 같은 대배심의 수사절차에 수반되는 요소로부터 유래되는 것이라고 할 수 있다.

154) United States v. Williams, 504 U. S. 36 (1992).

즉, 범칙부소환장, 일반인으로 이루어지는 대배심의 구성, 비공개절차, 면책권의 부여 그리고 비밀준수의무 등이 대배심수사의 장점을 이루는 요소라고 할 수 있다. 물론 대부분의 범죄수사에 있어서 이러한 것들이 문제되는 것은 아니다. 이러한 요소와 관계없이 경찰이 적은 비용으로 수사를 할 수 있는 것이 일반적이다. 하지만 특정 부류의 범죄에 있어서는 이러한 요소가 문제가 되고 따라서 많은 비용과 시간이 소요됨에도 불구하고 검사가 대배심의 수사를 선택하게 된다.

1) 벌칙부소환장

대배심이 수사를 제대로 할 수 있는 것은 배심원을 소집하여 대배심을 구성하는 법원의 소환장 발부권한(subpoena authority)을 이용할 수 있다는 데 있다. 이에 따라 대배심은 물적 증거(tangible evidence)를 필요로 하는 경우에는 문서지참소환장(subpoena duces tecum)을, 증언이 필요한 경우에는 증인소환장(subpoena ad testificandum)을 이용할 수 있다. 소환장을 받고도 정당한 이유 없이 소환이나 문서지참명령에 응하지 않는 경우 법정모욕으로 처벌받게 된다. 이 경우 법정모욕은 민사적 법정모욕(벌금)과 형사적 법정모욕(징역형)에 모두 해당되지만 실무에 있어서는 민사적 법정모욕이 주로 적용된다. 다만 죄질이 나쁜 경우에는 벌금과 징역형이 동시에 부과되기도 한다.

증인으로 대배심에 출석하여 진술함에 있어서는 선서를 하고 증언을 하여야 하고 이때 허위진술을 하게 되면 위증죄로 처벌받게 된다. 수사기관이 물적 증거를 압수하기 위한 영장을 발부받기 위해서는 상당한 이유가 있어야 하지만 문서지참소환장의 경우에는 상당한 이유 없이도 필요한 서류를 제출하게 할 수 있다.

2) 면책권의 부여

면책권의 부여(immunity grant)라는 것은 법정에 증인으로 출석하여 증언하는 증인이 행사할 수 있는 자기부죄금지의 특권을 사용하지 못하게 하기 위해 증인에게 증언을 하는 대신 장래의 소추를 면제해주는 법원의 명령을 말한다. 일단 면책특권을 부여받으면 증인은 더 이상 자기부죄금지의 특권을 행사할 수 없고 필요한 증언을 하여야 한다.

면책특권은 증언할 의무가 있는 자가 자기부죄금지의 권한을 행사하는 것과 관련이 있으므로 증언할 의무가 없는 경찰에 대한 진술을 거부하는 경우에는 인정되지 않는다. 면책특권을 부여함으로써 여러 종류의 다루기 어려운 증인으로부터 정보를 얻을 수 있다. 예컨대, 조직범죄의 경우 조직의 하위 서열에 있는 조직원에게 면책특권을 부여하고 상위 서열에 있는 자에 대한 범죄정보를 취득하는 것과 같다.

한편 면책특권을 부여함으로써 증인 자신의 범죄가 아닌 다른 사람 예컨대, 친구나 친척의 범죄에 대하여 증언을 기피하는 자로부터도 정보를 얻을 수 있다. 이러한 경우 자기부죄금지의 특권이 문제가 되는 것은 아니지만 이를 구별하기가 쉽지 않으므로 실무에 있어서는 이 경우에도 면책특권을 부여하고 있다.

3) 비밀준수의무

대배심의 절차는 비공개로 진행된다. 또한 대배심의 절차에 참여한 자는 일종의 비밀준수의무를 진다. 이러한 비밀준수의무가 대배심수사의 장점이라고 말해진다. 애초 비밀준수의무는 대배심의 수사대상자에게 수사상황을 비밀로 하기 위한 것이었다. 따라서 수사대상자는 자신이 대배심의 수사를 받고 있다는 사실을 알 수 없었고 설사 수사대상이라는 사실을 알고 있는 경우에도 그의 어떠한 행위가 수사대상인지 그리고 그의 행위에 대하여 누가 정보를 제공하는지를 알 수 없도록 하기 위한 것이었다. 이러한 사실을 공개하지 않음으로써 수사대상자의 도주나 증거인멸 또는 증인의 매수 등을 방지할 수 있었다.

한편 이러한 사실을 비밀로 하는 것은 수사대상자의 권익을 위해서도 필요하다. 저명한 인사가 대배심의 수사대상이 되고 이러한 사실이 공개된 경우에는 후에 범죄혐의가 인정되지 않는다는 것이 밝혀지는 경우에도 그의 명예에는 치명적인 손상을 가할 수 있기 때문이다. 나아가 대배심의 수사사실이 비공개로 되는 경우에는 단순한 범죄의 의심만 있는 경우에도 검사가 의욕을 갖고 수사를 할 수 있지만, 수사사실이 공개되는 때에는 범죄혐의에 대한 확신이 있는 경우에만 수사를 하게 되고 단순한 의심만 가지고는 수사를 주저하게 된다는 것이다.

4) 일반 시민의 신뢰확보

대배심의 수사는 일반 시민으로 구성된 다수의 배심원을 통한 수사이기 때문에 국민의 사법참여라는 점에서 일반 시민의 신뢰확보에 큰 장점이 있다. 특히 수사대상자가 고위 공직자인 경우 그러한 신뢰확보는 매우 중요한 의미를 갖게 된다. 미국의 경우에도 고위공직자에 대하여 소추를 하지 않기로 하는 결정이 있는 경우 일반 시민의 의구심은 클 수밖에 없다.

고위공직자에 대한 부패사건의 경우 일반인으로 구성된 대배심과 같이 공직 이외에 있는 자가 수사를 함으로써 공정한 수사를 확보함과 동시에 사건의 은폐나 여론 무마용 수사라는 주장을 피할 수 있다는 것이다. 검사 또한 대배심을 통하여 수사를 함으로써 수사대상자로부터 나올 수 있는 검사나 경찰에 의한 무리한(harassing) 수사라는 비난을 피할 수 있는 장점이 있다.

5) 대배심의 수사보고서

수사 대상자의 문제 있는 행위로서 일반인의 관심을 끄는 사건이지만 그것이 범죄행위에 해당하지 않는 경우 대배심은 그러한 사정을 설명하는 수사보고서(report)를 발표할 수 있다. 특히, 고위공직자나 사회 저명인사의 행위로 마땅히 비난받아야 할 행위이지만 입법의 불비로 처벌을 하지 못하는 경우에 수사보고서를 발표함으로써 수사에 대한 일반인의 신뢰를 확보하고 이후의 입법행위에 큰 도움을 줄 수 있다. 이러한 대배심의 수사보고서가 Common Law에 의하여 전통적으로 인정되는 것인지 아니면 의회 제정의 법률에 의하여 인정되는 것인지에 관하여 논란이 없는 것은 아니지만 대부분의 주나 연방의 법률이 이를 명문으로 규정하고 있다.

바. 대배심의 법률적 구조

1) 배심원의 선발

대배심과 소배심이 분화될 당시 대배심의 관할이 상대적으로 더 넓고 그 잠재적 권한이 더 강력하였기 때문에 대배심을 구성하는 배심원은 소배심의 경우보다 더 상위계급(higher social class)에서 선발되었다.

이러한 전통은 미국에도 그대로 전수되었다. 특히, 수사를 하는 대배심을 구성하는 배심원은 사회적으로 책임감과 지도자적 지위에 있는 사람들 중에서 선발되었다. 따라서 배심원의 선발은 매우 탄력적이었고 이와 같이 탄력적으로 구성된 배심을 가리켜 최상의 배심이라는 뜻의 "푸른 리본의 대배심(blue ribbon grand jury)"이라고 불렀다. 그러나 1960년대에 이르러 국민을 대표하는 소배심의 대표성이 중요한 의미를 갖게 되었고 이러한 경향은 대배심의 경우에도 그대로 인정되어 blue ribbon grand jury는 자취를 감추게 되었다.

오늘날 대부분의 주에 있어서 대배심원의 선정은 소배심의 경우와 동일한 방식에 의하여 이루어진다. 하지만 소배심의 경우와 달리 수사를 하는 대배심의 경우에는 장기간 배심업무를 보아야 하기 때문에 대부분의 주에서 시간을 내기가 어려운 자영업자들 보다 시간적 여유를 가질 수 있는 퇴직자나 가정주부 또는 고용주로부터 계속적인 급여를 받을 수 있는 근로자 등이 대배심의 배심원으로 선발되어 복무하는 것이 현실이다.

2) 독립적인 수사기관

미국에서 대배심의 수사가 검사에 의해 사실상 주도된다는 것은 논란이 없는 현실이다. 그러나 법원은 이러한 현실을 대배심의 절차와 관련하여 법률에 의해 보장된 검사의 직무상 권한으로 보는 것이 아니라 "대배심의 자발적인 복종(deference)"으로 보는 것이 일반적이다. 과거에 검사가 대배심절차를 주도하기 위해서는 배심원들이 그의 지휘를 받아들이도록 그들을 설득하는 것이 중요했다. 하지만 오늘날 검사는 법률에 의해 여러 가지 권한을 보장받고 있다. 그에 따라 대부분의 주에서 검사는 증인에 대한 배심원들의 신문사항을 미리 검토해 볼 수 있고 또한 대배심과 미리 상의하지 않고 증인소환장과 문서지참소환장을 발부할 수 있는 권한을 갖고 있다.

본래 Common Law의 대배심은 지역사회에서 발생한 사건 중 소추인의 주의를 끌지 못하고 있는 사건에 대한 범죄증거를 수집할 수 있는 권한 즉, "직권주의적인 기능(inquisitorial function)"을 행사하였다. 이러한 직권주의적인 기능 내지 독자적인 수사권능은 대배심의 고발(presentment)과 관련한 다음과 같은 대배심의 2개의 의무로부터 유래하는 것이다.

그 하나는 대배심제도의 성립 당시 인정되었던 배심원의 의무 즉, 자신이 알고 있는 범죄 관련 정보를 다른 배심원들에게 알려야 할 의무다. 이때 배심원이 다른 배심원들에게 알려야 할 범죄 관련 정보에는 자신이 개인적으로 목격한 것 뿐 아니라 이웃이나 다른 사람으로부터 들어 알게 된 것도 포함된다. 따라서 Common Law에 있어서 대배심은 그 지역사회에 떠돌아다니는 소문이나 의심을 가지고도 수사를 개시할 수 있었다.

다음으로 Common Law에 있어서 대배심은 대배심의 고발을 기대하는 사적 고소인(private complainant)으로부터 고소사실을 듣고 심리할 권능을 갖고 있었다. 그에 따라 당시 대배심은 개별 배심원으로부터 또는 사적 고소인으로부터 취득한 범죄 관련 정보에 대한 증거를 수집하기 위해 증인을 소환하고 소환된 증인으로 하여금 선서하게 한 뒤 그들로부터 증언을 들을 권리가 있었다.

19세기 중엽에 이르러 대배심제도에 대한 비판이 대두되고 미국에서 사인소추가 금지되면서 이러한 대배심의 권능은 비판과 개혁의 대상이 되었고 그에 따라 대배심의 "직권주의적인 권능"은 퇴색되고 검사가 제출한 고발장에 대한 심사와 검사의 주도에 따르는 수사만을 주로 하게 된 것이 오늘날의 대배심이라 할 수 있다. 하지만 아직도 대배심은 그들이 원하는 방향으로 수사를 진행시켜나갈 수 있는 절대적인 권한을 갖고 있는 독립된 수사기관이다. 따라서 검사가 제출한 증거뿐 아니라 그 이외의 증거에 대한 수사는 물론 검사가 소환하지 않으려고 하는 증인도 소환하여 증언을 들을 수 있다. 물론 검사가 소추에 적극적이지 않는 경우 전문 지식이 없는 일반인으로 구성되어 있는데다 벌칙부소환장을 발부할 수 있는 권한만을 갖고 있는 대배심으로서는 수사를 계속 이끌어나가기가 어려운 것이 현실이다.

이러한 현실을 고려하여 일부 주의 대배심은 법원의 승인을 받아 임명하는 특별검사(special prosecutor)를 통하여 수사를 하기도 한다. 특별검사의 임명이 흔한 일은 아니지만 대부분의 주에서 대배심의 수사대상이 "소추담당기관의 업무(operation of prosecutor's office)"와 관련된 경우에는 특별검사의 임명을 인정하는 법을 두고 있다.

또한 일부 주에서는 검사가 대배심의 수사에 충분한 법률적인 또는 수사상의 지원을 하지 않는 경우에도 특별검사의 임명을 인정하고 있다. 그러나 연방의 형사소송에는 특별검사에 관한 규정이 따로 없고 특별검사의 임명은 법원이 아니라 법무장관(Attorney General)이 한다.

3) 대배심에 대한 법원의 감독

종종 대배심은 그 권능을 국민으로부터 직접 부여받은 독립적인 기관이라고 말해지기도 하지만 일반적으로 대배심은 법원에 의해 임명되는 "법원의 권력(an arm of the court)"으로 간주된다. 또한 대배심은 법원의 권한에 의존하고 있기 때문에 대배심의 기본구조(basic structure)에 대한 법원의 전반적인 감독은 당연한 것으로 받아들여지고 있다.

연방대법원도 "대배심은 많은 분야에 있어서 대단한 독자성을 부여받고 있기는 하지만 법원의 도움 없이는 증인의 증언을 강제할 수 없고 따라서 그의 수사기능을 행사할 수 없게 되므로 여전히 법원의 부속기관으로 남아 있다"고 판시하고 있다.[155] 하지만 오늘날에 있어서 대배심의 다양한 구조적 요소에 대한 법원의 통제는 법률과 판례에 의하여 제한되고 있다. 예컨대, 수사를 위한 대배심의 배심원 구성은 전통적으로 법원의 재량에 맡겨져 있었지만 현재 대부분의 주에서 이러한 대배심의 구성은 검사의 요청에 따라 자동적으로 정해지고 있다. 마찬가지로 과거에는 법원이 언제든지 어떠한 이유로도 또는 아무런 이유 없이 대배심을 해산할 수 있었지만 오늘날 법원이 대배심을 해산하기 위해서는 정당한 사유가 있어야 한다. 이러한 사정변경과 함께 연방대법원도 "비록 대배심이 통상 법원의 사법적 후원 아래 직무를 수행하고 있지만 제도적 관계에 있어서는 전통적으로 사법기관과 멀리 떨어진 관계로 존재해왔다"고 판시하고 있다.[156]

오늘날 법원이 대배심을 감독한다고 하지만 그러한 감독에 특별한 의미가 있는 것은 아니고 다만 대배심의 기소장발부 또는 벌칙부소환장의 발부와 관련하여 당사자가 이의신청을 하는 경우 이를 심사하는 것이 감독의 주된 내용이라 할 수 있다.

---

155) Brown v. United States, 359 U. S. 41 (1959).
156) United States v. Williams, 504 U. S. 36 (1992).

제 4 절

소추결정과 그 통제

1. 소추결정과 검사

영국의 형사소송이 이론적으로 사인소추를 그대로 인정하고 있을 뿐 아니라 경찰이나 검사가 소추행위를 하는 경우에도 이를 사인의 소추행위와 특별히 구분하지 않고 있는 데 비해 미국의 형사소송은 사인소추를 인정하지 않는 것은 물론 경찰이나 검사의 소추행위를 단순히 피해당사자의 소추행위로 보기보다는 국가의 공권력을 행사하는 기관의 소추행위로 파악하고 있는 것이 영국과 다른 점이라고 할 수 있다.

이러한 연유로 미국의 형사소추제도는 대륙법계국가의 형사소추제도와 비슷한 외관을 가지고 있는 것으로 보인다. 그러나 서로 다른 제도로 보이는 영국과 미국의 형사소추제도가 그 실질에 있어서는 서로 동일한 제도의 다른 외관에 불과하고 외관상 유사한 제도로 보이는 미국과 대륙법계의 형사소추제도가 그 실질에 있어서는 서로 상이한 제도라는 점을 유의할 필요가 있다.

우선 미국의 형사소추에 있어 검사가 소추결정에 대하여 거의 전권을 행사하고 있는 것처럼 보이지만 대륙법계형사소송에서와 같은 검사의 기소독점권은 인정되지 않는다. 따라서 대륙법계제도에서와 같이 검사가 경찰로부터 사건을 송치 받아 보완 수사를 한 뒤 혐의가 인정되는 피의자에 대하여 검사만이 법원에 공소를 제기하고 혐의가 인정되지 않거나 처벌의 필요성이 없는 피의자에 대하여는 검사만이 혐의 없음이나 기소유예 등의 불기소처분을 함으로써 수사에 대한 종결권을 행사하는 것이 아니다.

마찬가지로 국가 수사기관의 수사권이라는 것을 상정하고 있지 않기 때문에 법정에서 소추행위를 책임지는 법률가로서 경찰수사에 조언을 하지만 경찰수사에 대한 수사지휘는 원칙적으로 인정되지 않는다. 따라서 경찰은 수사한 모든 사건을 검사에게 송치하지 않으며 범인을 체포하는 등 수사에 착수하였다가 소추의 필요가 없으면 혐의자를 석방하고 사건을 종결하는 것이 원칙이다. 하지만 사인소추가 금지되고 검사가 법정에서의 모든 소추행위를 수행하는 미국에서는 소추결정과 관련한 검사의 권한은 절대적이다. 경찰이 법원에 고발한 형사사건을 송치 받아 검토한 결과 소추의 필요성이 없는 경우 경찰의 고발을 취하(drop)하는 것은 모든 주에서 인정되는 것이고 나아가 중죄 사건에 대하여는 경찰로 하여금 고발 이전 단계에서 검사의 승인을 받아 고발을 하도록 하는 주도 있다.

2. 소추결정과 검사의 재량

국가형벌권을 전제로 하지 않고 기본적으로 당사자주의에 기초한 영미의 형사소송에서 소추결정과 관련한 소추당사자의 재량권은 전통적으로 광범위하게 인정되어 왔다. 미국의 형사소송이 비록 대륙법계 형사소송의 공소추제도(public prosecution system)를 받아들였다고 하지만 당사자주의에 따른 소추와 관련된 재량권은 여전히 미국의 형사소송법에 깊숙이 자리 잡고 있다. 특히 검사는 소추결정에 있어서 엄청난 재량권을 행사한다. 대부분의 주에서 검사는 유권자를 제외한 그 누구의 통제도 받지 않고 있다. 그 중에서도 소추를 할 것인지의 여부를 결정하는 검사의 재량은 절대적이다. 미국 법무장관을 역임한 연방대법관 Robert Jackson이 “미국에서 사회생활과 시민의 자유 그리고 명성에 있어서 그 어떤 사람보다도 더 큰 영향력을 행사하는 것이 검사다”고 말할 정도로 검사는 형사사법에서 중요한 역할을 하고 있다.

대부분의 사건에 있어서 소추 여부를 최종적으로 결정하는 것은 검사이다. 검사는 유죄를 입증하기 위한 증거가 빈약한 경우에도 소추결정을 할 수 있고 이때 피의자가 검사의 이러한 결정에 대항할 수 있는 방법은 법정에서 무죄를 주장하는 이외 다른 특별한 방도가 없다. 반대로 유죄증거가 아무리 강력한 경우라 하더라도 검사가 소추를 주저하는 경우 검사로 하여금 소추를 강제할 적절한 방법이 없는 것도 현실이다. 나아가 검사는 일단 소추를 개시한 이후에도 재량에 따라 소취하신청(nolle prosequi)을 할 수 있고 법원은 거의 예외 없이 검사의 이러한 신청을 받아들이는 것이 현실이다.

범죄혐의자에 대한 소추결정과 관련하여 경찰에게도 일정한 재량권이 인정되고 특히 경범에 대하여는 경찰이 거의 독자적으로 소추결정을 한다. 하지만 중죄사건과 관련해서는 검사가 재량권을 가지고 경찰의 소추결정에 깊이 관여한다.

소추결정에 있어 검사가 재량권을 행사하는 근거로는 형벌의 집행가능성이나 사회인식의 변화 등을 고려하지 않고 사람들이 싫어하는 거의 모든 것을 범죄로 규정하고 있는 과도한 형사입법의 문제, 가용 인력이나 예산상의 문제 그리고 구체적으로 타당성 있는 형법의 실현 등을 들 수 있다. 나아가 검사는 소추결정을 함에 있어 범죄혐의자에 대한 유죄입증의 증거가 확실한 경우에도 다음과 같은 사유를 이유로 소추를 하지 않는 것이 실무관행이다.

첫째, 피해자가 범인의 처벌을 원하지 않는 경우이다. 특히 배우자 사이나 서로 알고 지내는 사람 사이의 폭력범죄 등은 피해자의 처벌불원의사가 거의 절대적으로 존중된다. 둘째, 범죄의 성격 즉, 죄질에 비추어 소추비용이 과다하게 소요되는 경우이다. 반드시 범죄혐의자를 처벌해야 할 사건이 아님에도 그가 멀리 떨어진 주에 살고 있고 그를 송환받아 재판에 회부하는 데 과도한 비용이나 시간이 소요되는 경우가 여기에 해당한다.

셋째, 소추를 하는 것이 범인에게 불필요한 해를 끼치는 경우이다. 다른 남자와의 부정한 관계를 숨기기 위해 강간당했다고 허위 신고한 여자를 무고죄로 소추하게 되면 그 여자의 결혼생활이 파탄에 이를 수 있는 경우를 예로 들 수 있다. 넷째, 마약사범에 있어서 단순 마약 사용자와 같이 가벼운 죄를 범한 범인의 협조를 받아 마약 제조자 등 더 큰 범죄를 범한 자를 검거할 수 있는 경우이다. 다섯째, 사소한 재산범죄에서와 같이 피해자에게 손해를 배상케 하고 소추를 하지 않는 경우이다.

또한 검사는 우리의 조건부기소유예와 같이 범인에게 일정한 의무를 부과하는 대신 소추를 하지 않는 재량권도 행사하고 있다.

3. 검사의 불기소결정에 대한 통제

Common Law의 원칙에 따라 사인소추와 당사자주의를 그대로 관철한다면 형사소추는 소추당사자의 권리에 속하는 것이므로 소추인이 그의 권리를 행사할 것인지의 여부는 그의 재량에 맡겨져 있고 또한 특정 소추인의 소추권 독점이라는 것도 인정되지 않아 피해자는 누구나 소추를 할 수 있기 때문에 소추인의 소추결정이나 그에 대한 통제는 형사소송에서 그렇게 큰 의미를 갖는 것이 아니다. 이에 반해 대륙법계국가에서는 국가 수사기관의 수사 결과 법원에서 유죄판결을 받을 수 있을 정도로 확실한 입증이 되었을 때에만 그리고 기소권을 독점하고 있는 검사만이 혐의자를 법원에 기소하고 그러한 입증이 되지 않은 경우에는 불기소결정을 하게 되므로 피해자 등이 검사의 불기소결정에 이의를 제기하는 것은 매우 중요한 문제가 되고 있다.

미국의 경우에도 사인소추를 금지하고 공소추제도를 채택한 이상 검사의 소추 관련 결정은 매우 중요한 의미를 가질 수 있다. 하지만 공소추제도를 채택하였다고 하지만 기소독점이 인정되지 않고 당사자주의와 공판중심주의를 원칙으로 하는 미국의 형사소송에서는 혐의자에 대한 확실한 유죄증거가 있는 경우에만 그를 소추하는 것이 아니라 유죄의 가능성이 무죄의 가능성보다 높은 경우 또는 상당한 이유만 있으면 소추를 하게 되므로 대부분의 범죄혐의자는 경찰에 의하여 소추대상이 되고 따라서 검사의 불기소결정이라는 것은 큰 의미를 갖지 않는 것이 현실이다.

따라서 검사의 불기소결정에 대한 통제로는 Common Law에서 전통적으로 인정되어 온 직무집행영장(mandamus)이 있고 그 이외 사인소추나 형사적 민사소송(qui tam action), 대배심의 기소 그리고 특별검사 등의 제도를 들 수 있지만 실무상 별 의미를 갖는 것은 아니다.

가. 직무집행영장

법원은 피해자 등 일반 시민의 신청을 근거로 검사에게 특정 사건에 대한 소추를 명하는 직무집행영장(writ of mandamus)을 발부할 수 있다. 이러한 법원의 명령을 통하여 시민이 소추를 주저하는 검사로 하여금 소추행위를 하도록 강제할 수 있는 제도이다. 하지만 이 제도는 법률상 의무가 있는 자에 대한 의무이행을 강요하는 것이기 때문에 검사가 소추결정과 관련하여 재량권을 갖고 있는 경우에는 유효한 강제수단이 될 수 없다. 그러나 검사의 결정이 재량권을 벗어나는 경우라든지 법률에 의해 검사의 소추가 요구되는 범죄의 경우에는 의미가 있는 제도이다.

나. 사인소추와 형사적 민사소송

미국에서는 사인소추가 일반적으로 금지되어 있고 법률에 의하여 예외적으로 사인소추가 인정되는 경우에도 이는 검사의 통제 하에 제한적으로 인정되어야 한다고 인식되고 있다. 검사의 위임이나 승인 없는 사인소추는 보복적 차원에서 형사소송절차를 이용하게 되는 중대한 위험을 내포하고 있기 때문이다.

사인소추와 비슷하지만 이와 구별되는 것이 Common Law에서 인정되었던 형사적 민사소송(qui tam action)이다. 피해자가 가해자를 상대로 형사소추를 하는 것이 아니라 민사상의 손해배상을 청구하는 것이지만 자신만을 위한 소송이 아니라 동시에 국가를 위한 것이기도 하다. 소송에서 승소하여 손해배상금을 받게 되면 이를 국가와 나눠 갖게 된다. 영국에서 과거 경찰제도가 확립되기 이전에 유효한 법집행수단으로 활용되었지만 영국에서 이 제도는 폐지되었고 미국에서도 그 예를 찾아보기 쉬운 제도는 아니다.

다만 미국에서는 피해자의 사인소추를 인정하지 않는 대신 피해자가 가해자에게 민사적으로 징벌적인 성격의 손해배상을 청구할 수 있는 징벌적 손해배상제도가 인정되고 있다.

다. 고발취하에 대한 법원의 승인

범죄혐의자를 법원에 고발을 하기 이전 단계에서 고발하지 않기로 결정하는 경우에는 아무런 문제가 발생하지 않지만 일단 경찰이 혐의자를 법원에 고발한 상태에서 검사가 사건을 검토한 후 소추를 계속하지 않기로 결정하는 것이 일반적이므로 이러한 경우 고발을 취하(nolle prosequi)하기 위해서는 법원의 승인을 받아야 하는지의 여부가 문제된다.

사인소추를 기본으로 하는 Common Law의 입장은 기소(indictment)가 되어 정식재판절차가 개시된 이후에도 소추인은 원칙적으로 자유롭게 고발을 취하할 수 있다는 것이었다.

하지만 미국에서는 공소제도의 취지에 입각하여 고발취하를 검사의 자유재량에 맡기지 않고 법률이나 판례를 통해 제한을 가하고 있다. 주에 따라 제한의 내용은 다르다. 일부 주에서는 고발취하의 이유를 서면으로 제출하게 하기도 하고 다른 일부 주에서는 기소(indictment)나 고발(information)에 의한 정식재판절차가 개시된 이후에는 법원의 승인을 요구하기도 한다. 모든 사건에 관하여 예심단계 이후에는 법원의 승인을 받도록 하는 주도 있지만 이러한 제한은 실무에 있어서 별 의미를 갖지 못하고 있다. 서면으로 이유를 요구하는 경우에도 검사는 "in the interest of justice"라는 틀에 박힌 문구를 사용하고 있고 법원의 승인을 받도록 되어 있는 경우에도 법원의 승인은 기계적으로 주어지고 있기 때문이다.

라. 대배심의 기소

미국 대부분의 주는 검사가 범죄혐의자에 대한 형사소추를 반대하는 경우에도 대배심이 스스로 기소장(indictment)을 발부하는 방식으로 소추할 수 있는 제도를 채택하고 있다. 이 경우에는 주에 따라 배심장이 기소장에 서명하기도 하고 검사에게 기소장의 서명을 강제하기도 한다. 하지만 검사가 소추를 반대하는 상황에서 대배심이 소추를 개시하는 경우는 상정하기 어렵고 따라서 대배심이 검사의 불기소결정에 대한 유효한 통제수단이 되기는 어렵다.

마. 검사의 직무 배제와 특별검사

검사를 직무에서 배제하는 보편적인 방안은 탄핵(impeachment)이다. 그 이외 일부 주에서는 주지사나 법원에 의한 직무 배제, 법무장관의 건의에 의한 직무 배제 그리고 법률이나 선거인단의 소환(recall)에 의한 직무 배제를 인정하고 있지만 그 근거는 주에 따라 상이하다. 일반적인 직무 배제의 근거는 검사의 부정행위(malfeasance), 부당행위(misfeasance), 의무해태(nonfeasance) 또는 직무부적격, 무능력, 의무의 해태 또는 직권남용 등이다. 법조자격을 상실하거나 중한 범죄로 소추되어 유죄판결을 받는 것도 그 이유가 된다.

하지만 이러한 이유로 검사가 직무에서 배제되는 경우는 매우 드문 일이다. 따라서 직무의 배제 또한 검사의 불기소결정에 대한 유효한 통제수단이라고 보기 어렵다.

특정한 사건과 관련하여 검사를 직무에서 배제하는 방안의 하나가 특별검사(special prosecutor)의 임명이다. 일반 검사가 그대로 직무를 수행하는 경우에는 이해 충돌(conflict of interest)이 생기는 때 또는 공무원의 부정행위와 관련한 사건에서 공무원이 아닌 자로 하여금 수사와 소추를 하게 하여 국민의 신뢰를 확보할 필요가 있는 경우 특별검사를 임명한다.

바. 법무장관의 관여

대부분의 주에서 주 법무장관(Attorney General)은 일정한 경우 직접 소추행위를 개시할 수 있다. 주에 따라 지방검사(District Attorney)가 행사할 수 있는 권한을 주 법무장관이 동시에 행사하는 경우도 있고 법률의 규정에 의한 특정한 사정에서만 이러한 권한을 행사하는 경우도 있다.

나아가 대부분의 주에서는 주 법무장관이 지방검사의 소추행위에 관여하는 것을 허용하고 있다. 주 법무장관이 독자적으로 소추행위에 관여하는 주가 있는 반면 특정한 사정에서만 관여하는 주가 있다. 이론적으로 주 법무장관의 이러한 권한이 검사의 불기소결정에 대한 통제수단이 될 수 있지만 실무에 있어서는 거의 일어나지 않는 일이다. 드문 일이기는 하지만 주 법무장관이 지방검사의 소추행위에 관여하게 되는 것은 이해 충돌로 인하여 지방검사가 소추행위를 하기 어려운 때 지방검사의 요구를 받아 하는 것이 보통이다.

4. 검사의 소추결정에 대한 이의

어느 나라에 있어서나 검사의 소추결정은 피고인에게 엄청난 부담을 주고 특히 무고한 자에게는 말로 표현할 수 없는 큰 재앙이 된다. 피고인이 아무런 죄가 없는 자이고 따라서 법정에서 무죄로 밝혀지는 경우에도 피고인은 많은 시간과 비용을 들이고 또한 오심으로 인하여 선고받게 될지도 모르는 유죄의 두려움 속에서 재판을 받아야 한다. 법정에서 힘겨운 노력을 하고 그 결과 자신이 무고하다는 것을 밝혀 무죄를 선고받는다 하더라도 이미 피고인에게 가해진 불명예의 수치와 사회적 평판은 되돌리기 어렵다. 이러한 이유로 국가형벌권을 전제로 하는 대륙법계국가의 형사소송에 있어서는 부당한 형벌권의 발동으로부터 피고인의 인권을 보호하기 위해 무고한 자가 기소되는 것을 방지하기 위한 다양한 제도적 장치를 마련하고 있다. 따라서 전통적인 대륙법계형사소송에 있어서는 무고한 자가 기소되는 일은 매우 드문 일이고 또한 있어서도 안 되는 일이다.

그러나 미국의 형사소송이 대륙의 공소제도를 받아들였다고는 하나 기본적으로 Common Law에 입각한 당사자주의와 공판중심주의를 원칙으로 하고 따라서 혐의자를 소추하는 검사는 상당한 이유가 있는 경우 혐의자를 소추하게 되므로 검사의 소추결정에 대한 이의라는 것은 크게 논의될 성질의 것이 아니다. 다만 당사자의 소추권남용과 같은 맥락에서 검사의 소추결정에 대한 이의가 나름대로 의미를 갖는다고 할 수 있다.

가. 차별적인 소추에 대한 이의

연방헌법 수정 제14조는 모든 주로 하여금 그 관할구역 내에서 어떠한 사람에 대해서도 동등한 법의 보호를 부인하는 행위를 하지 못하도록 규정하고 있다. 또한 연방헌법 수정 제5조의 적법절차조항은 연방정부로 하여금 동등한 법의 보호를 부인하지 못하도록 규정하고 있다. 따라서 연방이나 각 주의 형사소송에서 검사로부터 차별적인 소추를 당하였다고 주장하는 피고인은 이 규정을 근거로 소추결정에 대한 이의를 제기할 수 있다. 이러한 주장을 함에 있어서는 소추가 인종이나 피부색 등을 근거로 한 차별적인 것이라는 점과 이러한 소추가 의도적이고 어떤 목적을 갖고 있는 것으로 차별적인 목적을 갖고 있다는 점 그리고 이러한 차별이 자의적이라는 점을 입증하여야 한다.

나. 보복적인 소추에 대한 이의

경죄(misdemeanor)에 해당하는 폭력행위로 유죄판결을 받은 피고인이 소송의 무효를 주장하면서 새로운 소송(trial de novo)을 청구하였다는 이유로 동일한 사안에 대하여 중죄(felony)에 해당하는 폭력행위로 소추하는 것은 보복적인 소추(vindictive prosecution)에 해당되어 인정되지 않는다.[1] 또한 피고인에 대하여 소추하지 않기로 결정한 뒤 피고인이 공무원의 불법행위를 문제 삼아 고소하였다는 이유로 그 결정을 번복하여 피고인을 소추한 경우에도 보복적인 소추에 해당하는 것으로 보고 있다.

---

1) Blackledge v. Perry, 417 U. S. 21 (1974).

다. 약속을 어기고 하는 소추

Bethea 사건에서[2] 연방검사가 피고인에게 징집에 자발적으로 응하는 경우 징집을 위한 보고서제출을 하지 않은 것에 대하여 소추하지 않기로 약속했다. 그에 따라 피고인이 자발적으로 징집에 응하였지만 군 당국이 도덕적 문제를 이유로 그의 징집을 불허하자 검사가 피고인의 보고서제출불이행의 점을 소추했다. 피고인이 plea bargain은 정부의 의사에 관계없이 강제력이 있다는 내용의 Santobello 사건을[3] 근거로 제시하면서 부당한 소추라고 주장했지만 법원은 다음과 같은 이유로 피고인의 주장을 받아들이지 않았다.

> "Santobello 사건에 있어서의 관심사는 유죄답변을 함으로써 헌법상 보장되는 중요한 권리를 검사의 보증과 교환하여 포기한 피고인을 보호하기 위한 것이다. 그러한 사정은 이 사건에 적용되지 않는다. 항소인이 자발적으로 징집에 응하였다고 하여 Santobello 사건에 의하여 보호되는 이러한 헌법상의 어떠한 권리도 포기한 것이 아니다. 이 사건에 있어서 피고인의 행위는 기껏해야 소추를 할 것인지 여부를 결정하는 데 있어서 고려될 사항에 불과한 것이고 소추결정을 재검토할 만한 것이 아니다."

이 판례가 정당한 것인지의 여부에 대하여는 논란이 있다. 이와 달리 피고인이 거짓말탐지기 시험을 하는 경우 고발을 취하하겠다는 검사의 약속, 피고인이 범죄의 수사에 협조하는 경우 소추를 하지 않겠다는 검사의 약속은 지켜져야 한다는 판례가 있다. 그러나 피고인에게 그러한 약속을 해 줄 위치에 있지 않은 자가 한 약속 또는 피고인이 검사와의 약속을 지키지 않은 경우에는 약속이 강제되지 않는다.

라. 연방공무원 등에 대한 주 정부의 소추

연방공무원 등에 대한 주 정부의 소추가 편견에 기한 것이거나 부적절한 결과를 초래할 가능성이 있는 경우에는 주 정부의 소추를 취하하게 하고 연방

2) United States v. Bethea, 483 F. 2d 1024 (1973).
3) Santobello v. New York, 404 U. S. 257 (1971).

정부가 소추하도록 할 수 있다. 특히 연방공무원 등의 행위가 직무와 관련되어 있는 경우 연방정부의 효율적인 업무수행을 위해 소추의 이관이 가능하고 단순한 교통사고와 같이 편견의 가능성이 없는 경우에는 인정되지 않는다.

마. 검사에 대한 민사상 손해배상청구

Common Law에서는 소추인이 혐의자에 대한 형사소추와 관련하여 부적절한(improper) 소추행위를 한 것으로 판명된 경우에도 그에 대한 민사상의 손해배상청구를 할 수 없었다. 이 원칙을 받아들여 미국 대부분의 주에서 검사의 면책권을 인정하고 있고 연방대법원도 연방검사에 대한 민사상 손해배상청구를 인정하지 않고 있다.[4] 소추인에게 민사상의 면책(Common Law immunity of a prosecutor)을 인정하는 이유는 검사가 부당한 민사상 손해배상소송의 대상이 되는 경우 공익에 전념하여야 할 검사의 역량을 분산시키는 결과를 가져오고, 공적 신뢰관계에 따라 독자적으로 판단하여야 할 업무상의 결정을 회피할 가능성이 있기 때문이다.

물론 연방대법원은 위 Imbler 사건에서 이러한 검사에 대한 면책이 검사의 비행이나 범죄행위를 방치하는 것은 아니라고 강조하고 있다. 검사 또한 피고인의 헌법상의 권리를 악의적으로 부인(willful denial)한 경우 비록 민사적으로는 면책이 되기는 하지만 형사소추의 대상이 되고 또한 직무상의 위법행위로 인한 징계의 대상이 된다.

---

4) Imber v. Pachtman, 424 U. S. 409 (1976).

제 5 절

재판절차와 피고인의 권리

1. 연방헌법과 피고인의 권리

당사자주의와 공판중심주의를 기본으로 하는 미국의 형사소송에서 기소된 피고인에 대한 유·무죄는 물론 유죄로 인정된 피고인에 대한 양형까지 모두 법원의 재판과정을 통해 결정된다는 것은 더 이상의 설명을 요하지 않는 일이다. 당사자주의소송(adversarial proceeding system)을 기본으로 하는 영미의 재판과정에서는 검사가 소추당사자인 정부를 대표하게 되고 피고인의 권리를 옹호하는 것은 피고인이 선임한 또는 국가에 의해 선임된 변호인이다. 중립적인 위치에 있는 판사가 재판을 주재하며 소송을 지휘한다. 판사재판의 경우에는 판사가 사실관계를 확정하고 배심재판에 있어서는 배심이 이를 정한다.

이러한 재판과정에 있어서 양 당사자 사이의 공정한 재판을 보장하기 위한 무기대등(equality of arms)의 원칙 나아가 이를 실질적으로 구현하기 위한 연방헌법상의 기본권보장규정(Bill of Right)은 매우 큰 의미를 갖게 된다. 결국 연방헌법상의 기본권보장규정은 이러한 재판절차를 그 주된 규율대상으로 하고 있는 것이다. 연방헌법상 보장되는 피고인의 권리는 연방이나 주의 법률로 박탈할 수 없다. 반면 연방이나 주의 법률 또는 법원의 판결로 헌법상 피고인에게 보장되고 있는 권리보다 더 많은 권리를 피고인에게 보장하는 것은 가능하다. 예컨대, 헌법상 12명으로 구성되는 배심에 대한 권리가 보장되고 있는 것은 아니지만 연방과 대부분의 주는 법률이나 주 헌법을 통하여 12명의 배심을 규정하고 있다.

또한 연방헌법은 유죄판결에 대한 피고인의 항소를 보장하고 있지 않지만 연방과 모든 주는 법률이나 주 헌법을 통하여 유죄판결에 대한 피고인의 항소권을 보장하고 있다. 마찬가지로 소년에 대한 재판에 있어서는 배심재판이 헌법상 보장되고 있지 않지만 주 법률을 통하여 배심재판을 인정할 수 있다.

2. 배심재판을 받을 권리

연방헌법 제 3 장 제 2 조는 형사재판에 있어서 배심재판을 보장하고 있다. 연방헌법 수정 제 6 조도 모든 형사소송절차에 있어서 피고인은 범죄가 발생한 주나 지역의 공정한 배심에 의한 신속하고 공개된 재판을 받을 권리가 있다고 규정하고 있다.

가. 배심원의 수

연방헌법에는 배심원의 수가 따로 규정되어 있지 않다. 그러나 소배심의 경우 전통적으로 Common Law에 의해 인정되어 온 배심원의 수는 12명이었다. 이에 따라 연방의 법률은 12명의 배심원을 규정하고 있다. 이와 달리 플로리다 주 법률은 사형에 처할 수 있는 범죄의 경우를 제외하고 다른 모든 범죄의 재판에 있어서 배심원을 6명으로 규정하고 있다. 연방대법원은 이러한 플로리다 주 법률을 합헌으로 판시했다.[1] 배심을 구성하는 최소 배심원의 수는 6명이다. 6명 미만의 배심원으로 구성되는 배심은 효과적인 집단 토의(group discussion)를 수행할 수 없을 뿐 아니라 공정하면서도 그 지역사회의 단면을 대표하는 배심을 구성하기 어려워 기소된 범죄와 관련한 정확한 사실관계의 규명에 문제가 있다는 것이다.[2]

대부분의 주에서 배심원은 12명 또는 6명으로 구성되지만 6명 이상 12명 이하로 구성되는 배심은 모두 헌법에 위반하는 것이 아니다. 사형에 처할 수 있는 범죄에 대한 재판에 있어 12명 미만의 배심원으로 구성되는 배심이 허용되는지 여부에 대하여는 논란이 있지만 아직 연방대법원은 입장을 밝히지 않고 있다. 다만 사형이라는 사안의 중대성에 비추어 연방대법원이 이러한 사건

1) Williams v. Florida, 399 U. S. 78 [1970].
2) Ballew v. Georgia, 435 U. S. 223 [1978].

에 있어서 12명 미만의 배심원으로 구성되는 배심은 허용하지 않을 것이라는 견해가 우세하다.

나. 전원일치의 평결

Common Law에 있어서 배심의 평결은 전원일치가 원칙이었다. 이러한 전통을 이어받아 연방의 형사소송에 있어서는 전원일치가 요구되지만 주의 형사소송에 있어서는 전원일치의 평결이 아닌 것도 인정되고 있다. 연방대법원은 피고인의 유죄를 인정함에 있어 10명이 찬성하고 2명이 반대한 사건에서의 유죄평결을 합헌이라고 판시한 것은[3] 물론 9대 3의 유죄평결도 합헌으로 판시했다.[4] 그러나 연방대법원이 8대 4 또는 7대 5의 유죄평결이 합헌인지에 대하여는 아직 입장을 밝히고 있지 않다. 따라서 각 주는 그 주의 법률을 통해 전원일치가 아닌 평결을 인정할 수 있다.

형사재판에서 전원일치가 아닌 평결을 인정하게 되면 유죄인정에 있어서 요구되는 합리적인 의심과 관련한 기준을 위반하는 것이라는 주장에 대해 연방대법원은 배심원 사이에 의견의 불일치가 있었다고 하여 그 자체로 피고인의 유죄인정에 있어 합리적인 의심이 있는 것이라고 보기 어렵다고 하면서 이를 받아들이지 않았다. 현재 45개 주가 형사소송에 있어 배심의 전원일치제를 규정하고 있고, 모든 주가 사형에 처할 수 있는 사건에 대하여는 전원일치평결을 요구하고 있다.

다. 가벼운 범죄와 배심재판

연방헌법에서는 모든 범죄에 대한 배심재판의 권리를 규정하고 있지만 연방대법원은 "중한 범죄(serious offense)"로 고발된 경우에만 배심재판을 받을 권리가 보장된다고 보고 있다. 즉, 가벼운 범죄(petty offense)에 대하여는 배심재판을 받을 권리가 인정되지 않는다.

여기서 말하는 중한 범죄는 6월 이상의 징역형에 처할 수 있는 범죄를 말한다.[5] 음주운전이 가벼운 범죄로 규정되어 있는 주에서 음주운전으로 인한

---

3) Apodaca v. Oregon, 406 U. S. 404 [1972].
4) Johnson v. Louisiana, 406 U. S. 356 [1972].
5) Baldwin v. New York, 399 U. S. 66 [1970].

징역형과 함께 벌금형이나 운전면허정지 등이 병과 되는 경우에도 배심재판의 권리는 인정되지 않는다.6) 마찬가지로 피고인이 여러 개의 가벼운 범죄로 소추되어 합산 결과 6월 이상의 징역형을 선고받게 되는 경우에도 배심재판은 인정되지 않는다.7)

라. 배심재판의 포기

배심재판을 받을 권리는 피고인이 이를 포기할 수 있다. 물론 그 포기의 의사표시는 명시적이어야 하고 분별력 있는 것이어야 한다.

다만 특정한 사건에 있어서는 피고인이 배심재판을 받을 권리를 포기하더라도 검사가 배심재판을 요구할 수 있다. 피고인이 배심재판을 포기하는 것은 헌법상 보장된 권리가 아니기 때문이다. 예컨대, 배심만이 사형을 선택할 수 있는 주에서 피고인이 사형판결을 피하기 위해 배심재판을 포기하고 판사에 의한 재판을 원하는 경우에도 검사는 사형판결을 받아내기 위해 배심재판을 주장할 수 있다. 검사의 이러한 주장은 피고인의 배심재판을 포기하겠다는 의사에 우선한다.

마. 동료 배심원의 선발

배심재판은 동료 배심(a jury of peers)에 의한 재판을 말한다. 연방대법원도 연방헌법 수정 제6조를 해석함에 있어 피고인의 유·무죄를 재판하는 배심원은 그 사회를 대표하는 계층(a representative cross-section of the community)에서 선발되어야 한다고 판시하고 있다.

물론 동료 배심원에 의한 재판이라고 하여 형사재판을 받는 학생은 학생들로 구성된 배심에 의해 또는 여성 피고인은 여성으로만 구성된 배심에 의해 재판을 받는 것을 말하는 것은 아니다. 중요한 것은 배심원이 특정 집단에 속하는 사람들로 한정되어서는 안 된다는 것이다. 예컨대, 여성을 배심에서 제외한다거나 여성들에게 배심복무를 자동으로 면하게 해주어 남성으로만 구성되는 배심은 유효한 배심이 아니다.8)

---

6) Blanton v. North Las Vegas, 489 U. S. 538 [1989].
7) Lewis v. United States, 59 Cr L 2206 [1996].
8) Taylor v. Louisiana, 419 U. S. 522 [1975].

마찬가지로 인종, 종교적 신조, 피부색 또는 원래의 국적을 근거로 배심에서 제외하는 것도 헌법에 위반하는 것이 된다. 하지만 피고인에게 그 사회의 모든 계층을 대표하는 배심원으로 배심을 구성하도록 하는 권리가 인정되는 것은 아니다. 그 사회를 대표하는 합리적인 계층에서 배심원이 선발되는 것으로 충분하다. 예컨대, 배심원후보가 단순히 사형제도에 대해 반대의견을 가지고 있다고 하여 배심원에서 제외하는 것은 헌법에 위반된다. 이를 인정하게 되면 사형제를 찬성하는 배심원으로만 배심을 구성하게 되어 피고인의 적법절차에 관한 권리를 침해하게 된다.[9] 하지만 범죄와 관계없이 어떠한 경우에도 사형판결을 인정하지 않는 자를 사형에 처할 수 있는 사건의 재판을 위한 배심에서 제외하는 것은 허용된다.[10]

3. 변호인의 조력을 받을 권리

연방헌법 수정 제 6 조는 “모든 형사소송에서 피고인은 그의 방어를 위해 변호인의 조력을 받을 권리를 향유한다”고 규정하고 있다. 변호인의 조력을 받을 권리는 1963년부터 주의 형사소송에도 적용되고 있다.[11] 피고인은 형사소송에 있어서 “결정적인 단계(every critical stage)”마다 변호인의 조력을 받게 된다. 어떠한 경우가 결정적인 단계인지에 대해서 연방대법원은 사안에 따라 그 의미를 해석하고 있다.

형사소송에 있어 대부분의 절차 즉, 구금상태에서의 신문절차, 정식고발이 된 이후의 line-up 절차, 예비신문절차, 기소인부절차, 재판절차, 판결절차 그리고 항소절차에 있어 변호인의 조력을 받을 권리가 인정된다. 하지만 수사절차, 신문이 수반되지 않는 체포절차, 대배심절차, 인신보호영장절차, 보호관찰 또는 가석방취소절차에는 원칙적으로 변호인의 조력을 받을 권리가 인정되지 않는다. 물론 주의 법률을 통하여 이러한 절차에도 변호인의 조력을 받을 권리를 보장할 수 있다.

9) Witherspoon v. Illinois, 391 U. S. 510 [1968].
10) Lockhart v. McCree, 476 U. S. 162 [1986].
11) Gideon v. Wainwright, 372 U. S. 335 [1963].

가. 변호인의 조력이 필요한 이유

피고인에 대하여 변호인의 조력을 받을 권리가 보장되어야 하는 이유에 대해서는 Powell 사건의[12] 판례가 이를 잘 설명하고 있다. 9명의 흑인 소년들이 2명의 백인 소녀들을 강간한 혐의로 고발된 이 사건에서 연방대법관 George Sutherland는 다음과 같이 판시했다.

> "지적이고 교육받은 사람들조차도 법률에 대하여 지식이 부족하거나 법률을 전혀 모르는 경우가 일반적이다. 일반인이 변호인의 조력을 받지 않는다면 적절한 고발이 아닌 경우에도 재판에 회부되고, 사안과 관련이 없거나 법정에서 증거로 허용될 수 없는 따라서 증명력이 없는 증거에 의해 유죄판결을 받을 수 있다. 변호인이 없는 경우에는 피고인이 설사 무죄라 하더라도 그의 무고함을 입증하는 방법을 몰라 유죄판결을 받을 위험에 처하게 된다."

특히 당사자주의와 공판중심주의를 기본으로 하는 영미의 형사소송에 있어서 당사자 대등의 원칙은 필수적이고 따라서 정부를 대표하는 경찰이나 검사에 비해 약한 입장에 있는 피고인을 위한 변호인의 조력을 받을 권리는 영미의 형사소송에 있어서 핵심적인 내용이라 할 수 있다.

나. 변호인의 선정 방식

변호인의 조력을 받을 권리에는 법원이 선임하는 일종의 국선변호인의 도움을 받을 권리는 물론 피고인이 비용을 지급하고 선임하는 사선 변호인의 조력을 받을 권리가 포함되는 것은 물론이다. 하지만 변호인의 조력과 관련하여 주로 문제가 되는 것은 법원이 선임하는 소위 국선변호인의 조력을 받을 권리라고 할 수 있다.

1) 사선 변호인

사선 변호인(retained counsel)이라 함은 피고인이 선택하여 비용을 지급하고 선임한 변호인을 말한다.

---

12) Powell v. Alabama, 287 U. S. 45 [1932].

변호인을 선임할 능력이 없는 가난한 피고인에게 변호인을 선임해주어야 할 연방헌법 수정 제 6 조가 적용되지 않는 절차에 있어서는 정부가 피고인이 선임한 사선 변호사를 허용할 헌법상의 의무는 없다고 보는 것이 일반적이다. 하지만 대부분의 주에서는 피고인에게 벌금형만이 가능한 경범죄의 경우에도 피고인이 변호인을 선임하는 것을 허용하고 있다. 사선 변호인을 선임할 수 있는 피고인의 권리는 이해충돌의 경우와 같이 이유가 있는 때에는 법원에 의해 제한될 수 있다.13)

2) 법원 선임의 변호인

법원 선임의 변호인(court-appointed counsel)이라 함은 형사소송의 결정적인 단계에 있어서 가난한(indigent) 피고인을 위해 판사가 선정하고 그 비용은 국가가 지급하는 변호인을 말한다. 어떤 기준에 따라 가난한 피고인으로 볼 것인지에 대한 원칙은 없지만 통상 돈이 없어서 변호인을 선임하지 못하는 피고인을 가난한 피고인이라 하며 현실에 있어서는 중죄로 고발된 절반 이상의 피고인이 가난한 피고인으로 인정되고 있다. 판사들은 보통 직업이 없는 자, 자동차가 없는 자, 집이 없는 자 그리고 보석보증금을 내지 못하는 자 등을 가난한 자로 보지만 이 과정에서 판사들은 광범위한 재량권을 행사한다.

변호인을 선정하는 방식은 주에 따라 상이하다. 일부 주에서는 국선변호인을 지원하는 변호인의 명단을 미리 정해 놓고 순번제로 변호인을 선정한다. 다른 일부 주에서는 사정에 따라 판사가 임의로 국선변호인을 선정하고 있다. 또한 일부 주에서는 국선변호를 전담하는 변호사들로 구성되는 공익변호사제도(public defender system)를 운영하기도 한다.

다. 변호인의 책임

영미의 사법제도에 있어서 변호인은 원칙적으로 공익을 위하여 봉사하는 것이 아니라 고객(client)인 피고인의 이익만을 위해 봉사한다. 다시 말해 변호인은 정부를 대리하는 자가 아니라 피고인의 유죄 또는 무죄와 관계없이 피고인을 위하여 최선의 가능한 도움을 주는 것이 그의 의무이다.

실제 변호인은 죄가 없는 피고인뿐 아니라 유죄인 피고인을 돕는 것이 그의 의무이다. 따라서 변호인은 피고인의 유죄 또는 무죄가 그의 업무수행에 아

13) Wheat v. United States, 486 U. S. 153 [1988].

무런 영향을 미치는 것이 아니므로 굳이 피고인의 유죄 또는 무고함을 알려고 하지도 않는다.

피고인을 위한 변호인의 변론을 규제하는 것은 변호인윤리규정과 형법이라 할 수 있다. 변호인은 비윤리적인 변론이나 위법한 변론을 해서는 안 된다. 하지만 변호인이 피고인을 변론함에 있어 사회를 위해 훌륭한 일을 한다는 것은 변호인에게 요구되는 책임이 아니다.

라. 국선변호인의 조력을 받을 권리

1) 국선변호인이 인정되는 범죄

연방헌법 수정 제 6 조가 "모든 형사소추(all criminal prosecutions)"에 있어서 피고인이 변호인의 조력을 받을 권리를 보장하고 있긴 하지만 연방대법원은 고발된 범죄가 중한 범죄(serious offense)인 경우[14] 그리고 고발된 범죄가 경범(misdemeanor)이지만 징역형의 가능성이 있는 경우에만[15] 국선변호인의 조력을 받을 권리를 인정하고 있다.

그러나 연방대법원은 1979년 Scott사건에서 재판관 5대 4의 결정으로 징역형에 처할 수 있는 범죄인 경우(non-petty offense)에도 실제 징역형에 처해지지 않는 경우에는 국선변호인이 인정되지 않는다고 판시했다.[16] Scott 사건에서 피고인은 변호인 없이 가게털이 절도죄로 재판을 받았다. 일리노이 주 법률에 의하면 이러한 범죄에 대한 최고형은 500달러의 벌금 또는 징역 1년이나 징역형과 벌금형을 병과할 수 있는 것이었다. Scott는 유죄판결과 함께 벌금 500달러를 선고받았다.

피고인의 상고에 대해 연방대법원은 결과적으로 징역형이 선고되지 않은 경우에는 주 법원이 연방헌법에 따라 변호인을 선임해 줄 필요가 없다고 하면서 피고인의 유죄를 인정했다. 따라서 설사 피고인이 중한 범죄로 소추된 경우에도 실제 징역형을 선고받지 않는 경우에는 국선변호인이 인정되지 않는다. 하지만 대부분의 주에서는 경범죄에 대하여도 징역형의 가능성이 있는 경우 국선변호인을 인정하고 있다.

---

14) Gideon v. Wainwright, 372 U. S. 335 [1963].
15) Argersinger v. Hamlin, 407 U. S. 25 [1972].
16) Scott v. Illinois, 440 U. S. 367 [1979].

소년에 대한 보호사건 절차(juvenile proceeding)는 형사소송은 아니지만 그 절차에서 소년이 자유를 제한 당하는 시설에 수용될 가능성이 있는 경우 국선변호인이 인정된다.[17]

2) 변호인과 상의할 권리의 범위

재판을 하다가 하루 저녁 휴정을 하는 경우 판사가 피고인에게 변호사와 상의하지 말라고 하는 것은 변호인의 조력을 받을 피고인의 권리를 침해하는 것이 된다.[18] 피고인이 증인석에서 증인으로 증언하는 중이었고 재판이 속개되는 경우 피고인의 증언이 계속되는 경우에도 마찬가지이다.

그러나 피고인이 증언을 하는 도중 판사가 15분 간 휴정을 하면서 피고인에게 변호인과 상의하지 말라고 지시하는 것은 피고인의 헌법상의 권리를 침해하는 것이 아니다.[19] 밤새 휴정을 하는 경우에는 피고인이 변호사와 사건 전체에 관하여 상의하게 되지만 증인신문 도중 15분 간 휴정함에 있어 피고인이 변호인과 상의하는 것은 증언의 내용에 관한 것이라고 추정할 수 있기 때문이다.

마. 변호인의 유효적절한 조력을 받을 권리

유죄판결을 선고받은 피고인은 변론을 맡은 변호인이 너무 무능하여 변호인의 유효적절한 조력(effective assistance of counsel)을 받을 피고인의 권리를 박탈당하였다는 이유로 상소할 수 있다. 이러한 주장은 실무에 있어서 자주 나오는 것이기는 하지만 그 입증은 매우 어렵다.

어떠한 경우에 변호인의 유효적절한 조력을 받을 수 없었다고 할 수 있는지에 관하여 다음과 같은 기준이 제시되고 있다.

① 변호인으로부터 유효적절한 조력을 받지 못하였다고 주장하기 위해서는 변호인의 구체적인 잘못을 지적해야 한다. 변호인의 무경험, 변론준비의 부족, 고발된 범죄의 비중, 변론의 복잡성 그리고 증인의 변호인에 대한 접근가능성 등으로부터 이를 추단해서는 안 된다.[20]

17) In re Gault, 387 U. S. 1 [1967].
18) Geders v. United States, 425 U. S. 80 [1976].
19) Perry v. Leeke, 488 U. S. 272 [1989].
20) United States v. Cronic, 466 U. S. 648 [1984].

② 연방대법원은 변호인의 행위로 인해 당사자주의소송절차가 크게 영향을 받아 재판이 정당한 결과를 가져오지 못한 경우가 아니면 유효적절한 조력이 있었다고 본다. 유효적절하지 못한 변호를 주장하는 피고인은 첫째 변호인의 부적절한 변론행위가 있었고 둘째, 그러한 행위가 없었다면 결과가 달라졌을 것이라는 합리적인 가능성을 입증하여야 한다.21)

1993년에 이르러 연방대법원은 변호인의 유효적절하지 못한 조력을 이유로 피고인의 유죄판결을 파기하는 데 있어서 더 엄격한 기준을 제시하고 있다. 즉, 피고인은 단순히 변호인의 행위로 결과가 달라졌을 것이라는 점을 입증하는 것으로 부족하고 변호인의 잘못이 너무 심대하여 피고인으로부터 정당하고 신뢰할 수 있는 재판 결과를 빼앗아 간 것이라는 점을 입증하여야 한다는 것이다.22)

이와 관련해 문제가 되는 것이 졸고 있는 변호인, 침묵하고 있는 변호인 그리고 피해자를 변론한 변호인의 문제이다.

Burdine 사건에서23) 변호인은 재판 중 졸기만 하였다. 유죄평결에 따라 사형을 선고받은 피고인은 변호인의 유효적절한 조력을 받을 권리를 침해당했다고 주장하며 항소했다. 제 5 구역 연방순회항소법원은 변호인의 유효적절한 조력을 받지 못했다는 피고인의 주장을 받아들여 다시 소송을 하라고 명했다. 이 판결에 대하여 소추인이 연방대법원에 상고하였지만 연방대법원은 사건의 심리를 거부하여 피고인에 대한 재소송(new trial)을 인정했다.

Cone 사건에서24) 변호인은 배심에게 피고인의 목숨을 살려달라는 주장을 하지 않았다. 피고인은 제 1 급 살인으로 소추되어 유죄평결을 받았다. 양형재판절차에 있어서는 먼저 소추인 측에서 양형에 관한 주장을 하고 이어 변호인이 반대주장을 하면 다시 소추인 측에서 의견을 진술하는 것으로 진행된다. 그에 따라 신참 검사가 먼저 양형에 관한 주장을 했지만 변호인은 양형에 관한 반대주장을 포기했다.

---

21) Strickland v. Washington, 466 U. S. 668 [1984].
22) Lockhart v. Fretwell, 506 U. S. 364 [1993].
23) Burdine v. Johnson, No. 99-21034 [5th Cir. 2001].
24) Bell v. Cone, No. 01-400 [2002].

그 이유는 변호인이 그 주장을 포기하는 경우 법원규칙에 따라 검사는 다시 양형에 관한 주장을 할 수 없기 때문이었다. 변호인은 그의 변론 이후 예상되는 능력이 뛰어난 고참 검사의 양형에 관한 주장을 저지하기 위해 정책적으로 이러한 방안을 택한 것이었다. 그럼에도 불구하고 피고인은 사형판결을 선고받았다. 피고인이 변호인으로부터 유효적절한 조력을 받지 못하였다고 주장하면서 상소하였지만 연방대법원은 피고인을 위한 변호인이 정책적으로 취한 행동은 합리적인 방안으로 이로 인하여 피고인의 헌법상의 권리가 침해된 것이 아니라고 판시했다.

Mickens 사건에서[25] 피고인은 살인으로 소추되어 사형판결을 받았다. 유죄판결을 선고받은 피고인은 그의 변호인이 다른 사건에서 자신이 살해한 피해자의 변호인이었다는 것을 근거로 변호인으로부터 유효적절한 조력을 받지 못하였다고 주장하며 상소했다. 재판과정에서 법원은 이러한 사실을 알고 있었지만 피고인에게 알려주지 않았다. 피고인은 이러한 사정으로 이해충돌이 야기되고 그로 인하여 피고인은 유효적절한 변호인의 조력을 받지 못하게 되었다고 주장했다. 연방대법원은 피고인의 주장을 배척하면서 이해충돌로 인하여 유효적절한 변호인의 조력을 받지 못하였다고 주장하는 자는 이해충돌이 변호인의 변론에 부정적인 영향을 미치고 그로 인하여 결과가 달라질 가능성이 있었다는 점을 입증하여야 한다고 판시했다.

바. 피고인 스스로 변론할 권리

일정한 요건이 갖추어진 경우 피고인은 변호인의 조력을 받을 헌법상의 권리를 포기하고 스스로 자신을 변론할 수 있다.[26] Faretta 사건에서 피고인은 고졸의 학력을 가진 자로서 이전의 형사사건에서도 스스로 자신을 변론한 경험이 있고 또한 국선변호인의 과도한 업무 부하로 인하여 적절한 변론을 받을 수 없다고 하면서 스스로 자신을 변론하겠다고 하였다.

피고인이 스스로 자신을 변론하는 것이 특별한 법률상의 지식을 요하는 것은 아니지만 법원은 피고인이 무지하거나 경험이 없는 자로서 스스로 변론하는 데 어려움이 있다고 판단되면 피고인의 이러한 요청을 거부할 수 있다.

---

25) Mickens v. Taylor, No. 00-9285 [2002].

26) Faretta v. California, 422 U. S. 806 [1975].

피고인이 스스로 변론하기 위해서는 그가 변호인의 조력을 받을 헌법상의 권리를 충분히 이해하고 있고 그러한 권리의 포기가 명시적이어야 하며 또한 피고인이 스스로 변론할 수 있는 능력이 있어야 한다. 스스로 자신을 변론하기로 한 피고인은 이후 유효적절한 변호인의 조력을 받지 못하였다는 주장을 할 수 없다.

4. 적법절차에 대한 권리

연방헌법에는 적법절차(due process of law)에 관한 2개의 규정이 있다. 연방의 형사소송에 적용될 수 있는 수정 제 5 조의 규정 그리고 주의 형사소송에 적용될 수 있는 수정 제14조의 규정이 그것이다. 적법절차라고 하는 것은 기본적인 공정성(fundamental fairness)을 말하는 것이지만 그 개념은 고정된 것이 아니다. 어떠한 것이 적법절차인지에 관하여는 때와 장소 그리고 상황에 따라 그 의미가 동일한 것이 아니다. 예컨대, 형사소송절차에 있어서 적법절차는 보호관찰이나 가석방 취소절차 또는 교도소의 징계절차에 있어서의 그것과 같다고 할 수 없다. 형사소송의 모든 단계에서 적법절차는 철저하게 보장되어야 하지만 특히 문제가 되는 것은 검사의 증거개시의무와 관련해서이다.

1) 증거개시에 관한 Brady Rule

검사는 피고인에게 유리한 증거를 개시할 의무가 있다. 이를 위반하면 적법절차에 관한 피고인의 권리를 침해한 것이 된다. Common Law에서 인정되어 온 소추인의 증거개시의무가 미국 연방대법원에 의해 적법절차와 관련하여 처음으로 선언된 것은 1935년 Holohan 사건이었다.[27] 미국의 경우에도 소추인의 증거개시의무는 판례를 통하여 발전해 온 것이다. 이 사건에서는 증거개시가 아니라 검사가 허위의 증거를 제출한 것이 문제가 되었다. 연방대법원은 "국가가, 국가를 위하여 일하는 소추공무원을 통하여, 재판이라는 명목으로 유죄판결을 받아낸 것이기는 하지만 만일 그것이 그 실제에 있어서는 허위내용의 증거를 제출하여 교묘하게 법원과 배심을 속이고 피고인의 자유를 박탈하는 것인 때에는 법원의 단순한 관심과 심리(notice and hearing)만으로는 적법절차의 요구를 충족하였다고 볼 수 없다"고 판시했다.

27) Mooney v. Holohan, 294 U. S. 103 (1935).

Holohan의 원칙은 1963년의 Brady 사건에서[28] 다시 확인되었다. 이 사건에서 연방대법원은 "피고인이 그에게 유리한 증거를 요청하였음에도 검사가 이를 은폐한 경우에 그 증거가 피고인의 유죄 또는 형사처벌에 크게 영향을 미치는 중요한 것인 때에는 검사의 선의 또는 악의와 관계없이 적법절차에 대한 위반이 된다"고 판시했다.

Brady 사건에서 피고인은 범행에 가담한 사실은 인정했지만 실제 살인을 한 것은 그의 동료였다고 주장했다. 재판에 앞서 피고인의 변호인은 검사에게 그 동료가 법정 밖에서 한 진술서(extrajudicial statements)를 보자고 요구했다. 검사가 그 진술서를 변호인에게 보여주었지만 그 동료가 실제 살인을 하였다고 인정하는 진술 부분을 감추고 보여주었다. 변호인은 피고인에 대한 재판 도중은 물론 유죄와 양형판결을 선고받을 때까지 이 사실을 몰랐다. 피고인의 상고에 대해 연방대법원은 피고인의 유죄판결을 파기하면서 위와 같이 판시한 것이다. 이를 "Brady Rule"이라 부른다.

2) Brady Rule의 발전

Agurs 사건에서[29] 연방대법원은 "피고인이 그에게 유리한 증거를 보여달라는 요청을 하지 않았다고 하여 정부가 그 의무에서 자유로워지는 것이 아니다"고 판시했다. 이후 Bagley 사건에서[30] 연방대법원은 "증거가 피고인에게 개시되었다면 소송의 결과가 달라졌을 것이라고 볼만한 합리적인 가능성이 있는 경우에는 피고인의 요청과 관계없이 피고인에게 유리한 증거는 중요한 것이 되고 따라서 정부가 이러한 증거를 감춘 때에는 헌법위반의 결과가 된다"고 판시했다.

Kyles 사건에서도[31] 연방대법원은 "피고인에게 유리한 증거를 개시하였다면 소송에서 다른 결과를 가져올 합리적인 가능성이 있다고 보여 지는 경우에 정부가 증거를 은닉하였다면 유죄판결은 파기된다"고 판시했다. Kyles 사건에서 피고인은 루이지애나 주에서 1급 살인으로 사형선고를 받았다. 이후 루이지애나 주가 피고인에게 유리한 증거를 개시하지 않은 것이 밝혀졌다. 개시하지 않은 증거에는 살인사건을 동시에 목격한 목격자들의 진술, 법정에 증인으로

28) Brady v. Maryland, 373 U. S. 83 (1963).
29) United States v. Agurs, 427 U. S. 97 (1976).
30) United States v. Bagley, 473 U. S. 667 (1985).
31) Kyles v. Whitley, 514 U. S. 419 (1995).

나오지 않은 많은 정보제공자들이 경찰에서 한 진술 그리고 살인사건이 일어난 야간 시간에 범죄 현장에 주차되어 있던 차들에 대한 컴퓨터기록과 그 기록에는 피고인의 차량번호가 기재되어 있지 않다는 증거가 포함되어 있었다.

연방대법원은 이러한 개시되지 않은 증거들을 종합하면 소송의 결과가 달라질 수 있는 합리적인 가능성이 있고 따라서 유죄판결은 파기되어야 한다고 보았다. 결국 검사가 허위의 증거를 제출하는 것은 물론 피고인에게 유리한 증거를 개시하지 않아 소송의 결과가 달라졌다고 볼 수 있는 합리적인 가능성이 있는 경우에도 적법절차에 관한 피고인의 권리가 침해되었다고 할 수 있다.

5. 자기부죄금지에 관한 권리

자기부죄(self-incrimination)를 강제하는 것이 금지되는 것은 연방헌법 수정 제5조에 의한 권리라고 할 수 있다. 이러한 권리를 인정하는 이유는 정부로 하여금 무력이나 협박 또는 다른 강제적인 방법으로 자백 등을 받지 못하도록 하기 위한 것이다.

가. 권리의 범위

자기부죄가 금지되는 것은 진술(testimonial)에 의한 자기부죄에 한하는 것이다. 물적 증거를 포함하여 육체적(physical)인 자기부죄는 금지의 대상이 되지 않는다. 따라서 피고인에 대한 합리적인 신체검사나 심리검사는 강제적으로 행할 수 있고 이로 인하여 취득한 증거 예컨대, 지문, 족문, 시료로 사용하는 혈액이나 소변 그리고 성문 분석 등은 유죄증거로 허용된다. 또한 피고인은 법정에서 강제로 범인식별(identification)의 대상이 될 수 있고, 이를 위하여 특정의 옷을 입을 수 있으며 필적감정을 위한 시료를 제출 할 수 있다.

연방헌법이 보장하고 있는 자기부죄금지의 권리는 자연인에게만 인정되고 법률상 사람으로 간주되는 법인 등의 경우에는 인정되지 않는다. 따라서 법인의 문서나 기록에 법인의 범죄를 인정하는 내용의 기재가 있는 경우에도 이 권리를 내세워 서류제출을 거부할 수 없다. 개인이 갖고 있는 사적인 문서 예컨대, 일기장 등은 수색과 압수의 대상이 되고 적법절차에 따라 수색과 압수를 하는 경우 자기부죄금지의 권리를 침해하는 것이 아니다.

이와 관련하여 주목을 끄는 것이 Neville 사건이다.[32] 사우스다코타 주의 법률은 음주운전의 혐의를 받고 있는 자가 혈중알코올농도측정을 거부하는 것을 허용하면서 다만 음주측정을 거부하는 경우 운전면허취소를 인정하고 있다. 또한 법률은 음주측정을 거부하는 경우 이를 음주운전에 대한 증거로 사용하도록 하고 있다. 이 사건에서 연방대법원은 음주측정을 거부하는 것을 유죄증거로 사용하게 하는 것은 자기부죄금지에 관한 피고인의 연방헌법 수정 제5조의 권리를 침해하는 것이 아니라고 판시했다. 경찰관이 적법하게 음주측정을 요구한 뒤 이를 거부하는 것은 경찰관에 의하여 강요된 행위가 아니고 따라서 수정 제5조에 의해 보호되는 것이 아니라는 것이다. 또한 연방대법원은 음주측정으로 인하여 스스로 유죄를 인정하게 되는 것은 그 성질에 있어서 신체적인 것이고 진술증거에 해당하지 않아 연방헌법 수정 제5조에 의해 보호되는 것이 아니라고 보았다.

나. 권리의 주체

형사소송에 있어서 자기부죄금지의 권리는 본래 피고인에게 인정되는 것이지만 경우에 따라서는 다른 사람의 소송에 증인으로 출석하여 증언하는 증인의 경우에도 문제가 될 수 있다.

1) 피고인의 권리

형사소송에 있어서 피고인은 증인으로 증언대에 서지 않으며 자신의 사건에 관하여 증언하지 않을 권리를 갖고 있다. 연방대법원도 “피고인은 아무런 말도 하지 않을 수 있고 무고한 사람인 것처럼 보이게(clothed in the presumption of innocence) 할 수 있다”고 판시하고 있다. 피고인이 법정에서 진술을 하지 않는다 하여 이를 근거로 유죄를 추정할 수 없을 뿐 아니라 검사가 배심에게 피고인이 증언을 거부하는 것으로 보아 유죄로 보인다는 취지의 언급이나 주장을 해서도 안 된다.[33] 이러한 Griffin 판결은 정당한 대응(fair response)이라는 개념에 의해 수정되었다. 즉, “정부가 피고인에게 그의 주장을 진술할 기회를 주지 않았다고 변호인이 주장하는 경우 검사는 최후 의견진술에 있어 피고인이 증언대에 서서 증언할 수 있었음에도 그러한 증언을 하지 않았다고 배

32) South Dakota v. Neville, 459 U. S. 553 (1983).
33) Griffin v. California, 380 U. S. 609 [1965].

심에게 말하는 것은 적절하다"는 것이다.[34] 이러한 정당한 대응에 해당하지 않음에도 검사가 배심에게 피고인의 증언거부에 비추어 피고인의 유죄가 확실하다는 취지로 언급한 경우 피고인의 유죄판결은 파기될 수 있다.

피고인이 침묵을 지키고 증언대에 서지 않을 권리는 처음 체포되었을 때부터 시작하여 형사소송의 모든 단계에서 인정된다. 소추에 의한 형사소송절차의 경우에는 물론 법정모욕절차에 있어서도 적용된다. 다만 대배심의 수사나 입법부의 청문 또는 행정적인 청문의 경우와 같이 소추행위나 피고인이 없는 경우에는 적용되지 않는다. 피고인이 그 자신의 변론을 위해 증언대에 서는 경우 증언대에 서지 않을 그의 권리를 포기하는 것이 된다. 따라서 피고인은 그 사건과 관련한 모든 질문에 대답하여야 하고 이때 허위 진술을 하게 되면 위증죄로 처벌된다. 이러한 사정 때문에 영미의 형사소송에 있어서는 변호인이 피고인을 증언대에 세우지 않으려고 하는 것이 일반적이다.

2) 증인의 권리

피고인이 아닌 증인도 법정에서 증언함에 있어 자신의 진술이 자신의 유죄를 인정할 수 있는 내용을 포함하고 있는 경우 진술을 거부할 권리가 있다. 법원으로부터 증언명령을 받고도 증언을 거부하는 경우에는 법정모욕으로 처벌받게 되지만 증언 과정에서 자신의 유죄를 인정하는 답변을 요구하는 질문에 대하여는 자기부죄금지의 권리를 근거로 증언을 거부할 수 있다. 그러나 증인의 증언내용이 민사상의 책임을 인정하는 것인 때에는 이 권리가 인정되지 않는다. 마찬가지로 증언을 하더라도 형사소추가 아닌 증인에게 수치나 불명예 또는 골칫거리만을 가져오는 경우에도 이 권리를 주장할 수 없다.

질문에 대한 증인의 답변이 소추되는 경우 그의 유죄를 입증할 수 있는 직접적인 증거에 해당하는 경우에 한하는 것이 아니고 그 답변이 소추에 필요한 증거와 관련이 있는 것으로 보이는 합리적인 가능성이 있는 때에도 이 권리가 인정된다. 미국 법정에서 증언을 함으로써 외국에서 형사소추가능성이 있는 경우에는 증언을 강제할 수 있다는 것이 연방대법원의 입장이다.[35] 이러한 증인의 권리는 형사소추의 가능성이 있는 경우에만 인정되는 것이기 때문에 그러한 가능성이 없는 때에는 강제로 증언을 하게 할 수 있다. 예컨대, 소추시

34) United States v. Robinson, 485 U. S. 25 [1988].
35) United States v. Balsys, 524 U. S. 666 [1998].

효기 완성되어 소추를 할 수 없는 경우 또는 증인이 이미 무죄판결을 받아 다시 소추될 가능성이 없는 경우에는 이 권리가 인정되지 않는다. 마찬가지로 증인이 증언과 관련하여 면책(immunity)의 보장을 받은 경우에도 이 권리를 행사할 수 없다. 증인의 답변이 자기부죄에 해당하는지 여부는 증인 측의 이의제기에 따라 판사가 결정한다. 판사의 결정에 대하여는 재판 이후에만 이의를 제기할 수 있고 따라서 판사가 자기부죄에 해당하지 않는다고 결정하면 증언을 하여야 하고 판사의 결정에 반하여 증언을 하지 않는 경우 법정모욕이 된다.

다. 면책의 부여

증인이나 공동피고인으로부터 증언을 듣기 위해 그들에게 면책을 부여하는 경우가 종종 있다. 면책을 부여받은 증인은 그가 대배심이나 법원 또는 다른 절차에서 진술한 증언을 이유로 형사소추를 받지 않게 된다. 면책을 부여하는 이유는 그 증인의 증언이 범죄사실을 입증하는 데 결정적인 경우 또는 조직범죄에 있어서 상급자에 대한 수사와 같이 수사목적을 달성하기 위해 더 중요한 정보가 필요한 경우 이를 취득하기 위해서 하는 것이 일반적이다. 면책을 부여받은 증인은 자기부죄금지의 권리를 내세워 증언을 거부할 수 없고 그러할 경우 법정모욕으로 처벌받게 된다. 면책을 부여할 수 있는 권한의 주체는 주에 따라 다르기는 하지만 보통 법률의 규정에 의하여 또는 대배심이나 판사 그리고 검사에 의해 면책이 부여된다.

도박이나 마약범죄와 같이 상당수의 범죄가 주법위반이 되면서 동시에 연방법위반이 되는 수가 있고 이러한 범죄의 수는 점차 증가하고 있다. 이와 관련하여 한 법역에서 면책을 부여받은 경우 다른 법역에서 그 효력을 어떻게 볼 것인가가 문제될 수 있다. 어떤 주가 증인에게 면책을 부여한 경우 연방검사는 증인의 증언 또는 그 증언을 통해 얻은 증거를 가지고 연방법원에 증인을 소추할 수 없다. 따라서 증인은 연방의 소송절차에 있어서도 면책이 인정되고 따라서 증언이 강제된다.[36] 연방대법원의 판결이 나와 있는 것은 아니지만 연방의 소송절차에서 면책을 부여받은 경우 또는 다른 주에서 면책을 부여받은 경우에도 문제가 된 주의 소송절차에서 면책을 인정받은 것으로 볼 수 있다는 것이 일반적인 해석이다.

---

36) Murphy v. Waterfront Commission, 378 U. S. 52 [1964].

증인이 일단 형사상의 면책을 부여받았다고 하여 그의 범죄행위에 대한 소추가 완전히 면제되는 것은 아니다. 물론 증인에 대한 소추를 완전히 면제하는 이러한 절대적 면제 즉, 거래 면제(transactional immunity)가 불가능한 것은 아니지만 통상 면책을 부여하게 되면 증인의 증언이나 그 증언으로부터 취득한 증거만을 증인에 대한 형사소추의 증거로 사용하지 못하도록 하는 것(use and derivative use immunity) 즉, 부분 면책이 일반적이다. 연방대법원도 증언을 하지 않으려고 하는 증인에게 검사가 줄 수 있는 면책은 이러한 부분 면책으로 충분하고, 증언을 하기 전에 절대적인 면책을 받을 헌법상의 권리가 증인에게 보장되는 것은 아니라고 판시하고 있다.37)

라. 권리의 포기

자기부죄금지의 권리도 포기가 가능하다. 증인이 자신의 형사책임을 인정하는 내용의 질문을 받고 이에 대하여 이의를 제기하지 않고 답변하는 경우 이 권리를 포기한 것으로 본다. 마찬가지로 증인이 일부 자신의 형사책임을 인정하는 내용의 답변을 한 경우에도 이 권리를 포기한 것으로 보아 나머지 사실에 대하여 증언하여야 한다. 피고인이 자기 자신을 변호하기 위해 스스로 증언대에 서는 경우 이 권리를 포기한 것이 되고 따라서 사건과 관련된 모든 질문에 답변해야 한다. 피고인이 일단 증인으로 나선 이상 질문 내용이 그의 형사책임을 인정하는 내용이라 하더라도 자기부죄금지의 권리를 내세워 증언을 거부할 수 없다.

6. 이중위험금지의 권리

가. 이중위험의 의미

연방헌법 수정 제 5 조는 이중위험금지의 원칙을 규정하고 있다. 여기서 말하는 이중위험(double jeopardy)이라 함은 동일한 법역(same jurisdiction)에서 동일한 범죄(same offense)로 동일한 피고인에 대하여 연속적으로 소추(successive prosecution)하는 것을 말한다. 연방대법원은 이를 가리켜 "이 권리는 무죄판결을 선고받은 피고인에 대하여 동일한 범죄로 다시 소추하는 것을 방지하

37) Kastigar v. United States, 406 U. S. 441 [1972].

기 위한 권리다. 이는 유죄판결을 선고받은 피고인에 대하여 동일한 범죄로 다시 소추하는 것을 방지하기 위한 것이다. 또한 이 권리는 동일한 범죄에 대한 여러 번의 처벌을 방지하기 위한 것이다"고 판시하고 있다.[38]

연속적인 소추라 함은 형사소추가 연속되는 것을 말한다. 따라서 형사소추와 별개로 같은 사람에 대한 동일한 행위에 대하여 징벌적인 손해배상의 민사소송을 제기하는 것은 이중위험에 해당하지 않는다. 예컨대, 전처 살인혐의로 소추되어 무죄판결을 받은 O. J. Simpson에게 민사상의 손해배상청구를 한 것은 이중위험에 해당하지 않는 것과 같다. 동일한 범죄라고 함은 범죄의 구성요건이 동일한 경우를 말한다. 하나의 행위가 2개의 범죄에 해당하는 경우에도 범죄의 구성요건이 서로 다르면 동일한 범죄로 보지 않는다. 예컨대, 경찰관의 불법감금이 문제가 된 경우 경찰관의 직권남용과 불법감금은 서로 유죄를 인정하기 위한 요건이 상이하기 때문에 동일한 범죄로 보지 않게 된다.

동일한 법역이 아닌 경우에는 동일한 범죄에 대한 별개의 소추가 가능하고 이중위험의 문제는 일어나지 않는다. 1991년 로스앤젤레스에서 경찰관 4명이 흑인 Rodney King을 폭행한 혐의로 캘리포니아 주법에 따라 소추되었으나 무죄판결을 받았다. 이후 이들은 동일한 범죄로 연방법원에서 재판을 받아 2명은 유죄, 나머지 2명은 무죄판결을 받았다. 이들에 대한 소추는 주와 연방이라는 별개의 법역에서 이루어진 것으로 이중위험에 해당하지 않았다.

나. 이중위험의 적용범위

범죄를 범한 자는 1회의 소추와 처벌을 받게 되고, 소추되어 법원으로부터 무죄판결을 받은 자는 다시 소추되지 않는다는 것은 동서고금을 통하여 인정되는 대원칙이라 할 수 있다. 이는 Common Law에서도 그대로 인정되는 당연한 것이기 때문에 크게 논의되는 사항도 아니다. 다만 이중으로 소추되는 자는 기소인부절차에서 동일한 범죄로 이미 유죄판결을 받았거나(plea of autrefois convict) 또는 무죄판결을 받았다고(plea of autrefois acquit) 주장하면 되었다.

그럼에도 불구하고 미국 연방헌법이 이를 다시 국민의 중요한 기본권의 하나로 규정하고 있고 또한 형사소송에서 중요한 문제로 다루고 있는 것은 사인소추를 금지하고 공소추제도를 채택한 미국에서 검사의 부당한 이중 소추행

38) North Carolina v. Pearce, 395 U. S. 711 [1969].

위로부터 국민의 인권을 보장하기 위한 것이다. 따라서 이중위험금지의 원칙은 피고인이 이미 유죄나 무죄판결을 선고받은 경우에만 적용되는 것이 아니고 소송절차가 일정한 단계에 이르러 검사가 소추를 취소하였다가 후일 다시 소추를 하는 것이 부당한 경우에도 적용된다.

소송이 이러한 단계에 도달하였다고 볼 수 있는 경우는 배심재판의 경우에는 배심이 구성되어 선서를 하고 배심의 자리에 앉은 때 그리고 판사재판의 경우에는 첫 번째 증인이 소환되어 선서를 마치고 증언대에 앉은 때라고 보는 것이 일반적이다. 다만 배심이 유죄 또는 무죄평결에 도달하지 못하여 불일치 배심(hung jury)이 된 경우에는 이중위험이 적용되지 않고 검사는 피고인을 다시 소추할 수 있고 다시 소추되는 피고인은 새로이 구성되는 다른 배심으로부터 재판을 받게 된다.

다. 이중위험의 포기

피고인이 무죄판결을 선고받은 경우 그 판결은 종국적인 것이 되지만 피고인이 유죄판결을 선고받은 때에는 일정한 경우 다시 재판을 할 수 있고 이러한 경우 피고인은 이중위험의 권리를 포기한 것으로 본다. 또한 재판진행과정에서 판사의 심리나 재판진행절차 등에 문제가 있는 경우 피고인이 이중위험을 포기하고 다시 재판을 받을 수 있다.

1) 무효인 재판(mistrial)의 경우

피고인이 이의신청을 하여 재판이 무효가 된 경우 또는 판사가 다른 사유로 피고인의 동의를 받아 재판의 무효를 선언한 경우에는 피고인이 이중위험금지의 권리를 포기한 것이 된다. 예컨대, 재판 도중 피고인이 검사나 증인의 부당한 행위에 이의를 제기하고 판사가 이러한 피고인의 이의를 받아들여 무효재판을 선언한 경우에는 다시 재판을 하게 된다.

2) 피고인의 상소가 받아들여진 경우

유죄판결을 받은 피고인이 상소를 하여 상급심에서 피고인의 주장이 받아들여진 경우에도 피고인은 이 권리를 포기한 것이 된다. 피고인의 상소가 상급심에서 받아들여진 경우 검사는 비용문제 등 제반사정을 참작하여 다시 소추를 하지 않을 수 있지만 이러한 경우 검사가 동일하거나 유사한 범죄를 가지고 피고인을 다시 소추하더라도 이중위험금지에는 해당하지 않는다.

Miranda 사건에 있어서도 강간죄로 기소된 Miranda의 지백에 문제가 있다는 이유로 유죄판결이 연방대법원에 의해 파기되었지만 Miranda는 애리조나 주에서 가명으로 동일한 범죄에 대하여 다시 소추되었고 자백 이외의 다른 증거에 의해 다시 유죄판결을 받았다. 그의 유죄판결에 대하여 상소를 함으로써 동일한 범죄로 다시 재판을 받지 않을 권리를 포기하였기 때문에 이중위험에는 해당하지 않는다는 것이다. 하지만 피고인의 상소가 받아들여져 다시 재판을 하는 경우 피고인은 애초 소추된 범죄보다 더 중한 범죄로는 재판을 받지 않게 된다. 예컨대, 피고인이 2급 살인으로 기소되었으나 이보다 가벼운 과실치사로 유죄판결을 선고받고 상소하여 재소송이 인정된 경우 피고인은 애초의 2급 살인보다 더 중한 1급 살인으로는 소추되지 않는다.[39]

한편 유죄판결을 선고받은 피고인의 상소에 대하여 상급심이 유죄를 인정할 증거가 부족하다는 이유로 유죄판결을 번복한 경우에는 무죄판결을 선고한 경우와 마찬가지로 피고인을 상대로 다시 소추할 수 없다.[40]

3) 인신보호영장의 경우

유죄판결이 확정되어 교도소에 복역하는 재소자가 그의 유죄판결이 헌법에 위반하거나 무효라는 주장을 하면서 그의 석방을 요구하는 인신보호영장(habeas corpus)을 민사소송으로 청구할 수 있다. 이 경우에도 피고인의 청구가 인정되면 피고인은 교도소에서 석방되지만 유죄판결을 받은 사건에 대하여 다시 재판을 받게 된다. 인신보호영장을 청구함으로써 이중위험금지의 권리를 포기한 것으로 보기 때문이다.

라. 동일한 범죄의 의미

이중위험이 적용되는 것은 동일한 범죄(same offense)에 대하여서이다. 소송이 일정 단계에 도달하여 일단 이중위험이 부여되면 피고인은 동일한 범죄 또는 애초 고발된 범죄 내용에 포함되는 다른 범죄로 다시 소추되지 않으며 동일한 범죄로 여러 번 처벌받지 않게 된다.

연방대법원은 법률상 범죄의 구성요건이 동일한 경우 이들 범죄에 대한 별도의 소추는 금지되며, 그들 중 하나의 범죄가 다른 범죄의 일부분을 구성하

39) Green v. United States, 355, U. S. 184 [1957].
40) Burks v. Unites States, 437 U. S. 1 [1978].

는(lesser included offense of the other) 경우에도 마찬가지라고 판시했다.[41] 따라서 사고를 방지하기 위해 속도를 줄여야 함에도 속도를 줄이지 않은 죄로 유죄판결을 받은 경우 업무상과실치사죄로 다시 소추하는 것이 금지되지 않는다. 왜냐하면 자동차에 의한 업무상과실치사죄를 입증하기 위해서 반드시 운전자가 속도를 줄이지 않은 것을 입증해야 하는 것은 아니기 때문이다.[42] 반면에 자동차무단사용(joyriding)으로 유죄판결을 받은 경우에는 자동차절도로 다시 소추할 수 없다. 자동차절도로 소추함에 있어 애초의 사실에 다른 사실을 더 입증할 필요가 없기 때문이다.[43]

오늘날 이중위험과 관련하여 동일한 범죄에 해당하는 것인지의 여부를 판단하는 기준은 위 Blockburger 사건에 있어서의 판결이다. 이 판결에 의하면 동일한 사건인지 여부를 정하는 결정적인 요소는 한 사건이 다른 사건과 동일한 요소들(same elements)을 포함하고 있는지 여부이다. 두 개의 범죄가 동일한 요소들을 포함하고 있으면 이중위험이 적용되고 하나의 범죄가 다른 범죄에는 필요 없는 요소를 요구하면 이중위험이 적용되지 않는다.

따라서 죄질이 무거운 살인(murder)으로 기소되어 무죄판결을 받은 피고인은 죄질이 가벼운 일반 살인(homicide)으로 다시 소추되지 않는다. 일반 살인에는 죄질이 무거운 살인에 요구되는 요소 이외 다른 요소가 요구되지 않기 때문이다. 반대로 일반 살인으로 기소되어 유죄판결을 받은 피고인에 대하여 죄질이 무거운 살인으로 다시 소추하는 것은 이론상 이중위험금지에 해당하는 것이 아니다.

마. 동일한 범죄에 대한 다른 주에서의 소추

동일한 범죄라 하더라도 소추당사자가 다른 경우에는 이중위험이 적용되지 않는다. 연방대법원도 "이중 주권이론(dual sovereignty doctrine)에 따라 동일한 범죄에 대하여 서로 다른 2개의 주(state)가 연속적으로 소추하는 것은 연방헌법 수정 제 5 조의 이중위험금지규정을 위반하는 것이 아니다"고 판시하고 있다.[44]

41) Blockburger v. United States, 284 U. S. 299 [1932].
42) Illinois v. Vitale, 447 U. S. 410 [1980].
43) Brown v. Ohio, 432 U. S. 161 [1977].
44) Heath v. Alabama, 474 U. S. 82 [1985].

Heath 사건에서 피고인은 그의 부인을 실해하기 위해 2명의 살인청부업자를 고용했다. 피고인의 지시에 따라 고용된 청부업자들은 그의 부인을 앨라배마 주에 있는 그의 집에서 납치하였다. 하지만 살해된 부인의 사체는 조지아 주의 도로가에서 발견되었다.

조지아 주 법정에서 재판을 받게 된 피고인은 검사와의 유죄답변거래에 따라 무기징역형을 선고받는 대신 고의로 부인을 살해(murder)한 데 대한 유죄답변을 했다. 이 재판 이후 피고인은 앨라배마 주에서 다시 동일한 범죄사실이라고 할 수 있는 피해자에 대한 납치 후 살인(murder during kidnapping)으로 소추되어 유죄평결과 사형판결을 선고받았다. 피고인의 이중위험금지의 주장은 앨라배마 주 법원에서 인정되지 않았고 피고인은 연방대법원에 상고했다. 연방대법원은 피고인의 상고를 기각하면서 "피고인의 단일한 행위가 서로 다른 주권자(sovereign)의 법률에 위반하여 각 주권자의 '평화와 위엄(peace and dignity)'을 침해한 경우에는 이중위험금지와 관련하여 피고인은 두개의 서로 다른 범죄를 범한 것이 된다"고 판시한 것이다.

7. 증인을 대면할 권리

연방헌법 수정 제6조는 "모든 형사소송절차에 있어서 피고인은 그에게 반대되는 증인을 대면할 권리를 갖는다"고 규정하여 피고인의 증인 대면의 권리를 보장하고 있다. 여기서 말하는 모든 형사소송절차에는 유·무죄를 가리는 재판절차는 물론 예심절차, 범죄혐의를 받고 있는 소년에 대한 재판절차가 모두 포함하지만 순수한 수사절차라고 할 수 있는 대배심절차, 검시절차, 양형절차 그리고 입법상의 조사는 포함되지 않는다.

증인을 대면할 권리에는 증인에 대한 반대신문(cross-examination), 피고인의 법정출석, 법정에서에 증인과의 현실적인 대면 그리고 증인의 신상을 아는 것 등이 포함된다.

가. 피고인의 반대신문권

피고인에게 불리한 증인의 신빙성을 문제 삼기 위한 가장 중요한 방법이 증인에 대한 반대신문이다. 논리적이고 치밀한 반대신문을 통하여 증인 진술의 모순점이나 허구성을 드러내기 위해서는 법률적으로 잘 훈련된 변호인의 조력이 필수적이다. 따라서 피고인의 이 권리는 사실상 변호인의 권리라고 보아도 무방하다. 실무에 있어서 이러한 반대신문권은 철저하게 보장되고 있기 때문에 이를 둘러싼 분쟁은 거의 예가 없다.

나. 법정에 출석할 권리

증인이 법정에서 증언하는 동안 피고인이 법정에 출석하여 증인의 증언을 듣는 것도 연방헌법이 보장하고 있는 권리에 포함된다. 하지만 일정한 경우 이 권리도 그 포기가 인정된다. 피고인이 재판의 시작단계에서는 출석하였다가 그 후의 재판절차에서 자발적으로 법정에 출석하지 않는 경우에는 피고인이 이 권리를 포기한 것으로 간주되고 따라서 피고인의 출석 없이 재판을 계속할 수 있다.[45] 그러나 피고인이 처음부터 법정에 출석하지 않는 경우 피고인의 출석 없이 재판을 진행할 수 있는지 여부에 대하여는 확실한 연방대법원의 판결이 나와 있지 않다. 일부 주에서는 일정한 경우 궐석재판을 인정하고 있고 다른 일부 주에서는 원칙적으로 이를 인정하지 않고 있다.

피고인이 법정에서 소란을 피우는 등 용납될 수 없는 행동을 하는 경우 피고인이 이 권리를 포기한 것으로 간주되어 판사로부터 퇴정명령을 받을 수 있다. 이러한 경우 판사가 취할 수 있는 조치로는 법정모욕으로 처벌하는 방법, 피고인의 몸을 묶고 입을 막은 상태에서 재판을 진행하는 방법 그리고 피고인을 법정 밖으로 내보내는 방법이 있다.[46]

다. 법정에서 증인과 대면할 권리

연방대법원은 증인과 대면할 권리에는 피고인이 법정에서 현실적으로 증인과 대면할 권리도 포함되는 것이므로 폐쇄회로 텔레비전을 통하여 증언하거나 스크린 뒤에서 증언하는 것을 허용하는 주의 법률은 연방헌법 수정 제 6 조에서 보장하고 있는 증인과 대면할 피고인의 권리를 침해하는 것이라고 판시했다.[47]

---

45) Taylor v. United States, 414 U. S. 17 [1973].
46) Illinois v. Allen, 397 U. S. 337 [1970].
47) Coy v. Iowa, 487 U. S. !012 [1988].

Coy 사건에서 판사는 일방에서만 볼 수 있는 반투명 스크린을 피고인과 증인 사이에 설치하도록 하여 어린이 성폭행사건의 피해자들인 2명의 어린이가 증언을 하면서 피고인을 보지 못하도록 하였다. 연방대법원은 얼굴을 서로 마주 보는 것이 증인을 대면할 헌법상 권리의 핵심이라고 하면서 이러한 방식을 인정하지 않았다.

그러나 그 후 연방대법원은 이러한 방식에 대한 예외를 인정하였다. 즉, "더 중요한 공익을 위하여 그러한 대면을 방지할 필요가 있고 증인의 신빙성이 다른 방법으로 보장되는 경우에는" 얼굴을 마주보는 방식을 채택하지 않아도 무방하다는 것이다.48)

Craig 사건에서 피고인은 6세 어린이에 대한 성폭행으로 메릴랜드 주 법원에서 재판을 받았다. 판사는 성폭행피해자인 어린이로 하여금 법정에서 증언하게 하는 것은 너무 큰 정신적인 충격을 가하는 것이 되어 피해자가 정상적으로 증언을 할 수 없게 된다고 하면서 메릴랜드 주 법률에 따라 증인으로 하여금 다른 방에서 증언하도록 하였다. 이러한 경우 증인과 검사 그리고 피고인의 변호인이 법정을 나와 다른 방으로 가서 증인에 대한 신문과 반대신문을 하고, 판사와 배심 그리고 피고인은 법정에 남아 일방에서만 볼 수 있는 폐쇄회로를 통하여 증언절차를 보고 들을 수 있도록 되어 있었다.

Craig은 메릴랜드 주 법률은 그의 증인을 대면할 헌법상의 권리를 침해하는 것이라고 주장했지만 연방대법원은 "얼굴을 서로 마주 보는 것이 헌법상의 권리의 핵심이라고 할 수 있지만 그것이 이 권리의 필수불가결한 요소는 아니다"고 하면서 이러한 주장을 받아들이지 않았다.

라. 증인의 신분을 알아야 할 권리

법정에서 피고인에게 불리한 증언을 하는 증인은 그의 성명과 주소를 밝혀야 한다. 증언의 신빙성을 탄핵하기 위한 증인에 대한 조사와 반대신문을 위해서 이는 피고인에게 필수적인 것이다. 특히 증인에게 위증의 전과가 있는 경우 검사는 그러한 자료를 피고인에게 개시하여야 한다.

48) Maryland v. Craig, 497 U. S. 836 [1990].

8. 유리한 증언을 강제할 권리

연방헌법 수정 제 6 조는 형사소송에서 피고인은 그의 이익을 위해 강제로 증인을 소환하여 증언을 들어 볼 권리가 있다고 규정하고 있다. 이 권리에는 증인을 강제로 소환하여 증언하도록 하는 권리와 피고인 스스로 자신에게 유리한 증언을 할 수 있는 권리가 포함된다. 피고인에게 이 권리를 인정하는 이유는 피고인에게도 검사에게 인정되는 것과 같은 입증에 대한 권리를 보장하여 공정한 재판을 보장하기 위한 것이다. 따라서 판사가 피고인에게 유리한 유일한 증인에 대하여 위협적인 언사를 사용하여 그가 증인으로 출석하지 않은 경우에는 피고인의 이 권리를 침해한 것이 된다.[49]

판사가 피고인에게 결정적으로 유리하고 또한 실질적으로 그 진실성이 담보되어 있는 증거를 배척한 경우에는 비록 그 증거가 그 지역의 증거법에 따라 기술적으로 증거로 사용될 수 없는 것이라 하더라도 피고인의 이 권리를 침해한 것이 된다.[50] Chambers 사건에서 피고인은 스스로의 범행을 인정하는 다른 목격자의 자백진술을 증거로 제시했다. 판사는 그 지역의 증거법에 의하면 이는 증거능력이 없는 전문증거에 해당하는 것이라고 하면서 이를 배척했다. 연방대법원은 이러한 자백은 실질적으로 진실성이 담보되어 있는 것으로 판사의 증거배척은 피고인의 헌법상의 권리를 침해하는 것이라고 판시한 것이다.

9. 신속한 재판과 공개재판을 받을 권리

연방헌법 수정 제 6 조는 모든 형사소송에서 피고인은 신속한 재판과 공개재판을 받을 권리를 향유한다고 규정하고 있다. 따라서 이 규정은 신속한 재판과 공개재판으로 나누어 볼 필요가 있다.

가. 신속한 재판

신속한 재판(speedy trial)이라는 것은 불필요하고 원하지 않는 지체가 없는 재판을 말한다. 신속한 재판이 보장되는 것은 피고인에 한하는 것이므로 정식

49) Webb v. Texas, 409 U. S. 95 [1972].

50) Chambers v. Mississippi, 410 U. S. 284 [1973].

으로 고발된 피고인 또는 체포된 자나 고발범죄에 대한 답변을 위해 구금된 자에게만 이 권리가 인정되고 아직 수사기관의 단순한 수사대상이 되어 있는 자에 대하여는 이 권리가 인정되지 않는다. 대부분의 주에서 일단 체포된 자는 후에 보석으로 석방되었다 하더라도 피고인으로 인정되어 신속한 재판을 받을 권리가 있다고 보고 있다.

단순히 재판의 지체가 있었다는 사실만으로는 피고인의 신속한 재판의 권리가 침해되었다고 보기는 어렵다. 신속한 재판이 이루어지지 않았다는 이유로 판사가 고발사건을 기각하기 위해서는 지체의 정도, 지체의 이유, 피고인의 권리주장 여부 그리고 지체로 인하여 피고인이 입게 된 불이익 등을 고려하여야 한다. 이러한 요건들 중 어느 하나만을 이유로 재판의 지체를 비난하거나 정당화하기는 어렵다.[51]

재판의 지체가 피고인의 악의적인 지연전술에 의한 것으로 인정되면 피고인은 신속한 재판에 대한 권리를 포기한 것으로 본다. 신속한 재판에 대한 피고인의 헌법상의 권리가 침해된 경우에는 고발범죄는 기각되고 검사는 동일한 범죄로 다시 소추할 수 없다.

Doggett 사건에서[52] 피고인은 1980년 마약단속국(DEA)에 의해 연방법원에 마약범으로 기소되었지만 체포되기 직전 미국을 떠나 파나마로 도망갔다. DEA는 피고인이 파나마의 교도소에 수감되어 있는 것을 알았지만 신병인도요청만을 하고 더 이상 피고인을 추적하지 않았다. 그 후 DEA는 피고인이 파나마에서 다시 컬럼비아로 달아난 사실을 알았지만 다른 조치를 취하지 않았다. 피고인은 1982년 미국으로 돌아와 결혼하고 대학을 졸업한 뒤 안정적인 직장을 잡아 공개적으로 자신의 이름으로 행세하면서 살았지만 DEA는 이 사실을 알지 못했다. 1988년 9월에 이르러 DEA가 미집행영장을 점검하는 과정에서 피고인의 주거를 확인하고 애초 기소일로부터 8년 반이 지나 피고인을 체포했다. 피고인은 헌법상 보장된 피고인의 신속한 재판에 대한 권리가 침해된 것이라고 하면서 소추에 이의를 제기했다.

피고인의 상고에 대해 연방대법원은 기소 시점과 체포 시점 사이에 있어서 이례적인 8년 반의 지체는 피고인의 신속한 재판에 대한 권리를 침해한 것

51) Barker v. Wingo, 407 U. S. 514 [1972].

52) Doggett v. United States, 505 U. S. 647 [1992].

이라고 판시했다. 연방대법원은 피고인이 미국에 돌아온 시점인 6년 전에 피고인에 대한 재판이 있었어야 함에도 변명의 여지가 없는 정부의 불찰로 재판이 지체된 것이라고 본 것이다.

나. 공개재판

공개재판(public trial)이라 함은 재판이 공정하고 정당하게 이루어지고 있는지 여부에 대한 관심을 갖고 있는 자들이 보고 들을 수 있는 상태에서 재판이 진행되는 것을 말한다. 공개재판의 권리는 절대적인 것이 아니다. 판사는 재판진행과정에서 정당한 이유가 있는 경우 재량에 따라 방청객의 일부 또는 전부에 대한 퇴정명령을 할 수 있다. 그러나 피고인의 친구나 친척에 대하여 비공개로 하는 것은 원칙적으로 허용되지 않는다.

강간사건 등에서 피해자의 수치스러움이나 난처함을 피하기 위해 방청객을 퇴정시키고 비공개로 재판을 진행하는 것은 실무상 드문 일이 아니다. 마찬가지로 증인에게 위협을 가할 수 있는 자도 판사의 재량에 따라 법정에서 추방될 수 있다. 피고인은 유·무죄를 정하는 재판에서뿐 아니라 재판 전 절차(pretrial hearing)에 있어서도 공개재판을 받을 권리가 있다. 하지만 피고인이 비공개를 원하는 경우 일반인이나 기자가 재판절차에 참석할 수 있는지에 대한 연방대법원의 판례는 나와 있지 않다.

공개재판에 대한 이의는 누가 제기할 수 있는지에 대하여도 논란이 있다. 일부에서는 공개재판은 피고인의 권리이므로 피고인만이 이의를 할 수 있다고 보는 반면 다른 일부에서는 일반인도 공개재판에 대한 권리가 있으므로 퇴정명령을 받은 기자의 경우와 같이 부당하게 공개재판이 거부된 경우 이의를 제기할 수 있다고 한다. 소년에 대한 재판에 있어서는 공개재판의 권리가 인정되지 않는다. 대부분의 주에서 소년에 대한 재판은 비공개로 진행되고 그 재판에 대한 보도 또한 인정되지 않고 있다.

10. 공정하고 편견이 없는 재판을 받을 권리

연방헌법 수정 제5조가 규정하고 있는 적법절차조항에 의하여 피고인은 편견이 없는 배심에 의한 공정한 재판을 받을 권리를 보장받고 있다.

공정한 재판을 보장하기 위해서는 배심이 부당한 간섭을 받지 않고 재판할 수 있는 상황이 필수적이다. 배심에게 부당한 간섭을 하게 되는 것은 주로 사건에 대한 보도라 할 수 있다.

가. 편파적인 보도의 금지

미국의 형사소송에 있어서 가장 중요한 원칙은 피고인의 유·무죄는 공정한 배심이나 판사에 의해 결정되어야 한다는 것과 배심이나 판사는 오로지 법정에 제출된 증거만을 근거로 피고인의 유·무죄를 결정하여야 한다는 것이다. 사건에 대한 보도는 이러한 원칙에 대한 큰 장애가 될 수 있다. 특히 죄질이 극악무도하여 사회적으로 크게 이목을 끌고 있는 사건에 대한 재판에 있어서 그 사건과 관련한 편파적인 언론보도는 배심에게 편견을 갖게 하고 따라서 피고인의 공정한 재판을 받을 권리를 침해하는 것이 된다.

Dowd 사건에서[53] 피고인이 6개의 살인과 24개의 주거침입절도를 자백했다는 뉴스가 언론에 크게 보도되었고, 기소인부절차에서 유죄를 인정했다는 뉴스가 광범위하게 떠돌아다녔다. 예비배심원의 90%가 피고인의 유죄를 인정하는 의견을 냈고 보도사실을 잘 알고 있는 12명의 배심원 중 8명이 같은 생각을 가지고 있었다. 연방대법원은 피고인을 사형에 처하는 사건이라는 점을 강조하면서 공정한 재판을 받을 피고인의 권리가 침해되었다고 판시했다.

Rideau 사건에서는[54] 경찰이 경찰서에서 이루어진 피고인의 자백을 여러 차례 지방 텔레비전방송에 보도되도록 하였다. 연방대법원은 이러한 보도로 인하여 피고인은 이미 재판을 받은 것이나 마찬가지가 되었고 이와 같은 상황에서는 피고인이 그의 공정한 재판을 받을 권리가 침해되었다는 것을 밝히기 위해 편견이 실제로 있었다는 것을 따로 입증할 필요조차 없다고 판시했다.

나. 편파적인 보도의 통제

배심원에게 편견을 가지게 할 수 있는 편파적인 보도를 통제하기 위한 판사의 조치로는 다음과 같은 것이 있다.

53) Irvin v. Dowd, 366 U. S. 717 [1961].
54) Rideau v. Louisiana, 373 U. S. 723 [1963].

1) 재판장소의 변경

피고인에 대한 재판을 하기 전에 언론의 편파적인 보도나 기타의 사정으로 그 지역(county)에서 재판을 하는 경우 피고인의 공정한 재판을 받을 권리가 침해될 가능성이 있는 때에는 피고인이나 변호인은 재판장소의 변경(change of venue)을 요구할 수 있고 그에 따라 판사는 사건을 다른 지역의 법원으로 이송하여 그곳에서 더 공정한 배심을 통해 재판할 수 있도록 조치할 수 있다. 중죄의 경우뿐 아니라 경죄의 경우에도 재판장소의 변경은 가능하다.

2) 배심의 격리

피고인에 대한 재판과정에 있어 배심이 편견을 가질 수 있는 보도에 노출될 염려가 있는 때에는 배심을 일반인으로부터 격리(sequestration)할 수 있다. 대부분의 주가 배심의 격리를 인정하고 있지만 그 구체적인 내용은 주에 따라 다르다. 대부분의 주에서 중요한 사건의 경우 그리고 배심이 평의에 들어간 이후 배심원들을 격리하는 것이 일반적이다.

3) 재판의 연기

사회적인 관심을 끄는 사건은 피고인의 검거와 재판에 앞서 그 내용이 뉴스를 통해 보도되는 경우가 있다. 이와 같이 사건에 대한 언론보도 등으로 인하여 일반 시민이 피고인에 대한 편견을 가질 수 있는 상황이 심각할 때에는 그러한 사정이 없어질 때까지 판사는 피고인에 대한 재판을 연기할 수 있다.

4) 함구령의 발동

판사는 재판 관련 당사자들에게 재판에 관한 정보를 언론이나 다른 사람에게 알리지 못하도록 하는 함구령(gag rule)을 발할 수 있다. 함구령은 보통 재판에 관여하는 양 당사자의 변호사, 증인, 경찰 그리고 배심원에게 발하게 된다. 함구령을 받은 자는 재판이 종료될 때까지 재판에 관한 정보를 언론이나 다른 사람에게 알려서는 안 된다. 그러나 재판 이후에도 함구령을 인정하는 것은 공개재판의 원칙에 반하는 것이 된다.

5) 언론에 대한 통제

언론에 대한 통제는 언론의 자유와 맞물러 매우 어려운 문제라고 할 수 있다. 보도기관은 형사재판에 참석할 수 있는 권리가 있다. 하지만 공정한 재판을 위해 필요한 경우 비공개로 재판을 진행할 수 있고 이러한 경우 보도진은 퇴정명령을 받게 된다. 재판 전의 절차에 있어서는 언론의 재판방청권은 인정되지 않는다. 법원은 보통 법정에 대한 사진촬영이나 재판진행상황의 중계를 금하는 것이 일반적이다. 하지만 일부 주에서는 판사의 재량에 따라 재판진행 상황의 중계를 허용하고 있다. 판사의 재량에 따라 재판의 중계가 허용되는 경우에도 혼란스러운 상황(carnival atmosphere)을 만들어 재판진행을 방해하여서는 안 된다.55)

55) Sheppard v. Maxwell, 384 U. S. 333 [1966].

참고문헌

김　진, 영미법, 법문사.

김용진, 영국의 형사재판, 청림출판.

법무부, 미국의 사법제도, 법무자료 제239집.

로어크 M 리드, 정완 역, 미국의 형사절차, 한국형사정책연구원.

서철원, 미국 형사소송법, 법원사.

서희원, 영미법강의, 박영사.

선우영, 영국의 검찰제도, 대검찰청, 검찰(통권, 100호, 1990).

이영욱, 영미법신강, 무역경영사.

이주영, 영국의 사법제도 현황과 법관인사제도, 법원행정처.

조규창, 로마형법, 고려대학교 출판부.

최대권, 영미법, 박영사.

표성수, 영미 형사사법의 구조, 비봉출판사.

한광세, 영국의 사법제도, 법원행정처 외국사법연수논집(3).

한국형사정책연구원, 각국의 구속제도.

현승종, 로마법, 법문사.

Amar, Akhil Reed, the Constitution and Criminal Procedure: First Principles, Yale UP, 1997.

Archbold, Criminal Pleading, Evidence & Practice, Sweet & Maxwell, 1995.

Andrew Ashworth, Mike Redmayne, the criminal process, Oxford UP, 2004.

Ashworth, Andrew, Principles of Criminal Law, Oxford UP, 2003.

Ashworth, Andrew, Sentencing and Penal Policy, Weidenfeld and Nicholson, 1983.

Bevan, H K, Child Law, Butterworths, 1989.

Brody, Stephen, The Effectiveness of Sentencing, Home Office Research Study No. 35, 1975.

Brody, Stephen, and Tarling Roger, Taking Offenders out of circulation, Home Office Research Study No. 64, 1981.

Chandler, David, Fine Enforcement: Ideas from a Survey, University of Cambridge Institute of Criminology, 1987.

Charles R. Swanson, Neil C. Chamelin, Leonard Territo, Criminal Investigation, McGraw-Hill College, 1995.

Choo, Andrew, Abuse of Process and Judicial Stays of Criminal Proceedings, Oxford UP, 1993.

Christopher Smith, Criminal Procedure, Wadsworth Publishing, 2002.

Cross, Sir Rupert and Andrew Ashworth, The English Sentencing System, Butterworths, 1981.

Daniel J. Capra, Stephen A. Saltzburg, American Criminal Procedure, Cases and Commentary, Thomson, 2007.

David Ormerod, Blackstone's Criminal Practice, Oxford UP, 2008.

David W. Neubauer, America's Courts and the Criminal Justice System, Wadsworth Publishing, 2007.

Frank Schmalleger, Criminal Justice : A Brief Introduction, Prentice Hall, 2007.

Frank Schmalleger, Criminal Justice Today, Prentice Hall, 2007.

Gray A. Rabe, Dean J. Champion, Criminal Courts: Structure, Process, and Issues, Pearson Custom Pub, 2003.

George F. Cole, Christopher E. Smith, Criminal Justice in America, Wadsworth Publishing, 2007.

Greenfell Huddy, Introduction to Legal Practice, Sweet & Maxwell, 1982

Harris, Brian, The Criminal Jurisdiction of Magistrates, Barry Rose, 1988.

Harry R. Dammer, Erika Fairchild, Comparative Criminal Justice Systems, Wadsworth Publishing, 2005.

H, G, Hanbury & D, C, M Yardley, English Court of Law, Oxford UP, 1979.

James A. Inciardi, Criminal Justice, Harcourt Brace College Pub, 1989.

James Fitzjames Stephen, A History of the Criminal Law of England, Macmillan and co. 1883.

Jay S, Albanese, Criminal Justice, Prentice Hall, 1999.

Jerold H. Israel, Yale Kamisar, Wayne R. LaFave, Nancy, J. King, Criminal Procedure and the Constitution, West, 2008.

Joel Samaha, Criminal Procedure, Wadsworth Publishing, 2007.

John Sprack, Criminal Procedure, Oxford UP, 2002.

John M. Scheb, John M. Scheb Ⅱ, Criminal Law and Procedure, Wadsworth Publishing, 2007.

John N. Ferdico, Henry F. Fradella, Christopher D. Totten, Criminal Procedure for the Criminal Justice Professional, Wadsworth Publishing, 2008.

Joshua Dressler, George C. Thomas, Criminal Procedure: Investigating Crime, West Group, 2006.

J. Scott Harr, Kären M. Hess, Constitutional Law and the Criminal System, Wadsworth Publishing, 2007.

Kenneth J. Peak, Justice Administration : Police, Courts, and Corrections Management, Prentice Hall, 1998.

K, J, Eddey, The English Legal System, Sweet & Maxwell, 1971.

Langbein, John H., the Origins of Adversary Criminal Trial, Oxford UP, 2003.

Larry J. Siegel, Joseph J. Senna, Introduction to Criminal Justice, Wadsworth Publishing, 2009.

Larry K. Gaines, Roger LeRoy Miller, Criminal Justice in Action, Wadsworth Publishing, 2008.

Lomax, Ian S and Reynolds, Steven, Enforcement in the Magistrates' Courts, Fourmat, 1988.

Malcolm davies, Hazel Croall, Jane Tyrer, Criminal Justice, An Introduction to the Criminal Justice System in England and Wales, Longman, 2005.

Mare Miller, Criminal Procedures: Prosecution & Adjudication, Aspen Publishers, 2007.

Moore, Terence G and Wilkinson, Tony P, The Juvenile Court, Barry Rose, 1988.

Moxon, David, Sentencing Practice in the Crown Court, Home Office Research Study No. 103, 1988.

Nora v. Demleitner, Douglas A. Berman, Marc L. Miller, Ronald F. Wright, Sentencing Law and Policy, Aspen Publishers, 2007.

Paul Roberts, Adrian Zuckerman, Criminal Evidence, Oxford UP, 2004.

Peter Joyce, Crimial Justice: An Introduction to Crime and the Criminal Justice System, Willan Publihsing, 2006.

Please, K, Community Service Orders, Home Office Research Study No. 29, 1975.

Randall Coyne, Lyn Entzeroth, Capital Punishment and the Judicial Process, Carolina Academic Press, 2001.

Richard L, Abel, The Legal Profession in England and Wales, Blackwell, 1988.

R, J, Walker, The English Legal System, Butterworths, 1980.

Robert M. Bloom, Mark S. Brodin, Criminal Procedure Examples & Explanations, Aspen Publishers, 2007.

Robert M. Bohn, Keith N. Haley, Introduction to Criminal Justice, McGraw-Hill Humanities, 2007.

Rolando v. del Carmen, Criminal Procedure: Law and Practice, Wadswoth Publishing, 2009.

Ronald J. Allen, Criminal Procedure: Investigation and Right to Counsel, Aspen Publishers, 2005.

Ronald N. Boyce, Donald A. Dripps, Rollin M. Perkings, Criminal Law and Procedure, Foundation Press, 2007.

Shapland, Joanna. Between Conviction and Sentence, Routledge, 1981.

Steven L. Emanuel, Constitutional Law, Aspen Publishers, 2005.

Thomas, D A, Principles of Sentencing, Heinemann, 1979.

Thorpe, Jennifer, Social Inquiry Reports, A Survey, Home Office Research Study No. 48, 1979.

Walker, Nigel, Sentencing: Theory, Law and Practice, Butterworths, 1985.

Wayne R. RaFave, Jerold H. Israel, Nancy J. King, CRIMINAL PROCEDURE, West, 2004.

Wayne W. Bennett, Kären M. Hess, Criminal Investigation, Wadsworth Publishing, 2006.

Welsh S. White, James J. Tomkovicz, Criminal Procedure: Constitutional Constraints upon Investigation and Proof, Lexis Nexis, 2004.

William Geldart, Introduction to English Law, Oxford UP, 1984.

찾아보기

▌판례색인▌

Alabama v. White, 496 U.S. 325 [1990] ······ 486

Alderson v. Booth (1969) 2 QB 216 ······ 116

Apodaca v. Oregon, 406 U.S. 404 [1972] ······ 456, 583

Argersinger v. Hamlin, 407 U.S. 25 [1972] ······ 588

Arizona v. Evans, 514 U.S. 1 (1995) ······ 470, 477

Arizona v. Fulminante, 499 U.S. 279 [1991] ······ 554

Arizona v. Roberson, 486 U.S. 675 [1988] ······ 548

Attorney-General v. Associated Newspapers Ltd [1994] 2 AC 238 ······ 317

Atwater v. City of Lago Vista, 532 U.S. 318 [2000] ······ 519

Baldwin v. New York, 399 U.S. 66 [1970] ······ 583

Ballew v. Georgia, 435 U.S. 223 [1978] ······ 582

Barker v. Wingo, 407 U.S. 514 [1972] ······ 607

Bell v. Cone, No. 01-400 [2002] ······ 590

Bell v. DPP of Jamaica [1985] AC 397 ······ 294

Berkemer v. McCarty, 468 U.S. 420 [1984] ······ 515, 543

Blackledge v. Perry, 417 U.S. 21 (1974) ······ 578

Blair v. United States, 250 U.S. 273 (1919) ······ 563

Blanton v. North Las Vegas, 489 U.S. 538 [1989] ······ 584

Blockburger v. United States, 284 U.S. 299 [1932] ······ 602

Boid v. United States, 116 U.S. 616 [1886] ······ 470

Bond v. United States, 529 U.S. 334 [2000] ······ 507

Bow Street Stipendiary Magistrate ex p DPP (1989) 91 Cr App R 283 ······ 234

Boykin v. Alabama, 395 U.S. 238 [1969] ······ 443

Braccgirdle v. Oxley [1947] KB 349 ······ 390

Brady v. Maryland, 373 U.S. 83 (1963) ······ 593

Brady v. United States, 397 U.S. 742 [1970] ······ 444

Brewer v. Williams, 430 U.S. 387 [1977] 546
Brinegar v. United States, 338 U.S. 160 [1949] 464
Brower v. County of Inyo, 486 U.S. 593 [1989] 488
Brown v. Mississippi, 297 U.S. 278 [1936] 538
Brown v. Ohio, 432 U.S. 161 [1977] 602
Brown v. United States, 359 U.S. 41 (1959) 570
Bumper v. North Carolina, 391 U.S. 543 [1968] 499
Burch v. Louisiana, 441 U.S. 130 [1979] 456
Burdeau v. McDowell, 256 U.S. 465 [1921] 482
Burdine v. Johnson, No. 99-21034 [5th Cir. 2001] 590
Burks v. Unites States, 437 U.S. 1 [1978] 601
California v. Acevedo, 500 U.S. 565 [1991] 524
Camara v. Municipal Court, 387 U.S. 523 [1967] 504
Camberwell Green Magistrates ex p Christie [1978] QB 602 234
Carroll v. United States, 267 U.S. 132 (1925) 520
Central Criminal Court ex p Randle [1991] Crim LR 551 294
Chambers v. Florida, 309 U.S. 227 [1940] 538
Chambers v. Maroney, 399 U.S. 42 [1970] 523
Chambers v. Mississippi, 410 U.S. 284 [1973] 606
Chapman v. California, 386 U.S. 18 [1967]. 473
Chichester Justices ex p DPP [1994] RTR 175 228
Chimel v. California, 395 U.S. 752 (1969) 497
Coleman v. alabama, 399 U.S. 1 [1970] 526
Colonnade Catering Corporation v. United States, 397 U.S. 72 [1970] 505
Colorado v. Bannister, 449 U.S. 1 (1980) 517
Coy v. Iowa, 487 U.S. !012 [1988] 604
Dallison v. Caffery (1965) 1 QB 348 117
Daubert v. Merrell Dow Pharmaceuticals, Inc., 509 U.S. 579 [1993] 536
Delaware v. Prouse, 440 U.S. 648 [1979] 513
Derby Crown Court ex_p Brook (1984) 70 Cr App R 164 234
Dickerson v. United States, 530 U.S. 428 [2000] 543
dicta in Central Criminal Court ex p Francis and Francis [1989] AC 346 144
Doggett v. United States, 505 U.S. 647 [1992] 607

DPP ex p Association of First Division Civil Servants (1988) 138 NLJ 158 ········· 158
DPP v. Richards [1988] QB 701 ········· 194
DPP. v. Meriman [1973] AC 584 ········· 258
DPP. v. Merriman [1973] AC 584 ········· 252
Dunaway v. New York, 442 U.S. 200 [1979] ········· 488
Duncan v. Louisiana, 391 U.S. 145 [1968] ········· 429
Edwards v. Arizona, 451 U.S. 477 [1981] ········· 547
Elkins v. United States, 364 U.S. 206 [1960] ········· 471
Epping and Harlow Justices ex p Massaro [1973] QB 433 ········· 298
Escobedo v. Illinois, 378 U.S. 748 [1964] ········· 539
F. v. Chief Constable of Kent [1982] Crim LR 682 ········· 225
Faretta v. California, 422 U.S. 806 [1975] ········· 591
Florida v. Bostick, 501 U.S. 429 [1991] ········· 498
Foster v. California, 394 U.S. 440 (1969) ········· 528
Frye v. United States, 293 F. 1013 (D.C. Cir. 1923) ········· 536
Geders v. United States, 425 U.S. 80 [1976] ········· 589
Gerstein v. Pugh, 420 U.S. 103, 95 (1975) ········· 435
Gideon v. Wainwright, 372 U.S. 335 [1963] ········· 585, 588
Gilbert v. California, 388 U.S. 363 (1967) ········· 528
Green v. United States, 355, U.S. 184 [1957] ········· 601
Griffin v. California, 380 U.S. 609 [1965] ········· 595
Griffin v. Wisconsin, 483 U.S. 868 [1987] ········· 500
Haringey Justices ex p DPP [1996] QB 351 ········· 224
Harris v. New York, 401 U.S. 222 [1971] ········· 550
Harris v. United States, 390 U.S. 234 [1968] ········· 505
Harrow Crown Court ex p Dave [1994] 1 WLR 98 ········· 388
Hawkins v. Bepey [1980] 1 WLR 419 ········· 125
Heath v. Alabama, 474 U.S. 82 [1985] ········· 602
Hester v. United States, 265 U.S. 57 [1924] ········· 506
Illinois v. Allen, 397 U.S. 337 [1970] ········· 604
Illinois v. Gates, 462 U.S. 213 (1983) ········· 465
Illinois v. Krull, 480 U.S. 340 (1987) ········· 479
Illinois v. McArthur, 531 U.S. 326 [2001] ········· 508

Illinois v. Rodriguez, 497 U.S. 117 (1990) ········· 478
Illinois v. Vitale, 447 U.S. 410 [1980] ········· 602
Imber v. Pachtman, 424 U.S. 409 (1976) ········· 580
Indianapolis et al. v. Edmond et al. 531 U.S. 32 [2002] ········· 423
Indianapolis v. Edmond, 531 U.S. 32 [2000] ········· 513
Irvin v. Dowd, 366 U.S. 717 [1961] ········· 609
Johnson v. Louisiana, 406 U.S. 356 [1972] ········· 456, 583
Kastigar v. United States, 406 U.S. 441 [1972] ········· 598
Katz v. United States, 389 U.S. 347 [1967] ········· 493
Kirby v. Illinois, 406 U.S. 682 [1972] ········· 526
Knowles v. Iowa, 525 U.S. 113 [1998] ········· 520
Kunnath v. The State [1993] 1 WLR 1315 ········· 309
Kyles v. Whitley, 514 U.S. 419 (1995) ········· 593
Lawrence v. Same [1968] 2 QB 93 ········· 226
Lewis v. United States, 59 CrL 2206 [1996] ········· 584
Leyland Justices ex p Hawthorn [1979] QB 283 ········· 226
Liverpool Crown Court ex p Bray [1987] Crim LR 51 ········· 158
Liverpool Crown Court ex p Roberts [1986] Crim LR 622 ········· 224
Lockhart v. Fretwell, 506 U.S. 364 [1993] ········· 590
Lockhart v. McCree, 476 U.S. 162 [1986] ········· 585
Lord Devlin in Hussien v. Chong Fook Kam (1970) AC 942 at p. 948 ········· 114
Ludlow v. Metropolitan Police Commissioner [1971] AC 29 ········· 255
Manson v. Brathwaite, 432 U.S. 98 [1977] ········· 534
Mapp v. Ohio, 367 U.S. 643 (1961) ········· 470, 471
Marbury v. Madison, 5 U.S. 137 [1803] ········· 422
Maryland v. Craig, 497 U.S. 836 [1990] ········· 605
Maryland v. Garrison, 480 U.S. 79 (1987) ········· 478, 496
Maryland v. Wilson, 519 U.S. 408 [1997] ········· 515
Massachusetts v. Sheppard, 468 U.S. 981 (1984) ········· 476
Metropolitan Police Commissioner ex p Blackburn (No 1) [1968] 2 QB 118 ········· 155
Michigan Department of State Police v. Sitz, 496 U.S. 444 [1990] ········· 512
Michigan v. Long, 463 U.S. 1032 [1983] ········· 516
Michigan v. Summers, 452 U.S. 692 [1981] ········· 463

Michigan v. Tucker, 417 U.S. 433 (1974) ········· 551
Mickens v. Taylor, No. 00-9285 [2002] ········· 591
Mincey v. Arizona, 437 U.S. 385 [1978] ········· 501, 545
Minnesota v. Carter, 525 U.S. 83 [1998] ········· 474
Minnesota v. Olson, 495 U.S. 91 [1990] ········· 474
Minnick v. Mississippi, 498 U.S. 146 [1991] ········· 548
Miranda v. Arizona, 384 U.S. 436 [1966] ········· 526, 540
Mooney v. Holohan, 294 U.S. 103 (1935) ········· 592
Moore v. Illinois, 434 U.S. 220 [1977] ········· 530
Murphy v. Waterfront Commission, 378 U.S. 52 [1964] ········· 597
Neil v. Biggers, 409 U.S. 188 [1972] ········· 528, 531
New Jersey v. T.L.O., 469 U.S. 325 [1985] ········· 500
New York v. Belton, 453 U.S. 454 [1981] ········· 521
New York v. Burger, 482 U.S. 691 [1987] ········· 505
New York v. Quarles, 467 U.S. 649 [1984] ········· 553
Nix v. Williams, 467 U.S. 431 [1984] ········· 480
North Carolina v. Alford, 400 U.S. 25 [1970] ········· 444
North Carolina v. Butler, 441 U.S. 369 [1979] ········· 545
North Carolina v. Pearce, 395 U.S. 711 [1969] ········· 599
Nottingham Justices ex p Davies [1981] QB 38 ········· 189
Payton v. New York, 445 U.S. 573 [1980] ········· 491
Pennsylvania v. Bruder, 488 U.S. 9 [1988] ········· 544
Pennsylvania v. Mimms, 434 U.S. 106 [1977] ········· 487, 514
Pennsylvania v. Muniz, 496 U.S. 582 [1990] ········· 552
Perry v. Leeke, 488 U.S. 272 [1989] ········· 589
Powell v. Alabama, 287 U.S. 45 [1932] ········· 586
R. v. Aramah (1982) 4 Cr App R (S) 407 ········· 350
R. v. Assim [1966] 2 QB 249 ········· 259
R. v. Baird (1993) 97 Cr App R 308 ········· 256
R. v. Baker (1971) 55 Cr App R 182 ········· 358
R. v. Banks [1916] 2 KB 621 ········· 290
R. v. Barnes (1970) 55 Cr App R 100 ········· 267
R. v. Barrell and wilson (1979) 69 Cr App R 250 ········· 254

R. v. Barrick (1985) 7 Cr App R (S) 142 348
R. v. Bibi [1980] 1 WLR 1193 347
R. v. Billam [1986] 1 WLR 349 349
R. v. Binns [1982] Crim LR 522 282
R. v. Box and Box [1964] 1 QB 430 285
R. v. Bradley (1994) 15 Cr App R (S) 597 358
R. v. Buzalek [1991] Crim LR 115 295
R. v. Canale (1990) 91 Cr App R 1 139
R. v. Cavanagh and Shaw [1972] 1 WLR 676 297
R. v. Clark [1998] 2 Cr App R (S) 95 349
R. v. Clinton [1993] 1 WLR 1181 398
R. v. Comerford [1998] 1 Cr App R 235 278
R. v. Coward (1980) 70 Cr App R 70 293
R. v. Delaney (1988) 88 CR App R 338 139
R. v. Ellis (1973) 57 Cr App R 571 265
R. v. Forde [1923] 2 KB 400 395
R. v. French (1994) 15 Cr App R (S) 845 358
R. v. Galbraith [1981] WLR 1039 304
R. v. George [1984] 1 WLR 1082 335
R. v. Gillan (1980) 2 Cr App R (S) 267 331
R. v. Gorman [1987] 1 WLR 545 288
R. v. Grant (1990) 12 Cr App R (S) 441 402
R. v. Gumbs (1926) 19 Cr App R 74 403
R. v. Hamberry [1977] QB 924 287
R. v. Hayward [2001] 3 WLR 125 310
R. v. Hodgson (1967) 354
R. v. Hulusi (1973) 58 Cr App R 378 289
R. v. Ithell [1969] 1 WLR 272 359
R. v. Johnson (1994) 15 Cr App R (S) 827 353
R. v. Johnson [1994] Crim LR 537 338
R. v. Keenan [1990] 2 QB 54 139
R. v. Kellard [1995] 2 Cr App R 134 260
R. v. Kelly [1999] Crim LR 240 355

R. v. Ketteridge [1915] 1 KB 467 314
R. v. Kondal (1995) 16 Cr App R (S) 845 358
R. v. Kray (1969) 53 Cr App R 412 282
R. v. Lawrence (1968) 52 Cr App R 163 315
R. v. Lewis [1989] Crim LR 61 302
R. v. Lillis [1972] 2 QB 236 320
R. v. Maggs (1990) 91 Cr App R 243 316
R. v. McCalla [1986] Crim LR 335 283
R. v. McCluskey (1993) 98 Cr App R 218 317
R. v. Mickleburgh [1995] 1 Cr App R 297 317
R. v. Mullen [1999] Crim LR 561 396
R. v. Neal [1949] 2 KB 590 313
R. v. Nelson (1977) 65 Cr App R 119 291
R. v. Newland [1988] QB 402 256
R. v. Newton (1982) 77 Cr App R 13 327
R. v. Nicholas (1986) The Times, 1986. 4. 23. 353
R. v. Offen [2001] 1 WLR 253 355
R. v. Okinikan [1993] 1 WLR 173 357
R. v. Oliver [1996] 2 Cr App R 514 314
R. v. Owen [1952] 2 QB 362 315
R. v. Pinfold [1988] QB 462 400
R. v. Reilly [1982] QB 1208 334
R. v. Renan [1994] Crim LR 379 331
R. v. Richardson [1979] 1 WLR 1316 287
R. v. Roads [1967] 2 QB 108 317
R. v. Roberts [1982] 1 WLR 133 349
R. v. Sapiano (1968) 52 Cr App R 674 358
R. v. Saunders (1970) 54 Cr App R 247 359
R. v. Smith (1999) The Times, 1999. 5. 31. 397
R. v. Starkey [1994] Crim LR 380 361
R. v. Stewart (1989) 89 Cr App R 273 315
R. v. Tarry [1970] 2 QB 561 360
R. v. Thompson [1962] 1 All ER 65 316

R. v. Thorne (1978) 66 Cr App R 6 260
R. v. Tomlin (1954) 38 Cr App R 82 252
R. v. Tuner [1970] 2 QB 321 .... 268, 270, 292
R. v. Ullah Khan (1994) 15 Cr App R (S) 320 357
R. v. Weeks (1980) 74 Cr App R 161 266
R. v. Whybrow (1994) The Times, 1994. 2. 14. 289
R. v. Wootton [1990] Crim LR 201 311
R. v. Young [1995] QB 324 318
Redbridge Justices ex p Ram (1991) 156 JP 203 226
Rhode Island v. Innis, 446 U.S. 291 [1980] 547
Rideau v. Louisiana, 373 U.S. 723 [1963] 609
Robbins v. California, 453 U.S. 420 [1981] 520
Rochin v. California, 342 U.S. 165 [1952] 471
Rogers v. Richmond, 365 U.S. 534 [1961] 539
Rubin v. DPP [1990] 2 QB 80 125
Santobello v. New York, 404 U.S. 257 [1971] 445, 579
Schmerber v. California, 384 U.S. 757 [1966] 502
Schneckloth v. Bustamonte, 412 U.S. 218 [1973] 518
Scott v. Illinois, 440 U.S. 367 [1979] 588
See v. City of Seattle, 387 U.S. 541 [1967] 504
Shadwick v. City of Tampa, 407 U.S. 345 [1972] 490
Sheppard v. Maxwell, 384 U.S. 333 [1966] 611
Silverthorne Lumber Co. v. United States, 251 U.S. 385 [1920] 474
Simmons v. United States, 390 U.S. 377 [1968] 534
South Dakota v. Neville, 459 U.S. 553 (1983) 595
Spano v. New York, 360 U.S. 315 [1959] 538
State v. O'Bremski, 423 p.2d 530 [1967] 481
Stovall v. Denno, 388 U.S. 293 [1967] 532
Strickland v. Washington, 466 U.S. 668 [1984] 590
Taylor v. Alabama, 457 U.S. 687 [1982] 481
Taylor v. Louisiana, 419 U.S. 522 [1975] 584
Taylor v. United States, 414 U.S. 17 [1973] 604
Teague v. Louisiana, 444 U.S. 469 [1980] 545

Terry v. Ohio, 392 U.S. 1 (1968) ······ 485
Texas v. Cobb, 532 U.S. 162 (2001) ······ 548
United States v. Agurs, 427 U.S. 97 (1976) ······ 593
United States v. Arvizu, 534 U.S. 266 [2002] ······ 486, 512
United States v. Ash, 413 U.S. 300 [1973] ······ 533
United States v. Bagley, 473 U.S. 667 (1985) ······ 593
United States v. Balsys, 524 U.S. 666 [1998] ······ 596
United States v. Bethea, 483 F. 2d 1024 (1973) ······ 579
United States v. Biswell, 406 U.S. 311 [1972] ······ 505
United States v. Calandra, 414 U.S. 338 [1974] ······ 482
United States v. Chadwick, 433 U.S. 1 [1977] ······ 498
United States v. Cortez, 449 U.S. 411 [1981] ······ 512
United States v. Crews, 445 U.S. 463 [1980] ······ 481
United States v. Cronic, 466 U.S. 648 [1984] ······ 589
United States v. Davis, 482 F.2d 893 [9th Cir. 1973] ······ 501
United States v. Dickerson, No. 97-4750 [4th Cir. 1999] ······ 543
United States v. Drayton, 536 U.S. 194 [2002] ······ 499, 523
United States v. Edwards, 415 U.S. 800 [1974] ······ 498
United States v. Henry, 447 U.S. 264 [1980] ······ 549
United States v. Hudson and Goodwin, 11 U.S. 32 (1812) ······ 16
United States v. Jacobsen, 466 U.S. 109 [1984] ······ 510
United States v. Johns, 469 U.S. 478 [1985] ······ 522
United States v. Leon, 468 U.S. 897 (1984) ······ 469, 495
United States v. Mandujano, 425 U.S. 564 [1976] ······ 553
United States v. Martinez-Fuerte, 428 U.S. 543 [1976] ······ 513
United States v. Ortiz, 422 U.S. 891 (1975) ······ 464
United States v. Place, 462 U.S. 696 [1983] ······ 511
United States v. Powell, 469 U.S. 57 [1984] ······ 455
United States v. Robinson, 414 U.S. 218 [1973] ······ 497
United States v. Robinson, 485 U.S. 25 [1988] ······ 596
United States v. Ross, 456 U.S. 798 [1982] ······ 522
United States v. Scheffer, 523 U.S. 303 [1998] ······ 536
United States v. Van Leeuwen, 397 U.S. 249 [1970] ······ 509

United States v. Verdugo-Urquidez, 494 U.S. 259 [1990] ········· 511
United States v. Wade, 388 U.S. 218 [1967] ········· 527, 528
United States v. Watson, 423 U.S. 411 [1976] ········· 489, 491
United States v. Williams, 504 U.S. 36 (1992) ········· 564, 570
Vale v. Louisiana, 399 U.S. 30 [1970] ········· 501
Warden v. Hayden, 387 U.S. 294 [1967] ········· 502
Webb v. Texas, 409 U.S. 95 [1972] ········· 606
Weeks v. United States, 232 U,S. 383 [1914] ········· 470
Wellingborough Justices ex p Francois (1994) JP 813 ········· 224
Welsh v. Wisconsin,466 U.S. 740 [1984] ········· 503
Wheat v. United States, 486 U.S. 153 [1988] ········· 587
Whitehouse v. Lemon [1979] AC 617 ········· 163
Whiteley v. Warden, 401 U.S. 560 [1971] ········· 468
Whren v. United States, 517 U.S. 806 [1996] ········· 518
Williams v. Florida, 399 U.S. 78 [1970] ········· 456, 582
Witherspoon v. Illinois, 391 U.S. 510 [1968] ········· 585
Wolf v. Colorado, 338 U.S. 25 [1949] ········· 471
Wong Sun v. United States, 371 U.S. 471 [1963] ········· 480
Wyoming v. Houghton, 526 U.S. 295 [1999] ········· 517

▌국문색인▌

【ㄱ】

가벼운 범죄 583
가석방 363
가석방위원회 354, 362, 364
가석방취소절차 483
가택수색권 143
각 주권자의 평화와 위엄 603
간이재판 73
감금형 342, 361
감형 363
강제퇴거권고 381
개방교도소 342
객관적으로 합리적인 신념 475
거래 면제 598
거짓말탐지기 검사 536
검사 156
검사업무처리지침 168, 261, 269
검사의 면책권 580
검사의 지위 25
검시관의 심문 76
검시관의 심문결과보고서 77
격리수용명령 383
견책 167
결투 85
결투에 의한 재판 83
경고 167
경찰당국 155
경찰보석 432
경찰소추 39
경찰을 위한 공판변호사 28
경찰의 변호사부 40
경찰의 수사권독립 24
계속구금 119
계속구금의 영장 120
고등법원 가사부장 106
고등법원 68, 104
고등법원판사 106, 245
고등변호사협회 98
고려대상 333
고려된 범죄 334
고발 216
고발에 의한 재판 215
고발인 435
고발장 434
고발장에 의한 고발 112
고발장의 작성 217
고발취하신청 434
고발취하의 이유 576
고살 250, 343
공개되지 않고 편리한 313
공개재판 608
공동소송 258
공소국 40, 156
공소국본부 157
공소국장 38, 156
공소국장의 동의 175
공소권남용 31
공소시효제도 31, 173
공소장일본주의 45
공소제도 36
공소추제도 572
공소취소 164

공식적인 인정 302
공익(public interest)의 대표자 41
공익 171, 213
공익변호사제도 587
공익적 요소 170
공적 감시인 561
공정한 재판 15, 608
공판중심주의 47, 51
과부하 기소장 260
관련 시간 120
관습법상의 범죄 16
관심과 심리 592
교도소 문소리의 원칙 348
구금기간에 관한 제한 규정 184
구금기록 117
구금담당직원 117
구금상태에서의 신문 526, 542
구금영장 371
구금집행유예의 영장 372
구두 또는 서면에 의한 고발 123
구두변론절차 44
구속기간 184
구속기간의 공제 363
구체적 사정에 따른 수용 429
구형 50, 270, 327
국가 수사기관 19
국가소추주의 12
국가형벌권 9, 13, 51
국가형벌권의 남용 28
국민의 사법참여 566
국왕의 고문변호사 26, 38
국왕의 면전에서 67
국왕의 법무관 26
국왕의 사면권 99
국왕의 영장 82
국왕의 특권 8, 62
국왕의 평화 62
궁정 66
권리장전 95, 424
궐석재판 604
귀족원 의원 106
귀족원 의장 106
귀족원 104
귀족원부의장 106
귀족원의 상소심위원회 106
기결사항 189
기본적인 공정성 482, 592
기소 28, 48
기소가능범죄 198
기소가능범죄의 부가항목 206
기소인부 90
기소인부절차 263, 442
기소장 434
기소장안 87, 249, 442
기소장안의 제출 249
기소장의 기각신청 262
기소장의 변경신청 261
기소장의 분리 256
기소장의 분리신청 261
기소장의 흠 262
기소장작성 248
기피신청 449
긴급한 상황에 의한 예외 501, 503

【ㄴ】

나체수색 146

4명의 법칙 417
Northampton법 73

【ㄷ】

다수결평결 322
다수의 무죄사건 59
단순한 의심 464
답변불능 271
답변불능의 상태 272
답변의 변경 269
당사자 대등의 원칙 586
당사자의 처분권 45
당사자주의 소송구조 42
당사자주의의 결점 46
당직변호사제 136
대기명령 92
대륙법계제도 3
대륙법계형사소송 3
대면확인절차 526
대배심 48, 87
대배심수사 555
대배심에 의한 고발 84
대배심의 기소결정 440
대배심의 보고서 560
대배심의 수사보고서 567
대배심의 수사절차 482
대배심의 예심제도 441
대법관 416
대법원장 416
대심주의 소송 43
대심주의 9, 42
더 가벼운 범죄에 대한 유죄답변 268
도주죄 196
독립된 공적 소추기관 26
독립된 수사기관 569
독립된 자료에 의한 예외 481
독수의 과실 474
독수의 과실이론 474
독자적인 법원 71
동료 배심원에 의한 재판 584
동산 507
동시집행 227
동시집행의 징역형 345
동의사건 39, 175
동의사건제도 164
동일한 범죄 599, 601
동일한 법역 599
동일한 사실 254
뒷골목의 비밀정보 115
DNA 검사 535

【ㅁ】

면제사유 449
면책권의 부여 565
면책의 보장 597
면책처분 374
면책특권 173
면허정지명령의 취소 380
모두진술 223
모든 사정 359
모든 형사소송절차 603
모든 형사소추 588
모살 250, 343
몰수명령 380
무기 대등 208
무기구금형 362

무기대등의 원칙 45
무기징역형 353
무료변호사제도 332
무법자 84
무조건면책 374
무조건의 기피 280
무조건의 기피신청 92, 449
무죄답변 91, 263, 443
무죄율 20
무죄추정의 원칙 21, 45
무죄판결 신청 451
무죄판결에 대한 이의 406
무죄평결지시 신청 451
무해한 오류의 원칙 554
무해한 잘못 420
무해한 흠 473
묵비권 437
문서지참소환장 565
문지방 367
문지방에 관한 규정 339
물적 증거 565
미결수석방재판 71
미국식의 당사자주의 12
Miranda 경고 542
Miranda 권리에 대한 포기 545
Miranda 사건 537
Miranda 원칙 543
Miranda 판결 540
민감한 자료 211
민사상의 손해배상 17
밀매물건 474
밀착수색 118, 146

【ㅂ】

반대신문 451
반대신문권 604
반대신문의 권한 301
반송명령 420
반증의 제시 452
배상명령 373
배심 전부에 대한 면직 287
배심보좌인 313
배심원명부 276
배심원명부에 대한 조사 276
배심원보호명령 284
배심원선발 278
배심원소집영장 449
배심원실 284, 314
배심원실의 비밀 316
배심원에 대한 기피신청 281
배심원으로서의 자격 274
배심원의 기피 279
배심원의 면직 287
배심원의 소환 275
배심의 격리 610
배심의 특별평결 97
배심장 313, 454
배심재판 83, 273, 448, 600
배심재판의 포기 584
배심제도 56
백인촌 법원 64
벌금미납자 371
벌금액의 상한 368
벌금형 95, 368
벌금형의 집행 370
벌점제에 의한 운전면허정지 379

법칙부소환장 558
범인식별절차 525
범인추적의 명령 74
범죄로 취득한 물건 474
범죄수사의 주체 23
범죄에 대한 총계의 원칙 346
범죄전력 328
범죄행위의 도구 474
법관 의원 106
법관규칙 109, 130
법률상 잘못된 판결 404
법무관 290
법무대신 38
법무장관 등에 의한 공적인 고발 84
법무장관의 동의 175
법무장관의 이의제도 407
법원 선임의 변호인 587
법원서기 228
법원에 대한 모욕행위 33
법원에서 선임해 주는 변호인 437
법원의 권력 569
법원의 부속기관 570
법원의 위헌심사 422
법적으로 보장된 항목에 속하는 것 144
법정모욕행위 32
법정변호사 37, 247
법질서유지에 관심 있는 사인 23
법질서유지에 관심 있는 하나의 사인 39, 108, 462
법집행과 관련 없는 특별한 필요 499
변호사부 154
변호사와 판사의 사적 접촉 292
변호사행동강령 301, 307
변호인의 변론행위 398
변호인의 유효적절한 조력 589
변호인의 조력 134, 585
변호인의 조력을 받을 권리 544
병기법 74
병원유치명령 383
병합소송 257
보고대상범죄 161
보도제한 235
보류 사건부 435
보류 281
보복적인 소추 578
보석결정에 대한 항고 193
보석권 182
보석보증금 186, 432
보석심문절차 188
보석을 배서한 체포영장 129
보석의 재검토 191, 193
보석조건 130
보석조건의 변경 190
보석청구절차 193
보증금납부명령 197
보증증권판매업자 438
보통법 법원 68
보호사건 절차 589
복무면제 277
복무연기신청 277
부가적인 소인 250
부분 면책 598
부지런한 소추인 560
분리소송 258
분리재판 256
분명하고 확실한 증거 467

불가피한 발견에 의한 예외 479
불구속재판 21
불구속재판의 원칙 45
불사용 자료 209
불이익변경금지의 원칙 338, 389, 403
불일치 배심 323, 454, 600
불항쟁의 답변 443
비공개심리 234
비례의 원칙 347
비밀준수의무 566

【ㅅ】

사건부 431
사건이송명령 69
사건이송영장 417
사계법원 70
사기범죄수사국 162
4단계에 해당하는 범죄 244
사무변호사 37, 247
사법관 69, 310, 327
사법상의 영장 503
사법심사 393
사선 변호인 586
사실을 말하기 449
사용하지 못하게 하는 473
사인소추 8, 36, 461, 575
사인에 의한 고발 84
사적으로 소추하는 자 127
사적인 수색 481
사전정보에 관한 피고인의 권리 201
사전정보제공의 의무 209
사진에 의한 범인식별 533
사회를 대표하는 계층 584
사회의 평온을 해하는 범죄 493
살인현장의 예외 502
3권분립에 의한 통제 10
3단계에 속하는 범죄 244
3심제도 11
상고허가신청 408
상급법원 104
상당한 이유 463
상소제도 384
새로운 배심소집영장 97
새로운 정보 495
Sir John Jervis의 법 78
선동적인 증거 452
선례 구속의 원칙 423
선서 고발 128
선서진술서 192, 467, 495
선택적 수용 429
선행보증 186, 375
성심에 의한 예외 475
소구역 215
소년에 대한 체포 152
소년원 수용 361
소송기록 96
소송비용 33
소송절차의 악용 294
소인 248
소추권의 남용 32, 45
소추담당 변호사 290
소추를 위한 결정적인 단계 526
소추변호사회사 38
소추불허결정 434
소추비용지급명령 374
소추의 개시 112

소추인 125
소추인의 모두진술 295
소추인의 변호사 25
소추인의 보류신청 280
소추인의 불출석 221
소추인의 항소 406
소추행위의 남용 39
소추행위의 중지 160
소취하신청 573
소환장 112, 431
속인주의 16
속지주의 16
손으로 붙잡을 수 있는 지역 498
수사담당직원 118
수사의 객체 19
수색과 압수 494
수색영장 494
수석법관 67, 106
순차집행 227
순차집행의 징역형 345
순회 미결수재판법원 97
순회 배심법원 97
순회법원 69
순회재판 64
순회판사 245
순회판사법원 69
순회판사보 246
순회형사재판 69
승려의 특권 94
신과 나의 조국에 의하여 90
신문내용의 녹음 139
신속한 재판 606
신체검사결과보고 184
신체수색 118, 146, 497
실무규칙 110
실체진실의 발견 14
심급별 구속기간 29
심리대상 417
10인조 63

【ㅇ】

악의의 침묵 271
Alford유죄답변 444
애매모호한 답변 223
야비한 중죄 86
약식범죄 198
양형기준 57
양형기준법 57, 457
양형에 관한 권한 50
양형에 관한 의견진술 327
양형에 관한 판례 338
양형에 관한 항소 387
양형자료 29
양형재판절차 30
양형절차 482
양형조사관 50
양형판결에 관한 이의 407
Assize순회법원 70
언론관련 자료 145
언론의 재판방청권 610
엄격하게 규제되고 있는 사업 505
Eyre순회법원 69
여왕이 만족할 때까지 362
여왕좌법원 68
연관성 255, 259
연방 지방법원 418

연방 치안법원 418
연방 항소법원 417
연방대법원 416
연방수사국 20
연방헌법 424
연속적인 소추 599
영국의 최고법원 68
영미의 형사소송 3
영미의 형사소송제도 3
영미의 형사소추제도 26
영장 없는 체포 491
영주법원 64
예모의 범의 250
예심 177, 232, 439
예외적인 사정 357
오래된 정보 495
오심 396, 452
오심명령 69
오심영장 95, 417
왕립형사법원 104, 242
왕실법원 66
왕의 고문변호사 55
왕좌법원 67
우편에 의한 유죄답변 219
운전면허정지명령 377
원상회복명령 380
월경추격 490, 502
위반사실의 기재 376
위법수집증거의 배제법칙 468
위헌심사 422
유급치안판사 216
유배형 94, 342
유사성 255
유죄답변 91, 265, 443
유죄답변거래 270, 444
유죄인정에 대한 항소 387
유죄평결 456
유해한 오류 459
은 접시의 이론 471
음주운전검문소 512
의료보고서 329
의심 114
2단계에 속하는 범죄 244
이유를 제시하고 하는 기피신청 449
이유를 제시한 배심원기피 280
이중 주권 421
이중 주권이론 602
이중위험금지의 원칙 598
이해충돌 591
인권보장 13
인권에 관한 유럽협약 202, 355
인신보호영장 83, 459
인신회복영장 82
1단계에 속하는 범죄 244
일련의 사건 256
일반 공중에게 중대한 위협 356
일반예방효과 326
일반원칙의 위반 403
일방적인 결정 435
일방주의 상소제도 386
임금의 압류 371
임시직 판사 106, 246
임의적 운전면허정지 378
입건절차 431
입증의 정도 28

【ㅈ】

자기부죄금지의 권리 594
자동차 수색 519
자동차에 대한 예외 520
자백의 임의성 537
자신의 서약서 480
자유를 위한 위대한 영장 459
재 반대신문 451
재 주신문 451
재검토 직원 119
재산압류영장 371
재소송의 신청 97
재정법원 66
재판 안의 재판 225
재판 전 수사권자 46
재판 전 이의신청 472
재판과 관련한 이의신청 447
재판보류장부 265
재판의 무효 신청 452
재판장소의 변경 610
재판절차 30
재판형식의 결정 202
쟁송적인(litigious) 소송구조 42
쟁송주의제도 9
적법절차 527, 592
적법절차위반 469, 529
적법절차조항 428, 471
적정한 성년 152
적정한 양형 15
전과의 실효 329
전관예우의 문제 55
전문증거 29, 44, 49
전부 수용 429
전원일치의 평결 318, 456, 583
전체상황 498
전체적인 상황 486, 512
절대적 면제 598
절대적인 보석권 185
절차상의 하자 397
절차의 남용 234
절차진행을 위한 소환장의 발부 113
절차진행을 위한 영장의 발부 123
정당방위 331
정당한 대응 595
정보와 믿음 435
정부공무원의 행위 482
정부에 대한 감시인 562
정상자료 331
정신 장애인 153
정신보건심사위원회 383
정신이상에 의한 무죄 455
정액벌금통보제도 168
정의에 관한 문제로서 96
정지 및 수색권한 141
정직한 사람들 77
제 1 차 증거개시 209, 211
제 2 차 증거 474
제 2 차 증거개시 210, 213
제외되는 물건 145
조건부기소유예 573
조건부면책 374
조건부석방 354, 362, 364
조건부석방영장 82
조기석방 364
졸고 있는 변호인 590
죄인판별법 85

죄인판별법에 의한 재판 83
죄형법정주의 8, 15
주 법원 64, 104
주 헌법 426
주신문 451
주의조치 131
주행정관 64
준수사항 186
중간시설수용 118
중간영장 43
중노동형 93
중대한 범죄 355
중대한 체포가능범죄 115, 135
중립적이고 독립적인 490
중복기재의 흠 251
중앙형사법원 243
중죄고발 440
중죄혐의자 439
중한 범죄 583
증거개시제도 208
증거능력에 관한 이의신청 224
증거를 개시할 의무에 관한 규정 201
증거에 대한 이의신청 467
증거요지 388
증거인멸 및 도주의 우려 22
증오에 따른 고발을 이유로 한 영장 82
증인소환장 565
증인신문조서 78
증인에 의한 범인식별 432
증인의 증언 58
지문채취대상범죄 151
지방공소국 157
지방교도소 342
지방행정관 77
지속적인 범인 363
직권주의적인(inquisitorial) 성격 42
직무집행영장 574
직접적인 지배하에 있는 장소 498
집행유예감독명령 360
집행유예의 사유 357
집행유예의 실효 360
집행유예의 징역형 356
집행유예의 판결 357
징벌적 손해배상제도 575
징역형 94, 341

【 ㅊ 】

차별적인 소추 578
참고인진술조서 44
채찍형 93
천형에 의한 침묵 272
체포 가능한 범죄 113
체포 488
체포영장 129, 431, 489
체포의 이유 116
총계의 원칙 369
총량 부족의 절도 252
최고법원 104
최소기간복역 354
최후변론 453
추가 증거 298
추밀원 294
추정에 대한 상당한 이유 79
출석명령 297
Chimel원칙 498
치안담당자 71

치안법원 104
치안유지자 62
치안판사 71, 72
치안판사에 의한 재판 215
칙선변호사 55
침묵하고 있는 변호인 590

【ㅋ】

Clarendon법 73

【ㅌ】

탐색적 신문 282
특권 행정구 64
특권명령 393
특별 대배심 557
특별 법원 73
특별검사 562, 569, 577
특별예방효과 326
특별한 사정 377, 378
특별한 절차를 요하는 물건 145

【ㅍ】

파생증거 474
판결 선고의 연기 335
판결원칙에 반한 판결 404
판결의 변경 334
판결전보고서 326
판결전조사보고서 457
판례법에 의한 범죄 16
판례의 구속력 427
판사의 인정서 394
판사의 자격이나 선발 54
판사재판 600
평결 455
평등권보장조항 428
평의 454
폐쇄교도소 342
표본 소인 253
표준단계 368
표준단계별 상한액 368
푸른 리본의 대배심 567
피고인의 보석 80
피고인의 불출석상태 220
피고인의 사건 불성립 주장 225
피고인의 의견서 212
피고인의 이의신청 236
피고인의 자력상태 369
피고인의 전력 326, 328
피고인의 증거개시의무 212
피고인의 증거불충분주장 303
피고인의 첫 출정 436
피의자신문조서 44
피의자의 전화할 권리 137
피의자진술의 녹취 138
피해자를 변론한 변호인 590
피해자소추 8
피해자의 도발 331
Philip and Mary의 법 77
필요성 340
필요적 가중형벌 356
필요적 복역기간 364
필요적 운전면허정지 377

【ㅎ】

하급법원 104
함구령 610

합리적 의심 463
합리적인 근거 464
합리적인 의심 484, 486, 512
합리적인 이유 464
합리적인 주의력을 갖고 있는 사람 464
항소법원 수석법관 106
항소법원 104
항소법원의 양형기준 349
항소법원판사 106
항소의 통보 406
항소이유서 404
항소통보 387
항소허가 394
항소허가신청 404
항소허가제 395
해독에 의한 예외 480
행정상의 수색 503
행정상의 영장 503
현장을 데리고 다니는 것 116
현행범 432
형벌권의 주체 7
형벌의 종류 337
형벌집행기관 51
형사미성년제도 32
형사보상 33
형사사건재심위원회 61, 99, 105
형사사법법 103
형사사법의 목적 325
형사상의 면책 598
형사유보문제처리법원 97, 385
형사적 민사소송 575
형사절차법정주의 8, 15
형의 가중요소 340
형의 감경사유 331
형의 감경요소 340
형평법 법원 68
호의를 베풀기 위한 96
환경조사보고서 329
회부절차 232
효과적인 집단 토의 582
훈련교도소 342
훈방 165

▌영문색인▐

【A】

a duty solicitor scheme 136
a half-way house 118
a jury of peers 584
a lesser offence 268
a police authority 155
a representative cross-section of the community 584
a separate commission 71
abandonment doctrine 507
absolute discharge 374
action of governmental official 482
action plan order 367
actus reus 263
administrative search 503
administrative warrant 503
adversarial deficit 46
adversarial system 9, 42
adversary proceeding 440
affidavit 192, 467
affirmation 420
all criminal prosecutions 588
an arm of the court 569
antecedent 326
anticipatory search warrant 495
apparent authority principle 478
appeal 84
appropriate adult 152
arraignment 263, 442
arraignment on the warrant 436
arrest warrant 489
as a matter of favour 96
as a matter of justice 96
assigned counsel system 438
Assize of Arms 74
assize of nisi prius 97
Associate Justice 417
attendance centre order 366
Attorney General 37
automobile exception 520

【B】

backing the warrant for bail 129
bad for duplicity 251
bare suspicion 464
barrister 247
Bar's Code of Conduct 290, 301, 307
base felony 86
battle 85
bench warrant 195, 431
benefit of clergy 94
bill of indictment 87, 249, 442
Bill of Rights 95, 424
bind over 186
binding over 375
Birmingham Six 61
Blackstone 251
blotter 431
blue ribbon grand jury 567
Booking 431
bounty hunter 553
Bracton 80

Brady Rule 593
breach of the peace 493
by god and my country 90

【C】

case stated 389, 391
case-by-case incorporation 429
caution 131, 165
certificate 394
challenge for cause 281, 449
challenge without cause 280
change of venue 610
charge 112
charging instrument 434
Chief Constable 155
Chief Crown Prosecutor 156
Chief Justice 417
Chief Justiciar 67
circuit court 419
circuit judge 245
citation 431
clear and convincing evidence 467
closely regulated business 505
clothed in the presumption of innocence 595
Code for Crown Prosecutors 168
collateral derivative evidence 550
Commissioner 155
committal 80
committal proceeding 232
Common Law immunity of a prosecutor 580
community punishment and rehabilitation order 366
community punishment order 366
community rehabilitation order 366
Community Sentence 365
complainant 435
complaint 434
concurrent sentence 227, 345
conditional discharge 374
confiscation order 380
consecutive sentence 227, 345
Conservator of Peace 62
coram ipso rege 67
coroner's inquest 76
counsel for the crown 25
count 248
county court 104
county public defender service 438
court appointed counsel 437
court of common plea 419
Court of King's Bench 67
Court of the Justice in Eyre 69
court-appointed counsel 587
courts of general gaol delivery 341
Criminal Cases Review Commission 105
Criminal Defence Service 237
Criminal Justice Act 103
Criminal Practice 251
critical stage of prosecution 526
cross-examination 451
Crown Court antecedent 328
Crown Prosecutor 156
curfew order 366
Curia Regis 66

custodial interrogation 526
custodial sentence 342, 361
custody for life 362
custody record 117

【D】

Daubert doctrine 536
declination 434
defence statement 212
deliberation 454
denial of natural justice 388
deposition 78
deputy circuit judge 246
derivative evidence 474
detention without charge 119
direct examination 451
directed verdict of acquittal 451
Director of Public Prosecutions 38
discontinue 159
distraint of goods 371
district court 419
district judge 226
dock identification 148
docket 417
double jeopardy 598
double sovereignty 421
drug abstinence order 367
drug treatment and testing order 367
dual sovereignty doctrine 602
due process clause 428
due process of law 527, 592
due process violation 469
duty to provide advance information 209

【E】

early release 364
Edwards rule 547
effective assistance of counsel 589
effects 507
Emily Mupfuwa 164
empanelling 278
equal protection clause 428
equality of arms 45, 208
equivocal plea 223
European Convention on Human Rights 202
ex parte screening 440
Exchequer 66
excluded material 145
exclusionary rule 468
exigent circumstances 501
eyewitness identification of the arrestee 432

【F】

face-to-face confrontation 526
failing to surrender to custody 194
fair response 595
first appearance 436
fishing expedition 282
foreman 313, 454
formal admission 302
franchise 64
frank-pledge 63
fresh information 495
fruit of the poisonous tree 474
Frye doctrine 536

fundamental fairness 482, 592

【G】

gag rule 610
gaol delivery 71
Gerstein review 435
Glanville 80
good faith 475
good faith exception 478
governmental termination of freedom of movement 488
grabbable area 498
grand jury 48
grand jury investigation 555
Great Writ of Liberty 459
group discussion 582
Group Identification 150
guideline case 348, 353
Guildford Four 61
guilty plea 265

【H】

habeas corpus 459
Habeas Corpus Act 83
hard drug 146
harmless error 420, 473
harmless error rule 554
Her Majesty's pleasure 362
his own recognizance 480
honest men 77
hot pursuit 490, 502
hue and cry 74
Hundred Court 64
hung jury 323, 454, 600

【I】

Identification Parade 148
identification parade 525
immunity grant 565
imprisonment 94, 341
in the interest of justice 576
inactive docket 435
independent source 475
indictable offence 198
indictment 28, 48, 559
indictment jurisdiction 441
inevitable discovery 475
inferior courts 104
inflammatory evidence 452
Information 89
information and belief 435
information state 441
initial presentment 436
inquisition of the coroner 77
intimate body search 118
intimate search 146
issue of process 113, 123
items subject to legal privilege 144

【J】

journalistic material 145
Judges' Rule 109
judicial precedent 423
judicial review 393
judicial warrant 503
jury bailiff 313

jury nullification 455
jury protection order 284
jury room 284
justice 69
justice of peace 71
juvenile proceeding 589

【K】

keeper of the peace 71
King's Attorney 8
king's bailiff 77
King's Counsel 26, 38
King's Court 8, 62, 66
King's Peace 62
Kirby rule 526

【L】

law Lords 106
lay information 112, 248
laying of an information 123
leet court 64
lesser included offense of the other 601
life imprisonment 353
limited indictment jurisdiction 441
line-up 525
litigious system 9
Lord 106
Lord Chancellor 106
Lord Chief Justice 106
Lord Denning 155

【M】

magistrates' court 104
malfeasance 576
malice aforethought 250
mandamus 393
mandatory order 393
manslaughter 250, 343
Master of the Rolls 106
medical report 184, 329
mens rea 263
Mental Health Review Tribunal 383
mentally handicapped 153
mesne process 43
minister of justice 290, 310, 327
miscarriage of justice 396, 452
misfeasance 576
motion for a new trial 97
motion for acquittal 451
motion to suppress 467
mug shot identification 533
murder 250, 343
murder scene exception 502
mute by visitation of God 272
mute of malice 271

【N】

National Identification Bureau 151
neutral and detached 490
neutral body 440
nexus 255
no bill 442
no true bill 88
no-paper 434
nolle prosequi 164, 272, 573, 575
nolle prosequi motion 434

nolo contendere plea 443
non-participant observer 527
non-petty offense 588
nonfeasance 576
not guilty by reason of insanity 455
not guilty plea 263
note of evidence 388
notice and hearing 592
notice of appeal 406
notice of application for leave to appeal 404
notice of transfer 232, 238

【O】

objectively reasonable belief 475
offence of absconding 196
offence triable either way 198
offence triable only on indictment 198
offence with reference to the theft 380
one-sided system of appeal 386
open field doctrine 506
opening speech 223
oral proceeding 44
ordeal 85
outlawry 84
oyer and terminer 69
oyer and terminer at the assize 97

【P】

PACE 109
parole 363
peace and dignity 603
penal servitude 93
peremptory challenge 280, 449
persistent offender 363
petty larceny 93
petty offense 583
petty session 73
petty sessional division 215
photographic identification 533
plain view doctrine 505
plea bargain 270, 444
plea before venue 203
pre-trial inquisitor 46
preferment of the bill of indictment 249
preliminary arraignment 436
preliminary examination 439
preliminary hearing 439
preliminary investigation 232
prerogative 62
prerogative order 393
presentence investigation report 457
presentment 248, 559
presiding judge 243
pretrial motion 447
pretrial motion to suppress 472
prima facie case 88, 232
primary prosecution disclosure 209
private accusation 83
private and convenient 313
private person interested in the maintenance of law and order 39
private prosecution 9, 36
private prosecutor 127
Privy Council 294
probable cause 463

probable presumption 79
prohibiting order 393
prosecuting society 38
prosecution service 41
prosecutor 125
public accusation 83
public defender system 587
public interest 171, 213
public prosecution system 36, 572
public trial 608
public watchdog 561
purged taint 475

【Q】

quarter session 71
quashing order 393
Queen's Counsel 55
qui tam action 575

【R】

reasonable cause 464
reasonable ground 464
reasonable suspicion 463, 484, 512
recognizance 186
recorder 106, 246
recross-examination 451
red-handed 432
redirect examination 451
Regina 38
rejection 434
relevant time 120
Remand 177
Remand in Bail 178
Remand in Custody 178
remission 363
report on the offender 326
Reprimand 167
res judicata 189
resident judge 243
rest the case 451
restriction order 383
retained counsel 586
reversal 420
reversal and remand 420
review officer 119
rogue's gallery 533
root of the case 315
routine booking question 552
royal writ 82
rule of four 417, 458

【S】

same jurisdiction 598
same offense 598, 601
sample count 253
search warrant 494
second prosecution disclosure 210
secondary evidence 474
selective incorporation 429
self-incrimination 594
sensitive material 211
sentencing 30
sentencing guideline 57
sentencing guideline act 457
Serious Frauds Office 162
serious offence 355

serious offense 583
Serjeant's Inn 98
severing the indictment 256
sheriff 64
sheriff's tourn 64
show-up 529
silver platter doctrine 471
sit in camera 234
social inquiry report 329
solicitor 26, 247
Solicitor Department 40, 154
special grand jury 557
special needs beyond law enforcement 499
special prosecutor 562, 569, 577
special session 73
speedy trial 606
stand by 92, 281
stand scale 368
stare decisis 423
station house bail 432
stipendiary 216
stop and frisk 484
strip search 146
subpoena 556
subpoena ad testificandum 565
subpoena duces tecum 565
successive prosecution 598
summary offence 198
summons 431
superior courts 104
supreme court 419
sureties for good behaviour 186
surrender to custody 194
suspended sentence supervision order 360
suspended warrant of commitment 372
suspicion 114
swearing-in of the jury 278
sworn affidavit 495

【T】

taking the scenic route 116
tangible evidence 565
tape recording 138
the Central Criminal Court 243
the Court for Crown Cases Reserved 97, 385
the Court of Appeal 104
the Criminal Cases Review Commission 99
the Crown Court 104, 242
the Crown Prosecution Service 40
the High Court of Justice 104
the House of Lords 104
the Supreme Court of Judicature 104
the U.S. Supreme Court 416
theft of a general deficiency 252
threshold 367
to tell truth 449
total incorporation 429
totality of circumstances 486, 498, 512
totality of the offences 346
totality principle 369
transactional immunity 598
transportation 94, 342

trial 30
trial by battle 83
trial by jury 83
trial by magistrates' 215
trial by ordeal 83
trial counsel for police 28
trial de novo 448
trial on information 215
trial within a trial 225
true bill 88, 442

【U】

unfitness to plead 271
uniformity of approach 341
uniformity of sentence 341
unused material 209
use and derivative use immunity 598

【V】

venire de novo 97
venire facias 449
verdict 455
vindictive prosecution 578
voir dire 449
voluntary bill of indictment 237

【W】

Warning 167
warrant of further detention 120
watchdog over government 562
Westminster the First 81
whipping 93
witness order 297
witness summons 298
writ de homine replegiando 82
writ de manucaptione 82
writ de odio et atia 82
writ of certiorari 69, 417
writ of error 69, 95, 417
writ of mandamus 574
writ of venire de novo 399

【Y】

you have the body 459

저자약력

고려대학교 법과대학 졸업
고려대학교 대학원, 런던 대학교 King's College 대학원 수학
제19회 사법시험 합격, 사법연수원 제 9 기 수료
대검찰청 감찰과장, 서울중앙지검 부장검사, 대구지검 제 1 차장검사,
성남지청 지청장, 춘천지검 검사장 등 역임
사법연수원 교수, 건국대학교 행정대학원 강사 역임
현 변호사

저서 및 논문

영국의 형사재판(청림출판, 1995)
형사소송의 법률지식(청림출판, 1996)
영국과 미국의 검찰제도(대검찰청, 검찰, 통권 111호, 2000)
로마시대 범죄와 형사소추(대검찰청, 검찰, 통권 112호, 2001)

영미법해설 형사소송

2009年 3月 1日 初版印刷
2009年 3月 10日 初版發行

著 者 김 용 진
發行人 安 鍾 萬
發行處 (株) 博 英 社
서울特別市 鍾路區 平洞 13-31番地
電話 (733) 6771 FAX (736) 4818
登錄 1959. 3. 11. 제300-1959-1호(倫)

www.pakyoungsa.co.kr e-mail: pys@pakyoungsa.co.kr

定 價 40,000원 ISBN 978-89-7189-958-8